刘志伟 / 著

PATENT INFRINGEMENT
LITIGATION PRACTICE:
CLASSIFICATION AND ANALYSIS ON
CASE RULES

专利侵权诉讼实务

——裁判规则类型化分析

法律出版社
LAW PRESS · CHINA
北京

图书在版编目(CIP)数据

专利侵权诉讼实务：裁判规则类型化分析 / 刘志伟著. -- 北京：法律出版社，2023
ISBN 978-7-5197-7679-4

Ⅰ. ①专… Ⅱ. ①刘… Ⅲ. ①专利侵权－民事诉讼－研究－中国 Ⅳ. ①D923.424

中国国家版本馆 CIP 数据核字(2023)第 044605 号

专利侵权诉讼实务:裁判规则类型化分析
ZHUANLI QINQUAN SUSONG SHIWU:
CAIPAN GUIZE LEIXINGHUA FENXI

刘志伟 著

策划编辑 肖 越
责任编辑 肖 越
装帧设计 汪奇峰

出版发行 法律出版社
编辑统筹 法商出版分社
责任校对 晁明慧
责任印制 胡晓雅
经　　销 新华书店

开本 710 毫米×1000 毫米 1/16
印张 42.25 **字数** 683 千
版本 2023 年 8 月第 1 版
印次 2023 年 8 月第 1 次印刷
印刷 固安华明印业有限公司

地址:北京市丰台区莲花池西里 7 号(100073)
网址:www.lawpress.com.cn
投稿邮箱:info@lawpress.com.cn
举报盗版邮箱:jbwq@lawpress.com.cn

销售电话:010-83938349
客服电话:010-83938350
咨询电话:010-63939796

书号:ISBN 978-7-5197-7679-4
定价:168.00 元
凡购买本社图书,如有印装错误,我社负责退换。电话:010-83938349

序　一

我与刘志伟律师是通过一个微信群相知，后来成为微信好友。不久前，他给我发微信，说他疫情期间写了一本《专利侵权诉讼实务》的书，因受我的《专利侵权判定》和《中国专利诉讼》两本书影响很深，故冒昧和我联系，想请我给指导一下。后来，他把书的电子版通过微信发给我，我在手机上打开后很吃惊，书稿已经按出书样式排好版，有650多页。后来刘律师又给我寄来了纸制样书。我因为出差，又因为"二阳"，在家休息了一段时间后，才在办公室桌子上看到刘律师寄过来的《专利侵权诉讼实务》样书，厚厚的一大本。刘律师希望我能为这本书作序。我犹豫再三，担心写的内容有不妥，但最终还是出于对一位年轻律师和他专著的敬佩之心答应了。

据报道，目前我国律师队伍已发展到67.7万多人[①]，这其中绝大多数是年轻律师，也有不少专门从事知识产权法律事务的律师。作为年轻律师，在激烈的法律服务竞争中，仍能抽时间思考专业问题，研究学术难点，针对专利诉讼中遇到的疑难问题、热点问题、争议问题进行归纳整理，以大量司法判例为依据，以法律、法规及相关司法解释为依据，讲事实，讲道理，阐述观点，并将之汇集成书，与业界同行共享智慧成果，这种做法与精神确实值得称赞。

在专利权司法保护过程中，如何判定专利侵权是专利诉讼实务中永恒的难题。作者从专利授权确权与侵权程序相对照的角度，着重对权利要求的解释规则进行了详细阐述，研究有深度和广度。特别是对过往的典型案例及最高人民法院知识产权法庭运行以来的裁判观点进行梳理，给同行在实务中参考提供了便利。可以说，本书涉及当今专利侵权诉讼中遇到的绝大多数问题，涉及专利

---

① 《司法部：我国律师队伍已发展到67.7万多人》，载中华人民共和国司法部网，http://www.moj.gov.cn/pub/sfbgw/zwgkztzl/2023zt/zdhrmmmhlyzth20230626/mtjj20230626/202307/t20230701_481833.html。

侵权诉讼中从程序到实体的各个方面，不仅有热点难点问题的讨论与评述，也有传统争论不休的问题的介绍与梳理，例如创造性的认定、权利要求修改的规则、惩罚性赔偿制度、行为保全制度、现有技术抗辩制度以及合法来源抗辩制度等，在对这些问题进行深入系统探讨过程中，作者不仅阐述了遇到的问题，而且对解决问题所适用其规则的历史演变进行了阐述。并对争议的问题给出了自己较深刻的见解。

我认为，本书不仅可以作为业界同行入门的教科书，还可以供行政执法、司法、律师、企业主管作为在诉讼实务中的参考书。作为从事四十多年专利审判及研究工作的我，愿意将此书推荐给专利界同行阅读，从中汲取精华，推动我国专利保护研究工作向前发展。

中国实施专利制度已经四十年了。四十年来，涉及中国专利制度的各个方面已经发生了翻天覆地的变化。在激励创新的专利制度下，创新水平大大提高，专利申请量、授权数量激增，专利质量也有了明显提高，通过各种途径维护权利、制止侵权行为的案件也逐年增多，人们的创新意识、获权意识、维权意识大大提高。与此同时，由于新技术有了快速发展、《专利法》进行了多次修改完善、专利侵权与专利无效的纠纷增加、人民法院审判机构的调整变化，在专利权保护过程中出现不少新情况、新问题，给业界带来许多新的思考。希望有更多的专利律师、法官、企业主管能够抽出时间，著书立说，将自己对专利权保护的思考、经验及智慧贡献出来。

程永顺

2023 年 7 月 10 日

序　二

非常欣喜地看到志伟的专著《专利侵权诉讼实务》出版，并有幸为之序。

我和志伟在隆安（深圳）律所共事已超过十年时间，见证了他从一名普通执业律师成长为一名优秀知识产权律师、律所高级合伙人、知识产权专业委员会主任的全过程。虽然我们的执业方向不同，但在日常的忙碌中，总能听到关于他的好消息——例如某某案例又被评为法院的典型案例，在省、市律协组织的知识产权业务评比中获奖，或者当选市律协专利委员会副主任等——总之喜讯频传。他专心致志、厚积薄发、业务能力突出的形象，早已经深入人心。于是，每当自己的客户有涉及知识产权领域的法律问题，第一时间就会想到请他出面，他也总是踏实、细致地做好解答和服务。

志伟在执业之初就考取了专利代理人的资格，同时修读了人民大学法学院的民商法硕士学位，我们就此成为校友，此后他又悄然到中国社会科学院研究生院在职攻读博士学位。他勤耕不辍，总能默默地带给你惊喜，这次当然也不例外。所以当他笑着敲开门，嘱我为他的著作作序时，我欣然应允——原因无它，读书即识人。

希望志伟的这本专著，与他的为人一样，丰厚严谨、朴实低调，读者读来却是如沐春风，辄有所获；更祝愿他在知识产权法理论研究和实务中，极目千里、更上层楼！

是为序。

张弛　法学博士

北京市隆安（深圳）律师事务所主任

2023 年 7 月 19 日

前　言

专利法保护的是创新成果，既涉及法律问题，又涉及技术问题。专利诉讼实务最大的特点是集法律问题与技术问题于一身，而法律规范又极具概括性。因此，对专利侵权诉讼过程中常见的问题进行体系化总结，明晰法律规则，并就规则的适用边界进行细化就显得特别重要。

目前，市面上关于专利侵权诉讼实务的书，大致可以分为以下三类：第一类，教科书，这是初学者入门的必读科目；第二类，案例或案例评析，这类书市面上最多，最高人民法院已经连续出版十四辑，这类书从案例本身出发，就案例所涉及的规则本身进行讨论，这类书给人以“只见树木、不见深林”的感觉，不成体系；第三类，译著类，主要是介绍美国、日本、欧盟等国家和地区专利制度，这类书为我们打开了国际视野，但是可能存在与我国的司法实践相脱节的情况。实践中，对专利诉讼实务进行全面系统总结的书较少，虽然最高人民法院经常组织编写某些司法解释的理解与适用，但在专利领域至今仍是空白。机缘巧合，我读到了一本关于外观设计专利权法律制度研究的书，该书对我启发很大，我想技术类专利案件，同样需要进行体系化解读，于是产生了撰写一本技术类专利侵权诉讼实务著作的念头。①

本书旨在结合本人的实践经验和个人感悟，对专利侵权诉讼实务进行体系化总结，并就裁判规则进行类型化分析。希望能在以下四个方面有所创新：

第一，权利要求解释的体系化总结。美国法官 Rich 在讲到专利法时称现

① 《外观设计法律制度体系化研究》一书将理论与实务相结合、授权规则与侵权规则相结合，是将外观设计专利授权规则与侵权规则讲解得非常清楚的一本书，我于 2018 年 1 月专程去北京参加了“中国知识产权新年论坛”，并在该书作者演讲间隙，拿到了其签名版著作。也是因该作者将外观设计专利问题论述得非常清晰，使我放弃了在本书中写入与外观设计专利权相关内容的想法。

代专利法是“名为权利要求的游戏”,[①]这一评价同样适用于中国专利诉讼。因为中国的专利制度与美国专利制度一致,都是通过“权利要求”确定专利权的保护范围。对于没有写入权利要求的技术方案或者没有恰当写入权利要求的技术方案,无论“发明人”付出了怎样的创造性劳动,都不能获得专利法的保护。[②]权利要求解释的规则是专利诉讼的核心,无论是授权确权还是侵权程序中,都需要对权利要求进行解释,确定权利要求的保护范围。而且,专利授权确权的规则与侵权规则并非相互独立的体系,二者相互呼应,因此授权确权的规则可与相应的侵权规则进行对照分析。[③] 本书从授权确权和侵权程序,比较授权确权与侵权程序中权利要求解释规则的相同点和不同点,体系化阐述权利要求的解释规则,其重要意义在于明确专利权利要求的边界,增加权利要求作为划定行为边界的确定性,保护社会公众的信赖利益。

第二,裁判规则类型化梳理。在专利案件中,技术方案通常具有客观性和确定性,而权利要求解释的规则则具有价值性和不确定性。专利诉讼中要解决的关键问题,往往不是或者主要不是实用技术问题,而是法律问题。[④] 虽然专利案件与技术方案相关,但其最终仍是对法律规则的理解。[⑤] 因此,解决专利纠纷时应当牢固树立规则意识,这是解决专利纠纷的重要法宝。

拉伦茨说:“当抽象——一般概念及其逻辑体系不足以掌握某生活现象意义脉络的多样表现形态时,大家首先会想到的补助思考形式是‘类型’”。类型化案例研究的第一个功能是求得法律规范的规范性、精确化解释,第二项功能是服务于法律的漏洞补充。[⑥] 本书坚持了类型化的研究方法,对权利要求的解释、创造性的认定、权利要求的修改、专利侵权行为认定、损害赔偿、现有技术抗辩、合法来源抗辩、行为保全以及专利侵权引发的恶意诉讼等一系列问题所涉及的裁判规则,均进行了类型化梳理,脚注千余个,全面系统地总结了专利诉讼中最为常用的裁判规则。

第三,专利案例实证分析。理论是灰色的,而生命之树常青。霍姆斯大法官认为,法律的生命不在于逻辑而在于经验。知识产权法是一门实用性很强的

---

① 参见闫文军:《专利权的保护范围》(第2版)法律出版社2018年版,第19页。
② 参见李明德:《知识产权法》(第2版),法律出版社2014年版,第2页。
③ 参见芮松艳:《创造性条款的原理解读与实务规则》,知识产权出版社2023年版,第15页。
④ 参见程永顺:《中国专利诉讼》,知识产权出版社2005年版,“序”。
⑤ 参见芮松艳:《创造性条款的原理解读与实务规则》,知识产权出版社2023年版,第2页。
⑥ 参见李建伟:《公司诉讼类型化专题24讲(一)》,法律出版社2021年版第5页。

学问。[①] 专利法更是如此。如果法院在一份裁判文书中提出了一个新的裁判规则,通常很难认为该规则是被普遍接受的一般规则;如果多个法院在多份裁判文书中均适用了同一裁判规则,则立法者应当考虑是否将该裁判规则上升为法律规范。本书立足于中国专利诉讼的司法实践,选用不同历史时期的典型案例分析每一个裁判规则的历史演变,并尽可能从不同角度和程序对裁判规则进行实证分析。特别是裁判规则的适用边界,例如权利要求的解释与限定的区分、使用环境特征与制备方法特征的区分、功能性特征与非功能性特征的区分、可预见性规则与等同原则的关系、现有技术抗辩与创造性的关系等,通过真实案例进行了分析。

第四,同案同判为导向。同案同判、类案类判,统一类案裁判尺度,保证司法公正,保证司法公信力,维护交易双方的合理预期,既是我国实现法治现代化和司法体制改革的重要目标,也是法学界热切关注的研究课题。[②] 本书在案例选择上,优选"同案不同判"的案例,例如,"可预见规则"是否必然对"等同原则"的适用构成限制、"数值范围"属于并列式技术方案还是概括式技术方案、当事人在二审或再审程序中提供"现有技术"的证据能否作为"新证据"予以采纳、"进口行为"是否能够适用"合法来源抗辩"及微信"朋友圈"公开的内容是否属于专利法意义上的现有技术等问题涉及的案例,本书均选择"正反"案例予以分析。

本书内容涵盖了专利侵权诉讼中最为基本的问题,也是常见的问题。希望读者在阅读本书后能有所收获。

由于本人相关知识水平有限,书中内容可能打磨不够,不免有谬误之处,恳请广大读者批评指正。如有任何建议或意见,也请与本书作者联系,13714961610@163. com。

---

① 参见李明德:《知识产权法》(第2版),法律出版社2014年版,第3页。

② 参见李建伟:《公司诉讼类型化专题24讲(二)》,法律出版社2022年版,第1页。

目录

CONTENTS

第一章　权利要求解释的原则

一、权利要求解释概述 / 001

二、公示性原则 / 005

三、保护与贡献相一致原则 / 009

四、符合发明目的的原则 / 013

五、区别解释原则 / 019

（一）权利要求区别解释原则 / 019

（二）技术术语区别解释原则 / 023

六、专利权有效原则 / 027

（一）专利权有效原则的弊端 / 028

（二）专利权有效原则的修正 / 030

第二章　权利要求解释的规则比较

一、权利要求解释的时机与语境 / 036

（一）“时机论” / 036

（二）“语境论” / 038

二、授权确权与侵权程序中权利要求解释规则之比较 / 041

（一）权利要求解释的一致性规则 / 043

1. 权利要求解释的一致性规则的法律依据 / 044

2. 权利要求解释的一致性规则的法理依据 / 049

3. 权利要求解释的一致性规则的实践依据 / 050

（二）权利要求解释的差异性规则 / 052

1.“最宽合理解释”原则的适用 / 052
2.禁止反悔原则适用的差异 / 060
3.专利审查档案作用 / 062
4.具体规则的差异性 / 063

第三章 说明书及附图解释权利要求

一、说明书及附图用于解释权利要求 / 070
(一)发明目的指引下的限缩解释 / 070
1.“镜片”案 / 070
2.“电源”案 / 071
3.“复合层”案 / 072
4.“搭接”案 / 073
5.“毛刺孔”案 / 073
6.“玻璃钢夹砂顶管”案 / 074
(二)发明目的指引下的澄清解释 / 074
1.“名片型扫描器”案 / 074
2.“踏车”案 / 075
3.“计量泵装置”案 / 076
二、具体实施方式及附图限制权利要求的认定规则 / 077
(一)将实施例中的具体技术特征读入权利要求 / 079
(二)将说明书记载的具体结构读入权利要求 / 080
(三)将说明书记载的技术方案实施的条件或方式读入权利要求 / 081
(四)说明书附图中记载的技术特征读入权利要求 / 082
1.根据说明书附图得到的尺寸、参数不能限制权利要求 / 082
2.根据说明书附图得到的位置关系不能限制权利要求 / 084
三、权利要求中“特别界定”用语的解释规则 / 084
(一)明确界定的“自拟用语” / 086
1.说明书的“特别界定” / 086
(1)“分块模壳板”案 / 086
(2)“两级破碎”案 / 087
(3)“积木地板料”案 / 087

2. 说明书附图的“特别界定” / 088
3. “特别界定”不清楚 / 089
（二）无明确界定的“自拟用语” / 092
1. “伸缩联动器”案 / 092
2. “信道”案 / 094
3. “波纹结构”案 / 094
（三）“赋新用语”的解释 / 095
1. 赋新含义 / 095
2. 通常含义 / 097
四、特定情况下的修正 / 099
（一）明显错误的修正 / 102
1. 位置关系表述错误 / 106
2. 技术术语表述错误 / 106
3. 文字表述错误 / 106
4. 语法错误 / 108
（二）非“明显错误”的认定 / 109
1. 数量限定清楚 / 110
2. 数值范围清楚 / 110
3. 种属概念清楚 / 111
（三）权利要求解释不能 / 111

第四章　权利要求解释的证据

一、内部证据 / 116
（一）专利审查档案 / 116
1. 意见陈述的解释作用与限制 / 117
2. 无效程序中请求人的意见陈述 / 119
（二）母案申请、优先权文件 / 120
1. 母案申请对分案申请中权利要求的解释作用 / 120
2. 优先权申请对权利要求的解释作用 / 120
3. 国际申请文本的解释作用 / 121
（三）审查决定 / 122

1. 审查决定的解释作用 / 122
2. 审查决定的优先地位 / 124
二、外部证据 / 125
(一)外部证据的时间限制 / 125
(二)外部证据的适用条件 / 126
(三)普通词典与技术手册的关系 / 127
三、内部证据和外部证据相结合 / 129

第五章 权利要求类型化解释

一、封闭式权利要求 / 133
(一)封闭式权利要求的解释 / 133
(二)封闭式权利要求的认定 / 136
二、方法权利要求 / 138
(一)方法专利的延伸保护 / 138
(二)方法专利中新产品的认定 / 139
1. 新产品的认定 / 140
(1)根据产品结构认定 / 140
(2)根据是否新出现的标准判断 / 140
2. 举证责任倒置的适用规则 / 141
3. 制造方法的证明 / 142
(三)步骤顺序的限定作用 / 146
1. 步骤顺序具有限定作用 / 146
2. 方法权利要求撰写规则 / 147
(四)多主体分别实施侵权的认定 / 149
1. "多主体分别实施侵权"的认定与争议 / 149
2. "多主体分别实施侵权"的司法实践与裁判规则 / 150
3. "多主体分别实施侵权"的制度设计 / 155
三、使用环境特征限定的权利要求 / 156
(一)使用环境特征解释规则 / 157
(二)使用环境特征的认定 / 160
1. 制备方法特征与使用环境特征的冲突 / 160

2. 并列式独立权利要求中，被引用的独立权利要求被认定为使用环境特征 / 161
3. 缺少技术特征与使用环境特征的冲突 / 161
(1) 缺少连接关系类技术特征 / 162
(2) 缺少非本体结构特征 / 163
(3) 缺少与背景技术有关的技术特征 / 164
(4) 缺少本体结构使用条件的技术特征 / 164
(三) 权利要求中未写入的使用环境特征的考量 / 166
四、功能性特征限定的权利要求 / 167
(一) 授权确权程序中功能性权利要求的解释规则 / 168
1. 功能性权利要求的解释 / 168
(1) 功能性权利要求覆盖所有实施方式 / 168
(2) 功能性权利要求覆盖特定实施方式 / 169
2. 功能性权利要求的审查 / 170
(1) 特定性规则 / 171
(2) 合理怀疑规则 / 172
(二) 侵权程序中功能性权利要求的解释规则 / 173
1. 功能性特征认定 / 173
2. 功能性权利要求的侵权判定规则 / 176
(1) 实现所称功能或者效果不可缺少的技术特征 / 176
(2) 整体等同的适用 / 178
五、制备方法特征限定的权利要求 / 180
(一) 制备方法特征在实用新型专利权利要求中的解释规则 / 182
1. 确权程序中，制备方法特征与实用新型专利权保护范围的关系 / 184
2. 侵权程序中，制备方法特征与实用新型专利权保护范围的关系 / 187
(二) 制备方法特征在发明专利的产品权利要求中的解释规则 / 191
1. 授权确权程序中，以制备方法特征限定的产品权利要求的解释规则 / 191
2. 侵权程序中，以制备方法特征限定的产品权利要求的解释规则 / 192

(三)包含制备方法特征的并列式独立权利要求的解释 / 193
1. 授权确权程序中,制备方法特征限定的并列式权利要求的解释 / 194
2. 侵权程序中,以制备方法特征限定的并列式权利要求的解释 / 195
(1)“折中说” / 195
(2)“方法限定说” / 197
六、性能、参数、用途等特征对权利要求的限定作用 / 198
(一)包含性能和用途特征的权利要求的解释 / 199
1. 已知产品的新用途 / 199
2. 性能和用途特征不具有限定作用 / 199
3. 性能和用途特征具有限定作用 / 201
(二)参数特征限定的权利要求 / 202
(三)不具有限定作用的技术特征 / 203
1. 产品权利要求中结构特征上的文字不具有限定作用 / 203
2. 权利要求中的药物使用方法不具有限定作用 / 204
七、主题名称对权利要求的限定作用 / 204
(一)“发明点”式主题名称 / 206
(二)“概括”式主题名称 / 209
(三)“技术领域”式主题名称 / 211
(四)“技术特征”式主题名称 / 213

第六章 全面覆盖原则的适用

一、历史沿革 / 216
(一)多余指定原则 / 216
(二)变劣技术方案 / 218
1. 缺少技术特征 / 219
2. 变劣技术效果 / 220
二、全面覆盖原则的适用规则 / 222
(一)技术特征的概念 / 224
(二)权利要求技术特征的划分 / 225
(三)被诉产品技术特征的划分 / 228

1. 技术特征的划分对功能性特征认定的影响 / 229
2. 技术特征的划分对等同原则适用的影响 / 230
(四)技术特征划分的一致性 / 231
1. 组合排除规则 / 233
2. 协同作用规则 / 234
3. 技术构思规则 / 236

第七章　等同原则

一、等同原则的适用规则 / 237
(一)等同原则的适用条件 / 237
1. 等同原则的定义 / 237
2. 等同原则与创造性 / 239
3. 等同原则与权利要求解释 / 239
(二)等同原则的认定规则 / 241
1. 基本相同的手段 / 241
(1)技术手段不同 / 241
(2)技术原理不同 / 243
(3)技术手段相反 / 244
2. 基本相同的功能、效果 / 245
3. "容易联想"的认定 / 246
二、等同原则的限制 / 248
(一)发明目的的限制 / 248
1. "螺纹连接"案 / 249
2. "过盈配合"案 / 250
3. "烟雾机"案 / 250
4. "弹簧铰链"案 / 250
5. "送料信号"案 / 251
6. "灭蚊灯泡"案 / 251
7. "波纹结构"案 / 252
(二)技术特征的排除规则 / 252
1. "出气孔"案 / 253

2.“PCB 电路板”案 / 253
3.“喂料口”案 / 254
4.“梯形端面”案 / 254
5.“氨水溶液”案 / 255
6.“单输入、输出”案 / 255
7.“安全电热毯”案 / 257
(三)特意排除规则 / 258
1.“特意排除规则”的确立 / 259
2.“特意排除规则”的适用与争议 / 259
(四)可预见性规则 / 262
1.“可预见性规则”的确立 / 263
2.“可预见性规则”的适用 / 265
(1)“电动绿篱机”案 / 265
(2)“火锅炉”案 / 266
(3)“车载无线充电装置”案 / 267
(4)“空调器显示结构”案 / 267
(5)“去鱼鳞机构”案 / 268
3.“可预见性规则”的争议 / 270
(1)“可预见性规则”适用的例外情形 / 270
(2)权利要求修改与“可预见性规则” / 272
(五)捐献原则的适用 / 274
1.“捐献原则”的确立 / 274
2.“捐献原则”的适用规则 / 275
3.“捐献原则”与鼓励创新 / 277
(六)禁止反悔原则的适用 / 280
1.“禁止反悔原则”的确立与适用 / 281
(1)“磁盘驱动器”案 / 281
(2)“碳酸钙”案 / 282
(3)“手机隐形拔号”案 / 282
(4)“TDI－80”案 / 283
(5)“洗衣机”案 / 283
(6)“葡萄糖酸钙”案 / 283

(7)“部分显示”案 / 284
2.“明确否定”认定与争议 / 285
3.“禁止反悔原则”在权利要求变动时的适用规则 / 289
(1)因修改权利要求增加的技术特征 / 289
(2)权利要求被部分无效时“禁止反悔原则”的适用 / 291
4.禁止反悔原则在不同程序中的适用规则 / 294
(1)禁止反悔原则的双向适用规则 / 294
(2)禁止反悔原则在授权确权程序中的适用规则 / 295
(七)区分发明点规则 / 298

第八章　专利权创造性的判断规则

一、最接近的现有技术 / 301
(一)技术领域的认定 / 302
1.根据技术问题认定 / 302
2.根据主题名称认定 / 303
(二)最接近现有技术的认定 / 304
1.相同技术问题或缺陷 / 304
2.完整技术方案 / 307
3.整体发明构思相同 / 309
二、确定发明的区别技术特征和发明实际解决的技术问题 / 310
(一)对比文件公开技术内容的审查规则 / 310
1.相同的技术特征和作用 / 311
2.说明书附图公开内容的认定 / 314
(1)客观确定规则 / 314
(2)合理推定规则 / 316
(二)发明实际解决的技术问题 / 319
1.不予考虑的技术特征 / 319
2.发明实际解决的技术问题 / 319
(1)说明书中没有记载区别技术特征的作用 / 320
(2)说明书中记载区别技术特征的多个作用 / 324
三、确定技术启示 / 326

(一)明确技术启示的认定 / 327
1. 不具有明确技术启示 / 328
2. 具有明确的技术启示 / 329
(二)相反技术教导的认定 / 331
1. 不存在"相反的技术教导" / 331
2. 存在"相反的技术教导" / 333

第九章 确权程序中权利要求修改的边界

一、法律规定及立法目的 / 335
(一)立法目的 / 335
(二)对"原说明书和权利要求书记载的范围"理解 / 336
1. "直接地、毫无疑义确定"说 / 337
2. "推导"说 / 338
3. "全部信息"说 / 339
二、确权程序中权利要求的修改规则 / 340
(一)权利要求中数值范围的修改规则 / 341
1. 概括式技术方案 / 341
2. 并列技术方案 / 342
(二)"权利要求的进一步限定"的认定 / 346
1. 权利要求修改不得扩大原专利的保护范围的比对基准 / 346
2. 关于"新的权利要求的层次体系的构建" / 349
(1)禁止构建新的权利要求的层次体系 / 349
(2)允许构建新的权利要求的层次体系 / 351
3. 发明点对专利权权利要求修改的影响 / 358
三、马库什(Markush)型权利要求 / 359
(一)马库什型权利要求的性质 / 359
(二)马库什权利要求的修改 / 360

第十章 专利侵权行为的认定

一、法律规定 / 365

二、临时保护期 / 366
三、“为生产经营目的”的认定 / 368
四、制造行为的认定 / 373
（一）贴牌行为的认定 / 374
（二）委托加工行为的认定 / 375
（三）将侵权产品作为零部件或中间产品 / 378
1. 将零部件组装成专利产品的行为 / 378
2. 将被诉产品作为零部件制造另一产品的行为 / 379
（四）其他情形的认定 / 385
1. 修理与再造行为的认定 / 385
2. 在已有产品上添加图案、色彩获得专利产品的行为 / 390
五、销售行为的认定 / 392
（一）销售行为的成立 / 392
1. 销售行为的成立 / 392
2. 出租行为的认定 / 393
3. 搭售、搭送行为的认定 / 396
（二）销售行为地的认定 / 397
1. 产品出口行为地属于销售行为地 / 397
2. 收货地不属于销售行为地 / 398
（三）销售行为覆盖范围 / 398
六、许诺销售行为的认定 / 399
（一）许诺销售行为的成立 / 400
（二）投标行为属于许诺销售行为 / 402
（三）公众号发布的产品信息构成许诺销售行为 / 403
（四）参加学术会议展示产品的行为属于许诺销售行为 / 403
（五）境外网站展示产品的行为不构成许诺销售行为 / 404
七、共同侵权行为的认定 / 405
（一）共同侵权行为 / 405
1. 制造者与销售者的共同侵权行为 / 406
2. 法人与法定代表人或子公司构成共同侵权行为 / 407
3. 委托/承揽关系中的共同侵权行为 / 410
（二）教唆、帮助侵权行为 / 412

1. 提供专用产品的帮助侵权 / 413
2. 提供便利条件的帮助侵权 / 415
3. 教唆/诱导侵权 / 416

第十一章 现有技术抗辩制度的法律适用规则

一、现有技术抗辩制度的立法沿革 / 417
(一)现有技术抗辩的概念与性质 / 417
(二)现有技术抗辩法律适用的历史演变 / 419
(三)现有技术抗辩的立法目的 / 421
二、现有技术的认定 / 422
(一)现有技术的时间界限 / 423
1. 绝对新颖性标准 / 423
2. 宽限期制度 / 425
(二)现有技术判断 / 428
1. 现有技术的公开方式 / 428
2. 保密状态的判断 / 430
(1)基于法律规定或合同约定负有保密责任的人 / 430
(2)根据社会观念或商业习惯承担默示保密义务的人 / 431
三、出版物公开 / 432
(一)文献内容早于申请日的认定 / 432
(二)行业协会刊物作为出版物公开的认定 / 433
(三)内部资料属于出版物公开的认定 / 434
(四)产品宣传册作为出版物公开的认定 / 434
(五)图纸作为出版物公开的认定 / 435
(六)产品使用说明书作为出版物公开的认定 / 436
(七)微信公众号 / 437
(八)企业标准 / 438
四、使用公开 / 438
(一)在先销售产品的公开与相应的零部件的关系 / 440
(二)通过产品型号确定在先销售的产品公开的技术方案 / 442
(三)证人证言的作用 / 443

（四）参评材料是否构成使用公开的认定 / 444
（五）新产品的试用 / 444
（六）权利人对使用公开事实的自认 / 444
五、电子证据在现有技术抗辩中的认定规则 / 446
（一）电子证据的基本规定 / 446
（二）微信作为现有技术抗辩证据的认定规则 / 446
1. 微信朋友圈具有私密性的认定 / 447
2. 微信朋友圈具有公开性的认定 / 447
3. 微信群聊天记录具有公开性的认定 / 448
（三）QQ 空间作为现有技术抗辩证据的认定规则 / 448
1. 具有私密性的 QQ 空间 / 449
2. 具有公开性的 QQ 空间 / 449
（四）微博公开内容的认定 / 450
（五）交易快照公开内容的认定 / 451
（六）其他电子证据 / 452
六、现有技术抗辩的适用规则 / 454
（一）现有技术抗辩适用条件 / 454
（二）现有技术抗辩的对比对象和顺序 / 456
1. 现有技术抗辩的对比对象 / 456
2. 现有技术抗辩的对比顺序 / 457
（三）现有技术抗辩适用规则 / 459
1. 确定被诉技术方案中的技术特征 / 460
2. 现有技术抗辩成立的标准 / 464
（1）“等同”标准 / 464
（2）“创造性”标准 / 465
（3）“相同”标准 / 467
3. 技术领域对于现有技术抗辩成立的影响 / 468
七、抵触申请参照现有技术抗辩的适用规则 / 469
（一）抵触申请的基本规定及宗旨 / 469
（二）抵触申请参照现有技术抗辩的适用规则 / 469
1. “等同”标准 / 470
2. “相同”标准 / 471

（三）不同类型专利之间抵触申请抗辩的适用 / 473
（四）非中国在先专利申请可比照抵触申请作不侵权抗辩 / 474
八、我国现有技术抗辩制度存在的问题和建议 / 474
（一）现有技术抗辩制度存在的问题 / 474
1. 现有技术抗辩制度与行为自由 / 474
2. 现有技术抗辩制度与多重标准 / 475
（二）引入“不正当行为”抗辩制度 / 475
（三）引入无效抗辩制度 / 477

第十二章　专利侵权诉讼中合法来源抗辩的适用规则

一、合法来源抗辩制度历史沿革 / 481
（一）不视为侵犯专利权阶段 / 481
（二）有条件承担赔偿责任阶段 / 482
（三）免除善意使用者的民事责任阶段 / 482
二、合法来源抗辩制度的立法意图 / 485
三、合法来源抗辩制度的主体要件 / 488
（一）制造者不适用合法来源抗辩制度 / 488
（二）进口行为不适用合法来源抗辩 / 490
（三）“使用专利方法”者的合法来源抗辩 / 491
四、合法来源抗辩成立的客观要件 / 493
（一）客观要件的审查规则 / 493
1. 付款凭证的审查 / 495
2. 交易文书的审查 / 495
3. 同一性审查 / 498
4. 合理对价的认定 / 500
5. 关联关系的认定 / 501
（二）特定条件的审查 / 502
1. 权利人的自认 / 502
2. 租赁产品的认定 / 504
3. 投标产品的认定 / 504
4. 铭牌信息的认定 / 504

5. 第三方证明 / 506
6. 交易习惯的认定 / 506
五、合法来源抗辩成立的主观要件 / 509
(一)间接推定法 / 511
1. 注意义务的合理性 / 511
(1)对于小件商品,注意义务不应当过高 / 511
(2)根据销售者的经营模式等综合认定注意义务的合理性 / 512
(3)同业人员应当负有较高的注意义务 / 513
2. 技术类专利权的注意义务 / 514
3. "三无产品"与注意义务 / 515
4. 新型交易模式下的注意义务 / 516
(1)"一件代发"经营者的注意义务 / 516
(2)微信交易者的注意义务 / 521
(二)直接判断法 / 522
1. 重复侵权 / 522
2. 销售者知道产品存在专利权的 / 523
3. 诉讼期间仍在销售或许诺销售被诉产品的 / 523
4. 收到侵权警告函是否属于"知道"的判断 / 524
六、有关合法来源的其他问题 / 526
(一)赔偿责任的分担 / 526
(二)合理支出的承担 / 527
(三)追加制造者时考量的因素 / 529

第十三章　专利侵权诉讼中的损害赔偿的确定规则

一、法律规定 / 533
(一)《民法典》的相关规定 / 533
(二)《专利法》的规定 / 534
(三)其他规定 / 535
二、赔偿数额确定依据 / 540
(一)损害赔偿的计算 / 540
1. 销售数据 / 540

2. 利润率 / 541
3. 专利贡献度 / 541
(1)确定具体贡献率并作为计算赔偿的依据 / 542
(2)将专利贡献率作为法定赔偿的参考因素 / 545
(二)专利许可使用费的合理倍数 / 546
(三)法定赔偿 / 548
1. 确定法定赔偿额的基本原则 / 549
2. 区分行为和权利性质 / 549
(1)同时承担经济损失和合理开支的赔偿责任 / 550
(2)仅需承担合理支出的赔偿责任 / 551
3. 考虑主观过错 / 553
4. 区分整体与零部件利益 / 554
(四)约定赔偿 / 555
(五)惩罚性赔偿 / 557
1. 主观故意的认定 / 557
2. 情节严重的认定 / 560
(1)重复侵权 / 561
(2)以侵害知识产权为业 / 562
(3)拒不履行保全裁定 / 562
三、其他问题 / 563
(一)举证妨碍制度 / 563
(二)权利要求的修改对损害赔偿的影响 / 567

第十四章 行为保全制度在专利侵权诉讼中的适用规则

一、行为保全制度的立法目的 / 571
二、行为保全制度的构成要件分析 / 573
(一)胜诉的可能性 / 573
1. 权利的稳定性 / 573
2. 侵权是否成立 / 575
(二)难以弥补的损害的认定 / 577
1. 涉及药品、食品等与人身权利相关的专利 / 579

2. 涉及半导体等高新技术领域的相关专利 / 580
3. 与市场利益具有极大相关的专利 / 581
4. 标准必要专利 / 584
（三）利益的平衡 / 585
（四）公共利益的考虑 / 588
（五）中美禁令制度之比较 / 591
1. 判决停止侵权与颁发永久性禁令 / 591
2. 行为保全与临时禁令 / 594
三、停止侵权行为的执行 / 595
（一）拒绝履行判决或裁定 / 595
（二）规避设计的认定与执行 / 596
四、行为保全错误 / 599
（一）行为保全错误的认定 / 599
（二）行为保全错误与《专利法》第 47 条的关系 / 602
五、双向行为保全 / 605

第十五章　专利侵权纠纷引发的恶意诉讼的认定规则

一、恶意提起专利权侵权诉讼概念界定 / 609
二、专利侵权纠纷引发的恶意诉讼的认定标准 / 612
（一）专利权无效结果不是认定构成恶意诉讼的前提 / 614
1. “兴泰公司”案 / 615
2. “御缘酿酒厂”案 / 616
3. “多棱公司”案 / 617
4. “安博特公司”案 / 618
（二）专利权评价报告不能作为认定“恶意”的证据 / 620
（三）“恶意”的认定 / 621
1. 将技术标准中的技术方案申请专利并取得专利权 / 621
2. 将明知已经公开的产品申请专利并取得专利权 / 622
（1）“张某敏”案 / 622
（2）“明日公司”案 / 624
（3）“恒力公司”案 / 625

(4)“蔡某有”案 / 627
(5)“钟某珠”案 / 627
(四)明知存在权利冲突的 / 630
1.“谭某文”案 / 630
2.“御缘酿酒厂”案 / 630
(五)应当知道不符合授权条件而继续提起侵权诉讼 / 632
三、国内外关于对专利侵权纠纷引发的恶意诉讼规制的现状 / 634
(一)日本 / 634
(二)德国 / 635
(三)美国 / 636
四、关于专利侵权纠纷引发的恶意诉讼的思考与建议 / 638
(一)对恶意提起专利权诉讼的行为能否直接反诉 / 638
(二)对完善我国恶意诉讼制度的建议 / 639
1. 在《专利法》中增加惩戒恶意诉讼的相关规定 / 640
2. 增设专利权行使的程序性限制 / 643
3. 惩戒“恶意”诉讼行为 / 644

后记 / 646

第一章

权利要求解释的原则

专利权是一种知识产权,其保护客体是发明创造,属于智力活动的成果,具有无形性,需要在法律上对其保护范围进行界定。判断他人的行为是否构成侵犯专利权的行为,必须判断其行为客体是否落入专利权的保护范围,这与一般有形财产权的保护有明显不同。[①] 使用权利要求界定专利发明,已经成为现代专利法的一个特点,也是现在各国专利法通行的做法。[②] 现实中几乎没有人仅仅通过阅读权利要求书就能够明了所要保护的技术方案的准确含义。[③] 一方面,语言本身的模糊性、内涵与外延的不确定性、语言的滞后性等[④]造成了必须通过解释权利要求才能确定专利权利要求的内容,从而确定专利权的边界;另一方面,在通常情况下,语言只有置于特定的语境中才能理解其含义,离开了具体的语境谈论某一术语的含义是没有意义的。因此,对于确定专利权保护范围的权利要求,只有通过解释才能确定其含义。

一、权利要求解释概述

权利要求解释,是指对权利要求的载体——语言文本进行解释,确定其所表达的技术方案的客观含义,并具体确定专利权的保护范围。[⑤] 由于权利要求

---

① 参见尹新天:《中国专利法详解》,知识产权出版社 2011 年版,第 554 页。

② 参见闫文军:《专利权的保护范围》(第 2 版),法律出版社 2018 年版,第 17 页。

③ 参见尹新天:《中国专利法详解》,知识产权出版社 2011 年版,第 578 页。

④ 参见陈文煊:《专利权的边界——权利要求的文义解释与保护范围的政策调整》,知识产权出版社 2014 年版,第 18 页。

⑤ 参见刘庆辉:《发明和实用新型专利授权确权的法律适用——规则与案例》,知识产权出版社 2017 年版,第 64 页。

的作用在于界定要求保护的发明的范围,因此,权利要求解释的过程也是确定专利保护范围的过程。[①] 从以往的论著和包括中国在内的各国的法律条文上看,“权利要求的解释”和“专利权保护范围的确定”二者之间往往是同义的。[②] 权利要求解释的属性在于确定权利人的财产权的边界,也在于确定社会公众的行为边界。专利权利要求的解释,是基于权利要求的基本属性对专利权利要求进行的整体解释,在内容上,不但包括对权利要求的字面含义予以解释,还包括对权利要求的文字进行澄清、弥补和特定情况下的修正;[③]在程序上,不仅包括侵权程序中的解释,而且包括授权确权程序中的解释。明确权利要求的保护范围不但是授权确权的前提,也是进行技术比对、判断被诉侵权技术方案是否落入专利权利要求保护范围的前提和基础。如果诉争双方对于权利要求的技术术语或者技术特征的理解存在分歧,则首先应当对权利要求进行解释,以确定该技术术语或者技术特征应有含义及其对权利要求所起的限定作用,从而准确界定专利权利要求的保护范围。[④]

因为解释权利要求的证据在变化,对权利要求解释的结果也会随之发生变化。因此,专利权人实际上获得了一种动态的对专利权的保护,而且这种动态的保护可以一直延伸到专利权届满。[⑤] 权利要求书的作用在于界定专利权的保护范围,这种边界会随着专利权利要求中技术特征和技术术语含义的改变而发生变化,[⑥]即专利权的保护范围相对于现有技术,其保护范围是变化的,这种变化是对专利权边界的进一步澄清,使原本模糊的区域变得更为清楚。权利要求被维持或者被部分维持的,也会因无效宣告审查过程中,涉案专利技术方案与现有技术的比对,使权利要确定保护边界得到进一步明确的划定。[⑦] 专利权的保护范围是一个相对模糊的边界带,通过权利要求的解释,使该边界带逼近边

---

① 参见闫文军:《专利权的保护范围》(第2版),法律出版社2018年版,第27页;孔祥俊、王永昌、李剑:《〈最高人民法院关于审理侵犯专利权纠纷案件应用法律若干问题的解释〉适用的若干问题》,载《电子知识产权》2010年第2期。

② 参见陈文煊:《专利权的边界——权利要求的文义解释与保护范围的政策调整》,知识产权出版社2014年版,第5页。

③ 参见吉罗洪主编,北京市高级人民法院知识产权审判庭编:《北京市高级人民法院〈专利侵权判定指南(2017)〉理解与适用》,知识产权出版社2020年版,第46页。

④ 最高人民法院民事判决书,(2019)最高法知民终147号。

⑤ 参见李明德:《美国知识产权法》(第2版),法律出版社2014年版,第165页。

⑥ 最高人民法院行政判决书,(2011)行提字第13号。

⑦ 参见练景峰:《专利司法保护与行政审查的衔接问题研究》,载黎炽森主编:《知识产权司法保护理论与实务探索:广州知识产权法官协会首届学术研讨会论文集》,知识产权出版社2021年版,第28页。

界线,[①]而非划定边界线。“最接近的现有技术”的认定是相对的、动态的,并与无效宣告请求人或者审查员的举证、检索情况密切相关。因此,权利要求与“最接近的现有技术”的区别技术特征,以及“实际解决的技术问题”都是相对的、动态的,会随着判断主体选择的“最接近的现有技术”改变而改变。[②] 因此,专利权的保护范围是动态的,但是,在特定的阶段,专利权的保护范围又是相对确定的。[③] 就同一专利而言,在第一个和第二个侵权案件中,法院对权利保护范围的解释可能有所不同。这是因为,权利要求解释可能因为案件的不同而有所不同。[④] 特别是我国的实用新型专利权,其授权不进行实质审查,权利要求的保护范围随时可能因为无效的程序的推进而发生变化。

《专利法》第 64 条第 1 款规定,发明或者实用新型专利权的保护范围以其权利要求的内容为准,说明书及附图可以用于解释权利要求的内容。[⑤] 这一规定是专利制度的核心和基石。权利要求解释尺度的宽严直接决定专利权保护范围的大小,影响专利权人与社会公众之间的利益关系。[⑥] 确定权利要求保护范围的过程就是权利要求解释过程,因此,需要对权利要求的解释规则进行全面的探讨和分析。

专利权,也可以指一国的“专利制度”,专利权是国家根据发明人或设计人的申请,以向社会公开发明创造的内容,以及发明创造对社会具有符合法律规定的利益为前提,根据法定程序在一定期限内授予发明人或设计人的一种排他性权利。[⑦] 专利法之所以会对符合授权条件的技术方案提供法律保护,其目的在于保护人们为获得该技术方案而付出的“创造性劳动”,以及该创造性劳动可能带来的“市场利益”。[⑧] 专利制度是以授予专利权的方式,换取发明者向社会

---

① 最高人民法院民事判决书,(2020)最高法知民终 1325 号。

② 最高人民法院行政判决书,(2016)最高法行再 19 号。

③ 有观点认为,权利要求记载范围具有对世效力,而专利权保护范围只有相对效力,这一观点值得商榷。参见杨志敏:《专利权保护范围研究——专利权行使与对抗理论和实践》,四川大学出版社 2013 年版,第 52 ~ 55 页。

④ 参见李明德:《知识产权法》(第 2 版),法律出版社 2014 年版,第 90 页。

⑤ 1985 年 4 月 1 日,《专利法》开始实施,我国先后于 1992 年、2000 年、2008 年、2020 年四次修改《专利法》,该条款在历次修改中,分别规定在第 59 条、第 56 条、第 59 条及第 64 条,2000 年及之前的《专利法》该条的规定为:发明或者实用新型专利权的保护范围以其权利要求的内容为准,说明书及附图可以用于解释权利要求。2008 年修改《专利法》时在原有条文上增加了“的内容”三个字。

⑥ 参见孔祥俊、王永昌、李剑:《〈最高人民法院关于审理侵犯专利权纠纷案件应用法律若干问题的解释〉适用的若干问题》,载《电子知识产权》2010 年第 2 期。

⑦ 参见王迁:《知识产权法教程》(第 5 版),中国人民大学出版社 2016 年版,第 267 页。

⑧ 参见芮松艳:《创造性条款的原理解读与实务规则》,知识产权出版社 2023 年版,第 22 页。

公开自己的技术发明,而发明人公开发明人技术发明的对价,则是社会公众赋予发明人一定期限的专利权。[①] 所以,专利制度是一种"以公开换保护"的制度。对权利要求的解释,传统上有两种理论,包括发源于英国的"周边限定理论"和起源于德国的"中心限定理论"。周边限定理论认为,专利权人已经在权利要求书中划定了发明创造的边界,对权利要求书的文字应做严格、忠实的解释,其字面含义就是专利权的保护范围。中心限定理论认为,专利制度保护的是发明构思,权利要求书只是该发明构思的一个示例。因此,在解释权利要求时,不应拘泥于权利要求的字面含义,而是可以权利要求书记载的技术方案为中心,通过说明书及附图全面理解发明创造的整体构思,从而将保护范围扩大到专利权人所期望达到的保护范围。[②] 这两种学说代表的确定专利权保护范围的模式截然相反,其优劣之处也正好互补。"周边限定理论"和"中心限定理论"的另一种表述是"文本主义"和"贡献主义"或"文义解释"和"目的解释"。根据《欧洲专利公约》第69条第1款的规定,一份欧洲专利或者欧洲专利申请的保护范围由权利要求书的内容确定,说明书和附图可以用于解释权利要求。该规定成为各国专利法中相关规定的立法范本,也是我国《专利法》第64条的立法渊源。[③] 该规则也称为"主题内容限定原则",[④]我国关于权利要求的解释采用了该规则,其含义体现为:解释权利要求时,应当以权利要求记载的技术内容为准,根据说明书及附图、现有技术、专利对现有技术所做的贡献等因素合理确定专利权的保护范围。既不能将专利权的保护范围拘泥于权利要求书的字面含义,也不能将专利权的保护范围扩展到本领域普通技术人员在专利申请日前通过阅读说明书及附图后需要经过创造性劳动才能联想到的内容。[⑤] 归根结底,涉及说明书与权利要求的辩证关系问题,也就是说,如何平衡"目的解释"与"文义解释",从而使用说明书"解释"权利要求书,而不是"限制"权利要求书。[⑥]

---

① 参见李明德:《美国知识产权法》(第2版),法律出版社2014年版,第111页。

② 参见孔祥俊、王永昌、李剑:《〈最高人民法院关于审理侵犯专利权纠纷案件应用法律若干问题的解释〉适用的若干问题》,载《电子知识产权》2010年第2期。

③ 参见尹新天:《中国专利法详解》,知识产权出版社2011年版,第558、559页;孔祥俊、王永昌、李剑:《〈最高人民法院关于审理侵犯专利权纠纷案件应用法律若干问题的解释〉适用的若干问题》,载《电子知识产权》2010年第2期。

④ 参见李明德:《美国知识产权法》(第2版),法律出版社2014年版,第153页。

⑤ 参见北京市高级人民法院知识产权审判庭编:《北京市高级人民法院〈专利侵权判定指南(2017)〉理解与适用》,知识产权出版社2020年版,第10页。

⑥ 参见张鹏:《专利授权确权制度原理与实务》,知识产权出版社2012年版,第75页。

笔者认为,“折中限定论”是“文本主义”和“贡献主义”的辩证统一,在解释权利要求时,一方面要求坚持“文本主义”的理念,坚持权利要求的公示和划界作用,另一方面权利要求公示的内容要与发明人在说明书中记载的发明目的相符,并与其贡献相一致,将权利要求公示的与说明书记载的发明目的不符的或与其贡献不相一致的技术方案排除在权利要求的保护范围之外。这是权利要求解释的理想状态,实践中,“文本主义”和“贡献主义”对立的情形时刻存在,如在名称为“一种圆柱形导针同向引出束腰封口的锂离子动力电池”的实用新型专利确权纠纷案中,涉案专利权利要求 1 保护一种圆柱形导针同向引出束腰封口的锂离子动力电池。争议焦点之一为如何理解权利要求中的“导针孔”。国家知识产权局认为,涉案专利权利要求 1 的导针孔不仅起到使导针引出的作用,同时还起到释放电池产生的气体防止爆炸的作用。① 但是,在广州知识产权法院受理的侵权诉讼中,②原告涉案专利权利要求并未限定导针孔须具有“防爆功能”。该案的后续程序中,法院均未评述哪种解释方式正确或错误,仅仅强调当事人应当履行诚信义务,不应当在不同程序中对同一术语给出两种不同的解释。这一现象实际上是“文本主义”和“贡献主义”的对抗,要消除这一现象,不仅应当依靠当事人的诚信,而且应当依靠良好的制度设计,对权利要求的解释方法和规则进行指引。

二、公示性原则

权利要求有一个公告的作用,说明哪些技术特征属于专利权的范围。③ 不能离开权利要求中记载的文字确定专利发明的技术范围。④ 权利要求的作用在于公示要求保护的发明的保护范围,因此,权利要求解释的过程也是确定专利保护范围的过程。⑤ 通过向公众表明构成发明或实用新型的技术方案所包括的全部技术特征,让公众能够清楚地知道实施何种行为会侵犯专利权,从而一方面为专利权人提供有效合理的保护,另一方面确保社会公众享有使用现有技术

① 北京市高级人民法院行政判决书,(2018)京行终 766 号。
② 广州知识产权法院民事判决书,(2015)粤知法专民初字第 1535 号。
③ 参见李明德:《知识产权法》(第 2 版),法律出版社 2014 年版,第 92 页。
④ 参见李明德、闫文军:《日本知识产权法》,法律出版社 2020 年版,第 418 页。
⑤ 参见闫文军:《专利权的保护范围》(第 2 版),法律出版社 2018 年版,第 27 页。

的自由。[①] 在权利要求解释的过程中，要明确权利要求的公示和划界作用，不能破坏专利权利要求的公示价值。社会公众通过专利说明书了解发明，通过专利权利要求认识专利的保护范围，从而避免字面侵权。[②] 权利要求的公示价值也表现为权利要求的划界价值，公示与划界是权利要求价值的核心体现，因此解释权利要求的首要原则就是要坚持权利要求的公示性。目前，实践中运用的"全面覆盖原则"实际上是权利要求公示价值的体现。[③]

权利要求的解释不能变更权利要求的内容，不能通过权利要求的解释给予权利人重新划定保护范围的机会，这是权利要求解释的基本原则，否则将损害权利要求的公示作用，并直接损害社会公众利益。通过权利要求来界定专利权的内容和边界，并向社会公示，这是专利制度运行的前提和基础，坚决不能动摇。

坚持权利要求的公示性价值，其本质也是减少专利权的信息成本和交易成本的要求。边界的"清晰性对于促进技术进步是至关重要的，因为它使创新领域的投资更为有效"[④]。解释权利要求时，不仅要充分考虑专利对现有技术所做的贡献，合理界定专利权利要求限定的保护范围，保护权利人的利益，还要充分考虑权利要求的公示作用，兼顾社会公众的信赖利益，不能把不应纳入保护的内容解释到权利要求的范围当中：(1)专利所要克服的技术缺陷的技术方案；(2)整体上属于现有技术的技术方案。[⑤] 专利制度保护的是创新，在解释权利要求时，不能将现有技术划入权利要求的保护范围，这是专利制度运行的价值所在。

在授权确权程序中，应当坚持权利要求的公示性价值。在名称为"一种含

---

① 参见吉罗洪主编，北京市高级人民法院知识产权审判庭编：《北京市高级人民法院〈专利侵权判定指南(2017)〉理解与适用》，知识产权出版社2020年版，第7页。

② 参见闫文军：《专利权的保护范围》(第2版)，法律出版社2018年版，第19页。

③ 《关于审理侵权犯专利权纠纷案件应用法律若干问题的解释》第7条规定：人民法院判定被诉侵权技术方案是否落入专利权的保护范围，应当审查权利人主张的权利要求所记载的全部技术特征。被诉侵权技术方案包含与权利要求记载的全部技术特征相同或者等同的技术特征的，人民法院应当认定其落入专利权的保护范围；被诉侵权技术方案的技术特征与权利要求记载的全部技术特征相比，缺少权利要求记载的一个以上的技术特征，或者有一个以上技术特征不相同也不等同的，人民法院应当认定其没有落入专利权的保护范围。

④ 陈文煊：《专利权的边界——权利要求的文义解释与保护范围的政策调整》，知识产权出版社2014年版，第44页。

⑤ 北京市高级人民法院《专利侵权判定指南(2017)》第2条。

结晶水的氧化镍矿经高炉冶炼镍铁工艺”的发明专利权无效行政纠纷一案中,[①]最高人民法院认为,涉案专利权利要求1请求保护一种含结晶水的氧化镍矿经高炉冶炼镍铁工艺。何为氧化镍矿,涉案专利说明书未对其作特别定义。根据一般理解,含有氧化镍的矿均属于氧化镍矿,氧化镍矿覆盖了含有氧化铬的氧化镍矿和不含有氧化铬的氧化镍矿。尽管涉案专利说明书中提到“但由于红土镍矿常伴生有Cr_2O_3成分,而铬的熔点很高,使融化后的铁水黏度大,含镍铬铁水不能顺利流出,造成冻炉、毁炉的严重后果”和“本发明所提供的镍铬铁矿冶炼镍铁工艺中加入萤石可以有效降低铬对炉温的影响,提高铁水流动性,同时,因为本发明所提供的冶炼工艺中所加入萤石的量经过严格计算,可以有效避免因为萤石加入量过高导致炉缸烧穿等事故发生”等,但是涉案专利说明书中并未记载任何有关萤石添加量、氧化铬含量以及铁水流动性三者之间关系的内容,未记载申请再审人在解决铁水流动性方面针对氧化铬的特殊性付出了哪些创造性的劳动。利用说明书和附图解释权利要求时,也应当以说明书为依据,使专利权利要求保护范围与说明书公开的范围相适应。从这个意义上讲,也不应将涉案专利权利要求1中的氧化镍矿解释为仅限于含有氧化铬的氧化镍矿并将其中的萤石添加量解释为是根据氧化镍矿中氧化铬的含量计算得到的。在该案中,对“氧化镍矿”并未通过说明书给予特别界定,应当尊重权利要求的公示性价值,不能通过解释的方式限制其含义。

在侵权程序中,同样应当坚持权利要求的公示性价值。最高人民法院认为,权利要求的内容的确定,应当根据权利要求的记载,结合本领域普通技术人员阅读说明书及附图后对权利要求的理解进行。但是,当本领域普通技术人员对权利要求相关表述的含义可以清楚确定,且说明书又未对权利要求的术语含义作特别界定时,应当以本领域普通技术人员对权利要求自身的理解为准,而不应当以说明书记载的内容否定权利要求的记载,从而达到实质性修改权利要求的结果,并使专利侵权诉讼程序对权利要求的解释成为专利权人额外获得的修改权利要求的机会。否则,权利要求对专利保护范围的公示和划界作用就会受到损害,专利权人因此不当获得了权利要求本不应该涵盖的保护范围。当然,如果本领域普通技术人员阅读说明书和附图的相应记载后明确、直接、毫无疑义地修正权利要求的该特定用语的含义的,可以根据说明书或者附图修正权

① 最高人民法院行政裁定书,(2012)知行字第57、58号。

利要求用语的明显错误。[①] 权利要求的公示作用价值在于维护正常的经济社会秩序。专利权的保护范围以权利要求为准,不应在产生纠纷时由专利权人随意主张,由法院作出判决才能确定。倘若如此,社会公众无法确定何种生产经营活动是合法的。[②] 在解释权利要求时,坚持权利要求的公示和划界作用,既要防范将公知技术(现有技术)纳入权利要求的保护范围中来,也要防范把并非权利人的创造性劳动成果划到权利人的保护范围中来,更应当注意的是,禁止权利人通过解释权利要求达到实质性修改权利要求保护范围的目的。

权利要求的公示性价值,已经具有广泛的适用基础。例如,法院在多个案件中一致认为,从权利要求书的撰写要求以及作用来看,权利要求书应当清楚、简要地表述请求保护的范围;权利要求是从整体上反映发明或者实用新型的技术方案,记载解决技术问题的必要技术特征;其作用是确定专利权的保护范围,即通过向公众表明构成发明或者实用新型专利的技术方案所包括的全部技术特征,使公众能够清楚地知道实施何种行为会侵害专利权,从而一方面为专利权人提供有效合理的保护,另一方面又确保公众享有使用技术、通过其他方式创新技术的自由。只有对权利要求书记载的全部技术特征给予全面、充分的尊重,社会公众才不会因权利要求内容不可预见的变动而无所适从,从而保障专利权保护范围的确定性,从根本上保证专利制度的正常运作和价值实现。[③]

公示价值是权利要求的首要价值,在侵权判定中体现得尤为明显。最高人民法院《关于审理侵犯专利权纠纷案件应用法律若干问题的解释》(以下简称《专利权纠纷司法解释一》)与最高人民法院《关于审理侵犯专利权纠纷案件应用法律若干问题的解释(二)》(以下简称《专利权纠纷司法解释二》)坚持以权利要求的公示价值为导向。[④] 第一,在《专利权纠纷司法解释一》中,权利要求的公示性价值首先体现为“全面覆盖原则”被确定为侵权判定的基本原则,该原则的确定也宣告了“多余指定原则”“变劣技术方案”的废除;第二,《专利权纠

---

① 最高人民法院民事判决书,(2012)民提字第3号。

② 最高人民法院民事判决书,(2019)最高法知民终783号。

③ 最高人民法院民事判决书,(2020)最高法知民终473号、(2019)最高法知民终21号、(2005)民三提字第1号;北京市第一中级人民法院民事判决书,(2006)一中民初字第1829、1830号;广东省高级人民法院民事判决书,(2015)粤高法民三终字第492号;深圳市中级人民法院民事判决书,(2012)深中法知民初字第1506号;江苏省高级人民法院民事判决书,(2009)苏民三终字第0052号。

④ 2016年,时任最高人民法院民三庭庭长的宋晓明权威解读《专利权纠纷司法解释二》时指出,2009年发布的专利法司法解释曾体现了强化权利要求公示性的导向,《专利权纠纷司法解释二》继续贯彻了这一指导思想,旨在增强专利权保护范围的确定性,为社会公众提供明确的法律预期。

纷司法解释一》中规定了捐献原则，这一原则也是公示价值的体现，其有利于维护权利要求书的公示性，平衡专利权人与社会公众的利益关系；[①]第三，《专利权纠纷司法解释二》进一步规定了权利要求中的“前序”特征、“产品权利要求中的制备方法”特征、“数值”特征、封闭式权利要求，对专利权保护范围均具有限定作用，均是权利要求公示性作用的体现。[②]

三、保护与贡献相一致原则

专利制度的另一项基本原则是发明人所要求的保护应当与其作出的贡献相适应。[③] 专利制度是对技术方案的评价和肯定，一项技术方案能够被授予独占性的专利权，是因为其对现有技术作出了实质性的贡献。被授予的专利权的范围与该技术方案对现有技术的贡献大小相当，这是专利制度的合理性基础。[④]权利要求限定的保护范围应当与说明书充分公开的技术内容和专利作出的技术贡献程度相适应，即权利要求的保护与贡献相一致原则。一项发明创造的保护范围是权利要求公示的内容。其根据在于，《专利法》第 26 条第 4 款规定：“权利要求书应当以说明书为依据，清楚、简要地限定要求专利保护的范围。”[⑤]《专利审查指南》第二部分第二章第 3. 2. 1 节规定：“权利要求书应当以说明书为依据，是指权利要求应当得到说明书的支持。权利要求书中的每一项权利要求所要求保护的技术方案应当是所属技术领域的技术人员能够从说明书充分公开的内容中得到或概括得出的技术方案，并且不得超出说明书公开的范围。权利要求通常由说明书记载的一个或者多个实施方式或实施例概括而成。权利要求的概括应当不超出说明书公开的范围……”如果权利要求限定的保护范围过于宽泛，包括无法解决专利所要解决的技术问题，实现专利所要实现的技术效果的技术方案，并且本领域技术人员根据说明书充分公开的内容以及现有技术的整体状况，仍然无法合理确定、排除该技术方案的，则应当认定该权利要

① 参见孔祥俊、王永昌、李剑：《〈最高人民法院关于审理侵犯专利权纠纷案件应用法律若干问题的解释〉适用的若干问题》，载《电子知识产权》2010 年第 2 期。

② 分别规定在《专利权纠纷司法解释二》第 5 条、第 7 条、第 10 条、第 12 条。

③ 参见陈文煊：《专利权的边界——权利要求的文义解释与保护范围的政策调整》，知识产权出版社 2014 年版，第 54 页。

④ 最高人民法院行政判决书，(2013)行提字第 21 号。

⑤ 如未特别说明，本书所引用的《专利法》均为 2020 年修正版本。

求未能“以说明书为依据”，不符合《专利法》第26条第4款的规定。说明书的作用是让本领域技术人员能够理解和实施发明，而权利要求书的作用是界定专利保护的范围。[①] 解释权利要求时，应当以权利要求记载的技术内容为准，根据说明书及附图、现有技术、专利对现有技术所作的贡献等因素合理确定专利权的保护范围。既不能将专利权的保护范围拘泥于权利要求书的字面含义，也不能将专利权的保护范围扩展到本领域普通技术人员在专利申请日前通过阅读说明书及附图后需要经过创造性劳动才能联想到的内容。[②] 解释权利要求的过程，其实就是围绕权利要求的文字记载，结合说明书及附图，理解权利要求所表达的发明实质的过程，只有全面阅读说明书和附图，才能准确理解权利要求所表达的发明的实质内容。[③] 最高人民法院认为，一方面，权利人有权在说明书充分公开的具体实施方式等内容的基础上，通过合理概括的方式撰写权利要求，以获得适度的保护范围而不仅仅限于具体实施方式本身，从而给发明创造提供必要、适度的激励。另一方面，权利要求限定的保护范围应当与涉案专利的技术贡献和说明书充分公开的范围相适应，以免过宽的保护范围阻碍科学技术的进步。[④] “权利要求应当以说明书为依据”是维护权利人与社会公众的利益平衡，防止专利权侵蚀公有领域，为后续创新保留必要空间的重要制度保障。因此，在确定权利要求的保护范围时，既不能脱离权利要求的文字记载，又不能仅限于权利要求的文字记载，一方面要划定权利要求保护的技术方案与现有技术的边界；另一方面又要划定权利要求与需要通过创造性劳动才能联想到的技术方案的界限。

在专利侵权案件中，如果依据说明书记载可以明确认定权利要求的保护范围大于专利权人的技术贡献，则在此情况下可以采用说明书的内容对权利要求作出与其技术贡献相匹配的限缩解释，以避免专利权人获得超出其技术贡献的保护。[⑤] 名称为“一种多面投影系统”的发明专利侵权纠纷案件中[⑥]，最高人民法院认为，在解释专利权利要求时，正确理解专利相对于现有技术的贡献，可以

① 参见闫文军：《专利权的保护范围》（第2版），法律出版社2018年版，第23页。

② 北京市高级人民法院《专利侵权判定指南（2017）》第3条。

③ 参见吉罗洪主编，北京市高级人民法院知识产权审判庭编：《北京市高级人民法院〈专利侵权判定指南（2017）〉理解与适用》，知识产权出版社2020年版，第12页。

④ 最高人民法院行政判决书，（2016）最高法行再19号。

⑤ 参见芮松艳：《创造性条款的原理解读与实务规则》，知识产权出版社2023年版，第154页。

⑥ 最高人民法院民事判决书，（2019）最高法知民终1号。类案有广东省高级人民法院民事判决书，（2017）粤民初第102号；深圳市中级人民法院民事判决书，（2013）深中法知民初字第135号。

更准确地解释权利要求的含义,实现专利权利要求保护范围与其技术贡献相协调。权利要求书、说明书及其附图、专利审查档案等,是解释权利要求的内部证据,也是理解专利技术贡献的重要线索。从说明书的上述记载看,涉案专利相对于现有技术的贡献似乎在于,其在多个投射面上投射同步化的影像,为观众提供更具专注度和立体感的影像。

在专利授权确权案件中对权利要求的解释并不考虑说明书中记载的技术贡献,不会通过引入背景技术的技术缺陷和诉争的发明目的而对权利要求进行线索解释,而是会以本领域技术人员对权利要求本身的通常理解为准。就专利授权确权程序而言,其目的在于要求专利申请人或专利权人撰写一个本领域技术人员可理解且与技术贡献相匹配的权利要求。① 但事实上,"保护与贡献相一致"是授权确权程序中应当考量的内容。

对此,北京市高级人民法院有过全面的论述。② 法院认为,一方面,由于专利权保护范围依照权利要求书来确定,专利权具有公示性,对权利要求的解释规则应当激励专利申请人尽量明确地表述其专利权保护范围,避免因为模糊的表述而导致保护范围不清楚。如果专利申请人在撰写权利要求时,使用模糊的文字表述相关技术特征,导致保护范围不清楚,或者导致保护范围过大,应当承担由此产生的不利后果。例如,根据专利说明书可以确定其技术贡献体现在技术特征 a,但专利申请人在权利要求书中表述为 A,从文义上来看,A 既包括其技术贡献所涉及的情形 a,也包括与其技术贡献无关的情形 a',则在专利授权确权程序中应当将 A 解释为包括 a 和 a',情形 a'有可能因为不能实现或不具备创造性而导致专利权无效。这样的专利权解释规则,有利于激励专利申请人在撰写时尽量清楚地表述其保护范围,避免损害相关公众的合法权益。另一方面,权利要求书中的文字表述有歧义时,解释权利要求书以确定专利权保护范围时,应当站在本领域技术人员的角度,结合说明书和附图,甚至结合专利权的修改情况,尽量全面地考虑权利要求书中相关文字表述的真正含义。对于确实有技术贡献的发明创造,要尽量避免因为明显的撰写瑕疵而否定其效力。充分考虑专利文件撰写的客观局限,在专利申请文件公开的范围内,尽可能保证确有创造性的发明创造取得专利权,实现专利申请人所获得的权利与其技术贡献相一致。

---

① 参见芮松艳:《创造性条款的原理解读与实务规则》,知识产权出版社 2023 年版,第 154 页。

② 北京市高级人民法院行政判决书,(2013)高行终字第 732 号。

在名称为“无水银碱性钮形电池”专利行政纠纷案[①]中，最高人民法院认为，涉案专利权利要求1未对电池负极片的结构及成型方法进行具体的限定。利用说明书和附图解释权利要求时，应当以说明书为依据，使其保护范围与说明书公开的范围相适应。首先，涉案专利的申请人从产生发明动机开始直到申请专利之时也未认识到层压结构的电池负极片与电镀结构的电池负极片孰优孰劣，而是认识到水银之所以能够防止漏液，是因为其能够在锌与其他原料或金属之间形成隔离，防止它们之间的接触。故其认为实现钮形电池无汞化旨在找到一种能够代替汞的材料，使其亦能够在锌与其他原料或金属之间形成隔离，而未认识到要对电池负极片本身的结构作出专门的改进。其次，涉案专利的申请人在探索涉案专利的过程中，所做的工作主要是探索在负极片上电镀哪种金属能够成功地控制电池负极锌膏和负极片的接触，而并未针对电池负极片本身的结构变化进行任何尝试性的探索。再次，涉案专利的申请人认为在电池的负极片上镀上铟或锡，就可以防止锌与负极片接触而产生气体膨胀，就已经完成了其发明的任务，而没有认识到其已经完成的该项发明是否还有待进一步的改进，诸如要对电池负极片本身的结构作进一步的改进并为此付出了创造性的劳动。最后，涉案专利的申请人在申请专利之时亦未想到要对负极片的概念加以区分以体现其针对电池负极片的结构作出过改进。综上，涉案专利并非针对电池负极片的结构作出的改进，一审、二审判决及第13560号决定将涉案专利权利要求1中的电池负极片解释为特指已镀镍或铜的金属片不当，应当予以纠正。在该案中，法院显然是对发明人的发明目的、发明的技术方案和效果进行了审查，并由此查明了发明人的贡献并不在于对电池负极片本身的结构作进一步的改进，也并未为此付出了创造性的劳动。这说明在授权确权程序中考量发明人的贡献对于专利申请是否应当授权有重大影响。

在侵权程序中，发明人的贡献对于侵权认定同样具有重要作用。《专利权纠纷司法解释一》与《专利权纠纷司法解释二》中的多个技术特征的解释规则，体现了“保护与贡献相一致”的价值导向。包括说明书的特别界定、[②]专利审查档案的作用、[③]“功能性”权利要求、[④]“禁止反悔原则”、[⑤]“明显错误或歧义”的

① 最高人民法院行政判决书，(2012)行提字第29号。

② 《专利权纠纷司法解释一》第3条。

③ 《专利权纠纷司法解释二》第6条。

④ 《专利权纠纷司法解释一》第4条、《专利权纠纷司法解释二》第8条。

⑤ 《专利权纠纷司法解释一》第6条、《专利权纠纷司法解释二》第13条。

认定、[1]“步骤顺序”的限定作用。[2]

四、符合发明目的原则

目的解释是法律解释中的一种重要方法。耶林在其名著《法律的目的》一书中指出:“目的是所有法律的创造者。”同样,发明目的也是所有专利的创造者。因此,解释权利要求时,应当坚持符合发明目的原则,即在解释权利要求的过程中,要准确理解发明目的,不应将不符合发明目的的技术方案解释到权利要求中,这实际上是对权利要求公示性原则的限制,是保护与贡献相一致原则的体现。如果对权利要求中某一技术术语的解释,使包含该术语的权利要求所限定的技术方案不能实现说明书所描述的发明目的,则对权利要求中该技术术语的解释就是不恰当的。[3]

说明书通常在指明背景技术缺陷的基础上提出本专利技术方案所要解决的技术问题或者所要达到的技术效果,即本专利的发明目的。[4] 发明创造的过程,是发现问题并解决问题的过程,这一过程在专利制度中通常表现为本领域技术人员在面对某一具体技术问题时,经过创造性劳动给出了解决技术问题的技术方案,并能够通过发明人给出的技术方案实现或达到一定的技术效果。所以,发明或者实用新型的说明书中必然要记载这三部分的内容,即技术问题、技术方案和技术效果。因此,发明或者实用新型专利的发明目的,是指发明创造通过特定的技术方案所要解决的技术问题和实现的技术效果。关于发明目的与权利要求保护范围的关系,有两种观点:一种观点认为,无论是在新颖性的判断还是在专利权侵权的判断中,都必须考虑目的、构成、效果这三个要素,只要这三个要素中有一个不同,就不应当得出缺乏新颖性或者构成侵权行为的结论;[5]另一种观点认为,权利要求记载的技术方案对专利权保护范围的确定起主要作用,说明书中记载的发明目的和效果一般来说不对专利权的保护范围的确

① 《专利权纠纷司法解释二》第4条、《关于审理专利授权确权行政案件适用法律若干问题的规定(一)》第4条。

② 《专利权纠纷司法解释二》第11条。

③ 参见张晓都:《专利民事诉讼法律问题与审判实践》,法律出版社2014年版,第68页。

④ 参见马云鹏:《专利侵权判定中发明目的理解与适用的实证分析》,载《电子知识产权》2019年第9期。

⑤ 参见尹新天:《中国专利法详解》,知识产权出版社2011年版,第583页。

定产生决定性影响。[①] 笔者认为,发明目的是相应发明创造对社会贡献的体现,无论是判断申请是否符合专利授权条件还是判断专利与被控侵权产品是否构成相同侵权或等同侵权时,都应当予以考虑。[②] 符合发明目的的原则是保护与贡献相一致原则的体现。说明书中记载的发明目的,通常是发明人智力劳动的体现,如果被诉技术方案不能实现其发明目的,则是专利权不应当覆盖的范围。在进行权利要求解释时,应以权利要求的文义为基础,结合说明书及其附图对权利要求中的技术术语进行合理的解释。其中,当用说明书及其附图解释权利要求时,说明书中描述的发明目的对权利要求的解释有重要作用。[③] 对于权利要求的解释,不仅要考虑其字面含义,还要结合说明书的记载,尤其关于技术效果的描述,从而准确界定权利要求的保护范围。[④] 在解释过程中,要准确理解发明目的,不应将不符合发明目的的技术方案解释到权利要求中,也不应将本领域技术人员在阅读了说明书及附图后,无须创造性劳动即可得到的能够解决本专利技术问题、实现发明目的和技术效果的技术方案排除在专利权保护范围之外。[⑤] 因此,符合发明目的的原则,应当贯穿于权利要求解释的始终,在对权利要求进行解释时,应当始终考虑该解释是否符合发明目的,对权利要求的保护范围作出合乎逻辑的界定,以符合发明目的的和能够实现发明技术方案为指引,[⑥]将发明目的作为权利要求解释的"紧箍咒",对于与发明目的相矛盾的解释,不应当予以接受。

在名称为"一种双视角扫描装置的臂架结构"的发明专利确权程序中,权利要求 1 保护一种双视角扫描装置的臂架结构。争议焦点之一为:权利要求 1 中的"射线探测器的安装支架可以调整"应当如何理解。最高人民法院认为,从该专利的发明目的出发,只有通过横探测臂调整射线探测器阵列,才能简便、快速地实现"射线探测器探测面正对 X 射线",进而"使探测到的 X 射线信号最强",

---

① 参见尹新天:《中国专利法详解》,知识产权出版社 2011 年版,第 584 页。

② 2020 年 4 月 28 日,最高人民法院《关于审理专利授权确权行政案件若干问题的规定(一)》(征求意见稿)第 3 条第 1 款规定:人民法院审理专利授权确权行政案件,一般应当以本领域技术人员所理解,且符合发明目的的通常含义界定权利要求的用语。权利要求采用自定义词且说明书及附图有明确定义或者说明的,从其界定。最终通过的解释中删除了"且符合发明目的的通常含义"的规定,但是这并不能否定授权确权程序中,发明目的对解释权利要求的核心作用。

③ 最高人民法院行政判决书,(2019)最高法知行终 142 号。

④ 最高人民法院民事裁定书,(2018)最高法民申 5730 号。

⑤ 最高人民法院民事判决书,(2020)最高法知民终 1357 号;最高人民法院行政判决书,(2020)最高法知行终 403、657 号。

⑥ 最高人民法院民事判决书,(2020)最高法知民终 1468、1576 号。

以实现该专利所追求的“结构简单、成本低、检查速度快”发明目的。反之，如果将“射线探测器的安装支架”理解为射线探测器与横探测臂之间的连接部件，则需要调整每个安装支架方可达到“以保证射线探测器探测面正对X射线使探测到的X射线信号最强”的技术效果，这在技术上不但难以实现，即便能够实现，也成本极高，结构复杂，显然不符合本专利“结构简单、成本低、检查速度快”的发明目的。①

专利权的发明目的通常有两种，一种是发明人在专利文件中直接记载的发明目的，这一发明目的称为发明者的主观目的；另一种是在授权确权程序中，根据新的现有技术重新确立的发明目的，这一发明目的称为客观目的。主观目的与客观目的具有统一性，具体表现为，首先，二者客观上相同。例如，在名称为“眼镜腿及制造方法”的发明专利侵权纠纷案中②，涉案权利要求保护一种眼镜腿，争议焦点之一为如何理解权利要求中的技术特征“颜色为A的硅胶基体，颜色为B的硅胶固定层”中的颜色A与颜色B是否为相同颜色。对此，最高人民法院认为，一是涉案专利权利要求明确限定硅胶基体的颜色为A，硅胶固定层的颜色为B，已将两种颜色进行区分。二是根据涉案专利说明书的记载，涉案专利所解决的技术问题正是针对现有技术中眼镜腿色彩单一、杂乱的缺陷，而将硅胶原材料、金属芯和硅胶固定层经过多次高压模压黏结在一起，这样不同颜色的硅胶原材料和硅胶固定层将金属芯模压固定，制成的眼镜腿成品色彩多样，不掉色，层次分明。如将颜色A和B理解为相同，则难以达到色彩多样、层次分明的技术效果，与其发明目的不符。三是涉案专利授权程序中专利权人曾陈述，颜色为A的硅胶基体和颜色为B的硅胶固定层将金属芯夹紧在中间，这样形成的眼镜腿上硅胶基体和硅胶固定层之间的色彩层次分明。综上，涉案专利权利要求1中的颜色A和B应理解为不同颜色。本案中，说明书的主观发明目的，与专利权人授权程序中陈述的发明目的一致，强调颜色A和B为不同颜色，解决“现有技术中眼镜腿色彩单一”的问题，并产生“色彩层次分明”的技术效果。因此，将颜色A和B解释为相同颜色不符合发明目的。

其次，二者客观上不同，但是在侵权诉讼中，应当同时考虑发明的主观目的和客观目的。在确权程序中，如果有证据表明说明书中描述的发明目的并非专利技术方案实际解决的技术问题，则权利要求的解释就应当根据最接近的现有

① 最高人民法院行政判决书，(2020)最高法知行终403号。
② 最高人民法院民事判决书，(2021)最高法知民终623号。

技术所重新确定的发明目的,而不是按照发明人自己根据说明书的字面描述认定的发明目的。[①] 此时,发明人的主观目的并没有因为客观目的的产生而消失,而是在适用“三步法”评述创造性时,发明人的主观目的因为已经被最接近的现有技术公开而不再考虑,因此,重新确定的发明目的不是对说明书记载的发明目的的修正或者覆盖,而是与主观目的并列的发明目的,在侵权诉讼中应当同时考虑客观目的和主观目的,而不是仅考虑客观目的。而且,客观目的也可能变为主观目的,因为在最接近的现有技术变化的情况下,客观目的同样可能发生改变。

在名称为“高架立体建筑物”的发明专利权侵权纠纷案[②]中,涉案权利要求保护一种高架立体建筑物。争议技术特征为权利要求中的“空间支架四周空间及表面布置有若干房屋单元……该空间支架有连接地面的交通设施,该空间支架的顶面为道路”如何理解。对此,最高人民法院认为,根据涉案专利说明书的记载,本发明的目的主要有两个,一是节约用地,能在单位建设用地面积上建设较多面积的建筑;二是改善居住交流性和舒适度。其中第一个目的是通过向支承于地基上的空间支架四周空间扩展建设房屋单元来实现的;第二个目的是通过在空间支架顶面上建设道路,以满足人员、车辆、物资的交通和流动来实现的,并且王某在专利授权实质审查过程中陈述“空间支架不仅可以作为车道使用,还可以作为房屋单元移动时的路径使用”,因此空间支架顶面上的“道路”还兼具房屋单元移动路径之用。由此可知,涉案专利权利要求 1 中“固接于地基的空间支架四周空间及表面布置有若干房屋单元”的技术特征是针对第一个发明目的而采取的技术手段,“该空间支架的顶面为道路”的技术特征是针对第二个发明目的而采取的技术手段,为了同时实现上述两个发明目的,这两个技术手段应相互协同配合,对其中一个技术特征含义的理解不应导致某个发明目的无法实现。从“道路”的通行功能来看,其应为具有合理高度的空间概念,而不应仅指道路本身,因此“该空间支架的顶面为道路”应被解释为“空间支架顶面上建有道路,在顶面及向上延伸合理高度范围内保留供人员、车辆、物资、房屋等交通和流动所需的通行空间”,这种解释不仅符合涉案专利的发明构思,也是为了实现涉案专利的上述第二个发明目的所应采取的技术手段。本案中,法院

① 参见张晓都:《发明目的在权利要求解释中的作用》,载《中国专利与商标》2012 年第 3 期。

② 最高人民法院民事裁定书,(2011)民申字第 115 号;上海市高级人民法院民事判决书,(2010)沪高民三知(终)字第 83 号。

明确指出,说明书记载了两个发明目的,在侵权判定时应当同时考虑两个发明目的。

再次,客观目的属于对主观目的的进一步限定,此时,客观目的覆盖了主观目的,则主观目的不再考虑。在名称为"一种伸进型全向天线馈电结构"的实用新型专利侵权纠纷案中,[①]涉案专利授权公告的权利要求保护一种伸进型全向天线馈电结构。争议焦点之一为如何理解"一定的距离"的含义。对此,广东省高级人民法院认为,涉案专利被宣告部分无效前的发明目的是提供一种伸进型全向天线馈电结构,它通过在金属连接器与金属固定套之间形成通道,使天线罩内腔与外部连通,从而使天线罩内外气压能基本一致,使雨水不能从底部吸入,同时利用通道能将进入天线罩里面的雨水快速排出。权利要求 1 因缺乏创造性被宣告无效,说明现有技术已经可以实现上述发明目的。被维持的权利要求 3 的发明目的是在金属连接器外层凸台与金属固定套的尾端之间保持有一定的距离,从而使雨水不容易被从金属连接器底端吸进天线罩里面。本领域的普通技术人员通过阅读专利权利要求书和说明书可以判断出,金属连接器外层凸台与金属固定套尾端之间的距离应当足够长,足以实现上述发明目的。而被控侵权产品中的金属连接器外层凸台与金属固定套尾端基本持平,这就使"雨水不容易被从金属连接器底端吸进天线罩里面"的发明目的难以实现。最高人民法院认为,涉案专利的说明书虽未对"一定的距离"进行进一步的限定或说明,但是对于设置"一定的距离"的目的,说明书中有如下记载:"在金属连接器外层设有凸台,凸台与金属固定套的尾端有一定的距离,这样一来使雨水不容易从金属连接器底端吸进到天线罩里面。"本领域普通技术人员在阅读说明书的上述内容后,能够根据涉案专利在凸台与金属固定套的尾端之间设置"一定的距离"的目的,理解权利要求 3 中所称的"一定的距离",是指能够"使雨水不容易从金属连接器底端吸进到天线罩里面"的距离,而不会理解为只要凸台与金属固定套的尾端存在距离,即落入"一定的距离"所限定的保护范围内。本案中,权利要求 3 引用权利要求 1,权利要求 1 的发明目的被权利要求 3 所代替,因此应当考虑权利要求 3 的发明目的对权利要求进行解释,而不是同时考虑权利要求 1 和权利要求 3 的发明目的。

最后,主观目的与客观目的同等重要。权利要求解释的主线是发明目的,

① 广东省高级人民法院民事判决书,(2008)粤高法民三终字第 9 号;最高人民法院民事裁定书,(2009)民申字第 1533 号。

在解释权利要求时，要始终围绕发明目的这一主线展开。在名称为“一种移动终端键盘灯的驱动电路和系统”的实用新型专利确权程序中，①权利要求1要求保护一种移动终端键盘灯的驱动电路，争议焦点之一为权利要求1记载的技术特征“所述恒流电源模块与所述键盘灯组成一个电流回路”如何理解。北京市高级人民法院认为，专利说明书记载了本专利要解决的技术问题是现有的恒压驱动方式使经过键盘灯的电流不同导致键盘灯亮度不同。专利采取恒流方式驱动键盘灯，使流经键盘灯的电流一致，从而不会导致键盘灯亮度不同。并且专利说明书给出了两个实施例，均是键盘灯(或者串联了背光灯的键盘灯)与恒流电源首尾相连。因此，本领域技术人员阅读说明书能够确定无疑，为了实现本专利的发明目的，专利权利要求1中限定的“所述恒流电源模块与所述键盘灯组成一个电流回路”应当解释为“每个恒流电源模块与每个键盘灯组成一个电流回路”，而非多个键盘灯并联后与恒流电源组成电流回路。在该案中，法院通过说明书记载的该发明的主观目的对争议特征进行了解释，并确定了其含义。

在名称为“改进型分体水龙头”的发明专利侵权纠纷案中②，争议技术特征之一为如何理解权利要求中的术语“填充满”“蜂窝”。最高人民法院认为，结合说明书的描述和审查档案的认定，关于“填充满”，指的是将“防冻保护层”充分布局于塑料内阀芯管与金属龙头本体之间形成的空腔内，而非金属颗粒毫无缝隙地填满该空腔；关于“蜂窝”，指的是金属颗粒聚集形成的相互之间存有空隙的“蜂窝”状层结构，这样才能达到利用自身形变吸收塑料内阀芯管的压力，防止其因受水压、水温影响破裂的目的，也可以实现在长期吸收潮气后由蜂窝状态壳体逐渐演变成实心状态，更好地黏附塑料内阀芯管与金属龙头本体的作用，至于该“蜂窝”的具体造型是否为规整的多边形则不在权利要求的限定范围内。③ 在该案中，法院结合本专利说明书记载的主观目的与审查档案记载的客观目的，对“填充满”“蜂窝”进行了解释，并最终认定被诉产品的颗粒之间的空隙，可以视为“蜂窝”状的层结构。

在名称为“一种连续电镀传动系统及连续电镀系统”的实用新型专利侵权纠纷案中④，权利要求1保护一种连续电镀传动系统，争议焦点之一为如何理解

---

① 北京市高级人民法院行政判决书，(2017)京行终2926号。
② 最高人民法院民事裁定书，(2019)最高法民申233、234号，(2018)最高法民申5732号。
③ 最高人民法院民事裁定书，(2019)最高法民申233、234号，(2018)最高法民申5732号。
④ 最高人民法院民事判决书，(2020)最高法知民终1916号。

权利要求中的"两侧"的含义。最高人民法院认为,结合涉案专利的发明目的进行理解,涉案专利中传动带由导电材料制成,若干个电镀夹直接固定在传动带的底部,将供电组件与电镀夹设于传动带两侧实现了通过传动带直接将供电组件的电供至电镀夹,减少回路电阻,降低能耗损失,保证各电镀夹上的电流均匀,实现更好的电镀效果,因此,无论供电组件和电镀夹位于传动带的上下、左右或内外两侧,只要能够实现将供电组件的电通过传动带供至电镀夹即可。说明书附图3给出的位于左右两侧的实施例仅是一种实施方式,不能以此限缩涉案专利的保护范围。在该案中,法院通过说明书记载的主观目的对"两侧"的含义进行了解释,并确认了其含义。

五、区别解释原则

区别解释原则包括权利要求区别解释原则和权利要求中技术术语的区别解释原则,前者是指权利要求之间的区别解释,后者是指权利要求技术术语的区别解释。区别解释原则是推定权利要求成立的原则,可以有例外,实践中法院可以职权审查该原则在具体案件是否具有适用的基础。

(一)权利要求区别解释原则

权利要求区别解释原则是指权利要求书中的每一个权利要求都指定着不同的技术方案,其保护范围是不一致的。① 当专利的一项权利要求不包含某项特征,而该专利的另一项权利要求包含该特征时,无论是在判断有效性还是判断侵权方面都不应当将该特征读入前一权利要求。② 即在解释在前权利要求的含义时,一般不宜将在后权利要求的含义读入在前权利要求。③ 对此,北京市高级人民法院《专利侵权判定指南(2017)》第17条规定,在解释权利要求、确定权利要求书中记载权利要求的保护范围时,可以推定独立权利要求与其从属权利要求所限定的保护范围互不相同。独立权利要求的保护范围大于其从属权利要求的保护范围,在前从属权利要求的保护范围大于在后引用该在前从属权利要求的保护范围,但本领域普通技术人员根据专利说明书及附图、专利审查档

① 参见杨志敏:《专利权保护范围研究——专利权行使与对抗理论和实践》,四川大学出版社2013年版,第38页。

② 参见[美]J. M. 穆勒:《专利法》,沈超等译,知识产权出版社2013年版,第325页。

③ 最高人民法院民事判决书,(2020)最高法知民终580号。

案等内部证据,可以做出相反解释的除外。[①] 当被引用的权利要求的保护范围存有疑问时,以边界更为清晰的从属权利要求的保护范围来反推被引用的权利要求的保护范围是相当有效的逻辑解释方法。[②] 因此,权利要求区别解释原则在实践中被广泛应用。

第一,权利要求区别解释原则在授权确权程序中的适用。

在名称为"用于建筑机械压轧辊的剥离装置和该建筑机械以及方法"的发明专利授权程序中[③],权利要求 1 请求保护一种建筑机械。争议焦点之一为如何理解权利要求中的"剥离刮刀覆盖最大压轧宽度"。北京市第一中级人民法院认为,同一份申请文件的相关权利要求可以用于解释权利要求,权利要求 11 进一步限定了"下剥离部分延伸于剥离刮刀的整个宽度上",由于该权利要求为权利要求 1 的从属权利要求,因此可推定其所保护的技术方案属于权利要求 1 所要求保护的一项下位特定技术方案,即下剥离部分与剥离刮刀等宽的技术方案属于权利要求 1 的保护范围。

在名称为"涡轮流量计"的发明专利确权程序中[④],权利要求 1 保护一种用于对流体进行消耗量测量的涡轮流量计,争议焦点之一为专利权利要求 1 中"该保持嵌件则包括导水十字管"中的"包括"是否应当解释为"嵌合或插接的连接关系"。北京市高级人民法院认为,本专利权利要求 1 的从权利要求 18 进一步限定,所述导水十字管和嵌件基体借助插塞连接件合并在一起。可见,如果专利权利要求 1 不是"包括"关系,而是嵌合或插接的连接关系,那么与从权利要求 18 构成重复限定,且权利要求 18 内容已被现有技术公开。

权利要求区别解释规则是一般性规则,如果有证据可以做出相反解释的除外。例如,独立权利要求采用了功能性特征,从属权利要求记载了其具体实施方式时,则该两项权利要求的保护范围实质上相同。另外,如果根据说明书或审查档案可以认定两项权利要求的保护范围是相同的,也不应当根据权利要求区别解释原则进行认定。权利要求区别解释原则基础之一在于,如果某一项权利要求与所引用的权利要求的保护范围相同,则该项权利要求将因为不符合《专利法》第 26 条第 4 款的规定被宣告无效。在名称为"充电电池接线夹子"的

① 最高人民法院民事判决书,(2021)最高法知民终 304、340、870、876 号。

② 参见陈文煊:《专利权的边界——权利要求的文义解释与保护范围的政策调整》,知识产权出版社 2014 年版,第 261 页。

③ 北京市第一中级人民法院行政判决书,(2011)一中知行初字第 3243 号。

④ 北京市高级人民法院行政判决书,(2016)京行终 4414 号。

发明专利确权程序中①，权利要求 1 要求保护一种接线夹子，本专利权利要求 2 是权利要求 1 的从属权利要求，其附加技术特征为：此接线夹子配置可分离的接线端子。同时，权利要求 1 中限定了："一种接线夹子……包括金属夹子主体装置，可旋转螺纹螺钉，以及接线端子……当所用铅酸充电电池正、负极为螺钉固定方式时，即可将此接线端子与夹子主体分离"国家知识产权局认为，权利要求 1 中已经限定了"接线端子"可以与"夹子主体"分离的相关技术特征，权利要求 2 的附加技术特征构成重复限定。本案中，因为不存在使用权利要求区别解释原则的条件，权利要求 1 与权利要求 2 无任何差别，权利要求 2 构成权利要求 1 的重复限定，导致权利要 2 被宣告无效。

第二，权利要求区别解释原则在侵权程序中的适用。

《专利权纠纷司法解释一》第 3 条第 1 款规定，权利要求书中的相关权利要求也可以用于解释权利要求。这一规定实际上是权利要求区别解释原则的体现。在名称为"内煤外热式煤物质分解设备"实用新型专利侵权行政纠纷案中②，涉案权利要求 1 保护一种内煤外热式煤物质分解设备。争议焦点之一为如何理解权利要求 1 限定的"所述窑体内设置煤物质推进分解管道"。被诉行政决定认为，涉案专利的煤物质推进分解管道固定在密封窑体内，而被诉侵权设备的回转窑体相对于夹套转动，两者的结构和工作原理不同。对此，最高人民法院认为，涉案专利权利要求 1 并未限定煤物质推进分解管道是否回转，被诉侵权设备的窑体是否回转并不影响本案专利侵权的判断。涉案专利权利要求 1 并未对煤物质推进分解管道的数量和位置做进一步的限定，反而在其从属权利要求 5 记载，"如权利要求 1 或 2 所述的内煤外热式煤物质分解设备，其特征在于：所述煤物质推进分解管道由多根平行密排管道组成，所述多根平行密排管道一端设置分配盘，所述分配盘与所述进煤口连通，另一端设置汇聚盘，所述汇聚盘与出煤口连通"。根据《专利法实施细则》规定的权利要求撰写规则，从属权利要求是对其所从属的独立权利要求的进一步限定，独立权利要求的保护范围应当大于其项下的从属权利要求的保护范围。因此，根据涉案权利要求 5 对"所述煤物质推进分解管道由多根平行密排管道组成"的限定，可以反推其

① 国家知识产权局无效宣告请求审查决定书（第 23908 号）；类案有国家知识产权局无效宣告请求审查决定书（第 49153 号）。因原国家知识产权局专利复审委员会的相关职责由国家知识产权局统一行使，为便于叙述，本书不再使用"国家知识产权局专利复审委员会"的称谓，在引用相关案例或评述时统一使用"国家知识产权局"的称谓；最高人民法院行政判决书，（2017）最高法行再 84 号。

② 最高人民法院行政判决书，（2017）最高法行再 84 号。

从属的权利要求 1 的煤物质推进分解管道并不要求是多根平行密排的。

在“锻炼装置”发明专利权纠纷案中①,权利要求分别为:“1. 一种锻炼装置,包括:一个阻力部件;一个将第一延伸臂和第二延伸臂连接到阻力部件上的绳索,其中该绳索包括一个第一绳股和一个第二绳股……2. 如权利要求 1 所述的锻炼装置,其特征在于,绳索实质上由单根绳索组成。”本案的争议焦点之一为,根据权利要求 2 的内容,是否可以根据权利要求的区别解释原则,将权利要求 1 中的“包括……一个”解释为一个或者多个。最高人民法院认为,尽管我国现行的法律、法规以及司法解释中,尚未对权利要求的区别解释原则作出明确规定。但对不同权利要求进行区别解释,将不同的权利要求解释为具有不同的保护范围,在通常情形下是必要和合理的。《专利法实施细则》第 20 条规定,权利要求书应当有独立权利要求,也可以有从属权利要求。考虑权利人撰写不同权利要求的目的,尤其是在独立权利要求的基础上撰写从属权利要求,是为了限定出不同层次的保护范围,使专利权的保护范围更为明确和立体。因此,通常情况下,应当推定不同的权利要求具有不同的保护范围。然而,语言文字本身存在一词多义,也可能存在多词同义的情形。加之申请人在撰写技巧、主观认识等方面的偏差,对于同一技术方案,有可能使用不同的技术术语,以不同的表述方式进行限定,从而出现不同的权利要求的保护范围相同,或者实质相同的情形。在此种情形下,机械地进行区别解释,无疑是有悖于客观事实的。在本案中,对于本领域技术人员而言,权利要求 1 中的“一个绳索”与权利要求 2 中的“单根绳索”并无实质性的区别,二者仅仅是表述方式不同而已。因此,法院不能适用权利要求的区别解释原则将权利要求 1 中的“一个绳索”解释为一个或多个,否则将与权利要求的公示性原则相冲突,并达到了实质性修改权利要求的目的。

第三,权利要求区别解释原则的例外。

权利要求区别解释原则是一般性规则,如果有证据证明从属权利要求属于形式上的从属权利要求,但实质上是独立权利要求,则可以推翻权利要求区别解释的一般规则。在名称为“加强的热交换板”的发明专利侵权纠纷案中②,该专利权利要求 1 保护一种适合于用在流动于板式热交换器中的两种流体之间的隔壁的板。争议焦点之一为如何理解权利要求 1 中的“相当大地(减少顶部

① 最高人民法院民事裁定书,(2014)民申字第 497 号。

② 最高人民法院民事裁定书,(2020)最高法民申 969 号。

峰线)”。最高人民法院认为,对于特定权利要求及其引用的独立权利要求,应当根据两项权利要求所限定的保护范围是否属于“进一步限定”,即二者的保护范围是否具有覆盖和被覆盖关系来具体判断。不能仅仅基于撰写形式上的引用和被引用,即认定独立权利要求的保护范围当然地覆盖对其进行引用的特定权利要求,并据此进行权利要求解释。对此,《专利审查指南》第二部分第六章中也规定:应当注意,在某些情况下,形式上的从属权利要求,实际上是独立权利要求。本案中,虽然涉案专利权利要求 6 引用权利要求 1,但根据涉案专利说明书及附图、国际申请中相关部分的原文,均能得出争议技术特征中的“相当大地(减少顶部峰线)”与“整个(减少顶部峰线)”是并列的不同技术方案。涉案无效宣告请求审查决定也认定,①“权利要求 6 中的零高度,相当于整个地减小顶部峰线高度,不在权利要求 1 中‘相当大地’范围内,可以将权利要求 6 理解为权利要求 1 的假从属权利要求”。因此,仅仅根据权利要求 6 在撰写形式上对权利要求 1 加以“引用”,并不足以推翻前述证据,不能据此认定权利要求 1 中限定的“相当大地(减少顶部峰线)”覆盖了权利要求 6 中的“整个(减少顶部峰线)”。

在该案中,无论是对权利要求 1 和权利要求 6 技术方案的分析,还是涉案专利权的无效宣告请求审查审查决定,均表明权利要求 6 引用权利要求 1 形式上属于从属权利要求,但实质上属于独立权利要求,因此,不能适用权利要求区别解释原则进行解释,即不能仅仅基于撰写形式上的引用和被引用,即认定独立权利要求的保护范围当然地覆盖对其进行引用的特定权利要求。

(二)技术术语区别解释原则

在专利申请文件中,特别是权利要求中,对于不同的技术术语的解释应当按照同一文本中的相同术语应作相同解释、不同术语应作区别解释的规则进行解释。同一专利法律文件使用的相同术语应解释为相同含义,这也是法律解释关于文本用语一致性的一般原理。② 从属权利要求可以用于澄清独立权利要求记载的技术特征的含混不清之处,避免对记载在独立权利要求和从属权利要求中的相同科技术语作出不相一致的解释。③ 权利要求技术用语区别解释原则同

① 国家知识产权局无效宣告请求审查决定书(第 30398 号)。

② 最高人民法院民事判决书,(2020)最高法知民终 1325 号。

③ 最高人民法院《关于对河南省高级人民法院请示郑州市振中电熔锆业有限公司与郑州建嵩耐火材料有限公司专利侵权纠纷再审一案有关问题的答复》。

样是一项推定权利要求适用的原则,一般而言,在无相反证据的情况下,对权利要求中使用的不同用语应作不同的解释。

第一,不同技术术语应当解释为不同含义。

不同技术术语应当解释为不同含义,既是授权确权程序中采用的规则,也是侵权程序中采用的规则,二者的适用规则具有统一性。

在名称为"墨盒"的发明专利确权纠纷案中①,最高人民法院认为,本专利原申请文件和授权文本的说明书中均无"记忆装置"的记载,但是本专利授权文本的权利要求书既使用了"记忆装置"的用语,又同时使用了"存储装置"的用语。其中,独立权利要求 1 和 40 均单独使用了"存储装置"的用语;独立权利要求 8 和 29 及该两个独立权利要求的从属权利要求均单独使用了"记忆装置"的用语;独立权利要求 12 单独使用了"记忆装置"的用语,但是其从属权利要求 13、14 和 15 均又使用了"存储装置"的用语;而且,在从属权利要求 13 和 14 中,"记忆装置"和"存储装置"在一句话中同时出现。在同一权利要求中甚至在同一句话中出现两个不同的术语,应认为申请人在修改过程中刻意对该两个术语进行区分,在无其他证据表明该两个术语具有相同含义的情况下,对该两个术语的含义原则上应作不同解释。因此,本专利授权文本中权利要求 8、12 和 29 中的"记忆装置"不应解释为与"存储装置"具有同一含义。在该案中,因为"记忆装置"与"存储装置"具有不同含义,而本专利原申请文件和授权文本的说明书中均无"记忆装置"的记载,因此,权利人的修改不符合《专利法》的规定。

在名称为"一种洁具用盖子和坐垫的安装支架"的实用新型专利确权程序中②,权利要求 1 保护一种洁具用盖子和坐垫的安装支架,争议焦点之一为如何理解引用权利要求 1 的权利要求 5 中的"固定杆"与"定位杆"的关系。北京市高级人民法院认为,专利权利要求 5 中限定了"所述的带杆的定位支架其底部的螺丝安装孔为长条形""所述的定位杆与转轴的连接部分为圆形,这样支架与转轴连接后可绕固定杆做圆周向转动调节",从字面来看,其未对固定杆的位置、结构作出任何限定或解释说明,仅是指出"支架与转轴连接后可绕固定杆做圆周向转动调节",而且在该权利要求中还同时限定了"定位杆",在权利要求 5 所引用的权利要求 1 中,限定了定位杆设在洁具支座的相应位置上,并穿过长条形槽孔插合于转轴,与转轴连接,但权利要求 1 并未提及权利要求 5 中的"支

① 最高人民法院行政裁定书,(2010)知行字第 53-1 号。

② 北京市高级人民法院行政判决书,(2011)高行终字第 1369 号。

架”及“固定杆”,从其限定中也无法将权利要求 5 中的固定杆与权利要求 1 中的定位杆相关联,因此在权利要求 5 中同时存在“定位杆”与“固定杆”的情况下,根据权利要求 1、5 的限定无法将“固定杆”与“定位杆”关联起来,即无法直接、毫无疑义地得出“固定杆”就是“定位杆”。在该案中,因为权利要求中的“固定杆”与“定位杆”属于不同的术语,且“固定杆”缺乏引用基础,因此,权利要求 5 因其限定的技术方案不清楚而应当被宣告无效。

在名称为“货架命中方法、装置、服务器和介质”的发明专利侵权纠纷案中[①],权利要求 1 保护一种货架命中方法,争议焦点之一为“货架”与“货位”是否为同一技术术语。对此,最高人民法院认为,按照同一文本中的相同术语应作相同解释、不同术语应作区别解释的解释规则,由说明书记载的背景技术内容可知,“货位”与“货架”分别被赋予不同的含义,“货位搬运”和“货架搬运”分别属于两种不同技术构思的拣货方案。在该案中,因为专利说明书将“货位”特指“通常只存放一种商品的储物装置”,而“货架”则被允许理解为可存放多个货位、多种商品的货位集合。因此,涉案专利权利要求 1 主题名称中“货架”的含义不同于“货位”的含义。

在名称为“平面砂布轮”的发明专利侵权诉讼中[②],权利要求 1 保护一种平面砂布轮,争议焦点之一为如何理解权利要求中的“砂布(1)经向(A)”,权利人认为砂布经向为附图标记 A 所示的方向,被诉方认为砂布经向的含义为砂布布基的经线方向。对此,最高人民法院认为,涉案专利权利要求 1 使用砂布经向的技术用语,区别于权利要求 2 中使用的砂布布基的经向的技术用语。权利要求 1 中“砂布(1)经向(A)”标有符号,而在附图中标记 A 所示的方向是明确的,因此权利人关于砂布经向的含义为附图标记 A 所示的方向的主张可以得到说明书附图的支持。该案中,因为权利要求 1 使用了“砂布(1)经向(A)”的技术术语,而权利要求 2 使用了“砂布布基的经向”的技术术语,除非有证据证明二者是同一技术术语,否则应当推定为二者为不同的技术术语。[③]

第二,权利要求中的相同技术术语具有相同含义。

权利要求中的相同技术术语具有相同含义,应当是解释权利要求的基本的规则,最高人民法院多次强调,在一件专利中,对同一技术术语应做相同解释。[④]

---

① 最高人民法院民事判决书,(2020)最高法知民终 1469 号。

② 最高人民法院民事判决书,(2020)最高法知民终 566、568 号,(2021)最高法知民终 1441 号。

③ 最高人民法院民事判决书,(2021)最高法知民终 1441 号。

④ 最高人民法院民事判决书,(2020)最高法知民终 1943 号。

解释权利要求的术语的含义时,根据文本解释的一般原则,应当认为权利要求中使用的同一术语具有相同含义,不同术语具有不同含义;权利要求中的每一个术语均有其独立意义,不得解释为多余。其理由在于,专利申请的撰写者既然有意选择不同术语或者有意使用该术语,则表示该术语应有其不同含义或者独立含义,除非说明书对此给出了明确的、相反的指示。[①]

在"平滑型金属屏蔽复合带的制作方法"的发明专利侵权纠纷案中[②],最高人民法院认为,本案专利权利要求 1 使用了"使塑料膜的表面形成 0.04 ~ 0.09mm 厚的凹凸不平粗糙面"的表述,这一表述强调了塑料膜表面凹凸落差的表面结构及其数值,与实施例中所使用的塑料薄膜厚度的说法存在区别,在说明书未给出进一步的解释和说明的情况下,应该认为两者具有不同含义。此外,如果把"使塑料膜的表面形成 0.04 ~ 0.09mm 厚的凹凸不平粗糙面"的表述解释为塑料膜的厚度为 0.04 ~ 0.09mm,则该表述中的"表面"以及"粗糙面"等用语实际上成为多余。[③]

在"简易牙膏挤出器"的实用新型专利权侵权纠纷案中[④],权利要求 1 保护一种简易牙膏挤出器,争议焦点之一为如何理解权利要求 1 中的"梯形端面的框架体"。最高人民法院认为,从专利两项权利要求对"梯形"这一术语的使用来看,权利要求 2 所述"梯形端面框架"中的"梯形"显然是用于限定框架体横截面为梯形,根据不同权利要求中采用的相同技术术语应当解释为具有相同的含义的基本原则,权利要求 1 中的"梯形"也应当被解释为对框架体的限定。

在"运输平台及运输单元"的发明专利侵权纠纷案中[⑤],最高人民法院认为,根据文本解释的一般原则,通常应当认为权利要求中使用的同一术语具有相同含义,不同术语具有不同含义。本案专利权利要求对运输平台和特定顶角件的使用环境特征均使用了"用于"的表述,在说明书未作特殊限定的情况下,同一权利要求中使用的同一术语应认为具有相同的含义。由于本案运输平台使用环境特征中的"用于"已经不能解释为"必须用于",对于上述特定顶角件使用环境特征亦不能作此解释。

---

① 最高人民法院民事判决书,(2012)民提字第 3 号。

② 最高人民法院民事判决书,(2012)民提字第 3 号。

③ 最高人民法院民事判决书,(2012)民提字第 3 号。

④ 最高人民法院民事裁定书,(2009)民申字第 1622 号。

⑤ 最高人民法院民事判决书,(2014)民提字第 40 号;类案有最高人民法院民事判决书,(2021)最高法知民终 1441 号。

六、专利权有效原则

专利权有效原则是指在侵权诉讼中，专利权在没有被专利行政机关宣告无效之前，应当推定该专利权合法有效，并以此为前提审理专利侵权纠纷。[①] 该原则以推定有效为前提，如果有证据证明专利权已经被宣告无效，则专利侵权诉讼将被终止。审理专利侵权诉讼的人民法院是否有权审理专利权的有效性，是否应当赋予专利侵权诉讼中的被诉方专利无效抗辩权，是争议已久的问题。《专利权纠纷司法解释二》第3条规定，因明显违反《专利法》第26条第3款、第4款导致说明书无法用于解释权利要求，且不属于本解释第4条规定的情形，专利权因此被请求宣告无效的，审理侵犯专利权纠纷案件的人民法院一般应当裁定中止诉讼；在合理期限内专利权未被请求宣告无效的，人民法院可以根据权利要求的记载确定专利权的保护范围。该规定是专利权有效原则的法定依据。目前司法实践中，专利权有效原则被广泛适用，即在专利权被无效宣告之前，推定涉诉的专利权有效，并依法保护专利权人的合法权益不受侵害。例如，北京市高级人民法院认为，在权利人据以主张的专利权未被宣告无效之前，对其权利应予保护，不得以该专利权不符合《专利法》相关授权条件、应被宣告无效为由作出裁判。[②] 最高人民法院认为，原告和被告均拥有专利权时，只要原告先于被告提出专利申请，人民法院则应当依据原告的专利权保护范围，审查被告制造的产品主要技术特征是否完全覆盖原告的专利保护范围，不应当仅以被告拥有专利权为由不进行是否构成专利侵权的分析判断。[③] 至于双方当事人各自拥有的专利权是否真正符合专利性条件，应当由当事人通过无效程序解决。专利被授权公告后，即应推定是合法有效的专利，专利权人有权制止他人的侵权行为。[④] 采用这一观点的主要原因在于我国实行的是侵权程序与无效程序的“双轨制”。欧陆体系专利法奉行民事侵权程序与行政无效程序二元分立体制，即侵犯专利权纠纷经由民事诉讼程序决定，而专利有效性的问题则必须经由行政

---

① 北京市高级人民法院《专利侵权判定指南(2017)》第1条规定：在权利人据以主张的专利权未被宣告无效之前，其权利应予保护，不得以该专利权不符合《专利法》相关授权条件、应被宣告无效为由作出裁判。

② 北京市高级人民法院《专利侵权判定指南(2017)》第1条。

③ 最高人民法院民事裁定书，(2008)民申字第879号。

④ 最高人民法院民事裁定书，(2009)民申字第1448号。

无效程序解决,两者的边界不容逾越。① 笔者认为,专利权合法有效,是进行侵权判定的前提,特别是在我国已经实现专利侵权程序和无效程序集中管辖的情况下,法院具备了在侵权审理程序中审查专利权有效性的基础,实践中,审理侵权诉讼的法院也开始尝试对专利权的有效性进行审查,因此,应当对目前的"专利权有效原则"进行修正,在设立"知识产权特别程序法"②时,应当考虑改变目前"双轨制"的审理路径,从立法上赋予被诉方"专利权无效"抗辩权,以实现专利制度保护创新的根本目的。

(一)专利权有效原则的弊端

专利权有效原则的弊端在实践中极为明显,其根本原因在于这一原则是以推定专利权有效为前提,但事实上该专利权本身应当被宣告无效,以此为前提的专利制度不但不利于创新,而且降低了社会公众对专利制度的信心。

第一,专利权有效原则与无效的事实直接损害了司法的权威性。对于不符合法定授权条件而仅具有形式合法性的专利权,若审理侵权案件的法院对其效力问题不加过问而径行保护,实际上是保护了法律不应保护的权益,违背了"任何人均不得因不法行为获利"的衡平法律原则。③ 对事实上无效的专利权给予保护,实际上是将公有领域的信息纳入私有领域,损害了社会公众尤其是被诉侵权人的正当利益。④ 在忽视专利权的有效性的基础上的判决,很难经得住考验,司法的权威性因此被损害。特别是《专利法》第 47 条规定的专利权被宣告无效"无溯及力"制度,⑤更加剧了这一现象。如果法院允许原告用具有明显瑕疵的专利权对抗他人,会严重损害公众的利益,违背专利制度的根本宗旨。⑥

---

① 参见朱理:《专利民事侵权程序与行政无效程序二元分立体制的修正》,载《知识产权》2014 年第 3 期。

② 参见李扬:《进一步推进国家层面知识产权案件上诉审理机制建设》,载公众号"最高人民法院"2022 年 3 月 1 日。

③ 参见郑玉波:《法谚(二)》,法律出版社 2007 年版,第 4 页。

④ 参见朱理:《专利民事侵权程序与行政无效程序二元分立体制的修正》,载《知识产权》2014 年第 3 期。

⑤ 《专利法》第 47 条规定:"宣告无效的专利权视为自始即不存在。宣告专利权无效的决定,对在宣告专利权无效前人民法院作出并已执行的专利侵权的判决、调解书,已经履行或者强制执行的专利侵权纠纷处理决定,以及已经履行的专利实施许可合同和专利权转让合同,不具有追溯力。但是因专利权人的恶意给他人造成的损失,应当给予赔偿。依照前款规定不返还专利侵权赔偿金、专利使用费、专利权转让费,明显违反公平原则的,应当全部或者部分返还。"

⑥ 参见杨志敏:《专利权保护范围研究——专利权行使与对抗理论和实践》,四川大学出版社 2013 年版,第 17 页。

第二,损害了社会公众对专利制度的信心。我国的专利制度还处于初创时期,在短短三十多年的时间里,专利的数量急剧增长,专利侵权案件也在急剧增加。在专利侵权案件中,特别是实用新型专利权侵权纠纷案中,因为专利权有效原则的适用,作为被诉方必须穷尽一切手段来证明这一本来就不应当被授权的权利无效,而专利权是否有效本应是国家权力审查的对象,把本应由国家行使的权力,转变成被诉方或者说社会公众的义务,这一制度设计对社会公众极为不公平。同时,宣告专利权无效又是一项极其专业的工作,大多数被诉方根本不具备经济能力或专业能力,在专利权没有被宣告无效的情况下,被诉方在法庭上最为无奈的“灵魂发问”是“这个专利本是无效的,为什么原告可以是权利人?”审理侵权案件的法院并不审理专利权的有效性,因此不会对被诉方提出的任何权利有效性问题进行审查,而只会依法判决被诉方停止侵权甚至承担赔偿责任。这类形式上公正的判决正在损害着民众对专利制度的信心。从形式上看,目前专利维权面临的问题是“周期长、成本高、赔偿低、效果差、举证难”。但本质上,专利维权面临的矛盾是“强保护与弱专利”之间的矛盾,即一方面社会各界都希望加强对专利权的保护;另一方面,实践中稳定且有价值的专利权极为稀缺,受到强保护的专利权有些往往又是本应被认定无效的专利权,①如此一来,专利制度将饱受诟病,如同“彭宇案”一样,让社会公众失去对专利制度的信心。

第三,确权程序中推定权利有效损害了社会公众利益。在确权程序中,依据通常的判断逻辑,只有权利要求具有清楚的保护范围,才可能将其与现有技术进行技术方案的比对,并进行创造性的判断。② 也就是说,在确权程序中,也存在推定有效的情形。这是因为确权程序是依据请求人的申请启动的。如果无效请求人在确权程序中仅就新颖性、创造性提出了请求,而没有对权利要求是否符合其他授权条件提出请求,此时,国家知识产权局通常不会对权利要求是否符合除新颖性、创造性之外的其他条款进行审查。然而,对于众多的实用新型专利权,没有经过实质审查,在确权阶段仍不全面审查是否符合授权条件必然会损害社会公众利益。事实上,国家知识产权局在审查新颖性、创造性时仍是从本领域技术人员的角度合理解释了权利要求,否则新颖性、创造性的审查可能无法进行。因此,与其推定有效,不如直接授予国家知识产权局在确权

① 这也可能是我国目前高额赔偿的专利侵权判决,权利人通常无法最终拿到赔偿的原因之一。

② 参见芮松艳:《创造性条款的原理解读与实务规则》,知识产权出版社2023年版,第67页。

程序中就除新颖性、创造性之外的其他授权条款进行主动审查的权利。

(二)专利权有效原则的修正

专利权授权条件是给予权利人以排他性权利的前提,而专利权有效原则与权利人享有的排他性权利并不相符,单纯审查专利权的有效性或者单纯审查专利权的保护范围的做法都不符合专利制度用于鼓励创新的宗旨。因此,应当对目前的"专利权有效原则"进行修正,保障侵权和授权、确权程序的有效衔接,以保护真正的发明创造,进而实现鼓励创新的立法宗旨。

第一,探索"专利权无效"抗辩制度。

最高人民法院根据形势变化,已经提出了实质主义的纠纷解决思路。即在民事程序中接受当事人提出的专利权存在明显无效理由的抗辩,合理强化民事程序对纠纷解决的优先和决定地位,促进民行交织的专利民事纠纷的实质性解决。① 审理专利侵权诉讼的人民法院有权对权利要求是否清楚进行审查,理由是专利侵权判定的前提是确定专利权的保护范围,而确定专利权的保护范围必然要对权利要求中的技术特征的含义进行界定。这实际上是允许法院在侵权诉讼中审查专利权的有效性。在名称为"防电磁污染服"实用新型专利侵权纠纷案中②,最高人民法院认为,准确界定专利权的保护范围,是认定被诉侵权技术方案是否构成侵权的前提条件。如果权利要求的撰写存在明显瑕疵,结合涉案专利说明书、本领域的公知常识以及相关现有技术等,仍然不能确定权利要求中技术术语的具体含义,无法准确确定专利权的保护范围的,则无法将被诉侵权技术方案与之进行有意义的侵权对比。因此,专利权保护范围明显不清楚,不应认定被诉侵权技术方案构成侵权。该案被最高人民法院选为指导性案例,说明最高人民法院开始探索适用"专利权无效"抗辩制度。

在美国专利侵权的诉讼中,专利权无效是最常见的不侵权的辩解。几乎所有的被告首先考虑和提出的辩解就是专利权无效。因为,如果有关的专利权本身无效或不存在的,则任何指控也就失去了依据。③ 根据《美国专利法》第 282 条的规定,由专利局所授予的专利权是一项推定有效的权利。由于专利权是一项推定有

---

① 参见朱理:《权利要求用语与说明书记载不一致时如何解释和处理——评无锡市隆盛电缆材料厂等与西安秦邦电信材料有限责任公司等侵犯专利权纠纷案》,载《中国知识产权报》2013 年 9 月 18 日,第 8 版。

② 最高人民法院民事裁定书,(2012)民申字第 1544 号。

③ 参见李明德:《美国知识产权法》(第 2 版),法律出版社 2014 年版,第 118 页。

效的权利,所以任何利害关系人,包括被控侵权人,都可以向推定有效的专利权提出挑战,要求法院受理。[①] 也就是说,在美国专利侵权诉讼中,专利权有效原则也是推定原则,被诉方享有"专利权无效"抗辩权,而且是主要抗辩理由之一。

长期以来,日本实行侵权诉讼和无效审判分别进行的做法,由法院审理专利侵权诉讼,由特许厅对专利无效进行审判。在专利侵权诉讼中,即使法院认为存在专利无效的理由,也不能对专利权的效力作出判决,而是按有效专利对待。[②] 这与我国的做法基本一致。2000 年 4 月 11 日,日本最高法院在 Kilby 案件中进行了判例变更。日本最高法院在判决中承认,如果存在明显的专利无效理由,如果提起专利无效程序,该专利被认定无效是确实可以预见的,允许专利权人行使该专利权主张禁令和损害赔偿是不合适的;允许专利权人依据明显无效的专利权进行诉讼、主张权利,是有违公平的,也是违背专利制度宗旨的,因此属于权利的滥用。[③] 日本于 2004 年修改了《专利法》,设置了对专利权人的权利行使予以限制的规定,即《日本专利法》第 104 条之 3 规定:"在侵犯专利权或专用实施权诉讼中,如果该专利通过专利无效审判将被认定为无效,专利权人或专用实施权人不得向对方行使其权利。对于依前款规定的攻击或者抗辩的方法,如果被认为是以不正当推迟审判为目的而提出时,法院可以依动议或者依职权作出不予受理的决定。"这说明日本开始修正专利侵权诉讼的双轨制审理模式,赋予被诉方以"专利权无效"抗辩权。

德国是典型的奉行民事侵权程序与行政无效程序二元分离体制的国家。德国司法和消费者保护部在 2020 年 3 月发布了《简化和现代化专利法第二部法律讨论草案》以及在广泛征求意见之后 2021 年 1 月德国议会公布了《简化和现代化专利法第二部草案的联邦政府法律草案》,目的是纠正立法机构过去无意纠正的德国现行分离原则对各方的负面影响。[④] 2008 年 7 月 1 日,我国台湾地区成立专门的智慧财产法院,并施行"智慧财产案件审理法"及相关"法令"。"智慧财产案件审理法"第 16 条规定:"当事人主张或者抗辩智慧财产权有应撤销、废止之原因者,法院应就其主张或抗辩有无理由自为判断,不适用民事诉讼

---

① 35 US Code, Section 282. 转引自李明德:《美国知识产权法》(第 2 版),法律出版社 2014 年版,第 117 页。

② 参见李明德、闫文军:《日本知识产权法》,法律出版社 2020 年版,第 531 页。

③ 参见李明德、闫文军:《日本知识产权法》,法律出版社 2020 年版,第 531 页。

④ 参见单晓光、李文红:《数字时代德国专利法的修订新动态述评》,载《知识产权》2021 年第 6 期。

法、行政诉讼法、商标法、专利法、植物品种及种苗法或其他法律有关停止诉讼程序之规定。前项情形,法院认为有撤销、废止之原因时,智慧财产权人于该民事诉讼中不得对他人主张权利。”“智慧财产案件审理细则”第 28 条进一步明确,智慧财产案件民刑事诉讼中,被告如已提出权利有效性的抗辩,法院应就此抗辩加以认定,不得以“该智慧财产权尚未经撤销或废止”作为不采纳该抗辩的理由。① 我国台湾地区也修正了双轨制的审理模式,这些做法都可以作为我国修正双轨制审理模式的参考和借鉴。

第二,最高人民法院知识产权法庭的成立为创设“专利权无效”抗辩制度奠定了客观条件。

首先,最高人民法院知识产权法庭采用由同一合议庭审理专利无效行政诉讼案件和专利侵权民事诉讼案件。例如,最高人民法院知识产权法庭审理的(2019)最高法知行终 142 号案与(2019)最高法知民终 366 号案分别为涉及同一专利权的专利确权案件与专利侵权案件,后案的侵权判定依赖前案对专利权利要求的解释以及专利权利效力的认定结果,因此法院对两案进行了合并审理。最高人民法院知识产权法庭在两案中充分发挥统一审理技术类知识产权民事、行政上诉案件的制度优势,有效破解了专利行政确权程序与民事侵权程序交叉进行情形下的“一案等一案”问题和惯常的“先行裁驳、另行起诉”处理可能引发的程序空转延宕问题,以及权利要求解释不一致的裁判尺度问题,实现了专利行政确权案件与专利民事侵权案件审理的无缝衔接和结果协调,促进了专利纠纷的实质性和一揽子解决。② 最高人民法院知识产权法庭的设立,为衔接技术类知识产权的侵权和确权程序提供了组织基础,使得专利行政确权纠纷和专利民事侵权纠纷的诉讼程序在二审阶段会合成为可能,这对于统一专利权利要求解释、促进专利纠纷的实质性解决、完善专利纠纷诉讼机制具有开创性意义。当然这一做法的前提是专利无效程序和侵权程序要同时或先后进入最高人民法院知识产权法庭。在名称为“移动电源租用设备及充电夹紧装置”的实用新型专利权纠纷案中,最高人民法院对“适配夹紧”在行政诉讼和民事诉

① 参见范晓玲:《台湾智慧财产权法院的建置与智慧财产权诉讼新制》,载张凯娜主编:《两岸知识产权发展研究》,台北,元照出版有限公司 2011 年版,第 124 页。转引自朱理:《专利民事侵权程序与行政无效程序二元分立体制的修正》,载《知识产权》2014 年第 3 期。

② 最高人民法院行政判决书,(2020)最高法知行终 282 号;最高人民法院民事判决书,(2019)最高法知民终 725 号。

讼中一并进行了解释,并得出了相同的结论。[①] 尽管实践中这一做法还难以普及,但这些做法都是改变“双轨制”审判模式的有益尝试。

其次,最高人民法院在审理侵权案件中直接审查被诉方的无效抗辩。最高人民法院知识产权法庭统一审理专利侵权纠纷和授权确权纠纷案件,使具备了审理侵权诉讼的法院审理被诉方提出的无效抗辩的条件。实践中,最高人民法院知识产权法庭对于当事人在侵权诉讼中对专利权效力提出的质疑也开始进行审查。例如,在名称为“一种螺旋水管结构激光管”的发明专利权的纠纷案中[②],一审法院认为,涉案发明专利目前处于有效状态,应受《专利法》保护,被告关于涉案专利技术方案不能解决技术问题、缺乏创造性应属无效专利等辩称意见不属于司法审查的范围,对此不作评判,被告可另行通过行政程序予以解决。但是,最高人民法院认为,本案中,上诉人在原审中明确提出涉案专利权利要求不清楚,无法判断被诉侵权产品是否落入涉案专利权保护范围的理由。其在二审中主张的独立权利要求缺少必要技术特征、权利要求得不到说明书支持和说明书公开不充分的理由与权利要求不清楚的理由相互关联,故本院对相关问题一并作出回应。综上所述,涉案专利权利要求 1 未限定组件数量及组件之间的位置关系、连接关系不影响本领域技术人员在权利要求 1 限定的技术方案的基础上实现涉案专利的发明目的,涉案专利权利要求 1 不缺少必要技术特征。原审法院认定回气管与储气管之间的位置关系不属于涉案专利权利要求书记载的要求保护的技术特征,与认定本领域技术人员知晓可以实现各部件之间连接关系的技术方案并不矛盾。

如果专利权存在重大瑕疵,与某项现有技术相比明显缺乏新颖性或创造性,不必等待该专利效力确定,法院可以直接对是否构成滥用问题专利做出裁决。[③] 在专利侵权案件中,允许被告对原告专利权的效力提出无效抗辩,赋予审理专利民事侵权案件的人民法院在个案中审查专利权效力的权限。这有利于缩短专利侵权案件审理周期、提高审理效率,有利于推动专利纠纷的实质性解决。[④] 尽管专利权无效抗辩不能代替无效程序,但是,面对大量没有经过实质审

---

① 最高人民法院行政判决书,(2019)最高法知行终 62 号;最高人民法院民事判决书,(2019)最高法知民终 83、107 号。

② 上海知识产权法院民事判决书,(2017)沪 73 民初 645 号;最高人民法院民事判决书,(2019)最高法知民终 26 号。

③ 参见朱理:《滥用问题专利的司法规制》,载《电子知识产权》2008 年第 11 期。

④ 参见罗东川:《修改完善专利无效程序》,载中国审判网 2019 年 3 月 21 日。

查的实用新型专利权和外观设计专利权引发的侵权诉讼,通过专利权无效抗辩制度可以在一定程度上提升判决质量,增强判决的说服力和权威性。

第三,审理侵权诉讼的一审法院也开始审查专利权的有效性。

在最高人民法院的鼓励和制度创新的推动下,审理侵权诉讼的一审法院开始尝试扩大司法审查的范围,对专利权是否有效的部分条款进行审查。最高人民法院认为,专利侵权案件审理中对涉案专利权稳定性存疑或有争议时,人民法院可以对此进行一定的有限度的审查。权利不得滥用是诚实信用原则的体现,是行使民事权利的基本要求。在专利侵权案件中,专利权的稳定有效存在是审理专利侵权案件的前提和基础。在特定情况下,如请求保护的权利要求明显不清楚以致无法确定保护范围、侵害他人合法在先权利获得专利权等,可能构成权利滥用。此时,如果人民法院对被诉侵权人提出权利滥用或者专利权稳定性抗辩事由视而不见、避而不审,仍然作出被诉侵权人承担侵权责任的认定,明显有违公平原则,也无益于鼓励真正的有价值的发明创造。因此,从这个意义上讲,被诉侵权人就专利权稳定性提出的抗辩,人民法院在专利民事侵权案件中并非不能进行任何意义上的审查。但需要强调的是,在我国现行法律框架下,宣告专利权无效的请求由国务院专利行政部门负责审查。因此,在审理专利侵权案件时,针对被诉侵权人提出的专利权稳定性的特定质疑或抗辩,人民法院基于审查专利权人是否具有正当合理行使诉权的基础,可以进行一定的有限度的审查,但并不能对专利权本身的效力作出认定和裁判,包括被诉侵权人在内的社会公众如质疑专利权本身的效力,仍应循专利确权程序,向国务院专利行政部门请求宣告专利权无效。[①] 由此可知,现行法律框架是限制对专利权有效性进行审查的障碍。在名称为"模块化的两轮动平衡车"实用新型专利侵权纠纷案中[②],涉案实用新型专利权利要求保护一种模块化的两轮动平衡车。涉案争议焦点之一为涉案专利权利要求 1 限定的"控制模块""动力模块"的界定是否清楚。杭州市中级人民法院认为,对于涉案专利权利要求 1 限定的"动力模块",首先,从涉案专利权利要求 1 的描述看,控制模块固定在车体骨架的下表面,动力模块位于车体骨架的两侧,控制模块至少用于根据判定的载人模式、操控电信号控制车辆的行驶,动力模块用于向车辆提供行驶动力。故涉案专利权利要求 1 的保护范围是清楚的。

---

① 最高人民法院民事判决书,(2022)最高法知民终 124 号。

② 浙江省杭州市中级人民法院民事判决书,(2020)浙 01 知民初 474 号。

由该案可知，审理专利侵权诉讼的一审法院对“权利要求是否清楚”的条款进行了司法审查，这实际上在逐步打破“专利权有效原则”适用的基础性地位，为推动“知识产权特别程序法”的制定乃至在制度上增设“专利权无效”抗辩制度进行了探索和尝试。

第二章

权利要求解释的规则比较

一、权利要求解释的时机与语境

关于权利要求的解释，历来有“时机论”和“语境论”之争。专利权利要求解释的“时机论”是指权利要求的解释应当限定时机，当权利要求的文字含义清楚时，不应当采用相关权利要求、说明书及附图等资料对权利要求进行解释，否则会破坏权利要求的公示作用，只有当权利要求的文字含义不清楚、有争议时，才应当采用相关权利要求、说明书及附图等资料对权利要求进行解释，以确定权利要求的含义。[①] 权利要求的文字含义清楚时是否需要对权利要求进行解释，是“时机论”和“语境论”争议的焦点。

（一）“时机论”

“时机论”是指在解释权利要求时，只有在权利要求书记载的内容不清楚时，才能用说明书及附图澄清权利要求中模糊不清的地方，在权利要求的保护范围是清楚的情况下，不需要用说明书及附图来解释权利要求的保护范围。这一观点从本质上而言，是权利要求公示作用的体现，也是文本主义解释规则的体现。

“时机论”是最高人民法院在审判实践中确立的规则[②]。最高人民法院认为，在确定专利权的保护范围时，既不能将专利权保护范围仅限于权利要求书严格的字面含义上，也不能将权利要求书作为一种可以随意发挥的技术指导。

---

① 参见刘庆辉：《发明和实用新型专利授权确权的法律适用——规则与案例》，知识产权出版社2017年版，第64页。

② 最高人民法院民事判决书，(2001)民三提字第1号。

确定专利权的保护范围,应当以权利要求书的实质内容为基准,在权利要求书不清楚时,可以借助说明书和附图予以澄清。说明书和附图只有在权利要求书记载的内容不清楚时,才能用来澄清权利要求中模糊不清的地方,说明书和附图不能用来限制权利要求书中已经明确无误记载的权利要求的范围。[①] 最高人民法院在该案中明确了"时机论"的观点。

但是,最高人民法院关于"时机论"的观点尚处于不确定状态。例如,在名称为"特殊生态砌块及其垒砌的绿化体"的实用新型专利权纠纷一案中[②],最高人民法院认为,说明书和附图只有在权利要求书记载的内容不清楚时,才能用来澄清权利要求书中模糊不清的地方,说明书和附图不能用来限制权利要求书中已经明确无误记载的权利要求的范围。本案中,二审法院在解释涉案权利要求1时,依据说明书和附图将权利要求1中的"竖直板块(2)""板块(3)""孔(4)"唯一理解为有对应相配合的榫头和榫眼的独立"特殊生态砌块",是用说明书和附图限缩了权利要求1的保护范围,错误地解释了权利要求,认定事实和适用法律不当,应予纠正。然而在该专利的关联民事侵权案件中,最高人民法院又认为,解释权利要求的解释应当在本领域普通技术人员对专利要求保护的技术方案形成整体认识的基础上,结合权利要求的具体语境,对权利要求的保护范围作出合乎逻辑的界定,以符合发明目的和能够实现发明技术方案为指引。这显然是"语境论"的观点。

实践中,坚持"时机论"的案例不在少数。北京市高级人民法院在多个案例中采纳了"时机论"的观点。例如,在名称为"一种保暖、保健内裤"的专利侵权纠纷案中[③],北京市高级人民法院认为,只有在一项权利要求的类型或者用于确定保护范围的词语含义不清楚,以及多项权利要求之间的引用关系不明确的情况下,才可以积极主动地引入说明书及附图来解释权利要求。本案中,"腰部至裆部之间的内侧"具体地限定了复合层的缝制位置,在词语含义上清楚,并不会产生歧义,也不需要用说明书和附图对权利要求中的这一技术特征予以解释。一审判决认为该技术特征对腰部至裆部之间的复合层是局部还是整体限定不清,进而通过对说明书及附图的理解将复合层限定为整体的复合层。这种解释权利要求的方法显属不当,应予纠正。

---

① 最高人民法院民事判决书,(2001)民三提字第1号。

② 最高人民法院民事裁定书,(2019)最高法民申4014号;最高人民法院民事判决书,(2020)最高法知民终981号。

③ 北京市高级人民法院民事判决书,(2003)高民终字第816号。

在名称为“名片型扫描器”的实用新型专利行政纠纷案中[①]，北京市高级人民法院认为，当权利要求书中的用语含义不清时，应当用说明书及附图帮助理解权利要求书中用语的确切含义。在名称为“基于铈和锆的混合氧化物的组合物及其前体、制法和应用”的发明专利行政纠纷案中[②]，北京市高级人民法院认为，在权利要求的保护范围是清楚的情况下，不需要用说明书及附图来解释权利要求的保护范围。

确定专利权的保护范围，应当以权利要求书的实质内容为基准，在权利要求书不清楚时，可以借助说明书和附图予以澄清。说明书和附图只有在权利要求书记载的内容不清楚时，才能用来澄清权利要求书中的模糊不清的地方，说明书和附图不能用来限制权利要求书中已经明确无误记载的权利要求的范围。[③] “时机论”之所以有广泛的市场，是因为“时机论”体现了权利要求的公示价值，在权利要求足够清楚的情况下，也就表明权利要求的保护范围是确定的，说明书和附图不能用来限制权利要求书中已经明确无误记载的权利要求的范围。如果对权利要求清楚的技术术语通过解释而改变其含义，相当于修改了权利要求的保护范围，这是对权利要求的公示作用损害，并直接损害社会公众利益。

（二）“语境论”

“语境论”认为在解释权利要求时，应当在本领域普通技术人员对专利要求

---

① 北京市高级人民法院行政判决书，(2005)高行终字第20号。

② 北京市高级人民法院行政判决书，(2010)高行终字第112号。该案中，独立权利要求9要求保护一种以铈和锆混合氧化物为主要成分的组合物，其特征在于它具有的总孔体积至少是0.6cm^3/g，其从属权利要求10～13、15、19分别对所述组合物进行了进一步限定，但未对总孔体积进行进一步限定；独立权利要求14要求保护一种以铈和锆混合氧化物为主要成分的组合物，其特征在于它具有的总孔体积至少是0.3cm^3/g。本专利说明书发明内容部分及实施例对总孔体积的记载仅仅限于0.3cm^3/g、0.35cm^3/g、0.6cm^3/g、0.7cm^3/g、0.6～1.5cm^3/g。本领域技术人员知晓催化剂的总孔体积和比表面积的数值越大，其催化效果越好。对于本领域的技术人员来说，催化剂总孔面积的合理上限应当是任何以铈和锆混合氧化物为主要成分的组合物的总孔体积所能达到的最大值，本专利说明书未对该最大值予以描述，也未描述其以铈和锆混合氧化物为主要成分的组合物的总孔体积是否能够达到该最大值或者二者之间的关系，因此，对于本专利的以铈和锆混合氧化物为主要成分的组合物的总孔体积，本领域技术人员依据说明书的记载不能合理预期其能够达到所述最大值，即本专利权利要求9～15、19的技术方案得不到说明书的支持。罗地亚公司主张，技术特征“总孔体积至少是0.6cm^3/g”和“总孔体积至少是0.3cm^3/g”并不包含“总孔体积远超过1.5cm^3/g”，其明显具有“合理上限”，不可能无限大，本领域技术人员根据说明书及附图来确定该“合理上限”应该在1.5cm^3/g附近。

③ 最高人民法院民事判决书，(2019)最高法知民终794号。

保护的技术方案形成整体认识的基础上，结合权利要求的具体语境，对权利要求的保护范围作出合乎逻辑的界定。技术术语本身可能是清楚的，但在具体的语境之下，又可能是不清楚的。例如，技术特征"在上层踏板下方设置两对立柱中"的"下方"、[①]技术特征"在主动拨盘和每个从动拨盘的上面或下面有围成多边形的切块"[②]中的"多边形"等，术语"下方""多边形"的含义是清楚的，但将这一术语置于特定的语境中又是不清楚的，因此，权利要求的解释不应以权利要求或者权利要求中的术语本身不清楚为前提，无论该权利要求或权利要求中的术语本身是否清楚，都应当将该术语置于特定的语境中进行解释，否则不能准确确定权利要求的保护范围。语境论是"贡献主义"或"目的解释"的体现。

最高人民法院曾经针对"时机论"的观点进行了明确的反驳[③]。最高人民法院认为，权利要求由语言文字表达形成，通过记载解决技术问题的必要技术特征的方式来描述和反映发明的技术方案，清楚、简要地表述请求保护的范围。任何语言只有置于特定语境中才能得到理解。同时，基于语言表达的局限性和文字篇幅的限制，权利要求不可能对发明所涉及的全部问题表述无遗，需要通过说明书对要求保护的技术方案的技术领域、背景技术、发明内容、附图及具体实施方式等加以说明。为此，《专利法》明确规定了权利要求书和说明书之间的关系，要求说明书应该充分公开发明的技术方案，使所属技术领域的技术人员能够实现；权利要求书应当以说明书为依据，清楚、简要地限定要求专利保护的范围。在《专利法》的上述法定要求下，说明书记载的上述内容对于理解权利要求含义更是不可或缺，两者具有法律意义上的密切关联性。说明书的上述内容构成权利要求所处的语境或者上下文，只有结合说明书的记载，才能正确理解权利要求的含义。在这一意义上，说明书乃权利要求之母，不参考说明书及其附图，仅仅通过阅读权利要求书即可正确理解权利要求及其用语的含义，在通常情况下是不可能的。权利要求的解释就是理解和确定权利要求含义的过程。在这个过程中，必须结合说明书及其附图才能正确解释权利要求。国家知识产权局关于权利要求的解释应严格把握解释时机，以权利要求不清楚或者没有明确的唯一含义为前提的主张，既违背文本解释的逻辑，又不符合权利要求解释

① 北京市高级人民法院行政判决书，(2008)高行终字第88号。

② 国家知识产权局无效宣告请求审查决定书(第9930号)。

③ 最高人民法院行政裁定书，(2010)知行字第53-1号。

的实践,本院无法赞同。

北京市高级人民法院赞成"语境论"观点并进行过充分的论证[①]:语言学的研究表明,语言文字和文本的含义依赖其语境(上下文),对于任何语言文字和文本的理解,都不能脱离具体的语境。同样的语言文字和文本,在不同语境下,可能有不同的含义。只有将语言文字和文本置于其具体的语境中,才有可能真正理解其所表达的真实含义。脱离具体的语境,对其进行孤立的理解,不可能确定其所表达的真实含义。

无论是文学作品、法律文本、合同文本,还是专利权利要求,只要是语言文本,就应当将其置于具体的语境下进行解读,才能确定其表达的真实的含义。例如,对于文学作品的某一段落,如果仅仅进行孤立的解读,很难理解其表达的真正含义,只有将该段落置于整个文学作品的上下文语境下,进行整体的解读,才有可能确定其表达的真实含义。又如,对于合同文本的某一条款的理解,如果仅仅进行孤立的解读,也很难得出正确的结论,唯有将其置于整个合同文本的上下文语境中,才有可能作出正确的理解。

对于专利权利要求,同样应当将其置于权利要求书、说明书的语境下去理解,才有可能确定其所表达的技术方案的真实含义。专利权利要求的外在表现形式是语言文字,其中每个文字、符号都有含义,但是这些文字、符号组合在一起,表达什么含义,仁者见仁,智者见智。权利要求中的语言文字、符号难免具有多种含义,有的情况下甚至有歧义,要排除其歧义,确定其真实含义,就必须结合其上下文即权利要求书、说明书等构成的具体语境来进行整体的解读。否则,抛开权利要求书、说明书等语境资料,仅对权利要求进行孤立的理解,不可能得出正确的结论,即使得出正确的结论,也是巧合。

笔者认为,"时机论"与"语境论"之争,本质是说明书与权利要求的关系之争,是"周边限定主义"与"中心限定主义"之争。首先,"语境论"与申请日直接相关。"语境论"的另一层含义即"语境恒定",即无论是在权利的效力的判断还是侵权判定中,对包括权利要求书、说明书、附图在内的整个专利文献都应当以申请日为解释的时间点。[②] 对此,在 Schering 案中,美国联邦巡回上诉法院认为,[③]权利要求的术语"IFN-a1"只能被赋予申请日之时的含义。原因有两个方面。一

① 北京市高级人民法院行政判决书,(2016)京行终5347号。

② 参见陈文煊:《专利权的边界——权利要求的文义解释与保护范围的政策调整》,知识产权出版社2014年版,第177页。

③ 222 F.3d 1347 (Fed. Cir. 2000).

是对权利要求通常只能以发明转让之时,本领域技术人员给予它们的含义进行理解。二是权利要求只能被赋予能够获得说明书支持的含义,而该含义也只能以申请日之时的理解为准。在 Phillips v. AHW Corp. 案中,美国联邦巡回法院重申,[①]权利要求术语的通常和习惯含义,是指在发明之时,即该专利申请的有效申请日,对该领域技术人员而言,该术语所具有的含义。确定申请日时的语境解释权利要求,符合权利要求的公示价值,并且与发明人的贡献相一致。

其次,权利要求的解释离不开具体的语境。权利要求书的内容是对说明书的抽象和概括,说明书的内容是对权利要求书的进一步解释和说明,即说明书构成权利要求适用的具体语境。因此,在对权利要求进行解读的过程中,应当从说明书出发,系统地、全面地理解专利所要保护的技术方案,以此为基础,对权利要求所记载的技术特征作出准确认定。[②] 权利要求的解释,应该从本领域普通技术人员的角度出发,结合专利说明书及附图、专利审查档案等进行整体理解,不能机械解读或者望文生义。还应注意的是,权利要求的解释应该得到说明书的支持,不能脱离说明书或者与说明书公开的关联内容相互矛盾。[③]

最后,通常而言,无论权利要求书是否清楚,都应当将权利要求书置于特定的申请日和特定的背景下去理解,而不能机械解读。在用说明书及附图解释权利要求时,不能用具体实施例限制权利要求,但是可以用发明目的限制权利要求,权利要求中不应当包括不能实现发明目的的技术方案。同时,无论是授权确权程序还是侵权程序,首先都要通过解释权利要求确定权利要求中相应技术术语的含义,这是确定权利要求保护范围的基础。因此,无论是在侵权判定中还是在授权确权程序中,也无论权利要求中的用语是否清楚,都应当首先对权利要求进行解释。

二、授权确权与侵权程序中权利要求解释规则之比较

关于授权确权程序与侵权程序中权利要求解释规则的一致性与差异性,最高人民法院有过经典论述[④],最高人民法院认为:

首先,关于专利授权确权程序与专利民事侵权程序中权利要求解释方法的一致性与差异性。无论是在专利授权确权程序还是专利民事侵权程序中,客观

---

① 415 FA. 3d 1303,1313(Fed. Cir. 2005).

② 最高人民法院民事裁定书,(2019)最高法民申 365 号。

③ 最高人民法院民事判决书,(2016)最高法民再 127 号。

④ 最高人民法院行政裁定书,(2010)知行字第 53-1 号。

上都需要明确权利要求的含义及其保护范围，因而需要对权利要求进行解释。在上述两个程序中，权利要求的解释方法既存在很强的一致性，又存在一定的差异性。其一致性至少体现在如下两个方面：一是权利要求的解释属于文本解释的一种，无论是专利授权确权程序还是专利民事侵权程序中对权利要求的解释，均需遵循文本解释的一般规则；二是无论是专利授权确权程序还是专利民事侵权程序中对权利要求的解释，均应遵循权利要求解释的一般规则。例如，均应遵循专利说明书及附图、专利审查档案等内部证据优先、专利申请人自己的解释优先等解释规则。但是，由于专利授权确权程序与专利民事侵权程序中权利要求解释的目的不同，两者在特殊的个别场合又存在一定的差异。在专利授权确权程序中，解释权利要求的目的在于通过明确权利要求的含义及其保护范围，对专利权利要求是否符合专利授权条件或者其效力如何作出判断。基于此目的，在解释权利要求用语的含义时，必须顾及《专利法》关于说明书应该充分公开发明的技术方案、权利要求书应当得到说明书支持、专利申请文件的修改不得超出原说明书和权利要求书记载的范围等的法定要求。若说明书对术语的含义未作特别界定，原则上应采用本领域普通技术人员在阅读权利要求书、说明书和附图之后对该术语所能理解的通常含义，尽量避免利用说明书或者审查档案对该术语作不适当的限制，以便对权利要求是否符合授权条件和效力问题作出更清晰的结论，从而促使申请人修改和完善专利申请文件，提高专利授权确权质量。在专利民事侵权程序中，解释权利要求的目的在于通过明确权利要求的含义及其保护范围，对被诉侵权技术方案是否落入专利保护范围作出认定。在这一程序中，如果专利保护范围字面含义界定过宽，出现权利要求得不到说明书支持、将现有技术包含在内或者专利审查档案对该术语的含义作出过限制解释因而可能导致适用禁止反悔原则等情形时，可以利用说明书、审查档案等对保护范围予以限制，从而对被诉侵权技术方案是否落入保护范围作出更客观公正的结论。因此，专利权利要求的解释方法在专利授权确权程序与专利民事侵权程序中既有根本的一致性，又在特殊场合下体现出一定的差异性。当然，这种差异仅仅局限于个别场合，在通常情况下其解释方法和结果是一致的。

其次，关于专利授权确权程序与专利民事侵权程序中权利要求解释方法的具体差异。前述两个程序中权利要求解释方法的差异突出体现在当事人意见陈述的作用上。在专利授权确权程序中，意见陈述书是申请人与专利审查机关进行意见交换的重要形式，是专利审查档案的重要内容之一。尽管如此，在专利授权确权程序中解释权利要求时，意见陈述书的作用在特定的场合下要受到

《专利法》明文规定的限制。例如,我国《专利法》规定了说明书应当对发明作出清楚完整的说明、权利要求书应当得到说明书的支持、专利申请文件的修改不得超出原说明书和权利要求书记载的范围等法定要求。在审查某项专利或者专利申请是否符合上述法定要求时,当然应该以说明书或者原说明书和权利要求书为依据,当事人意见陈述不能也不应该起到决定作用。相反,如果将当事人的意见陈述作为判断某项专利或者专利申请是否符合上述法定要求的决定性依据,则无法促使专利申请人将相关内容尽量写入说明书,《专利法》关于说明书应当对发明作出清楚完整的说明、权利要求书应当得到说明书的支持、专利申请文件的修改不得超出原说明书和权利要求书记载的范围等法定要求也将无法得到实现。因此,在专利授权确权程序中,申请人在审查档案中的意见陈述在通常情况下只能作为理解说明书以及权利要求书含义的参考,而不是决定性依据。而在专利民事侵权程序中解释权利要求的保护范围时,只要当事人在专利申请或者授权程序中通过意见陈述放弃了某个技术方案,一般情况下应该根据当事人的意见陈述对专利保护范围进行限缩解释。①

由此可知,权利要求解释的一致性规则,不仅包括专利授权确权程序与专利民事侵权程序中权利要求解释方法的一致性,而且包括通过解释权利要求而确定的权利要求的保护范围的一致性,即结果的一致性。权利要求解释的差异性规则,主要体现在专利审查档案,特别是意见陈述在解释权利要求时的作用上。这是因为授权确权的过程是专利审查档案形成的过程,这一过程是专利的发明人与由专利局代表的社会公众之间②进行博弈的过程,也是双方讨价还价的过程。因此,意见陈述书、在先形成的审查档案对在后的审查并不一定具有约束力,也正因如此,专利权的保护是一个动态保护的过程,在证据确定的情况下,无论是在授权确权程序中还是在侵权程序中,对权利要求解释的方法和结果是一致的。

(一)权利要求解释的一致性规则

在专利授权确权程序中解释权利要求用语的含义时,必须考虑专利法关于说明书应该充分公开发明的技术方案、权利要求书应当得到说明书支持、专利申请文件的修改不得超出原说明书和权利要求书记载的范围等法定要求。③ 笔

① 最高人民法院行政裁定书,(2010)知行字第53-1号。
② 参见李明德:《美国知识产权法》(第2版),法律出版社2014年版,第92页。
③ 最高人民法院行政判决书,(2021)最高法知行终799号。

者认为,这一观点不能成为授权确权特有的规则,在侵权程序中,同样应当适用这一规则。在侵权程序中解释权利要求时同样不能违反专利法关于专利授权条件的法定要求。授权、确权侵权阶段解释规则的差异与协同,其终极目的是“殊途同归”的观点①值得商榷。如果授权标准与侵权标准脱节,社会公众与权利人将无所适从。② 专利授权确权的规则与侵权规则并非相互独立的体系,二者相互呼应,因此授权确权的规则可与相应的侵权规则进行对照分析。③

1. 权利要求解释的一致性规则的法律依据

权利要求解释的一致性规则的法律依据体现在最高人民法院关于权利要求解释的规定。最高人民法院《关于审理专利授权确权行政案件适用法律若干问题的规定(一)》(以下简称《授权确权司法解释一》)确立了权利要求解释的四个规则,该规则与《专利权纠纷司法解释一》《专利权纠纷司法解释二》确定的权利要求的解释规则具有高度的一致性。(见表2-1)

表2-1 专利侵权程序与授权确权程序中权利要求解释规则对比

《专利权纠纷司法解释一》	《专利权纠纷司法解释二》	《授权确权司法解释一》
第2条规定:人民法院应当根据权利要求的记载,结合本领域普通技术人员阅读说明书及附图后对权利要求的理解,确定专利法第五十九条第一款规定的权利要求的内容。 第3条规定:人民法院对于权利要求,可以运用说明书及附图、权利要求书中的相关权利要求、专利审查档案进行解释。说明书对权利要求用语有特别界定的,从其特别界定。 以上述方法仍不能明确权利要求含义的,可以结合工具书、教科书等公知文献以及本领域普通技术人员的通常理解进行解释。		第2条规定:人民法院应当以所属技术领域的技术人员在阅读权利要求书、说明书及附图后所理解的通常含义,界定权利要求的用语。权利要求的用语在说明书及附图中有明确定义或者说明的,按照其界定。 依照前款规定不能界定的,可以结合所属技术领域的技术人员通常采用的技术词典、技术手册、工具书、教科书、国家或者行业技术标准等界定。[1]

① 参见马云鹏:《专利权利要求解释规则》,法律出版社2021年版,第90页。

② 参见芮松艳:《外观设计法律制度体系化研究》,知识产权出版社2017年版,第162页。

③ 参见芮松艳:《创造性条款的原理解读与实务规则》,知识产权出版社2023年版,第15页。

续表

《专利权纠纷司法解释一》	《专利权纠纷司法解释二》	《授权确权司法解释一》
第6条规定：专利申请人、专利权人在专利授权或者无效宣告程序中，通过对权利要求、说明书的修改或者意见陈述而放弃的技术方案，权利人在侵犯专利权纠纷案件中又将其纳入专利权保护范围的，人民法院不予支持。	第6条规定：人民法院可以运用与涉案专利存在分案申请关系的其他专利及其专利审查档案、生效的专利授权确权裁判文书解释涉案专利的权利要求。 专利审查档案，包括专利审查、复审、无效程序中专利申请人或者专利权人提交的书面材料，国务院专利行政部门制作的审查意见通知书、会晤记录、口头审理记录、生效的专利复审请求审查决定书和专利权无效宣告请求审查决定书等。 第13条规定：权利人证明专利申请人、专利权人在专利授权确权程序中对权利要求书、说明书及附图的限缩性修改或者陈述被明确否定的，人民法院应当认定该修改或者陈述未导致技术方案的放弃。	第3条规定：人民法院在专利确权行政案件中界定权利要求的用语时，可以参考已被专利侵权民事案件生效裁判采纳的专利权人的相关陈述。
	第4条规定：权利要求书、说明书及附图中的语法、文字、标点、图形、符号等存有歧义，但本领域普通技术人员通过阅读权利要求书、说明书及附图可以得出唯一理解的，人民法院应当根据该唯一理解予以认定。	第4条规定：权利要求书、说明书及附图中的语法、文字、数字、标点、图形、符号等有明显错误或者歧义，但所属技术领域的技术人员通过阅读权利要求书、说明书及附图可以得出唯一理解的，人民法院应当根据该唯一理解作出认定。
第4条规定：对于权利要求中以功能或者效果表述的技术特征，人民法院应当结合说明书和附图描述的该功能或者效果的具体实施方式及其等同的实施方式，确定该技术特征的内容。	第8条规定：功能性特征，是指对于结构、组分、步骤、条件或其之间的关系等，通过其在发明创造中所起的功能或者效果进行限定的技术特征，但本领域普通技术人员仅通过阅读权利要求即可直接、明确地确定实现上述功能或者效果的具体实施方式的除外。	第9条规定：以功能或者效果限定的技术特征，是指对于结构、组分、步骤、条件等技术特征或者技术特征之间的相互关系等，仅通过其在发明创造中所起的功能或者效果进行限定的技术特征，但所属技术领域的技术人员通过阅读权利要求即可直接、明确地确定实现该功能或者效果的具体实施方式的除外。

续表

《专利权纠纷司法解释一》	《专利权纠纷司法解释二》	《授权确权司法解释一》
	与说明书及附图记载的实现前款所称功能或者效果不可缺少的技术特征相比,被诉侵权技术方案的相应技术特征是以基本相同的手段,实现相同的功能,达到相同的效果,且本领域普通技术人员在被诉侵权行为发生时无须经过创造性劳动就能够联想到的,人民法院应当认定该相应技术特征与功能性特征相同或者等同。	对于前款规定的以功能或者效果限定的技术特征,权利要求书、说明书及附图未公开能够实现该功能或者效果的任何具体实施方式的,人民法院应当认定说明书和具有该技术特征的权利要求不符合专利法第二十六条第三款的规定。

〔1〕授权确权程序中解释权利要求的规定,与侵权程序中解释权利要求的规定,除了“特别界定”用语,其解释规则一致之外,关于“通常含义”的解释规则是不完全一致的,这说明在法律规则层面,权利要求解释规则存在差异性。

第一,解释主体的一致性。权利要求用语是从本领域普通技术人员的角度诠释的,而非法官、陪审团或技术专家的角度。① 权利要求与技术方案之间大体相当于形式与实质的关系,二者互为表里。技术方案是权利要求所要表达的内容,而权利要求则是技术方案采用的表达方式。② 由于专利权保护的是技术方案,无论是在专利的授权确权程序中,还是在侵权程序中,都应当从本领域普通技术人员的角度出发,确定专利权的保护范围。③ 在解释权利要求时,同样应当以本领域普通技术人员为解释主体,解释主体的一致性保证了解释方法和解释结果的一致性。

确定权利要求解释的主体,是规范权利要求解释的重要因素,是统一解释规则的重要制度之一。我国确定的权利要求解释的主体是本领域普通技术人员,也称为“所属技术领域的技术人员”“本领域技术人员”。发明创造被授予专利权之后,其享有的是针对社会公众的禁用权,而非仅仅是本人享有的专用权。因禁用权的对象是社会公众,是对公共利益的一种限制,因此在对发明创造设定授权标准时,需要以公众利益作为考量依据,不能仅以发明人自己的评

---

① 参见[美]J. M. 穆勒:《专利法》,沈超等译,知识产权出版社 2013 年版,第 324 页。

② 参见芮松艳:《创造性条款的原理解读与实务规则》,知识产权出版社 2023 年版,第 5 页。

③ 参见中国知识产权研究会专利委员会、最高人民法院中国应用法学研究所、国家知识产权局专利复审委员会编:《专利名案解读(二)——20 起典型专利纠纷案例评析》,知识产权出版社 2011 年版,第 19 页。

估为准。[①] 本领域技术人员是所有专利授权确权条款的判断主体，在权利要求的解释这一问题上亦不例外。专利法中公开换保护原则所对应的公开对象只能是本领域技术人员。[②] 进一步而言，在判定是否相同侵权或等同侵权时，其主体同样是本领域技术人员。

确定本领域普通技术人员的理解是理解权利要求的基础，在解释权利要求中具有举足轻重的地位。“本领域普通技术人员”，是法律拟制人，是个抽象的概念，是指具有侵权行为发生时该专利所属技术领域平均知识水平的技术人员，既不是该领域的技术专家，也不是不懂技术的人。之所以引入“本领域普通技术人员”的概念，是因为，根据《专利法》第 26 条第 3 款的规定，说明书应当对发明或者实用新型作出清楚、完整的说明，以所属技术领域的技术人员能够实现为准。亦即，权利要求书中每一项权利要求所要保护的技术方案，应当是所属技术领域的技术人员能够从说明书及附图直接得到或者概括得出的。[③] 例如，最高人民法院认为，无论是判断专利说明书是否清楚、完整，还是判断说明书中是否存在错误，判断主体都是本领域技术人员，而非一般的公众。如果本领域技术人员在阅读说明书公开的内容时，即能理解、发现并更正其错误，尤其是该理解和更正并不会导致权利要求的技术方案发生变化，进而损害权利要求的公示性和稳定性的情况下，若不对说明书的不清楚之处及标记错误作出更正性理解，将会导致专利权人获得的利益与其对社会做出的贡献明显不相适应。[④] 专利权的保护范围是界定在本领域技术人员对发明创造理解的范围之内的。[⑤] 在审查专利申请人对专利申请文件的修改是否超出原始说明书和权利要求书记载的范围时，应当充分考虑专利申请所属技术领域的特点，不能脱离本领域技术人员的知识水平。[⑥]

在青岛太平货柜有限公司与中国国际海运集装箱(集团)股份有限公司、青岛中集集装箱制造有限公司专利侵权纠纷一案中[⑦]，最高人民法院指出，确定本领域技术人员的通常理解，首先应明确本发明的技术领域。发明的技术领域是指发明创造的技术方案所属或者直接应用的具体技术领域，既不是发明创造的

① 参见芮松艳：《创造性条款的原理解读与实务规则》，知识产权出版社 2023 年版，第 5 页。

② 参见芮松艳：《创造性条款的原理解读与实务规则》，知识产权出版社 2023 年版，第 95 页。

③ 参见孔祥俊、王永昌、李剑：《〈最高人民法院关于审理侵犯专利权纠纷案件应用法律若干问题的解释〉适用的若干问题》，载《电子知识产权》2010 年第 2 期。

④ 最高人民法院行政判决书，(2016)最高法行再 95 号。

⑤ 最高人民法院行政判决书，(2011)行提字第 13 号。

⑥ 最高人民法院行政裁定书，(2011)知行字第 54 号。

⑦ 最高人民法院民事判决书，(2014)民提字第 40 号。

上位或者相邻的技术领域,又不是发明创造本身。在解释权利要求时,应注重专利所属或者直接应用具体技术领域普通技术人员的理解,上位或者相邻技术领域普通技术人员的理解原则上仅具有有限的参考作用,不应以该上位或者相邻技术领域普通技术人员的理解作为确定权利要求所用术语含义的决定性依据。本案专利说明书记载,本发明涉及物流领域中用于堆码定位的器具,具体涉及一种用于非标准集装箱运输的运输平台以及运输单元,其要解决的技术问题在于提供一种运输平台,使非标准集装箱能够利用该运输平台在标准集装箱上以及标准集装箱的运输设备上实现堆码。可见,本案发明所直接应用的领域是集装箱运输领域,特别涉及非标准集装箱的运输,故所属技术领域应为集装箱运输领域。集装箱领域仅是本案发明所属技术领域的相邻领域,集装箱领域普通技术人员的通常理解对解释本案专利权利要求的参考作用非常有限。在该案中,法院基于对技术领域的判断,将本领域技术人员确定为"集装箱运输领域普通技术人员",据此对本案专利权利要求中的底角件特征的含义进行确定。

为了统一权利要求的解释,即为了确定权利要求的保护范围,首先必须确定解释的主体。主体不同,对相关问题的认知也就不同,因此,解释主体的确定是权利要求解释的首要问题。在各国的专利制度中,都不约而同地选择了拟制的"本领域普通技术人员",从"本领域普通技术人员"的角度出发来解释权利要求。既然判断的主观性不可避免,那么在规则上可以尽量用客观化的标准统一主观判断过程,也即"以拟制的客观标准解决主观标准问题"。[①] 即根据相对客观的技术领域的认定,来确定本领域普通技术人员的认知,这对于减少拟制主体的主观化具有积极意义。

第二,"特别界定"优先适用。专利权人"可以是其自己的词典编撰者"。[②] 一般情况下,权利要求中的用语应当理解为相关技术领域通常具有的含义。在特定情况下,如果说明书指明了某用语具有特定的含义,并且权利要求的保护范围因说明书对该用语的说明而被限定得足够清楚,则应当以该特别界定作为权利要求用语的含义。[③] 这与《授权确权司法解释一》第2条规定的解释权利要求的规则基本是一致的,对于权利要求中的"用语",在说明书及附图中有明确定义或者说明的,应当按照"特别界定"进行解释,即权利要求解释的"特别界

---

① 参见孔祥俊:《商标法适用的基本问题》,中国法制出版社2012年版,第107页。

② 参见[美]J. M. 穆勒:《专利法》,沈超等译,知识产权出版社2013年版,第324页。

③ 参见孔祥俊、王永昌、李剑:《〈最高人民法院关于审理侵犯专利权纠纷案件应用法律若干问题的解释〉适用的若干问题》,载《电子知识产权》2010年第2期。

定”优先规则。

第三,“歧义性”用语的解释。权利要求书、说明书及附图中的语法、文字、数字、标点、图形、符号等有明显错误或者歧义的情形,本文统称为“歧义性”用语,《专利权纠纷司法解释二》第 4 条与《授权确权司法解释一》对“歧义性”用语采用了相同的解释规则,即对于权利要求中存在的“歧义性”用语,如果所属技术领域的技术人员通过阅读权利要求书、说明书及附图可以得出唯一理解的,人民法院应当根据该唯一理解作出认定。

第四,功能性特征定义的一致性。《专利权纠纷司法解释一》第 4 条、《专利权纠纷司法解释二》第 8 条与《授权确权司法解释一》就“功能性特征”给出了相同的定义,即“功能性特征”是指对于结构、组分、步骤、条件或其之间的关系等,通过其在发明创造中所起的功能或者效果进行限定的技术特征,但本领域普通技术人员仅通过阅读权利要求即可直接、明确地确定实现上述功能或者效果的具体实施方式的除外。

第五,禁止反悔原则。《专利权纠纷司法解释一》第 6 条与《专利权纠纷司法解释二》第 6 条、第 13 条关于禁止反悔原则的规定,通常认为是单向禁止反悔。《授权确权司法解释一》第 3 条同样规定了有条件的“禁止反悔原则”,这在一定程度上形成了双向禁止反悔原则的解释规则,有利于在一定程度上防止权利人“两头得利”现象的发生。

综上,司法解释统一授权确权程序与侵权程序中权利要求的解释规则,有助于提升权利要求的可预见性,也体现了权利要求的公示划界作用。例如,授权确权程序考虑了发明目的的限定作用,侵权程序中同样应当考虑发明目的的限定作用。这种情况可以视为侵权程序对授权的“协同”,弥补了授权程序未能完成的对发明人实质性贡献界定的任务。①

2. 权利要求解释的一致性规则的法理依据

权利要求解释的一致性规则具有法理依据。“发明或者实用新型专利权的保护范围以其权利要求的内容为准”包含了两方面的含义:一方面,申请人在申请发明或者实用新型专利时,应当提交权利要求书,以表明申请人希望获得多大范围的法律保护;另一方面,在专利申请被授予专利权之后,专利文件的权利要求书是确定专利保护范围的依据。② 笔者认为,权利要求的保护范围,是授权

① 参见马云鹏:《专利权利要求解释规则》,法律出版社 2021 年版,第 81 页。

② 参见尹新天:《中国专利法详解》,知识产权出版社 2011 年版,第 363 页。

或确权程序的终点,又是侵权程序的起点。无论是授权确权程序还是侵权程序中,第一步都是确定权利要求的保护范围,在授权确权程序中的第二步通常是确定权利要求保护的技术方案是否符合授权条件,在侵权程序中的第二步是判断权利要求保护的技术方案与被诉技术方案是否相同或等同。因此,专利授权确权程序与专利侵权程序中对权利要求保护范围的解释规则应当一致。这不仅有利于专利权的保护,鼓励发明创造,而且有利于专利权人和社会公众对于专利权的保护范围建立统一的预期,从而保障社会公众的可期待利益,并且有利于鼓励专利权人公开其发明创造。① 保证通过可专利性审查(测试)的权利保护范围与具有排他效力的权利保护范围一致。② 例如,对于我国的实用新型专利权而言,其通常没有授权程序,权利人在提起侵权之诉的同时,被诉方通常会对相应专利权提起无效程序,此时,对于该专利的权利要求的解释而言,其解释方法和结果应当是一致的,如果确权程序和侵权程序解释的权利要求的保护范围不一致,是不能被接受的。这是因为只有权利要求公示的保护范围是确定的,才能保障社会公众行为的自由。权利要求解释的一致性,是权利要求具备确定性和公示性的内在要求。

3. 权利要求解释的一致性规则的实践依据

权利要求解释的一致性规则在司法实践中得到了广泛的适用。最高人民法院认为,在确定专利权保护范围这一问题上,一般应保持民事诉讼与行政诉讼在法律适用标准上的一致性,除非有相反证据足以推翻。③ 在侵权程序中,北京知识产权法院认为,在专利民事侵权程序中确定权利要求的保护范围时,如果专利权人在专利授权确权程序或其他民事诉讼程序中对某术语的含义作出过限缩解释并被采信,法院可以依据说明书内容、专利权人的解释等合理确定权利要求的保护范围;否则,一般应当遵循专利权利要求保护范围在民事和行政程序中的一致性。④ 上海市高级人民法院认为,权利要求书是发明和实用新型专利的申请人以文字的方式向社会公众就其专利的权利保护范围进行的公示;同时在侵权诉讼过程中,权利要求文字所限定的技术方案又是专利权人证

① 参见张鹏:《专利授权确权制度原理与实务》,知识产权出版社 2012 年版,第 81 页。

② 参见陈文煊:《专利权的边界——权利要求的文义解释与保护范围的政策调整》,知识产权出版社 2014 年版,第 119 页。

③ 最高人民法院民事判决书,(2009)民提字第 20 号。

④ 北京知识产权法院民事判决书,(2016)京 73 民初 92 号。

明其权利范围并据以起诉的依据。[①] 广东省高级人民法院认为，一方面，专利的技术领域属于客观事实范畴，无论是对专利权效力的审查程序（包括行政程序），还是专利侵权的民事纠纷司法程序，对于本案专利所处技术领域的判断应当具有一致性。另一方面，民事侵权诉讼程序中确定的专利权保护范围应当与专利授权确权程序中保持统一。避免专利权人在授权确权程序中以一个较小的保护范围，在区别于现有技术的基础上得到授权，授权后又在民事侵权诉讼中以一个较大的保护范围获得保护，从而导致专利权人两头获得利益，导致专有权领域与公共自由领域的界限在两个程序中不当变化。[②]

在行政确权程序中，北京知识产权法院认为，[③]在确定专利权保护范围这一问题上，一般仍应保持民事诉讼与行政诉讼在法律适用标准上的一致性，除非有相反证据足以推翻。权利要求的保护范围以其内容为准，并结合说明书及附图进行解释，且一般在民事与行政程序中具有一致性。最高人民法院认为，[④]在解释专利权利要求时，应当遵循《专利法》第 59 条第 1 款所规定的“发明或者实用新型专利权的保护范围以其权利要求的内容为准，说明书及附图可以用于解释权利要求的内容”这一权利要求解释的基本原则。在专利确权程序中，权利要求解释亦应当遵循“专利权保护范围以权利要求为准，说明书可以解释权利要求”这一基本规则。[⑤] 为维护社会公众的信赖，在专利侵权诉讼程序中确定专利权的保护范围时，一般应当尊重专利授权程序中适用的《审查指南》相关规定和专利权利要求的用语，即与专利授权程序采取一致的解释立场，除非上述相关规定违背了《专利法》和其他法律、行政法规的规定和精神。[⑥] 这说明权利要求解释规则的一致性，具有广泛的实践基础。

综上，权利要求解释规则的一致性，是权利要求解释的基本规则，如果权利要求解释方法和解释结果不一致，将严重破坏权利要求的确定性，使社会公众无所适从，违背了专利制度的运行规则。

---

① 上海市高级人民法院民事判决书，(2017)沪民终 23 号。

② 广东省高级人民法院民事判决书，(2017)粤民初第 102 号。类案有深圳市中级人民法院民事判决书，(2013)深中法知民初字第 135 号。

③ 北京知识产权法院行政判决书，(2014)京知行初字第 1 号。

④ 最高人民法院民事判决书，(2019)最高法知民终 147 号。

⑤ 最高人民法院行政判决书，(2020)最高法知行终 158、183 号。

⑥ 最高人民法院民事判决书，(2010)民提字第 10 号。

(二)权利要求解释的差异性规则

授权确权程序与侵权程序在权利要求解释上的区别主要体现在说明书的使用上。在专利授权确权案件中，说明书仅具有解释权利要求的作用，而不能用以限定权利要求。但在专利侵权案件中，说明书则可能在一定程度上具有限定作用。说明书所起作用的不同主要体现在以下两种情形中：一为技术贡献的不同影响，二为功能性限定特征的不同解释规则。① 笔者认为，在授权确权程序中与侵权诉讼程序中，关于权利要求解释的差异性体现在三个方面，包括"最宽合理解释"原则的适用、禁止反悔原则的适用以及专利审查档案在解释权利要求时的作用以及具体规则的差异。

1."最宽合理解释"原则的适用

谈到授权确权与侵权程序中权利要求解释规则的差异性，首先要分析"最宽合理解释"原则。专利权利要求的"最宽合理解释"原则，又称"最大合理解释"原则或"最宽泛的解释"原则，该规则源自美国，其英文为"Broadest Reasonable Interpretation"，是指专利审查员在专利审查程序中对权利要求进行解释时，应当对权利要求的术语(term)尽可能作出最宽泛的解释，只要这种解释与说明书的描述一致，并且与本领域技术人员阅读专利文件之后得出的理解一致即可。②"最宽合理解释"原则在我国法院③和国家知识产权局的审查实践中均有适用。

第一，"最宽合理解释"原则的确立。

在名称为"反射式萨格奈克干涉仪型全光纤电流互感器"的发明专利无效程序中④，权利要求1保护一种反射式萨格奈克干涉仪型全光纤电流互感器，在该案中最高人民法院明确适用了"最宽合理解释"原则，该观点为以后多个案件所引用。在该案中，最高人民法院审理认为，专利授权确权程序中，权利要求解释的目的在于通过明确权利要求的含义及其保护范围，对权利要求是否符合专利授权条件或者其效力如何作出判断。基于此目的，在解释权利要求用语的含

---

① 参见芮松艳：《创造性条款的原理解读与实务规则》，知识产权出版社2023年版，第154页。

② 参见刘庆辉：《发明和实用新型专利授权确权的法律适用——规则与案例》，知识产权出版社2017年版，第41页。

③ 北京知识产权法院适用最宽合理解释的裁判案例为北京知识产权法院行政判决书，(2016)京73行初1017、2757号。

④ 最高人民法院行政判决书，(2014)行提字第17号；北京知识产权法院行政判决书，(2016)京73行初3071号中引用了该判决。

义时,必须顾及《专利法》关于说明书应该充分公开发明的技术方案、权利要求书应当得到说明书支持、专利申请文件的修改不得超出原说明书和权利要求书记载的范围等法定要求。通常情况下,在专利授权确权程序中,对权利要求的解释采取“最大合理解释”原则,即基于权利要求的文字记载,结合对说明书的理解,对权利要求作出最广义的合理解释。如果说明书未对权利要求用语的含义作出特别界定,原则上应采取本领域普通技术人员在阅读权利要求书、说明书和附图之后对该用语所能理解的通常含义,尽量避免利用说明书或者审查档案对该用语作不适当的限制,以便对权利要求是否符合授权条件和效力问题作出更清晰的结论,从而促使申请人修改和完善专利申请文件,提高专利授权确权质量。本案中,本专利权利要求 1 中记载全光纤电流互感器至少由光电单元和光纤电流感应单元连接构成,并没有记载“反射膜”的技术特征,“反射膜”的技术特征出现在权利要求 1 的从属权利要求 10 的附加技术特征中。说明书中既没有将具有“反射膜”的技术方案作为背景技术描述,也没有用“反射膜”这一技术特征对权利要求 1 所述的“全光纤电流互感器”作出特别界定,说明书中的相关内容仅能说明本专利在对应从属权利要求 10 的进一步的优选实施例中,采用了光纤端面镀反射膜的方式,并不是指本专利权利要求 1 中的“全光纤电流互感器”具有此处描述的特定含义。第 14794 号决定在对权利要求 1 中的“全光纤电流互感器”进行界定时,引入其从属权利要求的附加技术特征和说明书的内容对其进行限缩性解释,适用法律错误。在该案中,最高人民法院适用“最宽合理解释”原则,否定了国家知识产权局在确权程序中对权利要求进行的限缩性解释,并确立了“最宽合理解释”原则在实践中的适用规则。

在第 114921 号复审决定中,国家知识产权局指出:在发明的实质审查程序和复审程序中对权利要求技术方案的理解宜遵循“最大合理解释”原则,即基于权利要求的文字记载,结合对说明书的理解,对权利要求作出最广义的合理理解。在第 31639 号无效申请审查决定中,国家知识产权局指出:在确权程序中,对权利要求保护范围的理解一般应当采取“最宽合理解释”原则,即一般情况下,权利要求中的用词应当理解为本技术领域通常具有的含义。当说明书中对该用词无特别定义,甚至无详细文字说明或描述时,不应用附图中图示的内容对权利要求中的用词进行排除或限制性理解。国家知识产权局在无效及复审程序均适用了“最宽合理解释”原则。

第二，“最宽合理解释”原则与发明目的的关系。

在名称为“一种农用旋耕机变速箱总成”的实用新型专利确权程序中[①]，权利要求1保护一种农用旋耕机变速箱总成。争议焦点之一为权利要求中的“箱体壳两侧”如何理解。最高人民法院认为，通常情况下，对权利要求的解释采取“最大合理解释”原则，应基于权利要求的文字记载，结合对说明书的理解，对权利要求作出最广义的合理解释。如果说明书未对权利要求用语的含义作出特别界定，原则上应采取本领域普通技术人员在阅读权利要求书、说明书和附图之后对权利要求所能理解的通常含义，尽量避免利用说明书或附图对权利要求作不适当的限制。本专利权利要求1限定“三轴压盖固定在箱体壳两侧，用于调节三轴轴承的轴向位置”，其中“箱体壳两侧”文字含义清晰，对本领域普通技术人员来说，本身不存在歧义。且就本案专利技术方案而言，本领域普通技术人员均知晓三轴轴承不会安装在箱体壳两外侧，而本专利附图显示，三轴压盖处以压盖代替了箱体壳，此处三轴压盖并不存在安装在箱体壳外侧这一概念，因此，本领域普通技术人员在实施该技术方案时，均能明白该技术方案中“三轴轴承安装在箱体壳两侧”“三轴压盖固定在箱体壳两侧”，只是明确三轴轴承、三轴压盖位于箱体壳两侧的相对安装位置关系，不会模糊不清或者有歧义。原审法院在权利要求用语含义不存在歧义的情形下，将权利要求中的箱体壳两侧解释为两外侧不当，也与说明书及附图记载不符。

在名称为“平面回波成像序列图像的重建方法”的发明专利行政纠纷案中[②]，涉案权利要求1保护一种平面回波成像序列图像的重建方法。争议焦点之一为权利要求1中的“计算”如何理解。一审法院遵循“最大合理解释”原则认为，本专利说明书中既未针对权利要求1中的“计算”进行专门界定，也没有与“直接进行计算”相关的任何表述，在此情况下，应当对“计算”作出最广义的解释，且此种广义解释也未超出合理范围，并认为被诉决定将“计算”限缩解释为“直接进行计算”，不符合对权利要求进行解释的目的。最高人民法院认为，权利要求的用语在说明书及附图中有明确定义或者说明的，按照其界定。据此，本案中本专利权利要求1中“计算”一词的解释，不应当简单以其字面含义为准，而应当以本领域技术人员阅读权利要求书和说明书及附图后的理解为准。即便在适用所谓的最大合理解释原则解释权利要求时，亦应当在权利要求

① 最高人民法院行政判决书，(2020)最高法知行终74号。
② 最高人民法院行政判决书，(2019)最高法知行终61号。

用语最大含义范围内，以“合理”解释为出发点和落脚点。结合本专利发明目的、说明书及附图对“计算”的解释与说明可知，本专利中的“计算”并不包括所有可能的计算方式，而是有其特定含义。首先，本专利的发明目的已经明确排除了两个回波信号计算相位差异因而损失相位信息的计算方法。其次，本领域技术人员通过阅读说明书及附图能够理解，本专利权利要求1中的“计算”是不损失相位以及其他信息情况下的直接计算，不应当将“计算”一词根据字面含义进行解释。

在名称为“一种电缆贯穿装置的压紧机构”的实用新型专利确权程序中①，权利要求1保护一种电缆贯穿装置的压紧机构，国家知识产权局认为，“前后两个拉块均与上下压板通过四段连皮相接的方式”这一连接方式无法实现说明书记载的“简化工艺、节省成本”的发明目的，是本专利明确排除的技术方案。最高人民法院认为，在专利授权确权程序中解释权利要求用语的含义时，应基于权利要求的文字记载，结合对说明书的理解，对权利要求作出最广义的合理解释。权利要求的解释应以权利要求的内容为准，即权利要求是界定专利权保护范围的依据，说明书及附图可以用于解释权利要求的相关内容，其解释作用体现在帮助本领域普通技术人员准确理解权利要求的内容，但不能代替权利要求在界定专利权保护范围过程中的地位和作用。运用说明书及附图解释权利要求时，由于实施例只是发明的例示，不应当以说明书及附图的例示性描述限制专利权的保护范围，不恰当地限缩权利要求的保护范围。从权利要求1的文字表述看，“所述后拉块与上、下压板之间分别通过软性带连皮连接，形成相互可运动的组件以方便向所述装置内导入及安装，所述后拉块与上、下压板之间分别通过由其材质延伸所形成的一段软性带状连皮连接，两段连皮的连接位置为一端位于上压板或下压板的一侧端部，另一端位于后拉块的背侧角部”，上述内容仅限定了后拉块与上、下压板之间通过软性带连接，并未限定前拉块与上、下压板之间的连接关系，由此也未明确排除前拉块与上、下压板之间相连的情形。

在上述案件中，最高人民法院在对“箱体壳两侧”进行解释时，反对对其进行限缩解释；在对“计算”进行解释时，强调了其“合理”的含义，应当与发明目的相一致，即“计算”并不包括所有可能的计算方式，而是有其特定含义，反对将其解释为“所有采集三个不同极性的参考回波信号并以此来计算校正参数的方法”，但在解释“前拉块与上、下压板之间”关系时，并未对发明目的进行回应。

---

① 最高人民法院行政判决书，(2020)最高法知行终477号。

笔者认为，适用“最宽合理解释”原则应当是有条件的，其条件之一是应当在符合发明目的的前提下进行适用，与发明目的相冲突的技术方案，不应适用“最宽合理解释”原则进行解释。同时，应当排除说明书存在“特别界定”的情形。例如，北京市高级人民法院在名称为“含E-1,3,3,3-四氟丙烯和氟化氢的共沸组合物及其应用”的发明专利授权行政纠纷案中①认为，当权利要求中的术语在所属技术领域有普通含义，在说明书中也有特别限定，如果该特别限定是清楚的，本领域人员能够明白该特别限定的含义，则应当采用说明书中的特别限定来确定该术语的含义。如果说明书中没有特别限定，或者特别限定不清楚，所属领域技术人员无法明白该特别限定的具体含义，则应当采用所属技术领域的普通含义。如果该术语在所属技术领域没有普通含义，在说明书中也没有特别限定，或者特别限定不清楚的，则可以对该术语作“最宽泛的解释”，并认定权利要求得不到说明书的支持。该案中所述的“最宽泛的解释”即“最宽合理解释”原则。

第三，“最宽合理解释”原则是否区分授权确权程序。

有观点认为，“最宽合理解释”原则仅适用于授权程序，而不应适用在确权程序中。因为在专利申请文件获得授权之后，专利权人和社会公众都应当尊重这一权利，因此应当更为强调专利权的公示和划界作用，遵循更为严格的解释标准，即“专利权有效”原则，并在确权程序和侵权程序中遵循相同的解释规则。对此，在名称为“电子胸卡”的实用新型专利行政纠纷案中②，北京知识产权法院认为应当区分授权程序和确权程序，并认为应当在授权程序中适用“最宽合理解释”原则。法院认为，专利授权确权制度的价值在于通过审查员与申请人或者专利权人之间反复的交流，明晰相应技术术语或者技术特征的含义，促使申请人或者专利权人修改和完善专利申请档案，以使申请人或者专利权人通过权利要求的文字记载所确定的保护范围与其技术贡献度相适应。考虑申请人在授权程序中与专利权人在确权程序中修改专利申请档案之自由度的不同，在授权程序中对相关技术术语含义的理解采取本领域普通技术人员的通常理解，更加有利于促使申请人将说明书中对相应术语的特别限定直接写入权利要求，以便清晰地界定权利要求的保护范围，降低向社会公众搜索、交易及创新的成

① 北京市高级人民法院行政判决书，(2016)京行终5347号。

② 北京知识产权法院行政判决书，(2015)京知行初字第5694号；北京市高级人民法院行政判决书，(2017)京行终3878号。

本，尽量实现社会公众与专利申请人利益之间的平衡；而在确权程序中，囿于专利权人对专利档案修改方式、修改时机等诸多限制的存在，采取本领域普通技术人员在阅读权利要求书、说明书和附图之后对该术语所能理解的含义，更加有利于保证具有实质技术贡献的技术方案获得保护，从而符合《专利法》之鼓励创新的目的。本案为专利确权行政纠纷，因此，“插针”具体含义应当采取本领域普通技术人员在阅读权利要求书、说明书和附图之后对该术语所能理解的含义。根据本院查明的事实可知，本专利说明书中明确记载第二插针除具有连接作用外，还具有电连接的作用；同时本专利附图 3 中所显示的插针亦为排式插针，因此，本领域普通技术人员在阅读本专利说明书及附图的基础上，可以确定本专利权利要求中的插针应理解为电子领域的排式插针，而非涵盖所有的针式插接装置。

最高人民法院认为，“一般情况下不允许也无法将说明书及附图中记载的具体技术内容补充解释到权利要求书中”。[①] 然而，考虑到语言的局限性等问题，简单地依据权利要求书的字面含义可能无法确定权利要求保护范围或者确定的保护范围与该专利技术方案的本义大相径庭。同时，在专利授权确权程序中，确定权利要求的保护范围的目的在于通过明确权利要求的含义及其保护范围，对专利权利要求是否符合专利授权条件或者其效力作出判断，以尽可能地保证真正有创造性的发明创造取得授权和获得保护。基于此目的，考虑到申请人及专利权人在专利授权、确权程序中的对专利申请档案的修改机会的不同，在专利授权程序中，应当以本领域普通技术人员阅读权利要求书面记载后所能理解的通常含义界定权利要求的含义；说明书有特别界定的，从其界定。而在专利确权程序中，对于权利要求的用语，应当结合权利要求书、说明书及附图、审查档案以及本领域技术人员普遍采用的工具书、教科书、字典、辞典、国家或者行业技术标准等，作符合发明目的的界定。这说明最高人民法院认为应当区分授权与确权程序中解释权利要求的规则。

第四，“最宽合理解释”原则的未来。

2018 年 10 月 10 日，美国专利及商标局（United States Patent and Trademark Office，USPTO）发布了关于专利审判与上诉委员会（Patent Trial and Appeal Board，PTAB）采用的权利要求解释标准的最终规则（Claim Construction Final Rule），对多方复审程序（Inter Partes Review，IPR）、授权后复审程序（Post-Grant

---

① 最高人民法院行政判决书，（2016）最高法行再 70 号。

Review, PRG）和商业方法复审程序（Covered Business Method, CBM）中采用的“最宽合理解释标准”（Broadest Reasonable Interpretation, BRI 标准）进行修改，使之与美国联邦法院和国家贸易委员会（International Trade Commission, ITC）采用的“Philips 标准”保持一致。此举堪称美国权利要求解释发展过程中重要的转折点，不仅在司法机关和行政机关达成了统一，也再度引发了人们关于权利要求解释标准的探讨。①

在我国，最高人民法院《关于审理专利授权确权行政案件若干问题的规定（一）》（公开征求意见稿）第 3 条，②区分了授权和确权程序中权利要求的解释规则，并认为“人民法院审理专利授权行政案件，一般应当以本领域技术人员所理解的通常含义界定权利要求的用语。权利要求采用自定义词且说明书及附图有明确定义或者说明的，从其界定”。该规定通常被认为是“最宽合理解释”的规定，但是在最终通过时删除了该规定，也没有再区分授权、确权程序分别适用权利要求的解释规则。我国《授权确权司法解释一》没有把“最宽合理解释”原则写入，可能与此有关。

我国学者对“最宽合理解释”原则的适用持不同观点。例如，闫文军教授区分授权程序和确权程序，赞同在专利审查和复审中适用最宽合理解释标准，而在专利无效程序中采用侵权诉讼中的解释标准。③ 闫宇晨、徐棣枫认为，无效程序不适用“最宽合理解释”原则，权利要求解释规则与专利无效程序设置在某种程度上具有相同的价值目标，都是为了寻求专利权利确定性。最宽合理解释原则作为专利授权审查的黄金规则，其宽泛而不精确的权利要求解释方式，并不利于专利无效程序中对权利确定性的寻求，更无益于对问题专利的解决。④ 目

---

① 参见马云鹏：《专利权利要求解释规则》，法律出版社 2021 年版，第 50 页。

② 2018 年 6 月，最高人民法院《关于审理专利授权确权行政案件若干问题的规定（一）》（公开征求意见稿）第 3 条规定：

人民法院审理专利授权行政案件，一般应当以本领域技术人员所理解的通常含义界定权利要求的用语。权利要求采用自定义词且说明书及附图有明确定义或者说明的，从其界定。

人民法院审理专利确权行政案件，可以运用权利要求书、说明书及附图界定权利要求的用语。说明书及附图对权利要求用语有特别界定的，从其界定。专利审查档案可以用于解释权利要求的用语。以上述方法仍无法界定的，可以结合本领域技术人员通常采用的技术词典、技术手册、工具书、教科书、国家或者行业技术标准等界定。

（方案二：对于权利要求用语，人民法院一般应当以本领域技术人员所理解的通常含义界定。权利要求书采用自定义词且说明书及附图有明确定义或者说明的，从其界定。）

③ 参见闫文军：《我国专利授权确权中的“最宽合理解释”》，载《知识产权》2017 年第 12 期。

④ 参见闫宇晨、徐棣枫：《美国最宽合理解释适用的变化及其启示》，载《学习与实践》2018 年第 9 期。

前，关于专利权利要求的解释，通常按照授权确权程序和侵权程序进行划分。[①] 专利授权程序与专利确权程序尽管都是对专利申请的有效性进行审查，但审查的对象是不同的，"最宽合理解释"原则在授权程序中适用有更为充分的理由。陈文煊认为，在授权程序中，专利制度的目标是在多方的努力之下，尽可能淬炼出一份边界清晰、语言凝练而无歧义的"权利契据"，从而降低解读者的信息处理成本。[②] 刘庆辉认为，为了确保专利申请人获得的权利保护范围与其技术贡献相一致，专利审查员应当始终以"挑刺"的眼光对待权利要求，尽量扩大现有技术检索范围，挑战权利要求的可专利性，迫使专利申请人作出合适的修改。[③] 因此在授权程序中适用"最宽合理解释"原则具有合理性。马云鹏认为，基于不同程序的特性，区别化解释具有合理性，授权程序采用宽泛性解释、侵权程序采用限缩性解释，确权程序采用"折中性"解释。[④]

笔者认为，权利要求的解释规则，无论是在授权确权程序还是侵权程序中，应当具有一致性，授权程序中适用"最宽合理解释"的观点值得商榷。第一，解释结果具有一致性。在权利要求文本不变的情况下，专利申请文件的申请日即发明创造的完成日，发明人的发明创造已经确定，即便申请人有修改的权利，修改的范围也以《专利法》第 33 条的规定为限，不能超出原申请文本记载的内容；虽然在不同程序中修改的程度不同，但对权利要求本身的解释不应当有不同。第二，解释的主体具有一致性。本领域普通技术人员是权利要求解释的主体，同一主体对于同一申请发明创造的认知应当是一致的，而不是在不同的程序中适用不同的规则，得出不同的结果。本领域普通技术人员在阅读专利申请文件或授权文件时，都应当是以普通的认知在"合理"的范围内去理解权利要求，而不应以故意"挑刺"的眼光去理解，在普通技术人员已经能够理解相应权利要求的含义时，故意以"挑刺"的眼光去迫使申请人修改相应文本，徒增审查资源的浪费。第三，解释的依据具有一致性。权利要求的解释的证据包括内部证据和外部证据，且内部证据优先于外部证据。内部证据解释权利要求的结果包括"特别界定"和"通常含义"两种结果，如果内部证据不足以解释，则根据外部证

---

① 最高人民法院《授权确权司法解释一》的颁布就是这一观点的例证。

② 陈文煊：《专利权的边界——权利要求的文义解释与保护范围的政策调整》，知识产权出版社 2014 年版，第 105 页。

③ 参见刘庆辉：《发明和实用新型专利授权确权的法律适用——规则与案例》，知识产权出版社 2017 年版，第 111 页。

④ 参见马云鹏：《专利权利要求解释规则》，法律出版社 2021 年版，第 74 ~ 91 页。

据解释权利要求的“通常含义”。在证据一致的情况下，权利要求解释的结果应当具有一致性。第四，权利要求的作用在于划定权利边界。规则的一致性有助于权利的可预测性。专利权是财产权，权利要求公示了权利要求的边界，保护了社会公众的信赖利益。对权利要求的解释规则，直接影响公众对专利权利要求的可预测性，而可预测性是财产权的基本属性，不同程序中的不同解释规则，是建立在牺牲权利要求的可预测性的基础上的，同时，也不易于提高权利要求的确定性和公示价值，不应当被采纳。权利要求的可预测性，并不代表专利权的保护范围固定不变。在不同的程序中依据的证据是不同的，根据不同的证据对权利要求进行解释，可以是权利要求的边界越发清晰，也可能是专利权的保护范围越来越窄，但在证据相对固定的情况下，专利权的保护范围因为解释规则的一致性，其保护范围也是确定的。如果解释规则不一致，则会导致在并存的确权程序和侵权程序中得出不同的保护范围。

2. 禁止反悔原则适用的差异

禁止反悔原则属于诚实信用原则在专利制度中的具体化。禁止反悔原则体现在不同的程序中，其具体含义不同。

第一，在侵权程序中，禁止反悔原则是指专利申请人、专利权人在专利授权或者无效宣告程序中，通过对权利要求、说明书的修改或者意见陈述而放弃的技术方案，权利人在侵犯专利权纠纷案件中又将其纳入专利权保护范围的，人民法院不予支持。[①] 但是，权利人证明专利申请人、专利权人在专利授权确权程序中对权利要求书、说明书及附图的限缩性修改或者陈述被明确否定的，人民法院应当认定该修改或者陈述未导致技术方案的放弃。[②] 这一规定通常被认为是单向禁止反悔，一般而言，权利人在授权确权程序中对权利要求的意见陈述构成对侵权程序的解释权利要求的限制；相反，权利人在侵权程序中对权利要求的意见陈述并不构成对确权程序的解释权利要求的限制。单向禁止反悔有可能给权利人“两头得利”的机会，所以，司法实践中出现了双向禁止反悔观点。例如，北京知识产权法院认为，无论是当事人或其代理人，在不同案件中针对同一事实均应做相同的陈述；如存在相反陈述，则必然意味着其中一种陈述属于不实陈述。在此情况下，除非有充分的相反证据，否则法院将只会采用其中对其不利的陈述。这一做法的目的一方面在于避免当事人基于诉讼得利，更为重

① 《专利权纠纷司法解释一》第6条。
② 《专利权纠纷司法解释二》第13条。

要的则在于对当事人这一违反基本道德的诉讼行为以示惩戒。当事人,无论是权利人还是其代理人,在诉讼程序中都应当客观陈述相关事实,而不应当陈述虚假事实以获取相关利益,这种不实的陈述对诉讼程序产生了重大不利影响,司法对于这种行为应当予以制裁,以维护诉讼程序的良性发展,在无效或者侵权程序中,采用对其不利的解释是对在诉讼中违反诚实信用原则行为惩戒的体现。① 笔者认为,诚实信用原则是任何规则均应当遵循的基本原则,任何人都应当遵循,由此才能建立良好的社会秩序和交易秩序。专利权人无论是在民事诉讼中还是在无效程序中都应当审慎客观地解释权利要求,否则应当承担由此带来的不利后果。另外,生效的判决书应当具有既判力,在先的判决或裁决应当予以遵守,否则司法的权威将受到严重挑战。因此,禁止反悔原则应当双向适用,专利权人关于权利要求的解释被生效判决采纳的,在后的审查中应当予以遵守,只有这样才能督促专利权人在民事诉讼中谨言慎行,禁止反悔原则才能真正落实,否则无法根本避免"两头得利"情况的发生。

对此,《授权确权司法解释一》第 3 条规定,在专利确权行政案件中界定权利要求的用语时,可以参考已被专利侵权民事案件生效裁判采纳的专利权人的相关陈述。这一规定实际上是弱化了"禁止反悔原则"的双向适用。专利权人在侵权诉讼中关于权利要求的解释,首先,仅仅能作为确权程序中解释权利要求的参考;其次,要求是已经生效判决,如果在先判决没有生效则可能不具有参考作用。如果有证据证明专利权人在侵权程序中的解释错误,则在确权程序中仍应当以在确权程序中查明的事实来解释权利要求并确定权利要求的保护范围。为杜绝"两头得利"的不诚信行为的出现,最高人民法院已经在专利无效行政案中旗帜鲜明地对专利授权确权程序中的违背诚实信用原则的行为说不。这对于遏制滥用专利制度赋予的权利,挤占原本用于鼓励和保护创新的政策资源、行政资源和司法资源的诸多不诚信行为,如被诉侵权人滥用宣告专利权无效的权利拖延专利权人合法维权进程、专利权人滥用专利权无效宣告中止程序获得不正当利益以及各种非正常申请行为,既具有重要的宣示意义又具有现实的指导意义。②

第二,在授权、确权程序中,同样应当适用禁止反悔原则,但在与其他规则

① 北京知识产权法院行政判决书,(2016)京73行初4355号。

② 参见《协同审理专利确权和侵权关联案件诚信原则适用和举证责任转移成亮点》,载微信公众号"最高人民法院知识产权法庭"2022年2月15日。

发生冲突时，应当受到其他规则的限制。例如，禁止反悔原则如果与权利人修改权利要求的法定权利相冲突，则禁止反悔原则应当让位于修改权利要求的法定权利。最高人民法院认为，在专利授权确权程序中，专利申请人需要遵循诚实信用原则，信守诺言，诚实不欺，不得出尔反尔，损害第三人对其行为的信赖。作为诚实信用原则的体现和要求，禁止反悔原则在专利授权确权程序中应予适用。但是，禁止反悔原则在专利授权确权程序中的适用并非无条件的，其要受自身适用条件的限制以及与之相关的其他原则或者法律规定的限制。禁止反悔原则的适用应以行为人出尔反尔的行为损害第三人对其行为的信赖和预期为必要条件。同时，法律的明确规定以及其他同等重要的原则也限制着禁止反悔原则的适用。在专利授权确权程序中适用禁止反悔原则必须综合考虑上述因素。根据《专利法》第 33 条以及《专利法实施细则》(2002 年)第 68 条的规定，在专利授权程序中，申请人可以对其专利申请文件进行修改，但是对发明和实用新型专利申请文件的修改不得超出原说明书和权利要求书记载的范围；在专利确权程序中，专利权人可以修改其权利要求书，但是不得扩大原专利的保护范围。因此，在专利授权程序中，相关法律已经赋予了申请人修改专利申请文件的权利，只要这种修改不超出原说明书和权利要求书记载的范围即可。对于社会公众而言，基于《专利法》第 33 条规定，其应该预见到申请人可能对专利申请文件进行修改，其信赖的内容应该是原说明书和权利要求书记载的范围，即原说明书及其附图和权利要求书以文字或者图形等明确表达的内容和所属领域普通技术人员通过综合原说明书及其附图和权利要求书可以直接、明确推导出的内容，而不是仅信赖原权利要求书记载的保护范围。因此，如果申请人对专利申请文件的修改符合《专利法》第 33 条的规定，禁止反悔原则在该修改范围内应无适用余地。

3. 专利审查档案作用

《专利权纠纷司法解释二》第 6 条第 2 款规定："专利审查档案，包括专利审查、复审、无效程序中专利申请人或者专利权人提交的书面材料，国务院专利行政部门制作的审查意见通知书、会晤记录、口头审理记录、生效的专利复审请求审查决定书和专利权无效宣告请求审查决定书等。"根据诚实信用原则，在这些阶段当事人关于权利要求记载的技术方案或者技术特征、技术术语的解释应当一致，并作为解释权利要求的参考。在专利授权确权程序中解释权利要求时，意见陈述书的作用受到专利法明文规定的限制。审查档案中的意见陈述在通常情况下只能作为理解说明书以及权利要求书含义的参考，而不是决定性依据。而在专利民事侵权程序中解释权利要求的保护范围时，只要在专利审查记录中通过意见陈述放弃了某个技术方案或者明确了某个技术特征的具体含义，一般情况下应该根据当事人的意见陈述对专利权的保护范围进行限缩解释。在解释权利要求阶段，属于诚实信用原则的适用，而在判断是否构成等同技术方案阶段，属于禁止反悔原则的适用。[①] 当事人的意见陈述在通常情况下只能作为理解说明书以及权利要求书含义的参考，而不是决定性依据。至于其参考价值的大小，则取决于该意见陈述的具体内容及其与说明书和权利要求书的关系。尤其需要注意的是，如果当事人意见陈述的内容超出了原说明书和权利要求书记载的范围，则该意见陈述将完全丧失参考作用，不能参考该意见陈述对说明书或者权利要求书进行解释。[②]

最高人民法院《关于审理专利授权确权行政案件若干问题的规定（一）》（公开征求意见稿）第3条规定了，[③]专利审查档案可以用于解释权利要求的用语。但是最终通过的规定中删除了该内容。也就是说，授权程序中形成的档案并不当然对后续的确权程序具有约束力。如前所述，专利审查档案的生成过程，是专利权的发明人与由专利局代表的社会公众之间[④]进行博弈的过程，也是权利要求的保护范围的形成过程，这也是专利审查档案成为侵权诉讼中解释权利要求的依据的原因。

4. 具体规则的差异性

授权确权程序中与侵权程序中，权利要求解释的差异性，还体现在一些具体的解释规则上。例如，《专利权纠纷司法解释二》第5条、第10条和第12条分别针对的是前序部分中的技术特征、产品权利要求中的制备方法特征和数值

---

① 最高人民法院民事判决书，(2020)最高法知民终1325号。

② 最高人民法院行政裁定书，(2010)知行字第53－1号。

③ 2018年6月，最高人民法院《关于审理专利授权确权行政案件若干问题的规定（一）》（公开征求意见稿）第3条规定：

人民法院审理专利授权行政案件，一般应当以本领域技术人员所理解的通常含义界定权利要求的用语。权利要求采用自定义词且说明书及附图有明确定义或者说明的，从其界定。

人民法院审理专利确权行政案件，可以运用权利要求书、说明书及附图界定权利要求的用语。说明书及附图对权利要求用语有特别界定的，从其界定。专利审查档案可以用于解释权利要求的用语。以上述方法仍无法界定的，可以结合本领域技术人员通常采用的技术词典、技术手册、工具书、教科书、国家或者行业技术标准等界定。

（方案二：对于权利要求用语，人民法院一般应当以本领域技术人员所理解的通常含义界定。权利要求书采用自定义词且说明书及附图有明确定义或者说明的，从其界定。）

④ 参见李明德：《美国知识产权法》（第2版），法律出版社2014年版，第92页。

特征中的强调用语，规定上述特征和用语对专利权保护范围具有限定作用。上述特征和用语是否作为专利的必要技术特征，属于专利授权确权阶段应当解决的问题，审理专利侵权纠纷案件的人民法院对此不宜再甄别。[①]《授权确权司法解释一》对此没有规定，而《专利审查指南》的规定是，在通常情况下，在确定权利要求的保护范围时，权利要求中的所有特征均应当予以考虑，而每一个特征的实际限定作用应当最终体现在该权利要求所要求保护的主题上。[②] 对于包含性能、参数、用途、制备方法等特征的产品权利要求新颖性的审查，应当考虑权利要求中的上述特征是否隐含了要求保护的产品具有某种特定结构和/或组成。[③] 这种区别对待的规则实际上违背了权利要求的公示性原则，损害了社会公众的信赖利益。随着最高人民法院知识产权法庭的成立，这种差别对待、"不宜甄别"的做法，应当被废弃。[④]

综上，关于授权确权程序与侵权程序中，权利要求解释规则的不同，确实有其客观性。但是关于权利要求的保护范围的确定，还是应当尽可能一致。以捐献原则为例，尽管捐献原则不是授权确权程序中审查的原则，但是如果把捐献原则写入授权确权程序中，对于专利申请人或专利权人乃至社会公众均具有积极意义。笔者亲历的一个案件，其主题名称是"一种脱毛仪"，并享有优先权，然而，经核实发现，该专利的原主题名称为"一种激光脱毛仪"。或许是因为申请人发现了这一主题名称过窄所以撤回了在先申请，并以撤回申请的文本为优先权文本申请了主题名称为"一种脱毛仪"的实用新型专利权。在无效程序中，国家知识产权局宣告主题名称为"一种脱毛仪"的技术方案无效，在主题名称为"一种激光脱毛仪"的基础上维持专利权部分有效。在后续的行政诉讼中，专利权人极力主张激光脱毛仪包括说明书中记载的"灯管 701 发出的光可以是彩光、复合光、强光、脉冲光或激光"等多种形式。专利权人之所以如此主张，其根本原因在于捐献原则在侵权程序中的适用，专利权人清楚地知道，如果主题名称为"一种激光脱毛仪"，在侵权程序中，对于其他光源的脱毛仪将不能纳入权利要求的保护范围中。庭审中，法官明也确表示，授权确权程序中的解释规则和侵权程序中不一致。笔者认为，授权确权仅仅是手段，保护才是专利制度的

① 参见《最高人民法院民三庭庭长宋晓明权威解读〈最高人民法院关于审理侵犯专利权纠纷案件应用法律若干问题的解释(二)〉》，载《中国建筑金属结构》2016 年第 5 期。

② 《专利审查指南》第二部分第二章第 3.1.1 节。

③ 《专利审查指南》第二部分第三章第 3.2.5 节。

④ 其他章节对此有专门论述，此处不再展开。

目的。专利制度的目的在于引领、促进和保护创新，这一点不仅应当体现在纸面上，更应当体现在对发明创造的具体的审查和保护的规则中。如果授权确权和侵权程序中，均写入捐献规则，对仅仅写在说明书而没有写入权利要求的方案，审查员可以建议权利人修改权利要求或者分案申请，如此一来，既能体现对创新的保护，又能体现专利制度对申请人创新成果的保护，更能体现“贡献与保护相一致”的原则，对于发明人、社会公众都具有积极意义。然而授权确权程序对此无所作为，其结果是被授权的专利权的保护范围根本不能保护申请人的创新成果，这样的制度设计应当反思。

第三章

说明书及附图解释权利要求

《专利法》第64条第1款规定,发明或者实用新型专利权的保护范围以其权利要求的内容为准,说明书及附图可以用于解释权利要求的内容。关于权利要求书与说明书的关系,最高人民法院在相关判决中进行过详细论述①,并认为:

1. 权利要求书的作用。《专利法》规定,发明或者实用新型专利权的保护范围以其权利要求的内容为准,说明书及附图可以用于解释权利要求的内容。权利要求书的作用在于界定专利权的保护范围。在授予专利权之前,权利要求书表明申请人请求获得保护的范围。如果该范围包括了已知的技术或者相对于已有技术而言显而易见的技术方案,则会因为违背《专利法》关于新颖性和创造性的规定,而被国家知识产权局驳回专利申请。在授予专利权后,权利要求书表明专利权依法受保护的范围。如果他人未经专利权人的许可而实施的技术方案落入权利要求的保护范围之内,则构成侵权行为。因此,权利要求既为专利权人提供了独占权的法律保护,又确保了公众享有使用已知技术的自由,使公众能够清楚地知道实施什么样的行为会侵犯他人的专利权。无论是对专利申请获得专利权还是行使专利权而言,权利要求书的内容都至关重要。

2. 权利要求书与说明书的关系。权利要求书应当以说明书为依据,清楚、简要地限定要求专利保护的范围。之所以要求权利要求要得到说明书的支持,是由说明书与权利要求书的内在联系决定的。说明书是申请人必须向国家知识产权局提交的公开其发明或者实用新型的文件之一,专利法对专利说明书的基本要求是,说明书的撰写应该达到所属技术领域的技术人员能够实施发明的

---

① 北京市第一中级人民法院行政判决书,(2009)一中行初字第1356号;北京市高级人民法院行政判决书,(2010)高行终字第500号;最高人民法院行政判决书,(2011)行提字第13号。

程度。为了对发明或者实用新型的技术方案作出清楚、完整的公开，使所属领域的技术人员能够实施该发明创造，说明书提供了大量的信息，包括技术领域、背景技术、发明内容、附图说明、具体实施方式等。这些信息是为了帮助理解和实施发明创造而撰写的，也是进行专利审查工作的基础。在专利权被授予后，特别是发生专利纠纷时，说明书可以用来解释权利要求书，因而有人称“说明书是权利要求的辞典”。而权利要求书则是对说明书记载的发明创造的实质和核心的“提炼总结”，是在说明书记载的内容的基础上，用构成发明或者实用新型技术方案的技术特征来定义专利权的保护范围。虽然作为界定专利权保护范围的载体，其详细程度不同于为公众提供实施发明或者实用新型所需要的具体技术信息的说明书，但权利要求书的内容不能与说明书的内容相互脱节，权利要求应当以说明书为依据，要得到说明书的支持。

3. 权利要求书以说明书为依据的具体含义。在作为以“公开换保护”的专利制度中，获得专利权的前提是申请人必须向公众充分公开其发明创造的内容，专利权人所获得的权利必须与向公众公开的内容相适应。这样才能实现有利于发明创造的推广利用、促进科学技术进步和创新的立法宗旨。权利要求书以说明书为依据就是要求权利要求所要求保护的技术方案应当是所属技术领域的技术人员能够从说明书充分公开的内容中得到或概括得出的技术方案，并且不得超出说明书公开的范围。权利要求书作为界定专利独占权的范围的文件，是让公众能够清楚地知道实施什么样的行为会侵犯他人的专利权的一种法律文件，必须达到每一项权利要求所要求保护的技术方案都应当是在说明书中被清楚、充分地公开过的程度。如果权利要求书中某一项或者多项权利要求所要求保护的技术方案是所属技术领域的技术人员不能从说明书中充分公开的内容中得到或概括得出的技术方案，或权利要求所要求保护的技术方案超出了说明书公开的范围时，就应当认为权利要求没有以说明书为依据。

由此可见，权利要求概括的范围应当与说明书公开的内容相适应，不能过大也不能过小。如果权利要求概括的范围过大，把属于公众的已知技术或者申请人尚未完成的技术方案记载在内，这种权利要求将会损害公共利益，该专利申请或者专利权可能会因此被驳回或者被宣告无效。反之，如果权利要求记载的范围过小，则意味着申请人在说明书中公开的某些技术方案没有被纳入权利要求书中受到保护，即该技术方案被捐献给了公众，他人可以无偿使用该技术方案。这对申请人而言可能是不公平的。因此，《专利法》第 26 条第 4 款的立法宗旨在于，权利要求的概括范围应当与说明书公开的范围相适应，该范围既不能宽到超出了发明公开的范围，也不应当窄到有损申请人因公开其发明而应当获得的权益。

最高人民法院上述关于权利要求书与说明书关系的论述，本质上是“贡献与保护一致”原则的体现。最高人民法院进一步认为，在使用说明书及附图解释权利要求时，不应当将仅反映在说明书及附图中而未记载在权利要求书中的技术特征读入权利要求之中，用于限制专利权的保护范围；也不能直接以仅在说明书附图中所反映出的具体结构来限定权利要求中相应技术特征的含义。允许将说明书或附图中记载的具体技术内容随意补充解释到权利要求书中，会造成专利权边界前后不一，保护范围缺乏稳定性的后果，从而不正当地影响社会公众利益。① 权利要求是说明书及附图的概括，在解释权利要求时不应当使用说明书中的具体实施例限制权利要求，而且应当兼顾专利权的授权条件，不应当把不符合授权条件的技术方案解释到权利要求中。②

《专利权纠纷司法解释一》第3条规定，人民法院对于权利要求，可以运用说明书及附图、权利要求书中的相关权利要求、专利审查档案进行解释。说明书对权利要求用语有特别界定的，从其特别界定。以上述方法仍不能明确权利要求含义的，可以结合工具书、教科书等公知文献以及本领域普通技术人员的通常理解进行解释。③ 该规定是权利要求解释的具体规则。说明书及附图不仅是专利申请文件的组成部分，而且是“诠释权利要求的最根本基础”。④ 实践中，人民法院在侵权程序中解释权利要求的通常顺序是：首先，权利要求是界定专利权保护范围的依据，说明书及附图可以用于解释权利要求的相关内容。说明书及其附图对权利要求的解释作用体现在帮助本领域普通技术人员准确理解权利要求的内容，但不能替代权利要求在界定专利权保护范围过程中的地位和作用。其次，对权利要求中相关技术术语或者技术特征的解释，应当遵循内

① 最高人民法院行政判决书，(2016)最高法行再70号。

② 最高人民法院行政判决书，(2007)行提字第4号。

③ 《授权确权司法解释一》第2条作了与此基本相同的规定：人民法院应当以所属技术领域的技术人员在阅读权利要求书、说明书及附图后所理解的通常含义，界定权利要求的用语。权利要求的用语在说明书及附图中有明确定义或者说明的，按照其界定。依照前款规定不能界定的，可以结合所属技术领域的技术人员通常采用的技术词典、技术手册、工具书、教科书、国家或者行业技术标准等界定。关于授权确权与侵权程序解释权利要求的差异，在前文已经进行论述，然而从字面上比较，二者可能还存在更多差别，例如，授权确权程序中首先是根据权利要求、说明书及附图确定“通常含义”，而侵权程序中的措辞是“通常理解”，此类差别，本书不再展开。

④ ［美］J. M. 穆勒：《专利法》，沈超等译，知识产权出版社2013年版，第320页。

部证据优先原则。如果通过内部证据不能明确权利要求含义的,可以结合外部证据进行解释。最后,权利要求的解释应当以本领域普通技术人员在对专利要求保护的技术方案形成整体认识的基础上,结合权利要求的具体语境,对权利要求的保护范围作出合乎逻辑的界定,以符合发明目的和能够实现发明技术方案为指引。[①]

说明书及附图用于解释权利要求,通常是用说明书及附图解释权利要求的含义,准确划定权利要求的保护范围,进而划定专利权利要求的保护范围与现有技术的边界。这一点无论对于授权确权程序还是侵权程序都是一致的。对权利要求的解释,包括但不限于澄清、弥补和特定情况下的修正三种形式,即当权利要求中的技术特征所表达的技术内容不清楚时,澄清该技术特征的含义;当权利要求中的技术特征存在瑕疵时,弥补该技术特征的不足;当权利要求中的技术特征之间存在矛盾等特定情况时,修正该技术特征的含义。[②] 专利说明书及附图可以用于对专利权利要求字面所限定的技术方案的保护范围作出公平的扩大[③]或者缩小的解释,即把与必要技术特征等同的特征解释到专利权保护范围,或者以专利说明书及附图限定某些必要技术特征。[④] 解释权利要求通常体现为解释权利要求中的用语,包括但不限于技术术语、非技术术语等权利要求中出现的任何内容。通过解释权利要求使得确定的权利要求的保护范围与说明书及附图公开的内容相适应,并与发明人的贡献相一致,以实现权利人与社会公众的利益平衡,具体表现为以符合发明目的和能够实现发明技术方案为指引,对权利要求中的用语进行限缩解释、澄清解释、特别界定以及特定情况下的修正。本部分对过往案例进行梳理,目的在于通过实证分析的方法阐释说

---

① 最高人民法院民事判决书,(2020)最高法知民终981号、(2019)最高法知民终147号。

② 北京市高级人民法院《专利侵权判定指南(2017)》第13条;深圳市中级人民法院民事判决书,(2017)粤03民初2140号。

③ 扩大解释通常是指侵权程序中通过等同原则扩大权利要求保护范围的情况。最高人民法院《关于审理专利纠纷案件适用法律问题的若干规定》第13条第1款规定:《专利法》第59条第1款所称的"发明或者实用新型专利权的保护范围以其权利要求的内容为准,说明书及附图可以用于解释权利要求的内容",是指专利权的保护范围应当以权利要求记载的全部技术特征所确定的范围为准,也包括与该技术特征相等同的特征所确定的范围。等同原则是侵权程序中所独有的解释规则,尽管可以通过等同原则对权利要求的保护范围进行扩大解释,但是,解释权利要求的过程也是等同原则适用的过程,等同原则的适用应受到诸多限制,对此后文将予以详细论述。

④ 福建省高级人民法院判决书,(2008)闽民终字第391号;北京市第一中级人民法院民事判决书,(2002)一中民初字第3258号;广东省高级人民法院民事判决书,(2002)粤高法民三终字第108号、(2004)粤高法民三终字第263号。

明书及附图用于解释权利要求的规则。

一、说明书及附图用于解释权利要求

（一）发明目的指引下的限缩解释

权利要求的解释实质上就是对权利要求中记载的技术特征进行解释，在具体的案件中，又往往表现为对技术特征中使用的技术术语进行解释。[①] 权利要求的解释要符合发明目的，因此，权利要求的解释应当以发明目的和能够实现发明技术方案为指引。

1.“镜片”案

在名称为“具有宽视野的潜水面罩”实用新型专利权确权程序中[②]，涉案权利要求1保护一种具有宽视野的潜水面罩。争议焦点之一为如何理解权利要求中的技术特征“镜片”。国家知识产权局认为，与对比文件中的“拱形曲面玻璃”相比，涉案专利权利要求并未将“镜片”限定为“平面镜片”，而“镜片”这一技术术语本身不能排除“镜片”形状为“曲面”的情况。

一审法院认为，在解释专利权利要求时，应以专利权利要求记载的技术方案的内容为准，而不是严格以专利权利要求使用的文字字面意思为准。专利说明书及其附图可以对专利权利要求字面所限定的技术方案作出合理的扩大或者缩小的解释。根据本专利的说明书及附图，本专利的背景技术中，既有采用平面镜片也有采用曲面镜片的，但要实现本专利的目的，克服背景技术中存在的缺陷，本专利的技术方案必然要采用平面镜片的技术特征。这一点能够从专利说明书及其附图中得到毫无疑义的解释。因此，专利权利要求中的技术特征“镜片”仅指平面镜片，曲面镜片所构成的技术方案不在本专利的保护范围内。第3817号无效决定仅依据本专利权利要求字面记载的技术特征“镜片”，就认为“镜片”既包括平面镜片也包括曲面镜片，而没有引入专利说明书及其附图对

---

① 参见中国知识产权研究会专利委员会、最高人民法院中国应用法学研究所、国家知识产权局专利复审委员会编：《专利名案解读（二）——20起典型专利纠纷案例评析》，知识产权出版社2011年版，第19页。

② 国家知识产权局无效宣告请求审查决定书（第3817号）；北京市第一中级人民法院行政判决书（2002），一中行初字第523号和北京市高级人民法院行政判决书，（2003）高行终字第38号。转引自刘庆辉：《语境主义视角下的专利权利要求解释案例评析》，https://mp.weixin.qq.com/s/hNrnXjXThJkht-gD-ZJVfA，2022年8月16日访问。北京市高级人民法院行政判决书，（2003）高行终字第38号。

专利权利要求进行解释,缺乏法律依据。

二审法院认为,本专利的专利说明书中阐明"亦有以曲面玻璃做成可提供较宽广视野的设计",但由于该设计存在一系列的生产难度和产品缺陷,故而形成本专利的设计。为安全需要,镜面使用强化玻璃,而强化玻璃又大多是平面的,因此,通过黏合方法将镜片结合为一个整体,从而导致了产品整体的形状、构造或其结合产生变化。另外,附图中所示意的正向镜片呈水平状态,亦表明专利说明书的表述,并可作出镜片为平面的判断结果。综上,通过专利说明书及附图的文字说明和解释,加之附图示意,本专利的专利权利要求中所述"镜片"系平面镜片。

该案虽然是距今较远的一个案件,但是具有典型意义。由此引发的思考是,法院根据本专利的发明目的将"镜片"解释为"平面镜片"属于对权利要求的解释还是对权利要求的限制。说明书乃权利要求之母,不参考说明书及其附图,仅仅通过阅读权利要求书即可正确理解权利要求及其用语的含义,在通常情况下是不可能的。权利要求的解释就是理解和确定权利要求含义的过程,也是确定专利权的保护范围的过程。在这个过程中,必须结合说明书及其附图才能准确解释权利要求,准确划定权利要求的保护范围。但是,本案中以发明目的为理由,将权利要求中的"镜片"解释为"平面镜片"而排除"曲面镜片",似乎更接近于改写权利要求,而非解释权利要求,不应当被接受。

2."电源"案

在名称为"清洁设备"的发明专利侵权纠纷案中①,涉案权利要求保护一种手持式清洁设备。争议焦点之一是如何理解权利要求中的"电源"。最高人民法院认为,从广义上讲,"电源"一词的含义是"将其他形式的能量转变为电能的装置",其既包含直流电源,也包含交流电源,但本案中涉案专利说明书中并未对"电源"作具体说明,因此,涉案专利权利要求中所述"电源"是否属于上述广义含义,仍应结合本领域普通技术人员阅读说明书及附图后对权利要求的理解加以确定。通过阅读说明书及附图,本院进一步认为,对涉案专利权利要求所述"电源"不能作上述广义的理解,具体理由如下。首先,涉案专利说明书发明内容部分记载:"本发明的另一个目的是提供一种手持式真空吸尘器,其中,手

① 最高人民法院民事裁定书,(2017)最高法民申1461号;江苏省高级人民法院民事判决书,(2015)苏知民终字第00270号。

柄、马达和风扇组件及电源的配置可使手持式真空吸尘器的操纵既方便又惬意。”“……电源被安置成邻近手柄的第二端。通过提供这种配置,使用者抓握手柄时,这些部件的每一个的质量中心之间的合力矩较小,因此使用时使用者的手可方便地操纵手持式真空吸尘器。”“更优选的是,手柄具有通过电源的至少一部分的纵向轴线。”综上可知,涉案专利为了达到操纵既方便又惬意的目的,将手柄设置在气流发生器(包括马达、风扇组件)与电源之间的合理位置,使各个部件的质量中心之间的合力矩较小。因此,只有所述电源是具有一定重量的电源装置时才能达到涉案专利的发明目的,实现相应的技术效果。其次,涉案专利说明书[0027]还记载:“此外,手持式真空吸尘器不必装备可充电电源。可采用标准电池或电源线。”可见,涉案专利说明书中对可充电电源、标准电池和电源线作了严格区分,上述三者均属于广义上的电源。但是,从涉案专利说明书中记载的整体内容来看,至少电源线的技术方案并不能达到涉案专利的发明目的,因此,尚不能将其作为具体技术方案读入权利要求的保护范围,也不能据此将权利要求中所述“电源”解释为包含“电源线”。本案中,法院认为“电源线的技术方案并不能达到涉案专利的发明目的”,因此,不能将“电源”解释为“电源线”。

3.“复合层”案

在名称为“一种保暖、保健内裤”的实用新型专利侵权纠纷案中①,涉案权利要求书1保护一种保暖、保健内裤。争议焦点之一为如何理解权利要求中“复合层布料的形状与裤子相一致”。法院经审理认为,原告专利的说明书中指出其发明目的为解决人们常因腹部、腰部保暖不足,影响肠胃系统的正常功能等问题。说明书附图中局部复合层包括腰部至裆部之间的整体复合层。由于原告专利权利要求中对腰部至裆部之间究竟是局部为复合层还是整体为复合层限定不清楚,因此,通过说明书及附图的解释可知;原告专利中腰部至裆部之间内侧的复合层至少应包括腰部、腹部和裆部,而且这一技术特征对实现该专利的发明目的是不可或缺的。本案中,法院根据专利的发明目的对“复合层”的含义进行了解释,认为复合层至少包括“腰部、腹部和裆部”,而被控侵权产品仅包含后腰的局部的复合层,因此,被诉产品未落入权利要求的保护范围。

---

① 北京市第一中级人民法院民事判决书,(2003)一中民初字第144号;北京市高级人民法院民事判决书,(2003)高民终字第816号。

4.“搭接”案

在名称为“一种适合绿茶制造的多槽锅”发明专利权的侵权纠纷案中①，涉案原权利要求 1 保护一种适合绿茶制作的多槽锅，原权利要求 1 为：一种适合绿茶制作的多槽锅，包括锅框、多片 U 形槽板和若干块间隔板，所有的 U 形槽板横向排列，其特征是：该多槽锅从长度向划分至少由二只以上的独立的分体锅搭接而成；对每只分体锅来说，在所有 U 形槽板横向排列后形成的邻接处设有一根牵引管，并且，所有 U 形槽板由间隔式分布的焊点固定在该牵引管上；在每只分体锅的两端面上各设置一块间隔板。争议焦点之一为如何理解权利要求中的“多槽锅从长度向划分至少由二只以上的独立的分体锅搭接而成”。最高人民法院认为，根据说明书的记载，“(现有技术)锅体在受热膨胀且连续作业状态下，一直存在长度向下坠弯曲变形，宽度向出现鼓形块的问题”，“(本专利)分体锅……关节式搭接可迅速消化膨胀量，各段分配后对锅体的整体影响相对减少，避免了整体式锅体因来不及消化膨胀量而出现下坠变形弯曲现象”。通过阅读说明书和附图，涉案专利的发明目的是在不缩短多槽锅整体长度的前提下，避免因锅体过长而出现受热变形膨胀、影响锅体的功效和寿命。为达到这一技术效果，涉案专利将多槽锅划分出至少两只以上的“分体锅”，并将不同分体锅以“关节式搭接”相连接，相互独立的活动式连接为削减热膨胀量提供了空间。本案中，“搭接”的目的在于消解热膨胀量，因此，在解释“搭接”时，应当结合说明书和附图，对原权利要求 1 中的“搭接”做出符合发明目的的解释。

5.“毛刺孔”案

在名称为“电池极板用穿孔钢带及其生产工艺和专用设备”的发明专利侵权纠纷案中②，争议焦点之一为如何解释“毛刺孔”。广东省高级人民法院认为，本专利的发明目的是利用毛刺使钢带后续拉浆工艺中压膜结合牢固。可见，涉案专利是主动制造毛刺，刻意保留毛刺，这样可以实现提高涂膜、压膜牢固性的发明目的。本案中，被诉侵权产品的穿孔钢带看不到毛刺，虽然穿孔的一面相比另一面而言略显粗糙，但结合涉案专利说明书对毛刺的解释，被诉侵权产品上面的粗糙处并不能达到提高涂膜、压膜牢固性的目的，前述所谓“粗糙”部分并不是涉案专利权利要求书中所指的“毛刺”。在本案中，法院通过分

① 最高人民法院民事裁定书，(2018)最高法民申 2347 号。

② 广东省高级人民法院民事判决书，(2008)粤高法民三终字第 282 号；最高人民法院民事裁定书，(2010)民申字第 15 号。

析本专利的发明目的与毛刺孔的关系,认为“毛刺孔”解释为“粗糙”不符合发明目的。

6.“玻璃钢夹砂顶管”案

在名称为“玻璃钢夹砂顶管”的实用新型专利侵权纠纷案中①,涉案权利要求1保护一种玻璃钢夹砂顶管。其中争议的技术特征之一为“管头和管尾管径一致”。最高人民法院查明:“本实用新型具有如下优点:……端部连接结构合理,管道安装方便,密封性好。”“本实用新型管头1和管尾3管径一致,本实用新型顶管的一段一段连接是通过套环4将管头1和管尾3连接在一起的。”涉案专利的说明书附图中公开了五个具体实施方式的结构图,所述结构图中管头和管尾的内外径均一致。因此,最高人民法院认为,根据涉案专利的说明书和附图,权利要求1中的技术特征B“管头和管尾管径一致”,是指涉案专利所涉的玻璃钢夹砂顶管的管头、管尾管内径一致,并且管外径也一致。该技术特征具有使涉案专利的管头、管尾与钢套环之间紧密配合,连接结构合理、密封性好的功能和效果。

由上述案例可知,发明目的对于权利要求的解释具有极其重要的作用,在使用说明书及其附图解释权利要求时,首先要分析相应权利要求的发明目的以及体现发明目的的具体技术特征,在同一权利要求中或不同权利要求中,发明目的有多个且通过多个技术特征体现时,无论是在授权确权程序中还是在侵权程序中,发明目的的解释均体现为对权利要求的限缩,均应当在发明目的的指引下对权利要求进行解释,将不能实现发明目的的技术方案排除在权利要求的保护范围之外,而且在侵权程序中禁止通过等同原则将不能够实现发明目的的技术方案纳入权利要求的保护范围。笔者认为,如果权利要求中的用语或术语明显包括了不能实现发明目的的技术方案,应当认为权利要求得不到说明书的支持,则应当宣告涉案专利权无效或者驳回权利人的起诉,而不应当通过解释权利要求的方式实现修改权利要求的目的。

(二)发明目的指引下的澄清解释

1.“名片型扫描器”案

在名称为“名片型扫描器”实用新型专利确权纠纷案中②,权利要求1保护

① 最高人民法院民事裁定书,(2010)民申字第181号。

② 北京市高级人民法院行政判决书,(2005)高行终字第20号。

一种名片型扫描器。争议焦点之一为如何理解权利要求中"枢设于该支承架并与该光学扫描元件平行且具有一间隔距离的滚杆"中"枢设"的含义。北京市高级人民法院认为,发明或者实用新型专利权的保护范围以其权利要求的内容为准,说明书及附图可以用于解释权利要求。该条款应当理解为,当权利要求书中的用语含义不清时,应当用说明书及附图帮助理解权利要求书中用语的确切含义。本案中争议专利权利要求1中仅提到"一枢设于支承架并与光学扫描元件平行且具有一定间隔距离的滚杆",并未明确指出滚杆是否可以上下浮动,但在说明书中则明确提到,滚杆两端设有枢接套和枢接孔,并且枢接孔大于枢接套的外径,使滚杆可以上下做有限距离的浮动。此外,对本领域技术人员来说,因纸张厚薄的不同使扫描仪滚杆或光学扫描元件移动是设计中必然考虑的因素,否则扫描仪只能适用于特定厚度的纸张,限制了产品的适用范围。一审判决仅以"枢设是本领域常用技术术语,并无上下浮动的含义,且权利要求1中未明确记载滚杆可上下浮动",即认定权利要求1中的滚杆不可上下浮动,并进而据此否定本案争议专利的创造性,有悖事实和法律。实际上,正是由于"一枢设于支承架并与光学扫描元件平行且具有一间隔距离的滚杆"这一区别技术特征具有非显而易见性,并且客观上带来了优于现有技术的效果,使本案争议专利相对于证据1具有创造性。本案中,一审法院认为将"枢设的滚杆"解释为"不可上下浮动滚杆"属于对权利要求的限制,不应当被接受;而二审法院根据说明书记载的"枢设的滚杆"的功能和效果"使滚杆可以上下做有限距离的浮动",将"枢设的滚杆"解释为滚"可上下浮动杆",这属于结合发明目的进行的澄清解释。

2."踏车"案

在名称为"具有无框架踏板基座的踏车的装置"的发明专利权侵权纠纷案中①,权利要求保护一种踏车。争议焦点之一为如何确定说明书中"框架"含义进而确定权利要求的保护范围。对此,最高人民法院认为,对"框架"含义的理解直接影响权利要求所排除的技术方案,进而影响权利要求实际的保护范围。对所述"框架"含义的进一步理解需要结合本专利说明书和附图中所记载的内容来进行。依据本专利说明书记载的有关"框架"的内容可知,本专利中所述的"框架"包括前支撑部件、后支撑部件及连接前支撑部件和后支撑部件的限制踏板基座向后部移动的侧向细长部件。"连接前支撑部件和后支撑部件"和"限制

① 最高人民法院民事判决书,(2013)民提字第112号。

踏板基座向后部移动”都属于“框架”中侧向细长部件本身应具备的技术特征。本专利说明书也明确记载“底板的挠性不会被细长框架的刚性所限制”。只有既满足上述连接方式,同时又能实现上述功能的侧向细长部件才属于本专利所描述的“框架”中的侧向细长部件。仅连接前支撑部件和后支撑部件,但不限制踏板基座向后部移动的侧向细长部件,以及虽然限制踏板基座向后部移动,但所连接的部件并非前支撑部件和后支撑部件的侧向细长部件都不应属于本专利所描述的“框架”中的侧向细长部件。本案中,“框架”应当满足的条件实际上是“框架”实现的功能和效果,通过对“框架”功能和效果的分析确定了涉案专利权利要求的保护范围,为认定被诉侵权产品是否侵权奠定了基础。

3.“计量泵装置”案

在名称为“计量泵装置”的发明专利侵权纠纷案中①,涉案专利权利要求保护一种计量泵装置。争议焦点为“该中心板形成为单个部件,至少该计量泵和该预混合装置设置在该中心板中”的含义如何确定。国家知识产权局认为,结合本专利的附图可以清楚地看出,预混合装置只有部分设置在中心板中,且结合“计量泵装置包括具有中心板的泵头”的表述也可以确定,中心板是计量泵的一部分,计量泵不可能全部设置在中心板中;而“单个部件”专利权人认为是指一体成型的单独完整的部件,其也符合本领域技术人员的通常理解以及本专利的附图所示的内容,因此合议组认可“单个部件”为一体成型的部件。② 北京知识产权法院认为,涉案专利说明书记载,“泵头具有一中心板,至少计量泵和预混合装置设置在该中心板中。这样,如隔膜泵形式的计量泵和预混合装置将集成在一个部件即中心板中,由此减少了安装单个部件的数量并简化了安装”。“特别优选的是,在中心板中和/或中心板上形成从计量泵到预混合装置的压力通道或压力管道的至少一部分。这样,在中心板中的计量泵和预混合装置之间形成一体连接,从而不需要单独安装管接头”。可见,说明书已经明确载明了“在中心板中的计量泵和预混合装置之间形成一体连接”,且将计量泵和预混合装置设置在中心板中的技术效果包括“减少了安装单个部件的数量”。本院认为,“中心板形成为单个部件”应解释为中心板为一体成型、不可拆卸的结构,预混合装置设置在中心板中意味着预混合装置也应与中心板一体成型。③ 本案

① 国家知识产权局无效宣告请求审查决定书(第39775号);北京知识产权法院民事判决书,(2018)京73民初315号。

② 国家知识产权局无效宣告请求审查决定书(第39775号)。

③ 北京知识产权法院民事判决书,(2018)京73民初315号。

中,结合本专利的发明目的,国家知识产权局和法院一致将中心板形成为"单个部件"解释为中心板为"一体成型"的结构,这是对权利要求中相应用语内涵的确定。

权利要求由说明书及附图概括而成,而说明书记载的发明目的构成权利要求概括的内在主线,权利要求确定的保护范围不能脱离这一主线。在确定权利要求中相应用语的含义时,应当结合说明书记载的发明目的对权利要求中的用语进行解释并确定权利要求相应用语的含义,由此将权利要求保护的技术方案区别于现有技术公开的技术方案或由此确定被诉产品的技术方案是否落入权利要求限定的技术方案。

二、具体实施方式及附图限制权利要求的认定规则

专利说明书和附图相对于权利要求书而言,处于从属地位,一项仅记载在说明书中的技术方案,不能纳入专利保护范围。① 通常而言,权利要求是对说明书实施方式的概括,权利要求所要求保护的技术方案应当是所属技术领域的技术人员能够从说明书充分公开的内容中得到或概括得出的技术方案,并且不得超出说明书公开的范围,因此不能将说明书公开的具体实施方式或具体结构限定为权利要求的保护范围。在使用说明书及附图解释权利要求时,不应当将仅反映在说明书及附图中而未记载在权利要求书中的技术特征读入权利要求之中,用于限制专利权的保护范围;也不能直接以仅在说明书附图中反映出的具体结构来限定权利要求中相应技术特征的含义。②

说明书及附图可以用于解释权利要求但不能限制权利要求,那么,如何界定"解释"与"限制"的关系,如何确定说明书及附图是用于"解释"而非"限制"权利要求,就显得格外重要。《专利权纠纷司法解释一》第 2 条、第 3 条与"不得将说明书的限制读入权利要求"并不矛盾,因为后者通常是指不得以说明书的实施例等例示性解释来限制专利权的保护范围。③ 北京市高级人民法院认为,实施例只是权利要求技术方案的一种具体展示,通常来说权利要求记载的技术方案比实施例展示的技术方案更为抽象,虽然实施例可以用来解释权利要求,

① 参见郑志柱:《专利等同原则与技术进步》,暨南大学出版社 2019 年版,第 29 页。

② 最高人民法院行政判决书,(2007)行提字第 4 号。

③ 参见孔祥俊、王永昌、李剑:《〈最高人民法院关于审理侵犯专利权纠纷案件应用法律若干问题的解释〉适用的若干问题》,载《电子知识产权》2010 年第 2 期。

但一般不能用实施例来限定权利要求,特别是不能用实施例来扩展或者限制权利要求的保护范围。[①] 最高人民法院认为,凡是写入专利独立权利要求的技术特征,都是必要技术特征;既不能忽略权利要求中有明确记载的任何技术要求,也不能引入权利要求中未作记载而仅反映在说明书及附图中的技术要求。[②] 说明书及其附图对权利要求的解释作用体现在帮助本领域普通技术人员准确理解权利要求的内容,但不能替代权利要求在界定专利权保护范围过程中的地位和作用。[③] 当本领域普通技术人员对权利要求相关表述的含义可以清楚确定,且说明书又未对权利要求的术语含义作特别界定时,应当以本领域普通技术人员对权利要求自身内容的理解为准,而不应当以说明书记载的内容否定权利要求的记载,从而达到实质修改权利要求的结果,并使专利侵权诉讼程序对权利要求解释时成为专利权人额外获得的修改权利要求的机会。否则,权利要求对专利保护范围的公示和划界作用就会受到损害,专利权人因此不当获得了权利要求本不应该涵盖的保护范围。[④] 由此可知,权利要求可以解释,无论是在授权确权程序中还是在侵权程序中,都不应当以说明书及附图的具体实施例限制权利要求,以限缩专利权的保护范围或实质上修改权利要求的保护范围。

有观点认为,如果说明书中对术语有定义,以定义为准,此为"可以用于解释";说明书中属于定义以外的内容不能引入权利要求,此为"不得限定",限定与解释的区别在于,解释是解释该技术特征本身的含义,而限定是增加了其他特征或内容。[⑤] 这是一种理想状态,实践中的情况要复杂得多。例如,在名称为"一种电动平衡扭扭车"实用新型专利侵权纠纷案中[⑥],争议焦点为涉案专利说明书第 33 段所载"使得一个电源和一个控制器就可同时控制两个轮毂电机"的有益效果,对权利要求 1 中电源、控制器相关技术特征的解释是否具有限定作用。最高人民法院认为,涉案专利说明书第 33 段记载,"……通过将电源和控制器分别设置在车体的两个部分内,使得一个电源和一个控制器就可同时控制两个轮毂电机,装配更简单,布线更方便,也更加节省空间,同时也使得车体两

---

① 北京市高级人民法院民事判决书,(2017)京民终 55 号。

② 最高人民法院《关于对河南省高级人民法院请示郑州市振中电熔锆业有限公司与郑州建嵩耐火材料有限公司专利侵权纠纷再审一案有关问题的答复》。

③ 最高人民法院民事判决书,(2019)最高法知民终 147 号。

④ 最高人民法院民事判决书,(2012)民提字第 3 号。

⑤ 参见芮松艳:《创造性条款的原理解读与实务规则》,知识产权出版社 2023 年版,第 142 页。

⑥ 最高人民法院民事裁定书,(2017)最高法民申 3993 号。

侧的重量更加均衡，增加车体的自平衡性……”结合该段上下文可知，上述记载属于涉案专利技术方案的有益效果。进一步讲，否定涉案专利说明书第33段所载“使得一个电源和一个控制器就可同时控制两个轮毂电机”的有益效果对权利要求1中电源、控制器相关技术特征解释的限定作用，既不利于强化授权专利文件的公示力和专利权利边界的可预见性，也不利于促使专利文件撰写水平的提高。因此，在对涉案专利权利要求1中关于电源、控制器数量的技术特征进行解释时，应当考虑说明书第33段记载的有益技术效果；并应在此基础上，查明被诉侵权产品中电源和控制器的数量。广东省高级人民法院再审后认为，根据本案专利权利要求1“电源、控制器及多个传感器固定在所述内盖上，以及一感应开关固定在内盖背离脚踏区域的一侧”的记载，该权利要求并未限定电源和控制器的数量。而说明书第33段与之相关的表述仅仅为，“通过将电源和控制器分别设置在车体的两个部分内，使得一个电源和一个控制器就可同时控制两个轮毂电机，装配更简单，布线更方便，也更加节省空间……”故说明书亦未对电源和控制器的定义作特别界定，其仅仅是提出通过方位设置可以实现只使用1个电源和1个控制器进行控制的有益效果，但并未限制本案专利权利要求1须且仅须使用1个电源、1个控制器的技术手段。即使将该段表述理解成提出了一个只使用1个电源、1个控制器的实施方案，其亦只是发明的例示，不能以说明书及附图的例示性描述限制专利权的保护范围。①

（一）将实施例中的具体技术特征读入权利要求

发明或者实用新型专利权的保护范围以其权利要求的内容为准，未记载在权利要求中而仅记载在说明书实施例中的技术特征，不应当用于限制权利要求的保护范围。

在名称为“机芯奏鸣装置音板的成键方法及其设备”的发明专利侵权纠纷案中②，最高人民法院认为，说明书中的实施例是说明书的组成部分，是专利技术的最佳实施方案，不是专利技术的全部内容，实施例不能用来确定专利权的保护范围。如果专利包含了发明的实施例或者该发明功能或效果的例子，权利要求书不应该解释成局限于这些例子。尤其，当一个产品或方法包含了一个在专利所披露的例子中未出现的附加特征，缺少这些例子中的特征，或者为达到

---

① 广东省高级人民法院民事判决书，(2018)粤民再245号。

② 最高人民法院民事判决书，(2001)民三提字第1号。

目的或者不具有这些例子中写明的或潜在的所有优点时，不能以这些事实将该产品或方法排除在权利要求的保护范围之外。从本案来说，专利说明书实施例部分虽载有“在加工时由于盲板不是呈悬臂状”字样，但这一特征并没有写入专利权利要求1或者9中，故不能利用实施例中出现的特征来限定专利权利要求保护范围。

在名称为“太阳能手电筒”的发明专利权侵权纠纷案中①，最高人民法院认为，权利要求的作用在于界定专利权的权利边界，说明书及附图主要用于清楚、完整地描述专利技术方案，使本领域技术人员能够理解和实施该专利。而教导本领域技术人员实施专利的最好方式之一是提供实施例，但实施例只是发明的例示，因为《专利法》不要求也不可能要求说明书列举实施发明的所有具体方式。因此，运用说明书及附图解释权利要求时，不应当以说明书及附图的例示性描述限制专利权的保护范围。否则，就会不合理地限制专利权的保护范围，有违鼓励发明创造的立法本意。本案中，对于电筒“后端盖”，专利权利要求书并未记载，仅是说明书的实施例部分及附图部分有所提及。如上所述，将“后端盖”作为界定本案专利权保护范围的依据之一，是不正确的。

在上述案例中，说明书实施例中记载的内容“在加工时由于盲板不是呈悬臂状”“后端盖”，均未记载在权利要求中，将其读入权利要求属于对权利要求的限制，而不是对权利要求的解释。

（二）将说明书记载的具体结构读入权利要求

如果权利要求仅记载了结构特征，但并未记载结构特征的数量、位置关系、形状等具体结构，则说明书记载的具体结构不构成对权利要求的限制。

在名称为“豆稻麦收割机”实用新型专利侵权纠纷案中②，最高人民法院也认为，实用新型专利权的保护范围是以权利要求的内容为准，说明书及附图可以用于解释权利要求，但说明书及附图的具体实施方式以及具体结构并不能限制权利要求的保护范围。涉案专利的附图只是反映了权利要求中的一个具体实施方案，权利要求的保护范围并不限于附图所表示的这种具体实施方式。权利要求具有拔禾齿、复位弹簧、拉簧、偏心盘、传动轴承这些特征，但并未限制拔禾齿上是否要设置缓冲簧、复位弹簧的个数、拉簧的位置、偏心盘的开口形状、

① 最高人民法院民事判决书，(2011)民提字第64号。

② 最高人民法院民事裁定书，(2009)民申字第513号。

传动轴承的具体结构,故上述特征的具体结构不能作为确定涉案专利权保护范围的必要技术特征予以考虑。

在名称为“一种新型喷淋设备”的实用新型专利无效程序中①,权利要求保护一种新型喷淋设备。争议焦点之一为如何理解权利要求 1 中的“凸起”。被诉决定和原审判决将“凸起”限定为“呈点状离散分布于塔体内壁不同位置”。最高人民法院认为,本专利说明书对发明内容的说明中未对“凸起”进行额外限定,而仅在实施例中有相关“凸起的高度及凸起与塔体内部接触的面上的任意两点连线最大距离为塔体内径 0.2 ~0.8 倍”“凸起与塔体内壁为光顺连接”的记载。虽然实施例 1 ~4 中所给出的具有前述共同特征的“凸起”可解读为被诉决定所认定的“点状、离散分布于塔体内壁不同位置且相对于塔体内壁径向突出的部分”,但本专利说明书亦明确说明,本专利不受上述实施方式的限制,上述实施例仅用于说明原理。被诉决定以个别实施例来限定权利要求的内容,系不当缩小了本专利权利要求的保护范围。

由上述案例可知,权利要求是对说明书实施例的概括,将说明书实施例中记载的具体结构读入权利要求,属于对权利要求的限制,不能被允许。

(三)将说明书记载的技术方案实施的条件或方式读入权利要求

如果权利要求未记载权利要求所保护的技术方案的运行条件、方式,则不能用说明书中运行条件、方式限制权利要求的保护范围。

在名称为“一种动态地址分配中防止 IP 地址欺骗的方法”的发明专利侵权纠纷案中②,最高人民法院认为,权利要求的作用在于界定专利权的权利边界,说明书及附图主要用于清楚、完整地描述专利技术方案,使本领域技术人员能够理解和实施该专利。由于《专利法》不要求,也不可能要求说明书列举发明的所有实施方式,因此,运用说明书及附图解释权利要求时,不应当以说明书及附图的例示性描述限制专利权的保护范围,否则,就会不合理地限制专利权的保护范围。涉案专利为“一种动态地址分配中防止 IP 地址欺骗的方法”的发明专利,涉案权利要求 1 并没有明确排除“未开启 DHCP 中继”的情况,且组网方式也可能存在未开启 DHCP 中继的情形,将涉案专利权的保护范围理解为说明书及附图中例示性描述的“开启 DHCP 中继”方式,将不合理地限制专利权的保护

① 最高人民法院行政判决书,(2020)最高法知行终 57 号。
② 最高人民法院民事裁定书,(2015)民申字第 2720 号。

范围。

在名称为"内煤外热式煤物质分解设备"实用新型专利侵权行政纠纷案中[①],关于涉案权利要求,其内容为:一种内煤外热式煤物质分解设备,包括一个密封窑体;其特征在于:所述窑体内设置煤物质推进分解管道,所述煤物质推进分解管道设置进煤口、出煤口和分解气收集管,所述煤物质推进分解管道与窑体内壁之间设置热交换仓,所述热交换仓与高温气体加热机构连通,所述热交换仓设置加热气导出管。被诉决定认为,专利说明书第0021段的描述和工作原理显示,涉案专利的密封窑体相对于煤物质推进分解管道是固定的,通过自身转动带动内部的煤物质推进分解管道转动,而被诉侵权设备的夹套本身不转动,其包裹的回转窑体相对于夹套转动,故两者结构、功能和效果不同。对此,最高人民法院认为,权利要求的内容是划定专利权保护范围的唯一标准,说明书、附图只是用于解释权利要求的内容。因此,在运用说明书和附图解释权利要求时,不能将说明书对具体实施例的具体描述读入权利要求。否则,会不合理地限缩专利权的保护范围。涉案专利权利要求并未限定密封窑体和煤物质推进分解管道是否回转,而涉案专利说明书第0021段是专利技术方案的一种具体实施方式,不应当用此段描述的回转窑体限定权利要求的密封窑体。亦即被诉侵权设备的窑体是否回转并不影响本案专利侵权的判断。

由上述案例可知,将说明书实施方式中记载的技术方案的运行方式读入了权利要求,同样属于对权利要求的限制,不能被允许。

(四)说明书附图中记载的技术特征读入权利要求

说明书附图不能限制权利要求的保护范围,包括不能通过对说明书附图进行测量得到的尺寸参数、说明书附图显示的位置关系限制权利要求的保护范围。

1.根据说明书附图得到的尺寸、参数不能限制权利要求

在授权确权程序中,根据对比文件附图测量的数据不能作为对比文件公开的内容。只有能够从附图中直接地、毫无疑义地确定的技术特征才属于公开的内容,从附图中推测的内容,或者无文字说明、仅仅是从附图中测量得出的尺寸及其关系,不应当作为已公开的内容。[②] 在侵权程序中,说明书附图可以解释权

---

① 最高人民法院行政判决书,(2017)最高法行再84号。

② 《专利审查指南》第二部分第三章第2.3节。

利要求，但是，通过对说明书附图进行测量得到的尺寸参数不能限制权利要求。

在名称为“平面砂布轮”的发明专利无效程序中①，国家知识产权局认为，本专利说明书第 1 页第 2 段定义了：所谓法线是指某一砂布页片距托盘圆心最远一边的中点与托盘圆心的连线构成该砂布页片在托盘上的法线。其权利要求限定了砂布经向与对应的托盘的法线夹角为 1°～25°，其目的是提供一种同等砂布条件下使用寿命更长、锋利程度和耐磨性更好的砂布轮。证据均没有定义砂布页片在托盘上的法线，更没有公开砂布经向与对应的托盘的法线夹角为 1°～25°。请求人通过测量上述证据的附图得到的角度没有事实依据，不能被采信。同时，在请求人提供的证据的基础上，上述区别技术特征也不能被认定为公知常识。在该案中，国家知识产权局在认定对比文件公开的内容时，明确否定了请求人根据附图测量得到的内容。

在名称为“一种小型计算机系统接口双向连接器”专利侵权纠纷案中②，最高人民法院认为，权利要求限定了通过该定位槽将端盖与梯形槽框架进行配合，并具有端盖能够与壳体卡扣连接的技术特征，至于定位槽的厚度以及梯形槽框架左端的厚度，没有予以限定。虽然本案专利说明书附图中所示的定位槽的宽度略等于梯形槽框架左端部的厚度，但是，通过对说明书附图进行测量得到的尺寸参数不能限定权利要求的技术特征。其原因是发明或者实用新型专利权的保护范围以其权利要求书的内容为准，说明书是权利要求书的依据，而权利要求是在说明书的基础上，用构成发明或者实用新型技术方案的技术特征来表明要求专利保护的范围。只有记载在权利要求书中的技术特征才会对该权利要求的保护范围产生限定作用，在说明书中予以描述而没有在权利要求书中予以记载的技术特征，是不能用来限定权利要求保护范围的。因此，权利要求的基本属性决定了权利要求所记载的技术特征越少，表达每一个技术特征所采用的措辞越是具有广泛的含义，该权利要求的保护范围也就越大。由于本案专利权利要求书中“定位槽”的含义是清楚、确定的，并且说明书也没有就“定位槽”的含义作特别界定，因此，应当以权利要求自身界定的内容为准，而不能以“说明书及附图可以用于解释权利要求的内容”为依据，以解释定位槽为借口，将权利要求书中没有记载的内容纳入权利要求中，将说明书附图中测量得到的定位槽的厚度读入权利要求书，达到实质上以说明书来修改权利要求的目的。

① 国家知识产权局无效宣告审查决定书（第 42713 号）。

② 最高人民法院民事裁定书，(2011)民申字第 1318 号。

2. 根据说明书附图得到的位置关系不能限制权利要求

将专利说明书附图显示的内容解释为权利要求的内容,属于实质修改权利要求书的做法,不应当被接受。

在名称为"变频调速型液力耦合器电动给水泵"实用新型专利确权程序中①,最高人民法院认为,允许将说明书或附图中记载的具体技术内容随意补充解释到权利要求书中,会造成专利权边界前后不一,保护范围缺乏稳定性的后果,从而不正当地影响社会公众利益。本案中,涉案专利权利要求中记载"油泵通过管路向泵轮与涡轮内供压力油"。仅从前述记载不能做出专利技术方案中包括了油泵必须设置于耦合器箱体外部技术特征的判断。根据权利要求书中的前述记载,至少包括油泵设置于耦合器内部和外部两种情况。涉案专利说明书记载,"在液力耦合器外部安装一台特制的与之配套的由单独电动机直接驱动的主油泵"。说明书所附结构示意图中亦显示"油泵"位于液力耦合器系统之外。但是将专利说明书及附图的前述内容解释为专利技术方案所包含的技术特征,属于实质修改权利要求书的做法,不符合相关法律法规的规定。

三、权利要求中"特别界定"用语的解释规则

《专利权纠纷司法解释一》第 3 条规定,说明书对权利要求用语有特别界定的,从其特别界定。《授权确权司法解释一》权利要求的用语在说明书及附图中有明确定义或者说明的,按照其界定。② 权利要求中的用语,发明人可以在说明书及附图中进行特征界定。这是因为,专利权人"可以是其自己的词典编撰者"③。《专利审查指南》对专利说明书中的技术术语有明确的要求,其首要前提就是要撰写清楚,特别是使用的技术术语要清楚。说明书应当使用发明或者实用新型所属技术领域的技术术语。对于自然科学名词,国家有规定的,应当采用统一的术语,国家没有规定的,可以采用所属技术领域约定俗成的术语,也可以采用鲜为人知或者最新出现的科技术语,或者直接使用外来语(中文音译或意译词),但其含义对所属技术领域的技术人员来说必须是清楚的,不会造成

① 最高人民法院行政判决书,(2016)最高法行再 70 号。

② 从两个司法解释的字面来看,二者还是存在区别的,侵权程序中不包括"附图",授权确权程序中包括"说明书及附图"。笔者认为,二者不应当存在区别,无论是授权确权程序还是侵权程序中,说明书及附图都可以对权利要求中的用语进行特别界定。

③ [美]J. M. 穆勒:《专利法》,沈超等译,知识产权出版社 2013 年版,第 324 页。

理解错误;必要时可以采用自定义词,在这种情况下,应当给出明确的定义或者说明。一般来说,不应当使用在所属技术领域中具有基本含义的词汇来表示其本意之外的其他含义,以免造成误解和语义混乱。说明书中使用的技术术语与符号应当前后一致。①《专利审查指南》的规定属于撰写的理想状态,实践中不规范撰写说明书或权利要求书的情形极为普遍,例如,自拟术语在说明书中没有特别界定,在所属技术领域中具有基本含义的词汇来表示其本意之外的其他含义等,一旦这些情形出现,并不能当然不予授权或宣告专利权无效,而是要运用说明书及附图等证据来确定其含义。

从形式上分析,上述规定属于法律规范中的"但书条款",是法律对特殊情形的特别规定,一旦实践中出现"但书条款"规定的情形则应当优先适用。在内容上,这一条款规定了权利要求中的用语在说明书中有"特别界定"时的解释规则,即根据说明书对权利要求用语的特别界定进行解释。在用文字描述发明创造时,对于新的结构、步骤、材料等,在不能用现有的语言表达的情况下,通过有两种选择,一种是自行创设新的技术术语,即发明人用"自拟术语"来定义,其中,"自拟术语"又分为两种情形,一是说明书对相应的"自拟词语"进行了明确的界定,此时,应当采用该特别的定义进行解释;二是说明书中对该"自拟术语"没有进行专门的定义,在相关领域中也没有明确定义,对此应当采用权利要求解释的一般规则进行解释。另一种是将通用词汇赋予"新"的含义,即发明人使用的是已知词汇,但是专利申请文件中赋予了其特别的含义,可以称为"赋新术语"。

说明书中之所以会用到"特别界定",是语言的滞后性与科技创新的前沿性造成的。发明创造的内容是新事物的出现,也是社会财富增加的过程。因为技术发展的需要,对于新事物的出现需要丰富现有的技术术语。对此,最高人民法院认为,由于人类语言相对于客观世界具有滞后性,其总是随着客观世界的发展、进步而不断丰富。对于一项申请日之前未曾出现过的新的技术方案而言,仅仅使用申请日之前已有的技术术语,专利申请人可能难以准确、客观地描述该技术方案相对于现有技术所作出的改进。因此,为了满足描述新的专利技术方案的客观需要,应当允许专利申请人在撰写专利申请文件时使用自行创设的技术术语。另外,由于自行创设的技术术语的含义并不为本领域普通技术人员所知悉,故专利申请人在使用自行创设的技术术语时,亦有义务在权利要求

① 《专利审查指南》第二部分第二章第2.2.7节。

书或者专利说明书中对该技术术语进行清楚、准确的定义、解释或者说明,以使本领域技术人员能够清楚地理解该技术术语在专利技术方案中的含义。说明书及附图对权利要求中用语的“特别界定”,属于对权利要求的解释,而不应当理解为对权利要求中用语的限制。①

(一)明确界定的“自拟用语”

明确界定的“自拟用语”,是指权利要求中出现的“自拟用语”,在说明书及附图中有明确的定义,对此,仍应当区分为两种情形,第一种情形是,说明书及附图中的定义是清楚的,本领域技术人员通过该定义可以明确知晓该“自拟用语”的含义;第二种情形是,尽管说明书及附图中对“自拟用语”有明确的定义,但是通过该定义仍不能清楚该“自拟用语”的含义,对此,仍应当按照确定权利要求用语的一般规则进行确定。对于权利要求和说明书已有明确界定的技术特征,不能脱离其所界定的明确含义对其作抽象解释,进而不适当地扩大专利权的保护范围。②

1. 说明书的“特别界定”

(1)“分块模壳板”案

在名称为“一种现浇砼空心模壳构件”的发明专利侵权纠纷案中③,争议焦点为如何理解权利要求中的“分块模壳板”,权利人认为,“分块模壳板”可以理解为任意分块,由部分上底与部分侧壁相互连接成的成型件可以是分块模壳板,单纯的上底或者侧壁也可以是分块模壳板。最高人民法院认为,对于权利要求中的自定义词语,通常需要借助专利说明书、其他权利要求以及专利审查档案中对该特定词语的描述,确定该词语的含义。涉案发明专利权利要求限定,上底和周围侧壁构成模壳,模壳由至少两块分块模壳板拼接组装而成。对于所述“分块模壳板”,说明书中已经赋予其明确的定义,即“分块模壳板为包括部分上底和与之相连的部分侧壁的成型件”。根据对涉案发明专利权利要求本身的通常理解,也可以得出分块模壳板为包括部分上底和与之相连的部分侧壁的成型件这一结论。权利要求称“分块模壳板有至少一根加强杆支撑”,若分块模壳板单纯由上底或者侧壁组成,则加强杆将无法对这样的分块模壳板起到支

① 最高人民法院民事判决书,(2013)民提字第113号。
② 最高人民法院民事判决书,(2020)最高法知民终1742号。
③ 最高人民法院民事裁定书,(2011)民申字第1309号。

撑作用。本案中,法院认为说明书中已经赋予"分块模壳板"明确的定义,应当按照该定义解释该用语的含义。

(2)"两级破碎"案

在名称为"一种钢砂生产方法"发明专利纠纷案中①,最高人民法院认为,虽然"两级破碎"在相关行业领域并没有明确的定义,但涉案专利说明书中记载:"本发明采用两级破碎,粗碎用颚式破碎机,细碎用辐式破碎机。本发明不是用钢珠破碎成钢砂,而是用冲切料破碎成钢砂,冲切料不像钢珠粒度小且均匀,对于粗大的冲切料本发明采取先用颚式破碎机将其轧碎成小块,而后进行细碎,破碎成钢砂。"涉案专利说明书中的记载指明了"两级破碎"具有的特定的含义,并且该界定明确了涉案专利权利要求 1 的保护范围,所以应当以说明书的界定理解权利要求用语的含义。"两级破碎"应当理解为先进行粗碎和后进行细碎的"两级破碎"。根据原一审、二审法院查明的事实,在《化工辞典》中,"粉碎设备"可以分类为:"粗碎或预碎设备:处理直径 40 ~ 1500 毫米范围的原料,所得成品的直径是 5 ~ 50 毫米,如颚式压碎机等。""中碎和细碎设备:处理直径 5 ~ 50 毫米范围的原料,所得成品的直径是 0.1 ~ 5 毫米,如滚碎机等。"各个破碎级别的设备所处理的原料直径范围以及加工出的成品均不相同,并且粗碎或预碎设备的出料成品直径范围为中碎和细碎设备的进料直径范围,因此,涉案专利的"两级破碎"中,"粗碎级"破碎和"细碎级"破碎应当理解为是相互独立的两个步骤,"粗碎级"的出料为"细碎级"的进料,工序一先一后,不能理解为"粗碎级"和"细碎级"可以合并或者替代。原一审、二审法院将"两级破碎"解释为只能是先粗碎再细碎的两级破碎方法,并无不当。本案中,法院根据说明书对"两级破碎"的定义将"两级破碎"界定为"粗碎级"破碎和"细碎级"破碎,而被控侵权方法只存在"细碎级"破碎,不存在"粗碎级"破碎,缺少涉案专利"两级破碎"中的粗碎,由此得出二者既不相同也不等同的结论。

(3)"积木地板料"案

在名称为"积木地板"的发明专利侵权纠纷案中②,权利要求 1 为:一种积木地板,它包括积木地板料,积木地板料指经过加工的、具有一定规格的单个木质材料,其特征是由多个积木地板料连接成积木地板块。北京市第二中级人民法

① 最高人民法院民事裁定书,(2010)民申字第 979 号。

② 北京市第二中级人民法院民事判决书,(2004)二中民初字第 6988 号。类案有最高人民法院民事判决书,(2021)最高法知民终 1659 号。

院认为,说明书的文字及附图是原告自己选择的,其目的是让本领域普通技术人员能够理解什么是构成本发明的必不可少的特征。通过说明书及附图对本专利及独立权利要求中所谓积木地板料的解释内容可见,之所以用"积木"一词作为"地板"前面的一个限定词,是因为本发明将该种地板定位于:它使用的是一种类似于小孩玩具"积木"材料的基础材料——积木地板料,该种积木地板料具有正面面积小、大小及形状都很随意的特性。本发明所要达到的技术效果就在于它超越了普通地板对板材的选材及规格的严格要求,它所要实现的发明目的是充分利用边角余料,节约资源。它与公知技术的最大区别及显著进步就在于此,也就是说它的发明点就在于此。在一项专利的权利要求里的文字及措辞要和说明书里的解释保持一致,特别是在权利要求里的文字及措词不清楚、使用了自造词的情况下,说明书的解释就显得尤为重要。正确的做法应当是按照说明书中的文字限定权利要求中的某些必要技术特征,对权利要求字面所限定的技术方案的保护范围作出公平的缩小的解释,以使权利要求得到说明书及附图的支持。

本案中,法院认为本案的"积木底板"具有特定的含义,说明书进行了特别的界定,而被控侵权产品所用木质板材具有统一的规格、正面均呈长方形,并非利用边角余料、树枝树桠等碎小木头制成,此特征更接近于公知技术,而不具有本专利权利要求中所述"积木地板料"的技术特征,也无法实现本案专利所能达到的有益效果及发明目的。因此未落入涉案专利权利要求的保护范围。① 本案二审法院认为权利要求中的数字具有限定作用,因而认为不落入权利要求保护范围的观点,不具有说服力。

2. 说明书附图的"特别界定"

说明书附图可以对权利要求中的用语进行特别界定。例如,在名称为"平面砂布轮"的发明专利侵权诉讼中②,权利要求 1 保护一种平面砂布轮,争议焦点之一为如何理解权利要求中的"砂布经向",权利人认为砂布经向为附图标记 A 所示的方向,被诉方认为砂布经向的含义为砂布布基的经线方向。对此,最高人民法院认为,对于存在于同一份专利文件中的不同技术用语,一般应当认为具有不同的含义。当说明书对权利要求用语有特别界定的,从其特别界定。本院依法确定砂布经向是附图中标记 A 所示的方向。本案中,法院认为说明书

① 北京市高级人民法院民事判决书,(2005)高民终字第 172 号。

② 最高人民法院民事判决书,(2020)最高法知民终 568 号。

附图给出了特别界定,并由此认定说明书附图标记 A 所示的方向,为砂布经向。

因为说明书附图对权利要求用语的界定缺少文字的描述,可能存在附图标记属于“解释”还是“限制”的极大争议。例如,在名称为“涡轮流量计”的发明专利确权纠纷案中①,涉案权利要求 1 保护一种用于对流体进行消耗量测量的涡轮流量计。争议焦点之一为如何理解权利要求中“该保持嵌件则包括导水十字管”。北京市高级人民法院认为,本专利权利要求只限定了“该保持嵌件则包括导水十字管”,显然“包括”并不当然是嵌合或插接的连接关系,虽然说明书附图给出的图示为镶嵌关系,但在本专利权利要求书文字没有歧义或限定范围并不模糊的情况下,说明书及其附图不宜扩大或缩小解释权利要求,更不能限定权利要求的保护范围,原审法院增加以连接关系作为区别特征,并非被本专利权利要求所记载的内容。

3.“特别界定”不清楚

第一,“特别界定”不清楚一种情形是指根据涉案专利说明书的特别界定,本领域技术人员仍然不能准确理解权利要求中的用语的具体指向。对此,应当根据自定义用语的定义、背景技术、发明目的、技术问题、技术效果等确定自定义用语的含义。

在名称为“采集和分析多字段二维码的系统和方法”的发明专利侵权纠纷案中②,权利要求保护一种采集和分析多字段二维码的方法,争议焦点之一为如何理解权利要求中的“多字段二维码”。最高人民法院认为,首先,“多字段二维码”并非本领域惯常用语,而是专利权人在涉案专利说明书中自行界定的用语,本领域技术人员仅仅根据该用语本身并不能知晓其准确含义,故应将其视为特别界定用语,应当依据涉案专利权利要求书和说明书明确记载的内容进行解释。涉案专利权利要求中限定了“多字段二维码”包括至少第一字段和第二字段,并且定义了第一字段和第二字段的内容。说明书特别界定了“多字段二维码”用语的定义:“本发明所称的单字段二维码是指只包括与一个实体相关的信息的二维码”“本发明所称的多字段二维码是指包括与多于一个实体相关的信息的二维码”。其次,即使根据涉案专利说明书的特别界定,本领域技术人员仍然不能准确理解“所述多字段二维码包括至少第一字段和第二字段”的具体指向。在解释权利要求的时候,本领域技术人员应同时兼顾解决所述技术问题的

① 北京市高级人民法院行政判决书,(2016)京行终 4414 号。

② 最高人民法院民事判决书,(2020)最高法知民终 1325 号。

方案整体和建构该方案的最小技术单元进行综合判断,来准确理解权利要求的技术特征和自定义用语。应该结合背景技术、发明目的、技术效果等查明权利要求中自定义用语工作方式、功能、效果,从而确定其含义……综合自定义用语的定义、背景技术、发明目的、技术问题、技术效果,可以将"所述多字段二维码包括至少第一字段和第二字段"解释为,单字段二维码是指只包括与一个实体相关的信息的二维码,多字段二维码是指包括与多于一个实体相关的信息的二维码,第一字段是指在两个以上实体共同形成共享二维码时与第一方实体和所述第一方实体发起的多个协议中的一个相关联的信息,第二字段是指与经所述第一方实体授权来传播所述多个协议的至少一个第二方实体相关联的信息。本案中,尽管说明书对于权利要求中的用语进行了特别界定,但是根据该特别界定仍不能确定自定义用语的含义时,应当根据自定义用语及权利要求解释的一般规则进行解释。

第二,"特别界定"不清楚的另一种情形是指,说明书中有特别的说明,但是该说明属于具体实施方式,而不属于说明书给出的"特别界定"。最高人民法院认为,要准确识别说明书记载的相关内容属于对权利要求用语的特别界定还是具体实施方式。在说明书中没有明显的提示性语句,无法仅从形式上判断说明书记载的相关内容属于对权利要求相关用语的特别界定还是具体实施方式的情况下,应当结合发明目的、发明构思以及发明要求保护的技术方案,从整体上予以考量。如果说明书记载的相关内容属于对权利要求中出现的、本领域中没有确切含义的自造词作出的专门定义,或者属于对权利要求相关用语作出的有别于本领域通常含义的特别说明,则应当认定说明书记载的相关内容属于对权利要求用语的特别界定;除此之外,一般应认定为属于权利要求的具体实施方式。需注意的是,判断特别界定与具体实施方式时,通常先要确定权利要求中的相关用语在本技术领域是否具有通常含义,这往往需要引入本领域的技术词典、技术手册、工具书、教科书、国家或者行业技术标准等本领域技术人员已经取得一致认识的公知常识性证据,作为确定通常含义的依据。①

在名称为"一种触摸屏及其多路采样的方法"发明专利侵权诉讼中②,权利要求1保护一种触摸屏。争议为主题名称中的"触摸屏"的含义如何确定。首先,最高人民法院认为触摸屏属于在本领域中已有确切含义的技术术语。根据

① 最高人民法院民事判决书,(2020)最高法知民终580号。

② 最高人民法院民事判决书,(2020)最高法知民终580号。

各方当事人提交的《多媒体计算机实用检修技术(教程)》《多媒体技术应用基础》《计算机操作装配与维修》等本领域公知常识性证据的记载,对于本领域技术人员而言,权利要求1主题名称中的"触摸屏",可以理解为既包括带有实体屏结构的接触式触摸屏,也包括不带有实体屏结构的非接触式触摸屏。本案中,最高人民法院采纳了触摸屏的广义的理解,而不是狭义的理解。

其次,最高人民法院对专利说明书的内容属于具体实施方式而非特别界定进行分析:根据说明书所记载的涉案专利的技术领域、背景技术、发明内容等可知,涉案专利的发明点并不在于改进触摸屏的材质和结构,而在于一种能够提高触摸屏响应速度的多路采样方法及所对应的电路。说明书中所记载的具体实施方式的内容,也是围绕着涉案专利所提出的一种新的多路采样方法和电路而展开,在涉案专利触摸屏是否包含有实体屏结构这一技术点上,说明书并没有对此作出有别于通常意义的特别说明。本案中,最高人民法院从"发明点"出发,对触摸屏的含义进行了解释。

最后,最高人民法院认为,权利要求及其说明书所记载的相应具体实施方式不会对专利权利要求中记载的触摸屏是否具有实体屏结构产生限定作用。

虽然说明书记载了"触摸屏位于显示面板的前方(面向用户的方向)"、"触摸屏中的触摸检测区应为透明材料制成,如玻璃、亚克力等"等内容,但该具体实施例中所列举的触摸屏实体屏材质为常见的触摸屏的实体屏的材质。基于前述相同理由,即涉案专利的发明点并不在于改进触摸屏的材质和结构,而在于一种能够提高触摸屏响应速度的多路采样方法及所对应的电路,故在该具体实施例并没有强调必须具备实体屏才能实现该具体实施例所对应的权利要求的发明目的的情况下,即便该具体实施例记载了"触摸屏中的触摸检测区应为透明材料制成,如玻璃、亚克力等",本领域技术人员在阅读该具体实施方式后,也不会将权利要求所保护的技术方案狭义理解为仅包含了实体屏结构的触摸屏。

在名称为"哑铃"的实用新型专利确权程序中①,权利要求保护一种哑铃。争议焦点之一为"热压成型工艺"是否具有特别界定。国家知识产权局认为,本专利权利要求书和说明书均未对"热压成型"采用非通常含义进行明确定义或说明,说明书只是对加工方法的具体说明,在权利要求没有明确记载的情况下,用该部分内容来对权利要求中"热压成型工艺一体成型"进行限缩性解释不应予以接受。

① 最高人民法院行政判决书,(2019)最高法知行终123号。

专利权人认为,本专利采用的热压成型工艺不是通常含义的热压成型工艺,其含义应当根据说明书的记载确定。最高人民法院认为,《专利法》所称实用新型,是指对产品的形状、构造或者其结合所提出的适于实用的新的技术方案。实用新型专利权利要求中包含非形状、非构造技术特征的,该技术特征用于限定专利权的保护范围,并按照该技术特征的字面含义进行解释。本专利权利要求书中的热压成型工艺对于本领域技术人员而言其含义是清楚的,无须借助说明书和附图进行解释。本专利说明书记载了热压成型的具体步骤,是热压成型工艺的具体实施方式,其相关步骤并未记载于权利要求书中,不是本专利权利要求1所具有的技术特征,不能将说明书中的热压成型工艺具体实施方式引入权利要求,对权利要求进行限缩解释。因此,在证据已经给出了使用热压成型工艺将标示牌与被装饰物结合到一起的技术启示的情况下,仅在说明书中记载的加工方法不构成本专利权利要求1技术方案与现有技术的区别技术特征。本案中,国家知识产权局的观点是说明书中关于"热压成型工艺"的内容没有写入权利要求,因此不具有限定作用;法院认为说明书中关于"热压成型工艺"的内容属于具体实施方式,不属于"特别界定"的情形,因此不应当予以接受。

(二)无明确界定的"自拟用语"

无明确界定的"自拟用语",是指权利要求中出现的用语并非国家统一规定的用语,也非所属技术领域约定俗成的用语,而是外来语的音译或意译词或是发明人自创的词汇,且没有给出相应的定义的情形。在权利要求中出现"自拟用语"的情形十分频繁,对此,应当结合说明书、附图中记载的与该技术用语有关的背景技术、技术问题、发明目的、技术方案、技术效果等内容,查明该技术用语相关的工作方式、功能、效果,并结合工具书等,以确定其在专利整体技术方案中的含义。这一解释规则也被称为权利要求解释的通用规则。

1."伸缩联动器"案

在名称为"一种空转锁的装置"实用新型专利侵权纠纷案中①,最高人民法院认为,伸缩联动器并非涉案专利申请日前本领域中已有的技术术语,是专利申请人自行创设的技术术语。在确定自行创设的技术术语的含义时,应当综合考虑权利要求书、说明书、附图中记载的与该技术术语相关的技术内容。权利

① 最高人民法院民事判决书,(2013)民提字第113号。

要求书、说明书中对该技术术语进行了清楚、明确的定义或者解释的，一般可依据该定义或者解释来确定其含义。权利要求书、说明书中未能对该技术术语进行清楚、明确的定义或者解释的，则应当结合说明书、附图中记载的与该技术术语有关的背景技术、技术问题、发明目的、技术方案、技术效果等内容，查明该技术术语相关的工作方式、功能、效果，以确定其在涉案专利整体技术方案中的含义。

涉案专利中，专利申请人在权利要求书与说明书中均没有对伸缩联动器进行定义或者解释，因此，需要综合考虑说明书、附图中记载的与该技术术语相关的技术内容来确定其含义。

首先，根据涉案专利的背景技术、发明内容以及技术效果，涉案专利的发明目的是提供一种空转防盗锁装置。利用该装置，可以直接将各种类型的锁芯改造成空转锁，使普通锁具备空转防盗功能。涉案专利既不涉及对普通锁中的锁舌或者锁栓本身进行改进，也不涉及以伸缩联动器直接替代锁舌或者锁栓的方式对普通锁进行改造。

其次，根据涉案专利具体实施方式介绍，伸缩联动器系以下述方式实现其功能：在正常开闭锁时，伸缩联动器的一端在旋转推进器的推动下发生伸缩运动，伸缩联动器的另一端设置有伸缩杆，伸缩杆带动锁舌或者锁栓运动使锁开闭。在空转防盗过程中，伸缩联动器随锁体一起转动，其与旋转推进器之间不发生相对运动，旋转推进器无法推动伸缩联动器发生伸缩运动，伸缩联动器无法带动锁舌或者锁栓运动，从而实现锁具空转防盗的目的。因此，涉案专利必须通过伸缩联动器与旋转推进器配合方式的变化，使伸缩联动器与锁舌或者锁栓的配合方式发生变化，从而实现开闭锁或者空转防盗的目的。伸缩联动器是设置在旋转推进器与锁舌或者锁栓之间，用以推动锁舌或者锁栓运动的中间部件。伸缩联动器与锁舌或者锁栓各自独立，并非同一部件。涉案专利中也没有记载以伸缩联动器直接替代锁舌或者锁栓，由伸缩联动器本身直接起闭锁作用的技术内容。

最后，申请人提供的QB/T3835－1999标准是有关锁具名词术语的国家行业标准，可以证明涉案专利申请日之前本领域中与锁具有关的技术术语的含义，帮助本领域技术人员理解涉案专利中伸缩联动器的含义。QB/T3835－1999标准3.2.2部分记载锁舌是锁具中直接起闭锁作用的部件，3.2.3部分记载：锁舌拨动件是直接起拨动锁舌作用的零件。由于伸缩联动是用于推动锁舌或者锁栓运动的部件，伸缩联动器本身不能直接起到闭锁作用。因此，伸缩联动器不符合上述标准中有关“锁舌”的定义,其实质上属于标准中的“锁舌拨动件”。

本案中,法院根据涉案专利说明书的背景技术、发明内容、技术方案、技术效果以及 QB/T3835 - 1999 标准,认为涉案专利中的伸缩联动器系用于推动锁舌或者锁栓运动的中间部件,伸缩联动器与锁舌或者锁栓各自独立,相互配合,方能实现涉案专利技术方案的发明目的和技术效果,并由此区分了伸缩联动器与锁舌的区别。

2.“信道”案

在名称为“采用数据压缩转换一系列数据包的方法和设备”的发明专利侵权纠纷案中①,最高人民法院认为,对于专利权人在专利文件中的自定义词,应当依据说明书中的特定含义进行解释。从法院查明的事实可知,并无明确的证据表明涉案专利限定的“信道”在本领域具有通常的含义,故应将其视为涉案专利的自定义词语。按照涉案专利说明书中明确记载的内容,即“‘信道’一词指的是一个逻辑信道,换句话说,是一个在源(发送端)和目的(接收端)之间存在一定时间的发送路由”,涉案专利中的“信道”至少应当具备“在发送端和接收端之间存在一定时间的发送路由”的属性。同时,根据涉案专利说明书以及附图,“信道”的发送端与接收端均应具有压缩和解压缩的功能。

3.“波纹结构”案

在名称为“印刷布线板用屏蔽膜以及印刷布线板”的发明专利侵权纠纷案中②,争议焦点之一为如何确定利权利要求中“波纹结构”的含义。最高人民法院认为,双方当事人均认可“波纹结构”在涉案专利所涉印刷布线板用屏蔽膜领域中并非通用术语,无统一含义。因此,本案对于“波纹结构”的理解依法应依据说明书及附图、权利要求书中的相关权利要求、专利审查档案等进行。从专利权利要求书的相关记载来看,权利要求记载了三个技术特征,即“单面表面的算术平均粗糙度是 0.5 ~5.0μm 的绝缘层”、“在所述绝缘层的所述单面表面形成的第一金属层”,以及“所述第一金属层以沿着所述绝缘层的所述单面表面成为波纹结构的方式形成”。可见,仅仅因绝缘层表面凹凸不平而自然导致的不平坦形状与第一金属层以波纹结构的方式形成应该是两个含义。结合说明书

① 北京市高级人民法院民事判决书,(2018)京民终 529 号;最高人民法院民事裁定书,(2019)最高法民申 4012 号。

② 最高人民法院民事裁定书,(2018)最高法民申 5287 号。

的相关记载来看,本发明的目的在于提供一种对于从大的弯曲半径至变为小的弯曲半径(1.0mm)的反复弯曲及滑动,金属层难以发生破坏的印刷布线板用屏蔽膜以及印刷布线板。而说明书记载:“由于金属层是具有高弯曲性的波纹结构,所以,能够提供一种对于从大的弯曲半径至变为小的弯曲半径(1.0mm)的反复弯曲及滑动,金属层难以发生破坏的印刷布线板用屏蔽膜。”因此,“波纹结构”是区别于背景技术、实现涉案发明目的的发明点。这可以从说明书特别强调“能够形成更理想的形状的波纹结构”“形成所希望的形状的波纹结构”等记载中得到印证。以上说明,所述金属层的波纹结构应该具有较明显的弯曲性,其形状是涉案专利希望形成并可通过具体方法控制形成更理想形状的波纹结构,从而更可靠地起到金属层难以发生破坏、维持电磁波屏蔽特性的效果。涉案专利说明书附图1和图13(a)以不同形式反映的同一“波纹结构”,亦明显表明相对规则、相对连续平滑起伏、高弯曲性的“波纹结构”才是符合发明目的的。且根据原审查明的事实,权利人在原审中明确表述锯齿形、连续的凹凸形等结构不符合发明目的。结合说明书及附图、权利要求书中的相关权利要求、专利审查档案等,“波纹结构”至少应当是:相对规则、相对明显、相对平滑的连续高低起伏波动结构,排除因绝缘层表面凹凸不平而自然导致的金属层无规律性高低起伏,亦排除不具有高弯曲性的大致平坦、锯齿形或连续的凹凸形结构。

由上述案例可知,在解释权利要求中出现的无定义的用语时,考量的因素包括但不限于说明书的背景技术、发明内容、技术方案、技术效果、说明书附图、公知常识、权利要求书中的相关权利要求、专利审查档案等,综合确定权利要求中无定义用语的含义。

(三)“赋新用语”的解释

一般来说,不应当使用在所属技术领域中具有基本含义的词汇来表示其本意之外的其他含义,以免造成误解和语义混乱。[①] “赋新用语”最大的争议在于是采纳其基本含义还是采纳说明书中的“赋新含义”。

1.赋新含义

“赋新含义”是指某一用语或术语是本领域中的通用词汇,具有通常的含义,但是因为在本专利发明的特定语境下,而具有了不同于其通常含义的新的含义。如果本领域技术人员根据权利要求以及说明书所记载的内容,能够明确

① 《专利审查指南》第二部分第二章第2.2.7节。

地、毫无疑义地确定该技术术语在权利要求中不应理解为通常含义,而应当理解为特定含义,且在该特定含义下权利要求保护的范围是清楚的,则应当以该特定含义来理解权利要求保护的范围,而不应机械地以通常含义对权利要求进行解释。①

在名称为"吸纳式充电装置"的实用新型专利的无效程序中②,请求人认为,权利要求中限定了"该充电机构包括与主控 PCB 板连接的充电 PCB",按照通常的理解,充电 PCB 为能够独立实现充电功能的印刷电路板。然而,根据说明书的记载,主控 PCB 上设置的有充电电路以向电源充电,而充电 PCB 上仅形成电流通路。因此,涉案专利中"充电 PCB"与其本身所具有的通常含义不符,导致本领域的技术人员无法清楚地确定"充电 PCB"的含义,因此权利要求的保护范围不清楚。

对此,国家知识产权局认为,权利要求中的用语应当是本领域普通技术人员理解的普通含义,除非说明书的上下文语境对其语义存在明示或暗示的限制、改变,一旦说明书存在对权利要求语义的明确限制或改变,则应当依据说明书的语境,将其理解为限制或改变后的含义。本专利中记载的有充电 PCB,对于这种本领域常用且边界清楚的词语,本领域技术人员通过阅读说明书,可知说明书中记载:该充电 PCB 上设有四个顶针,其中两个用于充电,与该电源电极接触片相匹配,另外两个用于数据传输,该顶针与充电 PCB 点连接,需充电电源的电极接触片与顶针接触后,形成通路进行充电,通过顶针,主控 PCB 可读取电源各种内部信息……且通过该接触,主控 PCB 可向电源输入电流,形成充电功能。可见,主控 PCB 上设置有充电电路以向电源充电,充电 PCB 上仅形成电流通路,主控 PCB 通过充电 PCB 形成数据传输通路,读取电源的各种信息。因此,说明书中存在与其一般含义不同的记载,那对于这样的技术特征,应当以说明书所记载的理解为充电 PCB 限制的含义。

该案中,根据本专利说明书的记载,本专利的充电 PCB 实现了电池和主控 PCB 之间的电流传输,优选的还包括数据传输,即智能化充电过程,即根据说明书的记载,权利要求中的"充电 PCB"并非采用其通常含义,而是应当采用说明书给出的"赋新含义"。

---

① 最高人民法院行政判决书,(2020)最高法知行终 564 号。

② 国家知识产权局无效宣告请求审查决定书(第 33358 号);类案有国家知识产权局无效宣告请求审查决定书(第 44094、44077 号)。

在名称为“废弃聚氨酯泡棉的回收利用方法”的发明专利侵权纠纷案中[1]，涉案权利要求保护一种废弃聚氨酯泡棉的回收利用方法。争议焦点之一为权利要求中的“甲苯二异氰酸脂(TB1)”的含义如何确定。对此,福建省高级人民法院认为,涉案专利的说明书明确记载:……通过使用特殊甲苯二异氰酸脂(TB1)及进蒸汽加热,可急速成型并裁切(注:本方法使用之特殊甲苯二异氰酸脂为 TDI－90,内含较高成分之 2－4TDC,反应性较一般 T－80 强,在较低温及较短时间作聚合反应,并增强其韧性及拉力。以下 TDI－90 简称 TB1),而且所得的再生产品具有更强的透气、抗菌、吸湿、高弹性等特性,是用作鞋材、鞋热垫及取代其他弹性体的最好材料……可以得出,讼争专利特征部分中的“甲苯二异氰酸脂(TB1)”明确指的是“TDI－90”。上诉人认为讼争专利的特征部分“甲苯二异氰酸脂”系上位概念,其应涵盖了“TDI－90”“TDI－80”等下位概念。固然,“甲苯二异氰酸脂”系“甲苯二异氰酸脂 TDI－90”“甲苯二异氰酸脂 TDI－80”的上位概念,但讼争专利的独立权利要求记载的“甲苯二异氰酸脂(TB1)”是 TB1,在讼争专利的说明书中专门将 TB1 限定为“特殊的甲苯二异氰酸脂 TDI－90”,并且从字面上明确排除了被控侵权方法使用的“甲苯二异氰酸脂 TDI－80”。[2]

在该案中,从通常意义上说,甲苯二异氰酸脂系上位概念,其涵盖了“TDI－90”“TDI－80”等下位概念,但是,说明书已经将甲苯二异氰酸脂界定为“TDI－90”,即通过说明书对权利要求中的具有通常含义的术语赋予了“新的含义”,此时,应当按照说明书给出的“特别界定”来解释甲苯二异氰酸酯的含义,而排除使用通常含义来解释该术语。

2. 通常含义

如果说明书记载的相关内容属于对权利要求中出现的、本领域中没有确切含义的自造词作出的专门定义。或者属于对权利要求相关用语作出的有别于本领域通常含义的特别说明,则应当认定说明书记载的相关内容属于对权利要求用语的特别界定;除此之外,一般应认定为属于权利要求的具体实施方式。需注意的是,判断特别界定与具体实施方式时,通常先要确定权利要求中的相关用语在本技术领域是否具有通常含义,这往往需要引入本领域的技术词典、技术手册、工具书、教科书、国家或者行业技术标准等本领域技术人员已经取得

---

① 福建省高级人民法院民事判决书,(2008)闽民终字第 391 号。

② 福建省高级人民法院民事判决书,(2008)闽民终字第 391 号。

一致认识的公知常识性证据,作为确定通常含义的依据。① 通常含义的确定依赖当事人的举证,在没有举证的情况下,法院通常根据说明书的内容,并立足于本领域技术人员的能力,对权利要求中的用语的通常含义进行解释,而通常含义的确定直接决定了权利要求保护范围的大小。

在名称为"组合式移动电源租赁设备"的实用新型专利无效程序中②,权利要求1的主题名称为"一种组合式移动电源租赁设备"。争议焦点之一为如何理解本专利权利要求1主题名称中的"组合式"。国家知识产权局认为,确定权利要求的保护范围是进行创造性判断的先决条件。而在确定权利要求的保护范围时,对特定技术术语的理解,不应与说明书中背景技术、存在的技术问题和发明目的等部分的记载之间存在明显的矛盾,进而导致具有本专利要克服的技术缺陷的技术方案被包含在权利要求的保护范围之内。本案中,结合说明书记载的现有的移动电源自助租赁终端存在的缺点及本专利的发明的目的可知,本专利中的"组合式"指的应是各自助功能模块和附加功能模块在物理上可分离的组合。

在名称为"云台"的实用新型专利确权纠纷案中③,争议焦点之一为如何理解技术特征"云台"。一审法院认为,"云台"具有明确的通用含义,是一种用于安装和固定摄像机的支撑设备。二审法院认为,对于权利要求中出现的相关技术名词或者术语,应当结合说明书所记载的内容进行理解,而不能脱离说明书所记载的发明背景、发明目的、应用领域、解决的技术问题等内容作宽泛的、一般意义上的解释。结合说明书所记载的有关本专利的技术领域、背景技术和发明内容,本领域技术人员对本专利权利要求中的"云台"的理解,云台应当是指带有电机调整三轴转动功能及相应结构的云台,而非一般意义上用于安装和固定摄像机的支撑设备。本案中,"云台"实际上采纳的是说明书的"赋新含义",而非通常含义。

在名称为"海产品周转筐"实用新型专利确权纠纷案中④,权利人认为,"网罩"应当理解为"柔性网罩"。二审法院认为,在对权利要求相关技术术语进行解释时,应当对权利要求的文本内容予以充分尊重,在分析权利要求中相关技术术语的含义时,首先关注的是立足于本领域普通技术人员的认知能力,该技术术语的通常含义为何。同时,为更加准确地理解发明人赋予该技术术语的真

① 最高人民法院民事判决书,(2020)最高法知民终580号。

② 国家知识产权局无效宣告请求审查决定书(第37616号)。

③ 最高人民法院行政判决书,(2020)最高法知行终158、183号。

④ 最高人民法院行政判决书,(2020)最高法知行终329号。

切含义，本领域普通技术人员可以结合说明书及附图辅助理解，但除非说明书对技术术语的含义作出特别限定或说明，否则说明书和附图不能用来限制权利要求文本内容的解释。本专利权利要求与“网罩”相关的技术特征内容是“所述网罩通过定位孔固定在筐口上”。可见，权利要求仅是限定了网罩和定位孔、筐口之间的配合连接关系和位置关系，并未限定网罩的具体材质组成。而且，本专利说明书及附图亦未对网罩的材质组成给出特别说明或具体限定。立足于本领域普通技术人员的认知能力，本专利权利要求中的“网罩”应当理解为“具有网格状，通过定位孔的配合可以相对固定地罩在筐口上的部件”。本案中，“网罩”的含义没有技术手册支持，也没有说明书的特别界定，法院根据说明书的内容立足于本领域普通技术人员的认知能力对“网罩”的含义进行了解释。

四、特定情况下的修正

《专利权纠纷司法解释二》第 4 条规定，权利要求书、说明书及附图中的语法、文字、标点、图形、符号等存有歧义，但本领域普通技术人员通过阅读权利要求书、说明书及附图可以得出唯一理解的，人民法院应当根据该唯一理解予以认定。[①] 该条款通常被称为特定情况下的修正，[②]也称为歧义性权利要求的解释、歧义性权利要求的修正。歧义或者明显错误不仅可能存在于权利要求书中，也可能出现在说明书中；出现歧义或者明显错误的可能是语法、文字、标点、图形、符号，上述歧义或者明显错误均以影响到权利要求的理解为限，为论述方便，本书统称为歧义性权利要求。歧义性权利要求的解释，应当遵循权利要求解释的一般规则，同时也有其特定的规则，即专利申请文件中存在的歧义或明显错误，其予以纠正的前提必须是本领域普通技术人员通过阅读权利要求书、说明书及附图可以

---

① 广东省高级人民法院：你院粤高法[2006]380 号《关于阳江虹阳食品工业有限公司与叶冠东专利侵权纠纷一案如何适用法律的请示》收悉。经研究，答复如下：根据《专利法》第 56 条第 1 款的规定，发明或者实用新型专利权的保护范围以其权利要求的内容为准，说明书及附图可以用于解释权利要求。对于权利要求记载的技术特征，应当首先以说明书及附图为依据进行解释。权利要求书等有关表述歧义，不能直接得出具体、确定、唯一的解释的，应当依据所属领域的技术人员通过阅读权利要求书和说明书及附图，对实现要求保护的技术方案得出具体、确定、唯一的解释，以达到确定该专利保护范围的目的。本案所涉及技术方案中的滤网的位置，所属领域技术人员通过阅读权利要求书和说明书及附图后综合判断，应当可以得出滤网只能在桶体底部胶质出口之上的理解。

② 北京市高级人民法院《专利侵权判定指南(2017)》第 13 条规定当权利要求中的技术特征之间存在矛盾等特定情况时，修正该技术特征的含义。广东省深圳市中级人民法院民事判决书，(2017)粤 03 民初 2140 号。

得出唯一理解,如果不能得到唯一理解,则不允许修正,否则可能存在修改超范围的情况。歧义性权利要求的解释,通常需要具备两个条件:一是本领域普通技术人员能够认识到专利申请文件的记载或者附图存在歧义或者错误;二是本领域普通技术人员通过阅读权利要求书、说明书及附图可以得出唯一理解以解决该歧义或者错误。① 在授权确权程序遵循一样的修正规则。②

歧义性权利要求的出现,通常是因为撰写的疏忽而出现了撰写错误的情形,根据说明书及附图可以得到唯一的理解,则允许修正。对权利要求中明显错误的更正并不影响权利要求保护边界的确定性,从而也不会影响权利要求的公示性与稳定性。因为权利要求的保护范围是所属领域普通技术人员所理解的保护范围,所属领域普通技术人员在阅读说明书及附图、权利要求书中的相关权利要求、专利审查档案后,如果能明确无误地确认权利要求的撰写存在错误,且存在明显无疑的更正答案,其必然会自行予以更正,更正后的权利要求所确定的保护范围才是权利要求的应有保护范围,才是所属技术领域普通技术人员所理解的保护范围,也才是权利要求向社会公示的保护范围。③ 对此,广东省高级人民法院曾给出了解释歧义性权利要求的五项原则:④(1)充分考虑发明创造的技术贡献,权利人所获权利应与之相适应。考虑专利文件撰写的客观局限,在专利申请文件公开的范围内,尽可能保证确有创造性的发明创造的有效性。同时,亦应综合考虑发明创造的技术贡献及技术价值,实现专利权人所获得的权利与其技术贡献相匹配,最大限度地提升知识产权司法保护驱动创新发展的能力。(2)从所属领域技术人员的角度,对权利要求书、说明书及附图所记载的技术方案进行解释。由于不同技术领域的常用术语、公知常识和逻辑推理等方面存在较大差异,在认定权利要求中的瑕疵是否属于司法解释规定的“歧义”时,应当充分考虑专利所属技术领域的特点,不能脱离本领域技术人员的认知水平。(3)完整阅读专利权利要求书、说明书和附图等全部专利文献后,对专利公开的技术方案具有一般性的理解和实施能力并对专利文件中存在的错误

---

① 最高人民法院民事判决书,(2018)最高法民再111号。

② 《授权确权司法解释一》第4条规定:权利要求书、说明书及附图中的语法、文字、数字、标点、图形、符号等有明显错误或者歧义,但所属技术领域的技术人员通过阅读权利要求书、说明书及附图可以得出唯一理解的,人民法院应当根据该唯一理解作出认定。《专利审查指南》第一部分第二章第8节规定:所谓明显错误,是指不正确的内容可以从原说明书、权利要求书的上下文中清楚地判断出来,没有作其他解释或者修改的可能。

③ 上海市高级人民法院民事判决书,(2012)沪高民三(知)终字第44号。

④ 广东省高级人民法院民事判决书,(2016)粤民终1115号。

具备识别和判断能力。《专利法》规定:发明或者实用新型专利权的保护范围以其权利要求的内容为准,说明书及附图可以用于解释权利要求的内容。从这一角度出发,所属领域技术人员通过综合阅读专利权利要求书、说明书和附图后,直接、明确推导出的内容亦应当用于解释权利要求的内容。(4)从所属领域技术人员的角度来看,权利要求中存在瑕疵的明显程度。若该瑕疵对于所属领域技术人员而言是明显的,非深层次、隐藏的信息,且本领域技术人员在完整阅读专利文献后能够得出唯一确定的修正结论的,则应当适用《专利权纠纷司法解释二》第4条的规定。(5)平衡专利权人与社会公众利益。专利权利要求的公示性要求其应当能够使社会公众准确、完整地理解其技术方案和保护范围。允许专利权人对专利权利要求中存在的瑕疵进行修正,不能损害权利要求对专利保护范围的公示和划界作用,使专利侵权诉讼程序对权利要求的解释过程成为专利权人额外获得的修改权利要求的机会。

在解释权利要求的过程中,法院要慎用"解释不能",通常可以从本领域技术人员的角度出发,考虑专利权人的社会贡献,并结合说明书及附图等证据对歧义性权利要求作出合理的修正,以弥补撰写的缺陷。但是,也要防止权利人滥用这一规则,通过"修正"实现"修改"权利要求的目的。

第一,不轻易选择"解释不能"。如果权利要求或说明书确实存在撰写导致的不清楚的情况时,则可能因为违法《专利法》第26条第3款或者第4款而被宣告无效,但是,实践中法院通常是尽可能根据内部证据、外部证据来解释权利要求,尽可能正确划定权利要求的保护范围,而不轻易认定权利要求书或说明书不清楚。即对于歧义性权利要求,法院应当尽可能选择解释权利要求,而不轻易选择"解释不能"。在名称为"一种钢管束内外壁防腐方法"发明专利确权程序中①,权利要求保护一种对冷却器、换热器设备钢管束的内外壁进行防腐的方法,争议焦点之一为权利要求1中的用语是否存在歧义。最高人民法院认为,本案专利权利要求书和说明书的撰写确实存在一定的缺陷。主要是每项权利要求所要求保护的技术方案在说明书中没有直接记载;权利要求1特征(b)的文字表述不够清楚,如"各种处理液""连续不间断的循环流动状态"等表述,就容易产生歧义,当事人就本案专利权利要求书是否以说明书为依据所发生的争议,也主要是由上述原因造成的。但正如前面所分析的那样,这些缺陷通过

① 最高人民法院行政判决书,(2005)民三提字第2号;北京知识产权法院行政判决书,(2016)京73行初3071号引用了该判决。

所属技术领域的技术人员仔细阅读说明书和借助现有技术知识,是可以克服的,不至于严重到如第1372号决定所认为的那样,权利要求书得不到说明书的支持,将专利权宣告无效。本院不愿意见到更多的以此种理由宣告专利权无效的趋向,有关各方应当尽心协力提高专利申请授权水平。本案中,最高人民法院明确提出了慎用"解释不能"的观点。

第二,要防止修正规则的滥用。在名称为"旋转多臂机构以及装备此类多臂机构的织机"的发明专利确权程序中①,权利要求1保护一种织机用旋转多臂机构。最高人民法院认为,说明书记载达到何种程度才算清楚、完整,与阅读者的水平有关。无论是判断专利说明书是否清楚、完整,还是判断说明书中是否存在错误,判断主体都是本领域技术人员,而非一般的公众。如果本领域技术人员在阅读说明书公开的内容时,即能理解、发现并更正其错误,尤其是该理解和更正并不会导致权利要求的技术方案发生变化,进而损害权利要求的公示性和稳定性的情况下,若不对说明书的不清楚之处及标记错误作出更正性理解,将会导致专利权人获得的利益与其对社会作出的贡献明显不相适应。从保护发明创造,鼓励发明创造的基本原则出发,一方面应当允许对授权后的专利说明书中存在的错误予以更正理解;另一方面也要防止专利权人滥用这一规则。要准确界定错误,在合理保护专利权人利益和维护社会公众利益之间进行利益平衡,以契合专利法鼓励发明创造、促进科技进步与经济社会发展的立法本意。本案中,最高人民法院进一步指出,歧义性权利要求可以修正,但是不能滥用修正规则的观点,最终要以实现专利权人与社会公众之间的利益平衡为目标。

(一)明显错误的修正

歧义性权利要求的解释,并不会导致权利要求的技术方案在内容上发生变化,进而损害社会公众的利益和权利要求的公示性、稳定性和权威性。因此,允许对权利要求中存在的明显错误进行修正或更正。

在名称为"精密旋转补偿器"的实用新型专利确权程序中②,权利要求1保护一种精密旋转补偿器。在本专利说明书摘要和发明内容部分记载"……在所述的外套管的另一端与延伸管连接,两者之间留有间隙……"但在具体实施方

---

① 最高人民法院行政判决书,(2016)最高法行再95号。

② 一审:北京市第一中级人民法院行政判决书,(2009)一中行初字第1356号(2009年10月19日)。二审:北京市高级人民法院行政判决书,(2010)高行终字第500号(2010年6月9日)。再审:最高人民法院行政判决书,(2011)行提字第13号(2012年5月11日)。

式部分，记载："……外套管外侧是直通延伸管5，与内管1内径相等，延伸管5与内管1之间留有适当间隙(1～10mm)……"请求人认为，权利要求书中"外套管的另一端与延伸管连接，两者之间留有间隙"与说明书矛盾，因为外套管与延伸管之间是固定的连接，不可能有间隙，导致了权利要求1存在保护不清楚的问题。对于该问题，最高人民法院进行了翔实的论述：首先，权利要求中的撰写错误在所难免。权利要求的内容和表述应当清楚、简要。将说明书中公开的技术方案写入权利要求书中予以保护时，对于发明人本人以及专利代理人而言，由于语言表达的局限性以及撰写和代理水平的客观限制，权利要求书在撰写过程中难免出现用词不够严谨或者表达不够准确等缺陷，为提高专利申请文件质量，便于公众理解运用发明创造，《专利法》规定了申请人可以对其专利申请文件进行修改。其次，最高人民法院区分了"明显错误"和非"明显错误"。根据撰写缺陷的性质和程度不同，权利要求书中的撰写错误可以分为明显错误和非明显错误。所谓明显错误是指这样的错误，即对于本领域技术人员来说，如果该技术人员根据所具有的普通技术知识在阅读权利要求后能够立即发现某一技术特征存在错误，同时，该技术人员结合其具有的普通技术知识，阅读说明书及说明书附图的相关内容后能够立即确定其唯一的正确答案。再次，权利要求书的作用在于界定专利权的保护范围，这种边界会随着专利权利要求中技术特征和技术术语含义的改变而发生变化。如果对本领域技术人员来说，权利要求中的技术特征和技术术语的含义是确定的，专利权人的私权与公有领域边界则是清晰的，公众知道实施什么样的行为会侵犯他人的专利权。反之，如果权利要求中的技术特征和技术术语的含义是模糊不清的，则对该技术特征和技术术语的不同理解势必会影响专利权的保护范围，损害权利要求的公示性、稳定性和权威性。最后，专利权的保护范围是界定在本领域技术人员对发明创造理解的范围之内。判断一项权利要求能否得到说明书的支持之前，首先需要确定权利要求所要保护的技术方案，对于权利要求中存在的明显错误，如上所述，由于该错误的存在对本领域技术人员而言是如此"明显"，即本领域技术人员在阅读权利要求时能够立即发现其存在错误，同时更正该错误的答案也是如此"确定"，结合普通技术知识和说明书能够立即得出其唯一的正确答案，所以本领域技术人员必然以该唯一的正确解释为基准理解技术方案，明显错误的存在并不会导致权利要求的边界模糊不清。这也是在专利授权之前专利申请人可以通过提交修改文本的方式对明显错误进行修正的原因。

然而，在审查实践中，常常出现明显错误未被审查员发现而导致在授权公告的专利文件中也存在明显错误的现象,尤其是对于实用新型专利来说,我国实行初步审查制度,这种现象更加难以避免。根据《专利法》《专利法实施细则》,尤其是《专利审查指南》的规定,在专利授权之后,专利权人发现其授权公告的文件中存在明显错误的情形时,是没有机会再通过提交修改文本的方式进行更正的。此时,在无效宣告请求的审查过程中,如果不对权利要求中的明显错误作出更正性理解,而是"将错就错"地径行因明显错误的存在而一概以不符合《专利法》第26条第4款的规定为由将专利宣告无效,将会造成《专利法》第26条第4款成为一种对撰写权利要求不当的惩罚,导致专利权人获得的利益与其对社会作出的贡献明显不相适应,有悖《专利法》第26条第4款的立法宗旨。不仅不利于鼓励发明创造,保护发明创造者的利益,而且会降低发明人以"公开换保护"制度申请专利的积极性。更何况,权利要求书记载达到何种程度才够清楚,能起到划界的作用,与阅读者的水平有关。无论是判断权利要求是否符合《专利法》第26条第4款的规定,还是判断权利要求中是否存在明显错误,判断主体都是本领域技术人员,而非一般的公众。由于本领域技术人员在阅读权利要求时能够立即发现该明显错误,并且能从说明书的整体及上下文立即看出其唯一的正确答案,此时,本领域技术人员在再现该发明或实用新型的技术方案时,不会教条地"照搬错误",而是必然会在自行纠正该明显错误的基础上,理解发明创造的技术方案。尤其是对该明显错误的更正性理解,并不会导致权利要求的技术方案在内容上发生变化,进而损害社会公众的利益和权利要求的公示性、稳定性和权威性。

因此,从保护发明创造专利权,鼓励发明创造的基本原则出发,一方面应当允许对授权后的专利权利要求中存在的明显错误予以正确解释;另一方面也要防止专利权人对这一解释的滥用。要准确界定明显错误,在合理保护专利权人利益的同时,维护社会公众的利益,以适应《专利法》促进科技进步与创新的立法本意。

就本案而言,本专利是一种具有扭转装置的涉及热网管道的旋转补偿器,背景技术中记载,通过旋转补偿器的内外套管的旋转来吸收热网管道的轴向推力和位移量。解决现有旋转补偿器的同心度不精确、补偿器本身对横向管道位移的定位问题,同时也解决内压力和冲击力引起的填料外泄的问题。作为压力管道元件的旋转补偿器,需要符合焊缝检验、耐压实验以及气密实验等检验要求。焊缝、密封填料处应无渗漏现象。因此,所属领域技术人员知晓外套管和延伸管之间必须是无间隙连接,且不允许出现导致传输介质外泄。本专利权利要求1记载,“在所述的外套管的另一端与延伸管连接,两者之间留有间隙”,对于“两者之间留有间隙”的“两者”是何,各方当事人各持己见。由于本专利权利要求保护的补偿器包括外套管、内管、压料法兰、延伸管和密封材料,其中,外套管的一端经由法兰与内管相连接,另一端与延伸管连接。该旋转补偿器通过内外套管的旋转来吸收热网管道的轴向推力和位移量。因此,内管与外套管之间以及外套管与延伸管之间不可能既连接,又留有空隙,权利要求中“两者之间留有间隙”的“两者”不可能是指外套管与延伸管,而只可能是内管与延伸管。这种解释也与本专利说明书公开的“外套管外侧是直通延伸管,与内管内径相等,延伸管与内管之间留有适当间隙1~10mm”相一致,而且,说明书附图亦明确标注了相符的位置。因此,本领域技术人员基于其具有的普通技术知识,能够知道权利要求1的撰写存在错误,通过阅读说明书及附图可以直接地、毫无疑义地确定“两者之间留有间隙”的“两者”应当是指延伸管与内管,不会误认为是外套管与延伸管之间留有间隙。“两者之间”应当属于明显错误。尽管本专利的撰写有可能使一般读者根据阅读习惯,误认为“两者之间”留有间隙是指所述的外套管与延伸管之间留有间隙,但是,对“两者之间”的“两者”的理解主体是本领域的技术人员,而非不具有本领域普通知识的一般读者。由于本领域的技术人员能够清楚准确地得出唯一的正确解释,“两者之间留有间隙”是指内管和延伸管之间留有一定的间隙,这与说明书中公开的内容相一致。

在本案中,法院对权利要求中的错误进行了区分,错误包括明显错误和非明显错误,对于明显错误本领域技术人员必然会在自行纠正该明显错误的基础上,理解发明创造的技术方案。

明显表述错误,是指权利要求在文字上存在表述错误,但是表述错误不会导致权利要求的保护范围模糊不清,而且本领域技术人员根据说明书及附图等证据会得出唯一解释的情形。权利要求需要以文字的形式进行表述,根据权利要求的文字确定权利要求的保护范围。因文字表述错误引起的歧义最为常见。这是因为语言表达的局限性以及撰写和代理水平的客观限制,权利要求书在撰写过程中难免出现用词不够严谨或者表达不够准确等缺陷。尤其是对于进入国家阶段的国际申请,甚至可能存在因语言表达习惯等因素而导致的误译。然而权利要求中的撰写错误并不必然导致该权利要求不符合《专利法》第26条第4款的规定,而应当根据撰写缺陷的性质和程度进行区分。对于权利要求中存在的撰写错误,如果本领域技术人员根据其所具有的普通技术知识在阅读权利要求后能够立即发现某一技术特征存在错误,同时,该技术人员结合其具有的普通技术知识,在阅读说明书及说明书附图的相关内容后能够立即得出唯一的正确答案,那么,本领域技术人员必然会以该唯一的正确解释为基准理解权利要求所要求保护的技术方案。也就是说,上述撰写错误的存在,并不会导致权利要求所要保护的技术方案边界模糊不清。[①] 实践中,明显错误的情形包括位置关系表述错误、技术术语表述错误、文字表述错误、语法错误等。

1. 位置关系表述错误

在名称为"耐磨组件及耐磨构件"发明专利侵权纠纷案中[②],原告在审理中称其所主张涉案专利权利要求的专利公告文本存在明显错误,专利公告文本中突出部与凹槽部件位置关系存在错误,应当更正为"所述插口包括一个用于接收一形成在所述突出部上的凸轨的凹槽"。宁波市中级人民法院认为,结合涉案专利说明书附图来看,此处专利公告文本中突出部与凹槽部件位置关系,与专利说明书附图等所标示位置关系存在矛盾。故对权利要求的解释,不属于权利要求技术内容不清楚时的澄清或者权利要求中的技术特征在理解上存在缺陷时的弥补,而是属于特定情况下对权利要求的修正,即当权利要求中的技术特征之间存在矛盾的特定情况时,修正该技术特征的含义。本案中,本领域普通技术人员通过阅读专利权利要求书、说明书及附图,以及参考涉案专利 PCT 国际申请时提交的原始说明书(英文及译文),能够对要求保护的技术方案得出具体、确定、唯一的解释的,应当根据该解释来澄清或者修正权利要求中的错误表述,因此法院采纳了原告的观点。

2. 技术术语表述错误

在名称为"新型果树开甲刀"的实用新型专利侵权纠纷案中[③],涉案权利要求保护一种新型果树开甲刀。争议技术特征为"在所述的定握板的前端两侧分别设有安装板"中的"定握板"应当是"动握板"。对此,山东省高级人民法院根据涉案专利权利要求书的记载,并结合专利说明书及附图的描述,可以直接、明确得出涉案专利权利要求 1 中记载的"定握板的前端两侧分别设有安装板"中的"定握板"系"动握板"的明显笔误,应当修正为"动握板的前端两侧分别设有安装板"。

3. 文字表述错误

在名称为"一种 PTC 发热器的导热铝管及 PTC 发热器"的实用新型专利侵

---

① 北京市第一中级人民法院行政判决书,(2013)一中知行初字第 1096 号。

② 浙江省宁波市中级人民法院民事判决书,(2015)浙甬知初字第 626 号。

③ 山东省高级人民法院民事判决书,(2019)鲁民终 711 号。

权纠纷案中[①],涉案权利要求 2 保护一种 PTC 发热器。争议之一为权利要求中的“左右侧面”是否应当解释为“上下侧面”。对此,最高人民法院认为,本案专利说明书第 0021 段及其附图进一步给出了解决错误的唯一答案。本案专利说明书第 0021 段记载:“图 4 所示的发热器是在发热芯 10 在设有凹槽的上、下表面上粘接与该表面宽度一致的波纹状散热条构成。”同时,附图 4 和附图 6 显示,散热铝条粘贴在发热芯中导热铝管的上下表面上。因此,散热铝条显然应当粘贴在导热铝管的上下表面而非左右侧面,本案专利权利要求 2 中的“所述散热铝条粘贴在发热芯中导热铝管的左右侧面上”中的“左右侧面”确系“上下表面”的笔误,属于可以纠正的明显错误。本案中,法院结合说明书及附图,对权利要求中存在的表述错误进行了解释。

在名称为“可移动的折叠台”的发明专利侵权纠纷案中[②],涉案权利要求 3 保护一种具有一转动联动装置的可移动的折叠台。技术特征争议之一为“基本上呈矩形的第二连杆”是否应为“基本上呈 U 形的第二连杆”。对此,上海市高级人民法院认为,首先,涉案专利说明书的“发明内容”部分及“具体实施方式”部分记载的技术方案以及附图中,对相应的第二连杆均记载为“基本上呈 U 形”(“具体实施方式”部分中称为“大致为马蹄形”),权利要求应当以说明书为依据,所属技术领域的普通技术人员从涉案说明书及附图中不能得到或者概括出相应的第二连杆“基本上呈矩形”,而只能得出相应的第二连杆“基本上呈 U 形”。与涉案专利授权文本中的权利要求 3 相对应的涉案专利 PCT 英文及相应中文申请公开文件中的权利要求 15 的记载,以及在专利授权过程中审查员的第一次审查意见和申请人的回复意见,更进一步印证权利要求 3 中“基本上呈矩形的第二连杆”是撰写错误,其明显无疑地应当为“基本上呈 U 形的第二连杆”。其次,涉案专利说明书“背景技术”部分记载的现有技术的缺陷之一是“当该台被折叠到基本垂直的位置时,台盖板的端部彼此接触,这样就有夹伤使用者的手或手指的危险”,这是涉案专利发明的发明目的,亦即涉案专利发明所要解决的技术问题之一。如果权利要求 3 中第二连杆“基本上呈矩形”,则由此构成的技术方案不可能解决涉案专利发明所要解决的技术问题。专利说明书描述的发明目的没有被其他证据推翻的,权利要求的解释应当符合说明书对发明目的的描述。本案中,法院结合说明书、专利审查档案及发明目的,对存在歧

---

① 最高人民法院民事判决书,(2018)最高法民再 111 号。

② 上海市高级人民法院民事判决书,(2012)沪高民三(知)终字第 44 号。

义的用语进行了解释。

4. 语法错误

在名称为“容错阵列服务器”的发明专利权确权纠纷案中①，争议焦点之一为如何理解涉案专利权利要求1中技术特征b“键盘、鼠标、显示器、网卡和电源通过整体插头和整体插座连接”的含义。权利要求1的技术特征b为“键盘、鼠标、显示器、网卡和电源通过整体插头和整体插座连接”。对于技术特征b，本案中有两种理解。国家知识产权局认为，电源是键盘、鼠标、显示器和网卡的连接对象，即通过整体插头、整体插座，将键盘、鼠标、显示器和网卡与电源连接在一起。般若公司则认为，电源与键盘、鼠标、显示器、网卡为并列关系，所述部件均通过整体插头和整体插座连接。最高人民法院认为，技术特征b中使用了“和……和……连接”的表述，其字面含义存在歧义，至少具有前述的两种解释方式。对于字面含义存在歧义的技术特征，应当结合说明书及其附图中的有关内容进行权利要求解释。对技术特征的解释应当符合涉案专利的发明目的，不得与本领域的公知常识相矛盾。根据说明书中有关涉案专利发明目的和技术效果的记载，本发明是要提供一种一次插拔就能完成键盘、鼠标、显示器、网卡和电源的连接的容错阵列服务器，其主板可以带电插拔，并通过切换器实现光驱、软驱、键盘、显示器和鼠标共用。涉案专利通过一次性的热插拔，实现键盘、鼠标、显示器、网卡和电源的连接，通过切换器实现光驱、软驱、键盘、显示器和鼠标的共用。在本领域中，鼠标、键盘和网卡通常无须单独连接电源，而是通过接口的插拔同时实现电力以及信号的传输。因此，如果将技术特征b仅仅理解为通过整体插头和整体插座的连接，使键盘、鼠标、显示器、网卡与电源相连接，既不能实现涉案专利所要解决的“一次插拔”的发明目的，亦有悖于本领域的公知常识。本案中，最高人民法院根据说明书中记载的本发明的发明目的和技术效果、技术缺陷及公知常识，对权利要求中存在歧义的“和……和……连接”的技术特征进行了解释，准确界定了该专利权的保护范围，从而为评价创造性奠定了基础。

在名称为“双阀一体式盘阀”的发明专利侵权纠纷案中②，存在歧义的技术特征为“所述上阀的阀座内嵌于上阀体组件和中法兰内”，该项争议技术特征使用了“于……和……内”的表述，导致对阀座内嵌对象或位置的理解存在争议，

① 最高人民法院行政判决书，(2013)行提字第17号。

② 上海市高级人民法院民事判决书，(2017)沪民终23号。

第一种理解是阀座内嵌的对象必须同时具备，即既嵌于上阀体组件内，又嵌于中法兰内；第二种理解是其仅代表空间位置关系，即阀座内嵌在上阀体组件和中法兰之间即可。本案中，上海市高级人民法院根据说明书的内容及附图最终采信了第二种理解，确定了权利要求的保护范围。

标点符号使用不准确，通常也会引起歧义，特别是在表达“或”与“和”的关系时，不建议使用标点符号进行表达。在名称为“酸角饮料的制备方法”发明专利的无效程序中①，发明专利权利要求 1 涉及一种酸角饮料的制备方法。争议焦点之一是“……配以酒石酸，柠檬酸，醋酸，糖等辅助成分配制成饮料”如何理解。该争议应属于使用标点符号不规范引起的争议，而不属于说明书对权利要求的“特别界定”。辅助成分之间的关系如果以“或”字代替即可避免该争议。本案中，国家知识产权局根据说明书将辅助成分之间的关系解释为“选择关系”而非“并列关系”，准确划定了涉案专利权的保护范围。这样的案例较多，例如，在名称为“玻镁、竹、木、植物纤维复合板”实用新型专利权纠纷案中，争议焦点之一为权利要求 1 中“竹、木、植物纤维”三者是“和”的关系还是“或”的关系，最高人民法院根据专利说明书实施例的记载最终确认专利权利要求 1 对“竹、木、植物纤维”三者关系的表述，其含义应当包括选择关系，即三者具备其中之一即可，而非竹、木及植物纤维三者必须同时具备。

（二）非“明显错误”的认定

非“明显错误”是指权利要求不存在歧义，权利人试图以其假想的歧义为由重新划定权利要求的保护范围，以达到修改权利要求的目的。因此，实践中，要严格审查权利要求中存在的错误是“明显错误”还是“非明显错误”，要防止专利权人滥用修正规则的情况发生。法律允许对明显错误进行修正，但是不允许对非明显错误或权利要求明确清楚的用语进行修正，否则将破坏权利要求的公示和划界作用。最高人民法院认为，权利要求内容的确定，应当根据权利要求的记载，结合本领域普通技术人员阅读说明书及附图后对权利要求的理解进行。但是，当本领域普通技术人员对权利要求相关表述的含义可以清楚确定，且说明书又未对权利要求的术语含义作特别界定时，应当以本领域普通技术人员对权利要求自身内容的理解为准，而不应当以说明书记载的内容否定权利要

① 国家知识产权局无效宣告请求审查决定书（第 927 号）；最高人民法院民事裁定书，（2010）民申字第 871 号。

求的记载,从而达到实质修改权利要求的结果,并使专利侵权诉讼程序对权利要求的解释成为专利权人额外获得的修改权利要求的机会。否则,权利要求对专利保护范围的公示和划界作用就会受到损害,专利权人因此不当获得了权利要求本不应该涵盖的保护范围。当然,如果本领域普通技术人员阅读说明书及附图后可以立即获知,权利要求特定用语的表述存在明显错误,并能够根据说明书和附图的相应记载明确、直接、毫无疑义地修正权利要求的该特定用语的含义,可以根据说明书或附图修正权利要求用语的明显错误。①

1. 数量限定清楚

在撰写权利要求时,通常用到"一"来修饰某一技术特征,但是此处的"一"通常并非数量限制。

在名称为"简易牙膏挤出器"实用新型专利权侵权纠纷案中②,争议焦点之一为权利要求中的"包括一梯形端面的框架体"中的"一"是否是数量限制。对此,最高人民法院认为,从权利要求 1 的字面内容来看,权利要求 1 中的"包括一梯形端面的框架体",按通常理解,其中的"一"是用于修饰和限定"框架体"的,而并非修饰"梯形端面",不是对"梯形端面"数量的限定。因此,"包括一梯形端面的框架体"的实际含义就是"一具有梯形横截面的框架体",其端面本身为平面形状,即梯形,这也符合梯形通常是指平面图形的含义。与牙膏袋相适应的应当是框架体,即一具有梯形横截面的立体结构,而非端面。本案中,权利要求中的"一"并不存在歧义,不应当理解为是对数量的限制,而是权利要求撰写的一种通用写法。

2. 数值范围清楚

在名称为"平滑型金属屏蔽复合带的制作方法"发明专利侵权纠纷案中③,最高人民法院认为,本案专利权利要求 1 的"使塑料膜的表面形成 0.04 ~ 0.09mm 厚的凹凸不平粗糙面"的含义是清楚的、完整的,是指塑料膜表面凹凸不平粗糙面的厚度为 0.04 ~ 0.09mm。虽然"使塑料膜的表面形成 0.04 ~ 0.09mm 厚的凹凸不平粗糙面"这一表述中"0.04 ~ 0.09mm"的数值范围与实施例中塑料膜厚度数值较为接近并存在重叠,但是简单地以此为由认为该表述存在明显错误,进而将塑料膜表面凹凸不平粗糙面的厚度修正为塑料膜的厚

① 最高人民法院民事判决书,(2012)民提字第 3 号。

② 最高人民法院民事裁定书,(2009)民申字第 1622 号。

③ 最高人民法院民事判决书,(2012)民提字第 3 号。

度，依据不足。本案中，说明书没有特别说明权利要求限定的数值范围是塑料膜的厚度，因此不能以“明显错误”为由改变权利要求本身的含义。

3. 种属概念清楚

在名称为“具有 PH 结构换热器的空调器”实用新型专利侵权纠纷案中①，权利要求 1 保护一种具有 PH 结构换热器的空调器。争议焦点之一为如何解释“空调器的冷凝器、蒸发器是 PH 结构换热器”。专利权人认为，“空调器的冷凝器、蒸发器是 PH 结构换热器”的权利保护范围应当理解为“空调器的冷凝器是 PH 结构、空调器的蒸发器是 PH 结构、空调器的冷凝器和蒸发器都是 PH 结构”等“三种情况同时受到保护”。重庆市高级人民法院认为，句中之顿号，表示“冷凝器”和“蒸发器”是并列关系之间的停顿，而并列是指在同一属概念“换热器”下的种概念“冷凝器”和“蒸发器”之间是同时存在缺一不可的关系。本案中，法院从多种角度、用多种证据、采取多种解释方法均得不出“三种情况同时受到保护”的结论，权利要求中不存在明显错误的情形。

(三) 权利要求解释不能

专利权利要求应当清楚、简要，目的在于清楚地划定专利权利要求的保护范围。“说明书公开不充分、权利要求得不到说明书的支持”②，也与权利要求书和说明书是否清楚有关，因此，权利要求书和说明书是否清楚关系到专利权是否应当予以保护。“权利要求书、说明书及附图应当清楚”的要求是在实质审

---

① 重庆市高级人民法院民事判决书，(2001)渝高法民终字第 169 号。

② 《授权确权司法解释一》第 6 条规定：“说明书未充分公开特定技术内容，导致在专利申请日有下列情形之一的，人民法院应当认定说明书及与该特定技术内容相关的权利要求不符合专利法第二十六条第三款的规定：(一)权利要求限定的技术方案不能实施的；(二)实施权利要求限定的技术方案不能解决发明或者实用新型所要解决的技术问题的；(三)确认权利要求限定的技术方案能够解决发明或者实用新型所要解决的技术问题，需要付出过度劳动的。当事人仅依据前款规定的未充分公开的特定技术内容，主张与该特定技术内容相关的权利要求符合专利法第二十六条第四款关于‘权利要求书应当以说明书为依据’的规定的，人民法院不予支持。”第 7 条规定：“所属技术领域的技术人员根据说明书及附图，认为权利要求有下列情形之一的，人民法院应当认定该权利要求不符合专利法第二十六条第四款关于清楚地限定要求专利保护的范围的规定：(一)限定的发明主题类型不明确的；(二)不能合理确定权利要求中技术特征的含义的；(三)技术特征之间存在明显矛盾且无法合理解释的。”第 8 条规定：所属技术领域的技术人员阅读说明书及附图后，在申请日不能得到或者合理概括得出权利要求限定的技术方案的，人民法院应当认定该权利要求不符合《专利法》第 26 条第 4 款关于“权利要求书应当以说明书为依据”的规定。

查中使权利要求标准化、格式化，从而降低公众阅读成本的一项重要原则。[①] 权利要求解释不能，即权利要求中出现的并非明显错误，通过解释权利要求仍不清楚权利要求的保护范围。如果出现“解释不能”的情形，将导致严重后果：在授权确权程序中，如果权利要求不清楚，包括说明书不清楚，将导致专利权无效；在侵权程序中，则将导致法院依法驳回权利人的诉讼请求。

第一，无法确定权利要求中的用语含义。例如，技术特征“旋杆的中部垂直平行固定设置固定翼杆”中的“垂直平行”，是以“垂直平行”来限定“固定翼杆”的安装方向，“垂直平行”作为方向的限定词语对本领域技术人员而言其含义是不清楚的，导致本领域的技术人员不能清楚地界定本专利请求保护的范围。[②] 技术术语是否会导致解释不能的后果，要放在特定的语境中进行判断，即放在特定的技术方案中进行理解。例如，技术特征“推杆中部的三个易断点不在同一平面内”，根据三点确定一个平面的原理，该权利要求属于不清楚的情形，但是，根据说明书记载的技术方案可以理解，“不在同一平面内”不是指任一平面，而是指某一特定平面。[③]

在名称为“防电磁污染服”实用新型专利侵权纠纷案中[④]，争议的技术术语为“导磁率高”，最高人民法院明确指出，准确界定专利权的保护范围，是认定被诉侵权技术方案是否构成侵权的前提条件。如果权利要求的撰写存在明显瑕疵，结合涉案专利说明书、本领域的公知常识以及相关现有技术等，仍然不能确定权利要求中技术术语的具体含义，无法准确确定专利权的保护范围的，则无法将被诉侵权技术方案与之进行有意义的侵权对比。权利要求中通常禁止使用含义不确定的用语，如“厚”“薄”“高温”“高压”等，本案中因“导磁率高”这一术语的含义不能确定，而直接导致了权利要求解释不能的不利后果。当然，并非使用了类似术语都会导致权利要求解释不能，例如，权利要求中使用了“高抗阻”和“低抗阻”的用语，本领域技术人员根据其掌握的现有技术，可清楚地理解到高抗阻的含义在于阻抗高至能使分路断开，而低抗阻的含义在于阻抗低至能使分路接通。[⑤]

---

① 参见陈文煊：《专利权的边界——权利要求的文义解释与保护范围的政策调整》，知识产权出版社2014年版，第278页。

② 国家知识产权局无效宣告请求审查决定书（第7749号）。

③ 国家知识产权局无效宣告请求审查决定书（第11475号）。

④ 最高人民法院民事裁定书，(2012)民申字第1544号。

⑤ 国家知识产权局无效宣告请求审查决定书（第7295号）。

在名称为“在无线通信网络中传送调度信息的方法和装置”的发明专利无效程序中[①],涉案权利要求 1 保护一种由第三代合作伙伴计划(3GPP)无线发射/接收单元 WTRU 执行的方法,该方法包括:响应于所述 WTRU 具有的非零许可小于避免所述 WTRU 发送被调度的媒介接入控制 – d MAC – d 流的媒介接入控制 MAC 协议数据单元 PDU 所需的值,由所述 WTRU 触发调度信息 SI 的传输。国家知识产权局认为,首先,独立权利要求 1 中“避免……PDU 所需的值”的文字表述是不通顺的;其次,本领域技术人员不能理解“非零许可小于避免所述 WTRU 发送被调度的媒介接入控制 – d MAC – d 流的媒介接入控制 MAC 协议数据单元 PDU 所需的值”究竟是何含义,为何要避免 WTRU 发送的 PDU 所需的值。因此,独立权利要求 1 没有清楚地表达其请求保护的范围。本案中,权利要求本身记载不清楚,且无法使用说明书及附图等证据作出合理解释,导致权利要求的解释不能。

第二,权利要求中的用语字面上是清楚的,但是说明书没有给出相关教导或指引的情况下,本领域技术人员并不明确其具体的实现方式,这本质上也应当属于权利要求不清楚的情形。[②] 此时,如果专利申请人或专利权人对权利要求的解释不能被接受时,将导致解释不能情况的发生。

在名称为“无刷自控电机软启动器”的发明专利无效程序中[③],争议的技术特征为权利要求中的“动电极与静电极之间设有阻止动电极向静电极移动的弹性阻力装置”。专利权人认为,弹性阻力装置不是单独的部件,而是装置,可以设置在动电极与静电极之中,也可以是在动电极与静电极之外的位置,包括“之中”和“之外”。对此,最高人民法院认为,本专利作为产品专利,其权利要求对产品的结构、部件以及结构与部件之间的关系应当进行明确的描述……本专利说明书具体实施方式记载的动、静电极之间并未设置任何部件,所述“阻止动电极向静电极移动的弹性阻力装置”是设置在动电极与凹腔内环侧壁之间,即只公开了“之外”的情形。作为动电极与静电极“之中”设置的压簧的技术方案,在说明书文字及附图中均没有记载,且由于压簧的自身长度不能压缩为零,而根据本专利说明书的记载,在本专利实现过程中要使动电极与静电极相贴,动电极与静电极之间的阻值为零,才完成启动过程。当设置压簧的技术方案需要

---

① 国家知识产权局无效宣告请求审查决定书(第 46972 号)。

② 这种情形通常被称为权利要求得不到说明书的支持。

③ 最高人民法院行政判决书,(2014)行提字第 32 号。

克服一定困难或缺陷时,说明书没有给出相关教导或指引的情况下,本领域技术人员并不明确其具体的实现方式。本案中,权利要求的解释与说明书的记载不一致,本专利的权利要求未以说明书为依据来说明要求专利保护的技术方案,因此导致权利要求的解释不能。

第三,说明书应当使用中文,但是在不产生歧义的前提下,个别词语可以使用中文以外的其他文字。[①] 计量单位、数学符号、数学公式、各种编程语言、计算机程序、特定意义的表示符号(如中国国家标准缩写 GB)等可以使用非中文形式。但是,非标准的缩略语则禁止使用,否则也可能导致解释不能的后果。例如,在名称为"中西药组方静脉滴注"的发明专利行政纠纷案中[②],北京市第一中级人民法院认为,原告要求保护的权利要求 1 实质为一种中西药组方静脉滴注液的配制方法,在说明书中同时公开了 101 种液剂的配方。但在说明书中描述各种液剂的组成时,原告使用了"GNC"、"Co."和"GS"等缩略语及符号。被告认定上述缩略语及符号有多种含义,并以"GS"为例作出了说明,对此原告没有相反的证据予以反驳,且其无证据证明这些缩略语及符号对本领域的普通技术人员来说是公知的,且含义是确切的。本案中,说明书中未对缩略语及符号作出相应的注释或说明,导致所属领域的技术人员不能够清楚、准确地理解该发明。

① 《专利审查指南》第二部分第二章第 2.2.7 节。

② 北京市第一中级人民法院行政判决书,(2003)一中行初字第 645 号。

第四章

权利要求解释的证据

《专利权纠纷司法解释一》第3条规定，人民法院对于权利要求，可以运用说明书及附图、权利要求书中的相关权利要求、专利审查档案进行解释。说明书对权利要求用语有特别界定的，从其特别界定。以上述方法仍不能明确权利要求含义的，可以结合工具书、教科书等公知文献以及本领域普通技术人员的通常理解进行解释。①

从证据的角度解读，该条规定了解释权利要求的证据包括内部证据和外部证据，并坚持内部证据的适用优先于外部证据。内部证据，除说明书和附图之外，还包括权利要求书中的其他权利要求和专利审批档案；外部证据包括辞典（尤其是专业技术辞典）、技术工具书（尤其是技术手册、技术标准）、教科书、百科全书、专家证言等。② 在使用内部证据和外部证据解释权利要求时，一般要坚持内部证据优先原则，这是因为，说明书及其附图是解释权利要求最好的"辞典"。③ 美国的司法实践对此曾有过争议，但是最终选择了内部证据优先于外部证据。④ 欧洲专利局确定了类似的规则，以所属领域的普通技术人员的视角，根据专利申请文件的上下文，对权利要求作出合乎技术常理的解释。⑤ 关于专利

---

① 《授权确权司法解释一》第2条作了与此相同的规定：人民法院应当以所属技术领域的技术人员在阅读权利要求书、说明书及附图后所理解的通常含义，界定权利要求的用语。权利要求的用语在说明书及附图中有明确定义或者说明的，按照其界定。依照前款规定不能界定的，可以结合所属技术领域的技术人员通常采用的技术词典、技术手册、工具书、教科书、国家或者行业技术标准等界定。

② 参见尹新天：《中国专利法详解》，知识产权出版社2011年版，第581页。

③ 参见尹新天：《中国专利法详解》，知识产权出版社2011年版，第583页。

④ PHILLIPS v. awh corp. 415F. 3d 1131 – 1327. 转引自刘庆辉：《发明和实用新型专利授权确权的法律适用——规则与案例》，知识产权出版社2017年版，第57页。

⑤ 参见刘庆辉：《发明和实用新型专利授权确权的法律适用——规则与案例》，知识产权出版社2017年版，第62页。

审查档案是否能够用于解释权利要求也曾有不同的观点,反对将专利审查档案用于解释权利要求的观点认为增加了权利要求解释的不确定性和公众解读成本。[①] 我国司法实践中也面临公众解读内部证据成本高的问题,专利档案信息披露不顺畅实质上已有悖专利制度“公开换保护”的设立目的。[②] 在我国专利的授权确权程序中,相应的司法解释也排除了使用专利审查档案解释权利要求。但是在侵权程序中,最高人民法院明确可以使用专利审查档案解释权利要求,这是因为审查档案在权利要求的文义解释方面具有难以替代的作用。[③] 在具体解释权利要求时,应当坚持内外证据相结合的原则解释权利要求,并且应当得出一致的结论。

一、内部证据

(一)专利审查档案

专利审查档案属于最为重要的内部证据之一。[④]《专利权纠纷司法解释二》第6条第2款规定:“专利审查档案,包括专利审查、复审、无效程序中专利申请人或者专利权人提交的书面材料,国务院专利行政部门制作的审查意见通知书、会晤记录、口头审理记录、生效的专利复审请求审查决定书和专利权无效宣告请求审查决定书等。”专利审查档案记录了专利授权过程,反映了审查员与专利申请人交涉的具体情形,对于专利权保护范围的确定有解释作用。对此,广州知识产权法院认为,通过审查专利审查档案的内容,可以明确申请人在专利申请过程中对专利权保护范围所作的真实意思表示与客观行为,确定国家知识产权局与申请人在划定专利权边界上达成了何种一致的意见,并对社会公众形成了何种公示作用,从而使法院认定的专利权保护范围符合专利权产生时所公示的边界,符合国家授予、保护这种专有性、垄断性权利的初衷,如此才能为

① 参见陈文煊:《专利权的边界——权利要求的文义解释与保护范围的政策调整》,知识产权出版社2014年版,第146~147页。

② 参见练景峰:《专利司法保护与行政审查的衔接问题研究》,载广州知识产权法院:《知识产权司法保护理论与实务探索:广州知识产权法官协会首届学术研讨会论文集》,知识产权出版社2021年版,第28页。

③ 参见陈文煊:《专利权的边界——权利要求的文义解释与保护范围的政策调整》,知识产权出版社2014年版,第148页。

④ 专利说明书及附图也属于内部证据,但是因为其他章节已经对说明书及附图的解释作用进行了充分的论述,因此,本节针对其他内部证据展开阐述。

社会公众提供明确的法律预期，避免不当压缩社会公众对公有技术自由运用的空间。①

在名称为“太阳能手电筒”发明专利权侵权纠纷案中②，最高人民法院认为，“后端盖”是否属于本案专利所述的“可脱卸”部件或连接结构。专利权利要求记载的技术特征涉及“可脱卸”的有：(1)太阳能电池板与在外面的、保护太阳能电池板的、透明的罩盖组成可脱卸的部件；(2)使该部件能够通过可脱卸的连接结构安装固定在筒体的外表面安装孔上。另据说明书的描述，专利权利要求中的“可脱卸”是指电池板与罩盖之间的可脱卸，罩盖、电池板与筒体之间的可脱卸，而后端盖的开合是指后端盖与筒体之间的可脱卸。显然，后端盖的开合与权利要求书、说明书所述的两个“可脱卸”均非同一含义。本案中的专利审查档案显示，所述的可脱卸的连接结构为筒体的表面开有配合的安装孔，罩盖的前部有前缘部分，与安装孔的前沿呈插接连接，罩盖的后端面上开有小孔，紧固有紧固件，紧固件与筒体的后部里表面进行配合固定。故进一步印证，后端盖不属于本案专利所述“可脱卸连接结构”的组成构件。因此，专利权利要求中“可脱卸”部件或者连接结构等技术特征不受后端盖是否开合的限制。由该案可知，“专利审查档案”在解释权利要求时具有重要作用。

1. 意见陈述的解释作用与限制

第一，专利审查档案包括专利申请人、专利权人的意见陈述，意见陈述可以用于解释权利要求。

在名称为“平滑型金属屏蔽复合带的制作方法”发明专利侵权纠纷案中③，争议焦点之一为如何理解权利要求记载的“使塑料膜的表面形成0.04～0.09mm厚的凹凸不平粗糙面”的含义。最高人民法院认为，专利权人在陈述意见时明确否定本案专利说明书中有“塑料膜保持在0.04～0.09mm的厚度”的记载，表明在无效宣告程序中其自身也不认为“使塑料膜的表面形成0.04～0.09mm厚的凹凸不平粗糙面”是指“塑料膜厚度为0.04～0.09mm”。本案中，最高人民法院引用专利权人自身在无效程序中的陈述，对“使塑料膜的表面形成0.04～0.09mm厚的凹凸不平粗糙面”的含义进行解释。

在名称为“弹簧铰链的制造方法”的发明专利权侵权纠纷案中④，双方当事

---

① 广州知识产权法院民事判决书，(2017)粤73民初263号。

② 最高人民法院民事判决书，(2011)民提字第64号。

③ 最高人民法院民事判决书，(2012)民提字第3号。

④ 最高人民法院民事裁定书，(2008)民申字第980号。

人所争议的是是否应当以“铰接件同金属带料不分离”对权利要求的保护范围进行限定。申请再审人在实质审查程序中明确主张应当在铰接件尚与金属带连接时对铰接件进行加工,以及在铰接件尚与金属带连接时安装弹簧件,并且所述技术特征已足以使权利要求构成一个完整的技术方案。因此,最高人民法院认为,根据涉案专利的审查档案,亦可认定权利要求中“大致与铰接件外形一致的区域”仍然是金属带的一部分,该区域未与金属带分离。申请再审人在侵权诉讼中,不应无视其在审查过程中的意见陈述,将铰接件与金属带完全分离的技术方案纳入涉案专利权的保护范围。[①] 本案中,最高人民法院根据申请再审人在授权时的意见陈述使用了禁止反悔原则,禁止其扩大权利要求的保护范围。

第二,意见陈述对解释权利要求的限制。

意见陈述的限制是指专利申请人、专利权人的意见陈述中放弃的技术方案,只有被审查机关接受才构成禁止反悔原则的适用。[②]

对于专利权人在无效程序口头审理中放弃的技术方案,是否适用禁止反悔原则有不同的观点,一种观点认为,确定权利要求的保护范围应该以说明书和权利要求书为依据,当事人的意见陈述不能也不应该起到决定作用。如果将当事人的意见陈述作为确定权利要求保护范围的决定性依据,则无法促使专利申请人申请专利时将相关内容尽量写入说明书和权利要求书,也将难以实现说明书的充分公开和权利要求保护范围的清楚明确。因此,在专利确权程序中,申请人在审查档案中的意见陈述在通常情况下只能作为理解说明书以及权利要求书含义的参考,而不是决定性依据。理解权利要求限定的技术方案,首先,应当以专利申请文件为依据;其次,专利权人的意见陈述也是理解其技术方案的重要参考,通常来说,结合专利权人的意见陈述,往往能对发明创造的动机、目的、技术手段等有进一步的理解,有助于正确地理解其技术方案,但专利权人的意见陈述不能超出专利申请文件所公开的范围。[③] 另一种观点认为,只要当事人在专利申请或者授权确权程序中通过意见陈述放弃了某个技术方案,根据诚

---

① 最高人民法院民事裁定书,(2008)民申字第980号。

② 《专利权纠纷司法解释二》第13条规定:权利人证明专利申请人、专利权人在专利授权确权程序中对权利要求书、说明书及附图的限缩性修改或者陈述被明确否定的,人民法院应当认定该修改或者陈述未导致技术方案的放弃。

③ 《确定权利要求保护范围时对专利权人意见的考量》,载中国知识产权资讯网2021年10月13日,http://www.iprchn.com/cipnews/news_content.aspx?newsId=131279。

实信用原则，当事人的陈述表明了关于其技术方案保护范围的真实意思表示，无论该无效宣告请求程序中是否有审查决定，专利权人的陈述已经记载在专利审查档案中，具有公示公信的效力，应当根据当事人的意见陈述对专利权的保护范围进行限制解释。由此可知，法院在放宽禁止反悔原则的适用条件时，引导专利申请人、专利权人依据诚实信用原则客观、审慎地陈述放弃的技术方案的内容，否则应当承担由此带来的不利后果。① 笔者认为，意见陈述是否具有限定作用应当以权利人是否陈述了对其不利的事实为准。通常而言，权利人的意见陈述对专利权保护范围的确定仅具有参考作用，应当按照说明书及附图客观记载的内容确定权利要求的保护范围，这体现了“贡献与保护相一致”的原则；但是，如果权利人陈述了对其不利的事实，则应当予以采纳，这有助于保护社会公众的信赖利益。对此，在日本存在相同的观点，当事人在无效审判流程中的意见，无论是否被采纳，都可以用于解释权利要求的内容，也可以作为禁止反悔的对象。②

2. 无效程序中请求人的意见陈述

在无效程序中请求人的意见陈述是否能够用于解释权利要求，存在争议。一种观点认为，请求人有权根据自己对权利要求的理解，并依据《专利法》的规定，对相应专利提出任意的无效请求，而且请求人在无效阶段的意见陈述并不能限制其在侵权诉讼中作出相反的陈述；另一种观点认为，请求人在无效程序中的意见陈述同样适用禁止反悔原则，可以限制其在侵权诉讼中作出相反的陈述。对此，北京知识产权法院认为，被告在诉讼程序中针对涉案专利向国家知识产权局提出了无效宣告请求，其在无效宣告请求书中，一方面指出权利要求的技术方案中“夹紧”含义不清楚，另一方面在陈述关于权利要求相对于对比文件不具备新颖性的意见时，认为涉案专利权利要求所述适配夹紧是指该电磁铁与移动电源上的适配孔相配合锁定移动电源，以防止移动电源被移除。③

笔者认为，无效程序中的请求人的意见陈述对其具有约束力，其目的是避免有限的司法资源的浪费，请求人应当根据诚实信用原则，客观地对专利权提出无效请求，如果请求人对相应专利权提出了无效请求并陈述了相关意见，则在侵权程序中，法院有权根据其在无效程序中的陈述对权利要求进行解释。

---

① 最高人民法院民事判决书，(2020)最高法知民终1325号。

② 参见李明德、闫文军：《日本知识产权法》，法律出版社2020年版，第431页。

③ 北京知识产权法院民事判决书，(2017)京73民初356号。

(二)母案申请、优先权文件

1. 母案申请对分案申请中权利要求的解释作用

一件专利申请包括两项以上发明的，申请人可以主动提出或者依据审查员的审查意见提出分案申请。分案申请应当以原申请(第一次提出的申请)为基础提出。分案申请的内容不得超出原申请记载的范围，否则，应当以不符合《专利法实施细则》第43条第1款或者《专利法》第33条规定为理由驳回该分案申请。因母案申请是分案申请的基础，因此，与分案申请存在关系的其他专利及其专利审查档案可以用于解释分案申请的专利权利要求。

在名称为"一种现浇砼空心模壳构件"的发明专利侵权纠纷案中①，争议焦点之一为如何理解权利要求中的"分块模壳板"。最高人民法院认为，分案申请是一类特殊的专利申请，是为了保证专利申请人的正当利益不受到损害，允许专利申请人对其在申请日提交的母案申请文件中已经披露，但因单一性等原因不能在母案中获得保护的发明创造另行提出专利申请，同时保留原申请日的一种制度。该制度在保护专利申请人利益的同时，为了平衡社会公众的利益，要求分案申请不得超出母案申请文件公开的范围，即不得在分案申请中补充母案申请文件未曾记载的新内容，以避免专利申请人用申请日后完成的发明创造通过分案申请抢占在先的申请日。因此，分案申请要受到母案申请文件的约束。在此意义上，对于分案申请而言，母案申请构成其特殊的专利审查档案，母案中未公开的内容不能作为权利人基于分案申请主张权利的依据。本案中，涉案发明专利是分案申请，其母案专利申请公开说明书中并未记载涉案发明专利说明书第2页第5~7段的内容。根据母案专利申请公开说明书第2页第5段的内容也不能得出分块模壳板可以单纯由上底或者侧壁组成这一结论。

2. 优先权申请对权利要求的解释作用

我国的优先权包括了外国优先权和本国优先权。② 专利证书上通常记载优

---

① 最高人民法院民事裁定书，(2011)民申字第1309、1304号。

② 我国《专利法》第29条规定：申请人自发明或者实用新型在外国第一次提出专利申请之日起12个月内，或者自外观设计在外国第一次提出专利申请之日起6个月内，又在中国就相同主题提出专利申请的，依照该外国同中国签订的协议或者共同参加的国际条约，或者依照相互承认优先权的原则，可以享有优先权。申请人自发明或者实用新型在中国第一次提出专利申请之日起12个月内，或者自外观设计在中国第一次提出专利申请之日起6个月内，又向国务院专利行政部门就相同主题提出专利申请的，可以享有优先权。

先权日,但是涉案的专利权是否必然享有优先权还应当举证证明,而不能仅仅根据专利证书的记载就必然确定涉案专利权享有优先权。优先权日是确定现有技术的前提,因此,优先权是否成立对于专利权保护范围的确定具有重要意义。

在名称为"清洁设备"的发明专利侵权纠纷案中①,涉案权利要求保护一种手持式清洁设备。争议焦点之一在于优先权文件能否用于解释权利要求。最高人民法院认为,相关专利和涉案专利为享有同一外国优先权的两件中国专利,而所谓外国优先权是指申请人在一个成员国首次提出申请后,在一定期限内就同一主题在其他成员国提出的申请,其在后申请同样享有首次申请的申请日。目前如何判断先、后申请是否涉及相同的主题通常采用与修改超范围基本相同的判断方法,即在后申请不能超出优先权文本记载的范围。在此意义上,在后申请与优先权申请之间的关系与分案申请与母案申请之间的关系基本一致,即在后申请/分案申请均不能超出优先权申请/母案记载的范围。除此之外,由于享有优先权的在后申请应当与优先权申请具有同一主题,较之分案与母案之间的非单一性关系,在后申请和优先权申请显然具有更加密切的内在关系。因此,在相关专利发明实质审查阶段,申请人在答复意见中就"电源"一词的含义作出的具体陈述,可以用于解释涉案专利的权利要求,即电源线并非"电源"。

在本案中,法院确认享有优先权的在后申请与优先权申请,较之分案与母案之间的非单一性关系,具有更加密切的内在关系,因此优先权文件可以用于解释权利要求。

3. 国际申请文本的解释作用

在名称为"加强的热交换板"的发明专利侵权纠纷案中②,该专利权利要求1保护一种适合于用作在流动于板式热交换器中的两种流体之间的隔壁的板。权利要求6引用权利要求1,进一步限定为:所述加强件在所述底部峰线以上具有零高度。争议焦点之一为如何理解权利要求1中的技术用语"相当大地(减少顶部峰线)"。

最高人民法院认为,我国是《专利合作条约》的缔约国,依法履行相应的国

① 最高人民法院民事裁定书,(2017)最高法民申1461号;江苏省高级人民法院民事判决书,(2015)苏知民终字第00270号。

② 最高人民法院民事裁定书,(2020)最高法民申969号。

际义务。对于国务院专利行政部门基于国际申请授予的专利权，《专利法实施细则》第102条规定："按照专利合作条约已确定国际申请日并指定中国的国际申请，视为向国务院专利行政部门提出的专利申请，该国际申请日视为专利法第二十八条所称的申请日。"《专利法实施细则》第113条还规定，申请人发现提交的说明书、权利要求书或者附图中的文字的中文译文存在错误的，可以在规定期限内依照原始国际申请文本提出改正。第117条中进一步规定："基于国际申请授予的专利权，由于译文错误，致使依照专利法第五十九条规定确定的保护范围超出国际申请的原文所表达的范围的，以依据原文限制后的保护范围为准。"依照上述规定，对于基于国际申请授予的专利权，其原始国际申请以及相应的申请文本具有法律效力。并且国际申请文本也是专利审查档案的重要组成部分。因此，当事人对权利要求中特定技术内容的解释存在争议时，人民法院可以依法参考国际申请文件中相应部分的原文，解释权利要求的内容。本案中，与争议技术特征有关的国际申请原文中的相关表述为"substantial or even total"，其含义与涉案专利说明书中的"相当大地或甚至整个"相符。因此，根据涉案专利国际申请原文中的相应表述，不能认定争议技术特征中的"相当大地（减少顶部峰线）"覆盖了"整个（减少顶部峰线）"。

在该案中，最高人民法院运用本专利的国际申请文本解释权利要求。对于基于国际申请授予的专利权，其原始国际申请以及相应的申请文本具有法律效力。并且国际申请文本也是专利审查档案的重要组成部分。因此，当事人对权利要求中特定技术内容的解释存在争议时，人民法院可以依法参考国际申请文件中相应部分的原文，解释权利要求的内容。

（三）审查决定

1. 审查决定的解释作用

在专利侵权诉讼中，对专利保护范围的确定还应当考虑专利权人在专利授权和无效宣告程序中为保证获得专利权或者维持专利权有效而对专利保护范围作出的限制。[①] 这里的限制是指审查决定中对权利要求中相关用语的含义进行的明确界定，该界定对权利要求具有限定作用。审查决定通常包括复审请求审查决定书和无效宣告请求审查决定书，审查决定对解释权利要求具有重要作用。审查决定中针对权利要求中特定用语含义所作的解释，在侵权诉讼中可以

① 最高人民法院民事裁定书，(2009)民申字第1622号。

直接引用。对此,无论在理论上还是实践中均无太大争议。

在名称为“柱筒型缝纫机的送料装置”的实用新型专利侵权纠纷案中①,该实用新型专利权利要求1保护一种柱筒型缝纫机的送料装置。争议焦点之一为如何理解权利要求1中的技术特征“引导板”。国家知识产权局认为,关于“引导板”,根据专利说明书第4页第8行“中继齿轮在图示未表示的导引板作用下可在针板座上自由转动”以及第13~19行的动作过程“动力传递至釜轴中套管,并带动冠状齿轮、中继齿轮以及送料齿组成的传动机构”可知,该“引导板”应为类似于轴的导引件,它用于将中继齿轮可旋转地支撑于针板座上,中继齿轮转动的动力来源为冠状齿轮。尽管权利要求并未对该“引导板”的具体结构和位置作出限定,但是本领域技术人员在本专利说明书以及附图的基础上可以理解该“引导板”并非中继齿轮的驱动机构,而是类似于轴的引导中继齿轮在针板座上转动的构件。②

在名称为“一种水烟筒”的实用新型专利侵权纠纷案中③,涉案专利权利要求保护一种水烟筒。争议焦点之一为如何理解“空腔”的含义。国家知识产权局认为,“权利要求的‘空腔’是作为烟筒的组成部分设置在烟筒下部与容器连接处而位于盛水容器的上方,即使盛水容器装满水,该‘空腔’也是存在的,在吸烟时始终不会吸到水”。而被诉方认为,被控侵权水烟筒的烟筒下方基本与水烟筒瓶口部分平齐,呈盖子形状,灌满水之后,烟筒下面与盛水容器之间不存在专利权利要求技术方案意义上的空腔。在专利权的侵权纠纷程序中,上海市高级人民法院直接采纳了国家知识产权局关于“引导板”“空腔”的解释。④

在名称为“移动电源租用设备及充电夹紧装置”的无效程序中⑤,请求人认为,权利要求的保护范围不清楚,不清楚如何通过电磁铁的轴与移动电源沉孔相配合来夹紧移动电源,也不清楚什么程度属于权利要求中的“夹紧”。对此,国家知识产权局认为,权利要求记载了电磁铁的轴与移动电源插入方向垂直,移动电源上的适配孔是设置在表面的与该电磁铁的轴相对应的沉孔,本领域技术人员能够明了上述电磁铁的轴的运动方向与电源插入和拔出的方向垂直,且

---

① 国家知识产权局无效宣告请求审查决定书(第14517号)。

② 国家知识产权局无效宣告请求审查决定书(第14517号)。

③ 国家知识产权局无效宣告请求审查决定书(第14151号)。

④ 上海市高级人民法院民事判决书,(2010)沪高民三(知)终字第11、41号。

⑤ 国家知识产权局无效宣告请求审查决定书(第35065号);最高人民法院行政判决书,(2019)最高法知行终62号。

电磁铁的轴与电源上的适配孔互相配合，当电磁铁驱动轴插入该适配孔，轴与电源的平面呈垂直状态时，即起到锁定的作用，达到防止电源松脱即夹紧电源的效果，该电源不能被人为取出。因此权利要求的保护范围是清楚的，符合《专利法》第 26 条第 4 款的规定。国家知识产权局对“夹紧”含义的解释，与被诉侵权的技术方案完全一致，因此在涉案专利权的侵权诉讼中，法院直接采纳了国家知识产权局的解释。①

2. 审查决定的优先地位

在使用说明书和审查决定解释权利要求时，如果审查决定的内容与说明书内容不一致，应当优先使用审查决定的内容解释权利要求。

在名称为“可触摸式过电压保护器”的实用新型专利侵权纠纷案中②，该案的争议焦点问题之一为两个接地端直接相连共同接地的技术方案是否属于涉案专利保护范围。最高人民法院认为，涉案专利说明书也记载：“上述［指涉案专利］技术解决方案中所述外壳上的接地端可以通过外壳与芯体的接地端直接相连共同实现接地，也可以在外壳与芯体的接地端之间设置绝缘垫圈，使二者分别接地，这样，在使用时，芯体的接地端与地之间还可以设置放电计数器。”该说明书披露了两个接地端直接相连共同接地和二者分别接地的两个技术方案。根据专利权人在涉案专利的无效宣告程序中的意见陈述可知，涉案专利权利要求中设置两个接地端（接地端和接地端）就是为了使两个接地端分别接地，从而保证串接计数器时，既保证外壳的零电压，又保证计数器正常工作。这也与国家知识产权局就涉案专利所作的无效宣告请求审查决定中有关涉案专利和三份对比文件（现有技术）对比，具有“权利要求中所述外壳上设有接地端，同时芯体上设有另外的接地端，即存在两个连接不同组件的接地端”这一区别技术特征的认定，在实质上是一致的。

涉案专利说明书中所记载的实现发明目的技术方案与专利权人在无效宣告程序中的意见陈述不完全一致，根据司法解释③的规定，专利权人在无效宣告程序中就涉案专利相对于现有技术具备新颖性、创造性的意见陈述在本案中对确定专利权保护范围具有约束力，不得反悔。因此，在确定涉案专利权利要求的保护范围时，应认定其中的两个接地端为分别接地，即外壳与接地端之间为

① 最高人民法院民事判决书，（2019）最高法知民终 83 号。
② 最高人民法院民事裁定书，（2010）民申字第 1340 号。
③ 《专利权纠纷司法解释一》第 6 条。

绝缘连接,而非导电连接,两个接地端直接相连共同接地的技术方案不在权利要求 1 的保护范围之内。

由此可知,专利审查决定与说明书相比,具有更为优先适用的地位。在专利审查决定与说明书记载的内容不一致时,应当优先适用专利审查决定。这是因为专利说明书是专利申请人在申请日时提交的,其内容是固定不变的,而且是专利申请人单方意志或认识的体现,而专利审查决定通常是专利申请人或专利权人与审查机关互动的结果,更为全面、客观地体现了权利要求的保护范围相对于现有技术的界限。因此,专利审查决定相对于说明书具有优先适用的地位。

二、外部证据

人民法院对于权利要求,首先应当运用专利说明书及附图等专利自身文献进行解释,只有当运用上述文献仍不能明确权利要求的含义时,才可以结合工具书、教科书等公知文献以及本领域普通技术人员的通常理解进行解释。[①] 这实际上是确立了内部证据优先的原则。如果说明书及附图可以对权利要求中的概念作出明确解释,就无须借助辞典或普通技术工具书中的解释,只有当专利的说明书及附图对其未作出具体解释而且此概念仅具有一般性含义的情况时,才适合采用辞典或工具书中的解释。[②] 外部证据在使用时也有顺序之分,如何使用外部证据解释权利要求,实践中并未形成统一的规则。

(一)外部证据的时间限制

专利申请的申请日也是发明创造的完成日,解释权利要求的外部证据原则是申请日前的工具书、教科书等。

在名称为"墨盒"的发明专利无效程序中[③],在确定"记忆装置"在本专利所属技术领域的通常含义时,最高人民法院认为,首先,"记忆装置"在本案专利所属技术领域是否属于通用术语。我国台湾地区出版的《中华百科全书》的出版时间在本案申请日前,其对"电脑记忆系统"的解释对确定本专利中"记忆装

① 最高人民法院民事裁定书,(2010)民申字第 15 号。

② 参见马云鹏:《专利权利要求解释规则》,法律出版社 2021 年版,第 70 页。

③ 最高人民法院行政裁定书,(2010)知行字第 53 - 1 号。

置”的含义具有重要参考价值。根据《中华百科全书》的解释,“记忆装置”与“存储装置”的含义基本相同。此外,虽然解释专利申请文件中术语的含义需要运用外部证据时,原则上只能参考申请日前的工具书、教科书等外部证据,但由于语言含义的形成是语言在社会公众持续使用中逐渐稳定化的过程,除非时间过于久远或者其他特殊原因,申请日后该术语的含义对理解申请日前该术语的含义可以起到一定程度的佐证作用。尽管本案中“互动百科”对“记忆装置”词条的解释的形成时间尚未确定且很可能在本专利申请日后,但是一定程度上仍可以验证或者佐证结论的正确性。根据“互动百科”对“记忆装置”词条的解释,“记忆装置”在打印机领域属于通用术语,其含义与“存储装置”基本相同。这进一步佐证了《中华百科全书》的解释具有相当的可信性。其次,“记忆装置”在日文中的通常含义。尽管无法确实“百度文库”的《计算机日语词汇》(日文)的形成时间是否在本专利申请日前,但基于前述相同理由,该文仍可以起到一定程度的参考作用。加之本专利原申请文件系日文,更应重视日文文献的解释。根据《计算机日语词汇》的记载,日文“記憶装置”的相应英文翻译为“storage”或者“memory”,即“存储”或者“记忆”。可见,在日文中,“记忆装置”的通常含义是“存储装置”。最后,本专利原申请文件关于“记忆装置”的记载。本专利原国际申请文件中出现过“半導体記憶手段”和“記憶手段”的日文用语,在申请公开文本中“記憶手段”被翻译为“存储装置”。可见,申请人在本专利申请日时亦认为“记忆手段”意为“存储装置”。因此,可以认为,在本专利所属技术领域,“记忆装置”一词的通常含义应为“存储装置”。

在该案中,最高人民法院结合申请日前的工具书及申请日后形成的外部证据,对涉案“记忆装置”的含义进行了确定。

(二)外部证据的适用条件

外部证据对权利要求所用术语的解释作用需要具体分析。利用外部证据解释权利要求用语的含义时,需要综合考虑该公知文献的时间性、广泛性、权威性等因素。

在“运输平台及运输单元”发明专利侵权纠纷案中①,最高人民法院认为,对于技术标准类公知文献,还要考虑其属于强制性标准还是推荐性标准。一般而言,推荐性标准的存在意味着在该领域存在不同技术标准、规格和要求,该推

① 最高人民法院民事判决书,(2014)民提字第40号。

荐性标准所确定的某个术语的含义难以成为本领域普通技术人员的通常理解。本案中,《国家标准系列 1 集装箱 · 分类、尺寸和额定质量》和《国家标准集装箱角件的技术条件》均为集装箱及其角件的技术标准,是本案发明相邻技术领域的标准,同时也均为本案专利申请日前我国的推荐性标准。该两个标准的上述属性决定了其对本案专利权利要求解释的参考价值比较有限。本案中,由于缺乏本案专利所属的集装箱运输领域的公知文献,因而只能依靠相邻的集装箱尤其是非标准集装箱技术领域普通技术人员的理解作为解释底角件特征的含义的有限参考。本案现有证据表明,即使在集装箱领域,特别是在非标准集装箱技术领域,因功能、用途的不同,角件有不同的形状、结构和技术要求,并无统一限定。一般而言,只要在边角处使用,可以起到支撑、固定或者连接等功能的部件,均属角件。因此,对于本案专利权利要求中的底角件特征的含义,应当理解为集装箱运输领域普通技术人员在阅读权利要求书、说明书及其附图后理解的较为宽泛的含义,即设置在横梁下部、能够与标准集装箱宽度方向的角件相配合的部件。在本案中,法院在解释权利要求时没有采纳技术标准类公知文献,而是采用了非标准集装箱技术领域普通技术人员对底角件特征的通常理解。

(三)普通词典与技术手册的关系

第一,《辞海》《现代汉语词典》作为外部证据,可以用于解释权利要求。

在名称为“汽车方向盘锁”的实用新型专利侵权纠纷案中①,涉案专利权利要求中关于锁体内部结构的技术特征为“垂直大孔的两侧设有贯穿其中心的纵向孔”。被诉侵权产品锁体内部结构的技术特征为:垂直大孔两侧的纵向孔上下错位设置,分别与垂直大孔的中心相贯通,与垂直大孔形成“Z”形结构。最高人民法院认为,“贯穿”不是一个专业技术术语,在涉案专利说明书中也没有对其含义作出特别界定,因此,应根据其通常含义对其进行解释。《现代汉语词典》(第 5 版)载明,“贯”的意思是“穿、贯通、连贯”,“贯穿”的意思是“穿过、连通”。也就是说,“垂直大孔的两侧设有贯穿其中心的纵向孔”的字面含义为两侧的纵向孔连通并且穿过垂直大孔中心。垂直大孔是立体的,其中心指的是其轴向中心线,而不是轴向中心线的中心。要实现这一点,垂直大孔两侧的纵向孔可以在一条直线上,与垂直大孔形成“十”形结构,也可以上下错位设置,与垂

① 最高人民法院民事判决书,(2011)民提字第 248 号。

直大孔形成“Z”形结构。因为垂直大孔和纵向孔都是中空的，上述两种结构均可以实现垂直大孔两侧的纵向孔连通并且穿过垂直大孔中心。根据涉案专利权利要求书和说明书的记载，垂直大孔两侧的纵向孔分别装设弹性定位掣和锁止原件，与垂直大孔中装设的转轴相配合实现锁紧和开锁，上述两种结构也均能实现这一目的。因此，关于锁体结构的技术特征，被诉侵权产品落入涉案专利权利要求的字面范围，与涉案专利相同。

第二，在技术手册与普通词典冲突的情况下，应当优先适用技术手册。

权利要求解释应当基于本领域技术人员的认知能力，并在本领域的技术背景和知识体系下进行。相关技术词典、技术手册、工具书、教科书、国家或者行业技术标准等公知常识性证据，一般根据其与涉案专利技术所属领域的相近程度，作为认定本领域的技术背景和知识体系的相应证据。

在名称为“一种触摸屏及其多路采样的方法”的发明专利侵权纠纷案中①，争议焦点之一为如何理解“触摸屏”的含义。一审法院根据《现代汉语词典》《百度百科》解释权利要求中的“触摸屏”。《现代汉语词典》解释“在显示器屏幕上加一层感应膜，用手指或其他笔形物轻触屏幕就可以使计算机执行操作，这种屏幕叫‘触摸屏’”。从该解释可以看出，触摸屏是有形介质，该介质位于普通显示器的上方，其主要功能是用于感应和触摸，该解释与教科书关于“触摸屏简介”部分的“触摸屏是在普通显示器屏幕前固定的一块附加屏幕”的描述相一致。最高人民法院认为，触摸屏属于在本领域中已有确切含义的技术术语。根据各方当事人提交的《多媒体计算机实用检修技术（教程）》《多媒体技术应用基础》《计算机操作装配与维修》等本领域公知常识性证据的记载，对于本领域技术人员而言，权利要求1主题名称中的“触摸屏”，可以理解为既包括带有实体屏结构的接触式触摸屏，也包括不带有实体屏结构的非接触式触摸屏。并且，可以进一步认定，不带有实体屏结构的非接触式触摸屏属于本领域的公知常识。原审法院优先运用与涉案专利技术领域距离较远的《现代汉语词典》《百度百科》等非本领域工具书解释涉案专利中触摸屏，脱离本领域的技术背景和知识体系，结论有所不当，予以纠正。

在名称为“带托板容器”的发明专利侵权纠纷案中②，涉案权利要求保护一种用于盛放液体的带托板容器，争议焦点之一在于如何理解权利要求中“轻微”

① 最高人民法院民事判决书，（2020）最高法知民终580号。

② 上海市高级人民法院民事判决书，（2004）沪高民三（知）终字第90号。

的含义。权利人认为,关于涉案专利权利要求中的排流槽有一“轻微”的坡度,根据《辞海》对“轻”与“微”的解释,“轻微”可解释为忽略不计。对此,上海市高级人民法院认为,专利权利要求书中的技术术语,首先应当以专利说明书及附图为依据进行解释。在不能直接从专利说明书及附图中得到清晰理解的情况下,则应当根据所属技术领域的技术人员对该技术术语的通常理解来进行解释,并可借助技术工具书、百科全书、字典等来确定所属技术领域的技术人员对技术术语含义的通常理解。对涉案专利排流槽带有一个“轻微”的坡度中“轻微”一词的理解,必须首先根据涉案专利说明书及附图进行解释。涉案专利排流槽带有一个轻微的坡度目的是使涉案专利发明能够自动地排空容器中的残液,故“轻微”并非可有可无,并非可忽略不计,“轻微”的坡度必须要达到能够使容器中的残液能即时地排空的程度。权利人根据《辞海》对“轻微”一词作可忽略不计的解释不能被接受。①

三、内部证据和外部证据相结合

第一,多种证据相结合解释权利要求。

在解释权利要求时,内部证据的形成通常具有连续性,这一系列内部证据的解释结果应当具有统一性。在“弹簧铰链的制造方法”的发明专利权侵权纠纷案中②,双方当事人所争议的是是否应当以“铰接件同金属带料不分离”对权利要求的保护范围进行限定,其实质是双方当事人对权利要求的保护范围有着不同的解释。涉案专利权利要求中记载了制造弹簧铰链的四个步骤,双方当事人对供料步骤、冲压步骤和冲孔步骤的含义并无争议,但对于切割步骤,即技术特征“切割出大致与铰接件外形一致的区域”,由于其中使用了含义模糊的技术术语“大致与铰接件外形一致的区域”,导致双方当事人对该技术特征的解释产生争议,因此,有必要查明该技术特征的确切含义,并在此基础上准确、合理地确定涉案专利权的保护范围。

法院首先根据说明书记载的涉案专利的发明目的及说明书及附图中记载的有关技术内容,认为本领域普通技术人员所理解的“切割出大致与铰接件外形一致的区域”的具体含义是:通过切割金属带,在金属带上形成用于进一步加

---

① 最高人民法院民事裁定书,(2008)民申字第980号。

② 最高人民法院民事裁定书,(2008)民申字第980号。

工成铰接件的区域,该区域是金属带的一部分,并且形状与铰接件的外形接近。由此可知,涉案专利避免了使用昂贵的切削加工方法,取消了铰接件的找正,亦有利于弹簧件、锁紧件的装配以及零件搬运,实现了弹簧铰链的经济加工。其次,法院根据权利要求书中的其他权利要求,解释权利要求中"大致与铰接件外形一致的区域"应当是金属带的一部分。再次,法院根据申请再审人在涉案专利实质审查程序中提交的意见陈述书,也可以得出权利要求中"大致与铰接件外形一致的区域"是金属带的一部分,该区域未与金属带分离。最后,法院根据申请再审人先后提交的两份不同的《发明人海因茨·莫斯尼出具的声明》以及一份《关于本专利的背景技术介绍》,佐证权利要求中的"大致与铰接件外形一致的区域"是金属带的一部分,该区域未与金属带分离。

由此可知,在解释权利要求中的用语时,要综合各方面的证据,本案中法院依次使用了涉案专利说明书及附图、权利要求书中记载的其他权利要求、申请再审人在实质审查程序中提交的意见陈述书以及申请再审人在侵权诉讼中提交的有关书面意见陈述等证据,并且得到了一致的结论,即使用涉案专利方法制造铰接件的过程中,权利要求中"大致与铰接件外形一致的区域"是金属带的一部分,未与金属带分离。

第二,外部证据并不限于技术手册,也包括具有一定关联性的专利、论文、具有关联性的判决,但无论是内部证据还是外部证据,其目的都在于对权利要求进行合理的解释,并能够得出前后一致的结论。

在名称为"使用切变波的成像方法和装置"的发明专利侵权纠纷案中①,为了说明"同时观察+全部接收"的技术特征与"延后观察+部分接收"技术特征不构成相同或者等同的技术特征,上诉人采用了内部证据和外部证据相结合的解释方法。其中内部证据包括权利要求、说明书、涉案专利无效决定;外部证据包括权利人的关联公司在后关联专利 CN100438833C、上诉人专利 CN101699280、上诉人专利第 27205 号无效审查决定、专利发明人 L. 圣德林、S. 卡特兰各自发表的技术文献和博士论文、权利人的关联公司在郑州市中级人民法院审理的(2014)郑知民初字第 846 号案中的陈述。最高人民法院首先认为,解释权利要求,可以使用专利说明书及附图、权利要求书中的相关权利要求、与涉案专利存在分案申请关系的其他专利以及生效的专利权无效宣告请求审查决定书等所记载的内容。在解释时不能脱离上述内部证据而进行,并且解

---

① 最高人民法院民事判决书,(2019)最高法知民终 21 号。

释时应当站在本领域普通技术人员的角度进行。涉案专利权利要求的文字记载及说明书内容明确限定了“同时观察”技术特征的含义。“同时观察”应指超声波对切变波观察时机的限定，即发出切变波的同时，接收记录超声回波进行观察。第33675号决定对涉案专利“同时观察”技术特征的解释，与涉案专利权利要求及说明书的记载并不矛盾。①

最高人民法院特别指出，如果将“同时观察”的概念解释为“观察”的概念，将直接导致“同时”一词起不到任何限定作用，使权利要求保护范围不仅包括了“同时观察”也包括了“延后观察”，权利要求的保护范围将被不当扩大。这实际上在强调权利要求的公示性作用。

在对内部证据进行评述后，最高人民法院对上诉人提供的外部证据进行了评述，并使用了“佐证”的提法。权利人的关联公司在后专利、上诉人专利均可以佐证对涉案专利“同时观察”技术特征的理解。权利人的关联公司在后专利、上诉人专利也并非“与涉案专利存在分案申请关系的其他专利”，但是，最高人民法院根据外部证据认为，鉴于权利人的关联公司在后专利采用的运动补偿方式具有技术缺陷，上诉人专利提出了“延后观察”的技术方案。

第27205号决定同样可以佐证对涉案专利“同时观察”技术特征的理解。②最高人民法院认为，根据该决定可知，上诉人专利最主要的发明点就是针对权利人的关联公司在后专利中的需要安装位置传感器并进行运动补偿运算的方式进行改进，提供了一种技术构思完全不同的能解决同样技术问题的技术手段，体现为“延后观察”技术特征。相较于“同时观察”，“延后观察”是需要本领域技术人员作出创造性劳动才能联想到的内容，因此，“延后观察”与“同时观察”是完全不同的技术特征，不能将涉案专利“同时观察”技术特征的含义，扩大解释为既包含“同时观察”又包含“延后观察”。

对于发明人公开的论文等外部证据，最高人民法院认为，S. 卡特兰、L. 圣德林均是涉案专利的发明人，在其各自发表的相应文献中的弹性成像图亦出现倒

① 国家知识产权局在第33675号无效宣告审查决定中指出，涉案专利权利要求限定了“在此期间同时观察切变波在被观察介质中多点的传播”，结合权利要求上下文本领域技术人员能够确定，“同时观察”指在切变波传播的时间段内使用超声压缩波进行观察。

② 国家知识产权局在第27205号无效宣告审查决定中指出，现有技术中解决超声换能器触头运动导致的参考点运动的问题，技术构思是通过实时测量触头的位置，再通过计算进行补偿；而本专利解决上述问题的技术构思是直接对测量获得的信号进行选取，可见本专利并不是在现有技术的基础上进行的改进，而是提供了完全不同的技术构思。

V 型,即体现 P 波特性。此前已公开的专利产品弹性检测图的左侧部分存在一个倒 V 型,由此可以印证涉案专利体现的是“同时观察 + 全部接收”的技术特征。

综上可知,在解释权利要求时,特别是在侵权诉讼中解释权利要求时,应当坚持内外证据结合的原则,尽可能将所有能够解释权利要求的证据完整的提交,从而准确界定权利要求相关术语的含义,并划定权利要求与现有技术及新技术之间的边界。

第五章

权利要求类型化解释

一、封闭式权利要求

《专利审查指南》规定，开放式的权利要求宜采用“包含”“包括”“主要由……组成”的表达方式，其解释为还可以含有该权利要求中没有述及的结构组成部分或方法步骤；封闭式的权利要求宜采用“由……组成”的表达方式，其一般解释为不含有该权利要求所述以外的结构组成部分或方法步骤。[①] 相对而言，封闭式权利要求的保护范围较窄，但也较易获得专利授权；开放式权利要求的保护范围则更宽，但也容易在新颖性、创造性、权利要求是否能够得到说明书支持等可专利性方面受到挑战，获得授权的难度更大。[②] 由此可知，封闭式权利要求是与开放式权利要求相对应的概念，封闭式权利要求的特殊之处在于，权利要求所述以外的结构组成部分或方法步骤不能解释为或者通过等同原则解释为权利要求保护的内容。

(一) 封闭式权利要求的解释

《专利权纠纷司法解释二》第 7 条规定：“被诉侵权技术方案在包含封闭式组合物权利要求全部技术特征的基础上增加其他技术特征的，人民法院应当认定被诉侵权技术方案未落入专利权的保护范围，但该增加的技术特征属于不可避免的常规数量杂质的除外。前款所称封闭式组合物权利要求，一般不包括中药组合物权利要求。”封闭式权利要求是一种特殊类型的权利要求，该条款确定

---

① 《专利审查指南》第二部分第二章第 3.3 节。

② 北京市高级人民法院行政判决书，(2015) 高行(知) 终字第 3375 号；北京知识产权法院行政判决书，(2014) 京知行初字第 1 号。

了封闭式权利要求的解释规则。封闭式权利要求以特定措辞或者表达,限定了权利要求的保护范围仅包括权利要求中明确记载的技术特征及其等同物,排除了其他组分、结构或者步骤。因此,对于封闭式权利要求,如果被诉侵权产品除具备权利要求明确记载的技术特征之外,还具备其他特征,应当认定其未落入权利要求的保护范围。否则会出现在授权确权程序中权利要求从严解释,权利人更容易避开现有技术获得授权,侵权诉讼中从宽解释,覆盖更宽保护范围,权利人两头得利,法律适用前后脱节的情形。①

封闭式权利要求的解释之所以要接受严格的限制,是因为封闭式权利要求授权规则。对此,最高人民法院在相关案例中有过详细的论述②。最高人民法院认为:

根据《专利审查指南》中有关开放式、封闭式权利要求的具体规定可知,这两种权利要求使用的措词含义不同,其保护范围也不同,由此决定了在实质审查中获得授权的难度不同。开放式权利要求的保护范围较大,但在实质审查中更容易受到有关"新颖性"、"创造性"或者"权利要求得不到说明书的支持"等方面的质疑,增加了获得授权的难度;与此相反,封闭式权利要求更容易通过实质审查获得授权,但其授权后的保护范围较相应的开放式权利要求小。

《专利审查指南》是国家知识产权局制定并公布、施行的部门规章,是国务院专利行政部门在专利授权、确权程序中对专利申请或者专利进行审查的依据,同时也是专利申请人或者专利权人撰写和修改专利申请文件或者专利文件的指引,更是社会公众理解授权专利权利要求的重要依据。专利申请人或者专利权人在撰写和修改专利申请文件之初,应当了解《专利审查指南》的相关规定,并根据《专利审查指南》的相关规定和其发明创造的实际情况选择适当的撰写方式。审查员在审查过程中也应当根据《专利审查指南》的相关规定对不同的权利要求予以区分和进行审查。

专利权利要求被授权以后,在《专利审查指南》相关规定的指引下,社会公众将根据该规定和专利权利要求的用语来判断专利权的保护范围,进而决定采取何种经营策略。为维护社会公众的信赖,在专利侵权诉讼程序中确定专利权的保护范围时,一般应当尊重专利授权程序中适用的《专利审查指南》相关规定和专利权利要求的用语,即与专利授权程序采取一致的解释立场,除非上述相

① 最高人民法院民事裁定书,(2013)民申字第1201号。

② 最高人民法院民事判决书,(2012)民提字第10号。

关规定违背了专利法和其他法律、行政法规的规定和精神。

如果专利权人在专利授权程序中出于各种原因未能恰当地选择权利要求的撰写方式，选择了保护范围相对较小的封闭式权利要求，从而导致其获得授权的权利要求没有其预想的保护范围大，那么专利权人只能接受这种后果。也就是说，在授权以后的专利侵权诉讼程序中，如果专利权人主张其封闭式权利要求并未排除其他未限定的组成部分，该主张违背社会公众根据《专利审查指南》和权利要求的用语对封闭式权利要求作出的解释，应当不予支持。更深层次的理由在于，在有充分的机会主张更宽保护范围的权利要求而没有这么做的专利权人与更为普遍的社会公众之间，应当由专利权人承担未能为其发明或者实用新型确定更有利的权利要求表达方式的代价。

综上，为了维护社会公众对专利权利要求保护范围的信赖，在专利侵权诉讼程序中确定专利权的保护范围时，封闭式权利要求一般应当解释为不含有该权利要求所述以外的结构组成部分或者方法步骤。上述解释与自 1993 年以来《专利审查指南》的明确规定和长期的专利法实践保持了一致，也是对社会公众基于相关规定业已形成的稳定预期的尊重，有利于维护权利要求解释规则的确定性和可预见性。此外，上述解释规则看似严格，但并不会对专利权人的利益造成损害，专利权人在申请专利时可以根据具体情况在开放式、封闭式、活性成分封闭、部分封闭等多种方式中选择恰当的撰写方式，从而获得恰当的保护范围。因此，上述解释规则能够合理平衡专利权人与社会公众的利益。

最高人民法院上述的解释规则具有合理性，特别强调了授权确权程序与侵权程序中解释规则的一致性，有助于维护社会公众对专利权利要求保护范围的信赖。但遗憾的是，对于功能性权利要求、制备方法特征限定的权利要求以及用途、主题名称等限定的权利要求，在授权确权程序与侵权程序中，却采用了完全相反的解释规则。对此，笔者认为，对于相同类型的权利要求，一方面，应当确立统一的解释规则，最高人民法院关于封闭式权利要求的解释规则值得肯定；另一方面，《专利审查指南》是社会公众理解授权专利权利要求的重要依据，也是指引社会公众决定采取何种经营策略的重要依据，如果《专利审查指南》的规定不利于对创新的保护，则应当及时对《专利审查指南》进行修改，而不是仅仅修改侵权程序中的解释规则，而放任这种对立的持续。

封闭式权利要求的解释规则，还体现在等同原则的限制性适用，即限制将未写入权利要求的辅料纳入专利权的保护范围。在名称为“注射用三磷酸腺苷二钠氯化镁冻干粉针剂及其生产方法”的发明专利侵权纠纷案中[①],最高人民法院认为,权利要求中采用“由……组成”的封闭式表达方式,本身意味着专利权人通过其撰写限定了专利权的保护范围,明确将其他未被限定的结构组成部分或者方法步骤排除在专利权保护范围之外。本案中,涉案专利权利要求属于封闭式权利要求,其本身使用的措辞已经将三磷酸腺苷二钠和氯化镁之外的组分排除在专利权保护范围之外。如果通过等同原则,将专利权人明确排除的结构组成部分或者方法步骤重新纳入封闭式权利要求的保护范围,认定被诉侵权产品与权利要求构成整体等同,既不符合适用等同原则的基本目的,亦不符合司法解释中有关技术特征等同的规定。

(二)封闭式权利要求的认定

封闭式权利要求和开放式权利要求的解释规则完全不同,因此封闭式权利要求的认定至关重要。有观点认为,封闭式权利要求主要系针对化学领域的组合物发明的组分和含量设定而言。[②] 这一观点值得商榷。技术领域不应当成为判断封闭式和开放式权利要求的标准,无论是化学领域内的申请人,还是其他领域内的申请人,在申请专利和撰写权利要求的时候,都应当关注对开放式权利要求和封闭式权利要求的解释。[③] 在名称为“脉冲超细干粉自动灭火装置”的专利无效案件中[④],涉案权利要求书保护一种脉冲超细干粉自动灭火装置。最高人民法院认为,本专利权利要求明确使用了“含有”“包括”的措辞,根据上述措词的本身含义,本专利权利要求属于开放式权利要求,还可以含有该权利要求中没有指出的结构组成部分。在名称为“一种超微距镜头”的发明专利侵权纠纷案中,权利要求保护一种超微距镜头。权利要求限定的“从物体侧起至像面侧依次包括正屈光度的第一透镜 G1,负屈光度的第二透镜组 G2 两个部分”,笔者认为,该权利要求应当认定为封闭式权利要求。[⑤]

当然,对于封闭式权利要求的认定,不能仅根据“由……组成”“组成为”等

---

① 最高人民法院民事判决书,(2012)民提字第 10 号。

② 广州知识产权法院民事判决书,(2019)粤 73 知民初 1102 号。

③ 参见李明德:《封闭式权利要求的保护范围——山西振东泰盛制药有限公司等与胡小泉侵犯发明专利权纠纷再审案》,载《中国发明与专利》2018 年第 11 期。

④ 最高人民法院行政判决书,(2012)行提字第 20 号;类案有浙江省高级人民法院民事判决书,(2011)浙知终字第 114 号。

⑤ 广东省高级人民法院民事判决书,(2018)粤民终 2600 号;国家知识产权局无效宣告请求审查决定书(第 32709 号)。

封闭式表达方式的形式进行认定,而应当根据权利要求记载的内容进行认定。例如,在名称为"一种防止或治疗钙质缺损的口服溶液及其制备方法"的发明专利侵权纠纷案中①,争议焦点为如何理解专利权利要求1中"由下述重量配比的原料制成的药剂"的含义。最高人民法院认为,从权利要求1与权利要求2的限定关系看,权利要求1不是封闭式表达方式。从属于权利要求1的权利要求2限定了药剂为散剂或口服液。一般而言,从属权利要求是对独立权利要求的进一步限定而非扩张。在从属权利要求2进一步限定了权利要求1中的药剂可以是散剂或口服液的情况下,显然权利要求2还包括除了活性钙、葡萄糖酸锌、谷氨酰胺或谷氨酸之外的其他组分,说明权利要求1可以包括除活性钙、葡萄糖酸锌、谷氨酰胺或谷氨酸之外的其他组分。因此,权利要求1应当理解为开放式表达方式的权利要求。

在名称为"一种药物金刚藤微丸及其制备方法"的发明专利确权纠纷案中②,北京市高级人民法院给出了封闭式权利要求和开放式权利要求的判断规则:第一,字面认定。现行《专利审查指南》通过撰写权利要求时所使用的词语,对权利要求究竟属于封闭式或开放式进行界定。因此,在判断权利要求类型时,应当首先进行字面解释,即审查撰写所使用的词语是否与《专利审查指南》中列举的表达方式相符。相符地,一般应当解释为《专利审查指南》中所规定的权利要求类型。第二,实质认定。受限于语言文字自身难以克服的模糊性,如果仅简单地运用字面解释方法,所得出的结论很可能与复杂的实际情况产生冲突。因此,应当从本质上判断权利要求是否是封闭式权利要求。例如,上述案例中,因为从属权利要求是对独立权利要求的限定而非扩张,故在从属权利要求还进一步限定了独立权利要求中未记载的技术特征的情况下,该独立权利要求应相应地被解释为开放式权利要求。第三,认定是否是封闭式权利要求应当根据本领域技术人员解释。某些情形下,本领域技术人员在面对权利要求所述技术方案时,基于其所具备的技术能力,能够显而易见地认识到,如果将权利要求解读为封闭式,则仅以该权利要求所限定的技术特征,不可能实现发明目的。只有将权利要求解读为开放式,也即还包含权利要求未限定的技术特征时,才可能与发明实际情况相符。此时,应当允许从本领域技术人员的立场出发,对

① 最高人民法院民事判决书,(2009)民提字第20号。

② 北京市高级人民法院行政判决书,(2015)高行(知)终字第3375号;北京知识产权法院行政判决书,(2014)京知行初字第1号。

开放式或封闭式权利要求加以界定,但此时应当注意审查权利要求是否能够得到说明书的支持。

由此可知,封闭式权利要求的认定,首先,不应当依据技术领域进行认定,技术领域不能成为认定封闭式权利要求的标准;其次,字面认定是封闭式权利要求认定的形式标准,在没有其他证据可以推翻的情况下,应当认定权利要求中的封闭式用语是权利人真实意思表示,应当予以尊重;再次,字面认定可以被实质认定所推翻,如果有证据证明权利要求实质上是开放式权利要求,则应当优先适用实质判断的结果;最后,封闭式权利要求的判断应当从本领域技术人员的角度出发,考虑背景技术、发明目的等进行综合认定。①

二、方法权利要求

《专利审查指南》第二部分第二章第 3.1.1 节规定,按照性质划分,权利要求有两种基本类型,即物的权利要求和活动的权利要求,或者简单地称为产品权利要求和方法权利要求。第一种基本类型的权利要求包括人类技术生产的物(产品、设备);第二种基本类型的权利要求包括有时间过程要素的活动(方法、用途)。属于物的权利要求有物品、物质、材料、工具、装置、设备等权利要求;属于活动的权利要求有制造方法、使用方法、通讯方法、处理方法以及将产品用于特定用途的方法等权利要求。由此可知,方法权利要求是专利权利要求中常见的权利要求类型之一。但是,与产品权利要求相比,方法权利要求在多个方面有其特殊性,主要体现在方法专利的延伸保护、新产品的认定、举证责任的分配、推定原则的适用、顺序的限定作用及多主体实施等方面。

(一)方法专利的延伸保护

《专利法》第 11 条第 1 款规定:“发明和实用新型专利权被授予后,除本法另有规定的以外,任何单位或者个人未经专利权人许可,都不得实施其专利,即不得为生产经营目的制造、使用、许诺销售、销售、进口其专利产品,或者使用其专利方法以及使用、许诺销售、销售、进口依照该专利方法直接获得的产品。”由

---

① 实践中采用该规则进行认定的案例有:最高人民法院行政判决书,(2020)最高法知行终 491 号;最高人民法院民事判决书,(2020)最高法知民终 159 号;最高人民法院民事裁定书,(2018)最高法民申 4149 号;辽宁省沈阳市中级人民法院民事判决书,(2019)辽 01 民初 36 号;浙江省杭州市中级人民法院民事判决书,(2019)浙 01 民初 4284 号。

该规定可知,我国《专利法》不仅保护方法本身,也保护依照该专利方法直接获得的产品。

《专利权纠纷司法解释一》第13条规定:对于使用专利方法获得的原始产品,人民法院应当认定为《专利法》第11条规定的依照专利方法直接获得的产品。对于将上述原始产品进一步加工、处理而获得后续产品的行为,人民法院应当认定属于《专利法》第11条规定的使用依照该专利方法直接获得的产品。

上述内容对方法专利延伸保护的对象进行了规定,包括原始产品和后续产品。[①] 从方法专利的类型进行划分,专利方法包括制造方法、使用方法、通讯方法、处理方法等,通常只有制造方法才能适用延伸保护,因为只有制造方法才存在进一步加工和处理的问题。例如,在名称为"一种实时变化美甲图案的方法"的发明专利侵权纠纷案中[②],广东省高级人民法院认为,"依专利方法直接获得的产品"指的是将原材料、物品按照方法专利权利要求记载的全部步骤特征进行处理加工,使原材料、物品在结构上或物理化学性能上产生实质性变化后所获得的原始产品,及对该原始产品进一步加工、处理而获得的后续产品。可见,并非所有专利方法都能享受前述规定中"方法延及产品"的延伸保护。在当前常见的制造加工方法、作业方法和用途方法这三种方法专利中,一般仅限于制造加工方法能够延伸保护到产品,而其他两类方法不存在延伸保护问题。

(二)方法专利中新产品的认定

《专利权纠纷司法解释一》第17条规定:产品或者制造产品的技术方案在专利申请日以前为国内外公众所知的,人民法院应当认定该产品不属于《专利法》第61条第1款规定的新产品。

北京市高级人民法院《专利侵权判定指南(2017)》第112条规定:《专利法》第61条规定的"新产品",是指在国内外第一次生产出的产品,该产品与专利申请日之前已有的同类产品相比,在产品的组分、结构或者其质量、性能、功能方面有明显区别。产品或者制造产品的技术方案在专利申请日以前为国内外公众所知的,应当认定该产品不属于《专利法》规定的新产品。

方法专利权利要求限定的是制造过程、使用过程,方法的改进分为两类,第

---

① 最高人民法院也曾指出,方法专利权的保护范围只能延及依照该专利方法直接获得的产品,即使用专利方法获得的原始产品,而不能延及对原始产品作进一步处理后获得的后续产品。最高人民法院民事判决书,(2009)民提字第84号。

② 广东省高级人民法院民事判决书,(2018)粤民终1370号。

一类是产品是老产品，但制造产品的方法是新方法，新方法可以被授予专利权；另一类是新方法、新装置和新产品，即发明人不仅对现有的方法进行改进，而且同时改进使用该方法的装置和通过该方法生产的产品，此时发明人可以同时申请方法专利和产品专利，并同时保护方法和产品。但无论是新产品的制造方法，还是老产品的制造方法，只要具备可专利性，都可以获得专利法的保护。在实践中，制造方法不像产品一样容易固定证据，在侵权诉讼发生后，专利权人很难固定到被诉方法，而举证责任倒置仅适用于关于“新产品”的方法专利案件中，由此，“新产品”的认定对于权利人的保护极为重要。

1. 新产品的认定

(1) 根据产品结构认定

既然是“新产品”，那么其通常应当具有特殊的结构特征，因此，可以根据产品的结构特征予以证明。例如，在名称为“平滑型金属屏蔽复合带的制作方法”的发明专利侵权纠纷案中①，最高人民法院认为，如果一种产品制造方法专利的技术方案给使用该专利方法制造的产品带来了区别于专利申请日前同类产品的新的结构特征，则使用该专利方法制造的产品可以认定为《专利法》意义上的新产品。根据本案专利权利要求书和说明书的记载，本案专利提供了一种新的平滑型金属屏蔽复合带产品制造方法。这种新制造方法要求塑料薄膜与金属箔带表面之间进行凹凸不平的非纯平面结合，与现有技术的纯平面黏合有了显著区别，使使用该专利方法制造的平滑型金属屏蔽复合带形成了区别于本案专利申请日前同类产品的结构特征。这种新的结构特征导致使用本案专利方法制造的产品在质量和性能方面与本案专利申请日前同类产品具有明显差别。因此，可以认定利用本案专利方法制造的平滑型金属屏蔽复合带属于专利法意义上的新产品。

(2) 根据是否新出现的标准判断

既然是“新产品”，其应当是指在专利申请日前没有出现过的产品。例如，在名称为“自黏膜止回空气包装材料 C 型袋及其制造方法”的发明专利权侵权纠纷案中②，最高人民法院认为，新产品应当是指在国内外第一次生产出的产品，该产品与专利申请日之前已有的同类产品相比，在产品的组分、结构或者其质量、性能、功能方面有明显区别。产品或者制造产品的技术方案在专利申请

① 最高人民法院民事判决书，(2012)民提字第3号。

② 最高人民法院民事裁定书，(2018)最高法民申4149号。

日前为国内外公众所知悉的，应当认定该产品不属于专利法规定的新产品。

纯度更高的产品不属于新出现的产品，不能认定为新产品。对此，最高人民法院认为，《专利法》意义上的新产品，是指在专利申请日以前不为国内外公众所知的产品。作为化学产品，如果通过加工方法仅是去除原料中的杂质，并未改变该物质的分子式或结构式，如官能基团、分子立体构型等，在该化合物的化学名称、分子式或结构式、理化参数等未发生变化的情况下，经过提纯加工方法得到的纯度更高的产品，并不属于《专利法》意义上的新产品。[①]

判断是否是新产品不但可以判断用专利方法生产的原始产品，也可以判断后续产品。对此，有观点认为，在认定一项方法专利是否属于新产品制造方法专利时，应当以依照该专利方法直接获得的产品为依据。所谓“依照专利方法直接获得的产品”，是指使用专利方法获得的原始产品，而不包括对该原始产品作进一步处理后获得的后续产品。[②] 笔者认为，该观点是值得商榷的。在司法解释明确规定了方法专利可以获得延伸保护，保护的对象包括原始产品及后续产品的情况下，应当认为原始产品和后续产品均可以作为判断新产品的依据，而并非只有原始产品才能作为判断新产品的依据。

2. 举证责任倒置的适用规则

适用举证责任倒置需要同时具备两个条件：一是使用专利方法制造的产品属于新产品；二是使用被诉侵权方法制造的产品与使用专利方法制造的产品属于相同产品。[③] 通常，权利人对上述两个条件应承担举证责任，这是因为新产品或者新产品的制造方法在专利申请日前不为国内外公众所知悉，制造同样产品的单位或者个人使用专利方法的可能性较大，而与制造相关的证据主要由被诉侵权人掌握，如果按照民事侵权“谁主张，谁举证”的原则分配举证责任，则显失公平。因此，《专利法》才规定由被诉侵权人承担举证责任。但是，举证责任倒置属于民事侵权中“谁主张，谁举证”一般原则的例外，对于权利人产品是否属于新产品仍然应当由权利人举证证明。权利人提交初步证据证明该产品属于专利法规定的新产品的，应当认定其已经尽到举证义务。上述初步证据应当能够证明涉案产品与专利申请日之前已有的同类产品相比，在产品的组分、结构或者其质量、性能、功能方面有明显区别。[④]

---

① 最高人民法院民事判决书，(2021)最高法知民终1305号。
② 最高人民法院民事判决书，(2009)民提字第84号。
③ 最高人民法院民事判决书，(2012)民提字第3号，(2009)民提字第84、6号。
④ 最高人民法院民事裁定书，(2018)最高法民申4149号。

但是，在新产品的举证责任上，对权利人也不应当过于苛刻。因为判定一项专利产品是否为新产品，要求权利人证明其专利产品或者制造产品的技术方案在申请日之前从未在市场出现过较难；但被诉侵权人证明则较容易。因此，按照公平原则，证明一项专利产品是否为新产品的举证责任应当主要由被诉侵权人承担，同时权利人也应当承担与其举证能力相称的举证责任。具体而言，在证明一项专利产品是否属于新产品时，应当首先由权利人提供初步证据对涉案产品是否属于《专利法》意义上的新产品给予足够的说明和解释，然后再由被诉侵权人提交反驳证据，在此基础上，由法院结合双方当事人提供的证据来综合认定诉争产品是否属于新产品。①

3. 制造方法的证明

最高人民法院《关于知识产权民事诉讼证据的若干规定》第 3 条规定："专利方法制造的产品不属于新产品的，侵害专利权纠纷的原告应当举证证明下列事实：（一）被告制造的产品与使用专利方法制造的产品属于相同产品；（二）被告制造的产品经由专利方法制造的可能性较大；（三）原告为证明被告使用了专利方法尽到合理努力。原告完成前款举证后，人民法院可以要求被告举证证明其产品制造方法不同于专利方法。"

该条规定了非新产品的方法专利的举证规则，该条规定的引发举证责任转移的各项事实之间存在相互联系、相互印证的关系，并非彼此独立，适用上述规定确定被告是否实施了原告专利方法的事实属于法律推定事实，这就要求适用上述规定时，应当充分运用逻辑推理和日常生活经验法则，充分考虑双方当事人就各自所需证明事实的举证充分程度和举证难度，在综合全案事实的基础上，整体判断是否已经满足证明责任转移的条件。② 事实上，就非新产品方法专利纠纷的被告而言，其为了证明没有采用专利方法，同样可以借鉴该规则，而且判断的过程中是综合多种因素进行认定。

在宜宾长毅浆粕有限责任公司与潍坊恒联浆纸有限公司（以下简称潍坊恒联公司）等侵犯发明专利权纠纷案③中，最高人民法院首先对方法专利案件中适用举证责任倒置的法理进行了分析，在不能获得被诉侵权方法的情况下，根据高度盖然性原则，推定被诉方使用了涉案专利方法。最高人民法院认为，一般

---

① 辽宁省大连市中级人民法院民事判决书，（2011）大民四初字第 23 号。

② 最高人民法院民事判决书，（2021）最高法知民终 1305 号。

③ 最高人民法院民事裁定书，（2013）民申字第 309 号。

而言，对制造方法专利的使用表现在产品的制造过程中，产品制造过程涉及生产步骤和工艺参数，具体的流程和数据只有在生产现场或者查看生产记录才能得知。通常情况下，专利权人难以接近被诉侵权人的生产现场和生产记录以取得完整的制造方法证据，在产品制造方法证据完全掌握在被诉侵权人手中的情况下，如果不结合具体案情对侵权指控成立的可能性大小以及双方当事人的举证能力进行分析，只是简单地适用“谁主张，谁举证”的一般原则，由专利权人来举证证明被诉侵权人使用生产同样产品的制造方法，显然不利于客观事实的查明，亦有违公平原则。最高人民法院《关于民事诉讼证据的若干规定》第7条规定：“在法律没有具体规定，依本规定及其他司法解释无法确定举证责任承担时，人民法院可以根据公平原则和诚实信用原则，综合当事人举证能力等因素确定举证责任的承担。”凡是掌握证据的当事人均有责任提供证据以还原客观事实，举证责任的分配原则应当是在公平和诚实信用的基础上，确保最大限度地查明客观事实。具体到产品制造方法发明专利侵权纠纷，当使用专利方法获得的产品属于新产品时，专利法规定对被诉侵权人生产新产品的制造方法适用举证责任倒置规则。究其原因，是新产品在方法专利申请日前不为公众所知，经由专利方法制造的可能性较大，其制造方法的证据又处于被诉侵权人的实际控制之中，因此，应当由距离证据更近的被诉侵权人提供该证据证明针对自己的侵权指控不成立。当使用专利方法获得的产品不属于新产品时，意味着在方法专利申请日前，通过其他方法已经制造出同样的产品，因此，同样产品经由专利方法制造的可能性就没有新产品的大，如果也适用举证责任倒置规则，一律由被诉侵权人对其制造方法进行举证，就有可能被专利权人滥用来套取被诉侵权人的商业秘密，不利于对被诉侵权人商业秘密的保护，所以法律和司法解释没有规定适用举证责任倒置规则。但是，这类产品的制造方法往往只有被诉侵权人知道，专利权人很难举证，所以简单地适用“谁主张，谁举证”的原则，一律由专利权人对被诉侵权人的制造方法进行举证，确有困难和不公，不利于案件事实的查明。为了既能查明案件事实，又能确保被诉侵权人的商业秘密不被泄露，平衡好专利权人和被诉侵权人的利益，根据审判实践，在专利权人能够证明被诉侵权人制造了同样产品，经合理努力仍无法证明被诉侵权人确实使用了该专利方法，根据案件具体情况，结合已知事实及日常生活经验，能够认定该同样产品经由专利方法制造的可能性很大的，人民法院可以根据《关于民事诉讼证据的若干规定》第7条的规定，将举证责任分配给被诉侵权人，不再要求专利权人提供进一步的证据，而由被诉侵权人提供其制造方法不同于专利方法的证据。

在本案中,涉及产品制造方法发明专利侵权纠纷,涉案粘胶木浆粕并非新产品。对于涉案产品的制造方法,原告提供了其所拍摄到的被告的生产车间、相关机器设备以及原材料木浆板投放过程的视频资料,虽然这些证据不能形成完整的生产步骤和工艺参数,尚不足以证明被告生产涉案产品的制造方法,但被告在一审中认可该视频资料所显示的是其公司的生产现场。在原告已经完成了涉案产品与涉案专利方法生产的产品相同的举证责任,在涉案产品制造方法证据由被告掌握的情况下,原告积极提供生产现场视频资料,并申请法院进行证据保全,为证明涉案产品制造方法落入涉案方法专利权保护范围尽了合理努力。而被告虽然否认其生产销售了涉案产品,同时主张涉案产品为粘胶棉浆粕,却没有提供有力的证据予以反驳。在一审法院对其掌握的制造方法证据进行保全时,亦不予配合,致使法院未能调取到涉案产品制造方法证据。根据上述事实和日常生活经验,可以推断被告侵权的可能性较大,因此,原一审、二审法院综合考虑双方当事人已经完成的举证情况、距离证据的远近等因素,将证明涉案产品制造方法的举证责任分配给潍坊恒联公司承担,并无不当。在该案中,尽管涉诉的方法专利制造的产品不是新产品,但是经过考虑在案的多种因素,法院最终将举证责任分配给了被告。

就方法专利而言,无论是原告举证还是被告反证,通常都是在双方充分举证的基础上或者一方充分举证的基础上根据高度盖然性规则进行裁判,笔者对法院关注的要点梳理如下:

第一,对于药品专利而言,结合药监部门的备案工艺确定被告实际采用的工艺。在药品制备方法专利侵权纠纷中,在无其他相反证据情形下,应当推定被诉侵权药品在药监部门的备案工艺为其实际制备工艺;有证据证明被诉侵权药品备案工艺不真实的,应当充分审查被诉侵权药品的技术来源、生产规程、批生产记录、备案文件等证据,依法确定被诉侵权药品的实际制备工艺。①

第二,对于环保设备而言,通过环评并备案的工艺确定。例如,在名称为"全棉无纺布医用敷料的生产方法"的发明专利侵权案中,上诉人二审时提交了《监测报告》及其附件,"纯棉水刺非织造布生产项目"2014 年 5 月通过环评后开工建设,2016 年 4 月 13 ~ 14 日宜都市环境监测站组织进行了监测,监测期间生产负荷达到 81% ,主要设备的生产工艺控制在要求范围之内,能保证连续、稳

① 最高人民法院民事判决书,(2015)民三终字第 1 号。

定、正常生产，实际产能达到 3000 吨/年，废水处理量 542.4t/d。专家组对《监测报告》进行了审核，并同意该项目通过环保验收，《监测报告》也在环保部门进行备案并公示。在本案中，在无其他相反证据的情况下，法院根据《监测报告》记载的生产工艺确定被告实际使用的工艺进而进行了侵权判定。①

第三，举证责任的转移。在方法专利中，如果专利权人能够证明被诉侵权人制造了同样产品，经合理努力仍无法证明被诉侵权人确实使用了该专利方法，根据案件具体情况，结合已知事实及日常生活经验，能够认定该同样产品经由专利方法制造的可能性很大的，可以将举证责任分配给被诉侵权人。但是，不同于《专利法》第 61 条第 1 款规定的新产品制造方法专利的举证责任，已知产品生产方法专利的举证责任首先在专利权人，只有在根据专利权人提交的证据表明被诉侵权人的生产方法落入专利方法保护范围的可能性很大的情况下，才可将举证责任转移，由被诉侵权人承担其使用的方法不同于专利方法的举证责任。②

举证责任一旦发生转移，被告通常不举证或者举证不充分，而且其举证的证据通常不被法院采纳。例如，在名称为“一种圆柱形锂电池负极导针引出结构”的实用新型专利权侵权纠纷案中③，广州知识产权法院认为，“压制成型”属于权利要求中技术特征，在公证封存电池的极耳片具备由同一圆柱体材料经压制而成扁平状的技术特征的情况下，由于原告难以获知被告的相关制造工艺，在被告既未能就极耳片存在该技术特征作出合理解释，也未能举证证明极耳片采用的是其他制造工艺的情况下，被告应承担不利的法律后果。本案中，被告进行了举证，但是其举证不被法院认可，此时被告的处境如同原告一样，极难对其实际使用的方法进行举证，因为即便被告向法院申请现场勘验，法院对该申请持怀疑态度而拒绝现场勘验。

如果原审法院推定侵权成立，但是二审或再审法院查明了相关事实，则应当予以改判。例如，在名称为“藏药独一味软胶囊制剂及其制备方法”的发明专利侵权纠纷案中④，最高人民法院认为，人民法院认定案件事实，应当首先根据现有证据进行。本案中，已经有一审法院调取的被诉侵权产品的生产工艺方法、被告提交的《药典》(2000 年版，一部)以及原告提交的涉案专利权利要求书

---

① 湖北省高级人民法院民事判决书，(2017)鄂民终 2796 号。

② 最高人民法院民事裁定书，(2019)最高法民申 2652 号。

③ 广州知识产权法院民事判决书，(2015)粤知法专民初字第 1537 号。

④ 最高人民法院民事判决书，(2010)民提字第 158 号。

和说明书等现有证据,根据这些证据记载的内容,可以对侵权与否进行认定。如果原审法院认为被告没有按照药品标准载明的生产工艺生产被诉侵权产品,也应当根据民事诉讼法和专利法有关证据保全的规定,依法进行证据保全,譬如现场勘验、查封扣押生产记录等,而不是简单地根据最高人民法院《关于民事诉讼证据的若干规定》第75条的规定进行推定。因此,最高人民法院撤销了原审判决。

(三)步骤顺序的限定作用

1.步骤顺序具有限定作用

《专利权纠纷司法解释二》第11条规定,方法权利要求未明确记载技术步骤的先后顺序,但本领域普通技术人员阅读权利要求书、说明书及附图后直接、明确地认为该技术步骤应当按照特定顺序实施的,人民法院应当认定该步骤顺序对于专利权的保护范围具有限定作用。

上述规定给出了如何确定步骤顺序的限定作用的规则,从"方法权利要求未明确记载技术步骤的先后顺序"的字面看,方法专利的步骤顺序并非一定具有限定作用,是否具有限定作用要根据说明书等证明予以确定,只有说明书等证据可以直接、明确地确定步骤顺序具有限定作用的,才应当将权利要求中的步骤顺序解释为具有限定作用。在名称为"一种密码锁防伪瓶盖的对码生产方法"的发明专利侵权纠纷案中①,最高人民法院认为,根据涉案专利权利要求记载,其保护的是"一种密码锁防伪瓶盖的对码生产方法",步骤是否按特定顺序实施应当根据本领域普通技术人员在阅读权利要求书、说明书及附图后的理解进行判断。从权利要求的表述看,步骤(1)为密码锁检验,步骤(2)为密码锁打乱分组,即将已经检验好的多箱锁体摆放整齐,从摆好的箱子里每一箱捡一个锁体放在分组箱里,可见,步骤(1)、步骤(2)之间有先后顺序的要求;步骤(3)为制作密码标牌,步骤(4)为窜吊牌,即将上述密码标牌和密码锁瓶盖的中文牌、英文牌一起串联在锁体上,可见,步骤(3)、步骤(4)之间的先后顺序也是明确的。本案中,通过说明书及附图解释权利要求,确定了步骤顺序的限定作用。

方法权利要求记载的技术步骤具有限定作用是一般规则。在"弹簧铰链的制造方法"的发明专利权侵权纠纷案中②,最高人民法院认为,对于存在步骤顺

① 最高人民法院民事判决书,(2018)最高法民再63号。
② 最高人民法院民事裁定书,(2008)民申字第980号。

序的方法发明,步骤本身以及步骤之间的顺序均应对专利权的保护范围起到限定作用。由于现行法律没有对是否应当在方法权利要求中限定各步骤的实施顺序进行规定,在权利要求没有对各步骤的实施顺序进行限定时,国务院专利行政部门在专利授权确权程序中一般即根据各步骤在权利要求中记载的顺序对权利要求进行审查,而不会将权利要求的保护范围解释为能够以任意顺序实施各步骤。因此,在侵权诉讼中,不应以权利要求没有对步骤顺序进行限定为由,不考虑步骤顺序对权利要求的限定作用,而是应当结合说明书和附图、审查档案、权利要求记载的整体技术方案以及各个步骤之间的逻辑关系,从本领域普通技术人员的角度出发确定各步骤是否应当按照特定的顺序实施。根据权利要求 1 记载的四个步骤,首先,供料步骤的作用在于为其他的步骤提供加工材料,因此,供料步骤必须在其他步骤之前首先实施。其次,切割步骤的作用是从金属带上切割出大致与铰接件外形一致的区域,根据说明书及附图,所述区域包括"用于形成凸肩 9 的基本形状"和"以后具有铰链孔范围 497 的至少一部分",由于冲压步骤是对由切割步骤制成的"用于形成凸肩 9 的基本形状"进行冲压,冲孔步骤是在由切割步骤制成的"范围 497"内制作铰接孔,并且说明书中没有记载可以在切割步骤之前实施冲孔步骤或冲压步骤的技术内容,也没有给出相关的技术启示,本领域普通技术人员也难以预见到在切割步骤之前实施冲孔步骤或冲压步骤,也能够实现涉案专利的发明目的,达到相同的技术效果,因此,权利要求 1 中的切割步骤应当在冲压步骤和冲孔步骤之前实施。从说明书记载的内容看,虽然冲压步骤与冲孔步骤的顺序是可以调换的,但是,在实际加工过程中,一旦确定了二者的顺序,二者就只能依次进行。综上所述,权利要求 1 中的四个步骤应当按照供料步骤、切割步骤、冲压步骤或冲孔步骤的顺序依次实施,各个步骤之间具有特定的实施顺序。

本案中,法院首先强调了方法专利中步骤顺序具有限定作用是一般规则,而且认为这一规则符合授权确权程序与侵权程序解释的一致性原则。笔者认为,本案中法院可以从"捐献原则"的角度论述驳回再审的理由,因为最高人民法院已经查明"从说明书记载的内容看,冲压步骤与冲孔步骤的顺序是可以调换的",这说明说明书给出了两种顺序的步骤,而权利要求书仅给出了特定顺序的步骤,由此可以认为,权利人捐献了"步骤的顺序可以调换"的技术方案。

2. 方法权利要求撰写规则

前述方法权利要求在侵权程序中的解释规则会引发一个深层次的问题,即对于可以调换步骤的技术方案,权利人应当如何撰写权利要求才能得到无争议的最大的保护范围。例如,在限定租借产品的顺序时,专利权利要求 1 限定了“先判断权限,然后判断库存”顺序,被诉产品的技术方案与此相反,而且关于顺序不同所产生的技术效果,就云端服务器的角度而言,被诉侵权产品的技术方案避免了云端服务器被无效租借请求频繁占用,提高了云端服务器使用率;从使用者的角度而言,被诉侵权产品的技术方案避免了无效登录或无效缴纳押金等情形。因此,法院认为二者属于既不相同也不等同的技术方案。[①]

在名称为“布塑热水袋的加工方法”的发明专利侵权纠纷案中[②],该专利权利要求 1 保护一种布塑热水袋的加工方法。对于步骤的限定作用,最高人民法院认为,方法发明专利的权利要求是包括有时间过程的活动,如制造方法、使用方法、通讯方法、处理方法等权利要求。涉及产品制造方法的发明专利通常是通过方法步骤的组合以及一定的步骤顺序来实现的。方法专利的步骤顺序是否对专利权的保护范围起到限定作用,从而导致在步骤互换中限制等同原则的适用,关键要看这些步骤是否必须以特定的顺序实施以及这种互换是否会带来技术功能或者技术效果上的实质性差异。从被诉侵权方法此前的加工步骤来看,其已在第 4 步中对高频热黏合后的热水袋进行了裁剪,此时修边的主要目的是使热水袋好看,接近成品,其减少空间的作用非常有限,而且多余边角料的存在不会干扰塞座的粘合,对塞座粘合不会产生实质性影响,因而这两个步骤的实施不具有先后顺序的唯一对应性,先修边还是先进行热粘合对于整个技术方案的实现没有实质性影响,且这两个步骤的互换在技术功能和技术效果上也没有产生实质性的差异,故被诉侵权方法调换后的步骤与涉案专利权利要求 1 的第 6、7 步属于等同的技术特征。

涉案专利权利要求 1 的第 10 步是将密封垫片和螺纹塞盖互相装配后旋入螺纹塞座中;第 11 步是充气试压检验。被诉侵权方法采用的是先充气试压检验,后将密封垫片和螺纹塞盖互相装配后旋入螺纹塞座的步骤。最高人民法院认为,对热水袋进行充气试压检验,需要通过热水袋的口部进行。按照涉案专利权利要求 1 的第 10、11 步的步骤进行操作,在进行充气试压检验前,必须要从螺纹塞座中旋下螺纹塞盖后方能进行,与被诉侵权方法所采取的先试压检验后再装配螺纹塞盖的步骤相比,这种操作步骤实质上是增加了充气试压检验的

---

① 最高人民法院民事裁定书,(2019)最高法民申 3135 号。

② 最高人民法院民事判决书,(2013)民提字第 225 号;浙江省宁波市中级人民法院行政判决书,(2018)浙 02 行初 43 号。

操作环节，导致操作时间延长，效率降低。故将第 10、11 步的步骤调换后，确实产生了减少操作环节、节约时间、提高效率的技术效果，因此这种步骤互换所产生的技术效果上的差异是实质性的，调换后的步骤与涉案专利权利要求的第 10、11 步不构成等同技术特征。本案中，部分步骤顺序的不同具有有益效果，而部分步骤顺序的不同不具有有益效果。

上述案件提到的判断顺序是否具有限定作用的规则是，步骤是否必须以特定的顺序实施以及这种互换是否会带来技术功能或者技术效果上的实质性差异。对此，笔者认为，权利人在撰写权利要求时，如果不同的步骤可以产生不同的技术效果，应当撰写多个独立权利要求，可能有助于获得更大的保护范围。对于权利人而言，通过撰写多个独立权利要求的方式将所有不同顺序的技术方案均予以保护的方法，在实践上仍具有很大的实施难度。而且，从上述案例也可以看出，因步骤顺序的不同产生的技术效果通常是被告的抗辩理由，这一理由在审查创造性时基本不会为审查员所考虑，如果专利申请人通过调换顺序步骤而撰写多个独立权利要求，是否会被接受则存有疑问。因此，权利人如何避免步骤顺序的限定作用，也仍有待进一步研究。

(四)多主体分别实施侵权的认定

1.“多主体分别实施侵权”的认定与争议

“多主体分别实施侵权”，指两个以上主体未经权利人许可分别连续实施了专利方法的各个步骤，但没有任何一个主体单独实施所有步骤，最终集体联合完成了专利权利要求所保护的整个方法流程、给专利权人的利益带来损害的情形。① 这一类型的侵权行为主要发生在通信、软件等领域。多主体分别实施侵权与传统的侵权方式存在不同，在认定侵权的规则上存在极大争议。

首先，主体上不符合适用“全面覆盖原则”的条件。要认定侵犯专利权的行为成立，其核心是要判断被控侵权人制造、销售、许诺销售、使用、进口的是否为“其专利产品”或所使用的是否为“其专利方法”，②而此处的“其专利产品”“其专利方法”是指侵权行为人实施了授权专利的权利要求中记载的全部技术特征，而并非部分技术特征或者主要技术特征。即不同的侵权行为人可以分别实

① 参见管育鹰：《软件相关方法专利多主体分别实施侵权的责任分析》，载《知识产权》2020 年第 3 期。

② 参见尹新天：《中国专利法详解》，知识产权出版社 2011 年版，第 121 页。

施制造、销售、许诺销售、使用、进口行为，作为权利人也有权选择追究任何被控侵权行为人的任意一实施行为，但是其行为必须同时指向具备全部技术特征的被控侵权产品。换句话说，制造、销售、许诺销售、使用、进口的行为可以为不同人所实施，但是具备全部技术特征的被控侵权产品的制造行为必须为相同的被控侵权行为人来完成，而不能分别由不同的侵权行为人来完成。"多主体分别实施侵权"的特殊性在于：两个以上主体分别连续实施了专利方法的各个步骤，但没有任何一个主体单独实施所有步骤。

其次，主观上多个行为人不存在共同的意思联络。为加大专利权司法保护力度，在现行法律框架下，《专利权纠纷司法解释二》第 21 条规定了专利间接侵权制度。[①] 间接侵权人与最终实施发明创造的侵权人之间没有意思联络，并不构成共同侵权。但是，间接侵权人明知其提供的零部件等只能用于生产侵犯专利权的产品，而仍然提供给侵权人实施的除外。间接侵权人具有明显的主观恶意且其提供的零部件等是直接侵权行为的专用品，或者其积极诱导他人实施专利侵权行为，故将其纳入《民法典》第 1169 条规定的范围。如果说将间接侵权纳入专利权的权能，并不意味着在现行法律框架之外给予专利权人以额外的保护，而是《民法典》适用的应有之义，符合加强专利权人保护的客观实际，那么专利权的权能能否涵盖对没有意思联络的多主体分别实施的行为的禁止，则存在极大的争议。

2. "多主体分别实施侵权"的司法实践与裁判规则

在名称为"一种简易访问网络运营商门户网站的方法"的发明专利权纠纷案中[②]，最高人民法院对多主体分别实施侵权行为的认定给出了回应。最高人民法院认为，涉案专利技术属于网络通信领域，该领域具有互联互通、信息共享、多方协作、持续创新等特点，这就决定了该领域中的绝大多数发明创造的类型为方法专利，且往往只能撰写成为需要多个主体的参与才能实施的方法专利，或者采用此种撰写方式能更好地表达出发明的实质技术内容。然而这些方

① 《专利权纠纷司法解释二》第 21 条规定：明知有关产品系专门用于实施专利的材料、设备、零部件、中间物等，未经专利权人许可，为生产经营目的将该产品提供给他人实施了侵犯专利权的行为，权利人主张该提供者的行为属于《民法典》第 1169 条规定的帮助他人实施侵权行为的，人民法院应予支持。明知有关产品、方法被授予专利权，未经专利权人许可，为生产经营目的积极诱导他人实施了侵犯专利权的行为，权利人主张该诱导者的行为属于《民法典》第 1169 条规定的教唆他人实施侵权行为的，人民法院应予支持。

② 最高人民法院民事判决书，(2019)最高法知民终 147 号。

法专利在实际应用中,往往都是以软件的形式安装在某一硬件设备中,由终端用户在使用终端设备时触发软件在后台自动运行。因此,被诉侵权人完全可以采用上述方式,在未获得专利权人许可的情况下,将专利方法以软件的形式安装在其制造的被诉侵权产品中,甚至还可以集成其他功能模块成为非专用设备,并通过对外销售获得不当利益。从表面上看,终端用户是专利方法的实施者,但实质上,专利方法早已在被诉侵权产品的制造过程中得以固化,终端用户在使用终端设备时再现的专利方法过程,仅仅是此前固化在被诉侵权产品内的专利方法的机械重演。因此,应当认定被诉侵权人制造并销售被诉侵权产品的行为直接导致了专利方法被终端用户实施。如果按照专利侵权判断的一般规则,即应当以被诉侵权人所实施的被诉侵权技术方案是否全面覆盖了专利权利要求记载的所有技术特征,作为专利侵权的必要条件,那么,仅仅是制造、销售具备可直接实施专利方法功能的被诉侵权产品的行为将难以被认定为侵害专利权的行为。同时,仅认定被诉侵权人在测试被诉侵权产品过程中实施专利方法构成侵权,不足以充分保护专利权人的利益,因为该测试行为既非被诉侵权人获得不当利益的根本和直接原因,也无法从责令停止测试行为来制止专利方法遭受更大规模的侵害,而专利权人更无权主张虽直接实施了专利方法,但并无生产经营目的的终端用户构成专利侵权。

在上述情形下,针对网络通信领域方法的专利侵权判定,应当充分考虑该领域的特点,充分尊重该领域的创新与发展规律,以确保专利权人的合法权利得到实质性保护,实现该行业的可持续创新和公平竞争。如果被诉侵权行为人以生产经营为目的,将专利方法的实质内容固化在被诉侵权产品中,该行为或者行为结果对专利权利要求的技术特征被全面覆盖起到了不可替代的实质性作用,也即终端用户在正常使用该被诉侵权产品时就能自然再现该专利方法过程的,则应认定被诉侵权行为人实施了该专利方法,侵害了专利权人的权利。

由此可知,最高人民法院在该案中采纳了“控制或指导”论的推理路径,[①]也被称为“固化+不可替代实质性作用”标准,主要关注被控侵权产品的客观功能,[②]侵权行为是由被诉侵权方实际控制,应当由被诉侵权方承担直接侵权的民事责任。

---

① 参见管育鹰:《软件相关方法专利多主体分别实施侵权的责任分析》,载《知识产权》2020 年第 3 期。

② 参见闫文军:《专利法中方法专利“使用”主体的认定》,载管育鹰主编:《知识产权审判逻辑与案例——专利卷》,法律出版社 2022 年版,第 33 页。

最高人民法院对本案构成直接侵权的事实进行了具体分析:第一,深圳市吉祥腾达科技有限公司(以下简称腾达公司)虽未实施涉案专利方法,但其以生产经营为目的制造、许诺销售、销售的被诉侵权产品,具备可直接实施专利方法的功能,在终端网络用户利用被诉侵权产品完整再现涉案专利方法的过程中,发挥着不可替代的实质性作用。首先,根据已认定的事实,被诉侵权产品是具备了可直接实施专利方法功能的路由器。网络用户只需要在正常网络环境下,利用具备上网功能的普通电脑,除必须需要借助被诉侵权产品之外,无须再借助其他专用装置或依赖其他特殊网络条件,就能完整地实施涉案专利方法,故被诉侵权产品对于实施涉案专利要求保护的方法具有实质性作用。其次,根据涉案专利说明书的记载,实现强制 Portal 并非只能通过涉案专利方法来实现,涉案专利方法区别于其他方法的显著特征是在接入服务器内设置了具有重定向功能的虚拟 Web 服务器,通过该虚拟 Web 服务器实现强制 Portal 功能。而被诉侵权产品之所以能够用于实现与涉案专利方法相同的强制 Portal 过程,正是因为其内部也设置了与涉案专利完全相同的虚拟 Web 服务器,因此,除专利权人授权的产品之外,被诉侵权产品在再现涉案专利方法的过程中不可替代。第二,腾达公司从制造、许诺销售、销售被诉侵权产品的行为中获得不当利益与涉案专利存在密切关联。涉案专利方法并非实现强制 Portal 功能的唯一方法,但腾达公司大量制造并销售的涉案 3 款被诉侵权产品却采用了涉案专利方法来实现强制 Portal 功能,并且在其官网和大型电商网站的旗舰店上针对被诉侵权产品的特点功能介绍中,对被诉侵权产品具有的 Web 认证功能(Web 认证过程涉及强制 Portal 技术)在多处予以公开宣传,据此认定腾达公司因涉案专利获得了原本应当属于专利权人的利益。第三,因终端网络用户利用被诉侵权产品实施涉案专利方法的行为并不构成法律意义上的侵权行为,专利权人的创新投入无法从直接实施专利方法的终端网络用户处获得应有回报,如专利权人的利益无法得到补偿,必将导致研发创新活动难以为继。另外,如前所述,腾达公司却因涉案专利获得了原本属于专利权人的利益,利益分配严重失衡,有失公平。

该案目前已经被最高人民法院列为指导案例,其目的是进一步强化对专利权人的保护。该案之所以引起关注,实际上是借鉴国外的审判经验,明确了"多主体分别实施侵权行为"的裁判规则。[①] 事实上,该案所确定的规则在以往的审

① 类案有广州知识产权法院民事判决书,(2017)粤 73 民初 4323 号。

判中已经被法院多次阐述。

在名称为“控制空调器按照自定义曲线运行的方法”的发明专利侵权纠纷案中①,广东省高级人民法院认为,制造具有“舒睡模式 3”功能的空调器的行为,包含了使用被诉侵权方法的行为。“舒睡模式 3”是一种控制空调器按照自定义曲线运行的方法,被诉方制造的空调器要实现这一功能,就要通过相应的设置、调配步骤,使空调器具备实现按照自定义曲线运行的条件,从而无可避免地使用到控制空调器按照自定义曲线运行的方法,因此被诉方是使用者。

该案中,被诉方制造的产品运用了被诉方法,尽管产品是由被诉方制造,但是其并不实际使用该产品,而是由终端用户实际使用。从形式上看,被诉方法的使用者是终端用户,但是对于终端用户能否使用产品的这一功能其并不具有控制力,不是侵权行为得以发生的根本原因。从本质上看,产品具有使用被诉方法的功能是由制造者决定的,即制造者的制造行为是侵权行为得以实施的原因,二者之间具有直接的因果关系,制造者是损害结果发生的原因力,因此应当认定制造者是侵权行为的实施者,是被诉方法的使用者。

在名称为“一种物理认证方法及一种电子装置”的发明专利侵权纠纷案中②,北京知识产权法院认为,技术方案系电子装置制造者事先与银行系统达成的相关协议以及凭此建立的通讯接口,参照电子装置的功能预先进行的系统设置。虽然用户参与了个别步骤,但也是在电子装置制造者预先设置的操作步骤环境下进行的,用户并不能参与或改变后台程序内容,由此来看,该电子装置的制造者显然是该认证方法技术方案的实施者。在该案中,对于多主体分别实施的侵权行为,北京知识产权法院持“控制或指导”论的观点。

“控制或指导”论的观点在实践中也有争议。例如,在名称为“一种无线局域网移动设备安全接入及数据保密通信的方法”的发明专利侵权纠纷案中③,北京知识产权法院又认为,《侵权责任法》(现已失效)第 9 条第 1 款规定:“教唆、帮助他人实施侵权行为的,应当与行为人承担连带责任。”④明知有关产品系专门用于实施专利的材料、设备、零部件、中间物等,未经专利权人许可,为生产经营目的将该产品提供给他人实施了侵犯专利权的行为,该提供者的行为属于

① 一审:广东省珠海市中级人民法院民事判决书,(2009)珠中法民三初字第 5 号;二审:广东省高级人民法院民事判决书,(2011)粤高法民三终字第 326 号。

② 北京知识产权法院民事判决书,(2015)京知民初字第 441 号。

③ 北京知识产权法院民事判决书,(2015)京知民初字第 1194 号。

④ 现对应《民法典》第 1169 条。

《侵权责任法》第9条规定的帮助他人实施侵权行为。一般而言,间接侵权行为应以直接侵权行为的存在为前提。但是,这并不意味着专利权人应该证明有另一主体实际实施了直接侵权行为,而仅需证明被控侵权产品的用户按照产品的预设方式使用产品将全面覆盖专利权的技术特征即可,至于该用户是否要承担侵权责任,与间接侵权行为的成立无关。之所以这样解释,是因为在一些使用方法专利中,实现"全面覆盖"涉案专利权利要求技术特征的主体多为用户,而用户因其"非生产经营目的"不构成专利侵权,此时如果机械适用"间接侵权行为应以直接侵权行为的存在为前提",将导致涉及用户的使用方法专利不能获得法律保护,有违专利法针对该类使用方法授予专利权的制度初衷。北京市高级人民法院认为,涉案专利系典型的"多主体实施"的方法专利,该技术方案在实施过程中需要多个主体参与,多个主体共同或交互作用方可完整实施专利技术方案。本案中①,由于索尼中国公司仅提供内置WAPI功能模块的移动终端,并未提供无线接入点(AP)和认证服务器(AS)两个设备,而移动终端(MT)与AP及AS系三元对等安全架构,MT与AP及AS交互使用才可以实施涉案专利。因此,本案中,包括个人用户在内的任何实施人均不能独自完整实施涉案专利。同时,也不存在单一行为人指导或控制其他行为人的实施行为,或多个行为人共同协调实施涉案专利的情形。在没有直接实施人的前提下,仅认定其中一个部件的提供者构成帮助侵权,不符合帮助侵权的构成要件,而且也过分扩大对权利人的保护,不当损害了社会公众的利益。

在该案中,首先,因为索尼中国公司作为MT一方,与AP、AS各方的行为均未独立构成侵害涉案专利权,因此,被告不构成《民法典》第1172条意义上的共同侵权行为。其次,根据间接侵权行为应以直接侵权行为的存在为前提的规则,被告的行为应当也不构成帮助侵权。北京知识产权法院跳过终端消费者直接追究主要实施者的侵权责任而认定被告的行为构成侵权的做法,最终被二审法院所否定。

笔者赞同"控制或指导"论的观点。在名称为"一种移动电源租借的方法、系统及租借终端"的发明专利侵权纠纷案中②,涉案专利保护的是租借移动电源的流程,实现该流程需要"移动终端"、"云端"和"租借终端"三个主体的参与。该案中,被诉产品租借终端是由被诉侵权人一制造,而云端是由被诉侵权人二

① 北京市高级人民法院民事判决书,(2017)京民终454号。

② 广东省高级人民法院民事判决书,(2018)粤民终981号。

控制，终端用户通过“移动终端”实现移动电源的租借。二审广东省高级人民法院认为，被诉侵权人一与被诉侵权人二在侵权行为中关联紧密，存在分工、合作的行为，应当认定被诉侵权人一与被诉侵权人二共同实施了侵权行为。

在该案中，笔者以“控制或指导”论为前提，对构成共同侵权的理由进行了充分论述，被诉方法是由被诉侵权人一和被诉侵权人二设置在其租借终端和APP中，终端用户按照租借终端和APP的引导使用该方法，并且终端用户也只能按照引导使用此方法，而没有也不可能有其他的选择。从表面上看起来是终端用户在操作，在使用被控侵权方法，但在这种情况下，终端用户的使用行为实际上是被诉方内置在产品中的行为，终端用户只能按照内置的路径和方法进行操作，并无选择和改变的权利。因此，实际使用被诉方法的是产品的制造者和软件的控制者，使用被诉方法是借终端用户之手，终端用户的使用只是表象，产品制造者和软件控制者的使用才是本质，并且产品制造者和软件控制者通过用户的使用获得利益，因此，产品制造者和软件控制者是被诉方法的使用者，是损害结果得以发生的原因力，二者之间具有因果关系，应当承担停止使用并赔偿损失的民事责任。

3.“多主体分别实施侵权”的制度设计

目前，无论是采用“有意思联络的共同侵权”理论还是“无意思联络的共同侵权”理论，抑或采用“教唆、帮助侵权”理论，都无法认定多主体分别实施的行为属于侵权行为，这是因为传统的侵权理论是建立在“有形财产权”的基础上的，在有形财产权中，权利人只要将自己的房屋或者小汽车看管好，就可以防止他人的偷窃。但是，“无形财产权”是人们就智力活动成果所享有的权利，是就某些信息所享有的权利。[①] 对于“有形财产权”而言，如果发生损害后果，必然存在直接的侵权行为，与此不同的是，对于“无形财产权”而言，发生损害后果，完全可能没有直接的侵权行为，“多主体实施”的方法专利即典型情形。对于智力活动成果的保护，只能由相关的法律加以设定。多主体分别实施的行为，显然属于没有法律规定的情形，对此，目前只能通过新的理论例如“控制论”或者扩大解释帮助侵权来对专利权进行保护。科技和社会的不断发展，使发明创造者和社会公众之间的利益平衡点变动不居，这就要求及时调整约束支点以重筑

① 参见李明德：《知识产权法》（第2版），法律出版社2014年版，第9页。

平衡。[①] 国家知识产权局于2017年修订了《专利审查指南》,明确了包含技术特征的商业模式可以申请专利,2019年12月,国家知识产权局再次修改《专利审查指南》,对涉及AI、"互联网+"、大数据以及区块链等包含算法或商业规则的发明专利申请之审查和授权标准给出了相关示例。为此,应当修改《专利法》并增加专利权的权能,以加强对专利权的保护。例如,《日本专利法》第101条规定,对方法发明专利而言,以生产经营为目的,制造、转让或者是进口、许诺转让专用于实施该方法的物品等行为被视为侵犯专利权或专用实施权。只要所涉及的物品是"专用于"实施涉案专利方法的,则构成间接侵权。[②] 这就将方法专利的权能延伸至了实施该方法的物品,从制度上加强了对专利权的保护。

三、使用环境特征限定的权利要求

《专利权纠纷司法解释二》第9条规定:被诉侵权技术方案不能适用于权利要求中使用环境特征所限定的使用环境的,人民法院应当认定被诉侵权技术方案未落入专利权的保护范围。

该规定是关于使用环境特征的解释规则,该规则从反面规定了不构成侵权的情形,即被诉侵权技术方案不能适用于权利要求中使用环境特征所限定的使用环境时,不构成侵权。被诉侵权技术方案能够适用于权利要求记载的使用环境的,应当认定被诉侵权技术方案具备了权利要求记载的使用环境特征,而不以被诉侵权技术方案实际使用该环境特征为前提。[③] 笔者认为,使用环境特征的解释规则是与权利要求的公示性价值相对立的规则,应当严格限制其适用范围。

---

① 参见张晓阳:《多主体实施方法专利侵权案件的裁判思路与规则——以敦骏公司诉腾达公司案为例》,载《人民司法》2020年第7期。

② 参见王迁、王凌红:《知识产权间接侵权研究》,中国人民大学出版社2008年版,第143页。

③ 北京市高级人民法院《专利侵权判定指南(2017)》第24条规定:写入权利要求的使用环境特征对专利权的保护范围具有限定作用。被诉侵权技术方案能够适用于权利要求记载的使用环境的,应当认定被诉侵权技术方案具备了权利要求记载的使用环境特征,而不以被诉侵权技术方案实际使用该环境特征为前提。但是,专利文件明确限定该技术方案仅能适用于该使用环境特征,有证据证明被诉侵权技术方案可以适用于其他使用环境的,则被诉侵权技术方案未落入专利权的保护范围。被诉侵权技术方案不能适用于权利要求中使用环境特征所限定的使用环境的,应当认定被诉侵权技术方案未落入专利权的保护范围。使用环境特征不同于主题名称,是指权利要求中用来描述发明或实用新型所使用的背景或者条件且与该技术方案存在连接或配合关系的技术特征。

（一）使用环境特征解释规则

在名称为“后换挡器支架”的发明专利侵权纠纷案中①，最高人民法院首次对使用环境特征的认定和适用规则进行了阐释。法院认为，使用环境特征是指权利要求中用来描述发明所使用的背景或者条件的技术特征。关于使用环境特征对权利要求保护范围的限定作用及其程度，最高人民法院分别进行了论述：首先，关于使用环境特征对保护范围的限定作用。凡是写入权利要求的技术特征，均应理解为专利技术方案不可缺少的必要技术特征，对专利保护范围具有限定作用，在确定专利保护范围时必须加以考虑。已经写入权利要求的使用环境特征属于权利要求的必要技术特征，对于权利要求的保护范围具有限定作用。本案专利的保护主题是“自行车后换挡器支架”，但是权利要求在描述该后换挡器支架的结构特征的同时，也限定了该后换挡器支架连接的后换挡器以及自行车车架的具体结构。这些关于后换挡器支架所连接的后换挡器及自行车车架的特征实际上限定了后换挡器支架所使用的背景和条件，属于使用环境特征，对于权利要求所保护的后换挡器支架具有限定作用。权利要求所保护的后换挡器支架所使用的自行车车架的特征是“所述自行车车架具有形成在自行车车架的后叉端的换挡器安装延伸部上的连接结构”（以下简称使用环境特征 1）。权利要求所保护的后换挡器支架所使用的后换挡器的特征是“所述后换挡器具有支架件、用于支撑链条导向装置的支撑件（4）以及一对用于连接所述支撑件（4）和所述支架件的连接件”（以下简称使用环境特征 2）。它们与权利要求的其他特征一起，组成一个完整的技术方案，共同限定了权利要求的保护范围。其次，关于使用环境特征对保护范围的限定程度。此处的限定程度是指使用环境特征对权利要求的限定作用的大小，具体地说是指该种使用环境特征限定的被保护的主题对象必须用于该种使用环境还是可以用于该种使用环境即可。使用环境特征对保护范围的限定程度需要根据个案情况具体确定。一般情况下，使用环境特征应该理解为要求被保护的主题对象可以使用于该种使用环境即可，不要求被保护的主题对象必须用于该种使用环境。但是，如果本领域普通技术人员在阅读专利权利要求书、说明书以及专利审查档案后可以明确而合理地得知被保护对象必须用于该种使用环境，那么该使用环境特征应被理解为要求被保护对象必须使用于该特定环境。

---

① 最高人民法院民事判决书，(2012)民提字第 1 号。

在本案中，法院首先确认权利要求中的使用环境特征具有限定作用，而且本案专利所保护的自行车后换挡器支架必须用于该使用环境。而将被诉侵权产品安装在具有后叉端延伸部的自行车车架上，是被诉侵权产品唯一合理的商业用途，因此，本案被诉侵权产品在商业上必然用于本案专利权利要求1限定的自行车车架。该案确立使用环境特征的如下解释规则：(1)写入权利要求的使用环境特征，对于权利要求的保护范围具有限定作用；(2)使用环境特征的"限定程度"是指使用环境特征对权利要求的限定作用的大小；(3)使用环境特征限定的被保护的主题对象可以用于该种使用环境即可，并不要求被诉侵权技术方案必须用于该使用环境，也不以被诉侵权技术方案实际使用于该环境特征为前提；(4)有证据证明使用环境特征必须用于该使用环境的除外。该规则随后被北京市高级人民法院制定的《专利侵权判定指南》所吸收，①而且最高人民法院在后续案例中多次沿用该规则。

在名称为"运输平台及运输单元"的发明专利侵权纠纷案中，最高人民法院再次适用了上述规则。最高人民法院认为，本案专利说明书并未对运输平台和特定顶角件的使用环境作明确的限制或者排除。相反，本案专利说明书有多处关于运输平台既可以相互堆码，又可以与标准集装箱进行堆码的记载。这至少表明，本案专利说明书已经明确所要求保护的运输平台可以用于与标准集装箱进行堆码。因此，至少对于本案运输平台的使用环境特征而言，不能解释为该运输平台必须用于与非标准集装箱堆码。② 在名称为"机动车辆的刮水器的连接器及相应的连接装置"的发明专利权侵权纠纷案中③，最高人民法院认为，只要被诉侵权产品能够用于专利权利要求中使用环境特征所限定的使用环境，即具备该使用环境特征；至于被诉侵权产品是否还可以用于其他使用环境，原则上不影响侵权判定结果。因此，在被诉侵权产品能够实现刮水器臂与刮水器刷体部件之间的连接与铰接的情况下，无论被诉侵权产品是否还可以用于连接非标准的刮水器臂，对本案侵权判定结果并无实质影响。

---

① 北京市高级人民法院《专利侵权判定指南》第22条规定：写入权利要求的使用环境特征属于必要技术特征，对专利权保护范围具有限定作用。使用环境特征是指权利要求中用来描述发明所使用的背景或者条件的技术特征。第23条规定：被诉侵权技术方案可以适用于产品权利要求记载的使用环境的，应当认定被诉侵权技术方案具备了权利要求记载的使用环境特征，而不以被诉侵权技术方案实际使用该环境特征为前提。

② 最高人民法院民事判决书，(2014)民提字第40号。

③ 最高人民法院民事判决书，(2019)最高法知民终2号。

使用环境特征的解释规则表明,被诉产品可以缺少权利要求中的相应使用环境特征,只要缺少的使用环境特征在实际应用时可能存在即可,而不要求被诉产品实际具备该技术特征。笔者认为,权利要求的公示性价值肩负着保护与划界的作用,“全面覆盖原则”的确立就是要避免“多余指定原则”的适用,而使用环境特征的解释规则,使“多余指定原则”得以复活。特别是关于使用环境特征“限定程度”的说法,违背了权利要求的公示与划界作用,不应当被接受。首先,在权利要求撰写的过程中,使用环境特征属于背景技术或者应用环境的内容,并非应当写入权利要求的必要技术特征,权利要求中没有必要书写使用环境特征,即便是要在专利申请文件中书写使用环境特征,也应当写入说明书的背景技术、技术效果或实施例中,而不是写入权利要求书。对于写入权利要求而导致的不利后果,应当由权利人自担,而不应当由法律专门来创设规则来弥补。其次,“全面覆盖原则”是侵权判定的基本规则,通过判断被诉侵权技术方案是否再现了权利要求中记载的全部技术特征来认定是否构成侵权,这个过程判断的是技术特征“有和无”的问题,而使用环境特征判断的是“大和小”的问题,使用环境特征的解释规则背离了侵权判定的基本规则。再次,判断使用环境特征“限定程度”,实际上是否定了使用环境特征的限定作用,因为只有在被诉侵权产品等不能与使用环境特征相匹配时,才允许认定不构成侵权,而这种情况几乎是不可能发生的。试想,使用环境特征限定的被保护的主题对象与该种使用环境是密切关联的,几乎不可能存在使用环境特征不可以用于相应使用环境的情形。最后,《专利权纠纷司法解释二》关于使用环境特征的规定,没有采用“限定程度”的说法,而是采用了“被诉侵权技术方案不能适用于权利要求中使用环境特征所限定的使用环境的”说法,被诉产品不能适用于相应的“使用环境特征”则应当认定为不具备该特征,这实际上是保护了权利人的利益,是“多余指定原则”的变相适用。

例如,在名称为“包括流体处理模块和支持结构的系统”的发明专利侵权纠纷案中[①],北京市高级人民法院认为,该“互补性支持结构”系涉案专利权利要求中的使用环境特征。记载在独立权利要求中的使用环境特征属于该权利要求中的必要技术特征。原审判决认为“互补性的支持结构”属于模块的安装位置,而不是模块的一部分,不是权利要求保护的技术方案的要素或要素之间的相互关系,进而认为不能单独构成一项技术特征。原审判决的上述认定实际上是适用多余指定原则,将专利权利要求中的特征予以忽略,扩大了专利权的保

① 北京市高级人民法院民事判决书,(2013)高民终字第763号。

护范围，损害了公共利益。本案中，权利要求中的“互补性支持结构”在被诉产品中没有对应的特征，一审法院以该特征“不能单独构成一项技术特征”为由认定侵权，二审法院认为一审法院适用了“多余指定原则”，改称为“使用环境特征”认定侵权。笔者认为，这属于典型的将“使用环境特征”替代“多余指定原则”进行变相适用的情形。

（二）使用环境特征的认定

所谓使用环境特征，是指权利要求中用来描述发明所使用的背景或条件的技术特征。按照技术特征所限定的具体对象的不同，技术特征可分为直接限定专利保护主题对象本身的技术特征以及通过限定保护主题对象之外的技术内容来限定保护主题对象的技术特征。前者一般表现为直接限定专利保护主题对象的结构、组分、材料等，后者则表现为限定专利保护主题对象的使用背景、条件、适用对象等，进而间接限定专利保护主题对象，因而被称为“使用环境特征”。常见的使用环境特征多表现为被保护主题对象的安装、连接、使用等条件和环境。但鉴于专利要求保护的技术方案的复杂性，使用环境特征并不仅仅限于那些与被保护主题对象安装位置或连接结构直接有关的结构特征。对于产品权利要求而言，用于说明有关被保护主题对象的用途、适用对象、使用方式等的技术特征，虽对产品的结构并不具有直接限定作用，也属于使用环境特征。① 由此可知，最高人民法院根据技术特征所限定的具体对象的不同，将权利要求中的技术特征分为使用环境特征和非使用环境特征，非使用环境特征是直接限定专利保护主题对象本身的技术特征，而使用环境特征是间接限定专利保护主题对象的技术特征，但是，直接限定与间接限定的界限过于模糊，这导致使用环境特征几乎可以囊括所有类型化的技术特征，使使用环境特征的解释规则与其他类型技术特征的解释规则及全面覆盖原则的适用规则相冲突。

1. 制备方法特征与使用环境特征的冲突

“制备方法特征”也是一种特殊类型的技术特征，把权利要求中的相应技术特征认定为“制备方法特征”还是“使用环境特征”，对侵权判定的结果具有直接影响。

在名称为“新型灯管堵头”的实用新型专利侵权纠纷案中②，权利要求 1 保

---

① 最高人民法院民事判决书，(2020) 最高法知民终 311、313 号。

② 广州知识产权法院民事判决书，(2017) 粤 73 民初 4630、4629 号；广东省高级人民法院民事判决书，(2018) 粤民终 2565、1779 号。

护一种新型灯管堵头。涉案专利说明书记载本专利通过采用在堵头内边缘设置一圈超声波连接密封槽替代采用打胶固定和螺丝固定两种连接方式。由此可知,“超声波”本质上属于一种制备方法或工艺,改变现有的采用“打胶和螺丝固定”的工艺。对此,广东省高级人民法院认为,涉案专利的保护主题是“新型灯管堵头”,但是权利要求1在描述该堵头的结构特征的同时,也限定了堵头与灯管的连接方式特征为以超声波连接,该连接方式特征实际上限定了堵头所使用的背景和条件,属于使用环境特征,其对于权利要求1所保护的“新型灯管堵头”具有限定作用。

本案中,一审、二审法院将“超声波”认定为使用环境特征并不准确,而将“超声波”认定为制备方法特征并使用制备方法特征的解释规则可能更为准确,而且如果认定为制备方法特征,相应的侵权判定的结论可能也要改变。

2. 并列式独立权利要求中,被引用的独立权利要求被认定为使用环境特征

如果某专利具有两个并列的独立权利要求,权利人仅主张权利要求2保护的插座不主张权利要求1保护的插头,但为了实现插座插头的配合,权利要求2保护的插座中又描述了权利要求1插头的部分技术特征,此时应如何对权利要求2中涉及插头插座适配部分的内容进行比对?对此,浙江省高级人民法院认为,权利要求2中与插头相关的技术特征属于使用环境特征。虽然被诉侵权产品系插座,但法院应当审查该插座能否与权利要求2限定的插头相适配,如果可以适配,一般应认定落入权利要求2的保护范围。①

对于上述并列式权利要求,如果将被引用的独立权利要求1作为独立权利要求2的主题名称,则会出现主题名称的解释规则与使用环境特征的解释规则的冲突,因为适用规则的不同,其结果也可能不同。

3. 缺少技术特征与使用环境特征的冲突

被诉产品的技术方案缺少权利要求记载的技术特征,通常认为其未落入权利要求的保护范围,这也是全面覆盖原则的典型体现,但是,如果缺少的技术特征属于使用环境特征,则不适用该规则。这是因为,使用环境特征是专利技术方案中的一个或多个技术特征,是指权利要求中用来描述发明或实用新型所使用的背景或者条件且与该技术方案存在连接或者配合关系的技术特征。因此,

---

① 浙江省高级人民法院民三庭:《浙江省高级人民法院民三庭关于印发〈知识产权审判疑难问题解答(四)〉的通知》,载浙江滕智律师事务所官网2021年7月30日,http://www.tenwise.net/view1808.htm。

虽然被诉侵权产品客观上没有使用环境特征,但是被诉侵权技术方案通常需要在该使用环境特征条件下才能产生技术功能,达到其应有的技术效果,因此,被诉侵权产品可以用于该使用环境特征即可,不要求被诉侵权技术方案必须用于该使用环境。[①] 因此,在缺少技术特征的情况下,相关特征是否属于“使用环境特征”就显得至关重要。例如,在名称为“多元件电压互感器数控绕线机”的发明专利侵权案中,最高人民法院以被诉产品缺少“开合型的环氧筒”技术特征驳回了权利人的诉讼请求。[②] 但是,如果“开合型的环氧筒”属于使用环境特征,本案应查明被诉侵权产品在使用环节是否必须与“开合型的环氧筒”配套才能正常使用。[③] 如果被诉侵权产品在使用环节是必须与“开合型的环氧筒”配套才能正常使用,则应当认定被诉产品落入了涉案专利权利要求的保护范围。

(1)缺少连接关系类技术特征

在产品权利要求中,连接关系是限定权利要求的关键性技术特征,如果被诉产品的技术方案中缺少权利要求记载的有关连接关系的技术特征,则要判断有关连接关系的技术特征是否属于使用环境特征。

在名称为“一种磁性安装元件及光学模组、照明模组及照明灯具”的实用新型专利侵权纠纷案中[④],争议焦点之一为被诉侵权产品是否包括照明灯具的底盘的问题。对此,最高人民法院认为,该问题涉及权利要求13中“至少两个如权利要求1所述的磁性安装元件,其组装于光学模组并穿过光源模组以与照明灯具的底盘吸附组装”技术特征的理解问题,权利要求13的保护主题是“一种照明模组”,但是上述技术特征并未直接限定照明模组结构,而是限定了磁性安装元件与其他部件即光学模组、光源模组、照明灯具的底盘之间的位置和连接关系,实际上限定了该磁性安装元件所使用的环境,属于使用环境特征。

本案中,法院将“磁性安装元件与其他部件即光学模组、光源模组、照明灯具的底盘之间的位置和连接关系”认定为使用环境特征,即便是被诉产品缺少相应的技术特征即位置关系和连接关系,也不影响全面覆盖原则的适用。同样,在“机动车辆的刮水器的连接器及相应的连接装置”发明专利权侵权纠纷案

---

① 最高人民法院民事判决书,(2020)最高法知民终312号。

② 最高人民法院民事判决书,(2020)最高法知民终1209号。

③ 参见蒋洪义:《权利要求中限定了加工对象特征时的侵权判定方法》,载管育鹰主编:《知识产权审判逻辑与案例——专利卷》,法律出版社2022年版,第39页。

④ 最高人民法院民事判决书,(2020)最高法知民终841号。

中①,最高人民法院认为,涉案专利的保护主题是"刮水器的连接器",但是上述技术特征并未直接限定连接器的结构,而是限定了该连接器与其他部件即刮水器臂、刷体部件等之间的连接关系,实际上限定了该连接器所使用的环境,属于使用环境特征。本案中,同样将"连接关系"认定为使用环境特征。

(2)缺少非本体结构特征

在名称为"推拉门用上凸下滑轮"的发明专利侵权纠纷案中②,涉案专利要求保护一种推拉门用上凸下滑轮。争议焦点之一为被诉侵权产品不具有"外壳套的顶端至所述滑轮的底端的垂直距离等于门页安装轨道的高度,所述门页的底端设有用于容纳所述滑轮的凹槽"技术特征。其中,"门页的底端设有用于容纳所述滑轮的凹槽"明显属于产品结构特征。对此,最高人民法院认为,该技术特征属于专利的使用环境特征,而非专利的本体结构特征。"门页"、"门页安装轨道"以及"门页底端的凹槽"为涉案专利的使用环境,该使用环境的具体特征为:门页安装轨道的高度,等于外壳套的顶端至所述滑轮的底端的垂直距离;门页底端的凹槽的功能是用于容纳滑轮。该环境特征与专利的权利要求的其他特征一起,组成一个完整的技术方案,共同限定权利要求的保护范围。关于使用环境特征的比对规则:……在被诉侵权产品尚未进入使用环境的情况下,只要专利权人在诉讼中举证证明被诉侵权产品能够用于权利要求中限定的使用环境,而被诉侵权人又不能提供反证,即可认定被诉侵权产品覆盖了该项使用环境特征,不以被诉侵权产品实际安装在涉案专利权利要求的使用环境中为条件。本案中,法院以主题名称为参照,将权利要求中的"门页"、"门页安装轨道"以及"门页底端的凹槽"等技术特征认定为非本体结构特征,并由此认定上述特征为使用环境特征。

在名称为"一种离心风叶的插片机构"的实用新型专利侵权纠纷案中③,权利要求1保护一种离心风叶的插片机构,争议焦点之一为被诉侵权技术方案是否缺少"中盘"的技术特征。浙江省高级人民法院认为,涉案专利的技术主题是一种自动插片机构(设备),而非该设备生产的产品。涉案专利虽然将中盘写入权利要求,但自动插片机构本身并不包括中盘,故应将权利要求中"用于将叶片插入至离心风叶的下环和中盘的花挡孔内"的描述作为涉案专利技术的使用环

① 最高人民法院民事判决书,(2019)最高法知民终2号。

② 最高人民法院民事裁定书,(2020)最高法民申6474号。

③ 浙江省高级人民法院民事判决书,(2018)浙民终369号。

境特征进行解读。而涉案专利权利要求并未限定该专利技术仅仅适用于该特定环境。本案中，法院以主题名称为参照，认定“中盘”技术特征为使用环境特征。

(3)缺少与背景技术有关的技术特征

在名称为“墨盒”的发明专利侵权纠纷案中①，权利要求保护一种装于喷墨打印设备的托架上的墨盒，争议焦点之一为被控侵权产品中是否具备托架、供墨针的技术特征。对此，武汉市中级人民法院认为，独立权利要求中描述专利产品(发明)使用的背景技术特征，对专利的权利要求保护范围同样具有限定作用，但这种限定作用是有限定的，即要求被保护的主题对象(专利产品)可以运用于该使用环境，并不要求被保护的主题对象已实际使用到该使用环境，更不应将该使用环境技术特征作为专利产品的必要技术特征进行比对。本案中，权利要求1中记载的“托架”“供墨针”等部件，属于喷墨打印设备中需要在墨盒使用过程中与之配合的部件(如托架、供墨针)，因此属于墨盒的使用环境特征。

(4)缺少本体结构使用条件的技术特征

在名称为“防雷支柱绝缘子”的发明专利侵权纠纷案中②，权利要求保护一种防雷支柱绝缘子。争议焦点之一为被诉技术方案是否具备“横担”的技术特征。对此，上海知识产权法院认为，涉案专利的保护主题是“防雷支柱绝缘子”，但是权利要求在描述该防雷支柱绝缘子的结构特征的同时，其所含的“该绝缘子通过该下钢脚安装于横担上”这一技术特征还限定了该防雷支柱绝缘子用以连接支撑固定件的具体结构即使用条件，属于使用环境特征，其与权利要求的其他特征一起，组成一个完整的技术方案，共同限定了权利要求的保护范围。本案中，经比对，被控侵权产品缺少横担这一构件，但由于被控侵权产品须安装后才能使用，而其所附使用说明书在安装方法中已明确该绝缘子的夹线槽应对准导线平行方向安装在横担上，并把引弧棒朝向横担的远外侧，由此可见在安装固定被控侵权产品时，仍然需要横担这一构件，也就是说被控侵权产品在实

① 湖北省武汉市中级人民法院民事判决书，(2016)鄂01民初1428号。

② 上海知识产权法院民事判决书，(2015)沪知民初字第272、273号。另外，温州市中级人民法院认为，本案中的横担，是指电线杆顶部横向固定的角铁，是杆塔中重要的组成部分，作用是安装绝缘子及金具，以支承导线、避雷线，并使之按规定保持一定的安全距离。故涉案专利权利要求1要求保护的具有所述“下钢脚”的防雷支柱绝缘子，需要安装到权利要求1所限定的横担上进行使用，才能实现其发明目的，因此，权利要求1中限定的横担，应当认定为防雷支柱绝缘子的使用环境特征，并非防雷支柱绝缘子的一个组成部分。浙江省温州市中级人民法院民事判决书，(2016)浙03民初815号。

际安装、使用过程中，必然具有涉案专利的横担技术特征。

在名称为“一种可与成人椅结合的儿童餐椅”的实用新型专利侵权纠纷案中①，权利要求保护一种可与成人椅结合的儿童餐椅，争议焦点之一为被诉产品是否具备“底座放置于成人椅的椅面上”。广州知识产权法院认为，该特征是用来描述涉案专利所使用的条件，属于使用环境特征。根据产品安装使用说明书的介绍，被诉产品可以与成人椅结合使用，而且将被诉产品底座与四个支撑脚拆开后，底座的下绑带和后绑带可分别与椅面、椅背绑定，故被诉产品可以适用于原告权利要求 1 记载的使用环境，具备“底座放置于成人椅的椅面上”特征，两者构成相同。

在名称为“一种新型 HDMI 插舌”的实用新型专利侵权纠纷案中②，权利要求保护一种新型 HDMI 插舌，争议焦点之一为被诉产品是否具备“屏蔽外壳”的技术特征。对此，最高人民法院认为，本案实用新型涉及的是一种新型 HDMI 插舌，其中“与 HDMI 屏蔽外壳嵌接”以及“所述卡槽与 HDMI 屏蔽外壳前端口的内折部分适配”的技术特征是用来描述插舌所使用的背景和条件的。从说明书可知，涉案实用新型的目的就是提供一种新型 HDMI 插舌，使插舌与屏蔽外壳嵌接时，屏蔽效果更好，并能提高水平吊重能力，连接更加稳固。也就是说涉案实用新型专利的发明点在于插舌中与屏蔽外壳进行接口的部位的改进，故权利要求中出现的有关“屏蔽外壳”的技术特征属于使用环境特征。该些技术特征与其他技术特征一起，组成一个完整的技术方案，共同限定了权利要求的保护范围。

上述案件中，无论是“横担”“底座放置于成人椅的椅面上”，还是“屏蔽外壳”的技术特征，均属于本体结构的使用条件，或者说属于非本体结构特征，权利要求中的本体结构的使用条件均可以被认定为使用环境特征，而缺少使用环境特征通常不影响侵权成立的认定。

关于“使用环境特征”，在英文文献中并未找到对应的词汇。美国专利法的教材或论著在讨论特殊类型的权利要求时，未提到“使用环境特征”。所收集到的外国立法文件也没有关于“使用环境特征”的规定。咨询美国、日本的学者或律师，他们表示美国和日本的专利法中没有类似概念。在我国台湾地区，专利

---

① 广州知识产权法院民事判决书，(2017)粤 73 民初 4196 号。

② 最高人民法院民事判决书，(2019)最高法知民终 592 号；广州知识产权法院民事判决书，(2018)粤 73 民初 3264 号。

法论著也不使用这一概念。[①] 在《专利审查指南》中也未找到对应的词汇。包括上述案例中出现的所谓的本体结构特征与非本体结构的划分，均非普遍接受的概念。笔者认为，“使用环境特征”可能是我国专利制度下独创的一个概念，而且该概念的使用与“制备方法”限定的权利要求、“用途特征”限定的权利要求、主题名称的限定作用、全面覆盖原则等在内的多个权利要求的解释规则产生了冲突。在现有体系下可以解决的问题，不应当通过制造新概念的方式来进行所谓的创新，特别是“飞跃管辖”之后，最高人民法院在说理时，同样应当尽量在现有的框架下细化现有的权利要求解释规则，而不是创立新规则、新概念。新概念内涵和外延的不统一，容易导致法律适用的混乱，并由此给制度创新造成阻碍。

（三）权利要求中未写入的使用环境特征的考量

专利的保护范围需要依据权利要求的记载来确定，并不意味着未记载在权利要求中的内容在任何情况下均不考虑，更不意味着只要在权利要求中有记载的内容均需考虑。[②] 说明书可以用于解释权利要求，因此，说明书中记载的权利要求限定的技术方案的使用环境，尽管未写入权利要求，但是构成对权利要求保护技术方案的限制。在名称为“一种动态地址分配中防止 IP 地址欺骗的方法”的发明专利侵权纠纷案中[③]，最高人民法院认为，涉案专利虽未将专利方法的具体网络应用环境作为技术特征写入权利要求，但专利方法的实施不能与之相分离。因为涉案专利方法正是为了防止在动态 IP 地址的申请和分配过程中所可能发生的 IP 地址欺骗行为，其间必然涉及 DHCP 服务器与用户终端之间的通信，具体运行时也就存在 DHCP 服务器与用户终端是否处于同一网段的两种情形。本案中，法院通过对权利要求作体系化解读，并结合涉案专利的说明书及附图，认为依据本领域普通技术人员的通常理解，应确认开启 DHCP 中继使 DHCP 服务器实现为不在其网段的用户终端提供服务应是实施涉案专利方法最为合理、最为常见和普遍的运行环境和操作模式。由此可知，使用环境特征与发明目的直接相关，无论是否写入权利要求，都应当考虑使用环境特征对权利要求的限制作用，而不是忽略其限制作用。

---

① 参见胡波：《专利法中的使用环境特征》，载《知识产权》2018 年第 5 期。

② 参见芮松艳：《创造性条款的原理解读与实务规则》，知识产权出版社 2023 年版，第 101 页。

③ 最高人民法院民事裁定书，(2015)民申字第 2720 号。

四、功能性特征限定的权利要求

功能性权利要求,是指权利要求中包含了功能性特征的权利要求。功能性特征,也称为“功能或者效果特征”“以功能或者效果表述的技术特征”“以功能或者效果限定的技术特征”“功能性技术特征”等,北京市高级人民法院认为,功能性技术特征,是指权利要求中的对产品的部件或部件之间的配合关系或者对方法的步骤采用其在发明创造中所起的作用、功能或者产生的效果来限定的技术特征。① 国家知识产权局认为,功能性技术特征是指权利要求中以功能或者效果表述的技术特征,其通常是通过在发明创造中所起的作用、功能或者效果而非结构或组成、工艺条件等对产品部件或部件之间的关系或者方法步骤或步骤之间的关系等进行限定的。②《专利权纠纷司法解释二》第 8 条规定:功能性特征,是指对于结构、组分、步骤、条件等技术特征或者技术特征之间的相互关系等,仅通过其在发明创造中所起的功能或者效果进行限定的技术特征。③ 由此可知,功能性特征,本质上是指权利要求中以功能或者效果表述的技术特征。

关于功能性权利要求的解释,一直存在两种观点:一种观点是文义解释,认为功能性权利要求应当解释为覆盖了所有能够实现所述功能的实施方式。④ 另一种观点是限缩性解释,认为功能性权利要求应当解释为仅覆盖说明书及附图描述的具体实施方式及其等同方式。⑤ 国家知识产权局在授权确权程序中与最高人民法院在侵权程序中对功能性权利要求确定的解释规则截然相反,二者之间的对立由此产生。理论上,功能性权利要求的解释规则应当一致,既然授权时确定的保护范围是“所有能够实现所述功能的实施方式”,则在保护时同样应当给予与此相应的保护范围。然而,在侵权诉讼中,专利权人并不能依据授权时的保护范围主张权利,而仅仅应当“结合说明书和附图描述的该功能或者效果的具体实施方式及等同的实施方式,确定该技术特征的内容”。也就是说,尽

---

① 北京市高级人民法院《专利侵权判定指南(2013)》。

② 国家知识产权局发布的《专利侵权判定和假冒专利行为认定指南(试行)》第一编第一章第 2.5.3 节。

③ 《授权确权司法解释一》第 9 条将“功能性特征”表述为“以功能或者效果限定的技术特征”。

④ 《专利审查指南》第二部分第二章第 3.2.1 节。

⑤ 《专利权纠纷司法解释一》第 4 条规定:对于权利要求中以功能或者效果表述的技术特征,人民法院应当结合说明书和附图描述的该功能或者效果的具体实施方式及其等同的实施方式,确定该技术特征的内容。

管专利申请时申请人的申请文件受到严格的实质审查，但最终获得的是一个很窄的保护范围，这对申请人不公平，也使社会公众无法判断其行为的边界。

（一）授权确权程序中功能性权利要求的解释规则

1. 功能性权利要求的解释

有观点认为，对于权利要求中所包含的功能性限定的技术特征，应当理解为覆盖了所有能够实现所述功能的实施方式。

如果认为含功能性特征的权利要求“覆盖了所有能够实现所述功能的实施方式”，实际上会得出含功能性特征的权利要求永远不可能得到说明书的支持的结论，因为说明书给出的实施例一定是有限的，不可能公开“所有能够实现所述功能的实施方式”，这变相地等于对含功能性特征的权利要求持一概反对的态度。[①] 也就是说，认为覆盖了所有能够实现所述功能的实施方式的权利要求是不存在的，技术是在不断发展的，审查是根据现有技术对某一时期权利要求的审查，根据有限的审查范围得出一个无限的保护范围，说明这一解释规则本身不具有合理性。权利要求通常由说明书记载的一个或者多个实施方式或实施例概括而成，而这种概括的边界在于概括至覆盖说明书给出的实施方式的所有的等同替代或明显变型的方式，同时应当排除申请人推测的、效果难以预先确定和评价的内容。由此可知，将功能性特征解释为“所属技术领域的技术人员可以合理预测说明书给出的实施方式的所有等同替代方式或明显变型方式”是合理的，而不应当是“覆盖了所有能够实现该功能的实施方式”。

（1）功能性权利要求覆盖所有实施方式

在名称为“雕铣雕刻机自动上下料装置”的实用新型专利确权程序中[②]，该权利要求请求保护一种雕铣雕刻机自动上下料装置，包括“上下机构”“翻转机构”等。国家知识产权局认为，权利要求所限定的技术方案在于通过设置在机头座上的上下机构、翻转机构与具有上料框、下料框和雕铣台的移动工作台之间的配合，来实现本专利说明书所记载的“结构设计合理、简单且能（自动）上下料”的发明目的。本领域技术人员从解决技术问题出发并对本专利技术方案的整体考量后可以理解，权利要求所记载的特征“上下机构”以及“翻转机构”，涵

---

① 参见黄敏、刘国伟：《论含功能性特征权利要求的解释依据》，载《中国发明与专利》2014 年第 2 期。

② 国家知识产权局无效宣告请求审查决定书（第 25815 号）；类案有无效宣告请求审查决定书（第 9846 号）以及复审请求审查决定书（第 13328 号）。

盖了本领域技术人员通过其掌握的技术水平和设计能力即可实现在机头座上上下移动并翻转以实现从工作台的上料框和下料框取放料的所有具体结构。而且,在本专利说明书中已经对“上下机构”和“翻转机构”的一种结构和功能作出了详细的示例性说明,在此基础上,本领域技术人员根据其所具备的知识水平和设计能力能够合理地预料到除了本专利说明书记载的上述具体实施方式之外,还存在其他结构形式的“上下机构”和“翻转机构”,如利用滑轨作导向件来实现上下升降。因此,本领域技术人员基于说明书的记载能够概括得出本专利权利要求的保护范围。

笔者认为,权利要求通常由说明书记载的一个或者多个实施例概括而成,而对于权利要求的概括是否恰当,专利权能否采用功能性权利要求进行保护,不能仅以说明书中记载的实施例的具体数量作为依据。如果本领域普通技术人员在说明书公开的技术内容的基础上,利用其所具备的知识水平和设计能力能够基于说明书记载的技术内容概括得到该权利要求所限定的保护范围,则应当认为该权利要求得到了说明书的支持。上述案例中,权利要求中的“上下机构”和“翻转机构”均属于功能性特征,其覆盖了所有能够实现相应功能的结构,与说明书记载的实施方式的多少无关。

(2)功能性权利要求覆盖特定实施方式

在授权确权程序中,对于功能性权利要求是否应当解释为覆盖了所有能够实现所述功能的实施方式,也存在过争议。例如,在名称为“新型电池外壳的制造方法”的发明专利无效程序中,该专利权利要求请求保护一种电池外壳的制造方法,其特征包括“下模主要由楔形滑块和限位装置组成”。对于权利要求中限位装置的含义,双方当事人有不同的理解。权利人认为,限位装置应当理解为用于限定下滑块极限位置的装置;而请求人认为,限位装置应当理解为用于限定电池外壳尺寸的装置。国家知识产权局认为,在权利要求中某术语产生歧义的情形下,应当从权利要求所公开的整体技术方案出发并结合说明书及其附图对术语进行解释。从权利要求中可以直接理解到的内容:第一,限位装置是下模中的一个固定部分;第二,其用于直接限定下模中的运动部件——下滑块的运动极限位置。从说明书中有关发明目的描述中可以看出,其目的之一在于“通过模具精度来保证电池外壳的精度”。因此,合理解释应当是权利要求中所述的限位装置一个用于限定下滑块向两侧运动的极限位置的模具的固定部件。由于滑块运动的对称性,该固定部件也应当设计成对称的结构,如一个U形块。由于该部件在限制滑块向两侧运动的同时也从外部对成型电池外壳施加压力,因此,在限位的同时也起到了保证电池外壳精度的作用。对于上述理解,从说明书中所给出的唯一的实施例及其附图中可以得到进一步的支持。因此,本专利权利要求中所述的限位装置应当解释为"具有U形结构的固定结构,该U形结构的两臂的内壁可以限制斜楔形滑块的运动极限位置"。

一审法院认为,权利要求中限定的"限位装置",从文字上看,属功能性限定,结合说明书及附图公开的内容,其主要功能为限定下滑块的运动极限位置。《专利审查指南》明确规定:"对于权利要求中的功能性特征,应当理解为覆盖了所有能够实现所述功能的实施方式。"根据该规定,对于"限位装置"应当理解为所有能够实现限定下滑块的运动极限位置的装置。对于本领域普通技术人员而言,限定下滑块的运动极限位置的方式多种多样,既可以通过固定部件也可以通过移动部件来实现限位功能,其具体结构形式亦存在多种。因此,国家知识产权局将该"限位装置"解释为下模中的一个"固定部分",并以本专利说明书附图反映的内容将其进一步解释为"U型结构的固定结构",已经超出了以说明书和附图解释权利要求的范围,而属于以说明书及其附图限定权利要求,违反了《专利法》及《专利审查指南》的相关规定。

二审法院认为,对权利要求中功能性限定特征的解释应当受专利说明书中记载的实现该功能的具体方式的限制,不应当解释为覆盖了能够实现该功能的任何方式。[①] 本案是限缩性解释功能性权利要求的典型案例。专利保护的是技术方案,而不单单是功能或者效果,而且目前的专利审查实践,实际上也难以按照《专利审查指南》的规定,对所有实现所述功能的实施方式进行检索和审查。[②] 在专利的技术方案中,不应当规定存在能够包含所有技术方案的技术特征,否则将与"贡献与保护相一致"的原则相违背,与设定专利制度的初衷相违背。所以,将目前《专利审查指南》中关于功能性特征的规定修改为与《专利权纠纷司法解释一》相一致的内容,有利于结束目前二者对立的局面,同时,《专利权纠纷司法解释一》的规定也符合"保护与贡献"一致的原则,所以,修改《专利审查指南》关于功能性特征的规定是必要的。

2. 功能性权利要求的审查

对功能性权利要求的审查,实际上是审查权利要求是否能够得到说明书的

---

① 北京市第一中级人民法院行政判决书,(2005)一中行初字第607号;北京市高级人民法院民事判决书,(2006)高民终字第367号。

② 最高人民法院研究室编:《知识产权司法解释理解与适用》,法律出版社2011年版,第116页。

支持，即审查权利要求是否符合《专利法》第26条第4款的规定。但是，《授权确权司法解释一》第9条第2款规定，对于前款规定的以功能或者效果限定的技术特征，权利要求书、说明书及附图未公开能够实现该功能或者效果的任何具体实施方式的，人民法院应当认定说明书和具有该技术特征的权利要求不符合《专利法》第26条第3款的规定。最高人民法院的该司法解释，将审查功能性权利要求的依据修订为《专利法》第26条第3款，与现行《专利审查指南》的规定明显不一致，目前还没检索到适用该条款的案例，最高人民法院改变功能性权利要求审查依据的法理暂时不好评述。笔者认为，对于功能性权利要求，如果"说明书及附图未公开能够实现该功能或者效果的任何具体实施方式"，可以说明书不符合《专利法》第26条第3款进行审查，但是，对"功能性权利要求"的审查仍应当通过《专利法》第26条第4款进行。

现阶段，对功能性权利要求的审查，本质上在于判断功能性特征是否能够"覆盖了所有能够实现所述功能的实施方式"，即说明书给出的有限的实施方式是否能够支持权利要求能够"覆盖了所有能够实现所述功能的实施方式"。对此，审查员审查的重点在于权利要求所述的功能是否可以采用说明书中未提到的其他替代方式来完成，或者有理由怀疑该功能性限定所包含的一种或几种方式不能解决发明或者实用新型所要解决的技术问题。具体可以概括为"特定性规则"和"合理怀疑规则"。

(1)特定性规则

如果权利要求中限定的功能是以说明书实施例中记载的特定方式完成的，则不允许进行上位概括，即不允许采用功能性权利要求进行保护。功能性权利要求是对说明书实施方式的概括，但是这一概括应当与说明书记载的实施方式具有对应性和一致性，如果说明书公开的是特定结构的实施方式，则权利要求不能采用通常的上位概括，而应当采用并列式的撰写方式进行保护。

在名称为"用于扫描光记录载体的装置"的发明专利申请授权程序中①，权利要求1请求保护一种用于扫描光记录载体的装置，国家知识产权局认为，该权利要求中特征部分的描述即"所说电子电路用于确定在来自每个检测器的检测器信号与在具有一个第一范围内的空间频率的多个标记上的辐射束通路有关的预定部分之间的第一时间或相位差和在来自每个检测器的检测器信号与

① 国家知识产权局复审宣告请求审查决定书(第10494号)；类案有复审请求审查决定书(第9706号)以及无效宣告请求审查决定书(第8498号)。

在具有在一个不同的、第二范围内的空间频率的多个标记上的辐射束通路有关的预定部分之间的第二时间或相位差，该电路进一步用于根据所说第一时间或相位差和第二时间或相位差之差来生成所说聚焦误差信号”仅仅表述了电子电路所实现的功能，根据本申请说明书所记载的内容，权利要求中特征部分限定的“电子电路”的功能是以说明书实施例中记载的特定方式完成的，即采用具有图中所描述结构的电子电路来实现本申请的发明目的，所属技术领域的技术人员难以预见此功能还可以采用说明书中未提到的其他替代方式来完成，并达到相同的技术效果。

本案中，说明书公开的具体实施方式均是特定实施方式，权利要求在撰写时将其概括为“电子电路”，这种通过撰写功能性权利要求概括说明书公开的特定实施方式，其本质是试图通过功能性权利要求扩大专利权的保护范围，不能为法律所允许。

(2)合理怀疑规则

合理怀疑规则，是指功能性权利要求不能覆盖所有实施方式，即除说明书记载的实施方式外，本领域技术人员不经过创造性劳动，不能联想到其他实施方式来实现相应的功能，或者是可以联想到的其他方式不能实现相应的功能。

在名称为“可靠性的打印顺序时序安排”的发明专利申请授权程序中①，权利要求1请求保护一种对多个打印机时序安排打印工作的方法，该方法包括的“使打印机处于非操作模式的时间周期数最小化”和“使连续运行时间最大化”的特征，属于对所述时序安排所实现的效果进行的限定，属于功能性限定。国家知识产权局认为，在本申请说明书中仅仅给出了特定情况下高级工作的时序安排方法可以实现上述效果，所属技术领域的技术人员不能明了是否可以采用说明书中未提到的其他替代方式来完成此功能。因此，权利要求概括的范围太宽，没有以说明书为依据，不符合《专利法》第26条第4款的规定。

授权确权程序中关于功能性特征的审查，“特定性规则”和“合理怀疑规则”通常是同时适用的，但是上述规则过于抽象，均具有极强的主观性，使对功能性权利要求的审查出现了不确定性。在目前的法律框架下，为了实现对功能性特征审查的可操作性及统一性，《专利审查指南》应当增加功能性特征审查的实例，并从实例中给出审查的具体规则，避免审查的主观性和不确定性。只要

① 国家知识产权局复审宣告请求审查决定书(第33444号)；类案有复审请求审查决定书(第50482号)。

采用“功能性限定”表述，就可以质疑或不支持权利要求，这种审查逻辑不够严谨科学。①

（二）侵权程序中功能性权利要求的解释规则

《专利权纠纷司法解释二》第8条规定：功能性特征，是指对于结构、组分、步骤、条件或其之间的关系等，通过其在发明创造中所起的功能或者效果进行限定的技术特征，但本领域普通技术人员仅通过阅读权利要求即可直接、明确地确定实现上述功能或者效果的具体实施方式的除外。

权利要求中的技术特征是否是功能性特征，直接关系权利要求保护范围的大小，因此，专利判定的步骤之一是确认权利要求中是否存在功能性特征。

1. 功能性特征认定

《专利权纠纷司法解释二》规定了功能性特征的定义，同时规定了例外情况，即将“本领域普通技术人员仅通过阅读权利要求即可直接、明确地确定实现上述功能或者效果的具体实施方式”排除在功能性特征之外。对此，北京市高级人民法院认为，②下列情形一般不宜认定为功能性特征：（1）以功能或效果性语言表述且已经成为本领域普通技术人员普遍知晓的技术术语，或以功能或效果性语言表述且仅通过阅读权利要求即可直接、明确地确定实现上述功能或者效果的具体实施方式的技术特征；（2）使用功能性或效果性语言表述，但同时也用相应的结构、组分、材料、步骤、条件等特征进行描述的技术特征。北京市高级人民法院认定的第一种情形是指本领域的通用技术术语，本领域的普通技术人员知晓其明确含义的，这种情形下，不应当认定为功能性特征；第二种情形是指同时具备功能性特征和相应结构等特征时，本领域的普通技术人员能够据此确定功能性特征的具体含义的情况。而上海市高级人民法院认为，③在所属技术领域的技术人员看来，权利要求所记载的装置结构（或工艺过程）足以实现权利要求中某项技术特征所述功能的，该特征不应当被认定为功能性特征。上海市高级人民法院所述的该种情形与北京市高级人民法院上述第一种情形本质是一致的。国家知识产权局认为，④如果对于本领域技术人员来说，通过阅读权利要求书、说明书和附图能够认定以功能或者效果表述的技

---

① 参见许谅亮：《关于功能性限定权利要求的审查与思考》，载《中国发明与专利》2015年第6期。
② 北京市高级人民法院《专利侵权判定指南（2017）》。
③ 上海市高级人民法院《专利侵权纠纷审理指引（2011）》。
④ 国家知识产权局《专利侵权判定和假冒专利行为认定指南（试行）》第一编第一章第2.5.3节。

术特征是所属领域普遍知悉的、约定俗成的上位概念,则一般不应当认定其为功能性技术特征。

在名称为"机动车辆的刮水器的连接器及相应的连接装置"的发明专利侵权纠纷案中①,争议焦点之一为被诉侵权产品是否具备"在所述关闭位置,所述安全搭扣面对所述锁定元件延伸,用于防止所述锁定元件的弹性变形,并锁定所述连接器"的技术特征。被告认为,涉案专利权利要求的上述技术特征是功能性特征,原审判决关于实现该功能所必不可少的技术特征的认定错误,被诉侵权产品不具有与上述功能性特征相同或者等同的技术特征。对此,最高人民法院认为:关于上述技术特征是否属于功能性特征。原审法院以该技术特征仅仅披露了安全搭扣与锁定元件之间的方向及位置关系,该方位关系并不足以防止锁定元件的弹性变形,本领域普通技术人员仅通过阅读权利要求不能直接、明确地确定实现"防止锁定元件的弹性变形,并锁定连接器"这一功能的具体实施方式为由,认定该技术特征属于功能性特征。对此,本院认为,首先,关于功能性特征的界定。功能性特征是指不直接限定发明技术方案的结构、组分、步骤、条件或其之间的关系等,而是通过其在发明创造中所起的功能或者效果对结构、组分、步骤、条件或其之间的关系等进行限定的技术特征。如果某个技术特征已经限定或者隐含了发明技术方案的特定结构、组分、步骤、条件或其之间的关系等,即使该技术特征还同时限定了其所实现的功能或者效果,原则上亦不属于司法解释所称的功能性特征,不应作为功能性特征进行侵权比对。其次,关于涉案专利权利要求中"在所述关闭位置,所述安全搭扣面对所述锁定元件延伸,用于防止所述锁定元件的弹性变形,并锁定所述连接器"的技术特征是否属于功能性特征。上述技术特征实际上限定了安全搭扣与锁定元件之间的方位关系并隐含了特定结构——"安全搭扣面对所述锁定元件延伸",该方位和结构所起到的作用是"防止所述锁定元件的弹性变形,并锁定所述连接器"。根据这一方位和结构关系,结合涉案专利说明书及其附图,特别是说明书关于"连接器的锁定由搭扣的垂直侧壁的内表面保证,内表面沿爪外侧表面延伸,因此,搭扣阻止爪向连接器外横向变形,因此连接器不能从钩形端解脱出来"的记载,本领域普通技术人员可以理解,"安全搭扣面对所述锁定元件延伸",在延伸部分与锁定元件外表面的距离足够小的情况下,就可以起到防止锁定元件弹性变形并锁定连接器的效果。可见,"在所述关闭位置,所述安全搭扣面对所述锁定

① 最高人民法院民事判决书,(2019)最高法知民终2号。

元件延伸,用于防止所述锁定元件的弹性变形,并锁定所述连接器"这一技术特征的特点是,既限定了特定的方位和结构,又限定了该方位和结构的功能,且只有将该方位和结构及其所起到的功能结合起来理解,才能清晰地确定该方位和结构的具体内容。这种"方位或者结构 + 功能性描述"的技术特征虽有对功能的描述,但本质上仍是方位或者结构特征,不是前述司法解释所称的功能性特征。最后,需要说明的是,虽然当事人未对原审法院关于上述特征属于功能性特征的认定提出异议,但权利要求的解释是法律问题,且功能性特征与其他类型的技术特征在侵权比对方法上有明显差异,可能影响侵权判定结果,故本院特予指出并予纠正。

在本案中,最高人民法院实际上是采用了北京市高级人民法院确定的观点,将"使用功能性或效果性语言表述,但同时也用相应的结构、材料、步骤等特征进行描述的技术特征"排除在功能性特征之外。

在名称为"新型电动平衡车"的实用新型专利侵权纠纷案中①,其权利要求1限定一种新型电动平衡车,其特征包括:内盖,所述内盖包括成对称设置且可相互转动的第一内盖和第二内盖;转动机构,固定于第一内盖与第二内盖之间,第一内盖与第二内盖通过该转动机构实现转动连接;两个车轮,分别自所述内盖相对的两侧延伸而出,固定在内盖的两侧且可绕内盖转动;电力驱动系统,该电力驱动系统固定在所述内盖上,其包括电源、控制器及多个传感器固定在所述内盖上;所述控制器电性连接所述多个传感器、电源和轮毂电机,所述控制器根据传感器传输的感测信号控制相应的轮毂电机驱动相应的车轮转动。争议焦点之一为"转动机构,固定于第一内盖与第二内盖之间,第一内盖与第二内盖通过该转动机构实现转动连接"的技术特征是否属于功能性特征。最高人民法院认为,对功能性特征的认定,除考虑争议特征在权利要求中的具体限定方式以外,还应当重点考察其在权利要求限定的技术方案中所起到的功能和效果。以该功能和效果为基础,判断本领域普通技术人员是否能够仅通过阅读权利要求,即可直接、明确地确定该功能和效果的具体实施方式。如果仅考虑争议特征在本领域中通常的实施方式,而忽略该特征与权利要求中的其他技术特征之间的适配关系,及其因此而对实现权利要求限定的功能和效果的具体实施方式的影响,将难以对技术特征是否属于功能性特征作出准确认定。

本案中,关于转动机构,权利要求中限定其位置"固定于第一内盖与第二内

① 最高人民法院民事裁定书,(2018)最高法民申2345号。

盖之间”,其功能是“第一内盖与第二内盖通过该转动机构实现转动连接”。但是,对于两内盖之间如何通过转动机构实现转动连接,权利要求并未作进一步描述。涉案专利说明书的“背景技术”部分记载:“目前平衡车的脚踏平台一般是一块板状的平板,其在使用过程中始终是保持水平状态,无法相对转动,所以无法让使用者仅仅通过利用脚部即可对平衡车进行控制。”而涉案专利加以改进,设置为与之不同的左、右内盖结构,并通过转动机构将左右内盖转动连接,从而实现了电动平衡车左右两侧结构的相对转动。虽然骑客公司主张转动连接在机械领域的含义是众所周知的,本领域技术人员仅通过阅读权利要求即可以清楚实现转动连接的具体方式。但转动机构在涉案专利中起到的功能是使第一内盖、第二内盖能够转动连接。因此,在判断本领域技术人员仅阅读权利要求是否能够直接确定如何实现权利要求中的转动连接时,还必须考虑其所连接的左、右内盖的具体情况。即使现有技术中已经有转动机构的连接方式,但是将已有的连接方式与涉案专利中的左、右内盖结构相配合,实现权利要求中的左、右内盖的转动连接,并不是本领域技术人员仅通过阅读权利要求即可直接、明确地确定的。对此,关于涉案专利第 36457 号无效宣告请求审查决定已作出如下认定:“本专利所述内盖结构与其左右可相互转动的设置方式是紧密相连、密切配合的,即使某些特征是现有技术中存在的,但是以特定方式将其有机结合在一起从而得到特定的结构,也需要付出创造性劳动才能获得。”综上所述,涉案专利权利要求的转动机构特征属于功能性特征。

本案中,最高人民法院坚持了“贡献与保护相一致”原则,将以功能或效果限定的体现“发明点”的技术特征认定为功能性特征。

2. 功能性权利要求的侵权判定规则

(1)实现所称功能或者效果不可缺少的技术特征

《专利权纠纷司法解释二》确定了功能性权利要求的侵权判定规则,首先要确定说明书及附图描述的实现所称功能或者效果不可缺少的技术特征,这里所称的不可缺少的技术特征,应当是指必要技术特征,这一理解可以根据《专利审查指南》对必要技术特征的定义推理出来。必要技术特征是指,发明或者实用新型为解决其技术问题所不可缺少的技术特征,其总和足以构成发明或者实用新型的技术方案,使之区别于背景技术中所述的其他技术方案。① 如何判断哪些特征属于实现功能或者效果不可缺少的技术特征,可以借助判断必要技术特

① 《专利审查指南》第二部分第二章第 3.1.2 节。

征的方法。判断某一技术特征是否为必要技术特征,应当从所要解决的技术问题出发并考虑说明书描述的整体内容,不应简单地将实施例中的技术特征直接认定为必要技术特征。[①] 这里存在的问题是,必要技术特征是授权阶段考虑的内容,如果缺少必要技术特征,则该专利申请不应当被授予专利权,同时申请人也有权对权利要求进行修改,达到克服这一缺陷的目的。在侵权对比时,如果根据功能或者效果来确定说明书中的不可缺少的技术特征,而说明书又没有记载实现功能或者效果的不可缺少的技术特征,比对将无法进行。如果根据说明书的记载,不可缺少的技术特征记载在说明书中,同时又记载在从属权利要求中,如果专利权人在主张权利时又不主张从属权利要求,而比对时则不得不将从属权利要求一并比对,这种状况有违私权的自治原则。

在名称为"一种太阳能灯及其包装盒"的实用新型专利权纠纷案中[②],争议焦点之一为如何确定"第一散热区""第二散热区"的不可缺少的技术特征。对此,最高人民法院认为,对"功能性特征"的解释,应当以说明书、附图中记载的实现该功能所"不可缺少"的技术特征作为依据,而不宜简单地将说明书、附图中与实现"功能性特征"的功能、效果有关的全部技术特征,均用于限定"功能性特征"的保护范围。由此可见,有利于鼓励专利权人主动公开与"功能性特征"的功能、效果有关的技术内容,丰富现有技术,便于社会公众更好地理解专利技术方案,亦可以让权利人无须顾虑由于公开的具体实施方式过于具体、细节,而导致"功能性特征"的保护范围受到不必要的限缩。综上所述,即使如再审申请人所主张的那样,将"第一散热区""第二散热区"解释为"功能性特征",在"结合说明书和附图描述的该功能或者效果的具体实施方式及其等同的实施方式,确定该技术特征的内容"时,亦应当分析说明书中记载的相关具体实施方式中的具体情形,以实现"散热"功能的必要技术特征来确定保护范围,不能将说明书中记载的与"散热"有关的所有技术特征,均用来确定"第一散热区""第二散热区"的保护范围。本案中,涉案专利说明书记载了"第一散热区""第二散热区"具有多种实现散热的具体实施方式,设置散热孔仅是涉案专利说明书公开的一种优选方式。本领域普通技术人员根据涉案专利说明书,能够理解即使不设置散热孔,仅通过特定区域本身的热辐射方式也足以实现散热,即"设置散热孔"并不是实现"散热"必不可少的技术特征。

---

① 《专利审查指南》第二部分第二章第3.1.2节。

② 最高人民法院民事裁定书,(2018)最高法民申1018号。

(2)整体等同的适用

关于功能性权利要求的侵权判定规则,《专利权纠纷司法解释二》第8条第2款进一步规定:与说明书及附图记载的实现前款所称功能或者效果不可缺少的技术特征相比,被诉侵权技术方案的相应技术特征是以基本相同的手段,实现相同的功能,达到相同的效果,且本领域普通技术人员在被诉侵权行为发生时无须经过创造性劳动就能够联想到的,人民法院应当认定该相应技术特征与功能性特征相同或者等同。这里的等同,指的是"整体等同",而非技术特征的等同。

在"新型电动平衡车"的实用新型专利侵权纠纷案中①,最高人民法院认为,在认定被诉侵权产品是否具有与功能性特征"相同或者等同"的相应技术特征时,应当重点考虑以下问题:第一,明确功能性特征所限定的具体内容。如果说明书及附图所记载的功能性特征所对应的具体实施方式包含多个技术特征,在满足《专利法》第26条第3款规定的"充分公开"等有关专利授权的法定条件的前提下,专利权人通常会选择在说明书及附图中仅记载实现功能性特征的功能或效果所不可缺少的技术特征,以获得更大的保护范围。因此,除非存在明显不属于实现权利要求限定的功能或者效果所不可缺少的技术特征的情形,一般应根据说明书及附图记载的与功能性特征对应的具体实施方式确定功能性特征限定的具体内容。如果专利权人主张其中某些技术特征不是不可缺少的,应当对此进行充分说明或者举证证明。第二,在认定是否构成"相同或者等同"时,对功能性特征不宜再拆分比对。在权利要求限定的技术方案中,功能性特征可以构成实现特定的功能和效果的最小技术单元。在侵权比对时,应将与功能性特征对应的具体实施方式作为一个整体,与被诉侵权技术方案的相应技术特征进行比对。而不宜再将具体实施方式中的各个不可缺少的技术特征再行拆分,分别、逐一与被诉侵权产品中的相应技术特征进行比对。第三,"功能"和"效果"的比对基础。对于功能性特征的侵权比对,在认定被诉侵权产品的相应技术特征是否能够"实现相同的功能""达到相同的效果"时,应当以权利要求中记载的功能性特征限定的功能和效果为依据,而不是以说明书及附图记载的实现该功能和效果所不可缺少的技术特征分别具有的功能和效果为依据。

本案中,关于转动机构特征,涉案专利说明书记载:"转动机构包括一个轴

① 最高人民法院民事裁定书,(2018)最高法民申2345号。

套、两个轴承和两个卡簧,所述轴套为轴向中空结构,供第一内盖与第二内盖中间的连接线通过且第一内盖、第二内盖均可相对所述轴套转动。轴承固定在两个轴套内并通过卡簧固定在内盖上,这样内盖的左右两个内盖就可在转动机构的配合下转动。通过设置这种转动机构新型电动平衡车的两部分车体都能够自由实现相对转动。”专利权人未主张或举证证明上述说明书记载的内容有不属于实现转动连接的不可缺少的技术特征。因此,权利要求中转动机构特征限定的内容应当确定为:“转动机构包括一个轴套、两个轴承和两个卡簧,所述轴套为轴向中空结构,供第一内盖和第二内盖中间的连接线通过且第一内盖、第二内盖均可相对所述轴套转动。轴承固定在两个轴套内并通过卡簧固定在内盖上。”

被诉侵权产品中,轴套的一端与内盖通过过盈配合及销钉铆接的方式实现相对固定,另一端则通过与轴承、卡簧的配合实现与另一侧内盖的连接。波速尔公司主张,涉案专利两侧的内盖相对于轴套都是转动连接,而被诉侵权产品中,仅一侧内盖相对于轴套是转动连接,另外一侧内盖与轴套之间是固定连接,骑行时的安全系数和驾驶体验不同,并且被诉侵权产品仅需要安装一侧轴承,制造成本低,用竖销代替卡簧提高安全性,二者既不相同也不等同。

法院认为,涉案专利权利要求中限定了转动机构特征的功能是实现“第一内盖和第二内盖之间的转动连接”,而被诉侵权产品中的转动机构也实现了相同的功能。至于两侧的内盖与轴之间是否都是转动连接,并不属于权利要求中限定的转动机构的功能和效果,不妨碍“实现相同功能”的认定。二者采用的技术手段整体上也不具有实质性差异,构成《专利权纠纷司法解释二》第 8 条第 2 款规定的“等同”技术特征。至于被告所主张的被诉侵权产品两侧内盖与轴之间均为转动连接,而涉案专利仅一侧内盖与轴之间转动连接,该差异是对转动机构特征再行拆分后,与被诉侵权产品相应技术特征比对得出的,对转动机构特征整体上与被诉侵权产品相应特征构成等同不具有实质性的影响。至于卡簧数量、安装位置等方面的差异,也同属于对转动机构特征再进行拆分和比较后存在的不同,对功能性特征“转动机构”的等同判断没有实质性影响。

本案中,法院明确指出,“在侵权比对时,应将与功能性特征对应的具体实施方式作为一个整体,与被诉侵权技术方案的相应技术特征进行比对”,这实际上指的是整体等同。在确定功能性特征的保护范围时,不能仅仅限定在具体实施方式,因为具体实施方式通常是具体的实施例,实施例一般较为详尽地描述了功能或效果的技术方案,如果将功能性特征的保护范围仅解释为具体实施方式,对于社会公众来讲是有利的,因为社会公众在具体实施方式的引导下,根据现有技术很容易设计出规避具体实施方式的技术方案,从而避开专利权的保护范围。但这对申请人来说是不公平的,根据说明书和附图本领域普通技术人员在不进行创造性劳动的情况下就能够联想到的规避性技术方案本就是申请人对社会的贡献,专利法应当予以保护。在对功能性特征进行限缩性解释的同时,又不适宜将功能性特征的保护范围仅限定在“具体实施方式”,应当在“具体实施方式”的基础上适当扩大,为此,在实践中确立了“整体等同”的比对方式。

五、制备方法特征限定的权利要求

“制备方法特征限定的产品权利要求”,是一种特殊类型的产品的权利要求,又称“方法特征表征的产品权利要求”“方法特征界定的权利要求”。制备方法特征,是指表明产品制备原料、制备步骤、制备条件等的特征。① 以制备方法界定产品的权利要求,英文中称为“Product-by-Process”权利要求,指将制备方法作为技术特征的权利要求。② 这种类型的权利要求特殊性在于权利要求是由混合型的技术特征组成,限定产品权利要求的技术特征,既包括了结构、组分等产品权利要求的应有的技术特征,也包含了本属于方法权利才应有的制备方法特征。这种由混合型的技术特征限定的产品权利要求,其解释与保护规则无论是在审查阶段还是在侵权判定阶段本应一致,但是在我国实践中并非如此,这主要表现为三种观点。第一,“产品限定说”,也称为“物同一说”③,是指在确定以制备方法界定的产品权利要求的保护范围时只考虑结构、组分等技术特征的限定作用,也就是说,权利要求中的制备方法特征对于权利要求保护范围的确定不具备限定作用。第二,“全部限定说”,也称为“方法限定说”“制备方法限定说”④,是指在确定以制备方法界定的产品权利要求的保护范围时,不仅权利要求中记载的结构、组分等技术特征对权利要求保护范围的确定具有限定作

① 参见国家知识产权局专利复审委员会编著:《以案说法——专利复审、无效典型案例指引》,知识产权出版社 2018 年版,第 101 页。

② 参见闫文军:《专利权的保护范围》(第 2 版),法律出版社 2018 年版,第 628 页。

③ 李明德、闫文军:《日本知识产权法》,法律出版社 2020 年版,第 477 页。

④ 李明德、闫文军:《日本知识产权法》,法律出版社 2020 年版,第 477 页。

用,而且权利要求中的制备方法特征同样具有限定作用,[①]《专利权纠纷司法解释二》第 10 条和《专利审查指南》(2019 年)第四部分第六章第 4 节均属于这一观点。第三,"折衷说",在对包含制备方法特征的产品权利要求的新颖性进行审查时,应当考虑该制备方法是否导致产品具有某种特定的结构和/或组成。如果申请的权利要求所限定的产品与对比文件产品相比,尽管所述方法不同,但产品的结构和组成相同,则该权利要求不具备新颖性,除非申请人能够根据申请文件或现有技术证明该方法导致产品在结构和/或组成上与对比文件产品不同,或者该方法给产品带来了不同于对比文件产品的性能从而表明其结构和/或组成已发生改变,[②]《专利审查指南》中采用了这一观点。[③] 笔者认为,"方法限定说"符合专利制度的宗旨,体现了贡献与保护相一致的原则,是权利要求公示与划界作用的体现。权利要求是专利权人排他性权利的基础,也是专利申请人对社会贡献的体现,以权利要求中记载的内容来划定专利权的保护范围,不但使专利权的保护范围具有了确定性,更为社会公众的行为自由提供了指引。而采用"产品限定说"会弱化权利要求的公示和划界作用,在确定权利要求的保护范围时损害了社会公众的预期利益。

之所以要采用制备方法特征限定产品权利要求,是因为保护新产品的需要,因此有其必然性。正如一百多年前,美国法院在 Exparte Painter 一案所述,"当一个人发明了一项发明时,其获得专利的权利或者其享有的对其发明所涉权利要求进行适当定义的权利,不受语言表达的限制"。不能因为语言的限制而放弃对新产品的保护。所以,选择以制备方法特征限定产品权利要求有其历史必然性。通常,对制备方法特征限定的产品权利要求的讨论,一般是根据权利要求的性质,将权利要求分为两种基本类型:产品权利要求和方法权利要求。[④] 在此基础上,对产品权利要求进行讨论。笔者认为,这种划分不能全面总结我国实践中关于制备方法特征限定的产品权利要求的争议,应当根据发明创

---

① 参见丁佳艺:《"用方法特征表征的产品权利要求"相关问题的探析》,中国社会科学院研究生院 2014 年硕士学位论文。

② 最高人民法院行政裁定书,(2018)最高法行申 1918 号。

③ 《专利审查指南》第二部分第三章第 3.2.5 节。

④ 《专利审查指南》第二部分第二章第 3.1 节规定:按照性质划分,权利要求有两种基本类型,即物的权利要求和活动的权利要求,或者简单地称为产品权利要求和方法权利要求。第一种基本类型的权利要求包括人类技术生产的物(产品、设备);第二种基本类型的权利要求包括有时间过程要素的活动(方法、用途)。属于物的权利要求有物品、物质、材料、工具、装置、设备等权利要求;属于活动的权利要求有制造方法、使用方法、通讯方法、处理方法以及将产品用于特定用途的方法等权利要求。

造的类型,分为制备方法特征在实用新型专利权利要求中的解释与制备方法特征在发明专利权利要求中的解释两种类型,另外,并列式独立权利要求因其与制备方法特征限定的权利要求具有共性,因此在本节中一并进行讨论。

(一)制备方法特征在实用新型专利权利要求中的解释规则

产品权利要求,本质上是对产品提出的新的技术方案,根据我国《专利法》对发明创造的分类,对产品提出的新的技术方案的发明创造,包括实用新型和发明。这两种类型的权利要求的制备方法特征常用的撰写格式为:"一种产品,其特征包括A和B和C,其中,A由……制成。"因此,制备方法特征限定的产品权利要求的解释规则在实用新型专利和发明专利中的解释规则具有一致性。但是,因为实用新型专利权保护客体不包括方法,因此其解释规则受到诸多限制。

第一,制备方法特征不属于实用新型专利保护的客体。根据《专利法》第2条第3款的规定,实用新型专利保护的是产品的形状、结构或者其结合,制备方法特征不构成实用新型专利保护的客体。而根据《专利法》第2条第2款的规定,发明专利的客体包括了方法及方法与产品的结合。如果权利要求中既包含形状、构造特征,又包含对方法本身提出的改进,如含有对产品制造方法、使用方法或计算机程序进行限定的技术特征,则不属于实用新型专利保护的客体。例如,一种木质牙签,主体形状为圆柱形,端部为圆锥形,其特征在于:木质牙签加工成形后,浸泡于医用杀菌剂中5~20分钟,然后取出晾干。[①] 由于该权利要求包含了对方法本身提出的改进,因而不属于实用新型专利保护的客体,但可以是发明的客体。这种类型的典型情况为"一种产品A,其特征在于,A由……制成",对于这种类型的权利要求,只能是发明专利的权利要求,而不能是实用新型专利的权利要求。

第二,制备方法特征在实用新型专利和发明专利中的含义并不相同。实用新型专利权利要求中可以使用已知方法的名称限定产品的形状、构造,但不得包含方法的步骤、工艺条件等。例如,以焊接、铆接等已知方法名称限定各部件连接关系的,不属于对方法本身提出的改进。[②] 由此可知,实用新型专利的权利要求中使用的是已知方法的名称来限定产品的形状、构造,这里的制备方法特

① 《专利审查指南》第一部分第二章第6.1节。
② 《专利审查指南》第一部分第二章第6.1节。

征应当是已知方法的名称,而不应是制备方法。发明专利没有这一限制,如果将制备方法写入实用新型的权利要求中,则将以不符合《专利法》第 2 条第 3 款的规定不能授予专利权。

第三,实用新型专利权不保护微观的结构特征。物质的分子结构、组分、金相结构等不属于实用新型专利给予保护的产品的构造。例如,仅改变焊条药皮组分的电焊条不属于实用新型专利保护的客体。[①] 由此可知,产品的微观结构不属于实用新型专利保护的客体,那么使用制备方法特征限定实用新型专利权利要求中的微观结构也不应被允许。日本有《实用新型法》,其规定作为实用新型允许注册登记的,仅限于"技术方案"中的"物品的形状、结构或组合相关的"技术方案。方法的技术方案则不得注册。为了提高公众的可预测性,只能将注册对象限定在物体之形状等比较容易辨认的技术方案上,这也许就是制度的内在理由。[②] 在发明专利中,如果因为制备方法特征改变了产品的微观结构,则允许使用该制备方法进行限定。例如,如果 X 方法包含了对比文件中没有记载的在特定温度下退火的步骤,使用该方法制得的玻璃杯在耐碎性上比对比文件的玻璃杯有明显的提高,则表明要求保护的玻璃杯因制备方法的不同而导致了微观结构的变化,具有了不同于对比文件产品的内部结构,该权利要求具备新颖性。[③] 这里的"玻璃杯耐碎性"结构的改变,是通过"在特定温度下退火的步骤"来实现的。

第四,制备方法的使用条件不同。对实用新型专利中使用已知方法的名称限定产品权利要求没有规定条件限制。《专利审查指南》第二部分第二章第 3.1.1 节规定,当产品权利要求中的一个或多个技术特征无法用结构特征并且

---

① 《专利审查指南》第一部分第二章第 6.2 节。

② 参见[日]田村善之:《日本知识产权法》(第 4 版),周超、李雨峰、李希同译,知识产权出版社 2011 年版,第 348 页。

③ 《专利审查指南》第二部分第三章第 3.2.5 节规定:对于这类权利要求,应当考虑该制备方法是否导致产品具有某种特定的结构和/或组成。如果所属技术领域的技术人员可以断定该方法必然使产品具有不同于对比文件产品的特定结构和/或组成,则该权利要求具备新颖性;相反,如果申请的权利要求所限定的产品与对比文件产品相比,尽管所述方法不同,但产品的结构和组成相同,则该权利要求不具备新颖性,除非申请人能够根据申请文件或现有技术证明该方法导致产品在结构和/或组成上与对比文件产品不同,或者该方法给产品带来了不同于对比文件产品的性能从而表明其结构和/或组成已发生改变。例如,专利申请的权利要求为用 X 方法制得的玻璃杯,对比文件公开的是用 Y 方法制得的玻璃杯,如果两个方法制得的玻璃杯的结构、形状和构成材料相同,则申请的权利要求不具备新颖性。相反,如果上述 X 方法包含了对比文件中没有记载的在特定温度下退火的步骤,使用该方法制得的玻璃杯在耐碎性上比对比文件的玻璃杯有明显的提高,则表明要求保护的玻璃杯因制备方法的不同而导致了微观结构的变化,具有了不同于对比文件产品的内部结构,该权利要求具备新颖性。

也不能用参数特征予以清楚地表征时,允许借助于方法特征表征。从逻辑上分析,该规定应当是针对发明专利的权利要求作出的规定,否则该规定将与前述实用新型专利中关于制备方法特征的规定相矛盾。所以发明专利的权利要求中使用制备方法特征是有条件的,只有在“技术特征无法用结构特征并且也不能用参数特征予以清楚地表征时”,才允许采用制备方法特征来限定。

1. 确权程序中,制备方法特征与实用新型专利权保护范围的关系

在专利名称为“一种圆柱形锂电池负极导针引出结构”的实用新型专利无效程序中①,权利要求 1 保护一种圆柱形锂电池负极导针引出结构。在该实用新型专利的权利要求 1 中,记载了“压制成型”“铆接”“焊接”的制备方法特征。其中争议焦点为“压制成型”的制备方法特征是否构成区别技术特征。国家知识产权局认为,对于权利要求中的技术特征“所述的极耳由圆柱体压制成型出极耳片”:对比文件公开的技术方案中,负极柱下部与极耳连接片为一体的,一体的连接方式为一次成型。而一次成型是指一次加工即制成,压制成型则是指通过压制使之成型,两者的含义不同,不能认为一次成型公开了压制成型。可见,对比文件并未公开权利要求中的上述技术特征。

一审中,北京知识产权法院认为,对于包含制备方法特征的产品权利要求,应当考虑该制备方法是否导致产品具有某种特定的结构和/或组成。本案中,虽然对比文件未记载极耳由圆柱体压制成型出极耳片,但是从对比文件的附图及说明书相应内容来看,正极柱为圆柱体结构,极耳连接片为片状结构,且两者是一体的,与涉案专利权利要求中“所述的极耳由圆柱体压制成型出极耳片”在结构上并无差别,也就是说“压制成型”作为一种加工方法并未使权利要求 1 的极耳及极耳片结构不同于对比文件 1 中的极耳和极耳片的特定结构和/或组成,因此,“压制成型”不构成涉案专利权利要求与对比文件的区别特征。

通过该案例我们可以看出,实用新型专利权利要求中的制备方法特征对权

① 北京知识产权法院行政判决书,(2016)京 73 行初 4360 号;北京市高级人民法院行政判决书,(2018)京行终 5919 号。该案二审判决撤销了一审判决,但并未就本案争议的问题给出任何理由。与此相同的观点还有北京知识产权法院行政判决书,(2016)京 73 行初 4363 号。此外,北京知识产权法院在另案中认为争议的制备方法特征“由压力焊成型的结合层”具有限定作用,北京知识产权法院行政判决书,(2016)京 73 行初 4364 号。

利要求的保护范围具备限定作用,在实践中争议还是很大。[①] 争议的根源在于,一方面,《专利审查指南》关于制备方法特征坚持了"折中"说审查规则,即对于专利权利要求中的制备方法特征,应当考虑该制备方法是否导致产品具有某种特定的结构和/或组成,如果该方法使产品具有特定结构和/或组成,则该制备方法特征具备限定作用,属于"方法限定说";相反,则不具备限定作用,属于"产品限定说"。最高人民法院进一步认为,实用新型专利权的保护对象是由形状、构造或者其结合构成的技术方案。如果权利要求中非形状构造类特征对产品的形状、构造或者其结合不具有影响,则其通常对该权利要求的创造性不产生贡献。[②] 另一方面,《专利审查指南》又规定,在实用新型专利创造性的审查中,应当考虑其技术方案中的所有技术特征,包括材料特征和方法特征。[③] 该规定又属于"方法限定说"。这就导致实用新型专利权利要求中制备方法特征解释的规则极为混乱。

在名称为"一种移动终端壳体和移动终端"的实用新型专利纠纷案中[④],权利要求1保护一种移动终端壳体。涉案专利权利要求中"模内镶件注塑"为制备方法特征,该制备方法特征也是唯一没有被对比文件公开的技术特征。请求人认为,本专利为实用新型专利,保护的是产品而非方法,而对"半切膜"形成方式的具体限定属于方法技术特征。因此,两者的区别技术特征不应包含"模内镶件注塑半切膜"。国家知识产权局认为,关于上述区别特征,模内镶嵌注塑一般是将已印刷成型好的装饰片材放入注塑模内,然后将树脂注入成型片材的背面或周围,使树脂与片材结合成一体固化成型的产品,同时在表面形成硬化的透明薄膜。使用模内镶件注塑工艺制造半切膜,具有坚固、稳定、耐磨的技术效果,因此,权利要求1具备创造性。北京知识产权法院认为,关于"模内镶件注塑半切膜"属于方法应予排除的主张,缺乏事实基础,没有法律依据。北京市高级人民法院同样认为,"模内镶件注塑半切膜"并非对方法本身进行改进的技术特征,而是对半切膜与壳体的连接关系即结构特征具有限定作用的方法特征,

---

① 该案例是2019年10月北京市高级人民法院判决的案例,这也说明该问题在目前的实践汇总中争议很大,也说明了本文讨论的问题的重要性。

② 最高人民法院行政判决书,(2021)最高法知行终621号。

③ 《专利审查指南》第四部分第六章第4节。

④ 国家知识产权无效宣告审查决定书(第25583号);北京知识产权法院行政判决书,(2016)京73行初2372号;北京市高级人民法院行政判决书,(2017)京行终2928号[类案有北京知识产权法院行政判决书,(2015)京知行初字第2871号;北京市高级人民法院行政判决书,(2016)京行终5572号];最高人民法院行政裁定书,(2018)最高法行申1918号。

此类方法特征对实用新型专利的技术方案具有限定作用,在评价新颖性和创造性时应当予以评价。半切膜通过模内镶件注塑工艺成型,进而与壳体坚固连接,使得本专利的技术方案取得了有益的技术效果。最高人民法院认为,第一,模内镶件注塑工艺是较成熟的技术,模内镶件注塑的工艺过程以及依据该工艺制备的产品特性均是已知的,权利要求中并未包含对方法本身提出的改进,该特征通过已知制备方法对半切膜本身进行限定,该制备方法制备的膜本身具有已知的硬度、层状结构等特性,因此"半切膜为模内镶件注塑半切膜"具有限定作用。第二,模内镶件注塑半切膜这一制作工艺导致产品在结构和/或组成上与对比文件产品不同,在新颖性审查中应当考虑该特征。而且,目前没有证据表明对该种工艺制备的膜进行半切处理,并将其作为接口处防护膜的技术手段属于所属领域惯用技术手段,同时,基于不同的膜本身的特性,权利要求的"模内镶件注塑半切膜"具有更为稳定、坚固、耐磨的效果,因此权利要求和对比文件的区别"半切膜为模内镶件注塑半切膜"不属于所属领域惯用技术手段的直接置换。

上述案件是"方法限定说"的典型案例,但是笔者不赞同最高人民法院的观点。首先,既然模内镶件注塑工艺是使用已知方法限定已知产品,那么"特定结构"从何而来。其次,最高人民法院以"该制备方法制备的膜本身具有已知的硬度、层状结构等特性"来说明"半切膜"的特定结构,而该"特定结构"又没有写入权利要求,这与"发明或者实用新型专利权的保护范围以其权利要求的内容为准"相违背。再次,如前所述,产品的微观结构不属于实用新型专利保护的客体。实用新型专利中采用已知工艺限定已知产品,即便是产生了特定的结构和/或组成,也应当记载在权利要求中通过结构特征来体现。"该制备方法制备的膜本身具有已知的硬度、层状结构等特性"明显属于微观结构,不应当属于实用新型专利保护的客体。该类观点根深蒂固,早在名称为"双层艺术玻璃容器"的实用新型专利确权案中,国家知识产权局认为,权利要求中限定了图案壁和外层壁端口的连接方式还采用了"相熔接成一体"的整体结构,与对比文件所述"内壁层和外壁层通过螺纹以及防水粘合剂紧固"的连接方式不同,产品结构已经发生了变化。[①] 但权利要求并没有记载产品结构是什么,因此,采用制备方法特征限定产品结构的做法不可取。

---

① 参见李政主编,国家知识产权局专利复审委员会编著:《专利复审委员会案例诠释——现有技术与新颖性》,知识产权出版社 2004 年版,第 389 页。

2. 侵权程序中,制备方法特征与实用新型专利权保护范围的关系

《专利权纠纷司法解释二》第10条规定,对于权利要求中以制备方法界定产品的技术特征,被诉侵权产品的制备方法与其不相同也不等同的,人民法院应当认定被诉侵权技术方案未落入专利权的保护范围。上述规定没有区分实用新型专利权和发明专利权,统一采用了“方法限定说”。该规定与权利要求的划界作用相符,尽管该规定在侵权程序中具有广泛的应用,但是司法实践中仍有大量适用“产品限定说”的案例。

第一,“产品限定说”。

在名称为“多层次酸蚀工艺图案玻璃”的实用新型专利中①,权利要求1保护一种多层次酸蚀工艺图案玻璃。该专利权利要求中的制备方法特征包括“酸蚀”“二次酸蚀”,根据“产品限定说”,制备方法特征对权利要求保护范围的确定不具有限定作用。例如,佛山市中级人民法院认为,涉案专利请求保护的权利要求3不是对酸蚀方法本身提出的技术方案,因此,即使被控侵权产品经过3次或者4次酸蚀方法对玻璃进行处理,仍然落入原告请求保护的权利要求3的保护范围。福州市中级人民法院、河南省高级人民法院均采用了该观点。② 同时,笔者注意到,在该专利的无效程序中,同样没有把制备方法特征作为区别技术特征进行考虑。北京市高级人民法院认为,③本专利权利要求2~6是对平板玻璃的表面、凹陷部分和凹蒙图案面部分的透明度、位置关系以及其上图案等特征的描述,不涉及腐蚀玻璃的酸度、时间和蚀刻过程,因此请求人关于公知常识证据已经公开了腐蚀玻璃的酸度及时间决定蚀刻深度的上诉理由,与本专利创造性判断无关。

在名称为“一种矩形密封圈”的实用新型专利的侵权纠纷案件中④,权利要求保护一种矩形密封圈。最高人民法院认为,实用新型专利权利要求中非形状构造类技术特征对于该实用新型专利权利要求的新颖性和创造性不能产生贡献。因此,审查针对该具有非形状构造类技术特征的实用新型专利权利要求所提出的现有技术抗辩时,原则上不考虑该现有技术是否公开了该非形状构造类技术特征。如果考虑该非形状构造类技术特征,则会将已经全部公开了有关形

① 广东省高级人民法院民事判决书,(2011)粤高法民三终字第73号。

② 河南省高级人民法院民事判决书,(2011)豫法民三终字第145号;福建省福州市中级人民法院民事判决书,(2009)榕民初字第1784号。

③ 北京市高级人民法院行政判决书,(2010)高行终字第1404号。

④ 最高人民法院民事裁定书,(2017)最高法民申3712号。

状构造类技术特征的现有技术囊括在该具有非形状构造类技术特征的实用新型专利权利要求的保护范围之内,导致该实用新型专利权利要求的保护范围与其技术贡献不相适应。本案中,尽管本实用新型专利在其权利要求中用“热压”限制聚四氟乙烯包裹层,但“热压”既不属于形状范畴,也不属于构造范畴,故不属于本实用新型专利的保护范围。

上述案例是“产品限定说”的体现。笔者认为,“产品限定说”在专利侵权判定中不具备法律基础。首先,权利要求是确定专利权保护范围的基础,也是专利权人对社会贡献的体现,更是区分公共利益和私人利益的标尺,在法律明确规定了专利权的保护范围以其权利要求的内容为准的情况下,在确定实用新型专利权的保护范围时,将实用新型中的制备方法特征排除在专利权的保护范围之内,是没有任何依据的。既然最高人民法院认为“实用新型专利权利要求中非形状构造类技术特征对于该实用新型专利权利要求的新颖性和创造性不能产生贡献”,那么,在确权阶段也不应当认为“实用新型专利新颖性的审查中,应当考虑其技术方案中的所有技术特征,包括材料特征和方法特征”。如果在授权确权阶段认为制备方法特征是应当予以考虑的技术特征,那么就不应当否认该技术特征对权利要求所做的贡献。其次,实用新型专利的客体是产品不能成为制备方法特征不具备限定作用的理由。实用新型专利的权利要求中可以包括方法特征,允许使用已知方法的名称限定产品的形状、构造,但不能包含对方法本身提出的改进。既然通过已知方法来限定权利要求中的技术特征符合专利法的规定,那么,该已知的方法特征对权利要求应当具备限定作用。至于为什么要在产品的权利要求中记录制备方法特征,《专利法》及《专利审查指南》都没有规定。如果将制备方法特征写入权利要求,在制度上是被允许的,而在侵权阶段却又是可以忽略的技术特征,会使在确定专利权的保护范围时增加了不确定性,对社会公众是不利的。这种忽略制备方法特征的做法,本质上就是在适用已经放弃的“多余指定原则”。① 最后,专利权具有排他性,这就要求专利权的保护范围具备确定性。对此,专利申请人在撰写权利要求书和获取该权利时,应当抱有积极谨慎的态度。专利申请人应当坚持将尽量少的技术特征写入权利要求中的做法,这是因为权利要求中的每一个特征都应当是其财产权的一部分,都是划定边界的标尺。有人可能说这对于权利人可能过于苛刻,或

---

① 参见程永顺、罗李华:《专利侵权判定——中美法条与案例比较研究》,知识产权出版社 1998 年版,第 268 页。

者不现实，但是这一谨慎的标准就如同正义和公正一样，虽然很难苛求在每一专利申请中都能体现，但是这是每件专利申请的目标。在撰写专利申请时其可能因为种种原因不能完美，但是不能因此就纵容撰写中出现的瑕疵。以实用新型专利权为例，根据我国的专利制度，其授权不经过实质审查，申请人撰写完成专利申请也就意味着财产权的形成。对此，专利申请人更应当抱着对社会公众负责，对自己的财产权负责的态度，谨慎撰写每一项权利要求，结合现有技术字斟句酌写入权利要求中的每一个技术特征。否则在进行侵权判定时，不能以疏忽、不谨慎、没有考虑周全等理由否定任何写入权利要求中的技术特征的限定作用。

第二，“方法限定说”。

实用新型专利中，说明书及附图为实现功能性特征所限定的功能、效果所载的不可缺少的形状构造类特征和非形状构造类特征，均对该功能性特征具有实质限定作用，均构成功能性特征的内容，在侵权判定时均应予以考虑。[①] 在根据说明书及附图确定实用新型专利中的功能性特征的不可缺少的技术特征时，同样应当考虑非形状构造类特征。这说明“方法限定说”在侵权诉讼中属于主流观点。

在名称为“药浸柳枝接骨外固定架”的实用新型专利侵权纠纷案中[②]，权利要求保护一种药浸柳枝接骨外固定架，争议焦点为实用新型专利权利要求中“药浸”是否具有限定作用，上海市高级人民法院认为，实用新型专利技术方案中既可以有形状、构造或者其结合方面的技术特征，也可以有非形状、构造或者其结合方面的技术特征，只要这些技术特征所共同限定的技术方案是具有确定形状或者构造的产品，该种产品就可以成为实用新型专利所保护的客体。涉案实用新型专利是由经“药浸”处理的柳枝条编织成的接骨外固定架，“药浸”是非形状、构造或者其结合方面的技术特征，该技术特征不会引起涉案实用新型专利在形状、构造或者其结合方面发生变化。但“药浸”仍是涉案实用新型专利的一项必要技术特征，并与其他技术特征一起共同构成了涉案实用新型专利技术方案，共同限定了涉案实用新型专利权保护的范围。“药浸”应当是涉案实用新型专利的一项必要技术特征，而并非一项非必要的技术特征。更何况，专利权利要求的独立权利要求中记载的技术特征均应是必要技术特征，认定一项记

---

① 最高人民法院民事判决书，(2021)最高法知民终411号。

② 上海市高级人民法院民事判决书，(2004)沪高民三(知)终字第94号。

载于独立权利要求中的技术特征为非必要技术特征并无法律依据。“药浸”记载于涉案实用新型专利的独立权利要求中,故应为涉案实用新型专利的必要技术特征。

在实用新型专利的民事侵权判定中,产品权利要求中的制备方法特征具备限定作用,是权利要求公示与划界作用的体现。最高人民法院的司法解释、北京市高级人民法院的《专利侵权判定指南》及国家知识产权局制定的规章都予以了肯定。①

① (1)《专利权纠纷司法解释二》第10条规定:对于权利要求中以制备方法界定产品的技术特征,被诉侵权产品的制备方法与其不相同也不等同的,人民法院应当认定被诉侵权技术方案未落入专利权的保护范围。

(2)北京市高级人民法院关于制备方法特征在权利要求中的限定作用的意见。

北京市高级人民法院先后出台过三份关于专利侵权判定方面的意见:

第一,《北京市高级人民法院关于〈专利侵权判定若干问题的意见(试行)〉的通知》(现已失效)第53条。

53. 对于含有非实用新型技术特征的实用新型专利权利要求,应当严格按照专利权利要求的文字限定专利权的保护范围,不应当把该专利权利要求中的非实用新型技术特征认定为非必要技术特征。即被控侵权物(产品或方法)缺少了实用新型专利独立权利要求中的非实用新型技术特征,不构成侵犯专利权。

第二,北京高级人民法院《专利侵权判定指南(2013)》第19、20条。

19. 以方法特征限定的产品权利要求,方法特征对于专利权保护范围具有限定作用。

20. 实用新型专利权利要求中包含非形状、非构造技术特征的,该技术特征用于限定专利权的保护范围,并按照该技术特征的字面含义进行解释。

非形状、非构造技术特征,是指实用新型专利权利要求中记载的不属于产品的形状、构造或者其结合等的技术特征,如用途、制造工艺、使用方法、材料成分(组分、配比)等。

第三,北京高级人民法院《专利侵权判定指南(2017)》第21、22条。

21. 以制备方法限定产品的技术特征对于确定专利权的保护范围具有限定作用。被诉侵权产品的制备方法与专利方法既不相同也不等同的,应当认定被诉侵权技术方案未落入专利权的保护范围。

22. 实用新型专利权利要求中包含非形状、非构造技术特征的,该技术特征对确定专利权的保护范围具有限定作用。

非形状、非构造技术特征,是指实用新型专利权利要求中记载的不属于产品的形状、构造或者其结合等的技术特征,如用途、制造工艺、使用方法、材料成分(组分、配比)等。

(3)国家知识产权局《专利侵权判定和假冒专利行为认定指南(试行)》。

2.5.4.2 方法特征限定的产品权利要求的解释。

在解释由方法特征限定的产品权利要求时,权利要求中的每一个特征,包括方法特征都对产品的保护范围具有限定作用。

2.5.8 含有用途、方法或材料特征的实用新型专利权利要求。

实用新型专利保护的是具有一定形状和构造的产品,但是,这并不意味着实用新型权利要求中只能出现形状或者构造技术特征,也不意味着当实用新型专利权利要求中出现非形状或构造技术特征,比如用途、方法或者材料特征时,这些特征对于实用新型专利权利要求所要求保护的范围不具有限定作用。

对于含有用途、方法或材料特征的实用新型专利权利要求,应当按照权利要求中的全部技术特征确定专利权的保护范围,用途、方法或材料特征不能被忽略。

(二)制备方法特征在发明专利的产品权利要求中的解释规则

1.授权确权程序中,以制备方法特征限定的产品权利要求的解释规则

第一,“方法限定说”。

在名称为“一种圆柱形铝壳束腰封口正负极同向引出的锂离子电池”的发明专利确权纠纷中①,权利要求书保护一种圆柱形铝壳束腰封口正负极同向引出的锂离子电池。国家知识产权局认为,本专利权利要求与证据(对比文件1)相比,存在的区别技术特征之一为:封口带和束腰带通过滚动成型。“滚动成型”属于制备方法特征,该制备方法特征限定“封口带和束腰带”,在将包括方法特征的产品权利要求所要求保护的技术方案与现有技术进行对比时,不但应当将权利要求所要求保护的产品与现有技术进行比较,而且要比较制备方法特征。在该案中,国家知识产权局明确要求考虑制备方法特征“滚动成型”的限定作用,而没有讨论其是否给产品结构带来影响。

第二,“折中说”。

在名称为“包含位于微粒中的生长抑素衍生物的延长释放组合物”的发明专利授权纠纷中②,权利要求保护一种“用于延长释放的药物组合物”。国家知识产权局审查认为,微粒本身具备一定的形态结构,制备方法可能对其结构产生影响。涉案申请说明书实施例3、4的内容证明,制备过程中聚合物浓度不同会导致微粒的释放行为不同,可见制备方法中聚合物浓度会对微粒的形态结构产生影响,导致产品结构存在差异,因此,权利要求相对于对比文件具备新颖性。

在该案中,国家知识产权局根据制备方法特征对产品结构带来的影响来认定制备方法特征是否具有限定作用,这一观点在授权确权程序中具有广泛适用。③

笔者认为,制备方法特征限定的发明专利,同样应当坚持“方法限定说”。如果发明专利和实用新型专利采用不同的标准确认专利权的保护范围,则目前

---

① 国家知识产权局无效宣告审查决定书(第29224号)。

② 国家知识产权局复审请求审查决定书(第85485号)。

③ 参见国家知识产权局专利复审委员会编:《机械领域复审、无效典型案例汇编》,知识产权出版社2009年版,第164页;国家知识产权局专利复审委员会编著:《以案说法——专利复审、无效典型案例指引》,知识产权出版社2018年版,第262页;北京市第一中级人民法院行政判决书,(2013)一中知行初字第2026号;最高人民法院行政判决书,(2012)行提字第24号。

的实用新型专利与发明专利的同时申请制度,会存在制度性的缺陷。例如,上述名称为“一种圆柱形铝壳束腰封口正负极同向引出的锂离子电池”的发明专利,同时申请有实用新型专利,申请人在发明专利授权后已经授权的实用新型专利。如果发明专利和实用新型专利对于制备方法特征适用不同的确认权利要求保护范围的规则,实用新型专利中不考虑“滚动成型”的制备方法特征,而发明中考虑该技术特征,那么,二者的保护范围是不同的,也就没有必要要求申请人只有放弃授权的实用新型专利才可以获得发明专利。

2. 侵权程序中,以制备方法特征限定的产品权利要求的解释规则

在专利侵权判定阶段,以制备方法特征限定的产品权利要求通常采用“方法限定说”的解释规则。权利要求书的作用是确定专利权的保护范围,即通过向公众表明构成发明或者实用新型的技术方案所包括的全部技术特征,使公众能够清楚地知道实施何种行为会侵犯专利权,从而一方面为专利权人提供有效合理的保护,另一方面确保公众享有使用技术的自由。只有对权利要求书所记载的全部技术特征给予全面、充分的尊重,社会公众才不会因权利要求内容不可预见的变动而无所适从,从而保障法律权利的确定性,从根本上保证专利制度的正常运作和价值实现。①

在名称为“油田钻井液用的降滤失剂”的发明专利侵权纠纷案中②,北京市第一中级人民法院认为,独立权利要求对自制木质素黏合剂和聚丙烯腈铵盐的制备方法给予了明确记载。说明书对自制的木质素黏合剂和聚丙烯腈铵盐在实现本专利的发明目的和所达到的技术效果方面进行了充分的解释,即本发明均利用造纸厂和纺织厂的废料,原料来源丰富,成本低,制备简便,保持泥浆流变性,高温抗盐,降失水能力高。并对采用的技术手段也进行了相应的说明。因此,原告关于本专利权利要求中木质素黏合剂、聚丙烯腈铵盐的自制以及制备方法不是必要技术特征的主张,法院不予支持。

在名称为“高强度橡胶尼龙气囊容器”的发明专利侵权纠纷案中③,其权利要求为:“一种高强度橡胶尼龙气囊容器,其特征是挂上生胶的各种帘线及其织物或帘线钢丝混合织物缠绕后硫化而成。”最高人民法院认为,该权利要求是以

---

① 北京市第一中级人民法院民事判决书,(2006)一中民初字第1829号;北京市高级人民法院民事判决书,(2008)高民终字第30号。

② 北京市第一中级人民法院民事判决书,(2006)一中民初字第1829号;北京市高级人民法院民事判决书,(2008)高民终字第30号。

③ 最高人民法院民事裁定书,(2011)民申字第1047号。

方法限定的产品权利要求，在进行侵权判定时，应当考虑被诉侵权技术方案是否使用该方法特征。从目前的证据来看，一审法院拍摄的被诉侵权产品照片仅能看出被诉侵权气囊产品的外观和形状，不能获知其具体的制造方法，即不能获知其是否由挂上生胶的各种帘线及其织物或帘线钢丝混合织物缠绕后硫化而成。

（三）包含制备方法特征的并列式独立权利要求的解释

在发明专利中具有引用关系的独立权利要求，通常采用"权利要求1：一种方法，其特征在于……权利要求2：用权利要求1所述方法制造的产品"的撰写格式撰写。但是，在我国专利制度实施的初期，这种方式撰写的权利要求受到严格的限制。如果有正当的根据和理由，具体而言，同时满足下列条件时，用方法特征定义产品权利要求作为例外情况也是允许的：（1）限定特殊领域，如化学领域；（2）用方法特征以外的其他特征不能充分定义；（3）产品必须是新的，但是绝对不允许借此扩大权利要求范围或者造成权利要求不清楚。[①] 法院不认可这一撰写方式。北京市高级人民法院认为，[②]根据《专利法》及其实施细则的规定，对于一项发明或实用新型专利，其权利要求的类型必须清楚，并应与发明或者实用新型的主题一致，即产品权利要求适用于产品发明，一般应当用产品的结构特征来描述；方法权利要求适用于方法发明，一般应当用方法特征来描述。除非有正当的根据和理由，在权利要求中，一般不允许用方法特征定义产品，否则为权利要求类型不清。而且在允许以方法特征定义产品权利要求的情况下，该产品也还必须具有新颖性。《专利审查指南》第二部分第六章第2.2.1节第2点中规定了属于一个总的发明构思的两项以上发明的权利要求可以允许有六种撰写方式，包括：产品或方法的同类独立权利要求；产品和制造该产品的方法的独立权利要求；产品和该产品的用途独立权利要求；产品、专门用于制造该产品的方法和为实施该方法而专门设计的设备独立权利要求；方法和为实施该方法而专门设计的设备的独立权利要求。在具有多个权利要求的情况下，独立权利要求可以不存在引用关系，也可以存在引用关系。由此可知，并列式独立权利要求的撰写方式是审查指南中规定常用撰写方式之一，但是对于制备方法特征限定的并列式独立权利要求的解释规则，实践中存在争议。被引用的独立权

---

① 参见程永顺主编：《专利行政诉讼实务》，法律出版社2003年版，第195页。

② 北京市高级人民法院行政判决书，（1994）高经知终字第24号。

利要求可以作为在后独立权利要求的主题名称进行讨论,[①]也可以作为制备方法特征限定的权利要求进行讨论,本书主要以后者进行讨论。

1. 授权确权程序中,制备方法特征限定的并列式权利要求的解释

在名称为"一种立体孔洞装饰陶瓷砖的制备方法及其产品"的发明专利无效程序中[②],权利要求 1 为一种立体孔洞装饰陶瓷砖的制备方法。权利要求 6 为一种如权利要求 1 所述的制备方法制成的立体孔洞装饰陶瓷砖。在评述权利要求 6 时,国家知识产权局认为,权利要求 6 要求保护如权利要求 1 所述的制备方法制成的立体孔洞装饰陶瓷砖。参见对权利要求 1 的评述,权利要求 6 的表面层由粉料经干燥、焙烧等步骤直接制得;而附件 1 的表面层是在基料层上形成的釉料层(对应权利要求 1 的评述中的区别技术特征 1),参见权利要求 1 的评述可知,权利要求 6 所要求保护的陶瓷砖不含有釉料层,砖体由粉料直接获得,而附件 1 包括多层的釉料层,从而形成具有旧仿古砖外观的瓷砖,对于本领域技术人员而言,附件 1 没有给出省去制备釉料层、直接由基料制备本专利陶瓷砖的技术启示;而附件 2 不涉及陶瓷砖的表面层的结构;同时基于现有证据也不能证明对于本领域而言,在附件 1 或 2 的基础上得到由粉料经干燥、焙烧等步骤制得表面层从而获得权利要求 6 的立体孔洞装饰陶瓷砖的制备方法是公知常识,因此,请求人关于权利要求 6 相对于附件 1 和 2 的结合不具备创造性的理由不能成立。

本案中,权利要求 1 是方法权利要求,权利要求 6 是引用权利要求 1 的产品权利要求,其中权利要求 6 有自身的产品结构特征。从上述内容可以看出,首先,对于具有引用关系的独立权利要求,应当分别审查相应的独立权利要求是否符合授权的条件。其次,在审查独立权利要求 6 的新颖性或创造性时,承认被引用的权利要求 1 的限定作用,这是因为权利要求 6 的产品是采用权利要求 1 的制备方法唯一得到的。

在名称为"一种钢带增强塑料排水管道及其制造方法和装置"的发明确权纠纷案中[③],北京知识产权法院认为,本专利权利要求 2、6 虽均为独立权利要求,但从权利要求 2 中"一种制造权利要求 1 所述的钢带增强塑料排水管道的方法"以及权利要求 6 中"一种实施权利要求 2 所述方法的制造钢带增强塑料

① 其他章节已经对主题名称的限定作用进行了讨论,在此不再展开。

② 国家知识产权局无效宣告请求审查决定书(第 24092 号)。

③ 北京知识产权法院行政判决书,(2016)京 73 行初 5818 号。

排水管的装置”的表述可以清楚地知晓,其分别直接、间接地引用了权利要求 1,即其分别要求保护的技术方案也均包含作为产品权利要求的权利要求 1 的技术特征。

在名称为“高纯度乌司他丁及其制备方法和含有乌司他丁的药物组合物”的发明专利确权纠纷案中①,该案权利要求 1 保护一种高纯度乌司他丁,权利要求 2 保护根据权利要求 1 制备高纯度乌司他丁的方法。最高人民法院认为,本专利权利要求 1 保护的产品并非由权利要求 2 ~ 7 限定的产品,在无证据证明本专利权利要求 1 中的产品只能由权利要求 2 ~ 7 的方法获得,而更高纯度乌司他丁产品存在通过其他方法获得的情况下,如果认定本专利权利要求 1 中的乌司他丁产品具有创造性,就会存在通过其他方法获得高纯度乌司他丁产品落入本专利权利要求 1 是请求保护的范围,而事实上这种保护与本专利发明人对本专利权利要求 1 所作出的技术贡献并不匹配。在本案中,权利要求 1 是产品权利要求,权利要求 2 是方法权利要求,因此不能认定权利要求 1 是唯一采用权利要求 2 的方法获得的。但是根据本案的逻辑可知,对制备方法特征限定的并列式的独立权利要求,应当承认被引用权利要求的唯一限定作用,这是“贡献与保护相一致原则”的体现。如果认为被引用的方法权利要求不具有限定作用,或不全部具有限定作用,则应当采用其他撰写方式,避免将方法权利要求的全部特征引入其他的独立权利要求。

2. 侵权程序中,以制备方法特征限定的并列式权利要求的解释

在侵权程序中,被引用的方法权利要求是否具有限定作用存在争议,争议集中在“折中说”与“方法限定说”。

(1)“折中说”

在专利名称为“一种立体孔洞装饰陶瓷砖的制备方法及其产品”的发明专利的侵权诉讼案中②,广东省高级人民法院在侵权判定时认为,权利要求 6 为“一种如权利要求 1 所述的制备方法制成的立体孔洞装饰陶瓷砖……”故对于这种引用另一权利要求的独立权利要求,在确定其保护范围时,对被引用的权利要求的特征均应予以考虑,而其实际的限定作用应当最终体现在对该独立权利要求的保护主题产生了何种影响。对于产品与专用于生产该产品的方法,两者之间在技术上相关联,但并不意味着该产品不能用其他方法制造。从本案情

① 最高人民法院行政裁定书,(2015)知行字第 261 号。

② 广东省高级人民法院民事判决书,(2011)粤高法民三终字第 391 号。

况看，尽管权利要求 6 引用了权利要求 1，但并未对权利要求 1 的方法作进一步限定，权利要求 1 的方法也未对权利要求 6 的产品结构作进一步限定。故本案对比的重点仍是权利要求 6 中的产品结构与形状。鉴于双方均确认产品特征相同，故被诉侵权技术方案落入专利保护范围。

在名称为“一种钢带增强塑料排水管道及其制造方法和装置”的发明侵权纠纷案中[①]，最高人民法院认为，当并列独立权利要求引用在前的独立权利要求时，该并列独立权利要求仍然属于独立权利要求，而不属于从属权利要求。虽然在确定并列独立权利要求的保护范围时，被引用的独立权利要求的特征均应当予以考虑，但其对该并列独立权利要求并不必然具有限定作用，其实际的限定作用应当根据其对该并列独立权利要求的技术方案或保护主题是否有实质性影响来确定。涉案专利独立权利要求 2 记载了一种制造权利要求 1 所述的钢带增强塑料排水管道的方法，权利要求 1 记载的技术特征对于权利要求 2 和 6 产生了实质性的影响，具有限定作用。被诉侵权产品没有通孔或纹路和凸起，原告亦未举证证明被诉侵权的装置具备生成上述特征的部件，因此可以推定被诉侵权的装置不同于权利要求 6 所记载的装置，也未使用被诉侵权的方法。

上述案件中均采用了“折中说”，“折中说”本应是授权确权程序中适用的规则，但在上述案例的确权程序中没有适用，反而在侵权程序中适用了。《专利审查指南》规定，“有时并列独立权利要求也引用在前的独立权利要求”，例如，“一种实施权利要求 1 的方法的装置……”；“一种制造权利要求 1 的产品的方法……”；“一种包含权利要求 1 的部件的设备……”；“与权利要求 1 的插座相配合的插头……”等。这种引用其他独立权利要求的权利要求是并列的独立权利要求，而不能被看作从属权利要求。对于这种引用另一权利要求的独立权利要求，在确定其保护范围时，被引用的权利要求的特征均应予以考虑，而其实际的限定作用应当最终体现在对该独立权利要求的保护主题产生了何种影响。[②]笔者认为，这一规定与权利要求的公示与划界作用相违背，同样也不符合“贡献与保护相一致”的基本原则。这在本质上是否定了被引用独立权利要求技术特征的限定作用，或者说是选择性地认为存在不考虑被引用独立权利要求技术特征的限定作用的情形。即便是从主题名称的限定作用的角度进行分析，被引用的独立权利要求对于在后的独立权利要求而言，应当属于“发明点”式的主题名

① 最高人民法院民事裁定书，(2013)民申字第 790 号。

② 《专利审查指南》第二部分第二章第 3.1.2 节。

称,无论是否对主题产生影响,均不应当否定其限定作用。①

(2)"方法限定说"

对于以制备方法限定的并列式独立权利要求,在专利侵权判定时应当采用"方法限定说"。这一观点在司法实践中被多数法院采用。

在名称为"一种钢带增强塑料排水管道及其制造方法和装置"的发明侵权纠纷案②中,江苏省高级人民法院认为,权利要求书中出现引用在先权利要求的情况是为了避免权利要求之间相同内容的不必要重复。本案中,权利要求2是一项方法权利要求,其在主题名称部分引用了在先的产品权利要求1的内容,即"一种制造权利要求1所述的钢带增强塑料排水管道的方法",这样撰写权利要求的目的仅在于简化权利要求的撰写形式,权利要求2实际上相当于"一种制造包括一个塑料管体和与管体成一体的加强肋,加强肋内复合有增强钢带,其特征在于钢带上有若干矩形或圆形通孔或钢带两侧轧制有纹路,两个加强肋之间塑料形状具有中间凸起,管体的端部具有一个连接用的承接插头,承接插头的连接部具有密封胶或橡胶圈的一种钢带增强塑料复合排水管道的方法,其特征在于……"这种实践符合具有引用关系的独立权利要求的撰写本意,与《专利审查指南(2010)》给出的示例完全相符。③

在名称为"一种电动车控制系统及其操作方法"的发明专利侵权纠纷案④

① 主题名称的限定作用,有专节予以讨论,在此不再展开。

② 江苏省高级人民法院民事判决书,(2012)苏知民终字第0021号。

③ 《专利审查指南》第二部分第六章第2.2.2.2节规定,权利要求1:一种高强度、耐腐蚀的不锈钢带,主要成分为(按%重量计)Ni = 2.0 ~ 5.0,Cr = 15 ~ 19,Mo = 1 ~ 2及平衡量的Fe,带的厚度为0.5mm ~ 2.0mm,其伸长率为0.2%时屈服强度超过$50kg/mm^2$。

权利要求2:一种生产高强度、耐腐蚀不锈钢带的方法,该带的主要成分为(按%重量计)Ni = 2.0 ~ 5.0,Cr = 15 ~ 19,Mo = 1 ~ 2及平衡量的Fe,该方法包括以下次序的工艺步骤:

(1)热轧至2.0mm ~ 5.0mm的厚度;

(2)退火该经热轧后的带子,退火温度为800℃ ~ 1000℃;

(3)冷轧该带子至0.5mm ~ 2.0mm厚度;

(4)退火:温度为1120℃ ~ 1200℃,时间为2 ~ 5分钟。

与现有技术相比,伸长率为0.2%时屈服强度超过$50kg/mm^2$的不锈钢带具有新颖性和创造性。

说明:权利要求1与2之间有单一性。该产品权利要求1的特定技术特征是伸长率为0.2%时屈服强度超过$50kg/mm^2$。方法权利要求2中的工艺步骤正是为生产出具有这样的屈服强度的不锈钢带而采用的加工方法,虽然在权利要求2的措辞中没有体现出这一点,但是从说明书中可以清楚地看出,因此,这些工艺步骤就是与产品权利要求1所限定的强度特征相应的特定技术特征。

本例的权利要求2也可以写成引用权利要求1的形式,而不影响它们之间的单一性,如:权利要求2:一种生产权利要求1的不锈钢带的方法,包括以下工艺步骤:[步骤(1)至(4)同前所述,此处省略。]

④ 上海知识产权法院民事判决书,(2017)沪73民初278号。

中,上海知识产权法院认为,权利要求 3 的主题名称为“根据权利要求 1 所述的一种电动车控制系统的操作方法”,该主题名称限定了由权利要求 3 所述方法实施的装置应当是权利要求 1 所限定的“电动车控制系统”,故权利要求 3 虽为一项独立的专利权利要求,但其保护范围应由权利要求 1 记载的全部装置技术特征和权利要求 3 所记载的全部方法技术特征共同限定。据此,鉴于被控侵权产品未落入涉案专利权利要求 1 的保护范围,被控侵权产品当然不落入涉案专利权利要求 3 的保护范围。该案的二审判决及最高人民法院的再审裁定,都未否认这一观点。[①]

名称为“聚酰胺环氧固化剂及其制备方法”的发明专利,其专利权利要求书仅含有一项权利要求,具体内容为:一种聚酰胺环氧固化剂。该专利权利要求中包含了制备方法特征,对此,安徽省高级人民法院认为,[②]有关制备方法的内容位于独立权利要求的特征部分,与特征部分的其他内容处于相同的地位,作用仅在于表征产品发明的技术特征。特征部分与前序部分合在一起,共同限定发明要求保护的范围,因此制备方法本身不构成另一项方法发明。该发明专利权利要求书属于制备方法专利中的一种典型撰写格式,其特殊性就在于采用了“一种产品,由……制成”的撰写方式,除了制备方法特征之外,只剩下了主题名称。如果否定制备方法特征的限定作用,其结果就只剩下主题名称,而单独的主题名称无法受到专利法的保护。

六、性能、参数、用途等特征对权利要求的限定作用

《专利审查指南》第二部分第二章第 3.1.1 节规定,通常情况下,在确定权利要求的保护范围时,权利要求中的所有特征均应当予以考虑,而每一个特征的实际限定作用应当最终体现在该权利要求所要求保护的主题上。具体规定包括《专利审查指南》第二部分第二章第 3.1.1 节、第二部分第三章第 3.2.5 节,对于包含性能、参数、用途、制备方法等特征的产品权利要求新颖性的审查,应当考虑其是否隐含了要求保护的产品具有某种特定结构和/或组成。也就是说,权利要求中的性能、参数、用途、制备方法[③]等技术特征并非都具有限定作

① 上海市高级人民法院民事判决书,(2017)沪民终 369 号;最高人民法院民事裁定书,(2018)最高法民申 2954 号。

② 安徽省高级人民法院民事判决书,(2014)皖民三终字第 00078 号。

③ 包含制备方法特征的权利要求已有章节单独讨论,故本节不再讨论。

用,是否具有限定作用的关键是要看这类技术特征是否导致要求保护的产品具有某种特定结构和/或组成。

(一)包含性能和用途特征的权利要求的解释

1. 已知产品的新用途

一种新产品的用途发明由于该产品是新的而自然具有新颖性。一种已知产品不能因为提出了某一新的应用而被认为是一种新的产品。但是,如果一项已知产品的新用途本身是一项发明,则已知产品不能破坏该新用途的新颖性。[①] 已知产品的用途发明中,该产品用途能否从产品本身已知的活性性质以及现有用途中显而易见地得出,是创造性判断的关键。如果该已知产品的用途发明是从现有技术概括的用途中选择其中一种适应症且并未取得预料不到的技术效果,则其不具备创造性。[②] 在侵权程序中,专利权因新用途而被授予专利权,则权利要求中的新用途必然具有限定作用,因为"新用途"属于该专利的"发明点"。与此相应,获得专利的用途发明,在任何情况下不延及原有的方法和产品与不延及对原有方法和产品的其他新用途的发现。[③]

用途不足以与已知用途相区别,是判断用途不具有限定作用的关键,如最高人民法院认为,本专利"不产生骨骼肌毒性"仅是改善了潜霉素的不良反应,使骨骼肌毒性降低,并没有改变潜霉素本身的治疗对象和适应症,更没有发现药物的新性能。本专利在撰写中采用"不产生骨骼肌毒性"的限定,没有使其与现有技术公开的已知用途产生区别,对药物用途本身不具有限定作用,对本专利权利要求并未产生限定作用。[④]

2. 性能和用途特征不具有限定作用

权利要求中用途特征,如果属于权利要求中的结构和/或组分特征本身产生的效果,则对权利要求的保护范围不具有限定作用。例如,化合物组合产品权利要求中的用途限定通常不会影响或者改变化合物组合的组分、配比、理化性质等,故在对化合物组合产品权利要求的创造性判断中,原则上无须考虑用途限定。[⑤]

---

① 《专利审查指南》第二部分第十章第 5.4 节。

② 最高人民法院行政判决书,(2020)最高法知行终 558 号。

③ 参见李明德:《美国知识产权法》(第 2 版),法律出版社 2014 年版,第 39 页。

④ 最高人民法院行政裁定书,(2012)知行字第 75 号。

⑤ 最高人民法院行政判决书,(2020)最高法知行终 286 号。

在名称为"一种加压固定床熔渣气化炉"的发明专利中①,权利要求1保护一种加压固定床熔渣气化炉,其特征在于,其包括:煤锁,其位于过渡仓上部,用于间歇地从煤仓取煤向加压气化容器加煤,其中根据粗煤气出口温度和气化炉的工况,使用煤锁和过渡仓连续或间隙地向加压气化容器加煤,调节粗煤气出口温度和负荷。争议焦点之一为权利要求中的用途特征是否具有限定作用。北京知识产权法院认为,被诉决定在评述本专利创造性时不予考虑的技术特征仅是对产品部件或结构的用途或使用方式的描述,本领域技术人员不能根据这些作用和操作方法特征确定其对所描述的产品部件本身有进一步限定。具体而言,本专利权利要求中,煤锁用于间歇地从煤仓取煤向加压气化容器加煤,过渡仓便于将煤锁中的煤依靠重力加入加压气化容器,利用喷嘴向加压气化炉的燃料中引入气化剂等特征,均为这些特征所描述的部件或结构设置本身产生的效果,而并非这些作用和操作方法特征隐含了产品在结构或组成上发生改变。因此,本专利权利要求中的作用和操作方法特征对权利要求中的产品并没有实际限定作用。

在名称为"粉碎机以及具备该粉碎机的吸收体制造装置"的实用新型专利确权纠纷案中②,权利要求保护一种粉碎机,用于粉碎纸浆片材。本专利的全部权利要求均为产品权利要求。本专利权利要求记载了粉碎机用于粉碎纸浆片材,该记载限定了粉碎机的粉碎对象,表明本专利权利要求的技术方案能够实现粉碎纸浆片材的功能,但这一技术特征并未对粉碎机的结构产生实际限定,证据是为取出竹纤维的撕碎装置,证据的技术特征组成的技术方案在导入粉碎纸浆片材时客观上也能实现粉碎纸浆片材的技术效果。

在名称为"用于除去氮氧化物的SCR催化剂"的发明专利确权纠纷中③,权利要求1保护一种用于还原氮氧化物的氨SCR催化剂。在本专利权利要求限定了"一种用于还原氮氧化物的氨SCR催化剂"和"使用0.5~7wt%的锑作为降低硫中毒和增强低温催化活性的助催化剂",而其中的用途特征和锑的功能特征限定并未在附件中公开,因此,其与附件的确构成区别。北京知识产权法院认为,权利要求保护的是产品,确切地说是一种具有一定用途的组合物。一般而言,对组合物本身的结构和/或组成有影响的是组分和含量,而对于其他限

① 北京知识产权法院行政判决书,(2016)京73行初4462号。

② 北京知识产权法院行政判决书,(2017)京73行初596号;北京市高级人民法院行政判决书,(2019)京行终1157号。

③ 北京知识产权法院行政判决书,(2016)京73行初2531号。

定如性能限定或用途限定,在评价新颖性时需要考虑该限定是否对组合物本身的结构和/或组成产生影响。由于附件中已经公开了与本专利权利要求具有相同物质成分和含量的组合物,而从本专利说明书中并不能看出权利要求所述催化剂在结构和/或组成上因用途或某个成分具有的功能而发生了改变,也就是说,本领域技术人员根据附件以及本专利公开内容可以确认附件公开了与本专利相同的组合物,二者的技术方案实质上相同。并且,权利要求中的用途特征是由组合物本身固有性质决定,其中某个成分在组合物中的功能和作用也是其固有的特性,即用途和性能特征并没有隐含组合物产品在结构和/或组成上发生改变。

性能和用途特征作为区别特征予以考虑,但如果权利要求中的性能和用途特征是由产品结构特征和/或组合物本身固有性质决定的,其中产品结构特征和/或组合物的功能和作用也是其固有的特性,即性能和用途特征并没有隐含组合物产品在结构和/或组成上发生改变,所以性能和用途特征对权利要求的保护范围没有限定作用,在产品结构和/或组合物公开的情况下,该性能和用途同样被公开。同时,在侵权诉讼中,被诉产品具备相应的产品结构和/或组合物的情况下,则同样落入权利要求的保护范围。

3. 性能和用途特征具有限定作用

在名称为"离形纸热熔胶点状胶布及其热熔装置"的发明专利确权纠纷案中①,权利要求1保护一种离形纸热熔胶点状胶布,权利要求2保护一种制造如权利要求1所述热熔胶点状胶布的热熔装置。争议焦点之一为专利权利要求2中的"制造离形纸热熔胶点状胶布的热熔装置"是否构成区别技术特征。北京市第一中级人民法院认为,权利要求2请求保护一种制造热熔胶点状胶布的热熔装置,"制造热熔胶点状胶布"属于热熔装置的用途限定,其限定了热熔装置的应用领域。对于用途限定的权利要求,应当考虑权利要求中的用途是否隐含了要求保护的产品具有某种特定结构和/或组成。本案中,附件已经基本公开了具体的热熔装置以及其内部零部件的组成及构造,该热熔装置是用于加工纸质产品,还是用于加工鞋帽所用的胶布,都不会给热熔装置本身的结构带来改变,因此,二者应用领域的差异并不构成区别技术特征。笔者认为,应用领域或技术领域属于评价创造性的重要依据,对权利要求的保护范围具有限定作用。本案中不考虑技术领域,也当从技术启示的角度进行判断,而不应当否认技术

---

① 北京市第一中级人民法院行政判决书,(2013)一中知行初字第2026号。

领域的限定作用。

(二)参数特征限定的权利要求

在名称为"一种自然去应力压铸铝合金及制备方法"的发明专利申请授权程序中①,权利要求保护一种自然去应力压铸铝合金。修改后的权利要求为:一种自然去应力压铸铝合金,其特征在于该合金组分包括质量分数为8.5% ~9.0%的硅,3.0% ~3.5%的铜,1.5% ~2.0%的锌,0.2% ~0.4%的锰,其中锰的含量随炉料中含铁量的变化而变化,锰的加入量为铁的50%,保证压铸件在铸态时硬度为HB90~HB110;抗拉强度不低于320MPa。关于对比文件未公开铝合金的自然去应力、铸压硬度特征及抗拉强度,北京市第一中级人民法院认为,关于铝合金的自然去应力、铸压硬度和抗拉强度,它们都是表征合金性能的参数,根据说明书的理解,这些参数限定并未隐含本申请的铝合金具有除权利要求中已限定的组成/结构特征外其余的组成/结构特征,应推定只要是具有权利要求限定的组成/结构特征的铝合金都具有所述自然去应力、铸压硬度和抗拉强度,而对比文件公开了与本申请组成基本相同的铝合金,应推定也具有类似的自然去应力、铸压硬度和抗拉强度。

笔者认为,在授权确权程序中,通常会根据《专利审查指南》的规定,对参数是否具有限定作用进行审查,然而在侵权程序中,根据特意排除规则,如果权利要求中写了参数特征,通常不能否认其限定作用,而且禁止通过采用等同原则将参数范围之外的范围纳入权利要求的保护范围之中。在名称为"一种船袜下料冷切装置"实用新型专利权的侵权纠纷案中,涉案权利要求保护一种船袜下料冷切装置,最高人民法院认为,专利权人若欲主张更大的保护范围,则应在权利要求中限定更大的数值范围,而不应轻易在侵权诉讼中大幅改变原本固定的数值范围,因为这会使原本清晰的权利要求保护范围变得模糊和不确定。本案中,考虑涉案专利是实用新型专利,其权利要求明确限定了0.5mm ~0.8mm的数值范围,若通过等同原则将该范围扩大到与其相差10倍左右的数值范围(5.56mm~6.69mm),会使社会公众无法清晰地确定专利权的边界,明显不当。②

---

① 北京市第一中级人民法院行政判决书,(2014)一中知行初字第1729号;北京市高级人民法院行政判决书,(2014)高行(知)终字第3070号。

② 最高人民法院民事判决书,(2021)最高法知民终399号。

（三）不具有限定作用的技术特征

尽管“全面覆盖原则”是侵权判定的基本原则，尽管《专利权纠纷司法解释二》第5条规定了权利要求中特征均具有限定作用，但是不可否认，权利要求中的某些特征确实不具有限定作用。

1. 产品权利要求中结构特征上的文字不具有限定作用

对于产品权利要求而言，其保护范围由该产品的结构和/或组成来确定。产品的结构和/或组成上的文字对要求保护的产品本身通常不会带来影响，因此不具有限定作用。

在名称为“用抗ErbB2抗体治疗”的发明专利无效程序中①，专利权利要求保护一种包含药物组合物的制品。北京市高级人民法院认为，就权利要求而言，该权利要求为产品权利要求，其中的特征包括容器、组合物、标签、包装插页。标签、包装插页上的文字说明是否具有实际的限定作用，取决于这些文字说明对要求保护的产品本身带来何种影响。如果该说明能够体现出权利要求的产品在结构、组成上的特征，则认为该文字说明对权利要求具有实质上的限定作用，应当予以考虑；如果该文字说明不能给权利要求的产品在结构、组成上带来任何影响，则不应予以考虑。本案中，权利要求中在包装插页上记载了用药禁忌特征，即“该包装插页上有避免使用蒽环类抗生素化疗剂与所述组合物组合使用的说明”。对于本领域技术人员而言，该用药禁忌的作用在于指导医生的用药过程，而并未对产品本身的结构、组成产生实质性影响。因此，在确定权利要求的保护范围时不应予以考虑。笔者认为，文字说明本身无论是什么内容，都不属于技术方案，不属于专利保护的客体，即便写入权利要求也对权利要求的保护范围不具有任何影响。笔者进一步认为，将不属于保护客体的内容写入权利要求，应当以不符合《专利法》第2条的规定宣告无效，以提高专利权利要求的撰写水平和我国的专利质量。

北京知识产权法院在类案中有相同观点，②如模型相关部位表面的文字及符号不能对模型产品的形状、结构产生影响，故其对模型产品的形状、结构本身不存在实质的限定作用。

---

① 北京市高级人民法院行政判决书，(2016)京行终字1762号。

② 北京知识产权法院行政判决书，(2018)京73行初4447号。

2. 权利要求中的药物使用方法不具有限定作用

制药用途权利要求约束的是制造某一用途药品的制造商的制造行为,所以,仍应从方法权利要求的角度来分析药物技术特征。通常能直接对制药用途权利要求起到限定作用的是原料、制备步骤和工艺条件、药物产品形态或成分以及设备等。[①] 而写入权利要求中的药物使用方法的特征,如药物的给药剂量、时间间隔等,应当属于疾病治疗方法,属于专利法明确排除的客体,对权利要求的保护范围不具有限定作用。

在名称为"用抗 ErbB2 抗体治疗"的发明专利无效程序中[②],本专利权利要求 1 保护一种包含药物组合物的制品。权利要求 9 保护一种药物组合物在制备治疗人患者中以 ErbB2 过度表达为特征的乳腺癌的药物中的用途。北京市高级人民法院认为,就权利要求 9 而言,该权利要求为制药用途权利要求。对于仅涉及药物使用方法的特征,如药物的给药剂量、时间间隔等,如果这些特征与制药方法之间并不存在直接关联,其实质上属于在实施制药方法并获得药物后,将药物施用于人体的具体用药方法,与制药方法没有直接、必然的关联性。这种仅体现于用药行为中的特征不是制药用途的技术特征,对权利要求请求保护的制药方法本身不具有限定作用。

北京知识产权法院在类案中有相同观点,[③]认为给药剂量是根据患者个体的不同需要所采用的能够达到治疗效果的使用量,并非必然为单位剂量,该特征并不必然影响药物的制备过程,也不必然影响权利要求 1 中制药用途权利的保护范围。这是因为疾病的诊断治疗方法属于《专利法》第 25 条第 1 款第 3 项规定的不授予专利权的情形。

七、主题名称对权利要求的限定作用

在权利要求撰写的架构上,权利要求的主题名称属于前序部分,[④]在主题名

---

① 最高人民法院行政裁定书,(2012)知行字第 75 号。

② 北京市高级人民法院行政判决书,(2016)京行终字 1762 号。

③ 北京知识产权法院行政判决书,(2015)京知行初字第 501 号。

④ 《专利法实施细则》第 21 条第 1 款规定,发明或者实用新型的独立权利要求应当包括前序部分和特征部分,按照下列规定撰写:(1)前序部分:写明要求保护的发明或者实用新型技术方案的主题名称和发明或者实用新型主题与最接近的现有技术共有的必要技术特征;(2)特征部分:使用"其特征是……"或者类似的用语,写明发明或者实用新型区别于最接近的现有技术的技术特征,这些特征和前序部分写明的特征合在一起,限定发明或者实用新型要求保护的范围。

称的作用上,是用于确定权利要求的类型。① 权利要求的主题名称中,既可以包括用途,②也可以包括方法,③《专利审查指南》在解析权利要求构造时指出主题名称应予以“考虑”④。即在授权确权程序中,主题名称限定作用取决于“对所要求保护的产品本身带来何种影响”⑤。在侵权程序中,最高人民法院认可了主题名称的限定作用。⑥ 对于权利要求中的技术特征,无论其出现在独立权利要求的“前序部分、特征部分”,还是出现在从属权利要求的“引用部分、限定部分”,凡是写入权利要求中的每个技术特征,都对整体技术方案的保护范围起到了限定作用,都要予以同样的重视。在整体技术方案中,每一个特征的作用大小可以不同,但对于实现发明的目标来说,每一个特征都是必不可少的,尽管每个技术特征所起到的限定作用可能不同,但它们彼此之间的法律地位都是平等的。⑦ 更有观点认为,在权利要求或者说明书对发明的应用范围没有作出特别限定或者说明的情况下,对权利要求的主题名称应按照该主题名称在该技术领域中所能涵盖的最宽合理范围进行解释。⑧ 因此,实践中关于如何确定主题名

① 参见尹新天:《中国专利法详解》,知识产权出版社2011年版,第364页。权利要求的类型是根据权利要求的主题名称来确定。

② 《专利审查指南》第二部分第二章第3.1节规定:对于主题名称中含有用途限定的产品权利要求,其中的用途限定在确定该产品权利要求的保护范围时应当予以考虑,但其实际的限定作用取决于对所要求保护的产品本身带来何种影响。

③ 《专利审查指南》第二部分第二章第3.1节规定:对于这种引用另一权利要求的独立权利要求,在确定其保护范围时,被引用的权利要求的特征均应予以考虑,而其实际的限定作用应当最终体现在对该独立权利要求的保护主题产生了何种影响。

④ 参见马云鹏:《专利权利要求解释规则》,法律出版社2021年版,第331页。

⑤ 《专利审查指南》第二部分第二章第3.1节规定:通常情况下,在确定权利要求的保护范围时,权利要求中的所有特征均应当予以考虑,而每一个特征的实际限定作用应当最终体现在该权利要求所要求保护的主题上。

⑥ 《专利权纠纷司法解释二》第5条规定:在人民法院确定专利权的保护范围时,独立权利要求的前序部分、特征部分以及从属权利要求的引用部分、限定部分记载的技术特征均有限定作用。

⑦ 最高人民法院民事判决书,(2020)最高法知民终547、384号。

⑧ 江苏省高级人民法院民事判决书,(2017)苏民终833号。本案中,东莞市翔度电子科技有限公司二审提交的GB/T18348.1-2001中对“单体蓄电池”“动力蓄电池”作了区分定义,但该标准仅适用于电动乘用车辆领域,该标准中关于“动力蓄电池”的定义不能限定权利要求1主题名称中的“动力电池”。对于蓄电池领域的普通技术人员而言,“动力电池”和“单体电池”各自指代对象并非界限分明的两种事物,两者是从不同角度(前者是从功能角度,而后者是从结构角度)来描述蓄电池这一事物,“动力电池”既可以是由单个“单体电池”构成,也可以由多个“单体电池”组成。因此,在权利要求和说明书均没有对涉案发明“可反复充放电的锂离子动力电池及其制造方法”的应用范围作出特别限定或者说明的情况下,对于权利要求主题名称“一种可反复充放电的锂离子动力电池”中的“动力电池”的含义,应当按照蓄电池领域中关于“动力电池”所能够涵盖的最宽范围去理解,居某明将权利要求主题中所指的“动力电池”解释为“单体电池”,符合上述解释原则,法院予以支持,被控侵权产品系一种“可反复充放电的锂离子动力电池”,与涉案专利权利要求的主题名称相同。

称的限定作用，争议很大。

《专利权纠纷司法解释二》第5条明确规定："在人民法院确定专利权的保护范围时，独立权利要求的前序部分、特征部分以及从属权利要求的引用部分、限定部分记载的技术特征均有限定作用。"该规定涵盖了关于主题名称具有限定作用的规定。在确定权利要求的保护范围时，权利要求记载的主题名称应当予以考虑。主题名称是对权利要求包含的全部技术特征所构成的技术方案的抽象概括，是对专利技术方案的简单命名，其更为重要的作用在于表征涉案发明所属技术领域，以便于检索。因此，在侵害专利权的民事纠纷案件中，主题名称对权利要求保护范围的实际限定作用取决于其对权利要求所要保护的主题本身产生何种影响。若主题名称中所包含的应用领域、用途或者结构等技术内容对权利要求所要保护的技术方案产生影响，则该技术内容对专利权的保护范围具有限定作用。在专利授权确权程序中，确定权利要求的保护范围的目的在于通过明确权利要求的含义及其保护范围，对专利权利要求是否符合专利授权条件或者其效力如何作出判断，以尽可能保证真正有创造性的发明创造取得授权并获得保护。在专利授权确权程序中确定权利要求保护范围时，是否考虑前序部分记载的技术特征对保护范围的限定作用，应当以本领域技术人员为判断主体，以前序部分记载的主题环境等技术特征对权利要求请求保护的技术方案中部件组成、结构关系等是否具有实质性影响为基本的判断原则。[①] 笔者认为，授权确权程序与侵权程序确定权利要求保护范围的目的不同，但并不应当因此导致在不同程序中最终确定的权利要求保护范围的不同。主题名称的限定作用的认定规则在不同的程序中，其解释应当一致，就目前的司法实践来看，主题名称对权利要求保护范围的实际限定作用的落脚点在于其对权利要求所要保护的主题本身产生何种影响。根据主题名称在具体权利要求中产生影响的侧重点不同，具体可以分为五种类型，"概括"式主题名称、"发明点"式主题名称、"技术领域"式主题名称、"技术特征"式主题名称及"用途"式主题名称[②]。

（一）"发明点"式主题名称

"发明点"式主题名称是指，主题名称中包含体现本专利发明点的技术特征，无论是授权确权程序中，还是侵权程序中均，应当确认主题名称具有实际的

① 最高人民法院行政裁定书，（2018）最高法行申6071号。

② 因包含用途的权利要求在其他章节论述，本节不再讨论。

限定作用。

在名称为“组合式移动电源租赁设备”的实用新型专利确权程序中，权利要求的主题名称为“一种组合式移动电源租赁设备”。争议焦点之一为如何理解本专利权利要求主题名称中的“组合式”。国家知识产权局认为，本专利中的“组合式”指的应是各自助功能模块和附加功能模块在物理上可分离的组合。在本案中，国家知识产权局确认了“组合式”是本专利的技术方案区别于现有技术的“发明点”，因此，主题名称具有限定作用。同时，根据“禁止反悔原则”，确权程序中确认的“组合式”是涉案专利权的发明点，在侵权程序中禁止否认主题名称的限定作用。

在名称为“有水位高度调节功能的插槽连接式绿化砖”的发明专利侵权纠纷案中①，涉案专利权利要求保护一种“有水位高度调节功能的插槽连接式绿化砖”，本案争议焦点之一为“水位高度调节功能”的主题名称是否对权利要求保护范围有限定作用。最高人民法院认为，对于权利要求而言，特征部分没有记载实现水位高度调节功能的方式，“水位高度调节功能”因此不是对特征部分记载的技术特征构成的技术方案的抽象和概括。此外，从说明书的内容看，实现水位高度调节功能的方式是涉案专利对现有技术的实质贡献，被用于区别于现有技术。因此，虽然“水位高度调节功能”形式上记载在权利要求前序部分的主题名称中，但其仍属于具体技术特征。本案中，主题名称中的“水位高度调节功能”属于本专利的“发明点”，因此，该主题名称对权利要求的保护范围具有限定作用。

在名称为“有上下左右供水结构和拼接插槽的绿化砖与拼接的绿化体”的发明专利侵权纠纷案中②，争议焦点为主题名称中的“上下左右供水结构”是否具有限定作用。最高人民法院认为，“上下左右供水结构”作为涉案专利主题名称中的一部分，对涉案专利权利要求具有限定作用。涉案专利权利要求的技术方案因具备“上下左右供水结构”，可以从上下左右对绿化体供水，在顶部一处浇水就可以浇灌整个绿化体。要实现这一发明目的，涉案专利权利要求限定的“上下左右供水结构”必须同时具备上下左右流水通道。

在名称为“数码照相摄像简易多功能投影机”的实用新型专利侵权纠纷案

① 最高人民法院民事判决书，(2019)最高法知民终657号、(2020)最高法知民终908号。

② 最高人民法院民事裁定书，(2017)最高法民申3398号，(2019)最高法民申2638、5916号。

中[①]，争议焦点之一为主题名称中的“数码相机”是否具有限定作用。最高人民法院认为，涉案专利权利要求的主题名称为“数码照相摄像简易多功能投影机”，明确限定了其要求保护的投影机为数码照相摄像简易多功能投影机，权利要求的特征部分亦限定了“镜头和凸透镜之间放置有数码照相机或数码摄像机的液晶显示屏”，说明书中亦记载有“市场上现有的数码投影机，都需要由电脑提供视频信号才能工作，因此一套投影设备往往都配备一台价格昂贵的笔记本电脑，大大增加了成本，不利于在贫困地区普及使用。为了解决上述问题，本实用新型提供一种价格低廉，仅需一台数码照相机或数码摄像机就可工作的简易投影机”。利用数码照相机或数码摄像机实现投影是涉案专利相对于现有技术的主要改进，其技术方案不能脱离“数码照相机或数码摄像机”而实施。因此，本案中的“数码相机”具有限定作用。

在名称为“一种液体定量输送装置”的实用新型专利侵权纠纷案中[②]，争议焦点之一为主题名称中的“定量”是否具有限定作用。最高人民法院认为，主题名称中作为“输送装置”修饰语的“定量”，在确定该项权利要求的保护范围时应当作为考量的因素。特别是，国家知识产权局对涉案专利所出具的专利权评价报告，将涉案专利权利要求与最接近的现有技术的第二项区别特征“液体定量输送”认定为涉案专利具有创造性的重要因素，这一事实进一步佐证在确定涉案专利权利要求的保护范围时，权利要求的主题名称，特别是该主题名称中的修饰语“定量”对于确定该项权利要求的保护范围具有实际限定作用。

在名称为“软件保护装置数据传输过程的安全控制方法及其设备”的发明专利侵权纠纷案中[③]，争议焦点之一为主题名称中的“软件保护装置”是否具有限定作用。北京市高级人民法院认为，权利要求中的“软件保护装置”为一种加密设备，只有该软件保护装置为合法装置才能够产生被保护软件需要的重要数据，被保护软件才能正常运行，否则软件运行中止。权利要求的最终目的是使数据运用到被保护软件中，从而使被保护软件能够正常运行，其中“软件保护装置”使“打狗棒”等工具不容易模拟数据，不给盗版者留有可乘之机，从而保护软件的版权不被侵害。国家知识产权局在第 30111 号决定书中亦认定涉案专利权利要求的上述内容区别于现有技术的技术特征。

---

① 最高人民法院民事判决书，(2020)最高法知民终 1642 号。

② 最高人民法院民事判决书，(2021)最高法知民终 121 号。

③ 北京市高级人民法院民事判决书，(2018)京民终 532 号；最高人民法院民事裁定书，(2019)最高法民申4036 号。

在名称为"可拆装式空调室内机管路安装挡板"的实用新型专利侵权纠纷案中①,争议焦点为主题名称中的"可拆装"是否具有限定作用。广东省高级人民法院认为,根据国家知识产权局的无效宣告请求审查决定,涉案专利得以维持有效的创新点就是"实现挡板的可拆装"。因此,涉案专利"可拆装"这一功能性技术特征,在进行侵权判断时不能忽略。

通常情况下,在确定权利要求的保护范围时,权利要求中的所有技术特征均应当予以考虑,而每个技术特征的实际限定作用应当最终体现在该权利要求所要求保护的主题上。而对于"发明点"式主题名称而言,因为主题名称中具有体现发明点的技术特征,而且因为该技术特征使本专利相对于现有技术具有实质贡献,因此,该类主题名称对权利要求的保护范围具有实际的限定作用。

(二)"概括"式主题名称

主题名称中对技术方案概括的特征应当予以考虑,但是具体体现在具体特征上。这是因为,前序部分的主题名称是对专利技术方案的简单命名,本质上不是一个单独的技术特征,其代表的技术方案通常能够通过权利要求的全部技术特征来体现,是对权利要求包含的全部技术特征所构成的技术方案的抽象概括。② 此时,因为主题名称的限定作用已经被权利要求中特征部分的技术特征具体化,主题名称实际上不再单独发挥限定作用。

主题名称是对权利要求包含的全部技术特征所构成的技术方案的抽象概括,是对专利技术方案的简单命名,其代表的技术方案需要通过权利要求的全部技术特征来体现。主题名称对权利要求保护范围的限定作用是更宏观的本质属性方面的限定,是决定性的。如果两个权利要求的主题名称有明显区别,则两者没有比较的必要。③

在名称为"交互式的多功能数字身份令牌装置"的发明专利行政纠纷案中④,涉案权利要求保护一种交互式的多功能数字身份令牌装置。争议焦点之一为主题名称"交互式的多功能数字身份令牌装置"是否构成区别技术特征。对此最高人民法院认为,本案中,主题名称体现的技术内容能够为权利要求的

---

① 广东省高级人民法院民事判决书,(2013)粤高法民三终字第615号;最高人民法院民事裁定书,(2014)民申字第1812号。

② 最高人民法院行政裁定书,(2019)最高法行申7304号。

③ 最高人民法院民事判决书,(2020)最高法知民终1229号、(2021)最高法知民终1950号。

④ 最高人民法院行政裁定书,(2019)最高法行申7304号。

全部必要技术特征所具体指代,被诉决定也全面审查了本专利权利要求记载的全部技术方案和具体技术特征,并在此基础上明确了本专利相对于最接近的现有技术所具有的区别技术特征。本案中,主题名称"交互式的多功能数字身份令牌装置"属于对权利要求包含的全部技术特征所构成的技术方案的抽象概括。

在名称为"移动电源租用设备及充电夹紧装置"的实用新型专利侵权纠纷案中①,涉案权利要求保护一种充电夹紧装置。争议焦点为如何理解主题名称"充电夹紧装置"的含义。最高人民法院认为,涉案专利权利要求的主题名称为"一种充电夹紧装置",且最终也要实现移动电源可以方便快捷地插入,插入即可充电,但权利要求书所限定的技术方案,说明书及附图具体实施方式和技术效果,均是对于夹紧、锁紧移动电源技术方案的限定和描述。本案中,"充电加紧装置"实际上是对权利要求所保护的技术方案的概括,其具体的限定作用体现在权利要求限定的所有技术特征上。

在名称为"有水位高度调节功能的插槽连接式绿化砖"的发明专利侵权纠纷案中②,涉案专利权利要求保护一种"有水位高度调节功能的插槽连接式绿化砖",本案争议焦点之一为"水位高度调节功能"的主题名称对权利要求保护范围是否具有限定作用。最高人民法院认为,权利要求中的"水位高度调节功能"记载在前序部分的主题名称中,采用了功能表述的方式,权利要求的特征部分通过两个技术特征记载了实现水位高度调节功能的具体方式,即土壤容纳空腔的斜面上至少有一个或一组水位高度调节溢水孔;水位高度调节溢水孔是底部即将贯通的盲孔。"水位高度调节功能"实际是对特征部分所记载的结构能够实现的功能的描述。本案中,"水位高度调节功能"是对权利要求保护的产品的结构能够实现的功能的概括,其对权利要求保护范围的限定实质上通过两个具体技术特征实现。

在名称为"模拟气功循环振动健身训练装置"的发明专利侵权纠纷案中③,权利要求为"一种模拟气功循环振动健身训练装置",争议焦点之一为"一种模拟气功循环振动健身训练装置"是否具有限定作用。最高人民法院认为,"模拟气功循环振动"这种表述方式在涉案专利的主题名称中,系根据功能分类的方

① 最高人民法院民事判决书,(2019)最高法知民终83、107号;最高人民法院民事裁定书,(2019)最高法民申531号。

② 最高人民法院民事判决书,(2019)最高法知民终657号、(2020)最高法知民终908号。

③ 最高人民法院民事判决书,(2019)最高法知民终79号。

法,对"健身训练装置"主题的限定,对本发明技术方案能达到的技术效果进行了抽象归纳总结,并非某一具体的技术特征。

在名称为"双工位转台式抛丸清理机"的发明专利侵权纠纷案中①,涉案权利要求保护一种"双工位转台式抛丸清理机",争议焦点之一为主题名称的限定作用。对此,最高人民法院认为,涉案专利权利要求前序部分的主题名称中的"双工位转台",系对"能够实现间歇式、交替式地转换工作状态的双工位转台"这一特定技术方案的概括。涉案专利的双工位转台的上述工作模式,意味着在确定权利要求 1 的保护范围,解释权利要求的相关技术术语内容时,对涉案专利主题名称的限定作用应当予以考量。

在确定权利要求的保护范围时,应当考虑权利要求记载的主题名称;该主题名称对权利要求保护范围的实际限定作用取决于其对权利要求所要保护的主题本身产生何种影响。据此,主题名称作为前序的一部分,在确定保护范围时具有限定作用。但是,主题名称本身并不是具体的技术特征,而是对权利要求包含的全部技术特征所构成的技术方案的抽象概括,是对专利技术方案的命名,专利主题名称的基础功能在于专利授权管理和分类检索,因此,主题名称与技术方案之间这种抽象概括与具体描述的关系,构成了对专利技术方案的限定程度,应当在主题名称所指定的功能领域、应用领域内从本领域普通技术人员的角度理解。② 对于"概括式"主题名称而言,主题名称本身对权利要求的保护范围没有直接的限定作用,而由具体的技术特征起到直接限定作用。

(三)"技术领域"式主题名称

主题名称是对专利技术方案的命名,用来确定专利技术方案所属领域。在确定权利要求的保护范围时,权利要求记载的主题名称应当予以考虑,其实际限定作用取决于该内容对权利要求所要保护的产品产生了何种影响。技术领域通常对权利要求的保护范围具有直接的限定作用。

在名称为"铝栅 CMOS 双层金属布线的版图结构"的实用新型专利权确权程序中③,权利要求保护一种铝栅 CMOS 双层金属布线的版图结构,争议焦点之一为主题名称中的"铝栅"对权利要求是否具有限定作用。国家知识产权局

① 最高人民法院民事判决书,(2019)最高法知民终 578 号。
② 最高人民法院民事判决书,(2019)最高法知民终 578 号。
③ 国家知识产权局无效宣告请求审查决定书(第 4489 号)。

认为,权利要求的保护范围是由权利要求中记载的全部内容作为一个整体限定的,权利要求中的所有特征应当予以考虑,而每一特征的实际限定作用应当最终体现在权利要求所要求保护的主题上,不应忽略主题名称部分的特征限定。本案中,权利要求保护的技术方案是针对"铝栅 CMOS"进行的改进,并由此区别于"硅栅 CMOS"集成电路。主题名称中的"铝栅"具体限定了权利要求保护的技术方案应用的技术领域,因此,"铝栅"具有限定作用。

在专利名称为"一种电动车控制系统及其操作方法"的专利侵权纠纷案中①,涉案专利权利要求保护一种电动车控制系统,争议焦点之一为涉案专利权利要求的前序部分"一种电动车控制系统"是否具有限定作用。最高人民法院认为,本案中涉案专利权利要求的主题名称为"一种电动车控制系统",明确了本发明属于电动车技术领域。并且,结合本专利的说明书中记载的背景技术及发明内容,本专利系为了克服电动车钥匙启动方式产生的防盗性能不足等问题。同时,本专利权利要求中的主题名称又反过来构成了对发明技术方案的限定,即"一种电动车控制系统"就是电力驱动的车辆的启动和解锁系统。因此,本案中权利要求 1 中的主题名称对权利要求保护范围具有限定作用,在侵权判定时应予考虑。本案中,主题名称确定了本专利的技术领域是电动车领域,被控侵权产品使用于自行车产品,因不属于专利主题名称所指定的应用领域和技术主题,而不构成侵权。

在专利名称为"一种用户词参与智能组词输入的方法及一种输入法系统"的发明专利侵权纠纷案中②,涉案权利要求保护一种建立用户多元库的方法。争议焦点之一为主题名称是否具有限定作用。最高人民法院认为,涉案专利权利要求前序部分为"一种建立用户多元库的方法",其系涉案专利权利要求的主题名称。涉案专利权利要求特征部分描述了完整地建立用户多元库的技术方案,"建立用户多元库"的表述亦出现在权利要求的特征部分,故主题名称"一种建立用户多元库的方法"仅系对权利要求全部技术特征所构成技术方案的概括,限定了涉案专利技术方案所适用的技术领域。本案中,本领域普通技术人员通过阅读权利要求和说明书即可明确,被诉侵权技术方案与权利要求限定的技术方案的技术领域相同。

---

① 最高人民法院民事裁定书,(2018)最高法民申 2954 号;上海知识产权法院民事判决书,(2017)沪 73 民初 278 号;上海市高级人民法院民事判决书,(2017)沪民终 369 号。

② 上海市高级人民法院民事判决书,(2018)沪民终 134 号。

在名称为“一种箱包拉链密码锁”的发明专利侵权纠纷案中①,涉案权利要求保护一种箱包拉链密码锁,争议焦点之一为主题名称“一种箱包拉链密码锁”中的“拉链”是否具有限定作用。最高人民法院认为,本案中,虽然涉案专利权利要求的主题名称“一种箱包拉链密码锁”中有“拉链”,但从权利要求记载的技术特征来看,并无体现“拉链”的部件或结构,也无由“拉链”决定的技术特征。因此,“拉链”不宜作为限定权利要求的保护范围的技术特征,而至多可将其理解为涉案密码锁可以使用的领域,即该种密码锁可以使用在带有“拉链”的箱包上。“拉链”不是涉案专利权利要求技术特征,对保护范围不具有限定作用。

在确定专利权利要求的保护范围时,权利要求中记载的主题名称应当予以考虑。如果本领域普通技术人员阅读权利要求之后,认为主题名称也体现了具体的技术特征,或者说主题名称对专利技术方案的具体结构、功能等具有限定作用,则通常应当将主题名称的限定作为确定专利权保护范围的考量因素。相反,如果主题名称对专利技术方案的具体结构、功能等未起到实质性限定作用,则一般不宜将主题名称中的相关描述作为确定专利权保护范围的技术特征。上述关于“拉链”的案件中,法院既然已经确定了拉链构成本专利应用的技术领域,则应当承认其限定作用。如果被诉产品的技术领域与拉链无关,则不应当认定构成侵权,即技术领域本身对权利要求的保护范围具有直接的限定作用。

(四)“技术特征”式主题名称

“技术特征”式主题名称是指,主题名称中记载了权利要求特征部分没有记载的技术特征,该技术特征属于权利要求保护的技术方案的一部分,因此具有限定作用。

在名称为“一种置有液体输导仓的发酵罐及其使用方法”的专利侵权纠纷案中②,权利要求保护一种置有液体输导仓的发酵罐,争议焦点之一为主题名称“一种置有液体输导仓的发酵罐”是否具有限定作用。对此,最高人民法院认为,涉案专利独立权利要求的主题名称为“一种置有液体输导仓的发酵罐”,该权利要求所记载的技术方案包含了在“发酵罐顶部设置”的一个“顶部输导仓”。以“软管”的工作方式为例,说明书所列举的“输导仓”中的软管既可收缩

① 最高人民法院民事判决书,(2019)最高法知民终810号。

② 最高人民法院民事裁定书,(2019)最高法民申6265号。

折叠于仓内，亦可伸出至无菌区并作为输送液体的通路的具体实施方式，正是前述功能和效果的印证。前述“一种置有液体输导仓的发酵罐”实际上起到了限定作用，即本专利发酵罐中的“输导仓”必须可用于输送液体。本案中，主题名称中记载了权利要求特征部分没有记载的具体技术特征，因此，主题名称对权利要求的保护范围具有实际的限定作用。

在名称为“固定框架”的发明专利侵权纠纷案中①，权利要求保护一种“用来固定接插连接模块和装入接插连接壳体或拧紧在壁板上的固定框架”，争议焦点之一在于主题名称的限定作用。对此，北京市高级人民法院认为，本专利权利要求前序部分中，主题名称为“用来固定接插连接模块和装入接插连接壳体或拧紧在壁板上的固定框架”，接插连接模块和接插连接壳体系涉案专利前序部分的特征，该两个技术特征在确定专利保护范围时应予考虑，但实际限定作用取决于该两个特征对于技术方案产生了何种影响。其中，插接连接模块对涉案专利的保护范围具有限定作用。而接插连接壳体仅在主题名称中出现，未在前序部分及特征部分出现，而且也未对专利技术方案产生任何影响，由“装入接插连接壳体或拧紧在壁板上”这一修饰语可知，其仅仅是对涉案专利的固定框架的装入或紧固位置进行说明，而插接连接壳体或壁板既不是涉案专利的固定框架的组成部分，也没有对涉案专利的固定框架的结构产生影响，因此，接插连接壳体对专利权利要求的保护范围没有限定作用。

“技术特征”式主题名称对权利要求的保护范围通常应当具有限定作用，因为主题名称记载了明确的技术特征，忽略技术特征的限定作用会产生与“全面覆盖原则”的冲突。

在确定权利要求的保护范围时，权利要求记载的主题名称的实际限定作用取决于该内容对权利要求所要保护的产品产生了何种影响。其中，“发明点”式主题名称、“技术特征”式主题名称具有限定作用，导致要求保护的产品具有某种特定结构、组成等，对于权利要求保护范围的确定起到限定作用；技术领域是判断创造性的因素之一，通常对权利要求的保护范围具有限定作用；“用途”式主题名称是否具有限定作用，要采用两分法进行判断，如果用途限定隐含或者导致要求保护的产品具有某种特定结构、组成等，则具有限定作用，如果对要求保护的产品没有带来影响，则这一内容对权利要求保护范围的确定不起作用；“概括”式主题名称通常通过权利要求的具体技术特征间接起到限定作用。

---

① 北京市高级人民法院民事判决书，(2014)高民终字第2044号。

目前，主题名称的限定作用，与“使用环境特征”“功能性特征”等类型化技术特征的界限并不清楚。例如，在名称为“一种水面镜头罩”的实用新型专利确权程序中①，涉案权利要求的主题名称为“一种水面镜头罩”，争议焦点之一为主题名称中的“水面”二字是否构成区别特征。北京知识产权法院认为，被诉决定已经将透明半球罩列为区别特征之一，故其未将“水面”列入区别特征并无明显不当。笔者认为，将“水面”认定为使用环境特征，可能更具有说服力；另外，上述案件中的技术特征“接插连接壳体”解释为“使用环境特征”，然后论述其不具有限定作用，也更为合理。再如，在专利名称为“阴茎增大锻炼系统”的发明专利侵权纠纷案中②，争议焦点之一为主题名称“阴茎增大锻炼系统”属于功能性技术特征，还是属于“概括”式主题名称，最高人民法院认为，“一种阴茎增大锻炼系统”为涉案专利权利要求前序部分的主题名称，权利要求中已经通过装置结构限定了“一种阴茎增大锻炼系统”，对于该主题名称范围应结合权利要求技术特征的限定进行理解，故涉案专利主题名称不属于功能性特征。因此，主题名称的限定作用与其他类型化技术特征的边界，还需要司法机关在今后的实践中进行个案认定，并通过对个案经验的总结对权利要求划定的边界进行更为清晰的界定。

① 北京知识产权法院行政判决书，(2017)京73行初5732号；最高人民法院行政判决书，(2019)最高法知行终93号。

② 上海市高级人民法院民事判决书，(2017)沪民终41号；最高人民法院民事判决书，(2019)最高法民再385号。

第六章

全面覆盖原则的适用

《专利权纠纷司法解释一》第7条规定:人民法院判定被诉侵权技术方案是否落入专利权的保护范围,应当审查权利人主张的权利要求所记载的全部技术特征。被诉侵权技术方案包含与权利要求记载的全部技术特征相同或者等同的技术特征的,人民法院应当认定其落入专利权的保护范围;被诉侵权技术方案的技术特征与权利要求记载的全部技术特征相比,缺少权利要求记载的一个以上的技术特征,或者有一个以上技术特征不相同也不等同的,人民法院应当认定其没有落入专利权的保护范围。该条规定了专利侵权判定的基本方法,即专利法理论上的"全面覆盖原则"。只要被诉侵权技术方案的技术特征包含了专利权保护范围的全部技术特征,即认定其落入了专利权的保护范围。被诉侵权技术方案是否包括其他增加的技术特征,在所不问。[①] 同时,该条款确立了全面覆盖原则在侵权判定中的核心地位,在我国专利制度的发展史上具有重要地位,其不仅有利于社会公众根据权利要求形成稳定的权利预期,而且强化了权利要求的公示与划界作用,保护了社会公众的信赖利益。

一、历史沿革

(一)多余指定原则

我国专利制度形成时间还不长,权利人撰写专利的水平还有待进一步提高,因此,撰写不严谨、不规范导致大量非必要技术特征写入了权利要求,由此

① 参见孔祥俊、王永昌、李剑:《〈最高人民法院关于审理侵犯专利权纠纷案件应用法律若干问题的解释〉适用的若干问题》,载《人民司法》2010年第3期。

导致的后果是专利权人的利益受到严重的限缩。为了适当保护专利权人的利益,北京市高级人民法院《专利侵权判定若干问题的意见(试行)》(现已失效)规定了多余指定原则。多余指定原则,是指在专利侵权判定中,在解释专利独立权利要求和确定专利权保护范围时,将记载在专利独立权利要求中的明显附加技术特征(多余特征)略去,仅以专利独立权利要求中的必要技术特征来确定专利权保护范围,判定被控侵权物(产品或方法)是否覆盖专利权保护范围的原则。该原则与全面覆盖原则相矛盾,因此,为了限制该原则的适用,北京市高级人民法院在制定该规则时,制定了多个限制性条款。

之所以要在侵权判定时适用多余指定原则,是因为发明人将与实现发明目的、效果无关的技术特征写入独立权利要求,如不予以保护,则可能直接挫伤发明人的发明积极性,因此,在侵权比对时,采用了忽略该类技术特征的原则。在名称为"人体频谱匹配效应场治疗装置及生产方法"的发明专利侵权纠纷案中①,涉案独立权利要求包括"(音乐治疗系统)立体声放音系统"的技术特征,被诉产品不包括该技术特征,北京市高级人民法院适用多余指定原则来判定专利侵权成立。② 在名称为"电脑电疗仪"的发明专利侵权纠纷中,北京市高级人民法院认为,"电脑电疗仪"发明专利独立权利要求共包括了20个技术特征,其中的音乐音响器对该发明整体技术方案无实质性影响,音乐音响应视为附加技术特征,两原告专利的保护范围应依19个必要技术特征来确定。在另一案中,北京市高级人民法院认为,b项特征虽被写入了独立权利要求,但是鉴于87103537号专利说明书中已明确指出"凡是绝缘性能已达到电器产品设计要求的底材,都可以省去绝缘底层",同时考虑以往专利审判实践中已经确立的原则,就该专利整体技术方案的实质而言,b项技术特征确实不产生实质性的必不可少的功能和作用,应属非必要技术特征。③

多余指定原则的适用,受到了广泛诟病,因为这一原则与权利要求的公示与划界作用相抵触,破坏了权利要求最为核心的价值,是与专利制度相违背的原则,因此,实践中并没有得到广泛使用。专利申请文件的撰写质量差的不利后果不应由社会公众承担。对此,上海市高级人民法院认为,④专利权利要求书

---

① 北京市高级人民法院民事判决书,(1995)高知终字第22号。

② 参见程永顺、罗李华:《专利侵权判定——中美法条与案例比较研究》,知识产权出版社1998年版,第255页。

③ 北京市高级人民法院民事判决书,(1998)高知终字第24号。

④ 上海市第一中级人民法院民事判决书,(2008)沪一中民五(知)初字第442号。

的作用是向公众公示构成专利技术方案所包含的全部技术特征,从而确定专利权的保护范围,故凡是专利权人写入独立权利要求的技术特征,均应被纳入技术特征对比之列。法院在对个案处理过程中,如果轻易忽略记载在专利权利要求中的一些技术特征,将这些技术特征确定为非必要技术特征,则无形中扩大了专利的保护范围,这将会使社会公众因权利要求内容不可预见的变动而感到无所适从。诚然,可能因疏忽或撰写水平等问题而专利申请人在撰写权利要求书时会存在某种失误,但由此产生的法律后果应由专利申请人自己承担,而不应由信任法律的社会公众来承担。

最高人民法院对“多余指定原则”持否定态度。最高人民法院认为,判断专利侵权通常适用“全面覆盖”原则,即被控侵权产品要具有专利独立权利要求记载的全部必要技术特征,方能认定侵权成立,不存在部分侵权的问题。该批复实际上是否定了多余指定原则。① 在名称为“混凝土薄壁筒体构件”的实用新型专利侵权纠纷案中②,最高人民法院认为,应当认为,凡是专利权人写入独立权利要求的技术特征,都是必要技术特征,都不应当被忽略,而均应纳入技术特征对比之列。本院不赞成轻率地借鉴适用所谓的“多余指定原则”。权利要求书的作用是确定专利权的保护范围。即通过向公众表明构成发明或者实用新型的技术方案所包括的全部技术特征,使公众能够清楚地知道实施何种行为会侵犯专利权,从而一方面为专利权人提供有效合理的保护,另一方面确保公众享有使用技术的自由。只有对权利要求书所记载的全部技术特征给予全面、充分的尊重,社会公众才不会因权利要求内容不可预见的变动而无所适从,从而保障法律权利的确定性,从根本上保证专利制度的正常运作和价值实现。最高人民法院通过该案重新确定了权利要求的划界作用,并最终将全面覆盖原则写入了2009年颁布的司法解释中。

(二)变劣技术方案

变劣技术方案是指相对于权利要求公开的技术方案而言,被诉技术方案则是省略技术特征或效果的技术方案。变劣技术方案的情形有两种,一种是缺少技术特征,另一种是变劣技术效果。与多余指定原则相比,其省略的技术特征

---

① 《最高人民法院对“处理专利侵权纠纷可否认定部分侵权”问题的答复》([2004]行他字第8号)。

② 最高人民法院民事判决书,(2005)民三提字第1号。

并不是非必要技术特征，而是必要技术特征。

1. 缺少技术特征

在名称为“颅内血肿粉碎穿刺针”号的实用新型专利权侵权纠纷案中①，该权利要求保护一种颅内血肿粉碎穿刺针，争议焦点之一为被控侵权物中缺少了“血肿粉碎器”这一部件是否构成等同侵权。北京市高级人民法院认为，在判断是否存在侵权行为时，不仅要考虑制造、销售时产品的状态，有时还要考虑该产品使用时的状态。对销售时不是完整的产品，使用时必须加入其他部件才能实现该产品的功能的被控侵权物，在进行技术特征对比时，就应当把使用状态下包含的全部技术特征一并考虑。本案中，被控侵权物中缺少了“血肿粉碎器”这一部件，同时也就缺少了血肿粉碎器特有的三项子特征。但仅就被控侵权物本身而言，在临床上并不能使用。只有用普通注射器代替“血肿粉碎器”的情况下，才能使用。也只有在临床应用中，被控侵权物的完整形态才能表现出来。经过分析比较，根据专利说明书的描述，在专利技术方案中，冲洗液经血肿粉碎器针尖微孔喷出形成高压漩涡液流，即可对血肿进行粉碎冲洗；而被控侵权物在使用中，冲洗液经注射器针尖注入起到对血肿进行浸泡溶化的目的，需要时间比较长。由此可以认定，被控侵权产品相对于本案专利技术而言，在技术效果上，基本上能够实现本案专利所提出的通过微创穿刺术来清除颅内固态血肿这一发明目的，但属于变劣技术方案。鉴于被控侵权物“微创硬通道颅内穿刺针”与“颅内血肿粉碎穿刺针”实用新型专利基于相同的技术构思，根据已为公知的专利技术方案，做出将其中“血肿粉碎器”省略的技术方案，并在使用中用普通注射器代替血肿粉碎器，是不需要付出创造性劳动的，且被控侵权物经省略“血肿粉碎器”这一必要技术特征，用普通注射器加以替代之后，虽然优于“颅内血肿粉碎穿刺针”专利申请前的已有技术，但其技术效果明显低于专利技术。因此，应当适用等同原则。在本案中，如果法院按照新的判决思路，将被控侵权物中缺少的“血肿粉碎器”及特有的三项子特征认定为“使用环境特征”，可能理由更充分。

实践中也有相反案例，在名称为“用于实验室特制家俱的面板功能型材”的实用新型专利侵权纠纷案中②，广东省高级人民法院认为，根据专利权人的主张，其效果和功能比本案专利的效果和功能差，使整个技术方案“变劣”。因此，

① 北京市高级人民法院民事判决书，(2003)高民终字第108号。

② 广东省高级人民法院民事判决书，(2005)粤高法民三终字第40号。

在功能和效果方面与本案专利技术方案是不等同的。同时，由于被控侵权产品缺少本案专利的一个必要技术特征，即没有“防撞胶夹槽”这一结构特征。故被控产品中不存在相对应的技术手段，也无法进行两者相同或者等同的判断。因此，不能认定被控侵权产品使用了相同或者等同的技术手段。而且，根据本案专利的权利要求书记载，“拉手槽的后部设有防撞胶夹槽，防撞胶垫插入该夹槽中”是本专利的必要特征之一，在确定该专利的保护范围以及侵权判定中，该特征是不能随意省略的技术特征。现本案中的另一种被控侵权产品不具备该必要技术特征，依法应当认定为不构成侵权。

“缺少技术特征”不符合“全面覆盖原则”，因此，将缺少技术特征的技术方案以变劣为由主张侵权的观点不能成立。人民法院判断被控侵权技术方案是否落入专利权保护范围时，应当将被控侵权技术方案的技术特征与专利权利要求记载的全部技术特征进行对比；若被控侵权技术方案缺少某专利技术特征而导致技术效果的变劣，则应认定被控侵权技术方案未落入专利权的保护范围。因缺少必要技术特征产生的变劣技术方案，不符合全面覆盖原则，不能适用等同原则将变劣技术方案纳入专利权的保护范围。①

2. 变劣技术效果

被诉产品的变劣技术效果如果是缺少技术特征造成的，有观点认为构成等同侵权，例如，四川省高级人民法院认为，对于故意省略专利权利要求中个别必要技术特征，使其技术方案成为在性能和效果上均不如专利技术方案优越的变劣技术方案，而且这一变劣技术方案明显是省略该必要技术特征造成的，应当适用等同原则。如果被诉产品存在与权利要求中限定的相对应的技术特征，但是被诉技术方案的技术效果较差，对此，能否适用等同原则将其纳入专利权的保护范围，则应当根据等同原则的判断要件具体问题具体分析。②

最高人民法院有观点认为，变劣技术方案仍然构成等同侵权。例如，在名称为“机芯奏鸣装置音板的成键方法及其设备”的专利侵权纠纷案中③，最高人民法院认为，人民法院在认定等同物替换的侵犯专利权行为时，对被控侵权产品和方法的效果与专利的效果进行比较是必要的。但在比较二者的效果时，不

① 最高人民法院民事判决书，(2008)民提字第83号。

② 四川省高级人民法院民事判决书，(2007)川民终字第373号。

③ 最高人民法院民事判决书，(2001)民三提字第1号。

应强调它们之间完全相等,只要基本相同即可。有时专利的效果要比被控侵权产品和方法的效果稍好,有时也可能是相反的情况,都不影响对侵犯专利权行为的判断。甚至出现被控侵权的产品和方法的效果比专利效果稍差的情形,则属于改劣的实施,改劣实施也是等同物替换的表现形式之一。本案中被控侵权的设备和方法增加了一个工件拖板来固定工件,工件不固定在防震限位板上,其防震性就不如专利的效果好。但这样的改变,相对于专利技术来说,只是削弱了防震效果,而不是没有防震效果或者防震效果根本不同,是一种较为典型的改劣实施。原审法院忽略了改劣实施这一情况,过于强调被控侵权产品和方法与专利在效果方面的相等性,也与等同判断原则相悖。

如果变劣的技术方案在功能和效果上与权利要求保护的技术方案存在不同,则不构成等同侵权。在名称为“一种袋装弹簧生产压缩输送机构”的发明专利侵权纠纷案中①,最高人民法院认为,涉案产品未采取挡板的技术手段,而是设置了挡轮,鉴于该挡轮与输送链并未全面接触,而仅是在挡轮这一点上接触,因此挡轮对输送链无法起到涉案专利挡板对输送带同样的支撑作用,因此挡轮与挡板的功能不同。涉案产品在压缩输送弹簧过程中,输送链因弹簧的反弹力明显向外扩张变形,弹簧的压缩效果也明显变差,弹簧在压缩和输送过程中的平稳性比不上涉案专利的有益效果,因此涉案产品的挡轮和涉案专利的挡板存在明显不同的技术效果。涉案产品实际上是涉案专利的变劣技术方案。本领域普通技术人员在涉案产品挡轮的基础上,不经过创造性劳动不容易想到涉案专利挡板的技术方案。因此,涉案产品的挡轮与涉案专利的挡板不属于等同特征。在该案中,最高人民法院认为被诉产品采用的是变劣技术方案,“挡轮”相对于“挡板”的技术特征不构成等同侵权。

在名称为“弹簧铰链的制造方法”的发明专利权侵权纠纷案中②,最高人民法院认为,被控侵权方法相对于权利要求仍然是一种落后的生产工艺,二者采取的技术手段具有实质性的差异,实现的功能亦有不同,被控侵权方法也不能实现权利要求 1 所具有的实现弹簧铰链的经济加工、取消铰接件的找正、改进零件的组装和搬运等有益效果,故被控侵权方法不具有与权利要求 1 中的“切割出大致与铰接件外形一致的区域”相同或等同的技术特征,被控侵权方法没有落入涉案专利权的保护范围。在该案中,被控侵权方法是一种落后的生产工

① 最高人民法院民事判决书,(2020)最高法知民终 496 号。

② 最高人民法院民事裁定书,(2008)民申字第 980 号。

艺，相对于权利要求保护的技术方案而言，实际上也属于变劣技术方案，不构成等同侵权。

二、全面覆盖原则的适用规则

发明和实用新型专利民事侵权纠纷中，侵权判定采用权利要求对比“全面覆盖”原则，被诉侵权产品具备专利权利人所主张之权利要求所限定的全部技术特征，即落入涉案专利权的保护范围，构成侵权。① 适用全面覆盖原则时，应当审查权利人主张的权利要求所记载的全部技术特征，从而否定了所谓的“多余指定原则”。之所以如此规定，是出于以下考虑：权利要求书的作用是确定专利权的保护范围。即通过向公众表明构成发明或者实用新型的技术方案所包括的全部技术特征，使公众能够清楚地知道实施何种行为不会侵犯专利权。只有对权利要求书所记载的全部技术特征给予全面、充分的尊重，社会公众才不会因权利要求内容不可预见的变动而无所适从，从而保障法律权利的确定性。② 专利侵权判定的基本原则是全面覆盖原则，其适用于相同侵权和等同侵权。相同侵权，也称字面侵权，是指被控侵权的产品或方法与某一专利权利要求书相比，被控侵权的产品或方法具备了权利要求书中的每一个技术要素；或者说权利要求书里的每一个技术要素都可以在被控侵权的产品或方法中找到。③ 在缺少实物进行验证的情况下，需要现有证据材料能够客观、真实地反映被诉侵权产品所实际实施的技术方案，才可以将其作为被诉侵权技术方案并用于进行侵权与否的判定。④ 不符合相同侵权也分为两种：一种是缺少技术特征，如果被诉侵权技术方案的技术特征与权利要求记载的全部技术特征相比，缺少权利要求记载的一个以上的技术特征的，人民法院应当认定其没有落入专利权的保护范围。另一种是如果被诉侵权技术方案的技术特征与权利要求记载的全部技术特征相比，其中一项以上的技术特征既不相同也不等同。⑤ 而“缺少技术特征”通常被认为是最为确定的不构成专利侵权的情形。

---

① 最高人民法院民事裁定书，(2016)最高法民申2387号。

② 参见孔祥俊、王永昌、李剑：《〈最高人民法院关于审理侵犯专利权纠纷案件应用法律若干问题的解释〉适用的若干问题》，载《人民司法》2010年第3期。

③ 参见李明德：《美国知识产权法》(第2版)，法律出版社2014年版，第143页。

④ 最高人民法院民事判决书，(2020)最高法知民终1593号。

⑤ 等同侵权的情形有专节进行讨论，本节不再讨论。

在名称为“一种具有同向引出插接极耳的锂离子动力电池”的实用新型专利权侵权纠纷案中①,广东省高级人民法院认为,经将被诉侵权产品与本案专利权利要求进行比对,被诉侵权产品无铆钉和弯曲的插接部结构。技术特征是指在权利要求所限定的技术方案中,能够相对独立地执行一定的技术功能,并能产生相对独立的技术效果的最小单元或者单元组合。“用铆钉铆接”及“弯曲的插接部”为本案专利的必要技术特征。本案被诉侵权产品缺少“用铆钉铆接”技术特征,与本案专利内部连接手段明显不同。被诉侵权产品使用的“极耳连接的导针”技术方案并不能实现本案专利“直接插接于电路板”的功能,即与电路板的连接方式也不同,无法实现直接插接的技术效果。本案被诉侵权产品缺乏本案专利“用铆钉铆接”及“弯曲的插接部”等技术特征,没有与之等同的技术特征,与本案专利权利要求保护的技术方案既不相同也不等同,未落入本案专利权保护范围。

在名称为“具有多种截面形状用于混凝土中的轻质多孔材料填充体”的实用新型专利侵权纠纷案中②,北京市第一中级人民法院认为,本专利独立权利要求对轻质多孔材料填充体的结构给予了明确限定,即由“多孔材料”、“隔离层”和“加强层”组成。说明书和附图对“加强层”在实现本专利的发明目的和所达到的技术效果方面进行了充分的解释,并对采用的技术手段也进行了相应的说明。因此,“加强层”是本专利的必要技术特征。根据查明的事实可知,被控侵权产品的技术特征与本专利相比缺少“加强层”,这一点双方当事人均无异议。因此,被控侵权产品在缺少本专利必要技术特征的情况下,没有落入本专利的保护范围,不构成对原告专利权的侵犯。

在名称为“女士鞋底专用勾心”的实用新型专利权侵权纠纷案中③,被诉产品的技术特征为弧形勾心片与鞋跟立柱为一整块材料弯折形成的带有凹槽整体结构,不具有本案专利弧形勾心片与鞋跟立柱通过插头连接的技术特征。最高人民法院认为,将被控侵权产品技术特征与涉案专利技术特征进行对比,二者均为女士勾心鞋跟,均由弧形勾心片与鞋跟立柱组成,但是涉案专利的弧形勾心片的右下端装有插头,并相互固定为一体,插到鞋跟立柱上端的孔内,而被控侵权产品的弧形勾心片与鞋跟立柱为一个弯折并带有凹槽的整体结构,不具

① 广东省高级人民法院民事判决书,(2017)粤民终1089号;类案有广州知识产权法院民事判决书,(2015)粤知法专民初字第1533号。

② 北京市第一中级人民法院民事判决书,(2006)一中民初字第1830号。

③ 最高人民法院民事裁定书,(2011)民申字第630号。

有涉案专利弧形勾心片与鞋跟立柱通过插头连接的技术特征，因此被控侵权产品未落入涉案专利权的保护范围。

上述案例中，因为被诉产品缺少涉案专利权的技术特征，故法院均认定被诉产品未落入相应专利权的保护范围。《专利权纠纷司法解释一》体现了强化权利要求公示性的导向，《专利权纠纷司法解释二》继续贯彻了这一指导思想，旨在增强专利权保护范围的确定性，为社会公众提供明确的法律预期。这也是充分考虑我国现阶段专利质量总体上还处在较低水平的现状以及创新驱动发展战略实施的需求。笔者认为，尊重权利要求的划界作用是专利制度的基本价值理念，只有权利要求的划界作用得到尊重和体现，才能够使专利制度得到很好的运行，我国《专利法》明确规定"鼓励发明创造，推动发明创造的应用，提高创新能力，促进科学技术进步和经济社会发展"，如果专利权利要求的划界作用不能够得到实现，则专利制度所体现的促进创新的社会秩序也就无法实现。

（一）技术特征的概念

全面覆盖原则适用的前提是技术特征的划分，包括权利要求技术特征的划分和被诉产品技术特征的划分。只有技术特征划分准确，才能正确适用全面覆盖原则，如果技术特征划分错误，则全面覆盖原则的适用随之错误，侵权判定的结论也就受到质疑。因此，有必要对技术特征的划分规则进行分析。

技术特征是指在权利要求所限定的技术方案中，能够相对独立地执行一定的技术功能，并能产生相对独立的技术效果的最小技术单元。在产品技术方案中，该技术单元一般是产品的部件和/或部件之间的连接关系。在方法技术方案中，该技术单元一般是方法步骤或者步骤之间的关系。[①][②] 权利要求保护的技术方案与被诉侵权产品体现的技术方案通常是抽象的。划分权利要求的技术特征时，一般应把能够实现一种相对独立的技术功能的技术单元作为一个技术特征，不宜把实现不同技术功能的多个技术单元划定为一个技术特征。为了能够便于进行比较，常常将技术方案按照可以完成单独功能的最小组成单元划分开来，然后根据这些最小组成单元进行逐一比对。在司法审判实践中，判定两个技术方案是否相同或者等同的过程中，也是采用这一方法，如果两个技术

---

① 北京市高级人民法院《专利侵权判定指南(2017)》第8条。

② 参见闻秀元：《如何对技术方案进行特征区划》，载程永顺主编：《专利侵权判定实务》，法律出版社2002年版，第70页。

方案中的全部组成单元有一项或者一项以上的不相同或者不等同，则认定两个整体技术方案不相同，亦不等同。[①②]

（二）权利要求技术特征的划分

在侵权诉讼中，首先是确定权利要求的保护范围，而权利要求保护范围的大小是由技术特征决定的，通常而言，划分的技术特征越多，权利要求的保护范围越小，划分的技术特征越少，权利要求的保护范围越大。对此，最高人民法院认为，[③]技术特征的划分应该结合发明的整体技术方案，考虑能够相对独立地实现一定技术功能并产生相对独立的技术效果的较小技术单元。如果划分技术特征时未恰当考虑该技术特征是否能够相对独立地实现一定技术功能并产生相对独立的技术效果，导致技术特征划分过细，则在侵权比对时容易因被诉侵权技术方案缺乏该技术特征而错误认定侵权不成立，不适当地限缩专利保护范围；如果未恰当考虑该技术特征是否系相对独立地实现一定技术功能和技术效果的较小技术单元，导致技术特征划分过宽，则在侵权比对时容易忽略某个必要技术特征而错误认定侵权成立，不适当地扩大专利保护范围。

在名称为"一种码垛机械手"的发明专利侵权纠纷案中[④]，争议焦点之一为"推杆上具有腰形孔，夹持组件包括移动夹紧单元和固定夹紧单元，移动夹紧单元设有限位销钉，限位销钉与排收拢驱动机构的推杆腰形孔滑动配合"是否应根据最小技术单元特征的划分原则，将"限位销钉""腰形孔"划分为一个技术特征。最高人民法院认为，涉案专利权利要求 1 关于 1F 的技术特征是否还应进一步拆分"腰形孔""限位销钉"为最小技术单元，需分析"限位销钉"和"腰形孔"在该技术方案中所起到的作用、实现的功能。对"限位销钉"来说，虽然其完成了两个方面的功能，一是销钉将移动夹紧单元与推杆连接起来，完成在竖直方向上的移动夹紧单元与推杆的固定；二是确保移动夹紧单元与推杆在排的方向上的移动同步，且对"腰形孔"来说，其则是在限位销钉传导推杆的同时为限位销钉在列的方向上提供避让空间，依照其名称，其形状应该是类似长条的腰形，如此方能解决限位销钉能够在列的方向上移动的问题，以确保在排收拢的

---

① 参见董涛：《专利权利要求》，法律出版社 2006 年版，第 57 页。

② 最高人民法院民事判决书，（2019）最高法民再 348 号。

③ 最高人民法院民事裁定书，（2017）最高法民申 3802 号；类案有最高人民法院民事裁定书，（2018）最高法民申 4398 号；最高人民法院民事判决书，（2020）最高法知民终 81、547 号。

④ 最高人民法院民事判决书，（2020）最高法知民终 547 号。

同时可以实现列收拢,二者虽然都是一个单独的部件或结构,但最终是通过“限位销钉与腰形孔”滑动配合的方式实现“排收拢的同时还可以实现列收拢”,即系二者相互配合才在整体技术方案中发挥的上述作用。因此,原审判决未将“限位销钉”和“腰形孔”列为独立的技术特征并无不当。

基于上述的分析,在将涉案专利权利要求的技术特征与被诉侵权产品的相应技术特征进行比对时,应当将 1F“推杆上具有腰形孔,夹持组件包括移动夹紧单元和固定夹紧单元,移动夹紧单元设有限位销钉,限位销钉与排收拢驱动机构的推杆腰形孔滑动配合”作为一个独立的技术特征进行比对,而不是将“腰形孔”“限位销钉”分别作为一个独立的技术特征进行比对。从涉案专利权利要求书、说明书以及无效决定记载的内容可知,涉案专利对现有技术作出的创新在于将限位销钉与推杆腰形孔的配合的结构应用到了码垛双向收拢领域,在于提供一种同时实现排收拢和列收拢的功能的具体结构,而非同时收拢的功能本身。

在名称为“可调节的婴幼儿座椅”的发明专利侵权纠纷案中①,争议焦点之一为“所述的调节拉杆呈 U 型,其两端分别套设有弹簧,在弹簧的外围套有孔径小于弹簧直径的套体”中的“弹簧”与“套体”属于一个技术特征还是两个技术特征。浙江省高级人民法院认为,根据权利要求书的记载,涉案专利的调节杆上套设弹簧,且在弹簧的外面还套有孔径小于弹簧直径的套体,而被诉侵权产品系直接将弹簧两端分别挂设在调节杆和椅体上以达到实现椅体调节之目的,缺少权利要求记载的“套体”这一技术特征,应当认定被诉侵权产品未落入涉案专利权的保护范围。由此可知,原二审法院将“弹簧”与“套体”划分为两个技术特征。最高人民法院认为,涉案专利权利要求关于“其(调节拉杆)两端分别套设有弹簧,在弹簧的外围套有孔径小于弹簧直径的套体”的记载所实现的功能是:当需要调节椅体高度时,对调节拉杆产生回复力,使销体和卡槽扣紧。可见,“套体”虽然是一个部件,但其功能和效果必须依赖弹簧的配合才能实现,两者相互配合才能在整体技术方案中发挥作用。因此,在涉案专利权利要求中,套体本身无法实现相对独立的功能,不宜作为一个独立的技术特征对待。在将涉案专利权利要求的技术特征与被诉侵权产品的相应技术特征进行比对时,应当将“其两端分别套设有弹簧,在弹簧的外围套设有孔径小于弹簧直径的套体”

① 浙江省高级人民法院民事判决书,(2017)浙民终 32 号;最高人民法院民事裁定书,(2017)最高法民申 3802 号。

作为一个独立的技术特征进行比对，而不是将“套体”作为一个独立的技术特征进行比对。由此可知，最高人民法院将“弹簧”与“套体”划分为一个技术特征。

在名称为“可整体嵌入餐桌的火锅炉”的实用新型专利侵权纠纷案中①，涉案争议焦点之一为“燃料槽托架”与“固定支架”属于一个技术特征还是两个技术特征。对此，最高人民法院认为，技术特征的划分应当结合专利的整体技术方案，考虑能够相对独立地实现一定技术功能并产生相对独立的技术效果的较小技术单元。本案中，不应当割裂固定支架和燃料槽托架之间的配合关系而将其认定为两个独立的技术特征，本专利并未限定两者是否可以合二为一。涉案专利的固定支架的作用是用两个铆钉固定两个火力调节片，燃料槽托架的作用是定位和固定燃料槽。而被诉侵权产品的不锈钢板既可以作为固定支架用两个铆钉固定两个火力调节片，也可以作为燃料槽托架定位和固定燃料槽。因此，被诉侵权产品不锈钢板同时起到了涉案专利的固定支架和燃料槽托架的功能和效果，与涉案专利权利要求中固定支架和燃料槽托架相应的技术特征相同。原审判决认定两者不相同也不是等同特征，适用法律错误，予以纠正。

上述案例均是将权利要求中的多个技术特征划分为一个技术特征的典型案例。最高人民法院多次认为，关于技术特征的划分，应该结合发明的整体技术方案，考虑能够相对独立地实现一定技术功能并产生相对独立的技术效果的较小技术单元。如果划分技术特征时未恰当考虑该技术特征是否能够相对独立地实现一定技术功能并产生相对独立的技术效果，导致技术特征划分过细，则在侵权比对时容易因被诉侵权技术方案缺乏该技术特征而错误认定侵权不成立，不适当地限缩专利保护范围。因此，恰当划分技术特征是进行侵权比对的基础。② 但是，“腰形孔”与“限位销钉”、“弹簧”与“套体”、“固定支架”与“燃料槽托架”，均是权利要求中明确记载的技术特征，而且均可单独发挥作用。如果二者共同发挥作用，发明人在撰写权利要求时应当对二者进行概括，以形成上位概念。既然发明人选择在权利要求中使用两个不同的技术特征，共同发挥相应的效果，那么从权利要求的公示性出发，无论这些技术特征之间是否共同发挥作用，均应当分别予以考虑，否则直接损害权利要求的公示性作用。

在划分权利要求的技术特征时，发明目的对技术特征的划分同样具有影

---

① 最高人民法院民事判决书，(2020)最高法知民终1899号。

② 最高人民法院民事裁定书，(2018)最高法民申4398号。

响。在名称为“能存储U盘的笔记本”的实用新型专利侵权纠纷中①，最高人民法院认为，对于权利要求中技术特征的解释，应根据权利要求的记载，结合本领域技术人员阅读权利要求书和说明书后的整体理解予以解释，不仅要考虑该技术特征采用的技术手段，还要结合发明目的，考虑采用该技术手段所解决的技术问题、实现的功能和达到的效果。结合涉案专利说明书的记载和第32309号决定的认定，涉案专利权利要求1中“优盘的一端插拔式插入鼻带的另一端，优盘另一端磁吸式连接于金属扣上”这一技术特征应当做整体理解，因为“优盘的一端插拔式插入鼻带的另一端”和“优盘另一端磁吸式连接于金属扣上”均不能作为独立的技术手段实现相应的功能，涉案专利权利要求1这一技术特征通过将优盘的两端分别与金属扣和鼻带连接，使优盘作为扣合过程的必要部件。当优盘被取下，鼻带不能直接将记事本扣合，从而提醒使用者优盘被遗落，以达到优盘不容易丢失的效果。

（三）被诉产品技术特征的划分

被诉侵权产品是判断是否侵权的对象。法院在判断被诉侵权技术方案是否落入涉案专利权利要求的保护范围时，通常要将被诉侵权产品体现的技术方案与涉案专利权利要求进行比对。基于产品说明书、使用手册、图纸等其他载体记载的技术方案进行技术比对的，应当确认比对对象的真实性及其与被诉侵权产品技术方案的对应性。② 在被诉侵权产品确定之后，如何划分被诉产品的技术特征同样关系到侵权判定的结果。

在名称为“吸纳式充电装置”的实用新型专利侵权纠纷案中③，争议焦点之一为被诉产品是否具备“传动组件”的技术特征。对此，最高人民法院认为，划分权利要求的技术特征时，一般应把能够实现一种相对独立的技术功能的技术单元作为一个技术特征，不宜把实现不同技术功能的多个技术单元划定为一个技术特征。减速电机是一种将电机和减速机构集成在一起的一体化电机，本领域技术人员通常将减速电机看作电机与减速机构的组合，认为属于一个整体。而减速机构作为减速电机的一部分，其主要功能为减速动力输出。被诉侵权产品的电机轴通过齿轮组件与有凸点的轴相连在一起，上述组件均应当属于减速

① 最高人民法院民事判决书，(2021)最高法知民终2211号。
② 最高人民法院民事裁定书，(2020)最高法知民终1311号。
③ 最高人民法院民事判决书，(2019)最高法民再348号。

电机的组成部分。被诉侵权产品通过将减速电机轴插入滚轴组件的凹槽中以实现动力传递,其传动方式是通过直接连接实现的。而涉案专利权利要求所述“传动组件”独立于电机,不属于电机的组成部分,其功能是将电机的力传导给滚轴,从而实现将电机一同封装在机械结构内还能实现驱动滚轴。可见,被诉侵权产品的减速机构和涉案专利的“传动组件”二者技术手段、功能和效果既不相同亦不等同,被诉侵权产品缺少“传动组件”。

本案中,首先,最高人民法院并非认为原审法院关于权利要求的技术特征划分错误,而是认为被诉产品技术方案中的技术特征划分错误;其次,最高人民法院意在否定原审法院关于被诉侵权产品技术方案中的技术特征的划分方法,将“电机”“减速机构”“凹槽结构”分别归为“电机”“滚轴组件”的一部分,从而否定了原审判决。

1. 技术特征的划分对功能性特征认定的影响

是否是功能性特征直接决定了权利要求保护范围确定的路径,即是以权利要求来确定保护范围还是以说明书记载的实施方式及其等同方式确定保护范围。而技术特征的划分对是否是功能性特征的认定具有直接影响。

在名称为“双工位转台式抛丸清理机”的发明专利侵权纠纷案中①,争议焦点之一为“自转驱动机构”是否为功能性特征。最高人民法院认为,对于涉案专利权利要求 1 中的“自转驱动机构”,依中文语法结构,“自转驱动”系对“机构”这一宾语加以修饰的定语。诚然,“自转驱动机构”一词仅系以“驱动自转”的功能来描述该“机构”,仅阅读涉案专利权利要求书,本领域普通技术人员无从得知“自转驱动机构”的具体结构方式。但是,在对“自转驱动机构”这一部件加以理解时,不宜将其与涉案专利权利要求 1 中的关联内容予以割裂。本院注意到,涉案专利权利要求 1 中与“自转驱动机构”相关联的权利要求内容的完整表述为:“在回转轴内中心对称地设置有两根能够自由转动的自转传动轴,每根自转传动轴的两端安装有下自转传动链轮和上自转传动链轮,下自转传动链轮通过自转驱动机构驱动。”由此可知,上述权利要求内容实际上限定了自转传动轴与回转轴之间、下自转传动链轮与自转传动轴之间,特别是自转驱动机构与下自转传动链轮之间的位置、连接以及动力传递方位和结构关系,并可以直接、明确地确定自转驱动机构与自转传动轴下端的下自转传动链轮是采用链式啮合相连接的特定结构。简言之,上述位置、连接以及传动方位和结构相结合才

① 最高人民法院民事判决书,(2019)最高法知民终 578 号。

能共同实现相对独立的功能,即"自转驱动机构驱动下自转传动链轮,进而驱动自转传动轴在回转轴内自转"。可见,上述与"自转驱动机构"相关的权利要求内容,特别是"下自转传动链轮通过自转驱动机构驱动"的限定内容,构成能够相对独立地实现一定技术功能并产生相对独立的技术效果的一个特定技术单元,应认定为一个技术特征。上述分析进而表明,对"自转驱动机构"技术术语的含义,不能脱离前述权利要求 1 与"自转驱动机构"相关联的权利要求内容语境来孤立理解。故将"自转驱动机构"单独认定为一个技术特征,进而争辩该技术特征是否属于功能性特征,既无助于对涉案专利权利保护范围的准确理解,也无助于被诉侵权争议技术特征与涉案专利权利要求 1 对应技术特征的正确比对。

本案中,如果将"自转驱动机构"作为单独一个技术特征,且仅阅读涉案专利权利要求书,本领域普通技术人员无从得知"自转驱动机构"的具体结构方式,则应当认定为功能性特征。但是,将技术特征"自转驱动机构"与其他结构特征划分为一个特征,则可以否定"自转驱动机构"属于功能性特征。两种技术特征的划分方法完全可能导致截然不同的侵权判定结果。

2. 技术特征的划分对等同原则适用的影响

等同原则的适用条件是技术特征的等同,而非技术方案的等同。因此,在适用等同原则时,以被诉产品具备相同或者等同的技术特征为前提。如果权利要求的技术特征划分不准确,将直接影响等同原则的适用。

在名称为"多功能程控拳击训练器"的实用新型专利侵权纠纷案中①,其权利要求限定了该训练器包含五个靶标,被诉侵权产品对应的技术特征为九个靶标,依照其产品说明书记载分为"左头击打部位、右头击打部位、左臂击打部位、右臂击打部位、左肋击打部位、右肋击打部位、腹部击打部位、左胯击打部位、右胯击打部位"。最高人民法院认为,涉案专利和被诉侵权产品的靶标数量虽然不同,但是由于涉案专利的每一个靶标在击打时单独发挥作用,因此不能将五个靶标作为一个技术特征来考虑,应当将其分解为头部靶标、腹部靶标和腰部靶标来考虑。被诉侵权产品包含了头部靶标和腹部靶标,其胯部靶标与涉案专利的腰部靶标在功能效果上是等同的,因此应当认定被诉侵权技术方案包含涉案专利五个靶标的相同或等同技术特征。一审法院认为涉案专利"五个靶标"的技术特征与被诉侵权产品"九个靶标"的技术特征不等同属于适用法律错误,

① 最高人民法院民事裁定书,(2012)民申字第 137 号。

二审法院未予纠正亦属不当。

在名称为“一种自调心式聚氨酯发泡平台”的实用新型专利侵权纠纷案中①，争议焦点之一为专利权利要求中“开槽、导向架和丝杠升降机”是否应作为一个独立技术特征。最高人民法院认为，对于技术特征，应以实现某一相对独立功能和效果的最小技术单元作为一项技术特征进行划分，而不能简单地以产品部件进行划分。具体到本案，涉案专利权利要求记载：“沿所述上翻转支撑架和所述支撑部径向均开设有多个通透的开槽，多个所述开槽沿所述上翻转支撑架和所述支撑部的母线组成设置，每组中至少包括两个所述开槽，每个所述开槽中分别设置一个导向架，位于同一母线上的每组开槽中的所述导向架固定一根位于所述上翻转支撑架和所述支撑部内的夹管方杠；每个所述导向架上分别设置一个用于控制所述导向架从而带动所述夹管方缸接近或远离所述夹克管运动的丝杠升降机。”据此可见，设置开槽是为了安装导向架，而设置导向架是为了稳定与之相固定的丝杠升降机，因此，开槽、导向架和丝杠升降机应作为一个独立技术特征进行比对。经与被诉侵权产品比对，虽然被诉侵权产品没有开槽及开槽中设置的导向架，而是将丝杠升降机直接固定在校正方杠（夹管方杠）上，但丝杠升降机经过加粗加大处理，其作用基本是涉案专利中导向架及丝杠升降机的作用。涉案专利是在导向架上设置带动夹管方缸运动的丝杠升降机，丝杠升降机也是固定在夹管方杠上。导向架则起到稳定丝杠升降机的作用，丝杠升降机控制导向架带动夹管方杠进行运动。被诉侵权产品中丝杠升降机被加粗加大后，也能起到固定和传动的效果。因此，二审法院在认为两者“达到基本相同的效果”的情况下，却以被诉侵权产品缺少通透开槽及开槽中设置的导向架等部件即认定不构成等同，有所不当。

（四）技术特征划分的一致性

技术特征划分的一致性，是指在授权确权程序中与在侵权程序中，关于权利要求技术特征的划分，应当具有一致性。这一属性是权利要求的公示性价值的体现。技术特征划分的一致性，是专利权利要求保护范围确定性的必然要求。如果权利要求的技术特征划分因在不同的程序中而不同的话，将导致权利要求的保护范围无法确定。如前文所述，权利要求中的制备方法特征、功能性特征、主题名称等，在不同程序中对权利要求的限定作用应当统一。这一规则

① 最高人民法院民事裁定书，(2017)最高法民申5061号。

也应当体现在技术特征的划分上,对于权利要求中的技术特征,其划分方式在不同的程序中也应当相同,否则将损害权利要求的公示性价值,导致权利要求的保护范围的不确定性。为了避免上述有悖公平诚信原则的情况发生,发明和实用新型专利授权公示时权利要求文字所限定的权利范围与权利人在民事侵权诉讼过程中援引的相应权利要求所限定的权利范围,理应相同。这样,一方面可以让公众通过阅读专利权利要求书明确知悉专利权的保护范围,以便他人在技术创新过程中对其专利权利范围进行合理避让,从而保障后者技术创新的可预期利益;另一方面,亦可维护专利公示制度的权威性、稳定性,并保证人民法院司法裁判标准的统一性。①

在名称为"一种移动电源的租借方法、系统及租借终端"的发明专利侵权诉讼案中,法院认为涉案专利保护的是"先判断权限,然后判断库存"的技术方案,即将"判断顺序"作为权利要求的技术特征,并以被诉侵权技术方案的"判断顺序"不同为由,认为被诉产品未落入涉案权利要求的保护范围。②

该案的侵权诉讼终审生效之后,国家知识产权局对涉案专利作出了第44977号无效宣告请求审查决定书。根据该无效决定可知:对比文件2-1(CN101388125A)公开了一种用户终端控制自动售物设备的控制系统以及方法,在自动售货过程中,若出现标识信息不存在或所述自动售物设备中的该物品已经被售空的情况,则不再向消费者出售该物品。该系统还执行收费操作,并在收费处理完毕后才执行后续步骤(相当于"先核对数量,后支付费用")。本专利权利要求1与对比文件2-1相比,对比文件2-1仅公开了判断用户权限和核对数量的步骤,而没有公开"云端服务器依次判断用户权限、核对移动电源数量后再向移动电源租借终端发送第三借入移动电源的指令"的技术特征,该特征属于本专利权利要求1与对比文件2-1的区别技术特征。

关于区别技术特征国家知识产权局认为,对比文件2-1(CN101388125A)没有公开"再向移动电源租借终端发送第三借入移动电源的指令",仅公开了判断用户权限和核对数量的步骤,即对比文件2-1公开的"先核对数量,后支付费用"的技术特征与涉案专利先"用户权限"后"核对数量"的技术特征相同。在无效程序中,已经认定"判断权限"和"核对数量"的顺序对权利要求不具有限定作用的情况下,在后续的新的侵权程序中,不应当根据在先的民事判决,认

① 上海市高级人民法院民事判决书,(2017)沪民终23号。
② 最高人民法院民事裁定书,(2019)最高法民申3135号。

定“判断权限”和“核对数量”的顺序对权利要求具备限定作用。

对权利要求的解释，在授权确权阶段和在侵权阶段应当是一致的，这体现为对相应技术特征的解释，也应当是一致的。专利权在经过无效程序后，其权利要求的保护范围可能发生变化，如果专利权人对某一权利要求进行了限缩性解释并被国家知识产权局采纳，则专利权的保护范围会缩小；如果经过无效程序，国家知识产权局认定某一技术特征或步骤对专利权的保护范围不具有限定作用，则专利权的保护范围会扩大。也就是说，司法机关对专利权的保护范围的确定实际上是一种动态的专利权保护。有观点认为，确权程序与侵权程序中对权利要求的解释规则是不同的，这一观点值得商榷。尽管在先的侵权诉讼中认为先“判断权限”后“判断数量”对专利权的保护范围具备限定作用，但是如果专利权人提供的最新的涉案无效决定可以证明，权利要求中限定的先“判断权限”后“判断数量”的技术特征，对权利要求本身没有限定作用，则应当根据新的证据重新划定权利要求的保护范围。①

在授权确权程序中如何划分技术特征，集中体现在判断权利要求的新颖性和创造性的过程中，而且实践中也形成了特定的规则，为了保证授权确权程序与侵权程序中确定的权利要求保护范围的一致性，笔者认为，授权确权程序中确定的划分技术特征的规则同样适用于侵权程序。

1. 组合排除规则

技术方案是对要解决的技术问题所采取的利用了自然规律的技术手段的集合。技术手段通常是由技术特征来体现的。组合排除规则，是指在确定区别技术特征时，应当尽量排除多个技术特征组合起来作为一个技术特征进行对比。

创造性的评价对象是整体技术方案，而非某一技术特征，但鉴于技术特征对权利要求保护范围的限定作用，在适用三步法评价创造性的过程中，原则上需在技术特征的层面上进行逐一比对，并在此过程中确定本专利与最接近的现有技术之间存在的区别技术特征。一般情况下，不宜将本专利的多个技术特征组合起来与最接近的现有技术中的相应技术特征相比，因为此种对比方式会难以准确识别本专利与最接近的现有技术之间存在的实质性区别点，导致对发明实际要解决的技术问题予以宽泛化理解，并最终影响现有技术中是否存在技术

① 最高人民法院行政判决书，(2021)最高法知行终314号。

启示的准确判断。[1] 在名称为“云台”的发明专利无效程序中，权利要求保护一种云台，包括……设置于所述俯仰轴结构上的锁定结构，所述锁定结构在云台处于非工作状态下将相机锁定在预设角度，所述预设角度在所述相机预定工作角度范围之外……最高人民法院认为，[2]本专利的“锁定结构”以及“在云台处于非工作状态下将相机锁定在预定角度”，实际上属于分别对本专利所要保护的技术方案起到独立的限定作用的两个技术特征，其中“锁定结构”限定了本专利要求保护的技术方案中存在具有“锁定”功能的零部件，而“在云台处于非工作状态下将相机锁定在预定角度”则进一步限定了本专利要求保护的技术方案的“锁定结构”的锁定作用位置，这两个技术特征对于本专利要求保护的技术方案各自发挥着限定作用。

在名称为“一种袋装弹簧生产压缩输送机构”的发明专利无效案中，最高人民法院认为，[3]区别技术特征的认定，不是简单地考察本专利权利要求的相关技术特征与现有技术相应技术特征在文字表述方面是否存在异同，而应当是在对相关技术特征在各自的整体技术方案中采用的技术手段、所起的作用、解决的技术问题、产生的技术效果以及与其余技术特征关联关系等方面进行技术分析后的综合判断过程。本案中，区别特征(1)限定了输送带“绕设于挡板外侧”的位置关系，这一位置方式整合了弹簧压缩机构和弹簧输送机构的功能，简化了设备整体结构；而区别特征(3)限定了弹簧在脱离输送机构时的状态以及弹簧脱离后与输送带的配合关系，使弹簧具有稳定的运动状态。虽然这两个技术特征都包含“输送带”这一零部件，但是这两个“输送带”因各自与其他零部件之间的不同结构关系而使区别特征(1)和(3)具有不同的限定作用，不能因“输送带”已包含在区别特征(1)中，就不再审查本专利权利要求 1 中其他涉及“输送带”的技术特征与证据 1 之间的异同。

2. 协同作用规则

协同作用规则，是指技术方案中的多处内容，通过协同作用共同解决同一技术问题，产生关联的技术效果，则应当将其划分为一个技术特征。

区别技术特征的确定，建立在将发明与最接近的现有技术进行比较的基础之上。准确认定区别技术特征，是把握发明创造真正创新点的前提。将发明与

---

① 最高人民法院行政判决书，(2020)最高法知行终 158、183 号。
② 最高人民法院行政判决书，(2020)最高法知行终 158、183 号。
③ 最高人民法院行政判决书，(2019)最高法知行终 2 号。

最接近的现有技术进行对比以确定区别技术特征，应当在准确理解发明创造的基础上进行。权利要求所保护的技术方案通常由多个技术特征构成，为避免在将专利与最接近的现有技术的技术特征进行比对的过程中割裂发明所做的贡献，需要预先对权利要求涉及的技术特征或技术特征结合进行分析。在分析过程中，应当将权利要求所记载的各部分内容与其在技术方案中所起的作用、解决的技术问题、产生的技术效果结合起来综合考虑，而非简单依据权利要求的文字表述、标点、段落等对权利要求进行机械分析。如果技术方案中的多处内容互不依存、彼此独立，系通过各自所发挥的不同作用，解决不同的技术问题，产生不同的技术效果，则应将其划分为不同的技术特征。如果技术方案中的多处内容紧密联系、相互依存，系通过协同作用共同解决同一技术问题，产生关联的技术效果，则应将其作为一个或一组技术特征来对待。协同作用，既可以是工作方式中的条件关系，也可以是机械机构中的紧密配合关系，还可以是化学反应中的关联反应等。①

在名称为"海产品周转筐"的实用新型专利无效程序中②，最高人民法院认为，本专利的技术方案是为克服现有技术因对海鲜周转筐采取的"铁丝焊接形成筐＋网线包裹"的技术方案所产生的"筐体寿命不长"（因铁丝被海水腐蚀生锈后容易磨损网）和"海产品成活率不高"（因网线被磨损后容易刮伤海产品）的技术缺陷，而对筐体结构所作的技术改进，即改为采用注塑成型的塑料筐。同时，筐体改为采用注塑一体成型后有可能带来"筐体整体硬度下降"的问题，为解决"保持塑料筐体整体硬度"这一技术问题，本专利相应地采用了"在筐体侧壁设置定位柱"和"钢筋固定在定位柱上"的技术手段。因此，前述两个技术手段存在紧密联系、相互依存的关系，即通过"在筐体侧壁设置定位柱"和"将钢筋固定在定位柱上"两个技术手段的协同作用，共同解决了由于筐体采用注塑一体成型而可能产生的筐体整体硬度下降的问题，并产生增强塑料筐整体硬度的关联技术效果。故在对本专利权利要求的技术特征进行划分时，"筐体侧壁设置定位柱"和"钢筋固定在定位柱上"应作为一组关联技术特征加以考虑。

由本案可知，在认定区别技术特征时，应当准确把握发明构思，对具有协调配合关系的技术内容的技术特征予以确定，准确界定技术方案各部分内容与发明为解决技术问题采用的发明构思以及产生的技术效果之间的关系。对于技

① 最高人民法院行政判决书，(2020)最高法知行终329号。

② 最高人民法院行政判决书，(2020)最高法知行终329号。

术方案中存在紧密联系、相互依存、通过协同作用共同解决同一技术问题、产生关联技术效果的技术特征，在发明与最接近现有技术进行对比时，应当将其作为一个或一组技术特征予以整体考虑，不应机械地将构成整体技术方案中的技术特征割裂评价。①

3. 技术构思规则

在判断要求保护的发明相对于最接近的现有技术的区别技术特征时，要从该发明的发明构思出发，确定该发明与最接近的现有技术之间所存在的技术差异。如果该发明的发明构思就在于所对应的各个技术手段的结合，并且现有技术既没有直接或者隐含公开这种结合的教导，也没有公开这种结合所能产生的技术效果，则在确定区别技术特征时，应当将该发明保护的这种技术手段的结合予以整体性对待，不宜以其中的单个技术手段作为判断是否构成区别技术特征的基本对象。②

在名称为“假捻变形机”的发明专利确权纠纷案中③，权利要求保护一种用于使多根复丝丝线变形的假捻变形机。最高人民法院认为，本案中，本专利的发明构思是：通过不同类型的输送机构的组合配置，即将第一输送机构和第二输送机构设置为一个缠绕输送机构，将第三输送机构设置为一个夹紧输送机构，实现“将丝线不损伤地引导到后处理区，并保证丝线张力在后处理区能够保持恒定，在卷绕换筒过程中不松弛”的技术效果。证据公开了一种假捻变形机，其说明书所公开的第一实施例中三个供料装置均为缠绕输送机构，第二实施例中三个供料装置均为夹紧输送机构，因此，证据第一、第二实施例中所公开的丝线输送装置均系由单一类型输送机构组合构成，并未给出由不同类型输送机构组合配置而成的供料装置的教导，也没有公开由不同类型输送机构组合配置所能达到的技术效果，因此，在确定本专利与最接近的现有技术的区别技术特征时，应将本专利不同类型输送机构的组合配置作为一个整体予以对待。

---

① 最高人民法院行政判决书，(2020)最高法知行终155号。

② 技术方案是对要解决的技术问题所采取的利用了自然规律的技术手段的集合。技术手段通常是由技术特征来体现的。

③ 最高人民法院行政判决书，(2020)最高法知行终279号。

第七章

等同原则

一、等同原则的适用规则

(一)等同原则的适用条件

1. 等同原则的定义

最高人民法院《关于审理专利纠纷案件适用法律问题的若干规定》第13条规定:《专利法》第59条第1款所称的"发明或者实用新型专利权的保护范围以其权利要求的内容为准,说明书及附图可以用于解释权利要求的内容",是指专利权的保护范围应当以权利要求记载的全部技术特征所确定的范围为准,也包括与该技术特征相等同的特征所确定的范围。等同特征,是指与所记载的技术特征以基本相同的手段,实现基本相同的功能,达到基本相同的效果,并且本领域普通技术人员在被诉侵权行为发生时无须经过创造性劳动就能够联想到的特征。

该规定明确了专利权的保护范围"包括与该技术特征相等同的特征所确定的范围",这一规定被称为"等同原则",所谓等同是指与必要技术特征相等同的技术特征,而非该专利权利要求的等同物。认定等同侵权成立包括了"基本相同的手段,实现基本相同的功能,达到基本相同的效果"和"本领域普通技术人员在被诉侵权行为发生时无须经过创造性劳动就能够联想到"两个实体条件。①等同原则作为专利权利要求解释的方法,认为可以以专利权利要求为基础,对

① 参见蒋志培、张辉:《认真贯彻实施专利法依法公正审理专利案件——关于专利法适用的两个司法解释的理解与适用》,载《科技与法律》2001年第3期。

专利权利要求在一定程度上进行弹性解释。[①] 笔者认为,等同原则的判断要件,可以从主观要件与客观要件的角度进行划分。其中,等同原则的判断要件中,技术手段属于客观要件,功能、效果以及“容易联想”属于主观要件。这是因为,权利要求的技术手段是客观记载在权利要求中的,而被诉产品的技术手段也是客观存在的;而技术手段实现的功能、效果,通常在说明书中有记载,但是被诉产品采用的技术手段的技术效果则并非客观记载的,而是被诉方根据技术手段进行“演绎”的,是一个主观认定的过程;是否“容易联想”本身就是一个主观判断的过程。

等同侵权,是指被控侵权产品或方法中的一个或几个技术要素虽然与权利要求中的技术要素不一样,但二者只有非实质性的区别。或者说,在《专利法》看来,被控侵权产品或方法中的那一个或几个技术要素等同于权利要求中的某一个或某几个技术要素。[②] 关于判断等同侵权成立的两个条件“三基本”和“容易联想”之间的关系,最高人民法院认为,[③]在判断被诉侵权产品的技术特征与专利技术特征是否等同时,不仅要考虑被诉侵权产品的技术特征是否属于本领域的普通技术人员无须经过创造性劳动就能够联想到的技术特征,还要考虑被诉侵权产品的技术特征与专利技术特征相比,是否属于基本相同的技术手段,实现基本相同的功能,达到基本相同的效果,只有以上两个方面的条件同时具备,才能够认定二者属于等同的技术特征。

《专利法》上设定等同原则是基于两个理由,第一,是建立在“撰写得非完美性”事实判断基础之上的。[④] 等同原则的作用在于对权利要求保护范围作正确解释的基础上,适当确定权利要求的保护范围,以避免因权利要求文字限定的局限性或被诉侵权人故意采取细小区别的技术方案规避权利要求限定的范围,而给权利人带来的明显不公。[⑤] 考虑事实上不可能要求专利权人在撰写权利要求时能够预见到侵权者以后可能采取的所有侵权方式,因此对权利要求的文字所表达的保护范围作出适度扩展,将仅针对专利技术方案作出非实质性变动的

---

① 参见[日]岛田康男:《关于等同原则的考察》,载[日]中山信弘等编:《知识产权的现代课题》,信山社1995年版,第91页。转引自李明德、闫文军:《日本知识产权法》,法律出版社2020年版,第437页。

② 参见李明德:《美国知识产权法》(第2版),法律出版社2014年版,第145页。

③ 最高人民法院民事裁定书,(2010)民申字第181号。

④ 参见陈文煊:《专利权的边界——权利要求的文义解释与保护范围的政策调整》,知识产权出版社2014年版,第358页。

⑤ 最高人民法院民事判决书,(2021)最高法知民终399号。

情况认定为构成侵权，以保护专利权人的合法权益，维护整个专利制度的作用。[①] 第二，是基于将保护延伸至专利申请时尚无法预测到的日后技术，使值得保护的发明创造能够覆盖因技术发展而随之产生的微小变化。[②]

2. 等同原则与创造性

等同原则的边界应当受创造性的限制。等同原则属于对权利要求保护范围的扩张，但这一扩张不应当是无边界的，应当限制在一定的范围内，因此，法律创设了"等同原则"。权利要求保护的技术方案，应当是可以获得专利法保护的技术方案，因而，无论是相同侵权还是等同侵权，原告所主张的技术方案均应当是满足可专利性条件的技术方案。[③] 被诉侵权产品的技术方案相对于涉案专利而言，其"高度"不应当超越创造性的标准，"低度"也不应当属于现有技术或本领域技术人员可以基于现有技术容易联想到的技术方案。也就是说，主张等同的技术方案极可能是面向未来、对专利技术方案进行前人所未有的进一步改进所得到的技术方案，又可能是面向过去，往现有技术方案"倒退"（通常技术效果较差）所得到的技术方案。[④] 因此，在适用等同原则时，除了坚持等同原则的主、客观标准，还要对等同原则进行多个方面的限制，以平衡专利权人与社会公众的利益。

3. 等同原则与权利要求解释

第一，等同原则的认定属于法律适用问题。

等同原则的认定，属于法律适用问题，法院有权依照职权进行认定，与专利权人在诉讼中是否主张并无直接关系。最高人民法院认为，无论是构成相同侵权还是构成等同侵权，都只是构成专利侵权的具体理由，并非权利人的诉讼请求。[⑤]《专利法》及其相关司法解释也没有限制人民法院主动认定构成等同侵权。人民法院在查明相关技术事实的基础上，可以根据具体案情以等同侵权为由认定侵权成立，不受权利人自身理解及主张的限制。

在专利侵权纠纷案件中，如果涉及相关技术问题的鉴定，则应当对技术事

① 最高人民法院民事判决书，(2012)民提字第10号。

② 参见陈文煊：《专利权的边界——权利要求的文义解释与保护范围的政策调整》，知识产权出版社2014年版，第360页。

③ 参见陈文煊：《专利权的边界——权利要求的文义解释与保护范围的政策调整》，知识产权出版社2014年版，第380页。

④ 参见陈文煊：《专利权的边界——权利要求的文义解释与保护范围的政策调整》，知识产权出版社2014年版，第388页。

⑤ 最高人民法院民事裁定书，(2017)最高法民申2073号。

实进行鉴定,而不能对是否相同侵权或等同侵权进行鉴定。对此,重庆市高级人民法院认为,①等同特征的判断是对案件事实(不相同技术特征)的法律评价。而鉴定结论作为证据的一种,仅能起到证明案件事实的作用,不具有对案件事实(不相同技术特征)进行法律评价的效能。鉴定机构作出被控侵权产品的技术特征与本案专利所述的特征相同或等同的鉴定意见显然超越了鉴定机构仅应对技术特征等专门性问题进行司法鉴定的范围,对技术特征进行了非事实性的法律评价,其鉴定结论不应作为认定案件事实的依据。但是,《鉴定意见书》中关于被控侵权产品的构造、工作原理等鉴定分析内容与查明案件事实直接相关,在无相反证据的情况下,予以采信。

第二,适应等同原则首先应当对权利要求进行解释。

权利要求解释的过程,是确定权利要求保护范围的过程。认定等同原则的,首先需要对权利要求中的用语进行解释,在清楚权利要求中相应的技术特征的含义之后才能进行等同侵权的认定。

在名称为"汽车地桩锁"的实用新型专利侵权纠纷案中,权利要求保护一种汽车地桩锁,涉案争议焦点为,被控侵权产品是否具有与权利要求中的"活动桩设有供锁具插入的孔"相同或者等同的技术特征。最高人民法院根据专利审查档案对技术特征"活动桩设有供锁具插入的孔"的含义进行了解释,②根据第37号行政判决以及第8127号决定中有关涉案专利新颖性、创造性的认定,涉案专利与现有技术的区别在于,涉案专利的锁具在锁定时是整体插入活动桩上的孔中,开启时整体从活动桩上的孔中拔出,不需要其他的紧固件将锁具与活动桩或者底座连接;而现有技术仅有锁舌插入锁板上设置的孔中,并且需要有紧固件将车位锁固定。由于存在上述区别,第8127号决定认定现有技术没有公开权利要求中的"活动桩设有供锁具插入的孔",也没有给出这样的技术启示,因此,涉案专利相对于现有技术具有新颖性和创造性,涉案专利权被维持有效。结合涉案专利相对于现有技术的上述区别以及申请再审人在专利行政诉讼程序中对权利要求所做的解释,权利要求中的"活动桩设有供锁具插入的孔"应当解释为:地桩锁的锁具不是永久固定在活动桩的孔中,锁具锁定时,锁具整体位于活动桩上的孔中,锁具开启时,可将锁具从活动桩的孔中整体取出。涉案专利由于将锁具整体插入或者取出,使锁具独立于活动桩以及底座,具有不需要

---

① 重庆市高级人民法院民事判决书,(2012)渝高法民终字第00071号。

② 最高人民法院民事裁定书,(2009)民申字第238号。

其他紧固件将锁具与活动桩或者底座连接，易于更换锁具的技术效果。

在确立了技术特征“活动桩设有供锁具插入的孔”含义后，最高人民法院认为，将被控侵权产品与权利要求比较，被控侵权产品的右活动杆上虽同样设有孔，但在锁具锁定时，仅锁具的锁舌伸入右活动杆上的孔中，锁具开启时，也只有锁舌从孔中退出，无论在开启还是锁定时，被控侵权产品的锁具始终固定在底座上。虽然被控侵权产品与涉案专利均实现了将活动桩（杆）固定在底座上的功能，但是被控侵权产品中活动杆上的孔不能供锁具整体插入或取出，并且被控侵权产品中锁具被固定在底座上，也无法实现易于更换锁具的有益效果，因此，被控侵权产品与涉案专利采取的技术手段具有实质性的区别，被控侵权产品不具有与权利要求中的“活动桩设有供锁具插入的孔”相同或等同的技术特征，没有落入涉案专利权的保护范围。

（二）等同原则的认定规则

1. 基本相同的手段

技术手段基本相同是构成等同侵权的前提。在名称为“控制空调器按照自定义曲线运行的方法”的发明专利侵权纠纷案中①，广东省高级人民法院认为，判断技术特征是否等同，应当从手段、功能和效果三个方面，以本领域普通技术人员的认知标准进行审查。涉案专利的记忆芯片和被诉侵权技术方案中控制芯片的 RAM，均为存储设备，用以储存睡眠曲线参数。控制芯片的 RAM 虽然是易失性的，在遥控器掉电时数据不会被保存，但通常情况下，空调遥控器在使用中一般不会取下电池，也就是说在实际使用中，控制芯片的 RAM 与记忆芯片的效果基本相同。而且对于同领域的普通技术人员来讲，以控制芯片的 RAM 代替记忆芯片，无须经过创造性劳动就能够联想到。本案中，因为技术手段基本相同，功能和效果通常也会构成基本相同或相同，因此容易认定等同侵权成立。

如果技术手段不同、技术原理不同或技术手段相反，则通常不能认定等同侵权成立。

（1）技术手段不同

等同特征判断标准中的“基本相同的手段”、“基本相同的功能”、“基本相

① 一审：广东省珠海市中级人民法院民事判决书，（2009）珠中法民三初字第 5 号；二审：广东省高级人民法院民事判决书，（2011）粤高法民三终字第 326 号。

同的效果”以及“本领域技术人员在被诉侵权行为发生时无须创造性劳动就能联想到”四个要件需同时满足,才能认定争议技术特征构成等同,如其中任一要件不成立,则不构成等同特征。而在上述等同特征四个要件中,手段是等同判断的基础和核心。在对技术手段进行相似性判断时,除考虑技术手段本身,还应考虑技术手段所解决的技术问题及其所利用的工作原理。① 在等同侵权的判定中,技术手段是否相同或基本相同处于首要位置。如果技术手段不同,即便是功能、效果基本相同,也不构成等同侵权。

第一,“电源”案。

在名称为“手持式真空吸尘器”的发明专利权侵权纠纷案中②,权利要求保护一种手持式清洁设备。争议焦点之一为“电源线”与“电源”是否构成等同。最高人民法院认为,被控侵权产品是通过电源线接入电源插座的方式提供电能,而所述“电源线”虽然本身不能提供电能,但使用状态下其必然会与电源插座连接,提供交流电能,因此,“电源线”不属于涉案专利权利要求所述“电源”的范畴,两者是不同的技术特征。在此基础上,本院认为两者亦不构成等同特征,理由如下:首先,两者系不同的技术手段。涉案专利权利要求中的电源,是指能够直接给吸尘器电机供电且具有一定重量的电源装置,而被控侵权产品通过电源线接入电源插座的方式提供电能,故两者系完全不同的技术手段。其次,两者所能达到的技术效果并不相同。根据涉案专利说明书的相关内容,涉案专利权利要求中将气流发生器和电源安置在手柄的两端,这种哑铃型结构可以使气流发生器和电源相对于手柄握持中心点所产生的力矩刚好相反,可以相互抵销,其达到的效果是气流发生器和电源所产生的合力矩较小;而被控侵权产品只在手柄的第一端安置气流发生器,另一端并无电源装置,故气流发生器相对于手柄握持中心点处所产生的力矩无法被电源线产生的力矩抵销,故被控侵权产品的气流发生器与电源线所产生的合力矩较大。据此,被控侵权产品的电源线与涉案专利权利要求中的电源,其所产生的效果相差很大,并非基本相同。综上所述,被控侵权产品的电源线与涉案专利权利要求中的电源既不相同也不等同,被控侵权产品未落入涉案专利权利要求的保护范围,不构成侵权。

---

① 江苏省高级人民法院民事判决书,(2015)苏知民终字第00065号。

② 最高人民法院民事裁定书,(2017)最高法民申1461号;江苏省高级人民法院民事判决书,(2015)苏知民终字第00270号。

第二，“导通组件”案。

在名称为“一种产生按压声音的键盘开关”的发明专利侵权纠纷案中[①]，权利要求保护一种产生按压声音的键盘开关。争议焦点为被诉产品是否具备“导通组件”的技术特征。最高人民法院认为，涉案专利权利要求记载“该盖子盖合于基座上形成一容置腔体，该容置腔体中设置有一按压组件、一弹簧与一导通组件”，由于涉案专利权利要求限定了容置腔体中设置的为“组件”，涉案专利说明书在本专利的有益效果中有“充分利用键盘开关内部空间”的记载，再考虑涉案专利权利要求记载中除了盖子和基座之间形成的容置腔体这一内部空间并未涉及其他空间以及附图中也未有涉及其他空间的示例，故根据涉案专利权利要求的记载再结合说明书及附图，涉案专利权利要求已经限定了导通组件应当是完整而不是部分位于盖子与基座之间形成的容置腔体中，该容置腔体并未包含基座下方和键盘 PCB 板形成的空间。而被诉侵权技术方案的导通组件包括遮光柱和收、发光装置，其中遮光柱位于按压组件下端，位于容置腔体内，但收、发光装置位于基座下方的键盘 PCB 板上，不在基座上，即未设置在盖子盖合基座形成的容置腔体中，故被诉侵权技术方案的导通组件未全部位于盖子与基座之间形成的容置腔体中，与涉案专利该技术特征手段不相同，亦不构成等同。

（2）技术原理不同

一般情况下如两手段所利用的工作原理不同，则应认定不属于基本相同的手段，但如果该两手段之间的替换属于被诉侵权行为发生时本领域普通技术人员容易联想到的简单替换，则仍可以认定为基本相同的手段。[②]

在名称为“具有快速调节机构的活扳手”的专利侵权纠纷案中[③]，争议焦点之一为“被诉产品采用的螺杆与涉案专利权利要求中的蜗杆是否构成等同特征”。对此，江苏省高级人民法院认为，两者在工作原理上存在本质差异。螺杆传动又称螺旋传动，本质上为斜面传动，主要用于变回转运动为直线运动，同时传递能量或力，也可用于调整零件的相互位置，有时兼有几种作用，使用时配合螺母形成螺旋副，滑动螺旋副的具体形式有：①螺杆转动、螺母移动；②螺母转动、螺杆移动；③螺母固定，螺杆转、移动；④螺杆固定，螺母转、移动。因此，必

① 最高人民法院民事判决书，（2020）最高法知民终 1317 号。
② 江苏省高级人民法院民事判决书，（2015）苏知民终字第 00076 号。
③ 江苏省高级人民法院民事判决书，（2015）苏知民终字第 00076 号。

然有一个部件可作直线运动。而蜗杆传动本质上为齿轮传动,用于传递交错轴之间的回转运动和扭矩,在使用时,蜗杆必须与蜗轮配合使用,蜗杆将旋转运动与扭矩传递给蜗轮,蜗轮亦是做旋转运动。通过蜗杆轴线并与蜗轮轴线垂直的平面称为中间平面,在中间平面内,蜗杆和蜗轮相当于齿条和齿轮啮合。蜗轮蜗杆与螺旋副在运动原理上的显著区别是蜗杆和蜗轮两个部件必定都是做回转运动。如果把蜗轮的直径做得足够大,那么蜗轮轮齿在一小段距离内的圆周运动可近似认为是直线运动。因此,螺杆和蜗杆虽然都为机械领域中的常见的用于传动的两种技术手段,但两者工作原理存在本质不同,因而属于不同的技术手段。对此,最高人民法院在(2012)行提字第18号行政判决中亦已认定,螺杆传动方式与涉案专利中的蜗杆传动方式的传动原理、加工方法等完全不同,二者分别属于机械领域中不同的传动领域。

本案中,被诉产品所采用的螺杆与涉案专利权利要求所限定的蜗杆两者之间,在工作原理、加工方式上存在本质的不同,导致的结果正如最高人民法院在(2012)行提字第18号行政判决中所认定的"本领域技术人员在设计蜗轮蜗杆传动时,不能直接采用螺杆的技术参数"。因此,法院认为本案中被诉产品的螺杆和涉案专利的蜗杆两者之间并非属于本领域普通技术人员容易联想到的简单替换,不属于基本相同的技术手段。

(3)技术手段相反

被诉侵权技术方案的技术手段与权利要求明确限定的技术手段相反,技术效果亦相反,且不能实现发明目的时,则不构成等同侵权。

第一,"阻尼器"案。

在名称为"快进慢出型弹性阻尼体缓冲器"的实用新型专利权侵权纠纷案中[①],最高人民法院审理后认为,从涉案专利说明书的记载来看,涉案专利的发明目的是提供一种快进慢出型的弹性阻尼体缓冲器。为实现这一发明目的,涉案专利在单向限流装置上采取了压缩行程时打开,回复行程时关闭的安装方式,以达到承撞头快进慢出的效果。对此,涉案专利权利要求对单向限流装置的安装方式也作出了明确的限定。而本案被诉侵权产品在单向限流装置上采取的是压缩行程时关闭,回复行程时打开的安装方式,实现的是承撞头慢进快出的效果。因此,被诉侵权技术方案的技术手段与权利要求明确限定的技术手段相反,技术效果亦相反,且不能实现发明目的,不构成等同侵权。

① 最高人民法院民事裁定书,(2013)民申字第1146号。

第二,“键盘开关”案。

在名称为“一种产生按压声音的键盘开关”的发明专利侵权纠纷案中[1],权利要求保护一种产生按压声音的键盘开关,争议焦点为“扭簧的第一端部与按压块下表面的位置关系”“按压块下表面长度与导引斜面下表面宽度的关系”。最高人民法院认为,涉案专利明确限定“扭簧的第一端部与按压块下表面相抵接”,其含义即为静止状态下扭簧的第一端部与按压块下表面相抵接,而被诉侵权技术方案静止状态下扭簧的第一端部与按压块下表面不相抵接。权利要求中的全部技术特征均具有限定作用,被诉方在侵权案件中试图将与权利要求中的含义完全相反的内容纳入保护范围,其实质上是认为权利要求关于“相抵接”的记载没有限定作用,该主张不符合专利侵权判定的“全面覆盖”原则,法院不予支持。虽然根据涉案专利说明书第[0032]段的记载,可以理解权利要求中的“按压块下表面的长度小于导引斜面下表面的宽度”是为了使弹性件在按压块下表面的行程短于弹性件在导引斜面上的行程,从而便于扭簧回弹复位敲击基座产生声音。但实现这一技术效果并不意味着必然采用相同的技术手段。被诉侵权产品在按压块下表面的长度大于导引斜面下表面的宽度的设置下,通过按压块整体形状的变化及导引斜面厚薄的变化,实现了相同的技术效果。如果将该与权利要求的含义完全相反的手段纳入涉案专利的保护范围,实质上同样是认为权利要求中的相关记载没有限定作用,不符合专利侵权判定的“全面覆盖”原则,法院不予支持。

2. 基本相同的功能、效果

在名称为“防火隔热卷帘用耐火纤维复合卷帘及其应用”的发明专利侵权纠纷案中[2],权利要求保护一种防火隔热卷帘耐火纤维复合帘面。北京市高级人民法院认为,涉案被控侵权防火卷帘产品的帘面与涉案专利相比,区别技术特征在于被控侵权产品的不锈钢钢丝绳在耐火纤维毯的一侧,而涉案专利的钢丝绳植在耐火纤维毯夹芯中间。但是,帘面中加入钢丝绳系起增强作用,其位置的改变不影响其技术效果的实现。因此,被控侵权产品落入涉案专利保护范围,构成侵权。此外,尽管被控侵权产品比涉案专利权利要求的技术方案多一层纤维毡,但涉案专利权利要求的全部技术特征均体现在被控侵权产品上,故被控侵权产品依然落入涉案专利的保护范围。

---

① 最高人民法院民事判决书,(2020)最高法知民终1317号。

② 北京市高级人民法院民事判决书,(2009)高民终第4721号。

本案中,“其位置的改变不影响其技术效果的实现”这一判断本身就是主观判断过程。例如,最高人民法院认为,关于顺序不同所产生的技术效果,从云端服务器的角度而言,被诉侵权产品的技术方案避免了云端服务器被无效租借请求频繁占用,提高云端服务器使用率;从使用者的角度而言,被诉侵权产品的技术方案避免了无效登录或无效缴纳押金等情形。法院判断权限和库存的顺序不同带来不同的技术效果,没有任何证据的支持,完全是根据“顺序不同”这一技术手段的不同而进行的主观判断。① 当然,这也是案件中最为出彩而且特别能够体现代理律师水平的地方。

3.“容易联想”的认定

关于“容易联想”的认定,通常考量的因素有:争议技术特征项下的技术手段之间是否存在简单的直接替换关系;是否属于同一或相近的技术类别;是否均为常见且并列可选的技术手段;是否需对该技术手段之外的其他部分作出适应性的调整(简单的尺寸调整除外)和重新设计等。② 这一规则最大的争议在于上述“容易联想”的因素与“可预见性规则”的关系。为此,笔者认为,应当区分“发明点”,对于非“发明点”,应当考虑上述“容易联想”的因素;而对于“发明点”,则应当适用“可预见性规则”,排除权利人将申请日前已经存在的技术方案采用等同原则重新纳入权利要求的保护范围。

另外,等同原则的判断条件之一为“本领域普通技术人员在被诉侵权行为发生时无须经过创造性劳动就能够联想到的特征”,这说明等同原则与创造性之间存在内在联系。如果被诉技术方案相对于权利要求保护的技术方案的区别特征,需要经过创造性劳动才能够联想到,则不能认为二者构成等同侵权。

在名称为“用于粉条加工的揉面机”的实用新型专利侵权纠纷案中,专利的两个揉面锤共用一个支撑架,并通过曲柄连杆机构和动力驱动装置带动两个揉面锤同向上下往复运动;被控侵权产品则是两个揉面锤各有一支撑架,两个揉面锤的支撑架之间由杠杆连接,其中一个揉面锤的支撑架通过曲柄连杆机构和动力驱动装置使两个揉面锤反向上下往复运动。最高人民法院首先从二者揉面锤的工作原理和运动方式,认定二者采用了不同的技术手段;同时,二者在技术效果上亦有明显不同。最高人民法院特别强调,被控侵权产品的这种变换手段,对于本领域的普通技术人员而言,也并非无须经过创造性劳动就能够联想

① 最高人民法院民事裁定书,(2019)最高法民申3135号。

② 江苏省高级人民法院民事判决书,(2015)苏知民终字第00076号。

到的特征,被申请人在后申请并获得授权的"用于粉条加工的揉面机"实用新型专利与现有技术相比的区别技术特征也在于此,在一定程度上这也可以印证该变换手段对于本领域的普通技术人员而言并非显而易见。①

该案给我们的启发是,当被诉产品的技术方案申请有发明或实用新型专利权时,可以使用在先(侵权诉讼中的原告)的专利文件作为证据对保护被诉产品的在后专利权提起无效宣告申请,如果保护被诉产品的专利权相对于在先的专利文件具备创造性,且具备创造性是因为保护被诉产品的专利权与原告的专利文件之间存在区别技术特征 A,保护被诉产品的专利权因该区别技术特征 A 而具备创造性。此时,如果侵权诉讼中被诉产品的技术方案与在先专利文件保护的技术方案的区别技术特征同样为 A,则可以证明二者不构成等同侵权。

在名称为"充电器租售机"的实用新型专利侵权纠纷案中②,争议焦点之一为被诉产品是否具备"充电模块"的技术特征。深圳市中级人民法院认为,根据专利说明书具体实施方式,涉案专利的电源模块包括 12V 电源模块和 5V 电源模块。12V 电源模块通过移动充电模块后侧面的导电端子直接与移动充电模块相连接,对移动充电模块直接进行充电。5V 电源模块是将 12V 电源模块转换成 5V 电压输出,为支付管理模块、主控电路模块和电子阀门模块供电。被控侵权产品是电源模块通过主控电路板和充电电路板向移动充电模块充电,不直接连接移动充电模块,被控侵权产品采用的技术手段与涉案专利分解技术特征不相同也不等同。

在本案中,笔者结合《无效宣告请求审查决定书》对被诉产品的"充电模块"与权利要求保护的"充电模块"不构成等同侵权进行了答辩。《无效宣告请求审查决定书》记载:"合议组认为,根据对比文件(本案涉案专利)公开的内容可知,对比文件中移动充电模块放入充电模块保管仓中,移动充电模块后侧面的导电端子连接电源模块,由电源模块对其进行充电管理,主控模块计时控制开启阀门后即可取走移动充电模块;且移动充电模块上设置充电管理电路 U1,保护电路和升压电路(参见说明书第 27 段)。可见,对比文件中的电源模块并未通过主控 PCB 和充电 PCB 向移动充电模块充电(本案被诉产品技术方案),而是在移动充电模块放回保管仓后直接充电,充电时长由主控模块计算,充电管理由移动充电模块上的充电管理电路管理。因此,对比文件(本案涉案专利)

① 最高人民法院民事裁定书,(2009)民申字第 1562 号。
② 广东省深圳市中级人民法院民事判决书,(2016)粤 03 民初 2432 号。

的充电过程与本专利(本案被诉产品技术方案)存在差异。"

据此可以得出,涉案专利"电源模块"与移动电源直接连接进行充电,主控电路模块对充电并不进行控制和管理,而被诉产品"电源模块"通过主控 PCB 和充电 PCB 间接与移动电源相连,主控 PCB 通过充电 PCB 控制和管理整个充电过程,技术手段以及所起到的功能和效果明显不同,因此二者不构成等同侵权。

二、等同原则的限制

适用等同理论解释权利要求的范围,进而作出是否侵犯权利的判定,也由此而成了专利法体系中一颗明珠。对等同原则进行限制,可以进一步明晰等同原则适用的边界。等同原则是克服专利权利要求在表达上的局限性、实现专利权公平保护的一项重要制度,我们既要以等同原则弥补字面侵权的不足,又要防止等同原则过宽过滥的适用,因此要予以适当的严格限制,避免以等同原则不适当地扩张专利权保护范围,压缩创新空间和损害公共利益。[①] 为此,司法实践和司法解释通过多种形式对等同原则的适用规则作了进一步的明确和完善,其主要体现在"发明目的的限制"、"技术特征的排除规则"、"特意排除规则"、"可预见性规则"、"捐献原则"和"禁止反悔原则"。

(一)发明目的的限制

为了获得准确的符合发明目的的解释结论,解读者应当全面阅读说明书、附图,通盘考虑背景技术、发明所解决的技术问题、技术方案及技术效果,因而,合发明目的解释是一种关注全局的整体解释方式。[②] 在侵权程序中,发明创造的发明目的实际上限制了专利权保护范围的扩张,将与涉案专利的发明目的和技术效果不相符的技术方案排除在专利权利要求的保护范围之外,禁止将专利权利要求的保护范围扩张到需要付出创造性劳动才能得到的技术方案。因此,在授权确权程序和侵权程序中,考虑发明目的和技术效果,本质上是"保护与贡献相一致"原则的具体体现。最高人民法院认为,关于说明书中技术效果的记

---

① 参见孔祥俊、王永昌、李剑:《〈最高人民法院关于审理侵犯专利权纠纷案件应用法律若干问题的解释〉适用的若干问题》,载《电子知识产权》2010 年第 2 期。

② 参见陈文煊:《专利权的边界——权利要求的文义解释与保护范围的政策调整》,知识产权出版社 2014 年版,第 202 页。

载对权利要求相关技术特征的解释作用及对等同原则适用的影响。[①] 一般而言，权利要求中记载的是技术特征所限定的技术方案，也就是发明的构成，而发明的目的及相关技术效果则记载于说明书中。说明书中关于技术效果的记载，其体现的有益效果通常就是专利相较于现有技术所具有的进步。由于专利权人对现有技术认识的有限性，以及专利审查部门对现有技术检索的局限性，说明书中记载的技术效果对于权利要求的解释只能起到参考作用。对于说明书中关于权利要求特定技术特征的技术效果的记载，需要考虑该技术效果是否确实由该技术特征导致，该技术效果的显著程度等因素，综合判断权利要求中的该技术特征是否应当受到说明书中该技术效果记载的限定。在侵权诉讼中适用等同原则时，对于说明书中明确记载并且本领域技术人员能够确定的技术效果，应当予以考虑。

1.“螺纹连接”案

在名称为“一种高压水旋转喷头”的实用新型专利侵权纠纷案中[②]，涉案专利连接磁组件与外壳的固定方式是“螺纹连接”，而被诉侵权技术方案的固定方式是“过盈连接”。最高人民法院认为，本领域技术人员知道，“螺纹连接”是用带有螺纹的零件进行连接的技术手段，可以实现结构简单、便于拆装、连接可靠以及互换性好的功能和效果；“过盈连接”是用零件间的过盈配合形成的连接，装配时在零件表面间产生弹性压力，从而获得紧固的连接的手段，可以实现结构简单、定心性好、承载能力高但拆装不便的功能和效果。根据涉案专利说明书记载，本实用新型与现有喷头相比，优点和积极效果是结构更加简单，拆装、更换更加便捷，易损件可以单独更换、维修，保养方便，使用成本大幅降低等。为了实现这一发明目的，涉案专利较多地采用了螺纹连接的方式。因此，在侵权比对过程中，具体体现发明目的之“螺纹连接”方式不应当被忽视。而被诉侵权产品把连接磁组件通过过盈方式连接固定在外壳上，显然无法达到拆装方便、更换便捷、易损件可以单独更换、维修的技术效果。可见，被诉侵权产品采用的“过盈连接”方式与涉案专利的“螺纹连接”方式是不同的技术手段，实现的功能和效果也不相同，因此不是等同特征。鉴于被诉侵权产品有一个技术特征与涉案专利不相同也不等同，本院认定其未落入涉案专利权的保护范围。

---

① 最高人民法院民事裁定书，(2019)最高法民申356号。

② 最高人民法院民事判决书，(2020)最高法知民终513号。

2.“过盈配合”案

在名称为“一种带发光功能的电动车轮”的实用新型专利侵权纠纷案中①，涉案专利权利要求保护一种带发光功能的电动车轮，争议焦点之一为如何理解技术特征“铁圈压装在所述轮毂的内腔并与该内腔的圆周表面过盈配合”。最高人民法院认为，涉案专利权利要求所述“压装”“过盈配合”均是实现铁圈与轮毂简便套装的技术手段。据此，铁圈与轮毂如未采用简便套装方式相结合，则不能实现涉案专利的发明目的和有益效果，故应将其排除在专利权保护范围之外。本案中，被诉侵权产品金属圈与塑料轮毂紧密结合不可分离，二者并非简便套装结合方式，而是采用了其他相对复杂的技术手段将金属圈与塑料轮毂加工为一体结构，这与简单套装实现的技术效果不同，因此排除等同原则的适用。

3.“烟雾机”案

在名称为“立停舞台烟雾机”的实用新型专利侵权纠纷案中②，最高人民法院认为，权利要求的解释要综合考虑说明书中有关本专利发明目的的说明，即便权利要求中对某一特征没有进行明确限定，但被诉侵权技术方案明显采用了与实现本专利发明目的不同的技术手段的，不应认定构成侵权。本案中，涉案专利的储油容器在采取压缩空气蓄能的同时，将储油容器置于输油管上方（[0008]储油容器竖直或倾斜安装），明显利用了油体本身重力的作用。虽然涉案专利权利要求书中没有对此明示，但在实现其技术目的时，压缩空气蓄能和重力作用都是存在的因素，且国家知识产权局在第43422号审查决定中维持涉案专利有效时已经指出该因素，而被诉侵权产品中的储油容器明显无法利用重力作用。因此，无论是从对空气的压缩方式还是从是否利用重力作用的角度来看，被诉侵权产品中的储油容器技术特征与涉案专利中的该对应技术特征所采取的技术手段均不相同，不构成等同。

4.“弹簧铰链”案

在名称为“一种制造弹簧铰链的方法”的发明专利侵权纠纷案中③，最高人民法院认为，在权利要求中出现了含义模糊的技术术语时，可以从本领域普通技术人员的角度出发，根据说明书及附图对该技术术语进行解释，以清楚地确

① 最高人民法院民事判决书，(2021)最高法知民终298、293号。
② 最高人民法院民事判决书，(2021)最高法知民终80、81号。
③ 最高人民法院民事裁定书，(2008)民申字第980号。

定专利权的保护范围。根据说明书的记载，涉案专利的发明目的在于提供一种弹簧铰链的经济制作方法，并改进零件的组装和搬运，产生良好的经济效益。根据说明书及附图中记载的有关技术内容，本领域普通技术人员所理解的“切割出大致与铰接件外形一致的区域”的具体含义是：通过切割金属带，在金属带上形成用于进一步加工成铰接件的区域，该区域是金属带的一部分，并且形状与铰接件的外形接近。由此可见，涉案专利避免了使用昂贵的切削加工方法，取消了铰接件的找正，亦有利于弹簧件、锁紧件的装配以及零件搬运，实现了弹簧铰链的经济加工。

5.“送料信号”案

在名称为“一种钢带箱锁扣装订机自动送料装置”的发明专利行政投诉纠纷案中①，最高人民法院认为，结合涉案专利权利要求书的记载，通过阅读说明书和附图，涉案专利的发明目的在于，实现锁扣装订的全自动化，降低人工劳动强度，提高生产效率。为实现这一目的，权利要求的技术方案将驱动装置、工件输送装置、原料输送装置、级进模等部件通过控制器实现信号连接，通过控制器向各个部件发送信号来实现有序作业。被诉侵权技术方案中在锁扣原料输送的环节采取了机械自动进料的方式，即通过级进模的下压和上行触发“气动压板 + 气动阀 + 气动送料夹板”的气动连锁反应，最终实现对锁扣原料输送的控制，该种进料方式与权利要求中“控制器发送送料信号至原料输送装置，控制其输送锁扣原料”在信号的表现形式和传送方式上形成了区别，这种区别导致二者所解决的技术问题和技术效果亦有所不同，应从涉案专利的发明目的出发，结合说明书和附图，对权利要求中的“送料信号”做出更明确的解释。青岛局被诉处理决定及一审、二审判决仅以权利要求未限定信号的类型为由认为被诉侵权技术方案落入权利要求保护范围，有所不当。

6.“灭蚊灯泡”案

在名称为“灭蚊灯泡”的实用新型专利权侵权纠纷案中，②争议的特征为被诉产品的“USB 接口”是否等同于涉案专利“用于连接灯口的灯座”。浙江省高级人民法院认为，要实现涉案专利所描述的发明目的，涉案专利权利要求“用于连接灯口的灯座”的技术特征必然理解为能够直接连接在现有灯口上，实现灭

① 最高人民法院行政裁定书，(2018)最高法行申 1545 号。

② 浙江省高级人民法院民事判决书，(2018)浙民终 139 号；最高人民法院民事裁定书，(2018)最高法民申 4880 号。

蚊灯泡对现有灯泡的替换使用,不需要对原线路和开关控制进行任何改动的发明目的。故涉案专利的保护范围不应当包含不能实现直接替换现有灯泡,连接在现有灯口上的技术方案。而被诉侵权产品通过 USB 接口连接外部电源,在现有灯泡灯口为螺口、卡口等不包含 USB 接口形式的情形下,被诉侵权产品并无法实现直接连接在现有灯口上、替换现有灯泡在原线路上使用的发明目的。故被诉侵权产品不具备涉案专利为实现其发明目的所采用的“用于连接灯口的灯座”这一技术方案。

7.“波纹结构”案

在名称为“印刷布线板用屏蔽膜以及印刷布线板”的专利侵权纠纷案中①,广东省高级人民法院认为,等同原则的运用应符合涉案专利发明目的。在涉案专利已明确将“波纹结构”作为必不可少的技术特征,且说明书明确发明目的“在于提供一种对于从大的弯曲半径至变为小的弯曲半径(1.0mm)的反复弯曲及滑动,金属层难以发生破坏”,上诉人在诉讼中也明确表述锯齿形、连续凹凸形等不符合发明目的的情况下,本案显然不能通过等同原则将涉案专利摒弃的内容纳入涉案专利保护范围。

专利权利要求的解释应符合发明目的,不应把专利所要克服的现有技术缺陷或者不足的技术方案纳入保护范围。② 在上述案例中,被诉产品中的技术特征均无法实现相应专利的发明目的,因此不构成等同侵权。符合发明目的规则,是限定等同侵权是否成立的首要规则。同时,如果权利要求中出现了不清楚的技术术语,通常均需要通过符合发明目的的解释原则,来准确划定专利权的保护范围,为避免不当限缩权利要求的保护范围,这就要求发明人在概括权利要求时尽量使用规范的术语,将权利要求的范围尽量划定清楚,进而来判定是否侵权或是否应当授权。

(二)技术特征的排除规则

技术特征的排除规则,是指在无效程序中认定的权利要求中某一技术特征 A 相对于对比文件中的技术特征 a 属于区别技术特征,而被诉产品中的技术方案相对于权利要求保护的技术方案的区别技术特征恰好是无效程序中

---

① 广东省高级人民法院民事判决书,(2017)粤民终 2363 号。

② 参见《充分发挥知识产权审判职能作用,为推进社会主义文化大发展大繁荣和加快转变经济发展方式提供有力司法保障》(法发〔2011〕18 号),载《人民法院报》2011 年 12 月 21 日。

对比文件记载的技术特征 a，则该技术特征 a 禁止通过等同原则纳入权利要求的保护范围之中。笔者认为，技术特征的排除规则，本质上属于禁止反悔原则的内容。

1."出气孔"案

在名称为"一种可同时烘干和消毒的电器"的实用新型专利侵权纠纷案中①，争议焦点之一为"面盖上设有出气孔"和涉案专利"所述中盖开设有若干出气孔"是否构成等同。最高人民法院认为，根据第 39261、39275、45149 号无效决定载明的无效宣告情况，在面盖上设有出气孔是烘干和消毒常规技术手段，而涉案专利权利要求限定的"所述中盖开设有若干出气孔"系涉案专利区别于现有技术的主要区别技术特征，且第 45149 号无效决定认定"……在较为狭窄的边框上设置出气孔并非如请求人一、二所主张的等同或容易的，而且请求人一、二也没有证据表明这一区别是本领域的公知常识"。据此，应当认定被诉侵权技术方案将出气孔设置在面盖上与涉案专利权利要求将出气孔设置在中盖上并不是相同的技术手段。本案中，"将出气孔设置在面盖上"属于对比文件中公开的技术特征，也是被诉产品中的技术特征，在评价创造性时，国家知识产权局已经认定"将出气孔设置在面盖上"与涉案专利权利要求限定的"所述中盖开设有若干出气孔"属于区别技术特征，因此，禁止通过等同原则将其纳入权利要求的保护范围。

2."PCB 电路板"案

在名称为"一种空调器的隐藏式显示结构"的实用新型专利侵权纠纷案中，争议焦点之一为被诉侵权技术方案是否具有"PCB 电路板紧贴面板内侧面"相同或等同技术特征。对此，最高人民法院首先认定二者不属于相同特征；其次最高人民法院论述了二者属于等同的技术特征。② 对比涉案专利"PCB 电路板紧贴面板"的特征，被诉侵权产品采用"PCB 电路板 + 导光板 + 面板"的技术方案，"PCB 电路板紧贴面板内侧面"与"PCB 电路板 + 导光板 + 面板"应认定构成等同特征；但是根据禁止反悔原则对等同原则的限制，不应当认定为等同侵权。对此，最高人民法院认为，根据 CN101403513A 号发明专利说明书的记载，发光器件发出的光在显示窗中的一部分中通过，显示窗紧密固定在前面板上，显示窗的轮廓（显示形状）不会模糊。可见，显示窗相当于被诉侵权产品的"导

① 最高人民法院民事判决书，（2020）最高法知民终 1571、1572 号。

② 最高人民法院民事判决书，（2019）最高法知民终 48 号；广州知识产权法院民事判决书，（2017）粤 73 民初 2176 号。

光板”,即允许发光元件发出的部分光通过的部件。专利权人在无效宣告程序中为了强调涉案专利与现有技术的区别,明确表示显示窗与面板的紧贴并非涉案权利要求1中的“紧贴”,即从涉案权利要求中排除了导光板与面板紧贴的方案。根据《专利权纠纷司法解释一》第6条的规定,本案应当适用上述禁止反悔原则而限制等同原则的适用,被诉侵权技术方案中的“PCB电路板+导光板+面板”与涉案专利权利要求的“PCB电路板紧贴面板内侧面”不等同。

本案中,现有技术及被诉产品均采用了“PCB电路板+导光板+面板”的技术手段,而权利要求采用了“PCB电路板紧贴面板内侧面”的技术手段,从等同原则本身判断,可以认定等同成立,但是因为专利权人在无效程序中的陈述已经强调了二者的区别,不可以再通过等同原则认定二者构成等同特征。

3.“喂料口”案

在名称为“多用干鲜粉碎机”的实用新型专利侵权纠纷案中①,权利要求1保护一种多用干鲜粉碎机。被控侵权产品的喂料口设置在机壳背壁正上边,而专利相应技术特征是喂料口在罩壳盖水平轴线右边位置。对此,最高人民法院认为,关于喂料口位置问题,专利权利要求将喂料口位置明确限定在罩壳盖水平轴线的右边,说明书又作进一步描述;由于喂料口在水平轴线位置侧边,由此进入的料受到粉碎刀向下的作用,不会出现从上部喂料等方法导致物料被顶、弹出的缺点,喂料容易。而且,国家知识产权局第1442号无效宣告请求审查决定书亦记载,本专利的喂料口位于壳盖水平轴右边,可使进入的物料受到旋转的粉碎刀向下的作用力,故可避免物料被顶、弹出的问题。与被控侵权产品上部喂料的对比文件相比,本专利喂料更容易、安全。由此可见,喂料口设置在机壳或者壳盖上边,正是专利所克服的现有技术的缺陷。所以,被控侵权产品的喂料口设置在机壳背壁正上边,不属于专利相应技术特征的等同特征。

4.“梯形端面”案

在“简易牙膏挤出器”实用新型专利权侵权纠纷案中②,最高人民法院认为,从专利权人在其专利无效宣告程序中的意见陈述来看,专利权人是将“这种梯形端面设计可以最大限度地节约材料”作为其专利相对于专利无效宣告程序中的证据具有创造性的理由,国家知识产权局也正是基于上述理由认定专利具有创造性,并决定维持专利权有效。专利权人在无效宣告程序中的上述意见陈

① 最高人民法院民事裁定书,(2008)民再申字第67号。

② 最高人民法院民事裁定书,(2009)民申字第1622号。

述在本案中具有约束力,应当将专利权利要求中的"包括一梯形端面的框架体"认定为该专利保护的简易牙膏挤出器本身为一具有梯形横截面的框架体,否则专利相对于无效宣告程序中的证据就不具有创造性。

5."氨水溶液"案

在名称为"基于铈和锆的混合氧化物的组合及其前体、制法和应用"的发明专利侵权纠纷案中①,"被诉工艺的沉淀步骤中,是使用氨水作为沉淀剂,而权利要求1中限定的是使用碳酸盐或碳酸氢盐作为沉淀剂"。对此,淄博市中级人民法院认为,在国家知识产权局第38246号决定书中,因对比技术方案是选用氨水溶液作为沉淀剂,而涉案专利是用碳酸盐或碳酸氢盐与混合物接触,故国家知识产权局认定涉案专利与对比技术方案存在区别。因此被诉工艺技术有一个技术特征与涉案专利记载的技术特征并不相同,依法应认定其没有落入二原告发明专利权的保护范围。

6."单输入、输出"案

在名称为"一种高电压电力变换方法及其变换装置"的发明专利侵权纠纷案中②,本专利权利要求中,明确使用了"将输入的交流电或直流电变换为M×N路……"的表述方式,争议焦点之一为"本专利是否保护单输入、单输出的技术方案"。对此,广东省高级人民法院认为,根据本专利的权利要求书、说明书,可以确定本专利方法所保护的是多功能的技术方案,即能够输入交流电或直流电,经过高电压电力变换后,可以输出高压直流电、脉动直流电或交流电。

上述解释亦得到国家知识产权局关于本专利的第9402号无效宣告请求审查决定的支持。第9402号无效宣告请求审查决定中,合议组认为本专利方法应被理解为一个整体技术方案,即能够处理两种输入并有可能分别得到三种输出,而非概括了6种技术方案,从而与对比文件(美国专利US4674024)的单一功能技术方案存在本质区别。本专利权利要求1、2在第9402号无效决定中亦因此得到维持。故在民事侵权诉讼中,专利权人不能对此反悔,将本专利权利要求解释为可以保护其中一种单输入、单输出的单一功能技术方案,从而扩大其保护范围。

由上述案例可知,无效决定中关于区别技术特征A功能和效果的记载,会形成对权利要求保护范围的限制。区别技术特征A在适用等同原则时,受无效

---

① 山东省淄博市中级人民法院民事判决书,(2017)鲁03民初121号。

② 广东省高级人民法院民事判决书,(2010)粤高法民三终字第271号。

决定内容的制约。如果被诉产品区别于权利要求的技术特征 a 恰好是对比文件中的技术特征 a,则禁止权利人通过等同原则,将技术特征 A 与技术特征 a 认定为等同特征。

在名称为"一种正负极同向引出圆柱形锂离子电池的封口胶塞"的实用新型专利权侵权纠纷案中①,国家知识产权局第 29237 号无效审查决定书记载:本专利明确限定"橡胶塞安装于封口束腰和外壳上端掩口之间",而对比文件(公开号 CN1909279A)没有明确橡胶塞是否安装于束腰带和封口带之间。基于该区别技术特征,权利要求所实际解决的技术问题为:防止封口胶塞因滚动成型的束腰对导针造成挤压。根据该区别技术特征,权利要求可以实现防止导针被封口束腰挤压的效果。基于此,维持涉案专利权有效。被告表示公证封存电池的封口胶塞并未位于"锂电池外壳的封口束腰和外壳上端掩口之间"。然而广州知识产权法院认为,公证封存电池的封口束腰和外壳上端掩口之间仍有封口胶塞,与原告涉案专利的相应技术特征相同。

涉案专利正是对对比文件的现有技术"封口束腰压在封口胶塞上"进行的改进,具体限定了橡胶塞位"于锂离子外壳的封口束腰和外壳上端掩口之间"。而被控产品的"封口束腰压在封口胶塞上",而非位于封口胶塞的下部,因此,应当禁止权利人通过等同原则将技术特征"封口束腰压在封口胶塞上"与技术特征橡胶塞位"于锂离子外壳的封口束腰和外壳上端掩口之间"认定为等同特征。因此,涉案判决违反了技术特征的排除规则。

另外,如果国家知识产权局认为区别技术特征 A 与技术特征 a 不属于公知常识或惯用技术手段,则同样排除了等同原则的适用。

在名称为"一种消防系统及消防水罐车"的实用新型专利权侵权纠纷案中②,广东省高级人民法院认为,涉案专利权利要求中的技术特征为:在叶轮上设有与第一叶片个数相同且位置对应的第二叶片;而被诉侵权产品的技术特征 e 为:叶轮组上设有的第一叶片个数为 6 片,第二叶片个数为 7 片。在国家知识产权局第 18502 号无效宣告请求审查决定书中记载有:"在请求人没有进一步举证证明的情况下,合议组对于请求人关于推进器与叶轮上叶片的个数相同且位置对应选择是本领域的公知常识的无效理由不予采信。"因此,根据国家知识

① 广州知识产权法院民事判决书,(2015)粤知法专民初字第 1534 号;广东省高级人民法院民事判决书,(2017)粤民终 1110 号;最高人民法院民事判决书,(2019)最高法民再 353 号。

② 广东省高级人民法院民事判决书,(2014)粤高法民三终字第 206 号。

产权局的上述认定,现有证据不能证明推进器与叶轮上叶片的个数相同且位置对应选择是本领域的公知常识,也就是说涉案专利该技术特征需要本领域的普通技术人员经过创造性劳动才能获得。因此原审判决认定被诉侵权产品技术特征与涉案技术特征既不相同也不等同,该认定正确,法院予以支持。

7. "安全电热毯"案

技术特征排除规则,也可以称为现有技术排除规则。通常,专利说明书有关于背景技术的记载,权利要求保护的技术方案通常是针对背景技术存在的技术缺陷进行的改进,如果被诉产品的技术方案属于背景技术中记载的技术方案,则不能通过等同原则将背景技术的技术方案纳入权利要求的保护范围中来。[①] 这里的背景技术,也可以称为"现有技术"。这里的"现有技术"不仅包括记载在专利说明书中的现有技术,也包括没有记载在说明书中的现有技术。笔者认为,现有技术对同等原则的限制是专利制度的应有之义,权利人不能通过等同原则,将现有技术纳入专利权的保护范围。

在名称为"安全电热毯"的实用新型专利申请侵权纠纷案中,涉案权利要求为:一种"安全电热毯",由电加热系统和包复层组成,其技术特征在于电加热系统是由电热丝、套在电热丝外并两端封闭的软套管、夹在电热丝与套管之间的传热液构成。涉案争议焦点之一为权利要求限定的"传热液"是否与被诉产品相应的技术特征"水"构成等同。法院查明,[②]本专利所要解决的技术问题即针对用水作为传热液所存在的弊端。为了实现本实用新型所要解决的技术问题,达到其所能产生的有益效果,把本专利要求中传热液理解为一种不包含水的传热液。因此,二者不构成等同。

关于技术特征排除与技术方案的关系,实践中有争议。例如,在名称为"加强的热交换板"的发明专利侵权纠纷案中[③],争议焦点之一为涉案权利要求中"相当大地"是否包括"整个"降低至零高度。对此,上海知识产权法院认为,"整个(相当于 a)降低顶部峰线至零高度已经记载于权利要求中(权利要求中记载的特征 A 为相当大地且局部地减少所述顶部峰线高度),虽然这一技术特征属于现有技术,但是它和加强件的位置分布等技术特征结合在一起,构成涉案专利的技术方案,属于涉案专利权利要求的保护范围"。本案中法院认为尽

① 北京市高级人民法院《专利侵权判定指南(2017)》第 59 条规定:被诉侵权技术方案属于说明书中明确排除的技术方案,或者属于背景技术中的技术方案,权利人主张构成等同侵权的,不予支持。

② 河北省高级人民法院民事判决书,(2003)冀民三终字第 52 号。

③ 上海知识产权法院民事判决书,(2016)沪 73 民初 10 号。

管包含 a 是现有技术,并不代表包含 a 的技术方案属于现有技术,因此可以适用等同原则。笔者认为,权利要求的保护范围是由技术特征来确定的,技术特征相当于权利的"界桩",权利要求的保护范围就是由多个界桩围成的不规则的多边形所确定的。如果其中一个"界桩"发生移动,也就代表着权利要求的保护范围发生了变化。在无效程序中,如果国家知识产权局确认或权利人陈述,权利要求中的"界桩 A"与现有技术"界桩 a"不同,或者权利要求中的"界桩 A"是对现有技术"界桩 a"的改进,则不允许通过等同原则将 a 纳入权利要求的保护范围中。如果权利要求中的"界桩 A"与现有技术"界桩 a"均属于公知常识或惯用技术手段,则要根据"可预见性规则"认定是否属于等同侵权。

(三)特意排除规则

《专利权纠纷司法解释二》第 12 条规定,权利要求采用"至少""不超过"等用语对数值特征进行界定,且本领域普通技术人员阅读权利要求书、说明书及附图后认为专利技术方案特别强调该用语对技术特征的限定作用,权利人主张与其不相同的数值特征属于等同特征的,人民法院不予支持。

本条的规定被称为"特意排除规则",也称为"意图限定"。"特意排除规则"是对数值和数值范围这类比较特殊的技术特征适用等同原则的限制。关于明确记载了数值端点的数值范围特征是否可以适用等同原则,实践中存在很大争议。其中,持否定观点的理由之一是"意图限定","意图限定"是指权利人在其权利要求中用非常明确的语言界定保护范围,在此范围外,权利人不得再主张等同的制度。① 该观点被司法解释所吸收并在实践中广泛适应。

江苏省高级人民法院对此有过论述并认为,有明确端点的数值范围是经过专利申请人进行了概括选择之后所确定的范围。一方面,根据《专利法》的原理,专利申请人在撰写权利要求保护范围的过程中会在客观条件的限制下以及在法律允许的情况下尽最大可能要求其保护范围,权利要求书中未经修改的数值范围是专利权人自主选择的结果,该数值范围以外的内容应当视为专利权人认为不能或不应得到专利保护的内容,因此,不应当将有明确端点的数值范围之外,并且与该范围差异明显的数值纳入等同技术特征的范围内。另一方面,在专利的审查过程中,专利行政管理部门是在申请人撰写的包括端点明确数值

---

① 参见陈文煊:《专利权的边界——权利要求的文义解释与保护范围的政策调整》,知识产权出版社 2014 年版,第 412 页。

范围的权利要求的基础上,认为其符合专利法及其实施细则的有关规定,从而授予其专利权的。如果申请人在专利申请时要求保护一个过于宽泛的数值范围,则可能由于此范围所限定的技术方案包括了与现有技术相同或相似的内容从而不具备新颖性、创造性而得不到授权,或者可能由于此范围的概括超出了说明书具体公开的范围从而得不到说明书的支持而不能获得授权。这些在申请阶段可能导致专利无法获得授权的过于宽泛的数值范围,既然没有记载在授权后的权利要求范围内,那么如果通过等同特征的方式再将其纳入专利的保护范围内,显然对于公众而言是不公平的。因此,对于权利要求中端点明确的数值范围,其等同特征的范围应当相对狭窄,即应当严格控制等同原则的适用,尤其是与权利要求所限定范围差异明显的技术特征。①

1. "特意排除规则"的确立

在名称为"混凝土薄壁筒体构件"的实用新型专利权侵权纠纷案中②,最高人民法院确立了"特意排除规则"。最高人民法院认为,由于本案专利权利要求书在叙述玻璃纤维布层数时,明确使用了"至少二层以上"这种界限非常清楚的限定词,说明书亦明确记载玻璃纤维布筒的套叠层"可以少到仅两层",故在解释权利要求时,不应突破这一明确的限定条件。应当认为,本领域的普通技术人员通过阅读权利要求书和说明书,无法联想到仅含有一层玻璃纤维布或者不含玻璃纤维布仍然可以实现发明目的,故仅含有一层玻璃纤维布或者不含有玻璃纤维布的结构应被排除在专利权保护范围之外。否则,就等于从独立权利要求中删去了"至少二层以上",导致专利权保护范围不合理地扩大,有损社会公众的利益。此外,本案专利中玻璃纤维布层数的不同,不能简单地认为只是数量的差别,而是对于筒体构件的抗压能力、内腔容积以及楼层重量具有不同的物理力学意义上的作用。

2. "特意排除规则"的适用与争议

"特意排除规则"的适用存在争议。例如,在名称为"一种水烟筒吸烟软管"的实用新型专利侵权纠纷案中③,争议焦点之一为本案专利技术特征为"软管弹簧上包有一层密封塑料布"与被控侵权产品技术特征为"软管弹簧上包有二层铝箔纸"是否构成等同。广东省高级人民法院认为,专利与被控侵权产品

① 江苏省高级人民法院民事判决书,(2011)苏知民再终字第0001号。
② 最高人民法院民事判决书,(2005)民三提字第1号。
③ 广东省高级人民法院民事判决书,(2009)粤高法民三终字第271号。

软管弹簧上使用的材质不同,层数不同,但其均系包裹在软管弹簧上,均起到密封烟气使其不会外泄的作用。被控侵权产品的这一技术特征属于以基本相同的手段,实现基本相同的功能,达到基本相同的效果,并且本领域的普通技术人员无须经过创造性劳动就能够联想到的特征,二者构成等同。本案中,法院将权利要求限定的“一层”的技术特征与被诉产品的“二层”的技术特征认定为等同特征,没有适用“特意排除规则”。

在名称为“一种以天燃气为燃料生产泡沫玻璃工艺及使用的辊道窑”的专利侵权纠纷案中①,涉案权利要求1保护一种以天燃气为燃料生产泡沫玻璃工艺,争议焦点之一在于数值范围是否具有限定作用。最高人民法院认为,专利侵权案件中,人民法院应当考虑专利权人在专利授权和无效宣告程序中为保证获得专利权或者维持专利权有效而对专利权保护范围作出的限制,确定专利权的保护范围。涉案专利授权过程中,国家知识产权局认为涉案专利申请的原权利要求1不具有创造性,权利人为获得授权,将原权利要求1和记载有大量数值范围的权利要求2进行了合并,由此可见,修改后的涉案专利权利要求1中的数值范围具有重要的限定作用。涉案专利权利要求1中多处采用了数值范围的限定方式,虽然没有采用上述司法解释规定的“至少”“不超过”等用语对数值特征进行界定,但数值范围本身就是一种更加严格的限定方式。关于数值范围特征的等同问题。专利权利要求中的数值范围是专利申请人经过概括选择之后所确定的范围,在专利申请阶段可能导致专利无法获得授权的过于宽泛的数值范围,没有记载在授权后的权利要求之中,如果通过等同特征的方式再将其纳入专利权的保护范围,显然对于社会公众而言是不公平的。因此,对于专利所要求保护的技术方案中数值范围的技术特征,其适用等同应当受到严格限制。本案中,涉案专利权利要求1记载的“预热段:温度690~730℃,长度3.5~4.5米,加热时间7.5~10分钟”技术特征,明确限定了温度、长度和加热时间的数值范围,而被诉侵权生产工艺的相应数值并不在此范围之内,在此情况下,参照上述司法解释的规定,权利人主张与权利要求1不相同的数值特征属于等同特征,人民法院不应予以支持。

本案中,最高人民法院提到权利要求中的数值范围是因为修改原权利要求而得到,因此应当适用“特意排除规则”。由此引发的思考是,经修改得到的权利要求是否应受到限制。对此,笔者认为,等同原则适用于所有的权利要求中

① 最高人民法院民事判决书,(2020)最高法知民终953号。

的技术特征,既包括独立权利要求,也包括从属权利要求。修改权利要求是专利法赋予的权利,在法定条件下经修改得到的权利要求不应当受到“特意排除规则”的限制。

在名称为“PCB 板的印锡贴片焊接治具”的实用新型专利侵权纠纷案中,权利要求保护一种 PCB 板的印锡贴片焊接治具,本案的争议焦点为治具托盘的“每个边上”均活动安装有用于夹持 PCB 板边位的边位推拉装置,与被诉侵权产品只在“相对的两个边上”设置了边位推拉装置是否构成等同侵权。最高人民法院首先对设置等同制度的目的进行了说明,认为设立等同原则,一方面,在专利侵权判定中,等同原则是对专利权利要求字面保护范围的扩张,是对专利权字面侵权的适当补充,等同原则的适用为专利权人提供了切实有效的法律保护,鼓励了技术创新;另一方面,专利制度本身又要确保专利权的保护范围具有足够的法律确定性和可预见性,不因滥用等同原则致使专利权保护范围缺乏确定性而损害社会公众的利益。① 同时,最高人民法院认为,《专利权纠纷司法解释二》第 12 条是关于“特意排除规则”的规定,并对该规则进行了解释:权利要求具有公示性,上述特征用语对专利权保护范围具有限定作用,专利权人在专利申请阶段对于上述特征用语的表述应给予足够的注意。如果对于本领域普通技术人员而言,专利权人或专利申请人在权利要求中特意强调并有意排除特定技术方案的,不宜再通过适用等同原则将其纳入专利权保护范围。

具体到本案,最高人民法院认为,涉案专利技术特征 D“治具托盘的每个边上均活动安装有用于夹持 PCB 板边位的边位推拉装置”明确限定了在“每个边上”设置边位夹持装置,具有方便 PCB 板固定与拆装和稳固夹持的技术效果。由此可见,本领域技术人员可知,在已具备角位夹持 PCB 板予以固定的情况下,只在治具托盘相对的两个边上设置边位推拉装置与每个边上设置边位推拉装置对稳固夹持 PCB 板的功效基本相同,二者并无实质性差异,权利人对此亦予以确认。由此可见,因涉案专利技术特征 D“治具托盘的每个边上均活动安装有用于夹持 PCB 板边位的边位推拉装置”特意强调了“每个边上”的限定作用,本领域普通技术人员在阅读权利要求书和说明书后可以理解,权利人在专利申请时存在排除被诉侵权产品技术特征 D“在治具托盘相对的两个边上活动安装有用于夹持 PCB 板边位的边位推拉装置”的意思,故不应将该技术方案再以等同认定纳入专利权保护范围。

本案中,法院认为权利人在权利要求中特意强调了“每个边上”,即权利人

① 最高人民法院民事判决书,(2020)最高法知民终 1310 号。

作出了排除“相对的两个边上”的意思，该观点本文亦不能认可。首先，该观点与“可预见性规则”构成了重复，属于“可预见性规则”的内容；其次，溯源权利人撰写权利要求的初心，权利人不会作出放弃“相对的两个边上”的意思，放弃的意思是法律强加给权利人的意思，是为了督促权利人在撰写权利要求时，应当更加审慎，避免使用数字等具有绝对含义的词汇进行限定。

在名称为“锻炼装置”的发明专利侵权纠纷案中，最高人民法院认为，①权利要求系使用同一个绳索，将第一、二延伸臂以及同一个阻力部件共同连接在一起。该绳索被分为第一、二绳股两个部分，分别由使用者抓握。采用权利要求的技术方案，为使用者双手提供的是同一阻力部件的载荷。被诉侵权产品中有两根绳索，其连接方式与权利要求中“一个将第一延伸臂和第二延伸臂连接到阻力部件上的绳索”不同。被诉侵权产品中的每根绳索并非将第一延伸臂、第二延伸臂以及同一配重堆栈共同连接在一起，而是分别将一个延伸臂和一个配重堆栈连接在一起，从而形成两个相互独立、相互并行的单元。若其中一个单元发生故障，不会影响另一个单元的正常运行。并且还可以对两个配重堆栈分别加载不同的重量，为使用者的双手提供不同的载荷，使使用者选择负重的自由度更大。将权利要求中的技术特征与被诉侵权产品中的技术特征相比，二者并不仅仅是阻力部件与绳索的数量不同，其连接方式亦存在明显的实质性区别。二者实现的功能和达到的技术效果也有明显区别。被诉侵权产品的技术方案，并非本领域技术人员在权利要求的基础上，简单改变阻力部件、绳索的数量即可显而易见地获得。因此，权利要求的技术特征与被诉侵权产品的技术特征既不相同，也不等同。

本案中，法院没有直接使用“特意排除规则”，而是回归到等同原则的标准，认为数量的不同属于技术手段的不同，进而分析由此导致的相应技术方案的连接关系、技术效果变化，得出不构成等同侵权的结论。

（四）可预见性规则

“可预见性规则”暂时没有被写入相关的司法解释，是司法实践中普遍适用的规则。可预见性规则，是指专利权人在撰写专利申请文件时已明确地知晓相关技术方案，但并未将其纳入权利要求保护范围之内的，则在侵权诉讼中不得

---

① 最高人民法院民事裁定书，(2014)民申字第497号。类案有最高人民法院民事判决书，(2021)最高法知民终931号。

再适用等同理论将该技术方案纳入保护范围。可预见性规则是为了在确定专利权保护范围时,既要严格保护专利权人的利益,又要维护权利要求书的公示作用和社会公众对专利文件的信赖,平衡专利权人与社会公众之间的利益。确定专利权人在专利申请时是否明确知晓并保护特定技术方案,可结合说明书及附图内容,并应将说明书及附图作为整体看待,判断的标准是本领域普通技术人员阅读权利要求书与说明书及附图之后的理解。

1.“可预见性规则”的确立

在名称为“混凝土薄壁筒体构件”的实用新型专利侵权纠纷案中①,最高人民法院认为,关于耐碱玻璃纤维布的问题,因耐碱玻璃纤维布早在专利申请日之前已出现,专利申请人对此应有预见,但在权利要求书中仍然使用了“至少二层以上玻璃纤维布”的措辞,故权利人关于因玻璃纤维布技术进步导致等同侵权成立的主张,不能成立。在该案中,法院提到了“耐碱玻璃纤维布早在专利申请日之前已出现,专利申请人对此应有预见”的措辞,但是,没有具体对其蕴含的法理进行说明。

在名称为“防粘连自动排气阀”的实用新型专利纠纷案中②,权利要求 1 保护一种“防粘连自动排气阀”,争议焦点之一为被诉侵权产品“一体式盖母上表面呈平面”与涉案专利“进水套上表面呈锥面”的技术特征是否为等同。2009 年最高人民法院认为,将被控侵权产品的技术特征与涉案专利权利要求记载的技术特征相比,不同之处在于被控侵权产品的进水套上表面呈平面,而涉案专利权利要求 1 中进水套的上表面呈锥面。上表面形状的不同,势必造成进水套与浮球的接触存在点和线的区别。但是,进水套的上表面无论是呈平面,还是呈锥面,都是为了实现进水套的上表面与浮球相接触,从而使浮球不与壳底接触,不产生腐蚀,防止腐蚀造成的锈块粘连,进水套与浮球形成的是点接触还是线接触,均不影响该技术效果的实现。被控侵权产品以进水套的上表面呈平面的技术特征替换涉案专利进水套上表面呈锥面的技术特征,属于以基本相同的手段,实现基本相同的功能,达到基本相同的效果,并且是本领域普通技术人员无须创造性劳动即可联想到的,因此,二者构成等同的技术特征。

2015 年最高人民法院认为,本案中判断被诉侵权产品“一体式盖母上表面呈平面”与涉案专利“进水套上表面呈锥面”的技术特征是否为等同技术特征需考虑以下因素:等同原则与专利权保护范围之间的关系,以及专利法律制度规

① 最高人民法院民事判决书,(2005)民三提字第 1 号。
② 最高人民法院民事裁定书,(2009)民申字第 157 号。

定等同原则的必要性。一方面,在专利侵权判定中,等同原则是对专利权利要求字面保护范围的扩张,是对专利权字面侵权的适当补充,等同原则的适用为专利权人提供了切实有效的法律保护,鼓励了技术创新;另一方面,专利制度本身又要确保专利权的保护范围具有足够的法律确定性和可预见性,不因滥用等同原则致使专利权保护范围缺乏确定性而损害社会公众的利益。因此,等同原则是专利权保护中一项不可或缺的重要原则和制度,但必须对等同原则的适用施加必要限制,兼顾专利权人和社会公众的利益,既要保护专利权人在现有技术基础上作出的技术贡献,又要促进科学技术的进步。另外,等同原则的适用须考虑专利申请与专利侵权时技术的发展水平,防止对专利技术方案中某些技术特征以专利申请日后新出现的技术进行简单替换而规避侵权的情况,合理界定专利权的保护范围。①

本案中,涉案名称为"防粘连自动排气阀"的实用新型专利权利要求 1 和说明书均记载;进水套的上表面呈锥面。这表明,权利人在申请涉案专利时将其要求保护的技术方案限定为进水套的上表面呈锥面,不是平面,而锥面或平面均是涉案专利申请时,该领域普通技术人员普遍知晓的技术方案,因此,专利权人将权利要求中该技术特征限定为锥面是将平面排除在涉案专利权的保护范围之外。鉴于此,在侵权判定时,不能将技术特征"锥面"扩张到"平面"予以保护,否则将有损社会公众对专利权保护范围确定性和可预见性的信赖,从而损害社会公众的利益,动摇专利制度的基石。故本案中,被诉侵权产品的技术特征与涉案专利权利要求记载的技术特征相比,并未构成等同的技术特征,被诉侵权产品未落入涉案专利权保护范围。

最高人民法院特别强调了,关于权利人主张最高人民法院(2009)民申字第 157 号民事裁定已认定等同侵权的问题。最高人民法院回应称,2001 年 6 月 22 日发布的《关于审理专利纠纷案件适用法律问题的若干规定》确立了专利侵权判定中的等同原则。等同原则的适用克服了专利权利要求在表达上的局限性,弥补了字面侵权的不足,实现了对专利权人的保护,但在实践中出现了等同原则适用过宽的倾向,不适当地扩张了专利权保护范围。2009 年 12 月 28 日发布的《专利权纠纷司法解释一》通过对捐献原则、禁止反悔原则以及全面覆盖原则的明确,结合等同原则的适用对专利权人的权利进行了一定程度的限制,使之与社会公众的利益之间形成了更好的平衡关系。同时,一方面,随着专利制度

① 最高人民法院民事裁定书,(2015)民申字第 740 号。

的进一步普及和发展，专利权人的专利文件撰写水平不断提高，专利行政部门对专利申请文件的撰写要求更为严格，等同原则对撰写水平较低专利的保护作用在逐级减弱；另一方面，人民法院对等同原则的认识更为深刻，对等同原则的适用也更为严格和谨慎。故最高人民法院(2009)民申字第157号民事裁定对等同侵权的认定并不影响本案侵权是否成立的判定。

在该案中，最高人民法院对同一个问题进行了两次说理，并给出了相反的结论。最高人民法院在第二次判决时强调了等同原则应当受到一定的限制，特别增加了权利要求的可预见性和确定性，以实现权利要求的公示与划界的价值。由此确立了“可预见性规则”，对于专利申请时，本领域普通技术人员普遍知晓的技术方案，如果权利人没有将其写入权利要求，则禁止权利人通过等同原则重新将其纳入权利要求的保护范围。

2.“可预见性规则”的适用

(1)“电动绿篱机”案

在名称为“电动绿篱机”的发明专利侵权纠纷案中①，权利要求保护一种电动绿篱机，争议焦点为“电动”与“燃油发动机”是否构成等同。最高人民法院认为，专利权人在撰写涉案专利权利要求书和说明书时，即已明确知晓现有技术中存在电机驱动和燃油发动机驱动两种方式，且“环保无污染”是本专利相较于现有技术新增的一个技术效果，但专利权人在涉案专利权利要求中仅强调电机驱动，即明确表示涉案专利的驱动方式仅限于电机驱动，而非燃油发动机驱动。从说明书的相关内容可以看出，专利申请人在撰写涉案专利权利要求时，基于对环保效果的追求，专利申请人并不寻求保护以燃油发动机作为动力源的绿篱机技术方案。换言之，本领域普通技术人员基于对权利要求所限定的“电动绿篱机”、说明书背景技术部分对存在电机驱动和燃油发动机驱动两种方式的介绍以及发明目的部分关于“环保无污染”效果的强调等，完全可以理解为专利申请人明确不寻求保护以燃油发动机作为动力源的绿篱机技术方案。在此情况下，若在判断被诉侵权产品是否落入涉案专利权保护范围时，将燃油发动机驱动与电机驱动认定为构成等同，则不利于专利权利要求公示作用的发挥和社会公众信赖利益的保护。本案中，法院根据“可预见性规则”否定了权利人认为“电动”与“燃油发动机”构成等同侵权的观点。

---

① 最高人民法院民事判决书，(2021)最高法知民终192号。

(2)“火锅炉”案

在名称为“可整体嵌入餐桌的火锅炉”的实用新型专利侵权纠纷案中[①]，权利要求保护一种整体嵌入餐桌的火锅炉，争议焦点之一为被诉侵权产品“活动孔”的技术特征与涉案专利技术方案中的“活动槽”的技术特征是否构成等同。一审法院认为，二者构成等同特征。最高人民法院认为，判断涉案专利火力调节钮活动槽与被诉侵权产品火力调节钮活动孔的技术特征是否为等同技术特征需考虑以下因素：首先，应考虑等同原则与专利权保护范围之间的关系，以及专利法律制度规定等同原则的必要性。一方面，在专利侵权判定中，等同原则是对专利权利要求字面保护范围的扩张，是对专利权字面侵权的适当补充，等同原则的适用为专利权人提供了切实有效的法律保护，鼓励了技术创新；另一方面，专利制度本身又要确保专利权的保护范围具有足够的法律确定性和可预见性，不因滥用等同原则致使专利权保护范围缺乏确定性而损害社会公众的利益。因此，等同原则是专利权保护中一项不可或缺的重要原则和制度，但必须对等同原则的适用施加必要限制，兼顾专利权人和社会公众的利益，既要保护专利权人在现有技术基础上作出的技术贡献，又要促进科学技术的进步。其次，等同原则的适用须考虑专利申请与专利侵权时技术的发展水平，防止对专利技术方案中某些技术特征以专利申请日后新出现的技术进行简单替换而规避侵权的情况，合理界定专利权的保护范围。本案中，涉案专利权利要求和说明书均记载为火力调节钮活动槽。这表明，江某清在申请涉案专利时将其要求保护的技术方案限定为火力调节钮活动槽，而不是火力调节钮活动孔，而火力调节钮活动槽或火力调节钮活动孔均是涉案专利申请时，该领域普通技术人员容易知晓的技术方案，因此，专利权人将权利要求中该技术特征限定为火力调节钮活动槽是将火力调节钮活动孔排除在涉案专利权的保护范围之外。鉴于此，在侵权判定时，不能将技术特征火力调节钮活动槽扩张到火力调节钮活动孔予以保护，否则将有损社会公众对专利权保护范围确定性和可预见性的信赖，从而损害社会公众的利益。本案中，法院根据“可预见性规则”否定了“活动孔”与“活动槽”构成等同侵权的观点。

① 最高人民法院民事判决书，(2020)最高法知民终1899号。类案有最高人民法院民事判决书，(2021)最高法知民终1441号。

（3）“车载无线充电装置”案

在名称为“一种红外感应车载无线充电装置”的实用新型专利侵权纠纷案中①，争议焦点之一为“卡扣”连接与“螺纹孔螺栓”连接是否构成等同侵权。最高人民法院认为，卡扣连接与螺纹孔螺栓连接，是常见的两种不同的连接方式，二者技术手段并不相同。另外，相对于螺纹孔螺栓连接，卡扣连接并非专利权人在撰写权利要求时不能预见到的连接方式，专利权人在撰写权利要求时仍明确限定螺纹孔螺栓连接，应当理解为排除了卡扣连接方式，缺乏通常适用等同原则将权利要求的文字所表达的保护范围适度扩展解释的正当性。本案中，法院根据“可预见性规则”否定了“卡扣”连接与“螺纹孔螺栓”连接属于等同侵权的观点。

（4）“空调器显示结构”案

在名称为“一种空调器的隐藏式显示结构”的实用新型专利侵权纠纷案中②，权利要求保护一种空调器的隐藏式显示结构，争议焦点之一为被诉侵权技术方案是否具有和“面板与PCB电路板相对应位置的厚度为0.6～1.5mm”相同或等同的技术特征。对此，最高人民法院认为，在适用等同原则时，首先应考虑等同原则与专利保护范围之间的关系，以及专利法律制度规定等同原则的必要性。等同原则是对专利权利要求字面保护范围的扩张，同时，专利制度本身又要求确保专利权的保护范围具有足够的法律确定性和可预见性。等同原则若被滥用则会架空权利要求的定界和公示作用，从而伤害社会公众利益。其次，等同原则的适用需考虑专利申请与专利侵权时技术的发展水平，防止对专利技术方案中某些技术特征以专利申请日后新出现的技术进行简单替换而规避侵权的情况。等同原则不应被单纯用作扩大权利要求保护范围的工具。涉案专利权利要求记载“面板与PCB电路板相对应位置的厚度为0.6～1.5mm”中，“对应位置”区域为“与PCB电路板对应的面板区域”，并未限定为“与PCB电路板上的显示元件对应的面板区域”。其一，PCB电路板中某部分元件（如本案中的显示元件）所占的面积必然小于或等于整块PCB电路板的面积，这在涉案专利申请时应当属于所属领域普通技术人员能够认识到的，不属于因专利申请时本领域的技术水平发展不足、认知障碍等制约导致专利申请人缺乏预见的

---

① 最高人民法院民事判决书，（2021）最高法知民终1441号。

② 最高人民法院民事判决书，（2019）最高法知民终48号；广州知识产权法院民事判决书，（2017）粤73民初2176号。

情形。其二,专利权人将相应的特征限定为"面板与PCB电路板相对应位置"而非"面板与PCB电路板的显示元件相对应位置"是明确向社会公众公示其选择了较小的保护范围。若将该技术特征的限定作用加以限缩,将"面板与PCB电路板相对应位置"等同于"面板与PCB电路板的显示元件相对应位置"则是无故扩大权利要求技术方案的保护范围,这将损害社会公众对专利权保护范围确定性和可预期性的信赖,损害权利要求的公示作用,社会公众会因权利要求内容不可预见的变动而无所适从。在专利申请之时不存在认知障碍、在后技术发展又未产生替代方案的情况下,权利要求的保护范围宜以其文字记载为准,权利要求的公示作用应当得到尊重。本案中,法院以"可预见性规则"否定了"面板与PCB电路板相对应位置"与"面板与PCB电路板的显示元件相对应位置"构成等同侵权。

(5)"去鱼鳞机构"案

在名称为"一种去鱼鳞机构"的发明专利权侵权纠纷案中①,权利要求保护一种去鱼鳞机构,争议焦点之一为权利要求限定的"齿轮传动方式"与被诉产品的"链轮传动方式"是否构成等同。对此,重庆市高级人民法院认为,判断两者是否构成等同需考虑以下因素:涉案专利权利要求书明确载明"左竖直轴和右竖直轴的上下端均分别通过轴承支撑在机架上,其中一根竖直轴可在动力组件的带动下转动,这根竖直轴的上端部同时固套有一个主动齿轮,另外一根竖直轴上固套有一个与该主动齿轮啮合的从动齿轮",即涉案专利该技术特征限定了齿轮有主从之分,也限定了主动齿轮与从动齿轮之间为啮合状态;而被控侵权产品的相应技术特征中,两根轴上的齿轮没有主从之分,各齿轮之间也没有啮合,各齿轮之间通过链条连接。涉案专利权人在申请涉案专利时将传动方式限定为齿轮传动方式,而不是链轮传动方式,齿轮传动或者链传动均是涉案专利申请时,该领域普通技术人员普遍知晓的技术方案,因此,专利权人将权利要求中该技术特征限定为齿轮传动是将链传动排除在涉案专利权的保护范围之外。鉴于此,在侵权判定时,不能将技术特征"齿轮传动"扩张到"链传动"予以保护,否则将有损社会公众对专利权保护范围确定性和可预见性的信赖,从而损害社会公众的利益。本案中,法院否定了"齿轮传动"与"链轮传动"构成等同侵权的观点。

① 重庆市高级人民法院民事判决书,(2018)渝民终16号。类案有最高人民法院民事判决书,(2021)最高法知民终1924号。

类似案件很多，最高人民法院认为，争议特征和权利特征分别采取“移动方式”和“转动方式”[①]、“蛋道槽前置”和“蛋道槽后置”[②]、“霍尔传感器”和“红外对管”[③]、“在 PCB 板设置导向孔”和“在 PCB 支架设置导向孔”[④]、“弹性支撑片等高排列”和“弹性支撑片高低相间排列”[⑤]均属于涉案专利申请日时，本领域技术人员普遍知晓的技术方案，根据“可预见性规则”，均限制适用等同原则。

上述案例中，法院均强调等同原则与可预见性规则相排斥，即“专利制度本身又要求确保专利权的保护范围具有足够的法律确定性和可预见性”，并认为，等同原则若被滥用则会架空权利要求的定界和公示作用，从而伤害社会公众利益。北京市高级人民法院在《专利侵权判定指南（2013）》中认为，基本相同的手段，一般是指在被诉侵权行为发生日前专利所属技术领域惯常替换的技术特征以及工作原理基本相同的技术特征。申请日后出现的、工作原理与专利技术特征不同的技术特征，属于被诉侵权行为发生日所属技术领域普通技术人员容易想到的替换特征，可以认定为基本相同的手段。[⑥] 然而，《专利侵权判定指南（2017）》中认为，基本相同的手段，是指被诉侵权技术方案中的技术特征与权利要求对应技术特征在技术内容上并无实质性差异。[⑦] 由此可知，在适用等同原则时，对申请人撰写权利要求提出了较高的要求，即要求将申请日时可以预见的“专利所属技术领域惯常替换的技术特征以及工作原理基本相同的技术特征”均包含在权利要求中，而不能适用等同原则将没有纳入权利要求中的技术特征重新纳入权利要求的保护范围。但是，“可预见性规则”与公知常识之间会产生适用上的冲突，例如在上述“去鱼鳞机构”案中，法院认为“齿轮传动”与“链轮传动”不构成等同侵权，而在名称为“一种蔬菜水果分选装置”的实用新型专利侵权纠纷案中[⑧]，最高人民法院认为，本案中，涉案专利的传动系统包括电机、传动链轮、转动链轮、传动轴，权利要求中的传动链轮是常用的机械

---

① 最高人民法院民事判决书，（2019）最高法知民终 33 号。

② 最高人民法院民事判决书，（2019）最高法知民终 821 号。

③ 最高人民法院民事判决书，（2020）最高法知民终 1429 号。

④ 最高人民法院民事判决书，（2021）最高法知民终 2482 号。类案有（2020）最高法知民终 1310、1571、1572 号。

⑤ 最高人民法院民事裁定书，（2019）最高法民申 3188 号。

⑥ 北京市高级人民法院《专利侵权判定指南（2013）》第 44 条。

⑦ 北京市高级人民法院《专利侵权判定指南（2017）》第 46 条。

⑧ 最高人民法院民事裁定书，（2017）最高法民申 1804 号。

部件，用于将电机产生的动力传导到传动轴，使传动轴、转动链轮转动。被诉侵权产品使用常规的蜗杆传动，同样是将电机产生的动力传导到传动轴，使传动轴、转动链轮转动。二者的功能、效果基本相同，二者的替换也不需要经过创造性劳动即能联想到。该案如果采用“可预见性规则”，则不应当认定二者构成等同侵权。而在名称为“一种红外感应车载无线充电装置”的实用新型专利侵权纠纷案中，最高人民法院又认为，[①]相对于螺纹孔螺栓连接，卡扣连接并非专利权人在撰写权利要求时不能预见到的连接方式，专利权人在撰写权利要求时仍明确限定螺纹孔螺栓连接，应当理解为排除了卡扣连接方式，缺乏通常适用等同原则将权利要求的文字所表达的保护范围适度扩展解释的正当性。在该案中，最高人民法院根据“可预见性规则”排斥了“螺纹孔螺栓连接”与“卡扣连接”构成等同特征。

3. “可预见性规则”的争议

(1)“可预见性规则”适用的例外情形

在名称为“一种软管灯改良结构”的发明专利侵权纠纷案中，争议焦点之一为被控侵权产品的“芯线设有纵向槽和横向孔，多个 LED 灯泡置入横向孔中、电阻置于纵向槽中”与专利权利要求芯线是“横向孔结构，且多个 LED 灯泡、电阻及电气连接点塞入芯线的横向孔中”的技术特征是否构成等同。上海市高级人民法院认为，[②]根据涉案专利说明书中的记载，软管灯行业的现有技术中，光源的设置方式有两种：一种为软管灯的内芯中设置有纵向槽的空间用来容置多个光源，光源设置的方向与灯管纵向长度方向相同，即开槽型软管灯；另一种为软管灯的内芯中设置有横向孔的空间用来容置多个光源，光源设置的方向与灯管纵向长度方向垂直，即打孔型软管灯。因此，所属领域普通技术人员无须经过创造性劳动，在涉案专利所涉的横向孔结构基础上，很容易联想到纵向槽结构，且将连接线、电阻置于横向孔与放置于纵向槽所达到的手段、功能、效果基本相同，故该两项技术特征构成等同。由此，被控侵权产品落入涉案专利权利要求的保护范围。

如果采用“可预见性规则”，在专利说明书中已经记载软管灯行业的现有技术中，光源的设置方式有“纵向槽”“横向孔”两种，而权利要求仅记载了“横向孔”，则不允许专利权人将“纵向槽”的设置方式重新纳入权利要求的保护范围。

---

① 最高人民法院民事判决书，(2021)最高法知民终 1441 号。

② 上海市高级人民法院民事判决书，(2009)沪高民三(知)终字第 123 号。

本案显然没有采用“可预见性规则”进行裁判。

在名称为“用于超声诊断设备的体位图操作方法和系统”的发明专利侵权纠纷案中①,争议焦点之一为被诉侵权产品以触摸屏操作代替“轨迹球+光标”的手段,是否构成等同侵权。对此,最高人民法院认为,触摸屏技术已十分普及,成为操控电子设备的常用手段。因此,被诉侵权产品这种以触摸屏操作代替“轨迹球+光标”的手段替换无须创造性劳动即可实现。在该案中,尽管当事人提交了公知常识的证据,但是法院没有适用“可预见性规则”,而是采用“三基本”的认定规则认为二者构成等同。对于为什么不适用“可预见性规则”则没有给出任何说明。

在名称为“天然气净化方法”的发明专利侵权纠纷案中②,争议焦点是“空气”与“氮气”的技术方案是否构成等同。二审法院认为,涉案专利权利要求书明确限定“由净化罐下部向上通入空气”的技术特征,且从该专利说明书所载明的发明目的、该技术的优点以及实施内容,均能得出权利要求书所限定的这一技术特征表述是唯一的,即“由净化罐下部向上通入空气”。根据《专利法》的规定,专利权是一种公开的技术方案,专利权利要求书通过向社会公众公开,确保专利权的保护范围具有足够的法律确定性和可预见性。本案中,涉案专利的权利要求书和说明书均明确记载和限定了“由净化罐下部向上通入空气”。虽然权利人上诉称净化剂采用空气和氮气作为再生吹扫气体是业界公知的技术,但是其作为专利权人,在其专利权利要求书中作出上述限定,表明其已将氮气作为再生吹扫气体排除在涉案专利权的保护范围之外。最高人民法院再审认为,权利人向本院提交的证据即一份净化剂再生领域发明专利说明书载明,“由净化罐上部向下部通入空气或氮气再生”;被诉侵权设备的制造者在生产和销售被诉侵权设备之前已经向涉案专利的被许可人购买过涉案专利产品,与涉案专利产品购销合同同时提供的技术协议表明,涉案专利产品可以使用氮气或空气作为再生吹扫气体。也就是说,在净化剂再生技术领域,在被诉侵权行为发生时,本领域技术人员很容易想到使用氮气替换空气作为再生吹扫气体,被诉侵权设备的制造者更是明知能够使用氮气替换空气作为再生吹扫气体。因此,被诉侵权设备使用氮气作为吹扫气体与涉案专利技术方案使用空气作为吹扫

① 最高人民法院民事裁定书,(2021)最高法民申300号;最高人民法院民事判决书,(2019)最高法知民终98号。

② 最高人民法院民事判决书,(2019)最高法民再279号;内蒙古自治区高级人民法院民事判决书,(2017)内民终269号。

气体构成等同技术特征。

在本案中,原审判决采用了“可预见性规则”,然而,最高人民法院再审时却抛弃了该规则。“可预见性规则”自身的适用也需要有合理的边界和尺度,不能泛化和滥用。[①] “可预见性规则”的适用情形应当是什么,对此,笔者认为,“可预见性规则”应当仅适用于“发明点”部分的特征,而不适用于非“发明点”部分的特征,对于公知部分或前序部分中的特征,如果严格按照“可预见性规则”,将严重损害权利人的利益,背离了这一制度的初衷。

(2)权利要求修改与“可预见性规则”

在名称为“缝纫机用针摆动图案变换装置”的发明专利侵权纠纷案中[②],权利要求保护一种缝纫机用的针摆动图案变换装置,争议焦点之一为是否能够认定被控侵权产品中存在与涉案权利要求中的技术特征“导向轴支承在所说的针摆动驱动轴和所说的凸轮体中的一个上,导向孔形成在所说的针摆动驱动轴和所说的凸轮体中的另一个上”相等同的技术特征。上海市高级人民法院认为,涉案权利要求中技术特征“导向轴支承在所说的针摆动驱动轴和所说的凸轮体中的一个上,导向孔形成在所说的针摆动驱动轴和所说的凸轮体中的另一个上”,与被控侵权产品中的相应技术特征相比,区别只是导向轴设置位置不同,权利要求中要求“导向轴支承在所说的针摆动驱动轴和所说的凸轮体中的一个上”,而被控侵权产品中,导向轴设置在针摆动驱动臂上。即使被控侵权产品中技术特征“导向轴设置在针摆动驱动臂上,导向孔形成在凸轮体上(凸轮体的凸轮臂上)”与权利要求中技术特征“导向轴支承在所说的针摆动驱动轴和所说的凸轮体中的一个上,导向孔形成在所说的针摆动驱动轴和所说的凸轮体中的另一个上”等同,也不能认定两者构成等同侵权,因为该等同特征在权利要求修改时是所属技术领域的技术人员能够预见的。涉案专利说明书实施例中,“导向轴设置在凸轮体的凸轮臂上,导向孔形成在针摆动驱动臂上”,这与“导向轴设置在针摆动驱动臂上,导向孔形成在凸轮体上(凸轮体的凸轮臂上)”相比,只是导向轴与导向孔设置位置的对调。专利权人已经在专利说明书中记载了实施例,这足以说明被控侵权产品中技术特征“导向轴设置在针摆动驱动臂上,导向孔形成在凸轮体上(凸轮体的凸轮臂上)”是所属技术领域的技术人员在涉案权

① 参见蒋洪义:《权利要求中限定了加工对象特征时的侵权判定方法》,载管育鹰主编:《知识产权审判逻辑与案例——专利卷》,法律出版社2022年版,第46页。

② 上海市高级人民法院民事判决书,(2011)沪高民三(知)终字第90号。

利要求修改时能够预见的。由于该能够预见的技术特征在权利要求修改时并没有被写入权利要求中,故包含该能够预见技术特征的技术方案视为已经被权利人放弃。

涉案权利要求中的技术特征“导向轴支承在所说的针摆动驱动轴和所说的凸轮体中的一个上,导向孔形成在所说的针摆动驱动轴和所说的凸轮体中的另一个上”是在专利授权审查程序中限制性修改权利要求而增加的技术特征,故即使被控侵权产品中技术特征“导向轴设置在针摆动驱动臂上,导向孔形成在凸轮体上(凸轮体的凸轮臂上)”与权利要求中的前述技术特征等同,由于被控侵权产品中的该等同技术特征不属于权利要求修改时所属技术领域的技术人员不能预见的技术特征,故也就不得再以技术特征等同为由,认定等同侵权成立。

本案中,法院强调了权利人的“可预见性”,因修改导致放弃的技术方案适用捐献原则更为恰当。如果仅仅是因为权利要求不清楚而增加的技术特征,通常是不产生禁止反悔的限制。在不存在与现有技术比较或者说明书特别限定的情况下,权利要求中增加的技术特征或者从属权利要求中的技术特征被修改为独立权利要求时,仍应当按照通常规则,可以适用等同原则。

北京市高级人民法院《专利侵权判定指南(2017)》第60条规定,对于发明权利要求中的非发明点技术特征、修改形成的技术特征或者实用新型权利要求中的技术特征,如果专利权人在专利申请或修改时明知或足以预见到存在替代性技术特征而未将其纳入专利权的保护范围,在侵权判定中,权利人以构成等同特征为由主张将该替代性技术方案纳入专利权的保护范围的,不予支持。该规定将“可预见性规则”区分了发明专利和实用新型专利,并附加了适用条件。笔者认为,可以区分“发明点”和“非发明点”,但是不应就发明专利和实用新型专利进行区分和限定“修改形成的技术特征”,一方面,实践中同时申请发明专利和实用新型专利的案例很多,发明专利申请修改后,发明专利和实用新型专利均获得授权,①此时,区分实用新型专利和发明专利会造成适用上的混乱;另一方面,对于修改形成的技术特征,应当具体分析而不应当一概认定其受到限制。

① 201520112053.2和201580000026.9两项专利权分别是实用新型专利权和发明专利权,此类专利权,不应当区分适用“可预见性规则”。

(五)捐献原则的适用

《专利权纠纷司法解释一》第5条规定:“对于仅在说明书或者附图中描述而在权利要求中未记载的技术方案,权利人在侵犯专利权纠纷案件中将其纳入专利权保护范围的,人民法院不予支持。”[①]该条规定被称为“捐献原则”。捐献原则的主要正当性是避免专利权人“两头得利”:申请人为了更容易地获得授权,在权利要求中限定比较窄的保护范围,而说明书和附图对有关技术方案作扩张记载,事后在侵权诉讼中又将记载在说明书中但处于权利要求字面限定范围之外的部分重新纳入保护范围。[②] 美国联邦巡回上诉法院在 Johnson & Johnston Associates, Inc. v. R. E. Service Co. 案的判决中,[③]同样确认了在等同侵权认定中适用捐献原则,否则就会鼓励专利申请人提交内容广泛的说明书和保护范围狭窄的权利要求书,以此来规避专利局对申请人本来可以提交的较宽权利要求的审查。

准确确定专利权的保护范围不仅是为专利权人提供有效法律保护的需要,也是尊重权利要求的公示和划界作用,维护社会公众信赖利益的需要。在权利要求解释中确立了捐献原则,以此对专利的保护功能和公示功能进行利益衡平。该规则的含义是,在专利说明书中记载而未反映在权利要求中的技术方案,不能包括在权利要求的保护范围之内。在说明书中披露而未写入权利要求的技术方案,如果不适用捐献原则,虽然对专利权人的保护是较为充分的,但这一方面会给专利申请人规避对较宽范围的权利要求的审查提供便利,另一方面会降低权利要求的划界作用,使专利权保护范围的确定过于灵活,增加了不确定性和公众预测专利权保护范围的难度,不利于专利公示作用的发挥以及公众利益的维护。[④]

1.“捐献原则”的确立

在司法解释没有规定捐献原则之前,通常将仅记载在说明书中而没有记载在权利要求中的方案按照等同原则进行保护。

---

① 北京市高级人民法院《专利侵权判定指南(2017)》第58条规定:仅在说明书或者附图中描述而未被概括到权利要求中的技术方案,应视为专利权人放弃了该技术方案。权利人主张该技术方案落入专利权保护范围的,不予支持。

② 参见孔祥俊、王永昌、李剑:《〈最高人民法院关于审理侵犯专利权纠纷案件应用法律若干问题的解释〉适用的若干问题》,载《电子知识产权》2010年第2期。

③ 285 F. 3d 1046(Fed. Cir. 2002).

④ 最高人民法院民事判决书,(2013)民提字第225号;类案有广东省高级人民法院民事判决书,(2017)粤民终1248号。

在名称为“离心式开沟机”的实用新型专利侵权纠纷案中①，权利要求保护一种离心式开沟机。专利说明书记载本实用新型的刀座是按切土刀架圆柱体横断面圆周四等分设置。也可按三、五、六、七、八等份设置制造。最高人民法院认为，被控侵权产品切土刀架的断面圆周六等份设置，与专利中的刀架断面圆周四等分设置，只是刀座数量的差别。这种刀架数量的简单替换，属于以基本相同的手段，实现基本相同的功能，达到基本相同的效果，并且是本领域的普通技术人员无须经过创造性劳动就能联想到的。因此，被控侵权产品的刀架断面圆周六等份设置构成了专利相应技术特征的等同特征。

2.“捐献原则”的适用规则（见表7－1）

表7－1　“捐献原则”的适用规则解析

案号	权利要求	说明书	法院认为	捐献方案
最高人民法院（2020）最高法知民终537号民事判决书	加固管套	说明书第0014段和第0015段分别对“加固管套”和“加固卡套”的安装方式进行了描述，并且在第0015段中特别指明，“备注加固管套和卡套的两种方式最好选择一种产品使用一种方式，不易（原文如此，似为‘宜’）一种产品同时使用两种方式”	涉案专利权利要求中仅记载了设置“加固管套”这一技术方案，并未记载涉案专利说明书中关于设置“加固卡套”的技术方案	加固卡套
最高人民法院（2020）最高法知民终981号民事判决书、（2019）最高法知民终639号民事裁定书、（2019）最高法知民终509号民事判决书	组成基体（1）的竖直板块（2）和板块（3）	［0069］本实用新型例1：……经模具成型制成基体有两种实施方法，一种方法是用模具直接成型制成基体，另一种方法是分别做竖直板块和板块……	涉案专利说明书［0069］记载实用新型例1有两种经模具成型制成基体的实施方法，即用模具直接成型制成基体，以及分别做竖直板块2和板块3后再将二者相互连接成基体，已经超出了权利要求1的字面含义范围。根据捐献原则，依法应认定涉案专利已经捐献了“一体成型”的技术方案	用模具直接成型制成基体

① 最高人民法院民事裁定书，（2008）民申字第981号。

续表

案号	权利要求	说明书	法院认为	捐献方案
最高人民法院(2020)最高法知民终289号民事判决书	暗花纹区内设有多个暗花纹压花点	[0012]作为本实用新型的一个特殊方案,暗花纹区内可以没有暗花纹压花点,是光滑的膜面。说明书列举了两种实施例:实施例1显示,暗花纹区由暗花纹压花点组成,信息区压花点的深度和密度均与膜上其他压花点不相同,两者相比也非常明显,便于识别;实施例2显示,图案或文字所在处为光滑膜面,本实施例中,信息区内的图案或文字与膜上其他压花点相比也非常明显,便于识别	本实用新型的发明点在于通过暗花纹压花点的高度、密度与压花点不同体现各种信息,不应将通过光滑膜面结合压花点体现信息的技术方案划入涉案专利权利要求的保护范围	图案或文字所在处为光滑膜面
最高人民法院(2018)最高法民申3933号民事裁定书、北京市高级人民法院(2017)京民终758号民事判决书	静止一段时间后再冷冻、包装	说明书记载了静止一段时间后再冷冻、包装与立刻冷冻、包装两种方案	权利要求1中未记载“立刻冷冻、包装”的技术方案,记载于说明书中的“立刻冷冻、包装”技术方案不应纳入涉案专利权利要求的保护范围	立刻冷冻、包装
最高人民法院(2014)民提字第89号民事判决书	填充体由轻质多孔材料隔离层加强层组成	说明书中提到“当轻质多孔材料强度较高或者施工现场能对填充管采取良好的保护措施时,加强层可以取消”	取消加强层的技术方案不属于涉案专利的保护范围,加强层是确定涉案专利保护范围必须考虑的技术特征之一	取消加强层
最高人民法院(2013)民提字第225号民事判决书	第10步:将密封垫片和螺纹塞盖互相装配后旋入螺纹塞座中;第11步:充气试压检验,向热水袋充入压缩空气进行耐压试验	专利说明书已经记载了步骤10、11的顺序可以调换	涉案专利说明书在第3页中明确记载了第10、11步的步骤可以调换,而这一调换后的步骤并未体现在权利要求中,因此调换后的步骤不能纳入涉案专利权的保护范围	步骤10、11的顺序调换后的技术方案

续表

案号	权利要求	说明书	法院认为	捐献方案
广东省高级人民法院（2017）粤民终1248号民事判决书	所述连接面的底架设有与所述背架的底面相连的所述弹簧	专利说明书“具体实施方式”中记载“……弹簧的一端与座垫的底面相连，一端与背架的底端相连，因此坐垫前移时，弹簧也跟随前行，拉动背架转动，通过弹簧的拉动防止背架再向前返回原位……”	涉案专利说明书中记载有与被诉侵权产品相同的“一端连接在坐垫的底面”的技术方案，但由于专利权人在撰写专利权利要求时，明确了该技术方案为这一端连接在底架上，并未将专利说明书的上述方案体现在权利要求中，这在客观上缩小了专利保护范围	一端连接在坐垫的底面
山东省高级人民法院（2015）鲁民三终字第151号民事判决书	所述控制系统包括无线控制器与接收装置	该专利的说明书记载，该专利设置有控制系统，控制系统可以是无线控制系统亦可是有线控制系统，本发明采用无线控制系统，它包括无线控制器、接收装置	涉案专利权的保护范围已经明确排除了有线控制系统技术方案，有线控制系统技术方案不应再纳入专利权的保护范围	有线控制器
深圳市中级人民法院（2016）粤03民初1700号民事判决书、广东省高级人民法院（2018）粤民终1422号民事判决书	第二扇叶组沿第一扇叶组的旋转方向进行转动	涉案专利说明书附图的图1、图2中记载的第一扇叶组与第二扇叶组扇叶的安装方向相反	涉案专利的第二扇叶组与第一扇叶组旋转的方向相同。涉案专利说明书附图中描述了第一扇叶组与第二扇叶组扇叶的安装方向相反，两组扇叶组旋转方向相反的技术方案，而专利权人在撰写专利权利要求时，明确限定第二扇叶组与第一扇叶组旋转的方向相同，客观上缩小了专利保护范围。按照捐献规则，上述技术方案属于涉案专利说明书明确排除的技术方案	第一扇叶组与第二扇叶组扇叶的安装方向相反

3.“捐献原则”与鼓励创新

“捐献原则”的适用，应当考察全部权利要求，如果不同的技术方案记载在不同的权利要求中，则不属于技术方案的捐献；如果权利要求对说明书记载的技术方案进行了概括，通常也不属于技术方案的捐献。

在名称为“加强的热交换板”的发明专利侵权纠纷案中[①]，该专利权利要求1记载：适合于用作在流动于板式热交换器中的两种流体之间的隔壁的板，所述板包括多个波纹，所述多个波纹各具有底部峰线和顶部峰线，所述板的所有或部分波纹局部地包括通过相当大地且局部地减少所述顶部峰线高度而形成的加强件，所述加强件设置在沿着至少一条与所述板的对角线平行的第一线而分布在所述板上的加强件的第一组中，所述对角线垂直于所述波纹的峰线，所述第一组的所述加强件在各个连贯的波纹上交替地设置在所述第一线的任一侧，其特征在于，在所述第一组的加强件的中心与所述第一线之间的垂直于所述第一线测量的距离对于所述第一组的各个加强件而言是相同的。权利要求5记载：根据权利要求4所述的板，其特征在于，所述第二线关于所述第一线围绕所述板的中心旋转90度对称地设置。权利要求6记载：根据权利要求1所述的板，其特征在于，所述加强件在所述底部峰线以上具有零高度。

国家知识产权局宣告涉案发明专利权的权利要求1～4、6、7无效，在权利要求5、8、9的基础上继续维持该专利权有效。

一审、二审法院查明，被控侵权产品换热板包括多个波纹，波纹具有底部峰线和顶部峰线，换热板的部分波纹局部具有整个减少顶部峰线高度至底部峰线所形成的加强件。

被诉侵权方认为，根据《专利权纠纷司法解释一》第5条的规定，对于仅在说明书或者附图中描述而在权利要求中未记载的技术方案，不应再将其纳入保护范围。权利要求1仅要求保护“相当大地（减少顶部峰线高度）”的技术方案，排除了“整个（减少顶部峰线高度）”的技术方案，应当认定涉案专利已将“整个（减少顶部峰线高度）”的技术方案予以“捐献”，不应认定被控侵权产品构成侵权。

最高人民法院认为，《专利权纠纷司法解释一》第5条规定：“对于仅在说明书或者附图中描述而在权利要求中未记载的技术方案，权利人在侵犯专利权纠纷案件中将其纳入专利权保护范围的，人民法院不予支持。”上述规定的目的是对等同原则的适用进行适当限制，以期在保护专利权的同时，亦能维护权利要求书的公示作用，平衡专利权人与社会公众的利益关系。根据上述规定，对于

① 最高人民法院民事裁定书，（2020）最高法民申969号。

仅在说明书中记载而权利要求中未记载的技术方案，视为专利权人将其“捐献”给社会公众，不得在专利侵权诉讼中通过适用等同原则，将上述已“捐献”的技术方案纳入保护范围。在适用《专利权纠纷司法解释一》第5条的规定时，应当注意以下两个方面：首先，认定权利要求中是否记载特定技术方案，应当考虑权利要求书的整体情况。如果权利人仅依据权利要求书中的部分权利要求主张侵权，即使该部分权利要求中未记载，但在其他相关权利要求中已明确记载技术方案的，即表明权利人在撰写权利要求书时有意将该技术方案纳入专利保护范围，不属于仅在说明书中记载，但在权利要求书中弃之不顾予以“捐献”的情形。其次，本条规定的在权利要求中“未记载的技术方案”，是指未能将该技术方案纳入权利要求所限定的保护范围，并不要求权利要求中的相关表述与该技术方案对应一致。权利人通过上位概括等方式纳入权利要求保护范围的特定技术方案，不属于“未记载的技术方案”。

本案中，涉案专利说明书、附图记载的“相当大地（减少顶部峰线高度）”的技术方案，以及“整个（减少顶部峰线高度）”，属于并列技术方案。虽然权利要求1以及权利人所主张的权利要求5、8、9中限定了“相当大地（减少顶部峰线高度）”，未覆盖“整个（减少顶部峰线高度）”；但权利人在引用权利要求1的权利要求6中，另明确限定了“所述加强件在所述底部峰线以上具有零高度”的技术方案。因此，从涉案专利权利要求书的整体考虑，不能得出权利人将“整个（减少顶部峰线高度）”的技术方案予以“捐献”的结论。

在本案中，最高人民法院对捐献原则进行了进一步阐述，本条规定的在权利要求中“未记载的技术方案”，是指未能将该技术方案纳入权利要求所限定的保护范围，并不要求权利要求中的相关表述与该技术方案对应一致。权利人通过上位概括等方式纳入权利要求保护范围的特定技术方案，不属于“未记载的技术方案”。但是，笔者认为，被控侵权产品换热板包括多个波纹，波纹具有底部峰线和顶部峰线，换热板的部分波纹局部具有整个减少顶部峰线高度至底部峰线所形成的加强件，属于权利要求6限定的技术方案。原审法院认定被诉产品与权利要求5构成相同侵权，是因为原审法院认为，“相当大地减少高度”与“整个减少高度”为递进关系，即整个减少顶部峰线高度形成加强件应属于“相当大地减少顶部峰线高度形成加强件”的一种极端情形，权利要求1涵盖了权利要求6的技术方案。最高人民法院既然确认，权利要求1中“相当大地（减少顶部峰线高度）”的技术方案，以及权利要求6“整个（减少顶部峰线高度）”，属于并列技术方案。在权利要求6“整个（减少顶部峰线高度）”技术方案已经被宣告无效的情况下，权利要求6的技术方案与权利要求1的技术方案均属于现有技术，此时，“相当大地（减少顶部峰线高度）”与整个（减少顶部峰线高度）是否可以适用“等同原则”应当按照“可预见性规则”进行认定，而不能直接进行认定。

捐献原则对权利要求的撰写提出了更高的要求，一是要尽量选用精准的措辞，明确专利技术需要保护的创新点，确立尽可能宽的保护范围。二是在撰写专利时，不能受产品设计的影响。[①] 但是，“捐献原则”案件也引发人们更多的思考，对于发明人写在说明书而未写入权利要求的具有创造性的技术方案，是否应当予以保护。专利制度的目的在于鼓励创新，在于鼓励发明人尽可能地披露更多的技术方案，从而促进社会进步。然而，如果发明人将更多的技术方案记载在了说明书，而没有纳入权利要求的保护范围，根据捐献原则，则不允许专利权人将其再纳入专利权的保护范围，这会导致发明人尽可能少的披露技术方案，社会公众能够从说明书中获得更多技术信息的目的将无法实现，不利于专利制度的发展。为此，在我国专利制度中增加美国专利制度中的“再颁程序”或许确有必要。

（六）禁止反悔原则的适用

《专利权纠纷司法解释一》第6条规定：专利申请人、专利权人在专利授权或者无效宣告程序中，通过对权利要求、说明书的修改或者意见陈述而放弃的技术方案，权利人在侵犯专利权纠纷案件中又将其纳入专利权保护范围的，人民法院不予支持。

《专利权纠纷司法解释二》第12条规定：权利人证明专利申请人、专利权人在专利授权确权程序中对权利要求书、说明书及附图的限缩性修改或者陈述被明确否定的，人民法院应当认定该修改或者陈述未导致技术方案的放弃。

最高人民法院通过上述两条规定，确立了“禁止反悔原则”。禁止反悔是对等同理论的一种限制。其基本含义是，在专利审查的过程中，专利申请人为满足专利获得要件而放弃的内容，不能在侵权诉讼中以适用等同理论的方式重新纳入受保护的范围之内。[②]《专利权纠纷司法解释一》的规定有漏洞，就“意见

---

① 参见岳利浩：《捐献原则是对专利侵权判断适用等同原则的必要限制》，载《人民司法》2014年第14期。

② 参见李明德：《知识产权法》（第2版），法律出版社2014年版，第158页。北京市高级人民法院《专利侵权判定指南（2017）》第61条认为：禁止反悔，是指在专利授权或者无效程序中，专利申请人或专利权人通过对权利要求、说明书的限缩性修改或者意见陈述的方式放弃的保护范围，在侵犯专利权诉讼中确定是否构成等同侵权时，禁止权利人将已放弃的内容重新纳入专利权的保护范围。

陈述”而言,该陈述是否要被审查员接受存在争议。一种观点认为,该修改或者陈述是权利人主动还是应审查员要求所为,与专利授权条件是否具有法律上的因果关系以及是否被审查员最终采信,均不影响该规则的适用。[①] 但是,《专利权纠纷司法解释二》给出了另一种解释,适用“禁止反悔原则”需要考察专利权人在无效宣告请求审查程序中相关陈述的真实意思表示。[②] 如果“意见陈述”被明确否定,则不适用禁止反悔原则。尽管有了上述规定,但是实践中仍有争论。

“禁止反悔原则”有两大作用,一是对等同原则的限制,禁止反悔原则具有优先于等同原则适用的法律效力;[③]二是解释权利要求。在专利侵权诉讼中,对专利保护范围的确定还应当考虑专利权人在专利授权和无效宣告程序中为保证获得专利权或者维持专利权有效而对专利保护范围作出的限制。

1.“禁止反悔原则”的确立与适用

“禁止反悔原则”的法理基础是诚实信用原则,具体在《专利法》中则表现为:不得损害善意第三人对其的合理信赖或正当期待;防止专利权人在授权程序和侵权诉讼中的两头得利。[④] 在《专利法》没有规定“禁止反悔原则”时,法院依据诚实信用原则这一“帝王条款”,限制权利人“两头得利”。

(1)“磁盘驱动器”案

在名称为“具有可替换电池及扩充卡座槽的电脑”的实用新型专利侵权纠纷案中[⑤],权利要求保护一种具有可替换电池及扩充卡座槽的电脑。北京市高级人民法院认为,在确定实用新型专利权保护范围时,对专利权人在专利权是否有效的程序中所作的限制权利要求保护范围的陈述,应当给予应有的考虑,禁止其反悔。专利权人提交给国家知识产权局的意见陈述中主张,具有了两个结构相同、大小一样并且可以互换的座槽使得本案专利权利要求具有创造性,并且国家知识产权局支持了其上述主张,专利权人不得就此反悔。由于被控侵权笔记本电脑 ARMADA1550T 左侧座槽可安装软盘驱动器及另一电池组,而

---

① 参见孔祥俊、王永昌、李剑:《〈最高人民法院关于审理侵犯专利权纠纷案件应用法律若干问题的解释〉适用的若干问题》,载《电子知识产权》2010 年第 2 期。

② 最高人民法院民事判决书,(2013)民提字第 127 号。

③ 参见童海超:《专利权保护应遵循禁止反悔原则》,载《人民司法》2014 年第 16 期。

④ 参见张鹏:《禁止反悔原则适用的原理——中誉电子(上海)有限公司与上海九鹰电子科技有限公司侵犯实用新型专利权纠纷案》,载《中国发明与专利》2018 年第 8 期。

⑤ 北京市高级人民法院民事判决书,(1998)高知初字第 36 号。

权利要求中的座槽可装入电池组和扩充卡组，权利人认为，软盘驱动器应属于扩充卡范畴，被控侵权物中的座槽与权利要求中的座槽是具有相同性质的座槽。但在电子计算机技术领域中一般认为，扩充是指一种用来增加计算机兼容性的方法，通过附加的硬件来执行不属于基本系统的任务；扩充卡是一种插在计算机总线上用来增加附加功能或资源的电路板，笔记本电脑中的扩充卡是信用卡大小的 PC 卡；磁盘驱动器是计算机基本系统的组成部分之一，是用来读写磁盘的电子机械设备，故法院认为磁盘驱动器不属于扩充卡，被控侵权物中的座槽与权利要求中的座槽具有不同的功能和性质。

(2)“碳酸钙”案

在名称为“一种建筑装饰粘合剂”的专利权侵权纠纷案中①，申请人在答复《第一次审查意见通知书》中认为，“对比文件 1 主改性剂为生产对二甲酸二甲酯的馏渣，填料用一般的石灰石，而本发明采用了综合性能好，在基料中微观结构呈纤维状的硅灰石来作主改性剂”。在申请人与审查员的电话讨论记录中，有如下记载：“审查员认为，一通已指出，与对比文件 1、2 相比，使用滑石粉作为填料缺乏创造性，应从权利要求 1 中删去。申请人同意审查员的意见。”申请人在《意见陈述书》中对说明书和权利要求书作了再次修改。专利权人主张碳酸钙、碳酸镁和硅灰石粉属于同一类，二者构成等同替换。北京市高级人民法院认为，根据专利权人在专利审查阶段的陈述意见，其中表明了其采用的硅灰石与石灰石的具体不同之处，并由此最终获得授权。石灰石的主要成分是碳酸钙，还可含有碳酸镁，而这正是被诉产品采用的填料。根据禁止反悔原则，专利权人对在专利审查阶段的陈述在诉讼中不得反悔。因此，被诉产品中的技术特征填料不同于专利中的第 4 项必要技术特征硅灰石，也不构成等同替换。

(3)“手机隐形拨号”案

在名称为“手机自动隐形拨号报失的实现方法”的发明专利权纠纷案中②，法院认为，权利人系在明确将非法用户不能正常使用的情形排除在本专利保护范围之外的情形下，才获得了本专利权，即权利人在本专利审批阶段，为获取本专利，通过书面声明的方式，对本专利权利要求的保护范围作了限制，并因此获得了本专利权。在侵权诉讼中，权利人有关被控侵权产品的方法与本专利的技

① 北京市高级人民法院民事判决书，(2000)高知终字第 35 号；北京市第一中级人民法院民事判决书，(1999)一中知初字第 104 号。

② 北京市第一中级人民法院民事判决书，(2005)一中民初字第 3254 号；北京市高级人民法院民事判决书，(2005)高民终字第 1262 号。

术特征等同的观点,是对其在专利审批阶段陈述的反悔,不应允许。

(4)“TDI－80”案

在名称为“废弃聚氨酯泡棉的回收利用方法”的发明专利侵权纠纷案中①,福建省高级人民法院认为,上诉人在其专利说明书中明确记载,TDI－90的性能优于TDI－80,即明确将TDI－80排除在专利保护范围之外,根据专利禁止反悔的要求,上诉人不得再将TDI－80作为本专利等同替换参考的技术手段,因此上诉人认为被上诉人的生产方法与讼争专利等同无理,不予支持。

(5)“洗衣机”案

在名称为“整体式双股新水流套桶洗衣机”的发明专利侵权纠纷案中②,福州市中级人民法院认为,在对本案的涉讼专利进行实质审查阶段,权利人在答复《审查意见通知书》时,将其技术方案与在先专利作了比较,称在先专利的结构是“双轴内外套在一起,有波轮”,“桶无孔,底外壁无凸筋”,而本申请“单轴,无波轮,外布凸筋”,据此认为“这表明本申请不同于两文献”。由此可见,上述“单轴,无波轮,外布凸筋”的技术特征是权利人为了获得专利权,强调并要求专利保护的技术特征,是实现其发明目的具体技术支持,三者缺一不可。反观被控侵权产品,最重要的一个技术特征就是波轮与脱水桶分开设立,由两根彼此独立的轴分别驱动波轮和脱水桶工作,也就是权利人为了获得专利权,在答复《审查意见通知书》时所放弃的“双轴”那部分技术,对于在专利申请过程中已经承诺、认可或者放弃的那部分内容,专利权人在以后的专利侵权诉讼过程中不能反悔。

(6)“葡萄糖酸钙”案

在名称为“一种防止或治疗钙质缺损的口服溶液及其制备方法”的发明专利侵权纠纷案中③,最高人民法院认为,涉案专利申请公开文本权利要求2以及说明书第2页明确记载,可溶性钙剂是“葡萄糖酸钙、氯化钙、乳酸钙、碳酸钙或活性钙”。可见,在专利申请公开文本中,葡萄糖酸钙与活性钙是并列的两种可溶性钙剂,葡萄糖酸钙并非活性钙的一种。此外,涉案专利申请公开文本说明书实施例1记载了以葡萄糖酸钙作为原料的技术方案,实施例2记载了以活性钙作为原料的技术方案,进一步说明了葡萄糖酸钙与活性钙是并列的特定钙原

① 福建省高级人民法院民事判决书,(2008)闽民终字第391号。

② 福建省高级人法院民事判决书,(2006)闽民终字第396号。

③ 最高人民法院民事判决书,(2009)民提字第20号。

料，葡萄糖酸钙并非活性钙的一种。专利权人在专利授权程序中对权利要求 1 所进行的修改，放弃了包含“葡萄糖酸钙”技术特征的技术方案。根据禁止反悔原则，专利申请人或者专利权人在专利授权或者无效宣告程序中，通过对权利要求、说明书的修改或者意见陈述而放弃的技术方案，在专利侵权纠纷中不能将其纳入专利权的保护范围。因此，涉案专利权的保护范围不应包括包含“葡萄糖酸钙”技术特征的技术方案。被诉侵权产品的相应技术特征为葡萄糖酸钙，属于专利权人在专利授权程序中放弃的技术方案，不应当认为其与权利要求 1 中记载的“活性钙”技术特征等同而将其纳入专利权的保护范围。

(7)“部分显示”案

在名称为“一种小键盘上数字编码的汉语拼音和注音多字连续输入法”的发明专利权侵权纠纷案中①，涉案专利的实质审查过程中，涉案专利的第一次审查意见通知书的第 2 点审查意见指出，权利要求记载的“(b)……并混合在一起，将词组候选项的部分或全部输出到显示设备的候选框中”中的对“将词组候选项的部分输出到显示设备的候选框中”的修改超出了原说明书和权利要求书记载的范围，不符合《专利法》第 33 条的规定。专利权人在答复第一次审查意见通知书时针对第 2 点审查意见指出，说明书第 7 页第 2 段明确记载了“按照词长优先、高频优先的原则排序，分页显示到候选框供用户挑选”，当候选项较多时，一屏不能完全显示出所有的候选项，此时本领域通常的做法是将其分页显示，在一屏中显示部分候选项。因此权利要求的(b)中的相应修改没有超出原始说明书和权利要求书记载的范围。此外，专利权人针对第二次审查意见通知书答复意见时指出删除第一次审查意见通知书指出的申请文件所有超范围的内容，即删除了权利要求中的相应的“全部或部分显示”的内容，修改为“分页显示到候选框中”，使之成为授权权利要求中记载的技术特征。最高人民法院认为，专利权人在专利申请过程中为达授权目的已经通过意见陈述明确指出“部分显示”意指分页显示，并非指部分显示词组候选项，并且专利权人通过修改明确放弃了“部分显示”的技术方案。

禁止反悔原则要求权利人在专利申请和专利侵权审判过程中，对权利要求的解释应该一致。这是为了保护公众利益不受侵害，防止权利人出尔反尔，任意扩大专利保护的范围。也就是说，权利人不能够为了获得专利，在专利申请过程中对权利要求作出狭义的或者较窄的解释，而在以后的侵权诉讼中，为了

① 最高人民法院民事判决书，(2019)最高法知民终 74 号。

使权利要求能够覆盖上被控侵权物，又对权利要求作出广义的、较宽的解释。对于在专利申请过程中已经承诺、认可或者放弃的那部分内容，专利权人在以后的专利侵权诉讼过程中不能反悔。在上述案件中，“碳酸钙”、“葡萄糖酸钙”、“TDI－80”、“部分显示”等都是权利人放弃的技术方案，均不能通过解释权利要求或等同原则将其重新纳入权利要求中。

关于“禁止反悔原则”的适用条件，北京市高级人民法院《专利侵权判定指南(2017)》第64条规定，禁止反悔的适用以被诉侵权人提出请求为前提，并由被诉侵权人提供专利申请人或专利权人反悔的相应证据。在已经取得记载有专利申请人或专利权人反悔的证据的情况下，可以根据业已查明的事实，通过适用禁止反悔对权利要求的保护范围予以必要的限制，合理确定专利权的保护范围。

由此可知，“禁止反悔原则”的适用，以当事人提供的证据为基础，而不以当事人提出抗辩为前提。侵权诉讼中有禁止反悔的证据，但是双方均未明确提出时，法院有权根据查明的事实主动适用。人民法院也可以根据业已查明的事实，通过适用禁止反悔原则对等同范围予以必要的限制，以合理地确定专利权的保护范围。①

有观点认为，法院主动适用禁止反悔原则应有一定的限度，通常情况下是在当事人提供证据范围内查明是否存在专利申请人或专利权人反悔的事实，而不应当偏离中立性，扩大范围帮助被告寻找不构成侵权的证据和理由。② 这种担心是不必要的。既然现行法律以及司法解释对人民法院是否可以主动适用等同原则未作规定，那么为了维持专利权人与被控侵权人以及社会公众之间的利益平衡，亦不应对人民法院主动适用禁止反悔原则予以限制。因此，在认定是否构成等同侵权时，即使被控侵权人没有主张适用禁止反悔原则，人民法院也可以根据业已查明的事实，通过适用禁止反悔原则对等同范围予以必要的限制，以合理地确定专利权的保护范围。③ 在必要的情况下，应当责令当事人提交相应的审查档案以确定权利要求的保护范围。

2.“明确否定”认定与争议

《专利权纠纷司法解释二》第13条将“明确否定”作为“禁止反悔原则”的

---

① 安徽省高级人民法院民事判决书，(2013)皖民三终字第00084号。

② 参见宋健、张晓阳：《关于专利侵权诉讼中适用禁止反悔原则的几个问题》，载《法律适用(司法案例)》2018年第8期。

③ 最高人民法院民事裁定书，(2009)民申字第239号。

例外情形进行规定。“明确否定”是指,权利人证明专利申请人、专利权人在专利授权确权程序中对权利要求书、说明书及附图的限缩性修改或者陈述被审查机关明确否定的,则该修改或者陈述未导致技术方案的放弃,[①]不产生“禁止反悔”的效果。以是否存在“明确否定”作为“禁止反悔”原则适用的例外情形,当裁判者对权利人作出的意见陈述予以明确否定,不予认可时,则不导致对技术方案的放弃,不适用禁止反悔。由于专利授权确权程序对技术特征的认定存在连续性,权利人作出的陈述是否被“明确否定”,应当对专利授权确权阶段关于技术特征的审查进行客观全面的判断,着重考察权利人对技术方案作出的限缩性陈述是否最终被裁判者认可,是否由此导致专利申请得以授权或者专利权得以维持。

在名称为“鲨鱼鳍式天线”的发明专利侵权纠纷案中[②],权利要求保护一种鲨鱼鳍式天线,争议焦点之一为“权利要求相对于现有技术 CN1841843A 存在区别特征 a(天线信号输出端通过天线连接元件与天线放大器信号输入端相连,或者直接与同轴电缆匹配相连)和区别特征 b(所述无线电接收天线通过注塑嵌装或固定卡装在天线外壳内侧上部)”是否属于技术方案的放弃。被诉方认为,国家知识产权局对专利权人所作的涉案专利与现有技术相比存在 a、b 区别特征的这种限制性意见陈述并未作出评价,也就是说,专利权人所作的该部分的限制性陈述意见并未被国家知识产权局明确否定,故对照《专利权纠纷司法解释二》第 13 条的规定,专利权人的上述限制性陈述仍应受禁止反悔原则的约束,产生技术方案放弃的法律后果。而专利权人则认为,被诉方对禁止反悔原则的理解不当,承诺或放弃保护的技术内容必须对专利权的授予或者维持专利权有效产生实质性作用,国家知识产权局系基于 AM/FM 公用天线设置在鲨鱼鳍壳内侧上部特征的技术效果,才维持了专利权有效,对授权和维持专利权有效起决定性作用的技术特征才适用禁止反悔,而区别特征 a 和 b 并没起到决定性作用,故不应适用禁止反悔。

---

① 《专利权纠纷司法解释二》第 13 条、北京市高级人民法院《专利侵权判定指南(2017)》第 63 条进一步规定,专利申请人或专利权人对权利要求保护范围所作的限缩性修改或者陈述必须是明示的,而且已经被记录在书面陈述、专利审查档案、生效的法律文书中。权利人能够证明专利申请人、专利权人在专利授权确权程序中对权利要求书、说明书及附图的限缩性修改或者陈述被明确否定的,应当认定该修改或者陈述未导致技术方案的放弃。

② 江苏省高级人民法院民事判决书,(2016)苏民终 161 号;最高人民法院民事裁定书,(2017)最高法民申 1826 号。

江苏省高级人民法院认为，专利权人主张对授权和维持专利权有效起决定性作用的技术特征才适用禁止反悔，其意指专利申请人、专利权人的限缩性修改或者陈述没有被授权确权行政机关采纳，即对专利权的授予或者维持专利权有效没有产生实质性作用，故不应适用禁止反悔，不产生技术方案放弃的后果。但是，该主张并不符合《专利权纠纷司法解释二》第13条所规定的“明确否定”要件的要求。“明确否定”应当是指以明示的方式作出否定性意思表示，而不能是推定具有否定性意思表示。本案中，专利权人就a、b区别特征所作限缩性意见陈述，涉及与专利创造性的实质性判断相关的内容，而国家知识产权局并没有对a、b特征是否使得涉案专利具有创造性作出明确评价，相当于“未予评述”，因而其无论是意思表示的形式还是法律效果均不符合“明确否定”的要求。从文义解释看，《专利权纠纷司法解释一》第6条对禁止反悔原则规定了较宽的适用范围，即只要是专利申请人、专利权人在专利授权或者无效程序中，通过对权利要求、说明书的修改或者意见陈述而放弃的技术方案，专利权人在侵犯专利权纠纷案件中又以等同方式纳入专利权保护范围的，都应当禁止反悔。《专利权纠纷司法解释二》第13条对禁止反悔原则的适用范围虽有所限缩，但限缩的程度仅限于“明确否定”，因而适用该条时不能任意扩张，这就要求专利权人在专利授权或者无效程序中发表限制或者部分放弃专利权利要求保护范围的意见，必须持极其审慎的态度。根据以上分析，本院作出如下判断：

关于天线信号输出端与天线放大器信号输入端的连接关系，专利权人已将专利天线信号输出方式限定为“通过天线连接元件与天线放大器信号输入端相连接”或者“直接与同轴电缆匹配相连”，而被诉产品采取“天线引线与电子线路板相连”，其天线信号输出端既未与天线连接元件相连，又没有与同轴电缆匹配相连，两者技术特征并不相同。在一审中，专利权人认为，“涉案专利权利要求并没有限定连接元件的具体结构及具体形式；引线属天线连接元件的一种，引线连接也是一种连接方式”。但法院认为，对于本领域普通技术人员而言，连接元件具有特定的含义，是指连接天线与放大电路的元件，故专利权人的上述主张缺乏依据，不应采纳。一审认为“天线引线也是天线连接元件的一种，被控侵权产品的该技术特征与原告专利的该技术特征相同”，该认定亦缺乏依据，应予纠正。

关于无线电接收天线的固定方式，在对比文件1－CN1841843A发明专利中已经公开了将天线设置在天线外壳内侧上部的技术特征，仅是未见具体的固定方式，但专利权人已将无线电接收天线在天线外壳内侧上部的固定方式限定为“注塑嵌装或固定卡装”,应认定为放弃了其他固定方式。本案中,被诉产品采用“胶粘贴”的固定方式,直接将无线电接收天线的两端粘在外壳内侧,与专利相应技术特征并不相同。

综上所述,根据禁止反悔原则,对于专利权人在无效程序中已经放弃的技术方案,在侵权诉讼中不能再以等同特征纳入专利权利要求的保护范围,因此,被诉产品未落入专利权利要求的保护范围,不构成侵犯专利权。

最高人民法院认为,在授权程序中,国家知识产权局对蒋某平关于技术特征a、b的陈述意见不予认可,持明确否定意见,而且涉案专利获得授权并非基于对特征a、b作出的限缩性陈述。在后续的无效审查程序,国家知识产权局并未推翻实质审查阶段所持的否定意见,不能得出国家知识产权局认为通过连接元件来进行阻抗匹配不是本领域的惯用技术手段,不属于本领域的公知常识的结论,也不能得出“注塑嵌装”及“固定卡装”不是本领域常用的锁固方式,不属于本领域的公知常识的结论。在评价涉案专利具有创造性时,尽管无效决定将技术特征a、b作为区别特征予以了罗列,但技术特征a、b的存在并未影响国家知识产权局以现有技术存在相反的技术教导,本领域技术人员不存在结合特征c“所述无线电接收天线为AM/FM共用天线”的动机,而使涉案专利具有创造性的审查评判。由于专利权人作出的限缩性陈述在实质审查中已被明确否定,而无效审查程序并未推翻该认定得出相反的结论,在这种情况下,应当认定存在专利权人的限缩性陈述已被明确否定的事实。这与所作的限缩性陈述并未带来专利权的获得和专利权的维持的事实相符,与“禁止反悔”原则防止权利人“两头得利”的目的不相悖。因此,专利权人关于特征a、b的意见陈述,不发生技术方案被放弃的法律效果。

根据该案可知,在根据审查档案认定“明确否定”时,应当按照《专利权纠纷司法解释二》规定的“明确否定”,审查确权程序、授权程序的相关内容,避免割裂审查程序中对技术特征认定的连续性。如果专利权人的意见陈述已在实质审查程序被“明确否定”,在确权程序中国家知识产权局没有明确推翻的,则不能适用“禁止反悔原则”。笔者认为最高人民法院的观点值得商榷,首先,“诚实信用”原则要求专利申请人、专利权人在审查程序中言行一致,不能“出尔反尔”。如果专利申请人、专利权人有过对其不利的陈述,或有过多种不一致的陈述,法院可以采纳对其不利的陈述,以限制专利申请人、专利权人“信口开河”。专利申请人或专利权人无论在何种程序中都应当持审慎态度,不能为了维持专利权有效而随意发表限缩性意见。例如,最高人民法院认为,在专利民事侵权程序中,解释权利要求的目的在于通过明确权利要求的含义及其保护范围,对被诉侵权技术方案是否落入专利权保护范围作出认定。只要当事人在专利申请或者授权确权程序中通过意见陈述放弃了某个技术方案,根据诚实信用原则,当事人的陈述表明了其技术方案保护范围的真实意思表示,无论该无效宣告请求程序是否有审查决定,专利权人的陈述已经记载在专利审查档案中,具有公示公信的效力,应当根据当事人的意见陈述对专利权的保护范围进行限制解释。[①]

其次,审查过程中的中间审查意见也不宜作为“明确否定”的依据。[②] 授权程序中,审查员在审查意见通知书中所提出的审查意见或者修改建议仅仅供申请人修改专利申请文件时参考,并不具有强制性。[③] 相反,在授权程序中,无论是专利申请人的主动修改还是接到审查意见通知书后进行的修改,其法律效果都是相同的,对专利申请人应当承担的权利义务不会产生任何本质影响。申请文件的内容由专利申请人自主修改完成,是专利申请人本人的真实意思表示。因此,授权程序中,专利申请人的陈述对专利权人具有约束力,但是审查员的陈述对专利权人或社会公众不应当具有约束力。

最后,如果认定“明确否定”,应当以最终的生效的文书为准,而不以在先的审查为准。就上述案件而言,专利申请人的意见陈述尽管在授权程序中被“明确否定”,但是在确权程序中,并没有被“明确否定”。据此,产生禁止反悔的效果。

3.“禁止反悔原则”在权利要求变动时的适用规则

(1)因修改权利要求增加的技术特征

禁止反悔原则是对等同原则的必要限制,目的在于敦促当事人在诉讼活动中诚实守信,避免当事人在行政授权确权程序和侵权民事诉讼中对权利要求作出不一致的解释。通过适用禁止反悔原则对等同范围予以必要的限制,可以合理地确定专利权的保护范围,维持专利权人与被诉侵权人以及社会公众之间的利益平衡。在发明专利授权确权程序中,专利申请人因修改权利要求而增加新的技术特征时,是否适用禁止反悔原则,存在争议。

一种观点认为,新增加的技术特征,并不适用“禁止反悔原则”。在名称为

---

① 最高人民法院民事判决书,(2020)最高法知民终1325号。

② 参见孙长龙:《浅议禁止反悔原则的适用——从J某与LF公司专利侵权案看禁止反悔之明确否定》,载《中国发明与专利》2020年第4期。

③ 最高人民法院行政裁定书,(2011)知行字第62号。

“放料装置”的发明专利侵权纠纷案中①,最高人民法院认为,首先,在发明专利授权确权程序中,专利申请人有权依法提交意见陈述或修改权利要求。专利申请人在修改权利要求时增加新的技术特征,并主张修改后的技术方案非显而易见的,是专利审查实践中的常见情形。虽然在权利要求中增加技术特征会进一步限定专利权的保护范围,导致权利要求的保护范围发生变化,但在没有其他证据证明权利人通过修改权利要求或者意见陈述“放弃”特定技术方案的情况下,不能仅仅因在权利要求中增加技术特征,导致权利要求的保护范围进一步限缩,就认定权利人完全“放弃”了与该技术特征等同的其他所有技术特征,不能再就增加的技术特征主张适用等同原则。如此,会导致以增加技术特征的方式修改的权利要求的保护范围受到过度限制,被诉侵权人极易通过技术特征的修改、替换来规避侵权,导致权利人与社会公众的利益失衡。这样既与禁止反悔原则的目的不符,也与专利法保护专利权人的合法权益,鼓励发明创造的立法目的不相适应。关于禁止反悔原则的举证责任问题,《专利权纠纷司法解释二》第13条规定:“权利人证明专利申请人、专利权人在专利授权确权程序中对权利要求书、说明书及附图的限缩性修改或者陈述被明确否定的,人民法院应当认定该修改或者陈述未导致技术方案的放弃。”根据该规定,在权利人作出了限缩性修改或者陈述的情况下,在认定是否适用禁止反悔原则时,应当查明权利人是否通过“限缩性修改或者陈述”“放弃”了特定的技术方案,而不仅仅是考虑“限缩性修改或者陈述”是否对专利权的效力产生实质性影响。因此,被诉侵权人主张适用禁止反悔原则的,应举证证明权利人“限缩性修改或者陈述”的具体情形,以及权利人是否因此放弃了“被诉侵权技术方案”。而权利人主张“未导致技术方案的放弃”,不适用禁止反悔原则的,则应由权利人就“限缩性修改或者陈述被明确否定”承担举证责任。

另一种观点认为,新增加的技术特征适用“禁止反悔原则”。在名称为“砖的全自动液压成型和智能码垛装置”的发明专利权侵权纠纷案中②,争议焦点之一为修改权利要求增加的技术特征“自动进给机安装在压砖机中液压站的相同的一侧”能否适用等同原则。对此,最高人民法院认为,首先,专利权人通过对涉案专利权利要求1的修改,限定了自动进给机与压砖机中液压站的位置关系为“相同的一侧”。涉案专利申请公布文件中未限定压砖机的结构、码垛机器人

① 最高人民法院民事判决书,(2018)最高法民再387号。

② 最高人民法院民事判决书,(2020)最高法知民终541号。

和自动进给机的安装位置，以及自动进给机的功能和作用，专利权人为获得授权，依照国家知识产权局发出的审查意见，修改了权利要求1的内容，将原属于权利要求3的包括自动进给机的安装位置在内的技术特征并入了权利要求1，属限制性修改。该并入后的权利要求1明确自动进给机安装在压砖机中液压站的“相同的一侧”，应视为放弃能够且已经预见到的“不同的一侧”技术方案，根据禁止反悔原则，自动进给机和压砖机中液压站的位置关系“不同的一侧”不应纳入涉案专利权利要求的保护范围，也不宜将其扩大解释为与“相同的一侧”等同的技术特征。

（2）权利要求被部分无效时“禁止反悔原则”的适用

在无效程序中，部分权利要求被无效的情形，并不直接导致禁止反悔原则的适用。所谓“放弃的技术方案”应该是原本可以包含在保护范围内，却因为申请人或专利权人的修改或意见陈述而被排除在保护范围之外的技术方案。在判断是否构成禁止反悔原则中的“放弃”时，应充分注意专利权人是否存在放弃特定技术方案的情形，严格把握放弃的认定条件。对于将从属权利要求的内容纳入独立权利要求，并在此基础上获得专利授权的情形，此类限缩原权利要求保护范围的修改并非都被视为放弃了相应的技术方案而导致禁止反悔原则的适用。①

在名称为“一种舵机”的实用新型专利权侵权纠纷案中②，因涉案专利权利要求1、2被宣告无效，该专利权在权利要求3的基础上被维持有效。对于权利要求3中的附加技术特征是否适用禁止反悔原则，存在争议。上海市高级人民法院认为，从属权利要求3被维持有效的原因在于在权利要求1中增加了从属权利要求2以及从属权利要求3记载的附加技术特征，这实质上是修改权利要求1。因此，在界定权利要求3保护范围的技术特征中，“在所述支架上，设置有固定到一舵机驱动电路板上的固定孔”与“在所述舵机驱动电路板上，印制有一条形的碳膜和银膜，所述支架通过其上的固定孔固定到所述舵机驱动电路板上，且所述滑块底面上的电刷与该碳膜和银膜相接触”，属于为维持专利权有效限制性修改权利要求而增加的技术特征。由此，可以认定权利要求3中技术特征C（在所述舵机驱动电路板上，印制有一条形的碳膜和银膜，且所述滑块底面上的电刷与该碳膜和银膜相接触）属于为维持专利权有效限制性修

① 浙江省高级人民法院民事判决书，（2015）浙知终字第205号。

② 上海市高级人民法院民事判决书，（2010）沪高民三（知）终字第53号。

改权利要求而增加的技术特征。[①] 权利要求 3 将导流条明确限定为“银膜”,该具体的限定应视为专利权人放弃了除“银膜”外以其他导电材料作为导流条的技术方案。

对此,最高人民法院认为,首先,禁止反悔原则的法理基础。诚实信用原则作为民法基本原则之一,要求民事主体信守承诺,不得损害善意第三人对其的合理信赖或正当期待,以衡平权利自由行使所可能带来的失衡。在专利授权实践中,专利申请人往往通过对权利要求或说明书的限缩以便快速获得授权,但在侵权诉讼中又试图通过等同侵权将已放弃的技术方案重新纳入专利权的保护范围。为确保专利权保护范围的安定性,维护社会公众的信赖利益,专利制度通过禁止反悔原则防止专利权人上述“两头得利”情形的发生。故此,专利权人在专利授权或者无效宣告程序中,通过对权利要求、说明书的修改或者意见陈述而放弃的技术方案,权利人在侵犯专利权纠纷案件中又将其纳入专利权保护范围的,人民法院不应支持。其次,禁止反悔原则的适用条件。一般情况下,只有具有权利要求、说明书修改或者意见陈述两种形式,才有可能产生技术方案的放弃,进而导致禁止反悔原则的适用。本案中,独立权利要求 1 及其从属权利要求 2 均被宣告无效,在权利要求 2 的从属权利要求 3 的基础上维持涉案专利有效。问题是,权利要求 3 是否仅仅因此构成对其所从属的权利要求 1 ~ 2 的限制性修改。独立权利要求被宣告无效,在其从属权利要求的基础上维持专利权有效,该从属权利要求即实际取代了原独立权利要求的地位。但是,该从属权利要求的内容或者所确定的保护范围并没有因为原独立权利要求的无效而改变。因为,每一项权利要求都是单独的、完整的技术方案,每一项权利要求都应准确、完整地概括申请人在原始申请中各自要求的保护范围,而无论其是否以独立权利要求的形式出现。正基于此,每一项权利要求都可以被单独地维

① 上海市高级人民法院民事判决书,(2005)沪高民三(知)终字第 48 号。法院认为,由于在涉案专利权无效宣告程序中,针对涉案专利权利要求 1 与权利要求 2 不具有创造性的理由,马某明将涉案专利权利要求 3 的附加技术特征合并进权利要求 1 中,修改成新的权利要求 1,故新权利要求 1 中,“所说进给传动机构:是一种主要由链轮(6)、链条(7)和一牵引机构构成的链式传动机构,一链条(7)啮接在位于两侧的链轮(6)上,头端圆钢夹持拉动小车(2)和尾端圆钢夹持送进小车(5)均各通过一挂钩可与链条(7)相连接,牵引机构(8)与一侧的链轮(6)相连接”是为克服原权利要求 1 不具有创造性而增加的技术特征。由于这些新增加的技术特征的限定,修改后的权利要求 1 具有了创造性。根据禁止反悔原则,在侵权诉讼中,专利权人不得将与该些修改后技术特征相等同的技术特征依等同原则解释进专利权的保护范围,这些修改后的技术特征只能根据技术特征相同认定侵权,而不能根据技术特征等同认定侵权。最高人民法院民事判决书,(2011)民提字第 306 号。

持有效或宣告无效。每一项权利要求的效力应当被推定为独立于其他权利要求项的效力。即使从属权利要求所从属的权利要求被宣告无效,该从属权利要求并不能因此被认为无效。所以,不应当以从属权利要求所从属的权利要求被无效而简单地认为该从属权利要求所确定的保护范围即受到限制。最后,放弃的认定标准。专利权保护范围是由权利要求包含的技术特征所限定的,故专利权保护范围的变化,亦体现为权利要求中技术特征的变化。在专利授权或无效宣告程序中,专利权人主动或应审查员的要求,可以通过增加技术特征对某权利要求所确定的保护范围进行限制,也可以通过意见陈述对某权利要求进行限缩性解释。禁止反悔原则适用于导致专利权保护范围缩小的修改或者陈述,亦即,由此所放弃的技术方案。该放弃,通常是专利权人通过修改或意见陈述进行的自我放弃。但是,若国家知识产权局认定独立权利要求无效,在其从属权利要求的基础上维持专利权有效,且专利权人未曾作上述自我放弃,则在判断是否构成禁止反悔原则中的“放弃”时,应充分注意专利权人未自我放弃的情形,严格把握放弃的认定条件。如果该从属权利要求中的附加技术特征未被该独立权利要求所概括,则因该附加技术特征没有原始的参照,故不能推定该附加技术特征之外的技术方案已被全部放弃。

由此可知,对于修改导致的禁止反悔原则,最高人民法院在该案中的观点是:只有限制性修改原权利要求中已经存在的技术特征,将原权利要求中已有技术特征的范围缩小,从而缩小权利要求所限定技术方案保护范围的限制性权利要求修改,才适用禁止反悔原则;在原权利要求中增加新的技术特征,从而缩小权利要求所限定技术方案保护范围的限制性要求修改,则不适用禁止反悔原则。因为前一情况下,专利权人在修改时有“原始的参照”,而后一种情况下,专利权人在修改时没有“原始的参照”。[①] 有观点认为,在专利无效过程中,专利权人的修改方式有三种,其中放弃权利要求的修改因为不是为了获得专利,不应当导致禁止反悔原则的适用;权利要求合并的修改,因为在判断等同时不涉及放弃的技术方案,也不应当适用等同原则;如果在侵权诉讼中专利权人又主张被删除的技术方案也属于等同的范围,则其两头得利,在这种情况下,应当适用禁止反悔原则。[②] 而目前的无效程序中权利要求的修改增加了“进一步限

① 参见张晓都:《修改导致禁止反悔为权利要求修改设定的义务》,载《专利代理》2015 年第 2 期。

② 参见闫文军:《专利无效过程中的修改是否都导致禁止反悔——从一起专利纠纷中禁止反悔原则的适用谈起》,载《电子知识产权》2011 年 Z1 期。

定”的修改方式,因此,笔者认为,关于权利要求中增加技术特征或在从属权利要求的基础上维持有效,应当结合“技术特征的排除规则”、“可预见性规则”适用“禁止反悔原则”,即考察权利要求中增加的技术特征或从属权利要求中的技术特征是否具有“可预见性”、权利要求具备创造性是否是因为与对比文件中的技术特征相区别,若属于此种情形,则适用“禁止反悔原则”;相反,则不适用“禁止反悔原则”。

4. 禁止反悔原则在不同程序中的适用规则

(1)禁止反悔原则的双向适用规则

《授权确权司法解释一》第 3 条规定:人民法院在专利确权行政案件中界定权利要求的用语时,可以参考已被专利侵权民事案件生效裁判采纳的专利权人的相关陈述。

该条规定被认为是“禁止反悔原则”的双向适用规则。禁止反悔原则通常在侵权诉讼中予以适用,即专利申请人、专利权人在专利授权或者无效宣告程序中,通过对权利要求、说明书的修改或者意见陈述而放弃的技术方案,禁止权利人在侵犯专利权纠纷案件中又将其纳入专利权保护范围。但是,在确权程序中是否应采纳专利权人在专利侵权民事案件中的相关陈述,则有不同观点。最高人民法院的上述司法解释,是有条件地承认禁止反悔原则的双向适用,即对禁止反悔原则在确权程序中的适用附加了多个条件。第一,在效力上,专利权人在专利侵权民事案件中的相关陈述,仅供确权程序中参考,而并非必然适用;第二,在主体上,在专利侵权民事案件中进行相关陈述的主体是专利权人,而并不包括被许可人;第三,在内容上,应当是已被专利侵权民事案件生效裁判采纳的专利权人的相关陈述。例如,在名称为“一种工艺帐篷”的实用新型专利权无效行政纠纷一案中,北京市高级人民法院认为,[①]在专利授权确权程序和专利侵权程序中,禁止反悔原则应当双向适用。同理,在侵犯专利权诉讼程序中,专利权人对权利要求作出扩张性解释的,禁止其在无效程序中作出与之冲突的限缩性解释。从形式上来看,禁止反悔原则以专利权人作出陈述的时间为界,认可其在先陈述,否定与之冲突的后续陈述。但是,从实质上看,只有被裁判机关最终认可的陈述才是有效陈述。《专利权纠纷司法解释二》第 13 条规定,判断是否构成“明确否定”,应当对专利授权和确权阶段技术特征的审查进行客观全面的判断,着重考察权利人对技术方案作出的限缩性陈述是否最终被裁判者认

---

① 北京市高级人民法院行政判决书,(2019)京行终 29 号。

可,是否由此导致专利申请得以授权或者专利权得以维持。如果专利权人的陈述未被生效法律文书接受,则其相应陈述不产生法律效力,未与专利权人的其他陈述产生实质性的冲突,不必适用禁止反悔的原则。如果专利权人的陈述被生效法律文书接受,则其相应陈述产生法律效力,裁判机关在此后的审理中不得采纳与之相冲突的陈述。因此,禁止反悔原则考虑的时间点,不是专利权人作出陈述的时间,而是其陈述被生效法律文书接受的情况下,法律文书生效的时间。

因为"双轨制"的存在,单向的禁止反悔原则不能实现防止权利人诉讼得利的现象发生,为此,北京知识产权法院认为,无论是当事人或其代理人,在不同案件中针对同一事实均应做相同的陈述。如存在相反陈述,则必然意味着其中一种陈述属于不实陈述。在此情况下,除非有充分的相反证据,否则,法院将只会采用其中对其不利的陈述。这一做法的目的一方面在于避免当事人基于诉讼得利,更为重要的则在于对当事人这一违反基本道德的诉讼行为以示惩戒。基于此,本案中,本院将采用对第三人不利的陈述。采用双向的禁止反悔原则才能更好地实现禁止反悔原则的立法目的,才能从制度上保障诚实信用原则在专利诉讼中的实施效果。①

(2)禁止反悔原则在授权确权程序中的适用规则

在"墨盒"案中②,最高人民法院认为,在专利授权确权程序中,专利申请人需要遵循诚实信用原则,信守诺言,诚实不欺,不得出尔反尔,损害第三人对其行为的信赖。作为诚实信用原则的体现和要求,禁止反悔原则在专利授权确权程序中应予适用。但是,禁止反悔原则在专利授权确权程序中的适用并非无条件的,其要受到自身适用条件的限制以及与之相关的其他原则或者法律规定的限制。禁止反悔原则的适用应以行为人出尔反尔的行为损害第三人对其行为的信赖和预期为必要条件。同时,法律的明确规定以及其他同等重要的原则也限制着禁止反悔原则的适用。在专利授权确权程序中适用禁止反悔原则必须综合考虑上述因素。

根据《专利法》第33条以及《专利法实施细则》第69条的规定,在专利授权程序中,申请人可以对其专利申请文件进行修改,但是对发明和实用新型专利申请文件的修改不得超出原说明书和权利要求书记载的范围;在专利确权程序

① 北京市高级人民法院行政判决书,(2018)京行终766号。
② 最高人民法院行政裁定书,(2010)知行字第53号。

中，专利权人可以修改其权利要求书，但是不得扩大原专利的保护范围。因此，在专利授权程序中，相关法律已经赋予了申请人修改专利申请文件的权利，只要这种修改不超出原说明书和权利要求书记载的范围即可。对于社会公众而言，基于《专利法》第33条规定，其应该预见到申请人可能对专利申请文件进行修改，其信赖的内容应该是原说明书和权利要求书记载的范围，即原说明书及其附图和权利要求书以文字或者图形等明确表达的内容和所属领域普通技术人员通过综合原说明书及其附图和权利要求书可以直接、明确推导出的内容，而不是仅信赖原权利要求书记载的保护范围。因此，如果申请人对专利申请文件的修改符合《专利法》第33条的规定，禁止反悔原则在该修改范围内应无适用余地。

就本案而言，由于所属领域普通技术人员综合原始专利申请公开说明书及其附图和权利要求书的记载，可以推导出该专利申请的技术方案同样可以应用于使用非半导体存储装置的墨盒，专利权人在提出分案申请时主动将原权利要求书中的“半导体存储装置”修改为“存储装置”，并未超出原说明书和权利要求书记载的范围，这种修改对于公众而言是可以预见的。社会公众不会因为该修改而导致信赖利益受损。

国家知识产权局称，专利权人在专利申请过程中实际上认为“半导体存储装置”和“存储装置”二者含义不同，而在无效程序中又主张两者含义相同，修改的过程反映出反悔的存在，应当认为将“半导体存储装置”修改为“存储装置”属于反悔，应予禁止。这一主张混淆了《专利法》第33条和禁止反悔原则的关系。如前文一再述及，根据《专利法》第33条的规定，专利申请文件的修改是否超范围，应以原说明书和权利要求书记载的范围为界，在此范围内并无禁止反悔原则的适用余地。国家知识产权局的上述主张实际上是以申请人在修改完成后的无效程序中的解释为准来判断专利申请文件的修改是否超范围，本质上是以禁止反悔原则取代《专利法》第33条，对此，法院不予支持。

最高人民法院进一步认为，是否对专利申请文件进行修改原则上是申请人的一项权利，只是该项权利的行使方式和范围受到《专利法》及其实施细则的限制。在主动修改的情况下，只要遵守《专利法》及其实施细则的相关规定，是否修改专利申请文件以及如何修改很大程度上由申请人自主决定。即使在被动修改的情况下，申请人对于如何修改仍有自主决定的权利。国家知识产权局依法行使对专利申请进行审查的职权，但并不负有也不可能负有保证专利授权正确无误的责任。申请人对其修改行为所造成的一切后果应自负其责。本案中，专利权人针对记忆装置的修改属于主动修改，并非应审查员的要求进行的被动修改，当然应该对其修改行为的后果自行负责。专利权人关于其修改行为在实审程序中已经得到审查员认可，其基于信赖该审查结论而产生的信赖利益在后续无效程序中应得到保障的主张没有法律依据，法院不予支持。①

关于判断专利申请文件的修改是否超出原说明书和权利要求书记载的范围时当事人意见陈述的作用。根据 1992 年修正的《专利法》第 33 条的规定，对发明和实用新型专利申请文件的修改不得超出原说明书和权利要求书记载的范围。判断专利申请文件的修改是否符合这一规定，其基本依据是原说明书和权利要求书记载的范围。前已述及，在判断专利申请文件的修改是否超出原说明书和权利要求书记载的范围时，当事人的意见陈述在通常情况下只能作为理解说明书以及权利要求书含义的参考，而不是决定性依据。至于其参考价值的大小，则取决于该意见陈述的具体内容及其与说明书和权利要求书的关系。尤其需要注意的是，如果当事人意见陈述的内容超出了原说明书和权利要求书中记载的范围，则该意见陈述将完全丧失参考作用，不能参考该意见陈述对说明书或者权利要求书进行解释。

在适用禁止反悔原则时，其中最为重要的部分是讨论专利申请人、专利权人的意见陈述对专利权保护范围的影响。根据上述案例中的观点可知，在授权确权程序中，专利申请人、专利权人的意见陈述与权利要求修改相比，仅仅具有参考作用，甚至不具有参考作用。但是专利申请人、专利权人的意见陈述，对确定权利要求的保护范围具有极其重要的作用。在授权确权程序中，专利申请人、专利权人放弃的某些技术方案，在侵权程序中不允许通过等同原则将其重新纳入专利权的保护范围，这是基本原则，也是禁止反悔原则的本意。至于专利权人在确权程序中的意见陈述是否要求被明确否定，存在争议。在侵权程序中，专利权人的意见陈述，首先必须是生效的民事判决中的意见陈述，其次，该意见陈述在确权程序中仅具有参考价值。因此，“意见陈述”是适用“禁止反悔原则”重点考察的内容，对专利权利要求的保护范围具有绝对的影响作用，权利人在进行意见陈述时，一定要尽到足够的审慎义务，以免限缩专利权利要求的保护范围。

① 最高人民法院行政裁定书，(2010)知行字第 53-1 号。

(七)区分发明点规则

“发明点”,是指在涉案专利权利要求的全部技术特征中,体现该发明创造对现有技术作出贡献的技术特征。区分发明点规则,是指对于体现发明点的技术特征应当谨慎适用“等同原则”。

山东省淄博市中级人民法院认为,对体现专利创造性的技术特征在进行侵权比对时更应当谨慎适用等同原则,因为,对高度体现专利创造性的技术特征适用等同原则,会不适当地扩大专利的保护范围,破坏专利授权时就已经形成的专利权人与社会公众之间的利益平衡。[①]

浙江省高级人民法院认为,专利权保护范围和强度应与其创新和贡献程度相协调,还应当考虑技术特征与专利发明点之间的关系。通过阅读涉案专利说明书及专利权评价报告可知,涉案专利发明点在于:……涉案专利说明书提到了所要克服的多个技术缺陷,但根据权利要求书以及评价报告的记载,涉案专利明确了其创新点和所要克服的主要缺陷,即通过设置有复位弹簧的单页片上游端与相邻单页片的下游端相互依次叠加这一技术方案,以克服打包带互相干涉扭曲打偏的技术缺陷。因此,在被诉侵权产品亦具备了涉案专利为克服主要技术缺陷所采用的技术特征的情形下,为保护涉案专利真正的创新点所在,被诉侵权产品具备说明书所记载的其他部分技术缺陷,并不妨碍依据等同原则作出认定。[②]

广东省高级人民法院认为,[③]判断被诉侵权技术方案与涉案专利权利要求技术特征是否构成相同或者等同特征,首先应当确定权利要求技术特征的含义,在此过程中应考虑涉案专利实际解决的技术问题即发明点所在。《专利法》立法本意之一是尽可能保护确有创造性的发明创造,确保专利权人所获得的保护与其技术贡献相匹配。发明点使发明创造相对于现有技术具有新颖性和创造性,是发明创造能够被授予专利权的基础和根本原因,因此在确定发明点技术特征的含义时,不应超出发明点精神所限,以免给予权利人超出其贡献的保护。与之相应,对于权利要求中的“非发明点”技术特征,在确定其含义时应当采用较为宽松的解释方法,通过说明书的整体内容理解权利人使用相关表述的

---

① 山东省淄博市中级人民法院民事判决书,(2011)淄民三初字第15号。

② 浙江省高级人民法院民事判决书,(2017)浙民终160号。类案有浙江省高级人民法院民事判决书,(2016)浙民终506号。

③ 广东省高级人民法院民事判决书,(2017)粤民终2294、2295、2296号。

真实意图。避免其含义被不当限缩从而导致发明创造不能获得保护，有违实质公平和《专利法》的立法本意。

由上述观点可知，区分发明点规则在实践中已有适用，但是，最高人民法院在“发明点”问题上没有形成统一的意见。

最高人民法院认为，根据说明书所记载的涉案专利的技术领域、背景技术、发明内容等可知，涉案专利的发明点并不在于改进触摸屏的材质和结构，而在于一种能够提高触摸屏响应速度的多路采样方法及所对应的电路。说明书中所记载的具体实施方式的内容，也是围绕着涉案专利所提出的一种新的多路采样方法和电路而展开，在涉案专利触摸屏是否包含实体屏结构这一技术点上，说明书并没有对此作出有别于通常意义的特别说明。本案中，触摸屏本身并非本专利的“发明点”，因此，对触摸屏的含义应当进行广义的解释。①

北京市第一中级人民法院认为，本专利的“发明点”在于在两个光电变换单元之间设置硅复合层，而至于该硅复合层两侧的光电变换单元，则为通常的PIN结构。这一点，通过本专利说明书背景技术部分“薄膜光电变换装置通常表面上含有在绝缘性衬底上顺序层积的第一电极、一个以上半导体薄膜光电变换单元及第二电极。而且，一个薄膜光电变换单元含有由p型层和n型层形成层状结构的i型层”的记载，也得到验证。也即，PIN结构的光电变换单元系本领域的公知常识，本专利无意对现有的PIN结构光电变换单元作出改进。②

最高人民法院认为，根据该决定可知，涉案专利最主要的发明点就是针对回波在后专利中的需要安装位置传感器并进行运动补偿运算的方式进行改进，提供了一种技术构思完全不同的能解决同样技术问题的技术手段，体现为“延后观察”技术特征。③

日本最高法院在“无限折动用滚轴花键轴承”案中提出了适用等同原则的第一个要件是“不同的部分不是专利发明的本质部分”的观点。④ 将非本质部分作为认定等同的要件，主要是从专利权利要求所具有的公示作用出发，为了保护人们对专利保护范围的合理预期，只将非本质部分替换的情况认定等同，而将本质部分替换的情况排除在认定等同的范围之外。⑤ 我国最高人民法院

---

① 最高人民法院民事判决书，(2020)最高法知民终580号。

② 北京市第一中级人民法院行政判决书，(2013)一中知行初字第1096号。

③ 最高人民法院民事判决书，(2019)最高法知民终21号。

④ 参见李明德、闫文军：《日本知识产权法》，法律出版社2020年版，第444页。

⑤ 参见李明德、闫文军：《日本知识产权法》，法律出版社2020年版，第445页。

“非本专利的发明点用语的含义应当进行广义的解释”的观点,与日本最高法院的观点具有一致性。但是,最高人民法院在有的案例中持反对观点。例如,最高人民法院认为,[①]根据规定,在判定是否侵犯发明、实用新型专利时,适用全面覆盖原则,并没有区分发明点与非发明点。一般而言,发明点是指,在涉案专利权利要求的全部技术特征中,体现该发明创造对现有技术作出贡献的技术特征。可见,所谓发明点与非发明点,是相对于最接近的现有技术而言的,最接近的现有技术不同,可能导致发明点的不同。发明点的相对性决定了在专利侵权比对中不宜区分发明点与非发明点。二审判决在进行侵权比对时考虑了涉案专利的发明点有所不妥,法院予以纠正。

笔者认为,确立“区分发明点规则”具有实践意义,专利制度的本质在于鼓励创新,区分发明点规则有助于鼓励创新,鼓励发明人在体现发明点的部分进行更多的思考。发明点本质上是发明目的的体现,坚持“区分发明点规则”与“符合发明目的”原则具有内在的一致性。另外,“区分发明点规则”可以与“可预见性规则”相协调,弥补“可预见性规则”的不足。“可预见性规则”应当适用于体现“发明点”的技术特征,而对于非发明点部分不应当适用“可预见性规则”,否则,发明人将消耗大量精力来思考如何避免体现现有技术的技术特征写入权利要求,而不是思考如何完善发明点。

① 最高人民法院民事裁定书,(2017)最高法民申2073号。

第八章

专利权创造性的判断规则

《专利法》第 22 条第 3 款规定，创造性，是指与现有技术相比，该发明具有突出的实质性特点和显著的进步，该实用新型具有实质性特点和进步。《专利审查指南》进一步规定，判断“创造性”通常采用“三步法”的判断方法，(1)确定最接近的现有技术。(2)确定发明的区别特征和发明实际解决的技术问题。(3)判断要求保护的发明对本领域的技术人员来说是否显而易见。之所以将“三步法”作为判断方法，究其根本在于其反映了客观的研发规律。创造性判断的实质是以本领域技术人员为主体对发明创造的重构过程，因此，创造性的判断方法应该是对发明创造研发规律的合理概括。① 创造性的判断是专利权是否存在的前提，而在专利授权确权程序中如果不讨论专利权的保护范围而直接判断创造性，就成了“无源之水、无本之木”。“三步法”虽然并非判断创造性的唯一方法，②但是目前为止最为客观有效的方法，本章通过梳理案例对“三步法”的适用规则进行分析，特别是对创造性的认定与专利权保护范围的确定之间存在的互动关系进行总结和分析。

一、最接近的现有技术

《专利审查指南》第二部分第四章第 3. 2. 1. 1 节规定，最接近的现有技术，

① 参见芮松艳：《创造性条款的原理解读与实务规则》，知识产权出版社 2023 年版，第 28 页。

② 最高人民法院行政判决书，(2021) 最高法知行终 119 号。法院认为，专利创造性判断中广泛使用的“三步法”是具有普适性的逻辑推演方法；基于解决长期技术难题，克服技术偏见，实现预料不到的技术效果，获得商业成功等直接证据判断创造性的方法则属于经验推定方法，两者都属于创造性判断的分析工具。运用“三步法”判断的结论是技术方案具备创造性时，一般无须再审查有关创造性的直接证据；运用“三步法”判断的结论是技术方案不具备创造性时，应当审查有关创造性的直接证据，并根据基于创造性直接证据的经验推定结论复验“三步法”分析，综合考虑逻辑推演和经验推定两方面结论作出判断。

是指现有技术中与要求保护的发明最密切相关的一个技术方案，它是判断发明是否具有突出的实质性特点的基础。最接近的现有技术，例如可以是，与要求保护的发明技术领域相同，所要解决的技术问题、技术效果或者用途最接近和/或公开了发明的技术特征最多的现有技术，或者虽然与要求保护的发明技术领域不同，但能够实现发明的功能，并且公开发明的技术特征最多的现有技术。因此，在判断某一现有技术是否构成最接近现有技术时，通常要考虑：(1)技术领域；(2)技术问题、技术效果；(3)公开发明的技术特征最多。但是也存在例外情形，例如，中药发明专利创造性判断中，对于最接近现有技术的选择，不宜过度关注现有技术披露的发明技术特征数量，如药味重合度，而应当根据中药领域技术特点，特别是配伍组方、方剂变化、药味功效替代等规律，综合考虑发明技术方案和现有技术方案的适应症及有关治则、治法、用药思路是否相同或者足够相似。① 此处以通常情况为研究对象。

(一)技术领域的认定

技术领域是要求保护的发明或者实用新型所属或者应用的具体技术领域，不是上位的或者相邻的技术领域，也不是发明或者实用新型本身。② 人民法院确定权利要求限定的技术方案的技术领域，应当综合考虑主题名称等权利要求的全部内容、说明书关于技术领域和背景技术的记载，以及该技术方案所实现的功能和用途等。③ 由此可知，在认定技术领域时应当考虑主题名称、说明书记载的技术领域、背景技术、技术方案所实现的技术功能、用途等因素。

1. 根据技术问题认定

如果权利要求保护的技术方案和对比文件的技术方案解决的具体问题相同，可以认为二者属于相同的技术领域。

在名称为“裁剪机磨刀机构中斜齿轮组的保油装置”的实用新型专利确权纠纷案中④，涉案专利权利要求保护一种裁剪机磨刀机构中斜齿轮组的保油装置。权利人认为，主张本专利与附件的国际分类号不同，二者既不是相同的技术领域，也不是相近或相关的技术领域，因此附件不能作为评判本专利创造性的对比文件使用。最高人民法院认为，虽然绕线机属于纺织机械，裁剪机属于

① 最高人民法院行政判决书，(2021)最高法知行终158号。
② 《专利审查指南(2010)》第二部分第二章第2.2.2节。
③ 《授权确权司法解释一》第12条。
④ 最高人民法院行政判决书，(2012)行提字第7号。

服装机械,二者在应用环境上有区别,但本专利和对比文件的技术方案均涉及机械系统的润滑问题,属于相同的技术领域。因此,国家知识产权局将附件作为判断本专利创造性的对比文件,并无不妥。

在名称为“哑铃”的实用新型专利确权程序中①,涉案权利要求保护一种哑铃。最高人民法院认为,从主题名称上看本专利为“哑铃”,证据 10 为“车轮装饰盖”,虽然哑铃与车轮装饰盖不属于相同或者相近的技术领域,但是本案要解决的是现有技术是否给出了如何使标示牌与包覆层一体成型的技术启示,在这个技术问题的驱使下,本专利所属领域的技术人员有动机到与一体成型工艺技术有关的现有技术中寻找启示。证据 10 的装饰盖虽然应用于汽车领域,但也涉及如何将标示牌与被装饰物结合到一起的技术问题。证据 10 在用于解决本专利与证据 1 相比实际要解决的技术问题时,与本专利属于相近的技术领域。

在该案中,最高人民法院认为,证据 10 在用于解决本专利与证据 1 相比实际要解决的技术问题时,与本专利属于相近的技术领域。由此可知,案例二与案例一认定技术领域的方式相同,都是从解决的技术问题出发进行认定。

2. 根据主题名称认定

主题名称通常能够表明权利要求保护的技术领域,但是根据技术问题来确定技术领域还是根据主题名称确定技术领域,实践中争议很大。

在名称为“流量传感器及流量传感器安装组件”的实用新型专利确权纠纷案中②,涉案权利要求保护一种流量传感器安装组件。北京知识产权法院认为,涉案专利因涉及医用流量传感器领域,存在吸气流量传感器和呼气流量传感器两种不同传感器的情况,在同时使用外部结构基本相同流量传感器的情况下,为避免医疗事故或提高辨识度,本领域技术人员能够很容易想到应该通过防止误装来区别吸气流量传感器和呼气流量传感器。本案实际上是对流量传感器的机械结构进行改进,因此技术领域应为机械连接结构的设计领域。对比文件公开了通过机械构造中设置凸起或凹槽两者之一的防误装部来实现两个插接件防误装的功能。在面对如何设置防误装结构的技术问题时,本领域技术人员能够从对比文件中得到技术启示。最高人民法院再审认为,③对比文件是电插接件连接组件,常见于与电相关的插座和插接件技术领域,与本专利所属的麻

---

① 最高人民法院行政判决书,(2019)最高法知行终 123 号。
② 北京知识产权法院行政判决书,(2015)京知行初字第 3347 号。
③ 最高人民法院行政判决书,(2018)最高法行再 168 号。

醉机呼吸流量传感器技术领域相距较远,本领域技术人员很难从技术领域较远的对比文件当中得到明确启示。

该案中,原审法院是按照技术问题确定技术领域,即为解决防误装的技术问题,是对机械结构的改进,因此,将技术领域确定为机械连接结构的设计领域。但是最高人民法院是根据主题名称确定技术领域,因此电插接件连接组件,与本专利所属的麻醉机呼吸流量传感器技术领域相距较远,进而否定了原审法院关于从技术问题出发认定技术领域的结论。

在名称为"锂离子动力电池正负极与导针极耳片的连接结构"的实用新型专利权行政纠纷案中①,涉案的权利要求书保护一种锂离子动力电池正负极与导针极耳片的连接结构。最高人民法院认为,本专利权利要求与对比文件相比,区别技术特征在于:所述正负极金属箔与导针的极耳片的接触面之间有由压力焊成形的结合层,所述正负极金属箔与极耳片的结合层为全接触的电性连接。基于上述区别技术特征可知,本专利权利要求实际所要解决的技术问题是,如何解决导针极耳片与电池正负极金属箔之间由于采用局部铆接而造成的铆接处有时产生的打火现象。本专利涉及锂离子电池技术领域,附件2、3均涉及铝电解电容器工程技术领域,两者并不属于相同的技术领域。

在该案中,法院是通过主题名称确定的技术领域,如果根据解决的技术问题确定技术领域,无论是电池还是电容器,二者解决的技术问题是相同的,都是为了解决导针极耳片与电池正负极金属箔通过压力焊连接的问题,二者应当认为属于相同的技术领域。

(二)最接近现有技术的认定

1. 相同技术问题或缺陷

在确定最接近现有技术的众多考量因素中,对现有技术与发明要解决的技术问题的关系进行分析是一个不容忽视的环节。② 因此,在确定最接近的现有技术时,应当对最接近现有技术解决的技术问题进行分析,如果某现有技术与发明出于解决不同技术问题的目的,采用了不同的发明构思,甚至由于发明构思的不同而导致在某些技术手段的选取上存在相悖的情形,则该现有技术不适

① 北京市高级人民法院行政判决书,(2018)京行终2607号;最高人民法院行政裁定书,(2019)最高法行申10758号。

② 参见国家知识产权局专利复审委员会编著:《以案说法——专利复审、无效典型案例指引》,知识产权出版社2018年版,第141页。

合作为最接近的现有技术。[①] 通常而言,最接近现有技术与发明应当存在相同的技术缺陷,这是本领域技术人员对现有技术进行改进的起点。

在名称为“一种圆柱形铝壳束腰封口正负极同向引出的锂离子电池”的发明专利权无效程序中[②],权利要求保护一种圆柱形铝壳束腰封口正负极同向引出的锂离子电池。请求人首先将证据 1 作为最接近的现有技术,认为涉案权利要求 1 相对于证据 1、2、5 相对于公知常识的结合不具创造性。国家知识产权局认为,证据 1 涉及一种圆柱形锂离子电池的封口(说明书第 3 页具体实施方式部分、附图 1),尤其是能防止爆裂且便于加液的电池封口;其技术方案是从圆柱形锂离子电池上口外壳中依次压入包括盖板、防爆块和盖帽在内的各部件,形成对电池的密封;其中盖板上为了实现加液和放气,设置了两个孔:一个放气孔位于盖板中心,孔上盖有弹性密封块,该密封块被盖在盖帽内侧,另一个为加注电解液的加液孔,加液后由堵孔钢珠封堵。

由此可见,证据 1 是基于在一端为突出的正极,另一端外壳为负极的 18650 型电池的密封进行的改进。一方面,证据 1 没有提及该种电池对外连接或者与其他同类电池串并联的技术内容,更未公开其与多个同类电池在串并联时是否方便的问题,因此,作为没有看到本专利的本领域技术人员,其没有动机从证据 1 出发,将证据 1 中的正负极从两端设置的情形改进为二者从同一端引出,从而适合将其进行串并联使用。另一方面,证据 1 在防爆的问题上,采用了从盖板上专门开一个放气口并盖上弹性密封块的形式来解决,在证据 1 已经解决的防爆问题的前提下,本领域技术人员并没有动机对其进一步改进,在其底部设置防爆压痕来进行防爆。

关于证据 2,如上所述,作为最接近的现有技术的证据 1 已经解决了防爆的问题,在证据 2 没有进一步给出技术启示的前提下,本领域技术人员不会将其公开的在侧面或底部设置防爆压痕的技术手段应用到证据 1 上从而对证据 1 进行改进。

证据 5 涉及一种锂离子电池及其制造方法,其公开了圆柱形锂离子电池使用钢壳比重较大,重量比容量低的问题,从而将其改进成壳体为铝材。证据 5 中公开了[说明书第 2 页第(5)步骤、附图 1]:通过在橡胶塞处对铝壳进行滚槽

---

① 参见国家知识产权局专利复审委员会编著:《以案说法——专利复审、无效典型案例指引》,知识产权出版社 2018 年版,第 145 页。

② 国家知识产权局无效宣告请求审查决定书(第 29224 号)。

密封，圆柱形锂离子电池正负极3、4橡胶塞电池盖的两个孔中引出并从电池的同一端引出。由此可见，证据5公开了区别(2)(3)。但是，证据5中并未公开使用该种设置方式的锂离子电池在进行串并联连接时的连接方式及其优势，因此，本领域技术人员即使想要改进现有的正负极从电池两端引出的电池，也没有启示采用证据5公开的正负极从同一端引出的技术手段，更无法从证据5中得到启示，将证据1改进成正负极从同一端引出的电池从而实现方便电池之间进行串并联的目的。

综上，首先，本领域技术人员从证据1本身没有对其改进从而解决上述两个技术问题的动机；其次，请求人提交的上述公知常识性证据既未公开证据1的锂离子电池存在不方便进行串并联的缺陷，也没有公开证据1的锂离子电池在进行串并联连接时采用的技术手段，从而启发本领域技术人员对证据1进行改进。

至于防爆措施，在证据1已经采用了当前的防爆措施的前提下，上述公知常识性证据也没有给出使用其他防爆措施来代替证据1公开的防爆措施的技术内容，本领域技术人员在该些证据的基础上没有动机对证据1的防爆措施进行改进。

因此，本领域技术人员若要对现有技术进行改进，需要有改进动机。对本案而言，无论是作为最接近的现有技术的证据1，还是请求人提供的其他现有技术，都没有公开证据1这种类型的锂离子电池存在不方便进行串并联的缺陷。因此，本领域技术人员在证据1的基础上不存在将其改进成正负极由同一端引出的方式以方便相互串并联的改进动机。

判断现有技术是否存在某缺陷，应当以现有技术公开的内容为出发点进行判断，这也是本领域技术人员的出发点。在了解本专利的内容之后再判断现有技术是否存在某缺陷，已不是本领域技术人员的立场，不予认可。

作为最接近现有技术，当所述领域的技术人员面对发明要解决的技术问题时，通过对该现有技术整体呈现的信息进行研究，应当能够发现其与发明关注的技术问题之间存在某种内在联系。这种内在联系，既可以体现为现有技术中记载了与发明所关注相同或相似的问题，例如，该现有技术中存在、希望解决或者已经解决了这样的技术问题；也可以是该现有技术虽然没有记载，但所属领域的技术人员由此能够意识到这样的问题。① 该案中，请求人选择证据1作为

① 国家知识产权局专利复审委员会编著：《以案说法——专利复审、无效典型案例指引》，知识产权出版社2018年版，第141页。

最接近的现有技术，但是，在证据 1 不存在串并联是否方便的问题，且已经解决防爆问题的前提下，本领域技术人员并没有动机对其进一步改进，在其底部设置防爆压痕来进行防爆。请求人后选择将上述证据 5 作为最接近现有技术，并结合上述证据 2，国家知识产权局认为，①本领域技术人员不考虑气体的反复释放，仅考虑气体释放和防爆功能，那么在证据 2 给出的技术启示下，其完全有动机将证据 5 的安全阀替换为证据 2 的防爆痕，这种替换不需要克服技术上的难度，并且也未产生预料不到的技术效果。至于证据 2，其和本专利均为锂离子电池，并且已经明确公开了底部 3 上设有防爆痕（参见说明书第 0013 段）以及防爆痕的作用（参见说明书第 0014 段），也就是说，证据 2 已经明确给出了技术启示。在证据 5 的基础上结合证据 2 得到权利要求 1 请求保护的技术方案，对本领域技术人员而言是显而易见的。

考量现有技术整体上是否存在将区别特征应用到最接近现有技术以解决其存在的技术问题的启示，主要包含两个方面：一方面要考察最接近现有技术是否客观上存在与上述“发明实际要解决的技术问题”一致的技术缺陷；另一方面还要考察其他现有技术是否给出了解决“发明实际要解决的技术问题”的技术启示，例如上述区别特征是否被另一篇现有技术公开或属于公知常识。② 因此，现有技术是否存在本专利所要解决的技术缺陷，是判断创造性的前提。在名称为“杠杆型连接器”的发明专利的无效程序中③，该权利要求书保护一种杠杆型电连接器。国家知识产权局认为，证据 1 和权利要求 1 均涉及一种杠杆型连接器，证据 1 未公开权利要求 1 的特征 E，基于上述区别，权利要求 1 实际要解决的技术问题是：当移动板受力弯曲时，移动板的销钉不会从凸轮凹槽移出。而证据 1 不存在导向销钉与槽脱离的缺陷。证据 1［参见图 3－5（B）］的杠杆 30 被插入在连接器壳体 12 右侧壁和左侧壁的外表面和外侧壁 27a 之间所限定的杠杆接收部中，杠杆 30 被限定在杠杆接收部的空间中导致导向销钉不容易从凸轮凹槽移出，另外，开口侧的两个凸起也将限制保护板弯曲，因此，证据 1 不存在保护板弯曲导致导向销钉从凸轮凹槽移出的技术缺陷。

2. 完整技术方案

最接近的现有技术是指现有技术中与要求保护的发明或者实用新型最密

① 国家知识产权局无效宣告请求审查决定书（第 31728 号）。

② 国家知识产权局无效宣告请求审查决定书（第 34794 号）。

③ 国家知识产权局无效宣告请求审查决定书（第 34794 号）。

切相关的一个技术方案,它是判断发明或者实用新型是否具有实质性特点的基础。最接近的现有技术应当是作为一个技术方案的客观存在,即本领域的技术人员在阅读或者知晓相应的对比文件后,应当能够确定无疑地认定该最接近的现有技术是该对比文件所公开的一个技术方案。如果对比文件公开了两个或者多个不同的技术方案,在判断发明或者实用新型的创造性时,通常不应当允许将该两个或者多个不同的技术方案重新结合后形成新的技术方案并将该新的技术方案作为判断该发明或者实用新型是否具有创造性的最接近的现有技术或者现有技术。对此,最高人民法院认为,原则上,选取最接近现有技术的核心考虑因素是,该现有技术与发明创造是否针对相同或者近似的技术问题、拥有相同或者近似的技术目标。在此基础上,进一步的优选考虑因素是,该现有技术与发明创造的技术方案是否足够接近。①

在名称为"对组织的定量弹性信息和结构信息进行组合显示的系统"的实用新型专利确权程序中②,权利要求保护一种对组织的定量弹性信息和结构信息进行组合显示的系统,本案的争议焦点之一为最接近的现有技术公开的是一个技术方案还是多个技术方案。北京市高级人民法院认为,国家知识产权局在被诉决定中对对比文件 1 公开的本专利最接近的现有技术的认定错误。这是因为:首先,根据对比文件 1 译文第[0050] - [0053]段及附图 1 的记载,对比文件 1 公开了如下技术方案(以下简称技术方案 1):测量人或动物器官弹性的装置与控制设备(计算机、中央单元等)形成的技术方案,也即触头与微电脑(或中央单元)连接协同工作的技术方案。该技术方案仅能测试介质弹性数据,由于其并未连接超声回波描记仪(结构成像装置),故无法同步显示被测介质的结构图像。其次,根据对比文件 1 译文第[0083] - [0087]段及附图 3 - 5 的记载,对比文件 1 公开了如下技术方案(以下简称技术方案 2):测量人或动物器官弹性的装置 + 超声回波描记仪。该技术方案中弹性测量装置的弹性数据计算处理是依靠超声回波描记仪完成,而弹性测量装置自身并不具备独立的数据计算处理装置,也即对比文件 1 中弹性测量装置与超声回波描记仪为一体构造。可见,上述技术方案 1 和技术方案 2 是两个不同的技术方案。再次,虽然对比文件 1 的附图 3 - 5 中公开了触头和超声回波描记棒为分体设置,但这种触头和超声回波描记棒的分体设置只是数据测量端的分体设置,即结构数据测量端

① 最高人民法院行政判决书,(2019)最高法知行终 235 号。

② 北京市高级人民法院行政判决书,(2017)京行终 1418 号。

(超声回波描记棒)和弹性数据测量端(触头)的分体设置,不同于本专利所要求保护的"弹性测量装置"和"结构成像装置"两个测量装置的分体设置,它不能解决本专利说明书指出的现有技术缺陷,也无法实现本专利说明书所记载的技术效果。最后,国家知识产权局在将对比文件 1 作为评价本专利权利要求 1 是否具有创造性的最接近的现有技术时,认为技术方案 1 中的计算机、微型计算机或中央单元公开了本专利的"后处理装置",技术方案 2 中的"超声回波描记仪"公开了本专利的"结构成像装置",这显然是将对比文件 1 公开的两个不同技术方案重新解构后形成了一个新的技术方案,并将该新的技术方案作为评价本专利权利要求 1 是否具有创造性的最接近的现有技术,而国家知识产权局及上海回波公司也未提供有效证据证明该新的技术方案作为一个完整的技术方案已经被对比文件 1 或者其他现有技术所公开。因此,国家知识产权局在评价本专利权利要求 1 是否具有创造性时所确定的最接近的现有技术不当。

最接近的现有技术,应当是在现有技术中公开的一个完整的技术方案,而不能是现有技术中存在的不同技术方案的组合。在该案中,国家知识产权局确定的最接近的现有技术,是组合对比文件 1 中的实施例 1 和实施例 2 的技术方案作为最接近的现有技术,这属于最接近的现有技术认定错误的典型情形。当然,如果本领域技术人员对一份现有技术文献作整体性解读后可以直接地、毫无疑义地确定,记载于该文献不同部分的技术内容之间存在属于同一技术方案的逻辑关系,将该不同部分的技术内容共同构成的技术方案作为新颖性判断的比对对象,不违反单独比对原则。[①]

3. 整体发明构思相同

发明构思是指在发明创造的完成过程中,发明人为了解决所面临的技术问题在谋求解决方案的过程中所提出的技术改进思路,发明构思决定了发明进行技术改进的途径和最终形成的技术方案的构成。如果最接近现有技术与诉争技术方案的整体发明构思不同,则无须适用"三步法"进行判断,就可以得出发明创造具备具备创新性的结论。这是因为,适用"三步法"的前提就是:诉争技术方案与最接近现有技术应具有相同的整体技术构思。[②] 对此,最高人民法院认为,采用"三步法"判断发明是否具有创造性过程中,在判断本领域技术人员是否会对最接近的现有技术产生改进动机以及是否有将作为现有技术的对比

---

① 最高人民法院行政判决书,(2021)最高法知行终 83 号。

② 参见芮松艳:《创造性条款的原理解读与实务规则》,知识产权出版社 2023 年版,第 36 页。

文件进行结合的技术启示时,如果发明与最接近的现有技术之间在发明构思上存在较大差异,则本领域技术人员通常不会有改进最接近的现有技术以得到本发明的动机;如果作为现有技术的对比文件之间在发明构思上存在较大差异,则本领域技术人员通常也难以产生将两个发明构思不同的对比文件进行结合以得到本发明的技术启示。[①]

二、确定发明的区别技术特征和发明实际解决的技术问题

(一)对比文件公开技术内容的审查规则

正确确定对比文件公开的内容是判断创造性的基础,因此在判断创造性时首先是确定对比文件公开的内容,包括最接近的现有技术公开的内容,也包括其他对比文件公开的内容。

《专利审查指南》第二部分第三章第2.3节规定,对比文件是客观存在的技术资料。引用对比文件判断发明或者实用新型的新颖性和创造性等时,应当以对比文件公开的技术内容为准。该技术内容不仅包括明确记载在对比文件中的内容,而且包括对于所属技术领域的技术人员来说,隐含的且可直接地、毫无疑义地确定的技术内容。但是,不得随意将对比文件的内容扩大或缩小。另外,对比文件中包括附图的,也可以引用附图。但是,审查员在引用附图时必须注意,只有能够从附图中直接地、毫无疑义地确定的技术特征才属于公开的内容,由附图中推测的内容,或者无文字说明、仅仅是从附图中测量得出的尺寸及其关系,不应当作为已公开的内容。根据上述规定可知,第一,在认定对比文件文字部分公开的技术内容时,以"既包括明确记载在对比文件中的内容,也包括对于所属技术领域的技术人员来说,隐含的且可直接地、毫无疑义地确定的技术内容"为标准。第二,对于附图公开的技术内容,以"能够从附图中直接地、毫无疑义地确定的技术特征"为标准,由附图中推测的内容,或者无文字说明、仅仅是从附图中测量得出的尺寸及其关系,不应当作为已公开的内容。第三,同一现有技术文献所记载的特定技术方案内容与其所记载的其他关联内容存在矛盾,本领域技术人员完整阅读文献后,结合公知常识亦不能作出合理解释或

① 最高人民法院行政判决书,(2022)最高法知行终316号。

者不能判断其正误的，可以认定该现有技术文献未公开上述特定技术方案。①

在名称为“高速光收发模块”的实用新型专利确权程序中，涉案权利要求保护一种高速光收发模块。北京知识产权法院认为，②本案中，本专利系一种高速光收发模块的实用新型专利，其主要改进点在于将背景技术中“一般将光引擎直接焊接在 PCBA 组件上”改为“光无源器件通过 PCBA 组件上预设的光纤接口与其插接相连”，从而解决了“焊接连接的稳定性不好”“产品的不良率高，加工工艺复杂、效率低”等技术问题，实现了“连接方式简单、高效、稳定”“提高了生产效率及产品良率”的技术效果。证据 1 系一种多通道并行光收发模块，其与本专利同为光纤通信领域，所属技术领域相同。根据其说明书记载，证据 1 主要针对背景技术中“采用光器件和线路板独立分开的设计，光器件通过软板和线路板连接”的方式存在“设计成本高，信号线太长，对高速信号的品质影响较大，不容易得到较好的传输特性”等技术问题，提供了一种多通道并行光收发模块的技术方案。虽证据 1 说明书第 0017 段中公开了“光收发器件还包括光纤接头端，光纤以及用于插在模组中的插口，插口通过把手来控制拔插”，但结合证据 1 附图所示，上述“插口”并非被诉决定中所认定的“光纤接口”，故即便如证据 1 说明书第 0022 段所述“尾纤 8 内还设有插芯 17 以及设置在插芯 17 内的光纤 18，光路从激光器 13 发射出经过透镜 12 和光隔离器 16 耦合到位于尾纤 8 内的光纤 18 上”，也无法从证据 1 的技术方案中直接地、毫无疑义地得出上述光纤的耦合方式系通过焊接还是插接。

该案尽管是对新颖性的判断，但是无论是新颖性还是创造性，都应当以对比文件公开的技术内容为准，判断对比文件公开的内容。该案中，权利要求 1 限定了“插接”的技术方案，而且因此取得了有益的技术效果，而证据 1 并没有明确公开“插接”的技术方案，因此涉案权利要求具备新颖性。

1. 相同的技术特征和作用

将发明与最接近的现有技术进行对比并确定区别技术特征，不应仅关注发明与最接近的现有技术之间在文字表述上的形式差异，而应在关注技术特征的结构、功能及其在整体技术方案中发挥作用的基础上，对文字表达所传递的技术内容进行实质对比。在确定现有技术中的某技术特征与请求保护的专利的相应技术特征是否具有对应关系时，应当重点考量它们在各自技术方案中所起

① 最高人民法院行政判决书，(2021) 最高法知行终 83 号。

② 北京知识产权法院行政判决书，(2019) 京 73 行初 4388 号。

的作用是否实质相同，[①]即在判断权利要求中的技术特征是否被对比文件公开时，不仅要求对比文件中包含有相应的技术特征，还要求该相应的技术特征在对比文件中所起的作用和该技术特征在权利要求中所起的作用相同。相应的技术特征在对比文件中所起的作用是指该相应的技术特征在对比文件公开的技术方案中实际所起的作用，而不是该相应的技术特征客观上可能具有的全部作用的集合。[②] 由此可知，在判断对比文件是否公开了权利要求中限定的相应的技术特征时，应当同时考察技术特征本身和其所起的作用。而区别技术特征在对比文件中所起的作用不应以对比文件“客观记载”的作用为限，亦不应当将其扩展至该相应区别技术特征客观上具备的所有作用，而应当以本领域的技术人员可直接地、毫无疑义地确定的该相应的区别技术特征在该对比文件中所客观、实际发挥的作用为准。将区别技术特征在对比文件中所起的作用局限于对比文件“客观记载”的作用，与上述以本领域的技术人员为创造性判断主体的基本规则相违背；而将其扩展至该相应区别技术特征客观上具备的所有作用会割裂相应技术特征在整体技术方案中相互配合、衔接等关系，从而容易导致将相应的技术特征作为孤立存在予以对待，而产生“事后诸葛亮”的问题。[③] 在对比文件仅仅有关于功能和效果的描述，而没有记载实现该功能和效果的技术方案时，特别是在实现某一功能和效果有多种技术方案时，不宜将权利要求限定的技术特征推定为对比文件公开的技术内容。

在名称为“闭锁装置”的发明专利确权程序中[④]，争议焦点在于“证据 1 中的凹口 24A 是否相当于本专利的接合表面，杠杆 11A 延长到凹口 24A 之外的延伸部分是否相当于本专利权利要求 1 中的延长段”。对此，北京市高级人民法院认为，判断发明或实用新型对本领域的技术人员来说是否显而易见，要确定的是现有技术整体上是否存在某种技术启示，即现有技术中是否给出将该发明或者实用新型的区别技术特征应用到最接近的现有技术以解决其存在的技术问题的启示，这种启示会使本领域的技术人员在面对相应的技术问题时，有

---

① 最高人民法院行政判决书，(2020)最高法知行终 329 号。

② 北京知识产权法院行政判决书，(2016)京 73 行初 1381、1382、2209、2406、499、4427、4484、3823、5863 号，(2017)京 73 行初 191 号；北京市高级人民法院行政判决书，(2018)京行终 4339 号；《最高人民法院知识产权审判案例指导》编委会编：《最高人民法院知识产权审判案例指导》(第 5 辑)，法制出版社 2013 年版，第 34 页；最高人民法院行政裁定书，(2012)知行字第 3 号。

③ 北京知识产权法院行政判决书，(2016)京 73 行初 2406、5863 号。

④ 北京市高级人民法院行政判决书，(2013)高行终字第 1795 号；最高人民法院行政裁定书，(2014)知行字第 43 号。

动机改进最接近的现有技术并获得该发明或者实用新型专利技术。当上述区别技术特征为公知常识或为与最接近的现有技术相关的技术手段,或者为另一份对比文件披露的相关技术手段,且该技术手段在该对比文件中所起的作用与该区别技术特征在要求保护的发明或者实用新型中为解决相关技术问题所起的作用相同,通常可以认定存在相应的技术启示。

最高人民法院认为,发明是一个整体,技术方案中的技术特征之间并不是孤立的,不能割裂特征之间的关系,忽视特征在整体技术方案中所发挥的作用。尤其是涉及机械结构领域的发明创造,可能由于两个技术方案整体的技术构思、工作方式、技术效果不同,结构或者位置等形式上看似类似的部件在整个技术方案中实际上起到完全不同的作用。因此,在确定现有技术中的某技术特征与本专利的相应技术特征是否具有相当性时,要考虑它们在各自技术方案中所起的作用是否相同。根据本专利权利要求1的文字记载,本专利权利要求1限定的接合表面和延长段均是设置在杠杆11的一个自由端上,在工作时,延长段与第二部分协同作用,提供初始闭锁杠杆作用,接合表面与第二部分相接触,提供最终的杠杆闭锁作用。由于证据1(GB2253020A)的技术方案所要解决的技术问题和所要实现的技术效果与本专利不同,证据1中的凹口24A用于在关闭状态下容纳销钉25A,并不提供最终的杠杆闭锁作用。

在名称为“用于在高压灭菌器中消毒长方体形纸板/塑料组合式包装件的装置以及适用于该装置的包装件”的发明专利申请案中①,涉案修改后的权利要求保护一种用于在高压灭菌器中对长方体形纸板/塑料组合式包装件进行消毒的方法,争议焦点之一为对比文件1是否公开本申请权利要求1中“窄小的气隙”的特征。北京知识产权法院认为,本申请权利要求1中“窄小的气隙”的作用在于使得包装件受热膨胀后在高压灭菌器托盘的平行表面之间夹持或固定,进而可以减少包装件被损坏。虽然对比文件1公开的定形件7的位置要保证在相邻定形件7的包装物6之间的距离,还要保证上下位置的包装物在高度上的距离11,但并未公开保证上下位置的包装物在高度上的距离11的作用是为了使包装物受热膨胀后被夹持或固定。根据对比文件1公开的内容,保证该距离的目的与希望有尽可能多的包装物暴露于高压釜的蒸汽中的目的相符。事实上,对比文件1的轮车在加热灭菌的过程中并不需要转动,包装物没有被夹持或固定的需要,而且轮车的最顶层包装物上方系开放空间,客观上也无法使

---

① 北京知识产权法院行政判决书,(2016)京73行初1381号。

包装物受热膨胀而达到夹持或固定的作用。因此,对比文件1未公开本申请权利要求1中的"窄小的气隙"。

权利要求中的技术特征是否被公开,要同时满足两个条件:一是要求对比文件中包含有相应的技术特征,二是要求该相应的技术特征在对比文件中所起的作用和该技术特征在权利要求中所起的作用相同。上述两案件中,因为对比文件公开的技术特征与权利要求限定的相应技术特征所起的作用不同,因此,认定对比文件没有公开权利要求中限定的技术特征。另外,与此相对应,在侵权诉讼中,应当考察被诉产品是否具备相应的作用效果,这是权利要求解释一致性的内在要求。按照一般的解释方法,在判断是否构成字面侵权时,如果被控侵权物不具备说明书中描述的作用效果,以该作用效果对权利要求进行限制性解释,认定不构成字面侵权。①

2. 说明书附图公开内容的认定

对于说明书附图公开内容的认定,②同样采用"能够从附图中直接地、毫无疑义地确定的技术特征"的标准来认定。说明书附图作为一种工程语言,其公开的内容应以本领域普通技术人员能够从附图中直观地、明显地看出的技术内容为准,不包括从附图中推测的内容,或者无文字说明、从附图中测量得出的尺寸及其关系。③ 如果将说明书附图直接地、毫无疑义地确定的技术方案随意进行推定,将破坏专利权审查标准的客观性和稳定性,不利于专利制度的稳定运行。

(1)客观确定规则

在确定说明书附图公开的内容时,应当从本领域技术人员的角度出发,结合公知常识来客观确定附图公开的内容。

在名称为"吸纳式充电装置"的实用新型专利行政纠纷案中④,涉案权利要求1为一种吸纳式充电装置,其特征在于,其包括吸纳滚轮机构、充电机构、主控PCB,该第一电机与主控PCB电连接,该充电机构包括与主控PCB连接的充电PCB。涉案争议的技术特征之一为"充电机构包括与主控PCB连接的充电

① 参见李明德、闫文军:《日本知识产权法》,法律出版社2020年版,第423页。

② 本章所指的说明书附图,不仅包括常见的专利说明书附图,而且包括任何以图纸、照片等形式呈现的对比文件。

③ 参见国家知识产权局专利复审委员会编著:《专利复审委员会案例诠释·创造性》(第2版),知识产权出版社2006年版,第11页。

④ 国家知识产权局无效宣告请求审查决定书(第36489号)。

PCB”技术特征是否被对比文件1公开。对此,专利权人认为该技术特征的作用在说明书予以详细记载,即根据本专利说明书第16、42段的记载,本专利的充电PCB实现了电池和主控PCB的电流传输,优选地还包括数据传输,即智能化充电过程。请求人认为,对比文件1公开了“充电机构包括与主控PCB连接的充电PCB”这一技术特征,即电池槽模组可以向电池充电(说明书第6页第4~7行,图4A),图中标示出了充电管脚(相当于充电PCB),界面连接器单元(相当于主控PCB)用于连接系统和电池槽模组,充电工作时充电管脚连接到界面连接器单元进而连接到系统,相当于与主控PCB连接的充电PCB。

国家知识产权局认为,电池槽模组20相当于本专利的充电机构,而系统可以读取电池的电量、插入抽离状态,在电池插入时给电池充电,并指令另一电池电量充足的模组的活动门打开,供取出使用,而且电池槽模组20通过界面连接器单元30与系统插合连通,因此,界面连接器单元30的作用相当于本专利中的主控PCB,其能有助于系统实现读取电池数据并智能化控制的功能,而对比文件1只是公开系统通过界面连接器单元30向电池充电,并未明确记载有充电PCB。

笔者认为,对比文件1没有任何文字记载公开了充电管脚与界面连接器单元的连接关系和控制关系,即对比文件1没有公开充电管脚与界面连接器的连接关系和界面连接器通过充电管脚获取电池数据信息并控制充电过程的控制关系。从对比文件1的附图4和图5明确公开的是充电管脚和界面连接器单元属于两个电器元件,且分别安装在不同的位置,充电管脚安装在充电槽内部,界面连接器单元通过安装柱安装于充电槽外部,与充电槽后侧壁存在明显距离,附图4和图5公开的技术内容是充电管脚和界面连接器单元不具有连接关系;对比文件1文字部分仅仅公开了充电槽实现充电功能,附图4和图5也仅仅公开了充电槽内的充电管脚为充电触点,相应的电池尾端相应有两个插孔,在插孔之间有一接触片,首先,不能确定管脚与插孔配合是否是用于充电;其次,即便是管脚和插孔配合可以实现充电,也不能确定其可以用来读取电池数据;最后,对比文件1没有公开界面连接器控制充电管脚实现充电功能。在图4和图5公开的充电槽后侧壁中下部设置有一插接头,但是在对比文件1文字部分没有记载描述其功能和与其他部件的连接关系,由此无法排除充电管脚是不是通过该插接头与系统直接连通,由系统直接给充电管脚供电,或者其他可行的技术方案,在存在多种技术方案的情况下,不能直接地、毫无疑义地认为附图公开了充电管脚与界面连接器相连接,且界面连接器通过充电管脚获取电池数据信息并控制充电过程。在缺乏文字记载的情况下,特别是在存在多种可能的情况下,应当避免将主观推测的内容认定为说明书公开的内容。国家知识产权在最后的决定认为,证据5(上述对比文件1)并未公开电池槽模组为充电PCB或包括充电PCB,亦未公开能够通过电池槽模组读取电源各种内部信息相关的技术内容。①

在名称为"一种电镀夹导电式卷对卷垂直连续电镀设备"的专利无效程序中②,争议的技术特征之一为"入端引导滑轨组(335)和出端引导滑轨组(336)均包括两根内侧面相对且内侧面由两端部逐渐向中部凸起的引导滑轨"。请求人认为,证据1中的斜面1。相当于本专利的引导滑轨,由证据1图3可以看出其也是两端向中间凸起。对此,国家知识产权局认为,关于斜面,证据1文字部分仅提及"在固定框架1的两端,设计有与两轴承53配合挤压的斜面,如图4中的斜面10,使两夹爪52操作端的两轴承53受挤压,从而使两夹爪52绕其旋转支点旋转从而打开电镀夹5,实现自动夹持基板和释放基板的功能",未记载斜面的具体结构。证据1的图3和图4仅为示意性附图,将二者结合也仅能看出所述引导装置为斜面,而看不出其具有"两头细中间粗"的尺寸特征,即证据1未公开"内侧面由两端部逐渐向中部凸起的引导滑轨"。

笔者认为,在确定对比文件是否公开了相应的技术特征时,首先,应当尊重对比文件客观事实,即对比文件中可以直接、毫无疑义确定的内容,本案中附图明显可以看出"两头细中间粗"的技术特征,国家知识产权局却予以忽略,这一做法应当予以纠正。其次,在确定附图公开的内容时,应当结合公知常识,并由此确定附图隐含公开的内容。对此,最高人民法院认为,"对比文件1为一种管道设备,必然和其他管道配合才可以起到分配液体的作用,其两端必然是一个连接部件。综上,虽然对比文件1没有明确说明该圆柱形凸起为法兰,但结合其结构特点和本领域技术人员的公知常识,该圆柱形凸起实际是起到法兰的作用。"③在判断对比文件公开的内容时,不能脱离本领域技术人员的公知常识机械的进行判断。

(2)合理推定规则

合理推定规则具有浓厚的主观性色彩,在根据说明书附图确定对比文件公

① 国家知识产权局无效宣告请求审查决定书(第44077号)。
② 国家知识产权局无效宣告请求审查决定书(第47530号)。
③ 最高人民法院行政判决书,(2012)行提字第25号。

开的内容时，应当尽量减少适用合理推定规则，避免将主观确定的内容认定为附图公开的内容。

在名称为“一种新型一体式 LED 透镜装置”的实用新型专利的无效程序中[①]，国家知识产权局认为，基于证据 1 公开的上述内容可知，安装支柱 77 相当于本专利权利要求 1 中的支架，透镜本体 7 中锥形反光部 71 包围的部分相当于本专利权利要求 1 中的透镜。证据 1 虽然没有明确提及安装支柱 77 为透镜本体 7 的一部分，与透镜部分为一体结构，但是，一方面，图 11 为图 10 的剖面图，从其剖面线来看，安装支柱 77 与锥形反光部 71 包围的透镜部分采用了连续且相同的剖面线描绘，按照本领域技术人员对制图要求的认知应当认定二者为一体结构；另一方面，根据图 11 中附图标记的表示方式，透镜本体用数字“7”表示，并悬空标注，而其中包含的具体部件均采用以“7”开头的数字标注并指向具体的结构，根据上述标注方式也可知安装支柱 77 与锥形反光部 71 包围的透镜部分一样，均为透镜本体 7 的一部分。结合证据 1 第 7 页第 2 段明确记载的“透镜本体均为一体化结构，可以经注射机注塑成形”可知，证据 1 的技术方案中作为支架的安装支柱 77 和作为透镜的锥形反光部 71 所包围的部分可以经注塑机注塑一体成型，其实质上已经公开了本专利权利要求 1 中的“所述支架与透镜为一次注塑成型”的特征。对比文件文字部分虽然没有直接的文字记载，但是根据相关文字记载以及附图所示能够合理推定的内容同样属于对比文件公开的内容。在该案中，国家知识产权局使用了根据对比文件合理推定的内容。笔者认为，该无效决定使用的“合理推定”的标准与《专利审查指南》确定的“能够从附图中直接地、毫无疑义地确定的技术特征”的标准是不同的。首先，《专利审查指南》已经明确将推测内容排除在对比文件公开的技术内容之外，在该无效决定中明确将推测的内容纳入对比文件公开的技术内容与《专利审查指南》规定的不符；其次，将“合理推定”的技术内容纳入对比文件公开的内容，本质是将公知常识的内容纳入了对比文件公开的技术内容，但本案评述的是涉案专利是否具有新颖性，而不是创造性，同时请求人也仅仅请求对涉案专利的新颖性进行审查，而没有请求对涉案专利的创造性进行评价，请求人更没有使用证据 1 与公知常识进行组合的证据使用方式，如果本案采用证据 1 结合公知常识的创造性评价标准可能会更为准确和适当。

在名称为“蔬菜水果农药污物清洗器用离合器轴套”的实用新型专利权无

① 国家知识产权局无效宣告请求审查决定书（第 35825 号）。

效行政纠纷案中①，北京市高级人民法院认为，只有能够从附图中可以直接地、毫无疑义地确定的特征才属于公开的内容，具体到附件 1，从图 4 中无法看出设置在骨架密封圈 7 上方、凸件 3 下方相接处的部分即为传动盘，其更可能是类似垫圈的装置，附件 1 的文字部分也未对此作出任何说明，因此不能认为附件 1 公开了传动盘。

在名称为“家庭专用小吊机”的实用新型专利权无效行政纠纷案中②，国家知识产权局认为，证据 1 公开了 3 种小吊机的产品照片及相关的文字说明，明确指出这 3 种小吊机用于取代“将粮食用肩扛或绳子拉到房面上晾晒，费时又费力”的过程，具体公开了图 2 的电动式小吊机是在图 1 公开的手摇式小吊机的基础上增加了电动提升装置，从图 2 的产品照片上可以看出，该小吊机包括底座，定位在底座上的支撑杆，固定在支撑杆上部、向斜上方延伸的支臂，支臂拉杆通过其一端与支臂前端固联定位在支撑杆上，支臂拉杆的自由端设置有手柄，在轴的上部固定有横梁，吊绳一端连接在卷筒上，另一端通过支臂前端导向装置与重物相连。而对于电动小吊机来说，电机必然需要通过传动装置带动卷筒旋转，从而将吊绳卷绕在卷筒上以提升物体。图片可以反映出技术信息，并且《专利法》并未排除图片作为现有技术证据来进行新颖性和创造性的评价。照片的清晰度仅对其反映技术信息的多少有影响，不能仅因其清晰度不够就认为其不能确定任何技术信息。北京市高级人民法院认为，证据 1 所刊登的“隆尧农民张某亮：研制出 3 种小吊机”的文章中，文字部分除记载了“图 2 的电动式小吊机是在图 1 公开的手摇式小吊机的基础上增加了电动提升装置”外，并未记载任何有关小吊机的部件名称、具体结构及连接关系的内容，在没有任何文字记载的情况下，仅依据照片所显示的内容难以直接地、毫无疑义地确定小吊机具体的技术特征，国家知识产权局仅依据照片内容即得出与本专利权利要求 1 相一一对应的各部位名称、结构及连接关系确有不妥。

在本案中，司法机关与行政机关在关于“能够从附图中直接地、毫无疑义地确定的技术特征”的标准产生了分歧。笔者认为，法院的标准更接近客观标准，在判断对比文件公开的技术内容时，之所以采用“能够从附图中直接地、毫无疑义地确定的技术特征”的标准来确定对比文件公开的技术内容，目的是在实践中遵循更为客观的标准来确定对比文件公开的技术内容，如此可以避免主观性

① 北京市高级人民法院行政判决书，(2011)高行终字第 1715 号。

② 北京市高级人民法院行政判决书，(2013)高行终字第 163 号。

和随意性引入对比文件未直接公开的内容。无效程序实际上是准司法程序，是国家知识产权局根据请求人的请求和申请人提供的证据依据客观的审查标准对涉案专利是否符合专利法的规定进行审查，审查员在审查对比文件时，采用客观性标准是公平原则在审查程序中的体现，避免将推测的内容作为对比文件公开的技术内容，如果过多的采用主观性标准，则容易导致审查结果的不确定性。

（二）发明实际解决的技术问题

1. 不予考虑的技术特征

权利要求与最接近现有技术之间的区别技术特征，一方面，应当以权利要求记载的技术特征为准，将权利要求中记载的技术特征与最接近的现有技术公开的技术特征进行逐一对比，未记载在权利要求中的技术特征不能作为对比的基础，因此，也不可能构成区别技术特征。另一方面，写入权利要求的技术特征，对权利要求是否具有限定作用，则要具体问题具体分析。根据《专利审查指南》规定，权利要求中存在多种特殊类型的技术特征，这些技术特征是否具有限定作用是因情况而定的。在授权、确权程序中，该类技术特征并不必然对权利要求的保护范围具有限定作用，这些特征包括主题名称、性能、参数、用途、制备方法等技术特征。对于包含性能、参数、用途、制备方法等特征的产品权利要求新颖性的审查，应当考虑权利要求中的性能、参数、用途、制备方法等特征是否隐含了要求保护的产品具有某种特定结构和/或组成。如果权利要求中的性能、参数、用途、制备方法等特征由产品本身固有的特性决定，而且用途特征没有隐含产品在结构和/或组成上发生改变，则这些特征限定的产品权利要求相对于对比文件的产品不具有新颖性。这种情况下，权利要求中的性能、参数、用途、制备方法等特征对权利要求不具有限定作用，在审查权利要求的新颖性或创造性时不予考虑，即这类特殊类型的技术特征，是否认定为区别技术特征是要具体问题具体分析的，不能一概而论。这一点与侵权程序划定技术特征的规则不同。①

2. 发明实际解决的技术问题

确定发明实际解决的技术问题是创造性判断的基础和前提。多数情况下，提出技术问题和发现技术问题是发明创造的动因和起点，发明创造技术方案的

① 对于这类特殊类型的技术特征在授权确权程序中与侵权程序中认定的差异问题，技术特征的划分，将专章讨论，故在此不再展开。

形成与“问题的提出”之间存在直接因果关系。大多数情况下,“提出问题”和“发现问题”比较容易,找到解决问题的技术方案相对困难。[①] 创造性判断时所确定的发明实际要解决的技术问题与说明书中记载的技术问题可能一致,也可能不一致。如果最接近的现有技术与说明书公开的背景技术一致,则发明实际解决的技术问题与说明书中记载的技术问题重合。此时,应当根据说明书及附图的记载确定发明实际解决的技术问题。虽然区别技术特征解决多个技术问题,但是创造性的判断与技术问题的多少没有直接关系,因创造性判断的对象是技术方案,而非技术问题,技术问题的确定仅是判断技术方案是否显而易见的前置环节,因此,本领域技术人员是否认识到区别技术特征在本申请中所实际解决的全部技术问题并不重要。为解决其中一个或几个技术问题,本领域技术人员只要在现有技术的基础上无须创造性劳动就可以获得诉争专利的技术方案,即可以认定该技术方案不具备创造性。[②] 由此可知,在重新确定的技术问题与说明书公开的技术问题一致的情况下,较为容易确定发明实际解决的技术问题。具有争议的问题是,如果说明书中没有记载区别技术特征的作用或者记载了区别技术特征的多个作用的情况下,如何确定发明实际解决的技术问题,下文分别讨论。

(1)说明书中没有记载区别技术特征的作用

如果最接近的现有技术与说明书公开的背景技术不一致,则发明实际解决的技术问题与说明书中记载的技术问题不同。重新确定“实际解决的技术问题”的目的是在判断权利要求是否具有创造性的过程中,确定“现有技术整体上是否存在某种技术启示,即现有技术中是否给出将上述区别特征应用到该最接近的现有技术以解决其存在的技术问题(实际解决的技术问题)的启示”。[③] 为此,《授权确权司法解释一》第13条第1款规定:说明书及附图未明确记载区别技术特征在权利要求限定的技术方案中所能达到的技术效果的,人民法院可以结合所属技术领域的公知常识,根据区别技术特征与权利要求中其他技术特征的关系,区别技术特征在权利要求限定的技术方案中的作用等,认定所属技术领域的技术人员所能确定的该权利要求实际解决的技术问题。

司法解释确认的上述规则,是对以往裁判规则的提炼。在创造性判断中确

① 最高人民法院行政判决书,(2020)最高法知行终183号。

② 北京知识产权法院行政判决书,(2016)京73行初4357号。

③ 最高人民法院行政判决书,(2016)最高法行再19号。

定发明实际解决的技术问题时，应当根据区别技术特征在本专利技术方案中所实现的作用、功能或者效果等对技术问题作恰当提炼，既不能概括得过于上位，又不能简单将区别技术特征所实现的作用、功能或者技术效果等同于发明实际解决的技术问题。[①] 但是，在具体案例中对于如何适应这一规则存在争议。

在名称为“一种正负极同向引出圆柱形锂离子电池的封口胶塞”的实用新型专利无效程序中[②]，权利要求保护一种正负极同向引出圆柱形锂离子电池的封口胶塞。本专利权利要求相对于对比文件的区别技术特征为“权利要求 1 明确限定了封口胶塞位于封口束腰和外壳上端掩口之间”，因该区别特征系本专利的发明点，说明书中对该技术特征的技术效果具有明确记载，故无论其是否存在其他效果，说明书中所记载的技术效果至少可认定为实际解决的技术问题之一。本专利说明书中有关技术效果的记载为“本实用新型的目的是提供一种正负极同向引出圆柱形锂离子电池的封口胶塞，使圆柱形锂离子电池正负极同向引出的导针由电池端部安装的封口胶塞设置导针引出孔引出，既固定了导针，防止了正负极相碰造成短路，也便于电解液灌入后的电池封装，采用橡胶材料的封口胶塞封口，保证了圆柱形锂离子电池的导电性能，密封性也得到了大大提高。”由该记载可知，密封及导电问题系第三人（专利权人）在申请专利时认为区别技术特征所实际解决的技术问题。

北京知识产权法院认为，被诉决定中所认定的“防止封口胶塞因滚动成型出的束腰对导针造成挤压”这一技术问题，系第三人在无效程序中所提出，其在说明书中并无记载。通常情况下，如果该效果确由发明点所带来，但却未记载在说明书中，仅可能存在两种情形：其一，本专利的发明人在申请时并不知晓具有这一效果从而未将其记载在说明书中。其二，该技术效果属于本领域技术人员所公知，从而不必要记载在说明书中。因《专利法》保护的是发明人所付出的创造性劳动，而该创造性劳动在专利申请时已结束，故如果属于第一种情形，该技术效果不属于发明人的智力劳动，在创造性判断中无须考虑。如果属于第二种情形，则不仅仅该技术效果对于本领域技术人员而言属于公知常识，在相当程度上说明为实现该技术效果而采用该技术特征对于本领域技术人员而言更容易想到。据此，无论属于上述任何一种情形，均不足以因该新技术问题的认

① 最高人民法院行政判决书，(2019)最高法知行终 32 号；最高人民法院行政裁定书，(2013)知行字第 77 号。

② 北京知识产权法院行政判决书，(2016)京 73 行初 4357 号；北京市高级人民法院行政判决书，(2018)京行终 288 号；最高人民法院行政裁定书，(2019)最高法行申 504 号。

定而使得本专利权利要求具备创造性。对此，最高人民法院也有过评述，专利权是一种法定的独占权，专利权人向社会公众充分公开其发明创造，是其获得专利权保护的前提。因此，未能在专利说明书中公开的技术效果等，一般不得作为评价专利权是否符合法定授权确权标准的依据。[①] 在名称为"鲨鱼鳍式天线"发明专利确权纠纷案中，最高人民法院认为，专利权的保护范围应与技术方案的创新程度相适应。虽然区别技术特征明确限定"AM/FM 共用天线"，但是在本专利的说明书中，既没有公开本专利中的"AM/FM 共用天线"的具体实施方式，也没有记载与"AM/FM 共用天线"有关的有益效果。对于本领域技术人员而言，此时只能基于本领域的公知常识以及本专利说明书的其他相关内容，相应确定本专利中的"AM/FM 共用天线"的具体实现方式和技术效果。在缺乏其他证据证明的情况下，不能认定区别技术特征中的"AM/FM 共用天线"具有应有的技术贡献，不足以使得本专利权利要求具备突出的实质性特点和显著的进步。[②] 笔者认为，既然相应的区别技术特征的作用、功能或者技术效果在说明书中没有任何记载，那么司法不宜介入过多，补入发明人都未披露的内容，避免出现重新撰写说明书的嫌疑，可以直接进行创造性的判断，以保证专利权的保护范围应与技术方案的创新程度相适应。[③]

在名称为"位于坐垫下表面或座椅骨架上的压力型安全带提醒传感器"的实用新型专利确权程序中[④]，争议焦点之一在于如何确定区别技术特征"通孔"实际解决的技术问题。对此，北京市高级人民法院认为，我国创造性判断采用的"三步法"基本源于欧洲专利局的"问题—解决"方法，其精髓在于：重塑发明过程，即以最接近现有技术为基础，立足本领域普通技术人员的认知，分析最接近现有技术中存在的缺陷，并据此提出发明要解决的技术问题，再进一步判断现有技术整体上是否给出了采用与发明一样的手段解决该技术问题的技术启示。虽然对个别案件而言，存在忽视"三步法"的现象，但"三步法"的判断思路适用于绝大多数发明的创造性审查，是避免"事后诸葛亮"客观判断发明创造性

---

① 最高人民法院行政判决书，(2018)最高法行再 176 号。

② 最高人民法院行政判决书，(2019)最高法行再 268 号。

③ 《授权确权司法解释一》第 13 条第 2 款规定：被诉决定对权利要求实际解决的技术问题未认定或者认定错误的，不影响人民法院对权利要求的创造性依法作出认定。该规定可知，实际解决的技术问题并非判断创造性的不可逾越的阶段。

④ 北京市高级人民法院行政判决书，(2015)高行(知)终字第 3065 号；最高人民法院行政判决书，(2018)最高法行再 33 号。

不可取代的有效方法。其中第二步"确定发明实际解决的技术问题"是判断发明相对于现有技术是否显而易见的基础和前提。如果本领域技术人员没有意识到要解决的技术问题,通常不会有动机去寻求解决该问题的技术方案。技术效果是确定技术问题的依据,技术效果的来源有二:一是说明书的明确记载,根据《专利法》"公开换保护"的基本原理,未记载在说明书中的技术效果不能视为发明人的技术贡献,不能作为评价专利创造性的依据。这种情况下往往属于主观技术问题与客观技术问题一致的情形。二是说明书虽未明确记载,但本领域技术人员通过阅读说明书后得出的技术效果,也就是主观技术问题与客观技术问题不一致时,应以审查员或法官认定的客观技术问题为准。确定客观技术问题应避免将区别技术特征本身的基本属性直接认定为其在技术方案中的作用,应考查察与其他特征的关联,并根据其所在的技术单元给整个技术方案带来的技术效果来认定。尤其是当区别技术特征为所属技术领域公知常识时,不考虑与技术方案其他特征的配合、协同作用,仅以其公知的属性认定技术效果,往往会割裂单个区别技术特征与整个技术方案的内在联系。本案中,本专利权利要求与最接近对比文件区别技术特征为压力传感器包括设置在塑料薄膜层上的"通孔",而"通孔"与上下层塑料薄膜及印刷电路等其他技术特征共同组成了传感器,正因为"通孔"的设置才使双层塑料薄膜层在一定座椅载荷作用下,内部空气通过"通孔"被排出,上下层印刷电路相接触,相应地改变接触电阻值并传输到相关控制系统进行信号检测,为整车提供乘员状态信息以便在安全带没有系好的情况下提醒乘员确认安全带系好。作为本领域的公知常识或生活常识,"通孔"必然具有"排气通气"的功能,由于本专利中的"通孔"与压力传感器是一体设计的,所以客观技术问题的认定不能仅以"通孔"本身具有的功能来确认,应将"通孔"置于压力传感器中来认定。本专利在仅有两页的说明书中反复出现"传感器的各个传感单元可以重复测量"的表述,因此,本领域技术人员基于本专利发明主题、发明目的以及说明书对传感单元结构、具体实施方式的记载,可以明确地认识到,传感器单元的技术效果是"测量"汽车座椅上的载荷,故本专利实际解决的技术问题既非专利权人声称的"排气通气",亦非原审法院归纳总结的"保持平衡",而是"识别最低荷载"。

最高人民法院认为,关于"实际解决的技术问题"的确定,《专利审查指南》第二部分第四章第3.2.1.1节"判断方法"规定:"首先应当分析要求保护的发明与最接近的现有技术相比有哪些区别特征,然后根据该区别特征所能达到的技术效果确定发明实际解决的技术问题","应当根据审查员所认定的最接近的现有技术重新确定发明实际解决的技术问题。重新确定的技术问题可能要依据每项发明的具体情况而定。作为一个原则,发明的任何技术效果都可以作为重新确定技术问题的基础,只要本领域的技术人员从该申请说明书中所记载的内容能够得知该技术效果即可"。

参照上述《专利审查指南》的规定,在正确认定发明相对于最接近的现有技术的区别技术特征的基础上,应当以涉案专利说明书为依据,根据该区别技术特征在权利要求保护的技术方案中所实现的作用、功能、技术效果,来确定其实际解决的技术问题。如果在涉案专利的说明书中没有记载该区别技术特征的作用、功能、技术效果,则可以结合本领域的公知常识,以及区别技术特征与权利要求中的其他技术特征的关系等因素作出认定。需要指出的是,对区别技术特征在权利要求技术方案中的作用、功能、技术效果作出认定的基础上,如果继续在此基础上对实际解决的技术问题做出不同程度的抽象或者概括,则难免仁者见仁智者见智,引发不必要的争议。尤其是像本案这样,在权利要求中具有多个区别技术特征,或者权利要求本身属于减少技术特征的省略发明时,更是难以抽象、概括出一个单一的实际解决的技术问题。在此种情况下,应当回到区别技术特征在权利要求限定的技术方案中的作用、功能和技术效果本身,而不必刻意、主观地去抽象、概括一个实际解决的技术问题。如此,与"三步法"的第三步的认定亦不矛盾,即如果现有技术给出了将区别技术特征应用于权利要求技术方案的启示或者教导,并且本领域技术人员能够认识到此种应用可实现相同或者实质相同的作用、功能、技术效果的,则可以据此认定现有技术整体上给出了技术启示。

本案中,虽然涉案专利的说明书中没有记载区别技术特征中的"通孔"的作用、功能、技术效果,但本领域技术人员在阅读涉案专利说明书后,能够认识到"通孔"在原权利要求中的作用是在受压载荷时便于中间层通道空腔中的空气排出,使得原本并无接触的印刷电路产生接触;在受压载荷移除后,使得空气可以通过通孔进入中间层通道中的空腔,隔绝印刷电路之间的电连接。故应当在此基础上,对现有技术是否整体上给出了有关区别技术特征的启示作出认定。二审法院将实际解决的技术问题认定为"确定最低载荷",缺乏事实依据。

(2)说明书中记载区别技术特征的多个作用

一项技术特征同时实现多个方面的作用功能和技术效果,是技术创新的重要方式之一。因此,如果说明书中明确记载了区别技术特征同时具有多个方面的作用功能和技术效果,那么在确定权利要求限定的技术方案实际解决的技术问题，以及其他对比文件公开该区别技术特征，现有技术整体上给出技术启示时，应当综合考虑该区别技术特征实际具有的所有作用功能和技术效果。

在认定权利要求的创造性时，区别技术特征的作用功能和技术效果是认定该权利要求实际解决的技术问题的根本依据。在认定其作用功能和技术效果时，应注意权利要求限定的技术方案与说明书中记载的具有特定作用功能、技术效果的技术方案是否具有对应性。如果二者存在实质性差异，则需要根据权利要求限定的技术方案的具体情形，确定区别技术特征能够实现的作用功能和技术效果。①

在名称为"用于液体加热容器的加热器"的发明专利申请授权程序中②，争议焦点之一为区别技术特征"壁体"实际解决技术问题的认定。对此，最高人民法院认为，本申请说明书中记载了本申请中的壁体可以实现多种作用功能，包括：(1)作为"定位"装置，用于"使检测区域中的第二扩散部分在焊接时保持在合适的位置"；(2)"起到热屏障的作用"，以使得温度的测量更为准确；(3)"在使用中将充满正被加热的液体，因此它将进一步增强检测区域与加热元件的热绝缘以及检测区域与液体之间的热连接"。但根据本申请说明书的记载，本申请包括多个并列的具体实施方式，分别表现为不同的技术方案，相应地具有不同的作用功能和技术效果。在本申请中，壁体的定位功能均是与检测区域中的"第二扩散部分"相对应的。在权利要求中并未明确限定"第二扩散部分"或与"定位"有关的技术特征的情况下，不能认定权利要求中的"壁体"具有"定位"的作用功能和技术效果。同样，关于说明书中记载的"进一步增强检测区域与加热元件的热绝缘以及检测区域与液体之间的热连接"，亦是通过在基板面对液体的上侧形成"沟槽"而实现的。在权利要求中并未限定壁体为"沟槽"的情况下，亦不能认定权利要求的"壁体"具有增强热连接的作用功能和技术效果。综上，权利要求中的区别技术特征仅起到热屏障的作用，并不具有说明书中记载的"定位"以及"进一步增强检测区域与加热元件的热绝缘以及检测区域与液体之间的热连接"的作用功能和技术效果。应据此认定权利要求实际解决的技术问题。

① 最高人民法院行政判决书，(2018)最高法行再131号。

② 最高人民法院行政判决书，(2018)最高法行再131号。

三、确定技术启示

要确定的是现有技术整体上是否存在某种技术启示,即现有技术中是否给出将上述区别特征应用到该最接近的现有技术以解决其存在的技术问题(发明实际解决的技术问题)的启示。这种启示会使本领域的技术人员在面对所述技术问题时,有动机改进该最接近的现有技术并获得要求保护的发明。本领域普通技术人员从现有技术中可以获知的启示原则上应该是具体、明确的技术手段,而不是抽象的想法或者一般的研究方向。仅仅依据研究方向的一致性和本领域的抽象、普遍需求来认定现有技术给出的启示,隐含着后见之明的危险,容易低估发明的创造性。那些表面上看似显而易见的发明事实上也可能具有创造性。发明的技术方案一旦形成,其可能经常被发现可以从某些已知事物出发,经由一系列非常简单的步骤推导出来。为避免这种后见之明,必须全面、谨慎、现实地评估,面对本申请所要解决的问题,本领域普通技术人员基于其所认知的全部现有技术,是否能够容易地得出本申请的技术方案。① 发明的技术效果是判断创造性的重要因素。如果发明相对于现有技术所产生的技术效果在质或量上发生明显变化,超出了本领域技术人员的合理预期,可以认定发明具有预料不到的技术效果。在认定是否存在预料不到的技术效果时,应当综合考虑发明所属技术领域的特点尤其是技术效果的可预见性、现有技术中存在的技术启示等因素。通常,现有技术中给出的技术启示越明确,技术效果的可预见性就越高。② 判定显而易见或非显而易见,是以整体的现有技术与申请案中的发明相比较。③ 技术启示的判断是三步法最为重要的一步,但是否具有创造性是由多种因素确定的。其中"明确的技术启示"与"相反的技术教导"是颇具争议的问题。

在名称为"移动电源租用设备及充电夹紧装置"的实用新型专利的无效程序中,权利要求1保护一种充电夹紧装置,争议焦点之一在于权利要求2是否具备创造性。请求人认为,权利要求2的附加特征被对比文件1结合公知常识公开,具体来说,对比文件1公开了电磁铁的轴和适配孔,而通过电磁铁的轴来

① 最高人民法院行政判决书,(2019)最高法知行终127号。

② 最高人民法院行政裁定书,(2013)知行字第77号。

③ 李明德:《美国知识产权法》(第2版),法律出版社2014年版,第55页。

实现锁定属于公知常识，对比文件5~9为上述公知常识的佐证，因此本领域技术人员容易想到将电磁铁的轴作为锁定销与电源表面的沉孔配合，也容易想到该插销必定与插入方向垂直，否则无法锁定电源。

国家知识产权局认为，在对比文件给出的上述已经使用电磁铁驱动以锁定构件的技术方案的基础上，本领域技术人员并没有动机将该锁定构件省去，而直接将电磁铁作为锁定轴来锁定移动电源。退一步讲，即使考虑到省去中间部件，直接使用电磁铁的轴作为锁定轴，在对比文件技术方案的基础上，该螺线管的轴运动方向与电池进出的方向一致，也实现不了锁定的效果。而如果将电磁铁设置在其他方向，如本专利的垂直方向，则需要对该方案作出较大的改动，特别是该方案中，电源的上下左右空间已经非常有限的情况下，因此，上述改动是存在一定技术障碍的。在本案中，国家知识产权局从公知常识、改进动机和技术障碍三个层次论述了涉案的专利具备创造性。且国家知识产权局的观点最终得到了最高人民法院的支持。①

（一）明确技术启示的认定

明确技术启示是判断实用新型专利申请是否具备创造性的条件之一。由于技术领域范围的划分与专利创造性要求的高低密切相关，考虑实用新型专利创造性标准要求较低，因此在评价其创造性时所考虑的现有技术领域范围应当较窄，一般应当着重比对实用新型专利所属技术领域的现有技术。但是在现有技术已经给出明确的技术启示，促使本领域技术人员到相近或者相关的技术领域寻找有关技术手段的情形下，也可以考虑相近或者相关技术领域的现有技术。所谓明确的技术启示是指明确记载在现有技术中的技术启示或者本领域技术人员能够从现有技术直接地、毫无疑义地确定的技术启示。

《专利法》的立法宗旨是为了保护专利权人的合法权益，鼓励发明创造，推动发明创造的应用，提高创新能力，促进科学技术进步和经济社会发展。可见，专利制度不仅要维护专利权人的合法权益，还要充分考虑社会公众的合法权益，进而实现两者之间的平衡。为了实现上述平衡，就需要设置合理的专利授权标准。对于发明或者实用新型专利而言，需要设立合理的创造性判断标准。如果创造性标准设置得太低，就会导致创新程度不高的专利申请较容易获得授权或者很难被宣告无效，势必会限制技术的传播和利用，不利于科技进步和社

① 最高人民法院行政判决书，(2019)最高法知行终62号。

会发展,损害社会公众利益。如果创造性标准设置得太高,专利申请获得授权的难度就会大大提高,将会减损专利法对技术创新的激励作用。《专利法》第22条规定,发明的创造性,是指与现有技术相比,该发明具有突出的实质性特点和显著的进步;实用新型的创造性,是指该实用新型具有实质性特点和进步。《专利法》规定的实用新型专利的创造性标准低于发明专利的创造性标准。判断发明创造是否具有创造性,应当基于所属技术领域的技术人员的知识和能力,并通过将发明创造的技术方案与现有技术进行比对来判断。发明专利和实用新型专利的创造性标准不同,因此,技术比对时所考虑的现有技术领域也应当有所不同,这是体现发明专利和实用新型专利创造性标准差别的一个重要方面。

1. 不具有明确技术启示

在名称为"握力计"的实用新型专利权确权纠纷案中①,权利要求书1保护一种握力计,争议焦点之一为证据2手提式数字显示秤与本专利构成相同、相近还是不同的技术领域。对此,国家知识产权局认为,本专利要求保护的是一种握力计,用于测量人手的握力,证据2公开的是一种手提式数字显示秤,二者的传感器的受力方向相同、结构相同,二者的区别仅在于测力时的施力对象不同,广义上都属于测力装置这一技术领域。从二者的最终产品形态考虑,二者也应当属于相近的技术领域,在测力装置的实际设计中,测重力装置和测握力装置均是采用测力领域中常用的压力传感器或拉力传感器,对本领域技术人员来说,很容易想到传感器的替换,显而易见且无须付出创造性的劳动。北京市高级人民法院认为,涉案专利要求保护的是一种握力计,所要解决的技术问题是提供一种检测精确、结构简单、操作方便的握力计,而证据2公开的是一种手提式数字显示电子秤,是一种测重力的装置,二者的发明目的以及传感器受力方向均存在差异,属于不同技术领域,本领域技术人员不能轻易想到将其他技术领域中的传感器运用到本领域。最高人民法院认为,涉案专利是名称为"握力计"的实用新型专利,判断其是否具有创造性,首先应当确定握力计所属的技术领域以及相关和相近的技术领域。技术领域的确定,应当以权利要求所限定的内容为准,一般根据专利的主题名称,结合技术方案所实现的技术功能、用途加以确定。专利在国际专利分类表中的最低位置对其技术领域的确定具有参考作用。相近的技术领域一般指与实用新型专利产品功能以及具体用途相近的领域,相关的技术领域一般指实用新型专利与最接近的现有技术的区别技术

① 最高人民法院行政裁定书,(2011)知行字第19号。

特征所应用的功能领域。涉案专利技术功能属于测力装置,具体用途为测人手的握力。

本案中,涉案专利权利要求 1 的技术方案与最接近的现有技术证据 7(一种体力测定器)公开的内容相比,区别技术特征在于测力传感器不同,测力传感装置为涉案专利的相关技术领域。为了评价测力传感器的创造性,国家知识产权局考虑了证据 2(手提式数字显示电子秤,用于测重力),将其测力传感器与涉案专利的传感器进行比对。虽然握力计和电子秤都是测力装置,但二者分别具有不同的特定用途。同时,重力和人手的握力相比较,施力对象不同,施力方向也不同,重力单纯向下,人手的握力不是单纯向下而是从四周向中心,所以二者不属于相同技术领域。但涉案专利与手提式数字显示电子秤功能相同,用途相近,二者测力传感器的测力原理基本相同,可以将手提式数字显示电子秤视为涉案专利的相近技术领域。但是,由于现有技术并未给出明确的技术启示,国家知识产权局在评价涉案专利的创造性时考虑手提式电子秤的测力传感器属于适用法律错误。

在本案中,相同、相近、相关技术领域中的现有技术在评述创造性时,其作用是不同的。在评述实用新型专利权的创造性时,如果最接近现有技术是与相关或相近的现有技术进行结合,其条件是相关、相近的技术方案中给出了明确的技术启示,而明确的技术启示是指明确记载在现有技术中的技术启示或者本领域技术人员能够从现有技术直接地、毫无疑义地确定的技术启示。

2. 具有明确的技术启示

在名称为“多功能生吃盘”的实用新型专利确权程序中①,权利要求 1 保护一种多功能生吃盘。对比文件 4 公开了一种电子艺术神像座。对比文件 8 公开了一种用于盛放蔬菜、鱼、肉或雕刻的蔬菜水果的盘子。北京市高级人民法院认为,虽然本专利权利要求 1 记载的“多功能生吃盘”所属技术领域是餐具,对比文件 4 是一种礼仪或祭祀用具,这两个技术领域虽有区别,但是,本专利权利要求 1 记载的技术方案中需要提供雾化效果的装置,而在现有技术中,能够持续稳定地提供雾化效果的雾化器或加湿器在各个领域中已被广泛应用,而且专利权人也认可本专利中的雾化器、盛水容器、电源、开关以及整个方案的连接关系,均属于现有技术,雾化器与盛水容器的连接方式是本领域公知常识。因此,根据现有技术的明确启示,在需要设置雾化效果的装置时,可以促使本领域

① 北京市高级人民法院行政判决书,(2012)高行终字第 1711 号。

技术人员在对比文件4中去寻找相关的技术手段。本专利权利要求1技术方案中的雾化器、盛水容器与盘子本身进行组合后，依然以其各自的功能进行工作，其功能上并未产生相互作用或产生更为积极的效果，因此，此种组合是一种简单的叠加。

在名称为“吸纳式充电装置”无效程序中①，权利要求2引用权利要求1，其附加技术特征进一步限定了传动组件的结构；而对比文件3公开了一种交易装置、供电模块及对交易装置的电气元件供电的方法。专利权人认为，对比文件3的传送机构用于ATM，与本专利技术领域不同，传输介质不同。对此，国家知识产权局认为，本专利是名称为“吸纳式充电装置”的实用新型专利，其与最接近的现有技术对比文件1的区别特征传动组件所应用的领域为本专利的相关技术领域。对比文件3确属自动交易装置（ATM）上的传动机构，但其也公开了用于自动售货机、兑换装置等各种交易装置（参见对比文件3说明书第0001段），且对比文件3公开的利用皮带轮传动滚轴组件的滚轮结构属于机械传动领域常见的传动机构，已经给出了明确的技术启示，可以利用皮带轮传动滚轴组件，因此，仅就附加技术特征中的传动组件而言，对比文件3只是将该传动机构用于其他技术领域传输不同的输送介质。对比文件3的技术领域属于本专利传动组件的相关技术领域，且对比文件3给出了明确的技术启示，本领域技术人员在对比文件2已经明确给出可以将橡胶辊用于传送被充电装置电池的技术启示下，根据对比文件3进一步给出的利用皮带和皮带轮将电动机的传动传递给驱动辊的启示，使得本领域技术人员有动机对于结合对比文件1中的电机驱动橡胶辊传送电池的方案进行进一步改进，从而获得利用电机驱动皮带传动滚轴组件的滚轮结构来传送被充电装置的技术方案。

如果一项权利要求相对于最接近的现有技术文件存在区别技术特征，但所述区别技术特征或者是所属领域的公知常识，或者被其他现有技术文件所公开，则所述权利要求对于本领域技术人员来说是显而易见的，不具备创造性。由此可知，如果区别技术特征是公知常识，则可以认定相应的发明创造不具备创造性。那么，公知常识如何认定就极为重要。对此，最高人民法院认为，相关技术领域公知常识的认定，直接决定了该领域普通技术人员所应具备的技术知识和认知能力，进而对创造性判断具有重要影响。因此，对于公知常识的认定应该以确凿无疑为标准，应该有充分的证据或者理由支持，不应过于随意化。

① 国家知识产权局无效宣告请求审查决定书（第36489号）。

一般而言,相关技术知识是否属于公知常识,原则上可以通过技术词典、技术手册、教科书等所属技术领域中的公知常识性证据加以证明;在难以通过技术词典、技术手册、教科书等公知常识性证据予以证明的情况下,也可以通过所属领域的多份非公知常识性证据,如多篇专利文献、期刊杂志等相互印证,以充分证明该技术知识属于公知常识,但这种证明方式应遵循更严格的证明标准。公知常识性证据是指技术词典、技术手册、教科书等记载本领域基本技术知识的文献。如无相反证据,技术词典、技术手册、教科书记载的技术知识可以推定为公知常识。对于技术词典、技术手册、教科书之外的文献,判断其是否属于记载本领域基本技术知识的公知常识性证据,则需要结合该文献的载体形式、内容及其特点、受众、传播范围等具体认定。①

(二)相反技术教导的认定

1. 不存在"相反的技术教导"

"相反的技术教导",适于《专利审查指南》所称的技术启示相对的情形,是指现有技术中存在与技术启示相反的教导,这种教导会阻止本领域技术人员在面对所要解决的技术问题时,产生动机将区别特征应用到最接近的现有技术以获得要求保护的发明。② 不存在"相反的技术教导"实际上是指存在技术启示的情形。在考虑一项现有技术是否存在相反的技术教导时,应当立足于本领域技术人员的知识水平和认知能力,从该现有技术的整体上进行分析和判断。对于作为现有技术的专利文件,其背景技术中记载的技术缺陷本质上是该专利的申请人在撰写专利申请文件时的一种主观认知,并不代表本领域技术人员必然存在此种客观认识,也不意味着本领域技术人员会受限于与技术缺陷有关的内容,不能从该现有技术得到相应的技术启示。而且,即使记载了技术缺陷,还需进一步考虑该技术缺陷是否与区别技术特征实际解决的技术问题以及技术启示的认定有关。

人类社会之所以能够不断发展和进步,重要原因之一在于延续不断地科技创新,持之以恒地对科学技术进行研究和改进。金无足赤,任何一项技术都必然同时具备优点和缺陷。本领域技术人员在面对同时具有优点和缺陷的现有

---

① 最高人民法院行政判决书,(2020)最高法知行终35号。

② 参见蒋洪义:《反向教导对于专利创造性评价的影响》,载管育鹰主编:《知识产权审判逻辑与案例——专利卷》,法律出版社2022年版,第156页。

技术，寻找技术启示时，会基于所要实际解决的技术问题，综合考虑各有关因素来进行相应的分析、取舍和判断，从现有技术的整体上确定是否存在相应的技术启示或相反技术教导。综上，应基于本领域技术人员的知识水平和认知能力，从现有技术的整体上确定是否存在解决权利要求所要实际解决的技术问题的技术启示。①

在名称为“鲨鱼鳍式天线”发明专利确权纠纷案中，权利要求1保护一种鲨鱼鳍式天线，争议焦点之一为权利要求中限定了技术特征“所述无线电接收天线为AM/FM共用天线”，证据3－1是否存在与区别技术特征c有关的相反技术教导，导致本领域技术人员不会将证据3－1与本领域的公知常识、其他现有技术结合。国家知识产权局经审查认为，由证据3－1所公开的内容可知，其公开了一种鱼鳍式天线装置的技术方案，该技术方案主要为了克服其背景技术中所提及的长棒状伸缩型AM/FM共享天线容易发生故障、螺旋状天线的无线电接收度不理想、贴附于汽车玻璃上的AM/FM共享天线较昂贵的缺陷，其采用的技术手段主要为，将AM天线及FM共振天线电路采用分离式设计，AM天线为磁芯绕线式线圈组成，FM共振天线电路使用多个电感器形成共振回路，并可连接金属底座，通过金属底座加强FM共振天线电路的讯号接收能力，从而达到在汽车收音机的无线电频带上形成最佳接收讯号的目的。换言之，该技术方案正是采用了将AM天线和FM天线作分离式设计形成两根天线的技术手段来实现克服背景技术中所提及的缺陷的、接收讯号效果好的鱼鳍式天线装置，而多根天线的使用在本专利中认为是存在技术缺陷的技术手段，将AM天线和FM天线作分离式设计的技术手段与本专利中使用AM/FM共用天线的技术手段是相背离的，若在证据3－1所公开的技术方案的基础上结合使用AM/FM共用天线的技术手段则会使其不能解决其所要解决的技术问题，即在证据3－1中存在相反的技术教导，阻碍了本领域技术人员在本领域或相关技术领域寻求手段来解决本专利实际所要解决的技术问题，本领域技术人员在证据3－1所公开的技术方案的基础上无法获得将其与现有技术中的使用AM/FM共用天线的技术手段相结合的技术启示。因此，即使上述区别特征c被证据3－3所公开，或者属于本领域的公知常识，本领域技术人员亦无法获得在证据3－1所公开的技术方案的基础上结合本领域的公知常识或上述证据的技术启示，从而无法获得本专利权利要求1的技术方案。并且，本专利权利要求1保护的方案

① 最高人民法院行政判决书，(2019)最高法行再268号。

能够获得天线安装方便、无线电信号接收效果好的有益的技术效果。

最高人民法院认为，在庭审时，国家知识产权局、一审法院第三人均认可AM、FM天线共享属于本领域的公知常识。因此，对于本领域技术人员而言，基于本领域的公知常识以及证据3－1中公开的技术内容，能够认识到在本领域既可以将AM、FM天线共享，也可以将AM、FM天线分离设计。证据3－1中公开的技术内容，本领域技术人员并不能得出将AM、FM共享的技术本身属于技术缺陷，存在相反的技术教导，也不能得出将AM、FM分离需要额外付出创造性劳动。相反，为了解决与区别技术特征c对应的"传统天线功能单一，电子设备越多，所需要的天线数量也就越多，在空间有限的车、船上安装多条天线是极其不便的"技术问题时，本领域技术人员能够结合本领域的公知常识以及证据3－1中公开的技术内容，进行相应的利弊分析和取舍，显而易见地想到采用"所述无线电接收天线为AM/FM共用天线"的技术方案。①

2.存在"相反的技术教导"

如果权利要求所要保护的技术方案与最接近的现有技术相比存在区别技术特征，且该现有技术明确排除该区别技术特征的应用的，则本领域的技术人员在面对技术问题时缺乏动机对该现有技术进行相应技术改进以获得权利要求所要保护的技术方案，即现有技术并未给出将上述区别特征应用到该最接近的现有技术以解决其存在的技术问题的启示，因此该权利要求所要保护的技术方案相对于该最接近的现有技术而言具备创造性。

在名称为"集装箱角件的连接部件"的实用新型专利确权纠纷案中②，权利要求1保护一种集装箱角件的连接部件。国家知识产权局上诉认为，证据1明确了其上部支座要避免反向安装，因为反向安装后，将导致其下部连接具无法方便的拆装，必须要借助夹具，影响安装效率。本领域技术人员在看到证据1时，没有动机将其上部角件C改装成如本专利所述的能双向安装的连接件，因为此种连接方式对于证据1的连接具而言是需要避免的。对此，最高人民法院认为，证据1的技术方案与本专利说明书记载的背景技术类似，均是只有唯一的一个插入方向，并且证据1的发明目的就是要防止连接具的反插，在证据1的教导下，本领域技术人员没有动机将证据1的上部锥形体的两突出部的间距设置为同时小于槽穴的两侧壁分别与角件及其相对应的内壁之间的间距之和，

① 参见最高人民法院行政判决书，(2019)最高法行再268号。
② 参见最高人民法院行政判决书，(2020)最高法知行终185号。

从而不容易想到如本专利权利要求 1 那样设置上部锥形体两突出部的间距。本案中的上述情形，即证据 1 存在“相反技术教导”的情形，即证据 1 不但没有给出相应的技术启示，而且还给出了相反的技术启示，阻止本领域技术人员有动机进行相应的改进。

第九章

确权程序中权利要求修改的边界

一、法律规定及立法目的

《专利法》第33条规定，申请人可以对其专利申请文件进行修改，但是，对发明和实用新型专利申请文件的修改不得超出原说明书和权利要求书记载的范围，对外观设计专利申请文件的修改不得超出原图片或者照片表示的范围。

（一）立法目的

《专利法》第33条规定，目的在于实现先申请制下专利申请人与社会公众之间的利益平衡：一方面，允许专利申请人对其专利申请文件进行修改和补正，以保证确有创造性的发明创造取得专利权；另一方面，将专利申请人的修改权限制在申请日公开的技术信息范围内，以保护社会公众对原专利申请文件的信赖利益。基于先申请原则，专利申请人或专利权人的修改权受到限制，一是为了鼓励专利申请人在申请日充分公开其发明创造；二是为了防止专利申请人将其在申请日未公开的发明创造通过修改纳入申请文件而不正当地获得先申请利益。

关于权利要求修改的立法目的，法院在相关判决中有多次论述并认为[①]，《专利法》第33条包括两层含义：一是允许申请人对专利申请文件进行修改；二是对专利申请文件的修改进行限制。之所以允许申请人对专利申请文件进行修改，其主要理由在于：一是申请人的表达和认知能力的局限性。申请人将自己抽象的技术构思形诸语言文字，体现为具体的技术方案时，由于语言表达的局限，往往有词不达意或者言不尽意之处。同时，申请人在撰写专利申请文件

① 最高人民法院行政裁定书，（2010）知行字第53号；最高人民法院行政判决书，（2013）行提字第21号；北京知识产权法院行政判决书，（2020）京73行初16347、17650号。

时,由于对现有技术以及发明创造等的认知局限,可能错误理解发明创造。在专利申请过程中,随着对现有技术和发明创造等理解程度的提高,特别是审查员发出审查意见通知书之后,申请人往往需要根据对发明创造和现有技术的新的理解对权利要求书和说明书进行修正。二是提高专利申请文件质量的要求。专利申请文件是向公众传递专利信息的重要载体,为了便于公众理解和运用发明创造,促进发明创造成果的运用和传播,客观上需要通过修改提高专利申请文件的准确性。在允许申请人对专利申请文件进行修改的同时,《专利法》第33条也对专利申请文件的修改进行了限制,即发明和实用新型专利申请文件的修改不得超出原说明书和权利要求书记载的范围。这一限制的理由在于:一是通过将修改限制在原说明书和权利要求书记载的范围之内,促使申请人在申请阶段充分公开其发明,保证授权程序顺利开展。二是防止申请人将申请时未完成的发明内容随后补入专利申请文件中,从而就该部分发明内容不正当地取得先申请的利益,保证先申请原则的实现。三是保障社会公众对专利信息的信赖,避免给信赖原申请文件并以此开展行动的第三人造成不必要的损害。可见,《专利法》第33条的立法目的在于实现专利申请人的利益与社会公众利益之间的平衡,一方面使申请人拥有修改和补正专利申请文件的机会,尽可能保证真正有创造性的发明创造能够取得授权和获得保护,另一方面又防止申请人对其在申请日时未公开的发明内容获得不正当利益,损害社会公众对原专利申请文件的信赖。因此,对《专利法》第33条含义的理解,必须符合这一立法目的。

(二)对“原说明书和权利要求书记载的范围”理解

《专利法》第33条所述的权利要求书“记载的范围”与《专利法》第64条所述的权利要求的“保护范围”,两个“范围”的含义显然不同。前者是指权利要求书通过其文字已经明确记载的内容,因此权利要求书记载的技术特征越多,其记载的范围就越大。后者正好相反,凡是权利要求中没有记载的技术特征均被认为是其要求保护的发明或者实用新型技术方案中可有可无的技术特征,被控侵权人实施的技术方案即使包含权利要求中没有记载的其他技术特征也仍然落入该权利要求的保护范围之内,因此权利要求记载的技术特征越少,其保护范围就越大。[①]

对此,最高人民法院认为,[②]《专利法实施细则》第51条规定,发明专利申请

① 尹新天:《中国专利法详解》,知识产权出版社2011年版,第412页。

② 最高人民法院行政裁定书,(2010)知行字第53号。

人在提出实质审查请求时以及在收到国务院专利行政部门发出的发明专利申请进入实质审查阶段通知书之日起的3个月内,可以对发明专利申请主动提出修改。实用新型或者外观设计专利申请人自申请日起2个月内,可以对实用新型或者外观设计专利申请主动提出修改。申请人在收到国务院专利行政部门发出的审查意见通知书后对专利申请文件进行修改的,应当针对通知书指出的缺陷进行修改。《专利法实施细则》第61条规定,请求人在提出复审请求或者在对专利复审委员会的复审通知书作出答复时,可以修改专利申请文件;但是,修改应当仅限于消除驳回决定或者复审通知书指出的缺陷。《专利法实施细则》第69条规定,在无效宣告请求的审查过程中,发明或者实用新型专利的专利权人可以修改其权利要求书,但是不得扩大原专利的保护范围。发明或者实用新型专利的专利权人不得修改专利说明书和附图,外观设计专利的专利权人不得修改图片、照片和简要说明。《专利法》第64条第1款规定,发明或者实用新型专利权的保护范围以其权利要求的内容为准,说明书及附图可以用于解释权利要求的内容。根据上述规定,结合《专利法》第33条的规定,可知专利申请文件的修改限制与专利保护范围之间既存在一定的联系,又具有明显差异。其主要差异在于,专利申请文件的修改以原说明书和权利要求书记载的范围为界,其记载的范围越广,披露的技术内容越多,允许的修改范围就越大,而发明或者实用新型专利权的保护范围以其权利要求的内容为准,说明书及附图可以用于解释权利要求,其权利要求记载的技术特征越多,其保护范围就越小。同时,专利申请人根据《专利法实施细则》第51条的规定进行主动修改时,只要不超出原说明书和权利要求书记载的范围,在修改原权利要求书时既可以扩大其请求保护的范围,也可以缩小其请求保护的范围。专利申请文件的修改限制与专利保护范围的联系在于,根据《专利法实施细则》第69条的规定,在无效宣告请求的审查过程中,发明或者实用新型专利的专利权人修改其权利要求书时要受原专利的保护范围的限制,不得扩大原专利的保护范围。

由此可知,《专利法》第33条所述的说明书和权利要求书"记载的范围"与《专利法》第64条所述的权利要求的"保护范围",两个"范围"的含义既有联系也有差异,司法实践中对于如何确定"原说明书和权利要求书记载的范围"有三种观点,分别是"直接地、毫无疑义确定"说、"推导"说和"全部信息"说。

1."直接地、毫无疑义确定"说

"直接地、毫无疑义确定"说是《专利审查指南》中规定的标准。在修改权利要求时,关于如何理解"原说明书和权利要求书记载的范围",《专利审查指南

(2010)》规定:原说明书和权利要求书记载的范围包括原说明书和权利要求书文字记载的内容和根据原说明书和权利要求书文字记载的内容以及说明书附图能直接地、毫无疑义地确定的内容。对此,有观点认为更为准确的规定应当是:“原说明书和权利要求书记载的范围包括原说明书和权利要求书文字记载的内容以及说明书附图表示的内容,也包括根据原说明书和权利要求书以及说明书附图能够直接地、毫无疑义地确定的内容。”①最高人民法院在实践中也采用该标准。②

2.“推导”说

“推导”说,是指原说明书和权利要求书记载的范围应该包括如下内容:一是原说明书及其附图和权利要求书以文字或者图形等明确表达的内容;二是所属领域普通技术人员通过综合原说明书及其附图和权利要求书可以直接、明确推导出的内容。只要所推导出的内容对于所属领域普通技术人员是显而易见的,就可认定该内容属于原说明书和权利要求书记载的范围。

这一观点是最高人民法院在“墨盒”案中阐明的观点③。该案中涉及权利人在提出分案申请时主动将原权利要求书中的“半导体存储装置”修改为“存储装置”。对所属领域普通技术人员而言,通过综合该原始专利申请公开说明书、权利要求书和附图,很容易联想到可以用其他存储装置替换半导体存储装置,并推导出该技术方案同样可以应用于使用非半导体存储装置的墨盒。修改后,新的独立权利要求 1 和 40 与所属领域普通技术人员综合该原始专利申请公开说明书、权利要求书和附图的记载能够直接、明确推导出的内容相比,并未引入新的技术内容。“推导”说在随后的司法实践中应用也较为广泛。④

最高人民法院认为,“原说明书和权利要求书记载的范围”,应该从所属领域普通技术人员角度出发,以原说明书和权利要求书所公开的技术内容来确定。凡是原说明书和权利要求书已经披露的技术内容,都应理解为属于原说明书和权利要求书记载的范围。既要防止对记载的范围作过宽解释,乃至涵盖申请人在原说明书和权利要求书中未公开的技术内容,又要防止对记载的范围作过窄解释,对申请人在原说明书和权利要求书中已披露的技术内容置之不顾。

---

① 尹新天:《中国专利法详解》,知识产权出版社 2011 年版,第 411 页。

② 最高人民法院行政裁定书,(2011)知行字第 17、27、62、69、85 号,(2014)知行字第 106 号,(2015)知行字第 216 号;最高人民法院行政判决书,(2013)行提字第 20 号,(2020)最高法知行终 182 号;北京知识产权法院行政判决书,(2018)京 73 行初 9765 号,(2019)京 73 行初 12638、1060、6738、5893、5939 号。

③ 最高人民法院行政裁定书,(2010)知行字第 53 号。

④ 最高人民法院行政判决书,(2020)最高法知行终 246 号;最高人民法院行政裁定书,(2018)最高法行申 695 号,(2017)最高法行申 5072、5586、5587 号。

从这一角度出发,原说明书和权利要求书记载的范围应该包括如下内容:一是原说明书及其附图和权利要求书以文字或者图形等明确表达的内容;二是所属领域普通技术人员通过综合原说明书及其附图和权利要求书可以直接、明确推导出的内容。只要所推导出的内容对于所属领域普通技术人员是显而易见的,就可认定该内容属于原说明书和权利要求书记载的范围。与上述内容相比,如果修改后的专利申请文件未引入新的技术内容,则可认定对该专利申请文件的修改未超出原说明书和权利要求书记载的范围。由此可见,判断对专利申请文件的修改是否超出原说明书和权利要求书记载的范围,不仅应考虑原说明书及其附图和权利要求书以文字或者图形表达的内容,还应考虑所属领域普通技术人员综合上述内容后显而易见的内容。在这个过程中,不能仅仅注重前者,对修改前后的文字进行字面对比即轻易得出结论,也不能对后者作机械理解,将所属领域普通技术人员可以直接、明确推导出的内容理解为数理逻辑上唯一确定的内容。①

3.“全部信息”说

“全部信息”说包括两种观点:第一种观点认为,凡是原说明书和权利要求书已经披露的技术内容,都应理解为属于原说明书和权利要求书记载的范围。第二种观点认为,原说明书和权利要求书所呈现的发明创造的全部信息,是对发明创造的全部信息的固定。

最高人民法院认为,②“原说明书和权利要求书记载的范围”应当理解为原说明书和权利要求书所呈现的发明创造的全部信息,是对发明创造的全部信息的固定。这既是先申请制度的基石,也是专利申请进入后续阶段的客观基础。“原说明书和权利要求书记载的范围”具体可以表现为:原说明书及其附图和权利要求书以文字和图形直接记载的内容,以及所属领域普通技术人员根据原说明书及其附图和权利要求书能够确定的内容。审查专利申请文件的修改是否超出原说明书和权利要求书记载的范围,应当考虑所属技术领域的技术特点和惯常表达、所属领域普通技术人员的知识水平和认知能力、技术方案本身在技术上的内在必然要求等因素,以正确确定原说明书和权利要求书记载的范围。

笔者认为,“直接地、毫无疑义确定”说是《专利审查指南》中明确规定的标准,也是实践中适用最为广泛的标准。虽然最高人民法院创设出了“推导”说、“全部信息”说等观点,但是并没有显现出特别的优势,相反,造成了适用上的混

① 最高人民法院行政裁定书,(2010)知行字第53号。

② 最高人民法院行政判决书,(2013)行提字第21号。

乱。“直接地、毫无疑义确定”不仅是判断修改超范围的标准，而且是判断对比文件公开内容的依据，[①]同一概念应当具有相同的内涵和外延，具有相同适用规则，才能保证法律适用的同一性和确定性。

二、确权程序中权利要求的修改规则

《专利法实施细则》第 69 条规定：在无效宣告请求的审查过程中，发明或者实用新型专利的专利权人可以修改其权利要求书，但是不得扩大原专利的保护范围。《专利审查指南》第四部分第三章第 4.6 节对无效宣告请求过程中修改权利要求的修改原则、修改方式和修改方式的限制进行了规定。

关于修改方式，《专利审查指南》于 2017 年进行过特别的修改。关于无效程序中权利要求修改方式的规则变化见表 9－1。

表 9－1　无效程序中权利要求修改方式的规则变化

《专利审查指南》 2010 年 2 月 1 日起施行	《专利审查指南》 2017 年 4 月 1 日起施行
第四部分第三章 4.6.2　修改方式 在满足上述修改原则的前提下，修改权利要求书的具体方式一般限于权利要求的删除、~~合并和~~技术方案的删除。 权利要求的删除是指从权利要求书中去掉某项或者某些项权利要求，例如独立权利要求或者从属权利要求。 ~~权利要求的合并是指两项或者两项以上相互无从属关系但在授权公告文本中从属于同一独立权利要求的权利要求的合并。在此情况下，所合并的从属权利要求的技术特征组合在一起形成新的权利要求。该新的权利要求应当包含被合并的从属权利要求中的全部技术特征。在独立权利要求未作修改的情况下，不允许对其从属权利要求进行合并式修改。~~ 技术方案的删除是指从同一权利要求中并列的两种以上技术方案中删除一种或者一种以上技术方案。	第四部分第三章 4.6.2　修改方式 在满足上述修改原则的前提下，修改权利要求书的具体方式一般限于权利要求的删除、技术方案的删除、权利要求的进一步限定、明显错误的修正。 权利要求的删除是指从权利要求书中去掉某项或者某些项权利要求，例如独立权利要求或者从属权利要求。 技术方案的删除是指从同一权利要求中并列的两种以上技术方案中删除一种或者一种以上技术方案。 权利要求的进一步限定是指在权利要求中补入其他权利要求中记载的一个或者多个技术特征，以缩小保护范围。

① 《专利审查指南》第二部分第三章第 2.3 节规定：引用对比文件判断发明或者实用新型的新颖性和创造性等时，应当以对比文件公开的技术内容为准。该技术内容不仅包括明确记载在对比文件中的内容，而且包括对于所属技术领域的技术人员来说，隐含的且可直接地、毫无疑义地确定的技术内容。

关于“明显错误”的认定，其他章节将展开详细的论述，此处不再赘述。本部分对存在争议的“数值范围”的修改、“进一步限定”的修改以及“马库什权利要求的修改”进行分析说明。

(一)权利要求中数值范围的修改规则

1. 概括式技术方案

采用数值范围的概括方式，通常是说明书已给出了一个或多个具体点值，而权利要求在上述具体点值上概括为数值范围。[①] 将概括式权利要求视为一个技术方案，亦与专利法保护技术贡献的价值取向相匹配，不会使专利权人获得超出其技术贡献的保护。[②] 包含有数值范围的权利要求之所以具有特殊性，是因为数值范围通常应当认定为一个完整的技术方案，改变数值范围实际上是技术方案的内容已发生实质性改变，通常认为不应当被接受。

在名称为“用于改善蜂窝移动无线系统中的切换的方法”的专利确权程序中[③]，争议焦点之一为权利人将权利要求1、4、5中的“至少一个候选目标基站”修改为“至少两个候选目标基站”能否被接受。北京市第一中级人民法院认为，首先，参照《专利审查指南》第二部分第二章第3.3节关于权利要求概括方式的规定可知，以并列选择法概括的技术内容应用“或者”或者“和”并列几个必择其一的具体特征，本专利权利要求1中的“至少一个候选目标基站”的概括方式显然不属于指南规定的以并列选择法概括的技术内容，包含该技术内容的技术方案也不属于以并列选择方式概括的技术方案。其次，权利要求1、4、5分别涉及用于执行移动通信系统中的小区间切换的方法，权利人于口头审理当庭提交的权利要求书的修改文本，即将权利要求1、4、5中的“至少一个候选目标基站”修改为“至少两个候选目标基站”，由于权利要求1、4或5中的“至少一个候选目标基站”的概括方式不属于可以并列选择的技术内容，“至少一个候选目标基站”所涵盖的技术方案是“候选基站为一个以上，如一个、两个、三个……”，根据移动通信领域的公知常识可知，在一个移动通信系统中，当要发生小区切换时，可能的候选目标基站可以是一个、两个、三个等，即可能的候选目标基站可以是至少一个，其中“至少一个”所限定的是在同一个系统中可能同时存在的多种情况，因此权利要求1中所限定的

① 参见芮松艳：《创造性条款的原理解读与实务规则》，知识产权出版社2023年版，第71页。
② 参见芮松艳：《创造性条款的原理解读与实务规则》，知识产权出版社2023年版，第75页。
③ 北京市高级人民法院行政判决书，(2013)高行终字第1737号。

“至少一个候选目标基站”是一个完整的技术方案,其属于完成小区切换的一个技术方案而不是多个并列的技术方案。最后,修改后的“至少两个候选目标基站”,其同样是一个完整的技术方案,该方案排除了只具有一个候选目标基站的情形,因此与修改前的技术方案不同。从表面上看,该修改只是删除了多种可选择的技术方案中的一种,但实际上,在通常情况下,可候选的目标基站至少要包括一个,而修改后的技术方案将具有一个候选目标基站的情形删除,即至少要包括两个候选目标基站才可以发生小区切换,因此修改后与修改前相比,其技术方案明显不同,这种改变完全有可能损害权利要求的稳定性。

北京市高级人民法院认为,权利要求的保护范围是由权利要求中记载的全部内容作为一个整体限定的,因此,判断专利权人对权利要求的修改是否符合《专利法实施细则》的上述要求,亦应当从技术方案的整体予以把握。对权利要求修改是否合法的审查,不仅要从其所保护的范围大小入手加以判断,而且更要从《专利法》的立法目的入手,注意其所请求保护的技术方案的实质内容是否发生变化。如果修改后的技术方案的保护范围虽有缩小,但技术方案的内容已发生实质性改变的,则应当将此种修改后的技术方案视为不同于原权利要求的新的技术方案,相应地也不应在无效宣告请求审查程序中接受专利权人的此种修改。

本案中,本专利权利要求 1、4、5 的技术方案均限定“在至少一个候选目标基站”上测量由移动终端向服务无线基站发射的上行链路信号的信号强度与到达方向参数,而权利人提出的修改文本则将权利要求 1、4、5 中的“至少一个候选目标基站”修改为“至少两个候选目标基站”。虽然从文字表述上看,此种修改方式只是对技术方案中的候选目标基站数量进行了限缩,似乎不仅没有扩大原专利的保护范围,反而是缩小了原专利的保护范围,但是,权利要求 1、4、5 所限定的技术方案,理论上包含了仅由一个候选目标基站即可实现其发明目的的技术方案,与至少由两个候选目标基站方能实现上述发明目的的技术方案显然不同,二者在性质上有本质区别。而且,从表述方式看,权利要求 1、4、5 亦不属于采用并列选择法概括的权利要求,不存在可以删除而不影响权利要求实质内容的等效的技术方案。

2. 并列技术方案

数值范围在特定情况下被认为是并列技术方案,如最高人民法院认为,①限定机械部件数量的数值范围是自然数区间,其区别于长度等具有连续性物理量

① 最高人民法院行政判决书,(2021)最高法知行终 349 号。

的数值范围;限定机械部件数量的数值范围技术特征原则上应当视为并列技术手段的集合而非一个技术手段,当对比文件仅公开其中一个或者部分数量时,不足以认定该对比文件已经直接公开了该技术特征所限定的其余并列技术手段。如果将数值范围认定为属于非典型的并列技术方案,则在一定条件下可以对其进行修改。

在名称为"一种移动电源租借终端"的发明专利无效程序中①,权利要求保护一种移动电源租借终端。专利权人对权利要求 1 进行了修改,将权利要求中的特征"至少一主控 MCU"修改为"主控 MCU",即删除了"至少一"的特征。对此国家知识产权局认为,权利要求 1 中包括"至少一主控 MCU""来控制其中一个或多个主控 MCU"的描述方式,其技术方案具有"一个主控 MCU"和"多个主控 MCU"两个并列技术方案,而专利权人当庭删除权利要求 1 中的"一个或",即删除了"一个主控 MCU"的并列技术方案,这种修改属于符合《专利审查指南》中规定的技术方案的删除。对此,也有相反观点,使用"至少"限定的权利要求,是一种常见的概括式权利要求。② 因此,不能采用删除的修改方式。

在名称为"氨氯地平、厄贝沙坦复方制剂"的发明专利权无效程序中③,争议焦点之一为专利权人在无效程序将本专利权利要求中的比例"1∶10—30"修改为"1∶30"是否应当被接受。国家知识产权局当庭告知该修改文本不符合《专利审查指南》第四部分第三章第 4. 6 节的规定,不予接受。最高人民法院认为,尽管原权利要求中 1∶10—30 的技术方案不属于典型的并列技术方案,但鉴于 1∶30 这一具体比值在原说明书中有明确记载,且是其推荐的最佳剂量比,本领域普通技术人员在阅读原说明书后会得出本专利包含 1∶30 的技术方案这一结论,且本专利权利要求仅有该一个变量,此种修改使本专利保护范围更加明确,不会造成其他诸如有若干变量的情况下修改可能造成的保护范围模糊不清等不利后果,允许其进行修改更加公平。《专利法实施细则》及《专利审查指南》对无效过程中权利要求的修改进行限制,其原因一方面在于维护专利保护范围的稳定性,保证专利权利要求的公示作用;另一方面在于防止专利权人通过事后修改的方式把申请日时尚未发现、至少从说明书中无法体现的技术方案纳入本专利的权利要求中,从而为在后发明抢占一个在先的申请日。本案中显然不存在上述

① 国家知识产权局无效宣告请求审查决定书(第 45250、35099 号)。

② 参见芮松艳:《创造性条款的原理解读与实务规则》,知识产权出版社 2023 年版,第 74 页。

③ 北京市第一中级人民法院行政判决书,(2010)一中知行初字第 1364 号;北京市高级人民法院行政判决书,(2010)高行终字第 1022 号;最高人民法院行政裁定书,(2011)知行字第 17 号。

情况，1∶30的比值是专利权人在原说明书中明确推荐的最佳剂量比，将权利要求修改为1∶30既未超出原说明书和权利要求书记载的范围，更未扩大原专利的保护范围，不属于相关法律对于修改进行限制所考虑的要避免的情况。如果按照国家知识产权局的观点，仅以不符合修改方式的要求而不允许此种修改，使在本案中对修改的限制纯粹成为对专利权人权利要求撰写不当的惩罚，修改方式的严格限制缺乏合理性。况且，《专利审查指南》规定在满足修改原则的前提下，修改方式一般情况下限于前述三种，并未绝对排除其他修改方式。

由该案可知，虽然《专利审查指南（2010）》规定对于权利要求的修改一般限于三种方式，但这仅仅规定的是"一般限于"，并未完全排除存在其他修改方式的可能性。权利要求的修改只要没有超出原说明书和权利要求书记载的范围、没有扩大原专利的保护范围，则对其具体修改方式不应作出过于严格的限制，否则"使得在本案中对修改的限制纯粹成为对专利权人权利要求撰写不当的惩罚"，使得对权利人的保护与其技术贡献不相适应，修改方式的严格限制必将极大地挫伤权利人创新的动力和积极性。

在名称为"机车限鸣系统高指向性电笛"的实用新型专利确权纠纷案中①，争议焦点之一为权利人将"≤1500毫米"修改为"<1500毫米"是否应当被接受。北京市高级人民法院认为，《专利审查指南》规定无效宣告程序中对权利要求书的修改不得超出原说明书和权利要求书记载的范围。

本案中，涉案专利申请授权文本记载"所述喇叭筒的外端面最大轮廓尺寸大于或等于300毫米，小于或等于1500毫米"，无效程序中修改为"所述喇叭筒的外端面最大轮廓尺寸大于或等于300毫米，小于1500毫米"，所涉及的问题是"小于1500毫米"是否在原权利要求书中有记载，这样的修改是否超出了原说明书和权利要求书记载的范围。端点值1500毫米删除，该点值在原权利要求书和说明书有明确的记载，修改后的数值范围仍在原权利要求书和说明书的数值范围之内，既未超出原说明书和权利要求书记载的范围，亦未扩大原有的保护范围。

名称为"用于钣金薄板快速自攻锁紧螺钉"的实用新型专利②，涉案权利要求保护一种用于钣金薄板快速自攻锁紧螺钉，争议焦点之一为权利人将权利要求"螺钉体尾部呈断尖状，为35°±5°束尾"修改为"螺钉体尾部呈断尖状，为大

---

① 北京市高级人民法院行政判决书，（2017）京行终4464号；北京知识产权法院行政判决书，（2015）京知行初字第5219号。

② 北京市高级人民法院行政判决书，（2016）京行终485号。

于等于30°并小于40°束尾”是否可以被接受。对此，国家知识产权局认为，对于以数值范围方式撰写的权利要求，应当将数值范围视为一个技术方案整体，如果改变了数值范围，即便是缩小了数值范围，也属于形成了新的技术方案的情形，本领域技术人员不能从原始文件中毫无疑义地得出。北京市高级人民法院认为，《专利法实施细则》及《专利审查指南》对无效宣告程序中专利权人对权利要求书的修改方式进行了限制，目的是防止专利权人通过事后修改扩大已经公示的权利保护范围。本案中，本专利有效的权利要求及说明书均明确记载了“螺钉体尾部呈断尖状，为35° ±5°束尾”这一技术特征，该束尾角度当包括“40°”这一数值。将修改后的本专利权利要求与本专利维持有效的权利要求及说明书相比，仅仅去除了“40°”这一端点，仍在原始文本的数值范围之内，未扩大原有的保护范围，亦未形成新的技术方案。故将本专利权利要求修改为“所述螺钉体尾部呈断尖状，为大于等于30°并小于40°束尾”，属于技术方案的删除，即删除了原权利要求书包括的“螺钉体尾部呈断尖状，为40°束尾”技术方案，既未超出原说明书和权利要求书记载的范围，亦未增加未包含在维持有效的权利要求书中的技术特征，因此，上述修改未违反《专利法实施细则》及《专利审查指南》的相关规定，一审法院的认定并无不当。虽然原权利要求采用“螺钉体尾部呈断尖状，为35° ±5°束尾”的撰写方式，修改后为“大于等于30°并小于40°束尾”的撰写方式，但是两种撰写方式均表示了数值范围，并无实质性的差别。也就是说，如果权利要求3的技术方案被认定为并列技术方案，则专利权人的该修改方式属于对技术方案的删除，应被接受。①

在名称为“一种抗纤维化药物吡非尼酮的制备方法”的发明专利确权纠纷案中②，涉案专利权利要求保护一种抗纤维化药物吡非尼酮的制备方法，争议焦点为将“1%—30%”修改为“1%—20%”是否被接受。对此，北京知识产权法院认为，对于含有数值范围技术特征的权利要求中数值范围的修改，只有在修改后数值范围的两个端值在原说明书和/或权利要求书中已确实记载且修改后的数值范围在原数值范围之内的前提下，才是允许的。本案中，权利人将涉案专利授权公告文本的权利要求1删除，将权利要求2和3合并，同时将重氮化步骤中的硫酸浓度由“1%—30%”修改为“1%到20%”。但是，涉案专利原始说明书和权利要求针对重氮化步骤中的硫酸浓度仅记载了“优选硫酸，其浓度从

---

① 参见芮松艳：《创造性条款的原理解读与实务规则》，知识产权出版社2023年版，第87页。

② 北京知识产权法院行政判决书，(2015)京知行初字第2006号。

1%—30%,其中优选5%到10%”“5%硫酸250ml”“所述酸性介质为浓度从1%—30%无机酸”,未记载端值为20%的硫酸浓度,且根据涉案专利原说明书和权利要求书记载的内容以及说明书附图亦无法直接地、毫无疑义地得出重氮化步骤中数值范围为“1%到20%”的硫酸浓度。

将包含数值范围的权利要求视为非典型的并列式权利要求,国家知识产权局掌握的标准相对严格,但是法院通常予以接受删除式的修改方式,即在原权利要求书及说明书中有记载的情况下,删除端点数值并不违反《专利法》的规定。但是,如果修改后数值范围的两个端值在原说明书和/或权利要求书中无记载,则这一修改是不被允许的。

(二)“权利要求的进一步限定”的认定

1.权利要求修改不得扩大原专利的保护范围的比对基准

在名称为“钎焊不锈钢制品的方法和由此方法获得的不锈钢钎焊制品”的发明专利确权程序中①,权利人提交了经过修改的权利要求书,将从属权利要求2和20的附加技术特征加入权利要求1中,删除权利要求18—22并调整了引用关系。国家知识产权局作出第29765号无效宣告请求审查决定,宣告涉案专利全部无效。国家知识产权局认为,权利人提交的修改后的权利要求书,将原从属权利要求2和从属权利要求20的特征加入原权利要求1中作为新的独立权利要求。由于权利要求2为权利要求1的从属权利要求,权利要求20为权利要求19的从属权利要求,权利要求19为权利要求18的从属权利要求,权利要求18为权利要求1或2的从属权利要求,即当权利要求18引用权利要求1时,权利要求20的技术方案应该包括权利要求1、18、19、20的全部技术特征,而当权利要求18引用权利要求2时,权利要求20的技术方案应当包括权利要求1、2、18、19、20的全部技术特征。鉴于权利人仅仅将权利要求20的附加技术特征加入权利要求1或权利要求2中,故上述修改不符合2002年《专利法实施细则》第68条以及《专利审查指南(2010)》第四部分第三章第4.6.2节的规定,不应被接受。

一审法院认为,权利人在无效宣告请求的审查过程中修改了权利要求书,修改后的独立权利要求包括授权权利要求1的全部技术特征和权利要求2、20的附加技术特征。权利人称修改后的权利要求1的技术方案实际上是授权权

① 北京知识产权法院行政判决书,(2016)京73行初5802号;最高人民法院行政判决书,(2019)最高法知行终19号。

利要求 20 引用权利要求 2 的技术方案。然而,授权权利要求 20 引用权利要求 19,权利要求 19 引用权利要求 18,如果权利人以授权权利要求 20 引用权利要求 2 的技术方案作为修改后的独立权利要求的内容,则修改后的独立权利要求中还应当包括授权权利要求 18、19 的附加技术特征。授权权利要求 18 限定了铁基钎焊填料物质含有 Si、B、P、Mn、C 或者 Hf 的一种或者多种。授权权利要求 19 限定了铁基钎焊填料物质含有 Cr、Ni、Si、B、P、Mn、C、Hf 中的至少一种,并给出了每种元素的量的范围,即当铁基钎焊填料物质含有上述元素中的多种时,每种元素的量都应受到权利要求 19 记载的数值的限制。修改后的权利要求 1 虽然限定了铁基钎焊填料物质同时包含 Fe、Cr、Ni、Si、B 五种元素,且 Cr、Ni、Si、B 元素的含量范围均小于其引用的权利要求中记载的含量范围,但修改后的权利要求 1 采用开放式的撰写方法,并未排除铁基钎焊填料物质可含有 P、Mn、C、Hf 四种元素。当铁基钎焊填料物质中含有这四种元素时,由于修改后的权利要求 1 对这四种元素的具体含量范围并无限定,故实际上扩大了原专利的保护范围,违反了 2002 年《专利法实施细则》第 68 条的规定。

最高人民法院认为,文字是表达思想的工具,专利文件一旦用文字方式固定,其技术方案也就确定了。但无论是语言表达的准确性,还是专利权人的认知能力都可能存在局限性,特别是对于现有技术以及发明创造存在认知局限,因此,《专利法》赋予专利权人对专利文件进行修改的权利。一方面,为保护专利权人的发明创造和技术贡献,进而推动全社会的创新动力,应允许专利权人对专利文件进行适当修改,而不简单将专利权无效作为对权利人撰写水平不足的惩罚。另一方面,虽然允许专利权人可以对专利文件作适当修改,但是在无效宣告程序中,基于社会公众对已授权专利文件的信赖利益,要避免专利权人利用修改机会将专利申请时未完成的技术内容补充到专利文件中,故权利人对权利要求的修改要受到一定限制,并特别要求无效宣告程序中对权利要求的修改不得超出原专利的保护范围。这是在专利权人利益与社会公共利益之间实现利益平衡的制度设计。一般来说,对权利要求的任何修改都将使得专利的保护范围发生变化,判断专利权人在无效宣告行政程序中的修改是否应被接受,应当以不得扩大原专利的保护范围和不得超出原说明书和权利要求书记载的范围为标准。对此,应根据案件的具体情况,适度灵活把握原专利文件公开的内容,结合不同修改方式的特点予以综合考量。

被诉决定认为当授权权利要求 18 引用权利要求 2 时,权利要求 20 的技术方案应当包括权利要求 1、2、18、19、20 的全部技术特征,而目前的修改方式中仅仅将授权权利要求20的附加技术特征加入权利要求1或权利要求2中,故认定专利权人对权利要求的修改方式不符合2002年《专利法实施细则》第68条及《专利审查指南(2010)》的规定。分析上述审查逻辑,被诉决定系以对本专利权利要求的修改不符合《专利审查指南(2010)》的修改方式为由不予接受。对此,最高人民法院认为,虽然被诉决定依据的《专利审查指南(2010)》规定无效宣告程序中对权利要求的修改方式一般限于对权利要求的删除、合并和技术方案的删除三种方式,但是并未完全排除存在其他修改方式的可能性。无效宣告程序中,修改方式作为手段,应当着眼于实现对权利要求书的修改,满足不得超出原说明书和权利要求书记载的范围以及不得扩大原专利的保护范围两大法律标准的立法目的,兼顾行政审查行为的效率与公平保护专利权人的贡献,不宜对具体修改方式作出过于严格的限制,否则将使对修改方式的限制纯粹成为对专利权人权利要求撰写不当的惩罚。特别是《专利审查指南(2017)》已经将无效宣告程序中的修改方式扩展到四种基本修改方式,包括对权利要求的删除、技术方案的删除、权利要求的进一步限定、明显错误的修正。对权利要求书的修改在满足不得超出原说明书和权利要求书记载的范围以及不得扩大原专利的保护范围两大法律标准的前提下,对修改方式适度放宽,既有助于专利确权程序聚焦发明创造核心,又不会影响社会公众对已授权专利文件的信赖利益。本案中,权利人的修改方式,系将从属权利要求2、20的技术特征进一步限定至授权权利要求1中,属于对权利要求的进一步限定,该修改方式应被接受。

专利授权后对社会公众具有公示作用,社会公众的信赖利益通常建立在保护范围最大的独立权利要求上,并据此预测和评价自身行为的合法性。将从属权利要求的附加技术特征加入独立权利要求中,系对独立权利要求的进一步限定,并未扩大原独立权利要求的保护范围,相反还会缩小原独立权利要求的保护范围。在此基础上,不会损害原专利的公示效力,也不会损害社会公众基于原专利而产生的信赖利益。本案中,权利人在无效宣告程序中修改了本专利权利要求书,将从属权利要求2、20的附加技术特征补入至授权权利要求1中,是对授权权利要求1的进一步限定,并未扩大授权权利要求1的保护范围。原审法院认为由于修改后的权利要求1对权利要求19中P、Mn、C、Hf元素的具体含量范围并无限定,故扩大了原专利的保护范围,上述认定实质上是将修改后的权利要求与原专利权利要求19的保护范围进行比对,比对基准有误,最高人民法院予以纠正。

由该案可知,首先,《专利审查指南》在2017年修改之前,在无效宣告程序中对权利要求的修改方式一般限于对权利要求的删除、合并和技术方案的删除三种方式,但是也并未完全排除存在其他修改方式的可能性。即《专利审查指南》中的规定仅是列举式的规定,并没有限制其他方式的规定。判断修改方式是否接受的终极目标是“不得超出原说明书和权利要求书记载的范围以及不得扩大原专利的保护范围两大法律标准”。这与最高人民法院(2011)知行字第17号行政裁定中确立的规则是一致的。其次,确定了比对基准,即判断修改后的独立权利要求是否扩大了原专利的保护范围,应以作为修改对象的原专利的独立权利要求的保护范围为基准,即应当将修改后的独立权利要求与原专利保护范围最大的独立权利要求进行比较,而非与原专利保护范围较小的从属权利要求进行比较。

2. 关于“新的权利要求的层次体系的构建”

(1)禁止构建新的权利要求的层次体系

权利要求的进一步限定是指在权利要求中补入其他权利要求中记载的一个或者多个技术特征,以缩小保护范围。如果修改实质上是对权利要求书进行了重新撰写,构建了新的权利要求保护体系,就不符合《专利审查指南》关于“权利要求的进一步限定”的要求。

在名称为“阻燃聚酰胺模塑材料”的发明专利确权程序中①,权利人在无效程序中提交了两份权利要求书的全文替换页,其中一份共有29项权利要求,其主要修改涉及将权利要求2的附加技术特征并入原权利要求1,将权利要求2,4—6的附加技术特征并入原权利要求1中作为新的独立权利要求16,并相应增加从属权利要求17—27;另一份共有38项权利要求,其主要修改涉及将权利要求2的附加技术特征并入原权利要求1,将权利要求2,4—6的附加技术特征并入原权利要求1中作为新的独立权利要求16,并相应增加从属权利要求17—27,将权利要求2,7—9的附加技术特征并入原权利要求1中作为新的独立权利要求28,并相应增加从属权利要求29—36。争议焦点之一为权利人的修改是否符合《专利法》的规定。北京知识产权法院认为,权利要求的进一步限定是指在权利要求中补入其他权利要求中记载的一个或者多个技术特征,以缩小保护范围;并以此代替原权利要求,原权利要求不再保留;修改后的权利要求数量相对于原权利要求书不发生超出预期的变化;并且通常不能增加权利要求或重新撰写权利要求,从而构建出新的权利要求的层次体系。本案中,权利人于2017年11月6日修改的权利要求书之一共有38项权利要求,其主要修改涉及将权利要求2的附加技术特征并入原权利要求1,将权利要求2,4—6的附加技

① 北京知识产权法院行政判决书,(2018)京73行初7914号。

术特征并入原权利要求 1 中作为新的独立权利要求 16,并相应增加从属权利要求 17—27,将权利要求 2,7—9 的附加技术特征并入原权利要求 1 中作为新的独立权利要求 28,并相应增加从属权利要求 29—36。上述修改除对原权利要求 1 作出进一步限定外,又分别加入四个不同的技术特征到原权利要求 1 中,形成了新的独立权利要求 16 和 28。此种修改实质上是对权利要求书进行了重新撰写,构建了新的权利要求保护体系,不符合《专利审查指南》关于“权利要求的进一步限定”的要求。权利人所称其在口头审理当庭删除了新增加的权利要求,仅保留新的权利要求 1—15 应该被接受。但该项主张并无在案证据予以支持,且即便考虑原告的新权利要求 1—15,其在口头审理当庭提出,而对权利要求的修改包括了删除以外的方式,不属于《专利审查指南》第四部分第三章第 4.6.3 节规定的三种情形答复期限内,故也不应被接受。

根据该案可知,确权程序中修改权利要求受到限制的程度应当严于授权程序,这是因为确权程序中的修改应当首先考虑权利要求的公示与划界作用。因此,在确权程序中通常不能增加权利要求或重新撰写权利要求来构建新的层次体系。如果在确权程序中权利人可以增加权利要求,尤其是独立权利要求,通常会改变原有权利要求书的层次体系,而且重新撰写出多个权利要求,将会超出社会公众的预期,权利要求的公示作用将受到削弱。

该规则得到了最高人民法院的确认。在名称为“多天线通信系统中的空间扩频”的 PCT 发明专利确权程序中,最高人民法院认为,在无效宣告程序中允许专利权人以“权利要求的进一步限定”修改权利要求的出发点应是,将发明对现有技术作出贡献的技术特征限定到权利要求中,增加权利的稳定性,从而更好地保护发明创造,而不能借此机会对权利要求的保护范围进行重新布局,重新构建出新的权利要求的层次体系。在该案中,本专利授权公告文本具有 53 项权利要求,包括 8 项独立权利要求,而在第一次修改中,权利人将授权公告文本的 53 项权利要求修改为 85 项权利要求,包括 32 项独立权利要求,且存在补入授权公告权利要求并未记载的技术特征的情况。权利人此种修改方式,不仅难谓缩小原权利要求的保护范围,还对原权利要求之间的层次体系关系产生了影响,这显然不符合相关规定赋予专利权人在无效宣告程序中对权利要求进行修改的本意,也超出了社会公众对于授权公告的权利要求保护范围的信赖。①

① 最高人民法院行政判决书,(2022)最高法知行终 314 号。

(2)允许构建新的权利要求的层次体系

是否允许构建新的权利要求的层次体系,并不是判断修改超范围的标准,修改超范围的判断规则仍应当采用"直接、明确导出"规则。

在名称为"用于辐射源的控制单元和控制方法及辐射检查系统和方法"的发明专利授权程序中①,涉案专利授权公告时的权利要求为48项。被诉决定确定的审查文本,即权利人于2017年11月22日提交的修改后的权利要求76项。对此,北京知识产权法院仍认为构建新的权利要求的层次体系的观点不应被接受,并认为,无效宣告程序是专利授权公告后依当事人请求而启动的程序,授权后的权利要求具有公示专利权保护范围的作用,社会公众可以根据授权后的权利要求,明确权利边界、预判侵权可能性以及评估专利权效力的稳定性。权利要求的公示作用、社会公众的信赖利益显然不是仅基于独立权利要求所确定的保护范围,而是基于每个权利要求所确定的保护范围及全部权利要求形成的保护层次体系。因此,将"原专利的保护范围"仅理解为独立权利要求的保护范围并不恰当,在无效宣告程序中修改权利应受到已授权公告的权利要求布局的限制,这样更利于保护社会公众的信赖利益,也有助于引导专利申请人谨慎布局权利要求。

专利权人(或申请人)在实质审查程序、复审程序以及无效宣告程序中都可以修改专利文件,但是可以修改专利文件的自由度不同,修改的自由度会随着程序推进而降低,在前期程序中不允许的修改方式也不应在后续程序中被认可,否则会造成前、后程序之间无法有效衔接。比如,在复审程序中,对于增加权利要求的修改方式尚有严格的限制,那么在无效宣告程序中通常也不能通过增加权利要求的方式来构建新的保护层次体系,否则会造成两个程序无法有效衔接。复审程序中,复审请求人对申请文件的修改应当仅限于消除驳回决定或者合议组指出的缺陷,那么无效宣告程序中专利权人修改权利要求应仅限于消除无效宣告请求人指出的缺陷或明显错误,专利权人采取的修改方式应与无效宣告请求人的具体无效理由具有关联性。

为了明确《专利审查指南》中"进一步限定"修改方式的含义始终应以文义解释、体系解释等方法来理解。"权利要求的进一步限定"的修改方式以在所要修改的权利要求中补入原权利要求书中其他权利要求的一个或多个技术特征为形式,并以缩小权利要求的保护范围为结果。通常应以修改后的权利要求代

① 北京知识产权法院行政判决书,(2018)京73行初6316号。

替原来的权利要求,以形成一个新的保护范围更小的权利要求。因为在保留原权利要求的情况下,增加新的权利要求将不满足缩小保护范围的结果要件。如上所述,无效宣告程序中通常不能增加权利要求,以构建新的权利要求保护层次体系。所以,如果修改后的权利要求数量相对于原权利要求书发生超出预期的变化则不能被接受,否则会损害社会公众的信赖利益,也会造成前、后程序无法衔接。

第一,针对请求人所主张的第一种修改方式。

第一种修改方式是指,在其引用的权利要求未进行修改的情况下,单纯改变从属权利要求的引用关系。采用此种修改方式的权利要求为权利人于 2017 年 11 月 22 日提交的权利要求 4、5、7、8、10;权利要求 23、24、26、27、29;权利要求 42、43、45、46、48;权利要求 54、55、57;权利要求 61、62、64、65、67。以权利要求 4 为例,在权利要求 2、3、4 的附加技术特征不变的情况下,改变了权利要求 4 的引用关系,由"引用权利要求 3"改为"引用权利要求 2",与原权利要求 4 相比,相当于删除了原权利要求 3 对第二检测器位置的限定"所述第二检测器位于第一检测器和辐射源之间",导致该从属权利要求的保护范围变大。而且无效宣告程序中专利权人修改权利要求应限于消除无效宣告请求人指出的缺陷或明显错误,权利人并未修改原权利要求 2、3、4 的附加技术特征,而请求人针对原权利要求 4 的无效理由也未涉及"所述第二检测器位于第一检测器和辐射源之间"或引用关系不当,此时改变权利要求 4 的引用关系与消除无效宣告请求人指出的缺陷无关。因此,权利人对权利要求 4 的修改既不属于《专利审查指南》所规定的修改方式,也不符合 2001 年《专利法实施细则》第 68 条①之规定。

基于相同或相似的理由,权利人对权利要求 5、7、8、10;权利要求 23、24、26、27、29;权利要求 42、43、45、46、48;权利要求 54、55、57;权利要求 61、62、64、65、67 的修改不属于《专利审查指南》所规定的修改方式,亦不符合 2001 年《专利法实施细则》第 68 条之规定。

第二,针对请求人所主张的第二种修改方式。

第二种修改方式是指,在原权利要求的基础上,进行了两次以上的"进一步限定",形成多个新权利要求的修改方式。采用此种修改方式的权利要求及相应从属权利要求为权利人于 2017 年 11 月 22 日提交的权利要求 13、14、32、33、

① 现行《专利法实施细则》第 69 条。

51、70、71以及相应的从属权利要求。以权利要求13、14为例，修改后的独立权利要求13是在原独立权利要求1的基础上加入了原权利要求2的部分特征和原权利要求3的全部特征形成；修改后的权利要求14是在原独立权利要求1的基础上加入了原权利要求2的部分特征和原权利要求5的全部特征形成。专利权人对原独立权利要求1进行了多次"进一步限定"，形成了包括独立权利13、14在内的多个独立权利要求，并增加了相应的从属权利要求，实质上重新构建了本专利的保护层次体系，超出了原专利的保护范围，不仅会不合理地增加无效宣告请求人的负担，也会损害社会公众的信赖利益。因此，权利人增加权利要求13、14、32、33、51、70、71以及上述权利要求的从属权利要求的修改方式既不属于审查指南所规定的修改方式，也不符合2001年《专利法实施细则》第68条之规定。

但是，最高人民法院对一审法院的理由不予认可①，并认为，关于"第一种修改方式"，2001年《专利法实施细则》第68条第1款②规定，在无效宣告请求的审查过程中，发明或实用新型专利的专利权人可以修改其权利要求书，但是不得扩大原专利的保护范围。本案中，以修改后的权利要求4为例，权利人通过改变从属权利要求引用关系，越过原有表述中引用的权利要求3，直接引用权利要求2，导致权利要求4删减了权利要求3中"所述第二检测器位于第一检测器和辐射源之间"的技术特征限定。原审法院认为，该修改方式既不属于《专利审查指南》所规定的修改方式，也不符合上述第68条规定，故不应得到支持。最高人民法院仅对此结论(修改后的权利要求4属超范围修改故不应得到支持)予以认可，但对其所依据的理由不予认同，具体分析如下：

其一，关于权利要求4的比较基准。

原审法院认为，将"原专利的保护范围"仅理解为独立权利要求的保护范围并不恰当，在无效宣告程序中修改权利要求应受到已授权公告的权利要求布局的限制，这样更利于保护社会公众的信赖利益，也有助于引导专利申请人谨慎布局权利要求；与原权利要求4相比，修改后的权利要求4相当于删除了原权利要求3中的技术特征限定，导致该从属权利要求的保护范围变大。原审法院该观点的实质是在无效程序中对权利要求修改是否超范围判断上引入新的参照体系，以替代目前司法实践，即应当以原专利权利要求1为划定原专利保护

---

① 最高人民法院行政判决书，(2020)最高法知行终246号。

② 现行《专利法实施细则》第69条第1款。

范围的重要基准。运用该新参照体系的关键与核心所在则是首先要确定权利要求修改前后的对应性,以本案为例,被修改的权利要求 4 应和与其最有对应关系的原权利要求 4、而非原权利要求 1 进行比较,以判断修改是否超范围。最高人民法院对此不予认可,理由如下:

首先,尽管该“一一对应”式的体系性比对方法有其内在合理性,但不可否认的是,其暗含的对应性要求必然会实质性地限缩广大专利权人在无效程序中修改权利要求的自由度与技术表达空间,对于专利法激励保护创新的根本立法宗旨具有潜在但不可忽视的负面影响。

其次,实践中有相当数量无效程序所涉权利要求修改需将多个既有技术特征打散重新自由组合,某些情况下甚至需要补入其他技术特征。此类情形中将难以确定前述对应性,即难以准确认定新的某项权利要求是基于授权公告文本中哪一项权利要求所进行的修改,故该体系性比对规则的普适性存疑,尤其在面临复杂技术方案所涉权利要求修改的情形时会有局限性。

最后,虽然该体系性比对规则有利于提高社会公众预期的准确性,也有利于行政机关控制其无效审查行政成本,但至少从目前的专利无效宣告实践来看,相较于“赋予专利权人修改权利要求充分、合理自由度以激励保护创新”所带来的整体社会福利,并未出现明显的或不可控的专利权人滥用“以原专利独立权利要求作为确定专利保护范围重要基准”这一裁量规则,社会公众预期利益严重受损,无效宣告申请人程序或实体利益受到实质性损害,以及行政部门审查成本急剧上升以至难以承受等足以抵销前述社会福利的乱象。

综上,对于实践中新出现的修改方式,司法与行政部门及社会公众理应保持适度容忍,对于增加任何新的法律原则以跨越修改实质而直接限制或禁止某种具体修改方式的司法理念则应保持足够审慎与克制。因此,原审法院关于“在无效宣告程序中修改权利要求应受到已授权公告的权利要求布局限制”的观点缺乏法律依据,亦无现实的必要性或紧迫性,特别是考虑到该观点对于激励保护创新的负面影响,最高人民法院对其不予认可。最高人民法院进一步认为,权利人通过改变引用关系从而删除有关技术特征限定这一行为模式本身并未违反专利法及其实施细则的相关规定,本争议焦点的关键在于修改后的、未超原权利要求 1 保护范围,但又不同于任何原有权项的权利要求 4 是否属于本领域技术人员在阅读原专利权利要求书及其说明书与附图后可“直接、明确推导出”的技术方案。该问题将在后文予以详述。

其二,该修改方式是否符合《专利审查指南》相关规定。

原审法院认为,本案中第一种修改方式不属于《专利审查指南》所规定的修改方式,并以此为由予以禁止。最高人民法院对此亦不予认可。根据《专利审查指南》第四部分第三章第4.6.2条的规定,修改权利要求书的具体方式一般限于权利要求的删除、技术方案的删除、权利要求的进一步限定、明显错误的修正。第一种修改方式虽从表面看是对从权引用关系的调整,但究其实质,即作为一项新的权利要求内容来看,修改后的权利要求4仍是在原权利要求1所含全部技术特征基础上增加其他技术特征而形成的技术内容,故第一种修改方式可以视为上述第4.6.2条项下的"权利要求的进一步限定"。退而言之,即使该修改方式不落入第4.6.2条所列举范围,原审法院也不能直接据此认为修改超范围,理由如下:

首先,虽然《专利审查指南》对无效程序中如何修改权利要求列举了前述几种具体的修改方式,但应指出,该列举式表述内容仅是行政部门根据无效申请与审查实践总结提炼出的常见修改方式。尽管该列举式规定有助于协同专利权人、无效申请人与行政部门之间的行为模式并提升三者间的互动效率,但该规定本身并非判断修改方式是否合法的唯一裁量依据,且"一般限于"的表述也不应作"绝对排除其他修改方式"的理解。

其次,从法律逻辑角度看,"不落入《专利审查指南》规定的修改方式"与"修改超范围"二者之间并无任何直接或间接的因果关系。归根结底,终极之问在于修改后的权利要求所请求保护的技术方案:①是否超出原专利独立权利要求所框定的最大保护范围;②是否属于本领域技术人员在阅读原专利权利要求书及其说明书与附图后可"直接、明确推导出"的技术方案。因此,即便实践中新出现的某种具体修改方式不能明确落入上述第4.6.2条所列举修改方式的范围,也不能据此直接认定修改超范围。原审法院关于"第一种修改方式"不属于《专利审查指南》所规定的修改方式并以此为由予以禁止的处理意见不符合对专利法及其实施细则相关规定的准确理解,最高人民法院不予认可。

其三,该修改方式是否符合"直接、明确导出"原则。

就专利无效程序中修改是否超范围判断而言,"直接、明确导出"原则已经在司法实践中得以确立,该原则与《专利法》及其实施细则相关规定之间的内在逻辑关系已有最高人民法院在先判决予以详述,此处不再赘述。本案中,修改后的权利要求4因删除了"所述第二检测器位于第一检测器和辐射源之间"的技术特征限定,其请求保护的技术方案扩展到了"所述第二检测器"位于其他位置的若干技术方案,具体而言,至少包括以下两种技术设置:①将第二检测器设置在辐射源所处位置,即与地面垂直方向上使第一检测器与辐射源相互重叠;②将第二检测器设置在辐射源的上游侧、距离辐射源或远或近等不同位置,即在移动目标尚未到达辐射源之前,已经启动部分检测器。

上述两种不同技术方案中,移动目标前端(如车头)在到达辐射源之前或正好处于辐射源处就使得第二检测器发出信号,使辐射源高能射线自动发出的临界状态不同程度地前移。该等技术方案均未在原专利权利要求书及其说明书与附图中有明确提及或讨论,同时该修改也一定程度上偏离了高能辐射检测设备研发领域所秉持的技术审慎及安全原则,本领域技术人员在阅读该等技术资料后难以直接、明确地推导出以上所有新增技术方案,即该修改得不到说明书与附图支持,故修改后的权利要求 4 违反了上述“直接、明确导出”原则,不符合 2001 年《专利法实施细则》第 68 条[①]之规定。

基于相同或相似理由,修改后的权利要求 4—10;权利要求 23—29;权利要求 42—48;权利要求 54—57;权利要求 61—67 均不符合 2001 年《专利法实施细则》第 68 条之规定。

关于“第二种修改方式”,原审法院认为,第二种修改方式是指专利权人对原独立权利要求 1 进行了多次“进一步限定”,形成了包括权利要求 13、14 在内的多个独立权利要求,并增加了相应的从属权利要求,实质上重新构建了本专利的保护层次体系,超出了原专利的保护范围,不仅会不合理地增加无效宣告请求人的负担,也会损害社会公众的信赖利益,故该修改方式既不属于《专利审查指南》所规定的修改方式,也不符合 2001 年《专利法实施细则》第 68 条[②]之规定。最高人民法院仅对其结论(修改结果超范围故不应得到支持)予以认可,但对该结论所依据的理由不予认同,相关分析前文已有详细论述,此处不再赘述。最高人民法院仅就修改后的权利要求 13、14 是否符合“直接、明确导出”原则进行分析,具体论述如下。

修改后的独立权利要求 13 是在原独立权利要求 1 的基础上加入了原权利要求 2 的部分附加技术特征和原权利要求 3 的全部附加技术特征形成;修改后的独立权利要求 14 是在原独立权利要求 1 的基础上加入了原权利要求 2 的部分附加技术特征和原权利要求 5 的全部附加技术特征形成。与原权利要求书及其说明书与附图披露的各种技术方案及具体实施例相比,修改后的权利要求

---

① 现行《专利法实施细则》第 69 条。

② 现行《专利法实施细则》第 69 条。

13、14 具有同一个技术区别点，即删除了原专利中“第二检测器设置在检查通道地面内”的技术特征限定。该技术特征删减看似仅为字面上的简单缩减，但因此而导致的技术方案变化则较为复杂。具体而言，此处涉及两个技术因素，一是将第二检测器设置方位扩展到了“移动目标上方、左侧、右侧、左右两侧及闭合或非闭合环状”等情形；二是涵盖了第二检测器因设置在地面外而随之可能采用的“光幕、光电、雷达、影像”等多种探测设备。两个因素相互叠加使修改后的权利要求 13、14 所请求保护的技术方案种类呈指数级增长，本领域技术人员在阅读原专利权利要求书及其说明书与附图后无法直接、明确地推导出如此之多的技术方案，即该修改得不到说明书与附图支持。因此，修改后的权利要求 13、14 违反了上述“直接、明确导出”原则，不符合 2001 年《专利法实施细则》第 68 条之规定。

基于相同或类似的理由，修改后的权利要求 13、14、32、33、51、70、71 及其从属权利要求均不符合 2001 年《专利法实施细则》第 68 条之规定。

权利人主张，“第一种修改方式”与“第二种修改方式”均是在《专利审查指南》有关权利要求修改方式规则修订的特殊时间阶段被国家知识产权局认可的修改方式，如果司法机关不予认同，将导致专利权人丧失弥补与修正机会，这对两上诉人而言是不公平的。对此，最高人民法院认为，两上诉人在本专利无效程序中对原权利要求书进行修改时，应当充分意识到该等修改结果与《专利审查指南》的上位法依据即 2001 年《专利法实施细则》第 68 条之间的合规模糊性以及因此而产生的合规风险，换言之，两上诉人应当意识到该修改后果可能不被行政部门认可，或者即使行政部门认可，也可能最终被司法部门否决的风险敞口。因此，权利人的该项上诉理由不能成立，最高人民法院不予支持。

该案中，最高人民法院强调了“赋予专利权人修改权利要求充分、合理自由度以激励保护创新”所带来的整体社会福利，与社会公众的信赖利益相比，激励专利权人的创新更为重要，并采用“直接、明确导出”规则，判断权利人的修改是否超范围。对此，笔者不能认同二审法院观点，相比之下，一审法院的观点更为符合权利要求的终极价值，在确权程序中，首先应当对权利要求的修改形式进行限制，如果不对权利要求的修改形式进行限制，允许重新构建权利要求保护层次体系，超出了原专利的保护范围，不仅会不合理地增加无效宣告请求人的负担，也会损害社会公众的信赖利益。其次应当尊重权利要求的公示性价值，限缩权利要求修改的自由度，最高人民法院在形式上放任权利要求修改方式的无限扩张，判断规则的主观性增强，严重损害了社会公众的信赖利益，使法律的稳定性、可预期性受到严重挑战,不应当被接受。

3. 发明点对专利权权利要求修改的影响

发明点是体现发明创造对现有技术做出贡献的技术特征。专利制度保护的就是创新,是发明人对社会的贡献,因此,才有了“贡献与保护相一致”的原则。因此,在修改权利要求时区分发明点具有积极意义。只有涉及发明内容的修改才可能因增加新信息给申请人或者专利权人带来在先的申请利益,因此需要对该种修改加以限制,相对严格地适用关于修改的限制规定。如果修改并非针对发明内容,则该类修改通常不会对发明内容增加新信息,也不会给申请人或者专利权人带来不正当利益,那么对于该种修改可以采取宽松甚至放任态度,原则上不适用关于修改超范围的规定。①

但是最高人民法院认为,在修改权利要求的过程中,不应当区分发明点而有不同的限制:一般而言,一项技术方案包含多个技术特征,其中体现发明创造对现有技术做出贡献的技术特征通常被称为“发明点”,“发明点”使发明创造相对于现有技术具有新颖性和创造性,是发明创造能够被授予专利权的基础和根本原因。在专利授权和确权程序中,确实存在因为“发明点”以外的技术特征的修改超出原说明书和权利要求书记载的范围而使得确有创造性的发明创造不能取得专利权的情形。《专利法》第 33 条对专利申请文件的修改没有区分“发明点”和“非发明点”,但是该条款的立法本意之一是尽可能保证确有创造性的发明创造取得专利权,实现专利申请人所获得的权利与其技术贡献相匹配。如果仅仅因为专利申请文件中“非发明点”的修改超出原说明书和权利要求书记载的范围而无视整个发明创造对现有技术的贡献,最终使得确有创造性的发明创造难以取得专利权,专利申请人获得的利益与其对社会做出的贡献明显不相适应,不仅有违实质公平,也有悖《专利法》第 33 条的立法本意,不利于创新激励和科技发展。因此,在现行法律框架和制度体系下,在维护《专利法》第 33 条标准的前提下,相关部门应当积极寻求相应的解决和救济渠道,在防止专利申请人获得不正当的先申请利益的同时,积极挽救具有技术创新价值的发明创造。譬如,可以考虑通过在专利授权确权行政审查过程中设置相应的回复程序,允许专利申请人和专利权人放弃不符合《专利法》第 33 条的修改内容,将专利申请和授权文本再修改回到申请日提交的原始文本状态等程序性途径予

① 参见朱理:《专利文件修改超范围的判断标准及其救济方案——以最高人民法院的判例为研究基础》,载《专利代理》2016 年第 2 期。

以解决,避免确有创造性的发明创造因为“非发明点”的修改超出原说明书和权利要求书记载的范围而丧失其本应获得的与其对现有技术的贡献相适应的专利权,以推动科技进步和创新,最大限度地提升科技支撑引领经济社会发展的能力。①

三、马库什(Markush)型权利要求

(一)马库什型权利要求的性质

马库什型权利要求最早是在1925年由美国专利局以决定的方式被正式准予使用的,其主要是用于保护化学和生物技术领域的发明创造,但并不局限于这些领域。“马库什”群组用于保护以结构式表达的一类化合物,该化合物中的取代基可以从定制的备选列表中(认为确定的种类)进行选择,每项选择都会使所得到的化合物具有与该专利所宣称的内容相同的实用性。②

马库什权利要求应当被视为马库什要素的集合,而不是众多化合物的集合,马库什要素只有在特定情况下才会表现为单个化合物,但通常而言,马库什要素应当理解为具有共同性能和作用的一类化合物。马库什权利要求的性质亦决定了其应被认为一个技术方案,而非并列技术方案,认为马库什权利要求属于并列技术方案的观点不能被接受。

在名称为“用于治疗或预防高血压症的药物组合物的制备方法”的发明专利确权程序中③,权利人提交了意见陈述书和修改后的权利要求书替换页,其中删除权利要求中的“或酯”。北京市高级人民法院认为,马库什权利要求是在一项权利要求中限定多个并列的可选择要素,具体而言,是指在一个权利要求中包括多个变量,每一个变量又包括多个不同选择项的以并列可选项的罗列为主要特征来表达权利要求保护范围的一种权利要求类型。因此,当马库什权利要求涉及化合物时,这些化合物之间是并列选择关系,每个化合物是一个独立的技术方案,该权利要求所概括的是多个技术方案的集合,各要素间都可以相互替代而达到相同的效果。

最高人民法院关于以马库什方式撰写的化合物权利要求的性质进行了重

① 最高人民法院行政判决书,(2013)行提字第21号。
② [美]J. M. 穆勒:《专利法》,沈超等译,知识产权出版社2013年版,第88页。
③ 北京市高级人民法院行政判决书,(2012)高行终字第833号。

新审查，关于以马库什方式撰写的化合物权利要求属于概括的技术方案还是众多化合物的集合的问题，最高人民法院认为，马库什权利要求撰写方式的产生是为了解决化学领域中多个取代基基团没有共同上位概念可概括的问题，其本身一直被视为结构式的表达方式，而非功能性的表达方式。马库什权利要求限定的是并列的可选要素而非权利要求，其所有可选择化合物具有共同性能和作用，并且具有共同的结构或者所有可选择要素属于该发明所属领域公认的同一化合物。虽然马库什权利要求的撰写方式特殊，但是也应当符合《专利法》和《专利法实施细则》关于单一性的规定。

马库什权利要求具有极强的概括能力，一旦获得授权，专利权保护范围将涵盖所有具有相同结构、性能或作用的化合物，专利权人权益将得到最大化实现。就本质而言，专利权是对某项权利的垄断，专利权人所享有的权利范围越大，社会公众所受的限制也就越多，因此，从公平角度出发，对马库什权利要求的解释应当从严。马库什权利要求不管包含多少变量和组合，都应该视为一种概括性的组合方案。选择一个变量应该生成一种具有相同效果药物，即选择不同的分子式生成不同的药物，但是这些药物的药效不应该有太大差异，相互应当可以替代，而且预期所要达到的效果是相同的，这才符合当初创设马库什权利要求的目的。因此，马库什权利要求应当被视为马库什要素的集合，而不是众多化合物的集合，马库什要素只有在特定情况下才会表现为单个化合物，但通常而言，马库什要素应当理解为具有共同性能和作用的一类化合物。如果认定马库什权利要求所表述的化合物是众多化合物的集合，就明显与单一性要求不符，因此二审法院判决认为马库什权利要求属于并列技术方案不妥，应当予以纠正。[①]

（二）马库什权利要求的修改

在名称为“杀真菌混剂”的发明专利确权程序中[②]，权利人在无效阶段提交的四套修改文本：（1）权利要求 1 对结构式为 I. d 的氨基甲酸酯的限定是马库什权利要求的限定方式，而马库什权利要求无论包含多少变量和组合，都应该视为一种概括性的组合方案，即马库什权利要求应当被视为马库什要素的集合，而不是众多化合物的集合，因此，马库什要素的删除不能视为并列技术方案

① 最高人民法院行政判决书，（2016）最高法行再 41 号。

② 北京知识产权法院行政判决书，（2018）京 73 行初 9342 号。

的删除，修改文本1对结构式为I.d的氨基甲酸酯的修改方式不属于并列技术方案的删除，不符合《专利审查指南》的相关规定，不能被接受；（2）修改文本2将"X是N"删除也属于马库什要素的删除，同样不能视为并列技术方案的删除，虽然前审法院发送过《分案通知书》指出单一性缺陷，但是单一性的主要判断标准为"是否属于一个总的发明构思"，因此，单一性的判断与权利要求是否存在并列技术方案之间没有必然关联，故修改文本2也不能被接受；（3）修改文本3将权利要求1中第一种化合物修改为实施例Id32的结构，并删除了第二种化合物的IIb和IIc，并认为国家知识产权局有过在无效阶段允许将权利要求改为实施例化合物的先例，然而，在《专利审查指南》没有明确哪种类型的案件可以存在例外的情况下，在具体审查实践中，个别案件对《专利审查指南》一般规定的突破不代表整体规则的改变，因此修改文本3也不能被接受；（4）修改文本4仅删除权利要求1中IIb、IIc，属于并列技术方案的删除，可以被接受。故被诉决定所针对的文本为，巴斯夫公司于当庭提交的修改文本4的权利要求书（共6项）以及授权公告文本的其他部分。

北京知识产权法院认为，修改文本2是将授权文本权利要求1中的"X是CH和N"修改为"X是CH"，即删除了权利要求1中X定义中的氮。权利人认为"X是CH"与"X是N"是两个并列技术方案，因此这一删除方式属于对技术方案的删除。

权利人该主张成立的前提是马库什权利要求属于并列技术方案的集合，即选用任一马库什要素中的可选项均可构成一个单独的技术方案，但因马库什权利要求原则上应被视为一个技术方案，而非并列技术方案的集合[北京知识产权法院在（2015）京知行初字第1297号行政判决书中已对此进行了详细论述，最高人民法院（2016）最高法行再41号判决书亦持此观点]，故权利人依据X的可选项数量将权利要求1划分为两个并列技术方案的主张不能成立，相应地，其有关删除"X是N"属于技术方案的删除的主张亦不能成立。

关于国家知识产权局应否接受修改文本3，北京知识产权法院进一步认为，修改文本3将权利要求1中的第一种化合物修改为实施例Id32的结构，并删除了第二种化合物的IIb和IIc。各方当事人针对该修改文本的分歧在于第一种化合物的修改是否可被接受。因权利要求1是马库什权利要求，而如前所述马库什权利要求应视为一个技术方案，故虽然修改后的具体化合物仍在权利要求1的保护范围内，但在该具体化合物并未被明确记载在任一权利要求中的情况下，争议的实质在于是否可以将第一种化合物修改为仅记载在说明书中，而未被明确记载在任一权利要求中的具体化合物。

权利人认为该修改文本应被接受的理由在于,无效阶段的修改方式不应仅限于《专利审查指南》中规定的四种方式,即权利要求的删除、技术方案的删除、权利要求的进一步限定(在权利要求中补入其他权利要求中记载的一个或者多个技术特征)、明显错误的修正。北京知识产权法院对于权利人这一观点表示认同,但即便无效阶段的修改不应绝对地限于上述四种方式,也并不当然意味着修改文本3应被接受。在对此问题并无明确规定的情况下,该修改方式是否可被接受需从修改制度的利益基础角度分析。

在《专利法》框架下,如何尽可能地平衡专利申请人或专利权人利益与社会公众利益是相关制度的共同追求,专利文本修改相关的规定亦不例外。因专利授权及无效的各个阶段的利益侧重有所不同,故不同阶段修改制度的设置亦有所不同。

授权之前,因尚不存在权利的公示效力,故无论是在实审还是复审阶段,均为申请人提供了很大的修改空间,以更多地保障申请人的利益。例如,对修改文本并无上述四种方式的限定,可修改的对象既包括权利要求书亦包括说明书等。

但授权之后的情形则有所不同。专利一旦授权公告,其作为一种垄断性权利,必然会对社会公众利益产生影响,公众未经许可将不得实施落入专利权保护范围的技术方案。考虑到发明专利授权过程中审查员难以查询全部现有技术,而实用新型等专利无须实质审查即可授权等因素,《专利法》同时规定了无效制度,以避免专利权人对于公有领域的不当占有。对于应被无效的专利而言,其所占用的公有资源虽表面体现为技术方案,但实质体现为专利权人在专利授权之后至被宣告无效之前对社会公众行为的限制,以及社会公众基于此限制而损失的利益。换言之,尽管专利最终被宣告无效,但专利权自授权至被宣告无效期间仍曾处于有效状态,专利权人仍可以在该时间范围内禁止社会公众实施与该专利相关的行为,从而使得社会公众利益受损。

针对技术方案层面的公有领域占用问题,主要通过无效制度予以解决。但对于由此导致的对社会公众行为限制的问题,则在一定程度上依赖对权利要求修改方式的限制。修改方式的相关限制可以使社会公众对于权利要求修改后的最终状态具有相对稳定的预期。在此基础上,公众可以依据其对具体无效理由及对比文件等的评估,对于哪些权利要求可能被无效进行预判,并在专利有效期内针对可能被无效的技术方案进行后续研发或相应的准备行为等,而无须等待专利无效的最终裁判结果,从而节省时间成本。

就修改方式而言,如果完全从社会公众的合理且稳定的预期角度出发,最理想的作法当然是不允许专利权人在无效程序中修改权利要求。但《专利法》的基本宗旨是鼓励发明创造,因此,《专利法》仍赋予了专利权人在无效程序中修改权利要求的权利。但尽管如此,社会公众的合理且稳定的预期仍是不能忽视的因素。《专利审查指南》中有关修改方式的规定在一定程度上即是基于这一考量。依据《专利审查指南》规定的四种修改方式,社会公众至少可以确定专利权人使用的技术特征只能是权利要求中已记载的技术特征,而不包括仅记载在说明书中的技术特征。当然,上述限制仍会使最终可能被维持有效的权利要求具有不确定性,但至少好于对修改方式毫无限制而导致的完全不可预期,有利于对社会公众利益的维护。

对于修改方式限制的必要性亦可从另一角度分析。如果对于授权专利的修改方式不加以限制,则专利权人可能无须重视权利要求的撰写,对于马库什权利要求更是如此。即便撰写了保护范围过大的独立权利要求,一旦出现无效请求,专利权人只需针对无效理由进行对应性修改即可,而其使用的修改内容既可以来源于权利要求书,亦可以来源于说明书。这使得专利权人既可以在不存在无效请求的情况下获得最大范围的且可能涵盖公有领域的保护,亦可以在存在无效请求时通过不受限制的修改方式保证专利的稳定性,从而在两种情况下都获利。这一做法过分保护了专利权人利益,而忽视了公众利益,显然并非专利法平衡专利权人利益与公众利益的价值所在。

基于上述分析可知,《专利审查指南》在修改方式上禁止引入说明书内容的做法,符合专利法的价值追求。北京知识产权法院之所以在此情况下仍然认为修改方式并不绝对限于上述四种方式,是因为实践中不排除存在既有利于保护专利权人的技术贡献,亦能保证社会公众合理且稳定预期的其他修改方式的可能性,只是此类修改方式需要进行个案分析。

具体到本案,针对修改文本 3 的争议焦点在于是否可将权利要求 1 中第一种化合物修改为虽记载在说明书中但未被明确记载在任一权利要求中的具体化合物。因现有《专利审查指南》中的四种修改方式实际上对于各权利要求之间技术特征的组合已无任何限制,故如果修改文本 3 可被接受,则意味着在无效程序的修改中,专利权人不仅可以使用权利要求中的技术特征,亦可将说明书中的技术特征纳入修改后的权利要求中。这一情形使得社会公众对修改后的权利要求难以预期,相应地,前文中北京知识产权法院提及的无效专利在授权之后至被宣告无效之前对社会公众行为的限制问题亦无法得以解决。

这一问题对于马库什权利要求而言尤为严重。马库什权利要求的撰写方式具有很强的概括性,一些情况下甚至会涵盖专利权人亦不能穷尽的海量的具体化合物,从而导致专利权人占用的公有资源很可能远大于其他类型权利要求。在此情况下,如在修改中仍不进行相应限制,则显然过多保护了专利权人利益,而忽视了社会公众利益,并可能影响技术的进一步创新,有悖专利法平衡专利权人利益与社会公众利益这一基本原则。

此外,《专利审查指南》作为规范性文件,尽管其列举的具体修改方式未必涵盖了实践中应被允许的全部修改方式,但社会公众基于四种修改方式所抽象出的规则属于社会公众的合理预期,其他可被允许的修改方式亦应符合这一预期,方能保证规则的相对稳定性。社会公众基于对《专利审查指南》四种修改方式的理解,会合理认为修改后的权利要求中不应包括仅记载在说明书中的技术特征,故对本专利的修改方式亦需要符合这一预期。因马库什权利要求被视为一个概括式的技术方案,其并非该权利要求范围内的全部具体化合物的集合,即并非并列技术方案的集合,因此,在授权文本中并无任一权利要求将第一种化合物限定为修改文本 3 中的该具体化合物的情况下,尽管其被记载在说明书中,社会公众亦会合理预期该具体化合物不会被允许纳入新的权利要求中。基于这一认知,社会公众在提起无效程序且可预判授权文本权利要求 1 会被宣告无效的情况下,无须等待生效的裁判结果,即可针对不会被纳入修改后的权利要求中的技术方案进行相关后续研发或生产准备等行为,而无须担心未来侵权的可能性,从而缩短专利被宣告无效后其产品投入市场或实施其他行为所需时间。可见,国家知识产权局未接受修改文本 3 的做法符合社会公众基于《专利审查指南》现有规定而产生的合理预期,并有利于保护社会公众基于上述预期而可能获得的利益。

基于上述分析,北京知识产权法院认为国家知识产权局未接受修改文本 3 的做法符合社会公众的合理预期,较好地平衡了专利权人利益与社会公众利益,该做法并无不当。

关于权利要求修改的边界,主审法官在该案中从专利制度的利益基础这一角度进行了深入分析,得出了"《专利审查指南》在修改方式上禁止引入说明书内容的做法,符合专利法的价值追求"的结论。

第十章

专利侵权行为的认定

专利权作为知识产权的一种,其最主要的属性是排他性。因此,未经权利人的许可,任何人不得实施该项权利,否则即构成侵权。《专利法》一般将未经专利权人许可而为生产经营目的制造、使用、许诺销售、销售、进口相关专利产品的行为,认定为侵权行为。也就是说,构成专利侵权行为的要件,主要包括:(1)未经专利权人的许可;(2)为生产经营之目的;(3)实施了专利权人的专利;(4)不属于法定免责事由。

目前实务中对专利侵权的构成要件并没有过多争议,笔者单将专利侵权行为列为一章,重点旨在通过列举相关案例,对实务中"生产经营目的""制造、使用、许诺销售、销售、进口"行为的认定进行分析和说明。需要说明的是,本文仅选取了实践中存在诸多争议的诸如制造、销售、许诺销售行为进行论述,对于进口和使用行为并未进行阐述,特别是使用行为涉及的是方法专利权,其内容已在方法专利权利要求的解释规则中进行阐述,此处不再阐述。

一、法律规定

《专利法》第 11 条规定:"发明和实用新型专利权被授予后,除本法另有规定的以外,任何单位或者个人未经专利权人许可,都不得实施其专利,即不得为生产经营目的制造、使用、许诺销售、销售、进口其专利产品,或者使用其专利方法以及使用、许诺销售、销售、进口依照该专利方法直接获得的产品。外观设计专利权被授予后,任何单位或者个人未经专利权人许可,都不得实施其专利,即不得为生产经营目的制造、许诺销售、销售、进口其外观设计专利产品。"该条规定了专利侵权行为的构成要件。

1984 年通过的《专利法》并没有将“进口”和“许诺销售”行为认定是侵权行为。随着实践中越来越多的侵犯专利权形式的出现,1992 年修正的《专利法》将“进口”行为包含其中。2000 年修正的《专利法》将“许诺销售”的行为确定为侵犯专利权的行为。2008 年修正的《专利法》将“许诺销售”行为加入了侵害外观设计专利权的行为。2020 年修正的《专利法》延续了 2008 年《专利法》的规定,对侵犯专利权的行为确定为“为生产经营目的”实施“制造、使用、许诺销售、销售、进口”专未经专利权人许可的专利产品的行为。

此外,北京市高级人民法院《专利侵权判定指南(2017)》、天津市高级人民法院《关于侵害外观设计专利权纠纷案件的审判指南》、浙江省高级人民法院民事审判第三庭《关于审理知识产权民事案件若干问题的讨论综述》、国家知识产权局《专利侵权行为认定指南(试行)》均对侵权行为的认定进行了细化。

二、临时保护期

《专利法》第 13 条规定:发明专利申请公布后,申请人可以要求实施其发明的单位或者个人支付适当的费用。《专利权纠纷司法解释二》第 18 条规定:权利人依据《专利法》第 13 条诉请在发明专利申请公布日至授权公告日期间实施该发明的单位或者个人支付适当费用的,人民法院可以参照有关专利许可使用费合理确定。

发明专利申请公布时申请人请求保护的范围与发明专利公告授权时的专利权保护范围不一致,被诉技术方案均落入上述两种范围的,人民法院应当认定被告在前款所称期间内实施了该发明;被诉技术方案仅落入其中一种范围的,人民法院应当认定被告在前款所称期间内未实施该发明。

发明专利公告授权后,未经专利权人许可,为生产经营目的使用、许诺销售、销售在本条第 1 款所称期间内已由他人制造、销售、进口的产品,且该他人已支付或者书面承诺支付《专利法》第 13 条规定的适当费用的,对于权利人关于上述使用、许诺销售、销售行为侵犯专利权的主张,人民法院不予支持。[①]

虽然,法律已经规定了申请人可以要求专利临时保护期内实施发明专利的单位或者个人支付适当的费用,但是对于专利临时保护期内实施其发明的行为并不享有请求停止实施的权利。因此,在发明专利临时保护期内实施相关发明

① 北京市高级人民法院《专利侵权判定指南(2017)》第 98 条吸收了该规定。

的,不属于《专利法》禁止的行为。当然,这并非否认了《专利法》第13条支付许可费的相关规定。

第一,对于临时保护期使用费的问题,实践中有针对临时保护期使用费单独起诉的情形,也有将其与侵权诉讼合并一起主张的情形。

例如,在LG伊诺特有限公司(以下简称LG公司)与日本电产(东莞)有限公司(以下简称日本电产公司)发明专利临时保护期使用费和侵害发明专利权纠纷案中①,北京市高级人民法院经审理认为,本案中,根据LG公司的诉讼请求及法院审理情况,日本电产公司应当承担的损害赔偿责任包括临时保护期使用费、侵权赔偿数额及LG公司的合理支出。关于临时保护期使用费的确定。在发明申请临时保护期内实施该发明的技术方案虽然不构成侵犯专利权的行为,但该发明申请被授权后,专利权人有权主张临时保护期的利益或损失。临时保护期内实施发明所需支付的费用,可以参照有关专利许可使用费合理确定;没有专利许可使用费可以参照的,可以综合考虑专利权的类型、实施发明的行为性质和情节以及查明的事实等,参照《专利法》第65条②有关侵权赔偿的规定处理。

笔者认为,对于被控侵权的实施行为跨越发明专利授权公告日前后的,其行为具有前后的连续性、一致性。从方便当事人诉讼出发,应当允许权利人一并就临时保护期使用费和侵犯专利权行为同时提出权利主张。

第二,在专利临时保护期内实施的制造、销售、进口被诉产品的行为是不为《专利法》所禁止的,那么在专利临时保护期过后,继续实施的使用、许诺销售、销售该产品的行为,应当区分两种情形:如果支付了临时保护期使用费,则持续的行为不为法律所禁止;如果未支付临时保护期使用费,则应当为《专利法》所禁止。

中山市小天鸽五金制品有限公司与广东惠洁宝电器有限公司(以下简称惠洁宝公司)侵害发明专利权纠纷案中③,最高人民法院经审理认为,涉案发明专利授权后,惠洁宝公司为生产经营目的使用案外人在临时保护期内制造、销售的被诉侵权设备,且在未支付《专利法》第13条规定的适当费用情况下,未经专利权人许可继续使用涉案专利的行为,并不符合司法解释关于对专利权人侵害专利权的主张不予支持的条件,惠洁宝公司在涉案发明专利授权后未经许可继

① 北京市高级人民法院民事判决书,(2017)京民终55号。类案有最高人民法院民事裁定书,(2008)民申字第81号。

② 现行《专利法》第71条。

③ 最高人民法院民事判决书,(2019)最高法知民终37号。

续使用涉案发明专利的行为,应当认定构成侵害发明专利权。

但在该案之前最高人民法院有不同的观点,在深圳市坑梓自来水有限公司(以下简称坑梓自来水公司)、深圳市康泰蓝水处理设备有限公司(以下简称康泰蓝公司)与深圳市斯瑞曼精细化工有限公司(以下简称斯瑞曼公司)侵犯发明专利权纠纷案中①,最高人民法院再审认为,斯瑞曼公司在本案中没有提出支付发明专利临时保护期使用费的诉讼请求,因此,本案的主要争议焦点在于,坑梓自来水公司在涉案发明专利授权后使用其在涉案发明专利临时保护期内向康泰蓝公司购买的被诉专利侵权产品是否侵犯涉案发明专利权,康泰蓝公司在涉案发明专利授权后为坑梓自来水公司使用被诉专利侵权产品提供售后服务是否侵犯涉案发明专利权。

康泰蓝公司销售被诉专利侵权产品是在涉案发明专利临时保护期内,该行为即使是在未取得卫生许可批件而不得销售的情况下,也不为《专利法》所禁止。在此情况下,后续的坑梓自来水公司使用所购买的被诉专利侵权产品的行为也应当得到允许。因此,坑梓自来水公司后续的使用行为不侵犯涉案发明专利权。同理,康泰蓝公司在涉案发明专利授权后为坑梓自来水公司使用被诉专利侵权产品提供售后服务也不侵犯涉案发明专利权。

第三,对于同日申请的发明专利与实用新型专利的衔接,权利人可以分段寻求救济。对此最高人民法院认为,申请人就同样的发明创造于同日申请实用新型专利和发明专利,在获得实用新型专利授权后,为取得发明专利授权而放弃实用新型专利权。其就他人在实用新型专利授权日至发明专利授权日期间未经许可实施专利技术方案的行为,可以循以下途径请求救济:一是对于实用新型专利授权日至发明专利申请公布日期间未经许可实施专利技术方案的行为,可以侵害实用新型专利权为由请求救济;二是对于发明专利申请公布日至授权日期间未经许可实施专利技术方案的行为,可选择以支付发明专利临时保护期使用费或者侵害实用新型专利权为由请求救济。②

三、“为生产经营目的”的认定

《专利法》将“制造、使用、许诺销售、销售、进口专利产品”侵害专利权的行

① 参见最高人民法院民事判决书,(2011)民提字第259号。

② 最高人民法院民事判决书,(2020)最高法知民终1738号。

为，限定在了“为生产经营目的”，但是对“为生产经营目的”的认定并未作进一步说明。一般来说，以出售产品或服务为目的的制造（制造专利产品或者以专利方法制造产品）、销售以及许诺销售等行为，属于典型而直接的经营或盈利行为。在实践中，容易引发争议的是下列几类行为：(1)企业内部以研究开发新产品、新工艺为目的，制造、使用和进口专利产品（或使用专利方法）。(2)经营者作为消费者消费或使用专利产品的行为。(3)政府或事业单位的使用专利产品的行为。①

行为人以非“为生产经营目的”进行抗辩的情形只存在于“制造、使用、许诺销售、销售、进口专利产品或使用专利方法”的行为中。根据北京市高级人民法院《专利侵权判定指南(2017)》第130条规定：“为私人利用等非生产经营目的实施他人专利的，不构成侵犯专利权。”该规定将非“为生产经营目的”作为抗辩的主体限定为个人，不包括单位。

在深圳万向泰富环保科技有限公司与深圳市盐田区建筑工程事务局（以下简称盐田工程局）、佛山市粤山园林绿化有限公司（以下简称粤山公司）侵害发明专利权纠纷案中②，盐田工程局在庭审中辩称使用被诉侵权产品联结扣所涉工程是市政工程，其是事业单位法人，不以生产经营为目的，不构成侵权。一审深圳市中级人民法院认为，我国《专利法》(2008年)第11条、第70条③所称为生产经营目的，是指为工农业生产或者商业经营等目的，不限于以营利为目的，也不限于发明创造的实施与行为人的主营目的有直接关系，但不包括以个人使用为目的。盐田工程局作为涉案工程的建设单位，将涉案工程发包给粤山公司，涉案工程使用了被诉侵权产品，其使用性质为商业使用，亦构成侵权，据此，盐田工程局的抗辩理由不成立，原审法院不予支持。

针对该案有不同处理意见。有观点认为，只有自然人才能主张非生产经营目的的免责抗辩，盐田工程局作为事业单位法人，其无权主张该抗辩事由。但是，也有相反观点认为，《专利法》第11条并未排除对单位的适用。盐田工程局作为事业单位法人，符合非生产经营目的的免责抗辩的主体要件。笔者认为，尽管该案中盐田工程局是事业单位法人，其对外招标的工程是“广东省绿道网”的组成部分，为深圳市重点民生工程，盐田工程局对该工程只有投入，并不会从中

① 参见崔国斌：《专利法：原理与案例》（第2版），北京大学出版社2016年版，第541页。

② 广东省高级人民法院民事判决书，(2014)粤高法民三终字第581号。

③ 现行《专利法》第77条。

直接或间接获得任何经济利益，但是，这并不能改变其行为是出于“为生产经营目的”，因此，应当承担专利侵权责任。

在青海绿大生态治沙有限公司与天峻县林业和草原局（以下简称天峻县草原局）等侵害发明专利权纠纷案中①，争议焦点之一为，天峻县草原局的行为是否属于《专利法》所规定的“为生产经营目的”。最高人民法院认为，《专利法》将“为生产经营目的”作为专利侵权构成的要件之一，系出于合理平衡专利权人和社会公众利益之目的。在专利侵权判定时，既不能将“为生产经营目的”简单等同于从事营利性活动，也不能仅根据实施主体的机构性质认定，而应着眼于被诉侵权行为本身，考虑被诉侵权行为是否属于市场活动、是否影响专利权人市场利益等因素综合判断。政府机关、事业单位、公益机构等主要从事公共管理、社会服务、公益事业等非生产经营性活动的主体，实施了专利、参与了市场活动、可能损害专利权人市场利益的，可以认定其行为符合《专利法》第 11 条第 1 款所称“为生产经营目的”。本案中，虽然涉案工程具有保护生态环境的公益性质，但是天峻县草原局在涉案工程招标文件中对施工方法提出了明确要求，实际上将直接且明确地导致任何中标方都必须要使用落入涉案专利权保护范围的方法，施工企业实施被诉侵权方法进行施工的行为，不可避免会侵占涉案专利权人可能的市场，损害权利人的市场利益，故天峻县草原局的相关行为具备“为生产经营目的”之要件。原审法院认为天峻县草原局组织实施的涉案工程完全是保护生态环境的公益项目，是履行行政机关的职责，因而认定天峻县草原局的行为不具有生产经营活动性质，系适用法律错误。

在焦某丽与中国农业科学院饲料研究所（以下简称饲料研究所）、北京市大兴区农业农村局（以下简称大兴区农业局）侵害发明专利权纠纷案中②，最高人民法院认为，《专利法》将“为生产经营目的”作为专利侵权构成的要件之一，系出于合理平衡专利权人和社会公众利益之目的。在专利侵权判定时，对“为生产经营目的”的理解，应着眼于具体的被诉侵权行为，综合考虑该行为是否属于参与市场活动、是否影响专利权人市场利益等因素综合判断，既不能将“为生产经营目的”简单等同于“实际获利”；又不能仅根据实施主体的性质认定其是否具有生产经营目的。即使政府机关、事业单位等主体具有公共服务、公益事业等属性，其自身不以生产经营为目的，但其实施了市场活动、损害了专利权人市

---

① 最高人民法院民事判决书，(2020)最高法知民终 212 号。

② 最高人民法院民事判决书，(2020)最高法知民终 831 号。

场利益的,仍可认定具备“为生产经营目的”之要件。

本案中,虽然根据焦某丽提交的《中国农业科学院年鉴2006》《中国农业科学院与北京市大兴区科技合作总结表彰暨签字仪式在我院举行》等证据记载的内容表明,饲料研究所、大兴区农业局开展科技合作旨在于促进科研成果向生产力转化,引导和支持大兴区农业转型发展,带有一定的公共服务和公益事业属性,不直接以生产经营为目的。但是,根据法院查明的事实,饲料研究所和大兴区农业局在第二期科技合作中,通过大兴区政府提供资金资助、饲料研究所提供科技成果,形成“院区合作+示范基地+农户”的模式。饲料研究所、大兴区农业局生产出的奶牛天然物饲料添加剂产品已经在大兴区主要奶牛场、畜场进行了示范和推广,取得了很好的效果。据统计,双方在第二期科技合作中共计培训技术人员和农民10,320人(次),使4500余农户直接受益,创造直接经济效益1.14亿元。由此可见,涉案项目产生了一定经济效益,并使农民直接获利。饲料研究所、大兴区农业局制造、使用涉案专利产品和方法的行为不可避免会侵占焦某丽涉案专利的可能市场,损害专利权人的市场利益,故饲料研究所、大兴区农业局的相关行为具备“为生产经营目的”之要件。

笔者认为,将“为生产经营目的”做限制性解释会将很大一部分主体的行为排除在专利侵权之外,也将使专利权获得保护的领域范围不当收窄。首先,如果从字面意义上理解“生产经营”,行政机关将被排除在外,其实施专利的行为因不符合“为生产经营目的”而不构成专利侵权,这将不利于保护有关公共利益领域的发明人从事发明创造的积极性。其次,对“生产经营”做限制性解释,某些与经营场所无直接联系的实施专利的行为则不被认定为“为生产经营目的”,将损害专利权人对其权利获得保护的可期待性。同样是利用了其专利技术方案为自身创造的利益,却因实施专利的行为的场所不同而影响对该行为性质的认定。所以,对“为生产经营目的”的理解不应当拘泥于字面意思,应作广义理解。生产经营,不仅包括“工农业生产”以及“商业经营”,还包括对其他各项事业的经营;“为生产经营目的”不限于以营利为目的,也不需要实际上有盈利。

在王某宇与武汉市小山城餐饮有限公司(以下简称小山城公司)侵犯外观设计专利权纠纷案中①,湖北省高级人民法院认为,小山城公司虽非生产制作招牌的企业,但其委托他人制作侵权的“东北人烤肉”招牌,在其与制作者之间形

① 湖北省高级人民法院民事判决书,(2013)鄂民三终字第00145号。类案有重庆市第一中级人民法院民事判决书,(2005)渝一中民初字第119号。

成委托合同关系，而委托事务造成的法律后果应由作为委托人的小山城公司承担。虽然外观设计专利权并不具有禁止他人使用外观设计专利产品的效力，但并不能阻却小山城公司委托他人制作被控侵权招牌的行为侵权的认定。而且小山城公司制作招牌的目的是为其经营中餐类制售活动服务，对小山城公司主张的并非出于生产经营目的实施专利因而不构成侵权的抗辩理由不予支持。

实践中，对出于自用目的制造获得外观设计专利授权的产品是否构成侵权有不同的看法。一种观点认为，只有在行为人往复性的制造、销售外观设计专利产品并意图通过该制造、销售行为直接获取利益时，才能认为属于"为生产经营目的"实施专利；如行为人仅供本单位或个人自行使用而非对外销售之目的，即使未经专利权人的许可实施专利，也不能认定为专利侵权行为。另一种观点则认为，"为生产经营目的"实施专利不能仅限定于通过制造、销售专利产品而谋利的行为，只要行为人未经专利权人许可实施了制造专利产品的行为，无论其是出于对外出售专利产品获利的目的还是出于自用的目的，均构成侵权。笔者认为，本案中一审武汉市中级人民法院认为小山城公司的行为不构成侵权，实际上是对"为生产经营目的"进行了限制性解释，将该行为限定于制造外观设计专利产品并通过销售该产品获利的范围，而排除了经营者制造外观设计专利产品并通过商业性使用该产品谋利的行为。

在莫某彩与贵阳棋院等侵犯专利权纠纷案中[①]，贵州省高级人民法院认为，贵阳棋院所使用的房屋，产权属贵阳市体育运动委员会，该房屋顶端安装有避雷设备，贵阳棋院系合法取得对该避雷设备的使用权。作为事业单位法人，贵阳棋院对该避雷设备的使用，系为保护建筑物的安全，并非将其用于生产经营。贵阳棋院不是"为生产经营目的"而使用被诉侵权的避雷设备，因此不构成专利侵权的必要条件，亦不应承担赔偿责任。

本案中，法院根据贵阳棋院主体的性质，认为其不属于"为生产经营目的"，该观点值得商榷。无论有没有实际获利，行政机关、事业单位只要从事了市场活动、损害了专利权人的市场利益，则应当认定其具有生产经营目的。[②] 例如，在张某军与济宁市中区康嘉广告艺术中心（以下简称康嘉广告）、济宁市公安局交通警察支队（以下简称济宁交警支队）外观设计专利侵权纠纷一案中[③]，被告

---

① 贵州省高级人民法院民事判决书，(2007)黔高民二终字第97号。

② 参见闫文军：《专利侵权中"为生产经营目的"的判断规则》，载管育鹰主编：《知识产权审判逻辑与案例——专利卷》，法律出版社2022年版，第27页。

③ 山东省济南市中级人民法院民事判决书，(2002)济民三初字第39号。

交警支队答辩称，其作为国家机关，不以生产经营为目的，本案广告的图纸也非其制作和设计，因此，依法不构成专利侵权。济南市中级人民法院经审理认为，康嘉广告和济宁交警支队协议建造的广告牌，其设计与张某军的“宣传柜橱”外观设计专利构成近似，落入了张某军该专利权的保护范围。从协议可以看出，济宁交警支队提供济宁市委岗楼建造位置及规格、式样，负责办理设置服务所需的一切手续及有关单位的审批手续，并对施工质量进行监督，康嘉广告按照济宁交警支队提供图样和地点进行投资建造，两者为涉案广告牌的共同制造者，在上述前提下，康嘉广告、济宁交警支队未经张某军许可，实施其专利的行为，是否出于生产经营目的，是判定两被告是否构成侵权的关键。从两被告的协议看，三面翻广告牌有两面可由康嘉广告发布商业广告，故康嘉广告商业经营获利目的明显。对于济宁交警支队，其发布公益广告的行为，虽不具有经营目的，但依照济宁交警支队和康嘉广告的协议，济宁交警支队为广告牌图样的提供方、广告牌的制作委托方和广告牌产权的所有者，济宁交警支队并未实际出资或支付建造费用，却成为广告牌的产权人，实际上是以一定期间广告牌的免费使用，来换取广告牌的建造费用。广告牌建成后，康嘉广告仅在约定的期间内免费使用，期限届满后，该广告牌即变为有偿使用，只不过享有优先使用权。本案中，法院认为济宁交警支队的行为亦具有商业经营性质。在判断是否为“为生产经营的目的”时应当依据行为的性质，而不是主体的性质。

四、制造行为的认定

《专利法》将制造行为作为侵害专利权行为之首，足以说明制造行为对专利权的危害程度之大。那么何为“制造”，国家知识产权局《专利侵权行为认定指南（试行）》认为，制造，对于发明和实用新型专利权而言，是指做出或者形成具有与权利要求记载的全部技术特征相同或者等同的技术特征的产品；对于外观设计专利权而言，是指做出或者形成采用外观设计专利的图片或者照片中所表示的设计的产品。制造行为的对象应当是专利产品，包括将原材料经化学反应、将零部件经物理组装形成权利要求所保护的专利产品等行为。

一般来说，对制造主体的确认是专利侵权诉讼中最为常见的问题，经常被列为案件的争议焦点。一般情况下，在无相反证据情况下，将自己的姓名、名称、商标或可资识别的其他标识体现在产品上，表示其为产品制造者的企业或者个人,均可被认定为《专利法》意义上的制造者。[①] 对于那些在产品上标注生产者信息或者生产者直接承认其制造了被诉产品的情形反而没有太大争议,争议最多的通常是存在委托或承揽加工、贴牌加工、零部件组装行为等情形。因此,笔者在下文中仅针对实践中具有争议的情形进行讨论。

(一)贴牌行为的认定

对于贴牌行为,第一种观点认为,在产品质量纠纷和产品侵权纠纷中,任何将自己的姓名、名称、商标或者可资识别的其他标识体现在产品上,表示其为产品制造者的企业或个人,均属于《民法典》和《产品质量法》规定的"生产者"。[②] 也就是说,对于贴牌的行为,一般也是认定为制造行为。第二种观点认为,法释〔2002〕22 号主要是针对产品侵权案件中受害人提起的损害赔偿诉讼,而本案是专利权侵权纠纷案件,两者属于不同类型的案件,故本案并不适用法释〔2002〕22 号的司法精神。[③] 笔者不认同第二种观点。贴牌者将其商标、公司信息等标识在被诉产品上时,其目的是表明系被诉产品的制造者,让消费者信赖其制造者的身份,从而购买其产品。那么在承担责任的时候,亦应当按照其真实的意思表示来承担制造者的责任。

例如,在汕头市尚美塑胶模具实业有限公司(以下简称尚美公司)与台州市黄岩顺丰塑料厂(以下简称顺丰塑料厂)等侵害实用新型专利权纠纷案中[④],二审法院认为,经原审法院查明,尚美公司公证购买的被诉侵权产品底部贴有生产信息标签,标明了"顺丰"字样以及顺丰塑料厂的全称、地址、联系方式等信息,且顺丰塑料厂的经营范围包括塑料制品制造、加工。对于一般消费者而言,被诉侵权产品系由顺丰塑料厂制造;无论被诉侵权产品是否由他人制造后贴附了顺丰塑料厂的标识,顺丰塑料厂均应对外承担制造者的责任。

在深圳市麦动时代科技有限公司(以下简称麦动公司)与深圳市昭晨电子科技有限公司(以下简称昭晨公司)、深圳市旗蓝科技有限公司(以下简称旗蓝

---

① 最高人民法院民事判决书,(2021)最高法知民终 889 号。

② 最高人民法院《关于产品侵权案件的受害人能否以产品的商标所有人为被告提起民事诉讼的批复》(法释〔2002〕22 号)。

③ 浙江省宁波市中级人民法院民事判决书,(2019)浙 02 知民初 392 号。

④ 最高人民法院民事判决书,(2020)最高法知民终 309 号。

公司)等侵害实用新型专利权纠纷案中①,最高人民法院认为,侵权产品外包装上使用的商标的权利人有制造能力,且无相反证据证明侵权产品的实际制造者并非商标权人本人的情况下,可以合理地推定商标权人是侵权产品的制造者。首先,根据麦动公司《公证书》记载,被诉侵权产品生产企业为旗蓝公司,旗蓝公司在网上向社会公众声称其是生产商,旗蓝公司应当对其行为承担相应后果。其次,被诉侵权产品外包装盒上有"YueBa 越霸"的标识,根据麦动公司原审证据商标详情打印件,该商标的申请人为陈某长。并且,根据麦动公司《公证书》网点经营者营业执照信息显示,昭晨公司的经营范围包括耳机、电脑、手机膜、钢化膜及其周边电子产品的组装加工及销售。最后,二审法院庭审中,昭晨公司和旗蓝公司承认两公司是合作关系。基于上述事实,昭晨公司与旗蓝公司应被认定为共同制造被诉侵权产品。

(二)委托加工行为的认定

国家知识产权局《专利侵权行为认定指南(试行)》认为,委托加工或者加工承揽,是指定作人或委托人提供样品或图纸,承揽人或加工人按定作人或委托人的要求完成产品,承揽人或加工人交付成品,定作人或委托人支付报酬的行为。企业接受委托加工或贴牌生产都属于加工承揽。如果委托加工或者贴牌生产的产品侵犯专利权,承揽人或加工人的加工行为构成实施专利的行为,定作人或委托人的委托行为也构成制造专利产品的行为。

在沈阳中铁安全设备有限责任公司与哈尔滨铁路局减速顶调速系统研究中心(以下简称哈铁减速顶中心)、宁波中铁安全设备制造有限公司(以下简称宁波中铁公司)等侵害实用新型专利权纠纷案中②,最高人民法院认为,本案中,首先,哈铁减速顶中心是与兰州铁路局签订减速顶设备买卖合同,约定哈铁减速顶中心作为卖方向兰州铁路局提供减速顶设备;其次,哈铁减速顶中心又与宁波中铁公司签订减速顶供货合同,约定由宁波中铁公司负责加工型号为"TDJ－205"的减速顶;最后,哈铁减速顶中心将宁波中铁公司加工完成的减速顶提供给兰州铁路局。综合本案事实,对哈铁减速顶中心相关行为的法律定性应当考察以下因素:第一,宁波中铁公司的加工生产行为完全受控于哈铁减速顶中心,

① 最高人民法院民事判决书,(2019)最高法知民终276号。类案有最高人民法院民事判决书,(2021)最高法知民终495号。

② 最高人民法院民事判决书,(2017)最高法民再122号。

哈铁减速顶中心在合同中为宁波中铁公司指定了减速顶的型号及各项技术指标,并约定哈铁减速顶中心有权对宁波中铁公司的加工生产行为进行检查、监督及提出整改要求;第二,宁波中铁公司在加工完成的减速顶产品上并不标注公司标识,而是交由哈铁减速顶中心标注其专属的"TDJ－205"型号及单位名称。哈铁减速顶中心虽没有在物理上实施制造行为,但基于其对宁波中铁公司制造行为的控制,以及最终成品标注哈铁减速顶中心专属的产品型号和单位名称这一事实,应当认定哈铁减速顶中心不仅是本案被诉侵权产品的销售者,同时也是制造者。

在乐雪儿公司案中①,最高人民法院同样认为,在乐雪儿公司案中所提到的部件虽不是其自行加工,但系其提供样品在案外人处定作的,也即这些部件是案外人按照乐雪儿公司的要求进行加工制作的,故乐雪儿公司对由此产生的法律后果应当承担相应的法律责任。

但是,在敖某平与飞利浦(中国)投资有限公司(以下简称飞利浦公司)、深圳市和宏实业有限公司(以下简称和宏公司)等侵害发明专利权纠纷案中②,争议焦点之一便是飞利浦公司是否属于《专利法》意义上的被诉侵权产品的制造者。敖某平申请再审时称:(1)二审判决认定,和宏公司在接受飞利浦公司的授权、成为飞利浦品牌的总代理后,在原模具基础上改模刻字,仍由和宏公司的全资子公司惠州和宏电线电缆有限公司(以下简称惠州和宏公司)使用原专利技术为飞利浦公司生产标注"PHILIPS"商标的产品,本案的生产模式属于ODM方式,承接设计制造业务的制造商惠州和宏公司称为ODM厂商,所生产的产品为ODM产品。二审法院判决查明的关于飞利浦公司、和宏公司、惠州和宏公司之间的法律关系的事实没有证据证明。被诉侵权产品包含了飞利浦公司的许多产品技术机密,这些都不是和宏公司与惠州和宏公司所能知道并独立完成的。从本案被诉侵权产品的制造与销售过程来看,飞利浦公司完全主导并控制着被诉侵权产品的设计开发、生产和销售,是在独立自主地实施涉案专利。(2)二审判决认定,飞利浦公司作为商标持有人,不应认定其为《专利法》意义上的被诉侵权产品的实际制造者,飞利浦公司作为贴牌生产被诉侵权产品的定作方,不存在故意诱导、怂恿、教唆加工方故意侵犯他人专利权的情形而不构成侵犯专利权。上述认定没有事实依据和法律依据。本案中,被诉侵权产品标注了飞

① 最高人民法院民事判决书,(2013)民提字第225号。

② 最高人民法院民事裁定书,(2012)民申字第197号。

利浦公司的商标、企业名称等商业标识的事实，足以认定飞利浦公司是被诉侵权产品的生产制造商，从事了《专利法》第11条规定的制造行为，构成专利侵权。（3）二审判决关于飞利浦公司作为商标持有人，仅起到标示该商标提供者的作用等观点没有证据证明。本案中，飞利浦公司是贴牌生产被诉侵权产品的定作人兼商标权人，是生产制造者，是在自己的产品上使用"PHILIPS"商标，不是商标许可合同中的商标许可人，飞利浦公司与和宏公司、惠州和宏公司之间不是商标使用许可关系。最高人民法院再审认为，《专利法》第11条规定的"制造专利产品"，对于发明或者实用新型来说，是指作出或者形成覆盖专利权利要求所记载的全部技术特征的产品。上述理解综合考虑了"制造"一词本身的含义和《专利法》第11条的立法目的。在委托加工专利产品的情况下，如果委托方要求加工方根据其提供的技术方案制造专利产品，或者专利产品的形成中体现了委托方提出的技术要求，则可以认定是双方共同实施了制造专利产品的行为。本案中，被诉侵权产品是和宏公司在原有模具基础上改模刻字交由惠州和宏公司生产，被诉侵权产品的技术方案完全来源于和宏公司，飞利浦公司没有向惠州和宏公司就被诉侵权产品的生产提供技术方案或者提出技术要求，飞利浦公司不是《专利法》意义上的制造者，其行为并不构成侵害涉案专利权。敖某平关于飞利浦公司是被诉侵权产品的制造者、独立实施了涉案专利的申请再审理由不能成立。

本案的特别之处在于，惠州和宏公司生产使用原专利技术为飞利浦公司生产标注"PHILIPS"商标的产品，本案的生产模式属于ODM方式，也就是说，飞利浦公司并没有提供制造被诉产品的技术方案或者技术要求，因此法院最终认定飞利浦公司的行为不属于制造行为。

在李某福与厦门尔升山贸易有限公司（以下简称厦门尔升山公司）侵害外观设计专利权纠纷案中①，被诉侵权产品系由厦门尔升山公司委托案外人生产，被诉侵权产品上印制有厦门尔升山公司拥有的注册商标，产品吊牌上亦只载有厦门尔升山公司的相关信息。虽然厦门尔升山公司与加工企业之间的合同约定产品外观由加工企业提供，但经庭审查明，被诉产品的外观是由厦门尔升山公司根据加工企业提供的样式选定的。福建省高级人民法院认为，厦门尔升山公司虽不具备生产主体资质，但其对外进行定牌委托加工，并选定产品外观，主观上体现了生产的意思表示，客观上通过委托的加工企业完成生产行为，厦门

① 福建省高级人民法院民事判决书，（2018）闽民终1369号。

尔升山公司与厦门威登工贸有限公司的内部约定不影响根据外部表现形式来认定行为的本质属性。故可以认定厦门尔升山公司在本案中实施了生产、销售被诉侵权产品的行为。

(三)将侵权产品作为零部件或中间产品

1. 将零部件组装成专利产品的行为

在侵害专利权纠纷案件中,如果行为人从案外人处购买专利产品的外壳,再委托其他案外人加工或从市场上直接购入专利产品的内部零部件,然后将上述外壳和内部零部件组装成专利产品进行销售的行为,应定性为专利产品的制造行为,而非销售行为。例如,在赵某龄与深圳市圣迪能科技有限公司侵害外观设计专利权纠纷案中①,被告认为其是从案外人购买了被控侵权产品的外壳,为了组装成完整的手电筒产品,从市场上直接购买了一部分手电筒内部的零部件,还有一部分手电筒内部的零部件,是由被告设计好图纸以后,再委托其他人进行加工,接着被告将上述手电筒外壳和手电筒内部的零部件组装成手电筒产品,进而对外销售该产品。被告提交的购销合同、送货单、银行支票、财务账册等证据,能够证明上述事实。被告认为,鉴于其是销售商,而不是制造商,且能够提供被控侵权产品的合法来源,故其仅需承担停止销售侵权产品的责任,而无须承担民事赔偿责任。深圳市中级人民法院认为,根据我国《专利法》(2008年)第59条第2款②的规定,外观设计专利权的保护范围以表示在图片或者照片中的该产品的外观设计为准。由此可见,"产品+外观设计"是确立外观设计专利权保护范围的依据,而实现"产品+外观设计"的行为,在性质上属于将表现外观设计的产品制造出来的行为,这依法应是外观设计专利权中"制造权"控制的范围;外观设计专利产品被制造出来后,以有偿或无偿方式转移专利产品所有权的行为,属于外观设计专利权中"销售权"控制的范围。本案中的专利产品是指手电筒,而不是指手电筒的外壳,外壳是案外人制造的,而手电筒是被告从案外人处购买手电筒外壳后,然后将该外壳与手电筒内部零部件组装而成。这表明,是被告实施并完成了原告外观设计专利权中"制造权"控制的"产品+外观设计"的行为。

---

① 广东省高级人民法院民事判决书,(2012)粤高法民三终字第97号。类案有广东省高级人民法院民事判决书,(2017)粤民终2841号、(2018)粤民终2351号。

② 现行《专利法》第64条。

从手电筒市场交易的链条来看，是被告完成了手电筒产品的组装行为，该组装行为完成后，手电筒产品首次进入流通领域，作为专利产品流入市场的源头，被告对该产品是否侵犯他人外观设计专利权，应尽到比市场交易链条中的销售商更高的注意义务。将被告的行为认定为制造行为而不是销售行为，更有利于敦促被告履行注意义务，以避免侵害原告的外观设计专利权。最终，深圳市中级人民法院认为被告购买专利产品的外壳，再将内部零部件与外壳组装成专利产品销售，该行为应被定性为制造行为，而非销售行为。

2. 将被诉产品作为零部件制造另一产品的行为

如果产品本身并没有侵权，但是产品上的部分零部件构成侵权，对于销售产品的行为如何定性的问题，曾有不同的观点。2009 年最高人民法院发布的司法解释对此情形进行了规定，《专利权纠纷司法解释一》第 12 条规定："将侵犯发明或者实用新型专利权的产品作为零部件，制造另一产品的，人民法院应当认定属于专利法第十一条规定的使用行为；销售该另一产品的，人民法院应当认定属于专利法第十一条规定的销售行为。将侵犯外观设计专利权的产品作为零部件，制造另一产品并销售的，人民法院应当认定属于专利法第十一条规定的销售行为，但侵犯外观设计专利权的产品在该另一产品中仅具有技术功能的除外。"根据该条的规定，零部件制造另一产品的行为应当区分为两大类型五种情形，对于发明或者实用新型专利权而言，将零部件制造另一产品的行为属于使用行为；将零部件制造另一产品并销售的，属于销售行为；对于外观设计专利权而言，将零部件制造另一产品的行为，司法解释没有规定，这可能是因为对于外观专利权而言，《专利法》不保护使用行为；将零部件制造另一产品并销售的，属于销售行为；对于外观设计而言，司法解释对第四种情形规定了一种例外情形，即侵犯外观设计专利权的产品在该另一产品中仅具有技术功能的除外。实践中争议最大的是第五种情形。

在本田技研工业株式会社（以下简称本田株式会社）、东风本田汽车（武汉）有限公司（以下简称东风本田公司）诉河北新凯汽车制造有限公司（以下简称河北新凯公司）、高碑店新凯汽车制造有限公司（以下简称高碑店新凯公司）等侵犯外观设计专利权纠纷案中①，被控侵权的前、后保险杠及前格栅产品均是安装于涉案汽车上的零部件。根据产品说明书、合格证、使用手册等证据可以确认涉案汽车由河北新凯公司制造并销售。本田株式会社、东风本田公司主张

① 北京市高级人民法院民事裁定书，(2004)高民初字第 1472 号。

高碑店新凯公司也是涉案汽车制造者的依据是在涉案汽车挡风玻璃上贴有“高碑店市新凯公司”的不干胶标签,高碑店新凯公司认为该名称与其不完全相符,不足以认定其是制造者,该公司也没有生产整车的资质。对此,北京市高级人民法院认为,仅有该证据不足以认定高碑店新凯公司是涉案汽车的制造者,也不能认定高碑店新凯公司销售涉案汽车的事实。河北新凯公司提供了向案外人购买被控侵权产品的发票,其上注明了产品的型号“新凯 6491”,即涉案汽车的型号,该证据证明被控侵权产品是由河北新凯公司委托他人定制,专门用于组装涉案汽车的,因此,河北新凯公司的行为属于制造被控侵权产品的行为。河北新凯公司将安装有被控侵权产品的涉案汽车以整车的形式进行销售,亦构成对被控侵权产品的销售。高碑店新凯公司向汽车零部件生产商购买被控侵权产品,再销售给河北新凯公司,河北新凯公司用于组装涉案汽车,因此,高碑店新凯公司亦实施了销售被控侵权产品的行为。

由该案可知,对于将外观设计专利权的零部件制造另一产品并销售的行为属于销售行为,司法实践中已经进行了确认。但是,在《专利权纠纷司法解释一》实施的过程中,北京市高级人民法院认为还存在一些缺陷和不足。例如,“零部件”的概念是否也适用于化学医药领域的“中间产品”?中间产品在制造另一产品的过程物理化学性能发生实质性变化的,是否仍然构成侵权行为?“侵害外观设计专利权的产品在该另一产品中仅具有技术功能的”为何意?①

为了解释和弥补这些缺陷和不足,北京市高级人民法院《专利侵权判定指南(2017)》第 106 条对此进行了规定:“将侵犯发明或者实用新型专利权的产品作为零部件或中间产品,制造另一产品后,销售该另一产品的,应当认定属于对专利产品的销售。但该中间产品在制造过程中的物理化学性能发生实质性变化的除外。将侵犯外观设计专利的产品作为零部件,制造另一产品并销售的,应当认定属于销售外观设计专利产品的行为,但侵犯外观设计专利的产品在另一产品中仅具有技术功能的除外。仅具有技术功能,是指该零部件构成最终产品的内部结构,在最终产品的正常使用中不产生视觉效果,只具有技术作用和效果。”北京市高级人民法院在该条规定中,针对发明专利增加了“中间产品”的概念;针对化学医药领域使用中间产品的具体情形,增加了“该中间产品在制造过程中的物理化学性能发生实质性变化的除外”的但书规定;明确了“仅具有技

---

① 参见吉罗洪主编,北京市高级人民法院知识产权审判庭编:《北京市高级人民法院〈专利侵权判定指南(2017)〉理解与适用》,知识产权出版社 2020 年版,第 510 页。

术功能”的含义。

但是,实践中对“仅具有技术功能”的含义争议很大。当该侵犯外观设计专利权的产品在该另一产品中,仅是在另一个产品的内部使用、不易被观察到,或者即使被使用在外部,也仅是被“组装”或“镶嵌”到另一个产品上,从外观上很难看到或者仅看到部分时,是否应当认定为属于“仅具有技术功能”实践中有不同的裁判规则。

例如,在深圳市金炜达新超实业有限公司与深圳市金地新城房地产开发有限公司侵犯外观设计专利权纠纷一案中①,广东省高级人民法院认为,分水器作为楼房供水系统中的一个组件,其技术功能决定了它往往处在楼房中不被注意的角落或者不具有视觉显著性的位置。在判断其视觉效果范围时,应当考虑到它在日常生活中使用的位置特殊性,只要其仍处在通常的视线范围之内,就应当认定其具有视觉效果。本案被控侵权产品虽然处在水井房这一相对不具有视觉显著性的位置,但因其连接了终将进入各户供水分路的水表,并与水表共同形成均匀、整齐、一体的布局观感,楼房业主、物管人员、维修人员等相关公众在日常生活中使用、管理、维护水表或水井房设备时,被控侵权产品也将落入相关公众的视线范围并产生视觉效果。上诉人认为“分水器在整个房地产项目中仅是一个十分微小的部件且安装在封闭隐蔽位置,公众并不能看到其外观设计”的理由不成立。虽然作为楼房的购房人在决定购房之时,通常不会考虑分水器的外观设计,但是,在购房之后的日常生活中,相关公众仍然能在使用、管理、维护水井房及其设备时注意到该分水器的外观设计。上诉人认为“每一个购房人在决定购房之前,是不会去观看安装在水井房内的分水器的外观视觉效果的”“其外观设计特征是由其功能性特征决定的,对于房地产项目并不产生整体视觉效果的影响”而证明被控侵权产品不产生视觉效果,显然理由不充分。综上,本案分水器不仅具有技术功能,同时也在符合其技术功能特性的通常场合内产生了视觉效果。

该案中,无论是一审深圳市中级人民法院还是二审广东省高级人民法院都对《专利权纠纷司法解释一》第12条规定的“仅具有技术功能”的例外情形作了比较谨慎的认定,并未因为分水器安装在水井房,设置在建筑物相对不显眼且隐蔽位置就认定其“仅具有技术功能”,而是认定“在判断其视觉效果范围内,应当考虑到它在日常生活中使用的位置特殊性,只要其仍处在通常的实现范围之

---

① 广东省高级人民法院民事判决书,(2011)粤高法民三终字第13号。

内，就应当认定其具有视觉效果”。

但是在欧某仁与泰州市金申家居用品有限公司（以下简称金申公司）和欧某仁与安徽捷顺门业有限公司（以下简称捷顺门业公司）侵害外观设计专利权纠纷案中①，专利权人均请求保护的是一种型材的外观设计专利权，被诉产品被安装在铝合金门中，成为铝合金门的一部分。此时，对于“型材”在铝合金门中是否“仅具有技术功能”产生了严重分歧，一审南京市中级人民法院在两案中均认为，欧某仁对涉案移门产品当庭进行破坏性拆解后取得了一段被诉侵权的铝型条产品。从该被拆解的被诉侵权设计来看，其具备了涉案外观设计专利产品的全部构件、设计特征和形状要素，两者在整体外观视觉效果上无差异。然而，从金申公司的行为来看，其销售、许诺销售涉案移门产品的行为未侵害原告涉案外观设计专利权。其理由如下：首先，现有证据不能证明金申公司生产了涉案移门产品和被诉侵权铝型条产品。欧某仁通过公证的方式购买了金申公司在移门博览会上展出的涉案移门产品，金申公司构成销售和许诺销售涉案移门产品的行为，但欧某仁并未提供证据证明金申公司系涉案移门产品的生产商，欧某仁通过金申公司未提供涉案移门产品的合法来源和金申公司的经营范围推断涉案移门产品系金申公司所生产没有事实依据，不予采信。其次，金申公司销售、许诺销售的是涉案移门产品的整体而非单独的被诉侵权铝型条产品。涉案专利系铝型材，但金申公司实际销售、许诺销售的系涉案移门产品，而不是单独销售、许诺销售被诉侵权铝型条产品。再次，被诉侵权的铝型条在涉案移门产品正常的销售和使用过程中处于不可分离的状态。被诉侵权铝型条在涉案移门产品中起着支撑和镶嵌玻璃的框架作用，涉案移门产品无论是在经营主体的正常销售还是在消费者的正常使用过程中都不可能将其中的铝型条无故分离或拆卸，只有对涉案移门产品进行破坏性拆解方能取得其中安装的被诉侵权铝型条。最后，涉案移门产品中未经破坏性拆解的被诉侵权设计的部分视图不可见或不可清晰所见，无法与授权外观设计进行相同或近似的判断。安装在涉案移门产品上的被诉侵权设计的上、下两头的端面不可见，左、右两侧的侧面在仔细观察的前提下也仅能部分模糊可见，即未经拆解的被诉侵权设计与授权外观设计相对应的主视图、左视图、右视图均不可见或不可清晰所见，欧某仁所陈述的被诉侵权设计的左视图和右视图都可以看到型材的内部结构的比对意见并不客观；可见的前、后两个侧面所对应的授权外观设计的俯视图并非涉案

① 南京市中级人民法院民事判决书，(2015)宁知民初字第149、150号。

专利的设计要点,不可见的端面与授权外观设计相对应的主视图才是涉案专利最能表明设计要点的图片。更为重要的是,相关司法解释规定,“人民法院认定外观设计是否相同或者近似时,应当根据授权外观设计、被诉侵权设计的设计特征,以外观设计的整体视觉效果进行综合判断”。而涉案移门产品中未经拆解的被诉侵权设计在大部分视图均不可见或不可清晰所见的情况下,当然无法判断其整体的视觉效果,也就无法与授权外观设计公告图片的各个视图进行整体观察、综合判断的比对。欧某仁在对涉案移门产品进行破坏性拆解之前已明确涉案移门产品在正常的使用状态下无法与涉案外观设计专利进行比对。对于一般消费者而言,其在购买涉案移门产品时也不可能对移门进行破坏性拆解来观察被诉侵权设计铝型条的各个视图,从而影响其对涉案移门产品的购买需求。因此,虽然经过破坏性拆解的被诉侵权设计落入涉案专利权的保护范围,但金申公司销售、许诺销售涉案移门产品的行为未侵害涉案专利权。

二审时,江苏省高级人民法院审理金申公司案的合议庭认为,根据涉案专利的简要说明,最能表明设计要点的图片或者照片是涉案专利的主视图,即铝型材的横截面形状。虽被诉侵权铝型条与涉案专利的外观在整体视觉效果上无差异,但被诉侵权铝型条安装在涉案移门产品上后,被诉侵权铝型条横截面内部是不可见的,购买金申公司涉案移门产品的消费者仅能观察到被诉侵权铝型条的“个”字形顶部的“人”字形外侧形状。而现有设计表明,在涉案专利申请日之前,具有“人”字形顶部外侧形状的设计,已经属于铝型材产品的惯常设计。在此情形下,可以认定金申公司仅是利用了被诉侵权铝型条的技术功能,即用于夹持固定涉案移门产品的玻璃。因此,虽然被诉侵权铝型条与涉案专利在整体视觉效果上无差异,但金申公司在本案中的行为只能视为对涉案专利的使用,而未经专利权人许可使用外观设计专利的行为并不为《专利法》所禁止,故金申公司在本案中的行为并不构成对涉案专利的侵害,因此无须承担民事责任。①

再审时,最高人民法院认为,被诉侵权产品为金申公司在南京河西国际博览中心进行销售的玻璃移门。作为该玻璃移门的部件,铝型材与移门上的玻璃镶嵌为一体,无法观察到铝型材的端面,在该产品中仅具有技术功能。根据《专利权纠纷司法解释一》第 12 条第 2 款关于“将侵犯外观设计专利权的产品作为零部件,制造另一产品并销售的,人民法院应当认定属于专利法第十一条规定

① 江苏省高级人民法院民事判决书,(2016)苏民终 171 号。

的销售行为,但侵犯外观设计专利权的产品在该另一产品中仅具有技术功能的除外”的规定,金申公司将铝型材作为零部件制造玻璃移门并进行销售的行为,不构成侵权,欧某仁的申请再审理由不能成立。

本案中,铝型材与移门上的玻璃镶嵌为一体,共同组成被诉产品,在正常使用状态下一般消费者是无法观察到铝型材的端面的。该铝型材作为零部件已构成作为涉案玻璃移门的内部结构,在最终产品的正常使用中不产生视觉效果,因此可以认定其只“具有技术作用和效果”。①

但是二审时,江苏省高级人民法院审理捷顺门业公司案②的合议庭却给出了相反的观点,并认为,捷顺门业公司制造了被诉侵权铝型材,故侵权对比的对象应是铝型材,侵权判断的主体也应是铝型材的一般消费者,而非移门产品的一般消费者。一审判决将侵权比对对象界定为移门产品有误,法院予以纠正。将被诉侵权铝型材与涉案专利的外观设计进行对比,其一,两者均系铝型材,属于相同产品。其二,经过整体观察、综合判断,两者的外观均是由上下两个相互对称的“个”字、中间为一个反向开口(开口朝左)的字母“C”构成,两个“个”字的“l”笔画的尾端分别与字母“C”的上下顶端相连接,在整体视觉效果上无差异,属于相同的外观设计。

最高人民法院的上述判决值得商榷,如果上述两个案件同时提请再审,最高人民法院有可能会改变观点。而且,认为在门窗中使用的“铝型材”零部件构成销售行为的在高级人民法院中属于主流观点。例如,广东省高级人民法院认为,被诉铝型材镶嵌在玻璃板内,一般消费者可以直接观察到,该铝型材有美观装饰的作用,还具有功能性作用。③

笔者认为,“仅具有技术功能的除外”的规定不利于对外观设计专利权的保护。对于外观设计专利权而言,既然法律认为销售有零部件的产品属于销售行为并受到保护,则不论被诉产品以如何形式流转,均应当视为侵犯专利权的销售行为,不应当以“仅具有技术功能”排除在专利权的保护范围之外。而且,对于销售者而言,法律提供了“合法来源制度”进行抗辩,没有必要再通过“仅具有技术功能”的例外规定排除对外观设计专利权的保护。

---

① 最高人民法院民事裁定书,(2017)最高法民申2649号。

② 江苏省高级人民法院民事判决书,(2016)苏民终301号。

③ 广州知识产权法院民事判决书,(2015)粤知法专民初字第1677号;广东省高级人民法院民事判决书,(2016)粤民终1730号。类案有上海市高级人民法院民事判决书,(2016)沪民终137号。

(四)其他情形的认定

1. 修理与再造行为的认定

所谓修理,通常是指专利产品的局部被损坏或耗费时,该产品的所有人自行或通过第三方使它恢复正常使用状态的行为。[①] 专利权人制造的专利产品出售后,专利产品的所有人在使用产品过程中,为了使专利产品能够尽量持久地发挥其功能,无法避免的要对专利产品进行维修,所以产品持有人享有的这种维修权利不言而喻。但在产品因使用而导致寿命终结后,如果所有人通过加工手段又恢复了报废产品的功能,在客观上便属于对专利产品实施了加工再制造行为,而制造是专利权人才能拥有的权利,这种加工行为便构成了侵权。

笔者检索了多个数据库的诸多案例,发现在侵害专利权纠纷这一事项下有关修理与重做的案例很少。在贵州省新材料研究开发基地(以下简称省材料基地)与贵州省凯里市化冶总厂(以下简称凯里化冶厂)侵害发明专利权纠纷案中[②],贵州省高级人民法院认为,凯里化冶厂未经专利权人省材料基地许可,以销售为目的,聘用掌握专利产品生产技术的曾某祥、卢某贵进行技术指导,并化验了曾某祥、卢某责从省材料基地盗窃的锌棒,分析了解省材料基地专利产品的技术特征,虽然是利用使用过的专利产品阳极板的废料进行再生产,但凯里化冶厂生产的阳极板的技术特征全部与省材料基地的专利产品阳极板相一致,且凯里化冶厂不能举证证明其生产阳极板的方法未被省材料基地专利权的权利要求所涵盖,凯里化冶厂生产阳极板的行为,已构成对省材料基地专利权的侵害,并给省材料基地造成了经济损失,应承担相应的民事责任。

遗憾的是,本案法院并未对修理和重做进行分析,只是简单地认为凯里化冶厂利用使用过的专利产品阳极板的废料进行再生产,且凯里化冶厂不能举证证明其生产阳极板的方法未被省材料基地专利权的权利要求所涵盖,因此构成侵权。

域外关于修理和再造的案例比较多。例如,日本的佳能和 SA 案,该案中日本最高法院认为给打印机墨盒重新填装墨水的行为,不构成对墨盒的修理,而是属于重新制造。法院认为,在考虑是否有新的专利产品被制造出来时,要综合考虑下列因素:专利产品本身的特点、发明专利的内容、改动产品的方式、部

---

① 参见崔国斌:《专利法:原理与案例》(第 2 版),北京大学出版社 2016 年版,第 559 页。

② 贵州省高级人民法院民事判决书,(1996)黔经终字第 16 号。

件的流通以及交易背景等。评估产品本身的特点，需要考虑产品的功能、结构、材料、应用、使用寿命、使用方式、修改或替换部件的方式、修改时产品状态、修改的幅度、被替换的使用寿命、专利产品中该部件的技术功能和经济价值等。在本案中，如果使用重新填墨的墨盒，打印的质量较差，甚至会导致打印机出现故障。因此，被上诉人（佳能）并不重复利用自己的墨盒，只用一次就用新的替代。在被上诉人的产品没有用来重新填墨的孔洞时，为了重新填墨，就必须在墨盒上打洞。上诉人（SA）在被上诉人的墨盒上面打洞并注入墨水，然后将孔洞封住。这一过程并非仅仅添加墨水，而是修改了墨盒本身，使之能够重新添加墨水。如上所述，在被上诉人的墨盒产品中，墨水本身也扮演着一定的技术角色，阻止空气在两个压在一起的触点的表面流动。墨水使用到一定程度后，部分或全部就会变干枯并剩下残留物在墨盒里。这时候，阻止空气在两个触点表面流动的技术功能不复存在。上诉人洗净墨盒，重新填入墨水的过程，并非简单地重新填墨水，还重新恢复了发明所谓“阻止空气在两个触点之间流动的功能”。这是让原本停止工作的核心功能得以恢复，而这可以被视为恢复了发明的实质价值。①

美国关于修理与再造比较典型的是美国联邦最高法院作出的判决。美国联邦最高法院第一个关于修理和再造的案例是 Wilson v. Simpson 案，②该案涉及一种刨床的专利，该刨床是由不单独受专利保护的部件诸如齿轮、辊轴、刨刀等组成。专利权人认为被告更换刨刀的行为构成再造专利产品的行为，侵害了其专利权。

美国联邦最高法院维持了路易斯安那州法院的判决，认定更换刨刀的行为属于修理，不属于再造，被告并没有侵害原告的专利权。法院认为，专利被授权后，专利产品的购买人不允许使用其购买的机器框架制造其他机器或者对其进行整体改造，这是可以理解的。但是，发明人在发明这一机器的时候，也是希望该机器可以持续使用。因此，当部分部件磨损或无法达到预期使用效果时，对机器进行修理的行为，是被允许的。

本案的事实是，专利产品是一台机器，如果使用得当，至少可以使用几年。但是刨刀会磨损，因此必须最多使用 60 天或者 90 天就要更换一次。也就是说，被告购买专利产品时，专利权人就已经将替换刨刀的权利转让给了购买者。

---

① 参见崔国斌：《专利法：原理与案例》（第 2 版），北京大学出版社 2016 年版，第 559 页。

② 50 U.S. 109 (1850).

否则,当机器使用了60天或90天后,该机器便因没有刨刀而无法继续使用,此时购买者购买的机器将没有任何用处。也就是说,此时没有人主张,当然也不能主张说这可能是对使用人使用该专利产品的限制。如果机器的使用取决于刨刀的更换,并且购买者在专利有效期内需要不断地进行更换,那么尽管刨刀是涉案专利产品的重要组成部分,根据发明人的意图,这显然不是对专利产品的改造,而仅是为了使专利产品恢复到使用之初或者是磨损之前的状态。

购买者更换刨刀的权利不是因为它们是易腐烂的材料,而是因为机器的发明者将它们作为组合的一部分进行了安排,因此如果短时间内连续使用刨刀,机器将无法继续使用。除非它们被替换,否则该发明对发明者或其他人来说几乎没有用处。本发明的其他组成部分虽然容易磨损,但并不涉及任何需要更换的使用。发明人设想,只要形成这些材料的材料能够在这种组合中结合使用,这些材料就可以持续使用,但没有明确的持续时间并不意味着不需要在中间间隔更换它们。它们可以根据使用需要进行修理。正是有了这样的设想,发明人才会将其放在整个专利产品中。因此,如果专利产品是由多部件组成的,且如果某一个组成部分在整体使用中因无法持续使用而经常被替换,那么专利产品的发明人不能阻止购买者为了持续使用专利产品而对该部件的替换,因为这是专利产品可以持续使用的唯一方式。

因此,即便更换的部件使用的并非专利产品中的原始材料,该种对临时部件的更换也不会改变产品原来的特性。在这种情况下,法院确认被告在使用专利产品的时候对刨刀进行更换的行为,并没有侵害涉案专利权。

该案中,美国联邦最高法院认为对刨刀的更换,是进行修理的恢复行为,而不属于再造行为,因此认定被告不侵权。

美国联邦最高法院第二个关于修理和再造的案例是Cotton-Tie Company v. Simmons案,①本案是一起认定构成再造的案件。本案中,涉案专利是一项"棉花捆包装置"的专利,该装置由金属扣和金属带以及可以在该金属带上滑动的带扣组成。使用者购买该专利产品,用于捆扎棉花以便将其打包到棉花加工厂。在棉花加工厂,这种金属带被分割为若干段,被告将该分割后的金属带收集起来后,铆接在一起,套上原来的金属扣,作为新的产品出售。原告认为被告的此种做法侵犯了其专利权,遂提起诉讼。

被告辩称,他们没有将金属带和皮带扣结合在一起,也没有侵犯原告的专

① 106 U. S. 89 (1882).

利权,因为他们没有用金属带打包棉花。美国联邦最高法院认为,被告参与了开槽、带扣和金属带的组合,该种组合使金属带的末端可以在带扣下转动并在捆绑的过程中通过将金属带弯曲形成环状来拉紧金属带的松弛部分,然后将带扣从侧面穿过开口缝隙进入孔中,并穿过板的固定杆。被告销售的金属带,只要用于捆棉花,并在压力机的配合下,就会产生涉案专利权利要求所描述的技术效果。法院认为,被告重新组合这些金属带并且打算将其销售,就是为了使用在棉花打包上面的,而不是仅仅为了将金属带和带扣结合。

法院认为本案与 Wilson v. Simpson 案不同,前案更换刨刀是为了把新的刨刀放进刨床,代替那些因为使用而磨损的刨刀。本案被告按照其所述方式将金属带和带扣组合在一起的行为,并不是简单意义上对金属带的修复,也不是对整个装置的修理。因为消费者购买专利产品后,将其使用在捆绑棉花上,并将其运到棉花加工厂之后,该专利产品已经完成了其预定的功能。当金属带在棉花加工厂被分割后,就已经被使用者破坏了,其无法再用于捆绑棉花。因此,尽管被告使用的还是原来的金属带碎片及带扣,并没有进行再造,但是对整个捆绑装置来说,已经属于进行了再造。

美国联邦最高法院关于修理和再造的第三个案例是 Aro Manufacturing Co. ,Inc. v. Convertible Top Replacement Co. ,Inc. 案,[①]本案中法院着重论述了合法修理还是违法再造的判断标准。在此后的类似案例中,几乎无一不引用本案。

本案的涉案专利涉及一种汽车用的可折叠顶棚,包括用纺织材料制成的柔性顶棚、支架和密封装置,各部件并没有单独申请专利。其中用纺织材料制成的柔性顶棚在使用 3 年后,就会因为日晒风吹不能使用,而其组件则与汽车的使用寿命相同。被告专门制造并销售这种用纺织材料制成的产品,并可以裁剪成不同的形状,出售给车主使用,以替换专利产品中的顶棚。

一审法院认为在专利权有效的情况下,被告与车主构成共同侵权(帮助侵权)。二审法院认为本案的基本问题在于被告的行为是否属于被允许对已经损坏或者有缺陷的顶棚进行更换,换句话说,该种更换行为是否构成“禁止对组件进行再造”的行为。最终,二审法院支持了一审法院的观点,认为“用纺织材料制成的顶棚的使用寿命并不短,而且并不便宜,因此我们可以有把握地认为,专利产品的所有者会理性地认为,更换顶棚是一种再造行为,而不是修理行为”。

① 365 U. S. 336 (1961).

美国联邦最高法院认为，本案的决定性问题应当是，完全由未被授予专利权的部件组合成的专利权人是否对专利组合中的几个非专利组件的制造、销售或使用同样拥有专利权。更具体地说，车主在未经专利权人同意的情况下更换废顶棚时是否侵犯（以及供应商是否共同侵犯）了权利人的专利权？

本案所说的顶棚是“用纺织材料制成的柔性顶棚”，该顶棚（纺织材料）并没有申请专利，其只是涉案专利的组成部分之一，涉案专利并不是基于顶棚材质或形状、图案或者设计的发明。至于该“用纺织材料制成的柔性顶棚”是否可以申请专利并不重要，因为在本案中，其并未获得授权，涉案专利也没有对其材质、形状、图案或者设计进行保护。特别是，由于专利权人并未对“用纺织材料制成的柔性顶棚”申请专利保护，且本案中涉案专利的保护范围应当是以被授权的权利要求为准，所以“用纺织材料制成的柔性顶棚”并不是涉案专利的保护范围。在先案例（Mercoid Corp. v. Mid-Continent Co. 案）[①]已经确认，如果权利人申请保护的专利权使用于组合之中，但是当组合中的构成部分并没有被单独授予专利权时，则当单独处理该构成部分时，不能视为落入专利权的保护范围。因此，被告单独制造和销售“用纺织材料制成的柔性顶棚”并不构成侵权。

本案的问题在于，当车主使用被告制造和销售的“用纺织材料制成的柔性顶棚”替换车子上已经磨损或不能使用的顶棚时，被告是否构成共同侵权。更进一步来说，本案的关键在于，车主更换顶棚的行为是否构成侵权。因为，只有车主的行为构成侵权，被告的行为才可能构成共同侵权。所谓的直接侵权，应当是制造或销售的专利产品（包括产品的组成部分或机器组件）落入了权利人专利权的保护范围。因此，本案的决定性问题归根结底还是要判断车主更换汽车上的顶棚（该顶棚是权利人涉案专利的组成部分之一）的行为是否会侵害权利人的专利权。换句话说，即判断车主更换顶棚的行为属于侵害专利权的“再造”行为还是属于法律允许的“修理”行为。

在 Wilson v. Simpson 案中，法院已经确定了对于那些涉及专利产品是否可以继续使用的部件的更换是被允许的。法院认为，购买者购买的是对整个专利产品的使用权，更换磨损、损坏或毁坏的部分是为了更好地、持续地使用专利产品。因此，不构成对专利权的侵害。二审法院认为顶棚不是便宜的物品，尽管顶棚的使用寿命比车子其他部件的使用寿命短，但是车主在更换顶棚的时候并不会认为只是对车子进行了小修，而应当认定是一次重大的再造。美国联邦最

① Mercoid Corp. v. Mid-Continent Co. ,320 U. S. 661,667.

高法院认为二审法院的观点是错误的。

尽管权利人极力主张顶棚在专利产品中的重要性,包括顶棚形状的艺术性、顶棚对专利产品的创新性等,甚至权利人还主张即便车主更换顶棚,也应当保持产品的“同一性”,即车主应当更换权利人制造或销售的顶棚,而不应当从其他供应商处购买,否则车主的行为就应当是属于“再造”。美国联邦最高法院认为权利人的此种观点不正确。

如前所述,本案的关键还是在于对“修理”和“再造”的判断。美国联邦最高法院已经审理的三个关于此类问题的案例都是采用了同样的观点,即没有单独授予专利的专利产品的组成部分,当其单独使用时,无论其在专利产品的组合中多么重要,也无论其更换成本多么昂贵、更换工艺多么复杂,其都不受专利权的保护。虽然一些地区法院认为对“修理”和“再造”的判断取决于多重因素,但是美国联邦最高法院认为,最基本的应当是对购买者“在可能受到磨损或破损的情况下持续使用专利产品”的权利的保护。也即美国联邦最高法院认为通过更换废旧的非被授予专利权的产品组成部分来维持整个专利产品的“整体使用”不属于再造,不构成对专利权的侵害。

对于那些由未被授予专利权的部件组成的专利产品,只有在对产品实体上进行了再造,即事实上制造了新的物品,才能被认定为构成再造。对于个别组成部分(未被单独授予专利权)的更换,无论是重复更换同一部件,还是连续更换不同部件,均应当属于法律允许范围的“修理”。因此,本案中对顶棚的更换属于法律允许的“修理”,而不是“再造”。

2. 在已有产品上添加图案、色彩获得专利产品的行为

国家知识产权局《专利侵权行为认定指南(试行)》中对该问题进行了举例。国家知识产权局认为,外观设计是指对产品的形状、图案或者结合以及色彩与形状、图案的结合所作出的富有美感并适用于工业应用的新设计。外观设计专利保护的对象有:单纯形状的设计、单纯图案的设计、形状和图案的结合的设计、形状与色彩结合的设计、图案与色彩结合的设计以及形状、图案和色彩结合的设计。被控侵权人从他人处获得已有产品,并在产品上添加图案和/或色彩,如果最终的产品落入外观设计专利保护的范围,则该添加色彩和/或色彩的行为属于制造专利产品的行为。

例如,张三拥有名称为“出租汽车”的外观设计专利,该专利系在某特定外形轮廓的小汽车上设有黄黑相间的图案。李四从汽车厂商处购买了相同型号的小汽车,并对其进行重新喷漆,最终获得的汽车外观落入了张三外观设计专

利的保护范围。张三主张李四侵犯其外观设计专利权。国家知识产权局认为，在这一侵权纠纷中，虽然李四并未制造汽车本体，但汽车本体只是一个中间产品，其在车身上喷涂相应的图案并获得最终专利产品的行为，类似于发明或使用新型专利侵权中购买零部件并组装成专利产品的情形，故应认定被控侵权人实施了制造专利产品的行为。

2002 年 9 月，南昌市知识产权局作出了一项裁决，认定南昌市第二出租汽车公司(以下简称第二出租汽车公司)侵犯了南昌市公交出租汽车公司(以下简称公交出租公司)的外观设计专利权。本案中，公交出租公司的出租车，车身上半部为草绿色，下半部为银灰色。2001 年 10 月公交出租公司向南昌市专利管理局申请了外观设计专利，并于 2002 年 6 月获得专利授权。2002 年 4 月，第二出租汽车公司购买了 30 辆车身上半部为富贵绿色、下半部为银灰色的汽车投入运营。公交出租公司认为第二出租汽车公司侵害了其外观设计专利，遂向南昌市知识产权局投诉。南昌市知识产权局于 2002 年 9 月 18 日发出的《专利侵权纠纷处理决定书》，认定第二出租汽车公司的车辆与公交出租公司的专利相似，极易使一般消费者混淆，因此，判定侵权事实成立，要求该公司 30 辆侵权车辆必须全部改色。具体理由包括：(1)公交出租公司是外观设计"出租车"的专利权人，该专利目前合法有效，应受到法律保护。而第二出租汽车公司认为该专利不具备新颖性而应为无效专利，未提供证据证明，也不在本案审理范围中。(2)第二出租汽车公司构成为生产经营目的制造被控侵权产品。第二出租汽车公司从生产车辆的厂家购买普通车体后，尚需进行加装出租顶灯等行为，才可将普通车体改造成出租产品，该过程中含有改装制造行为。(3)被控侵权产品与专利产品是同类产品，均为形状和色彩结合的外观设计，其相同之处有：两者车体均为 4 门 4 轮小车，车体上有出租顶灯；两者车体上的色彩均为上下双色，下部银灰色颜色相同。其相近之处有：两者车体形似；被控侵权产品车体的上半部分色彩为富贵绿色，专利车体的上半部分色彩为草绿色，两者同属绿色色系，构成近似。

笔者赞同南昌市知识产权局将第二出租汽车公司加装出租顶灯的行为认定为改造行为，并认定构成"为生产经营目的"的制造行为。但是，笔者认为本案的争议焦点应当是，涉案出租汽车的颜色是否为第二出租汽车公司改装后得到的，还是产品出厂时就存在的。毕竟，涉案专利保护的是"车身上半部草绿色，下半部为银灰色"的车体。如果，该颜色系第二出租汽车公司改装后得到的，那么应当认定该行为属于制造行为。

五、销售行为的认定

(一)销售行为的成立

1. 销售行为的成立

《专利权纠纷司法解释二》第 19 条规定:“产品买卖合同依法成立的,人民法院应当认定属于专利法第十一条规定的销售。”根据该规定可知,销售行为的认定,一般应当以销售合同成立为标准。专利权是具有期限性的权利,只有在保护期内发生的侵权行为才受到专利权的保护,因此,合同成立的时间是判断销售行为是否成立的标准。

在刘某彬与北京京联发数控科技有限公司(以下简称京联发公司)、天威四川硅业有限责任公司(以下简称天威公司)侵害实用新型专利权纠纷案中[①],最高人民法院认为,《专利法》意义上销售行为的认定,需要考虑《专利法》第 11 条的立法目的,正确厘定销售行为与许诺销售行为之间的关系,充分保护专利权人利益。《专利法》第 11 条的立法目的在于清晰界定专利权的权利范围,划定专利权人与社会公众的权利界限,充分保护专利权人的利益。该条从行为类型入手,规定发明和实用新型专利的权利人拥有制造、使用、许诺销售、销售和进口五项权能,外观设计专利的权利人拥有制造、许诺销售、销售和进口四项权能。上述权能同时构成专利权人禁止权的范围,是认定侵权行为的重要尺度。为确保专利权权利范围的清晰性,增强可预见性并预防纠纷发生,销售权能或者说销售侵权行为的认定标准必须清晰明确、简单易行、可操作性强。同时,为充分保护专利权人的利益,销售行为的认定标准还应当尽可能实现许诺销售行为与销售行为之间的无缝衔接,以便覆盖对专利权人利益产生较大影响的有关交易环节和过程,从而更有效地制止销售侵权行为。关于销售行为是否完成,京联发公司主张应以合同成立或者生效为标准,刘某彬则主张以标的物所有权转移或者合同价款支付为标准。因此,对于销售行为的认定标准,至少存在四种选择:合同成立标准、合同生效标准、合同价款支付完成标准、标的物交付或者所有权转移标准。如果采用标的物交付或者所有权转移标准,则被诉侵权人

---

① 最高人民法院民事裁定书,(2015)民申字第 1070 号;类案有广东省高级人民法院民事判决书,(2013)粤高法民三终字第 15 号。

自合同成立到标的物交付或者所有权转移之前的行为将不构成销售,此行为将脱离专利权人的权利范围,过分缩小了专利权人的权利空间;而且,标的物交付或者所有权转移必须结合合同具体内容以及履行过程来判断,不仅使认定标准复杂化,还大大增加了专利权人维权时的取证成本和证明难度。如果采用价款支付完成标准,则被诉侵权人自合同订立到合同价款支付完成之前的行为同样无法构成销售,脱离专利权人的权利范围,缩小了权利人的权利空间;而且,合同价款支付涉及合同履行过程,当事人在实践中可能采取分期支付、抵销、债务让与等多种方式履行合同,同样会导致认定标准复杂化,增加专利权人维权时的取证成本和证明难度。如果采用合同生效标准,则自合同成立到生效之前的行为同样无法构成销售,脱离专利权人的权利范围,缩小了权利人的权利空间;而且,合同生效是法律对合同效力评价的结果,合同是否发生效力并非完全取决于当事人的意愿,将其作为认定销售行为尤其是销售侵权的标准,与作为侵权责任基础的意志自由原则相背。如果采用合同成立作为认定销售行为的判断标准,由于合同成立之前当事人以广告、商品展示等方式作出的销售商品的单方意思表示属于许诺销售行为,双方就销售商品的意思表示达成合意属于销售行为,则销售行为与许诺销售行为可以实现密切衔接,使销售行为与许诺销售行为之间不存在专利权无法覆盖的空间,有利于充分保护专利权人的利益。同时,合同成立是双方当事人就销售商品的意思表示达成合意的事实状态,往往通过书面合同等材料体现出来,无须进一步考察合同的具体条款和履行过程,专利权人获取证据和证明销售行为成立更为容易,取证成本和认定成本均较低。因此,销售行为的认定,一般应当以销售合同成立为标准。本案中,天威公司与京联发公司之间的《购销合同》签订于 2009 年 4 月 10 日,《专利法》意义上的销售行为在该日已经实施,早于本案专利授权公告日(2009 年 10 月 21 日)。二审法院认定京联发公司的被诉销售行为在本案专利授权公告日前已经完成,结论正确。

2. 出租行为的认定

前文已经述及销售未经专利权人许可的专利产品的行为构成侵权,那么当行为人只是实施了出租侵权产品的行为时,其行为应当如何判定呢?出租专利产品的行为是属于使用行为还是销售行为,在现实观点和司法实践中,存在一定的分歧。

北京市高级人民法院《专利侵权判定指南(2013)》第 95 条规定:“将侵犯他人专利权的产品用于出租的,应当认定属于对专利产品的使用。”例如,在北京波森特岩土工程有限公司与北京城乡建设集团有限责任公司（以下简称城乡建设集团）侵害发明专利权纠纷案中[①]，法院认为城乡建设集团已举证证明其使用的涉案设备系从他人处租赁而来，现有证据也不能证明城乡建设集团知道其使用的涉案设备系未经专利权人许可而制造并售出的侵权产品，故原审法院认定城乡建设集团使用的侵权产品具有合法来源而不承担赔偿责任是恰当的。

此外，广州知识产权法院也采纳该种观点。例如，在郑某村、邓某栈与佛山市兰科智能工程有限公司（以下简称兰科公司）、恩平市俊豪陶瓷有限公司（以下简称俊豪公司）侵害实用新型专利权纠纷案中[②]，广州知识产权法院认为，兰科公司依据《带机承包合同书》提供给俊豪公司被诉侵权产品的行为不构成销售行为。首先，根据涉案《带机承包合同书》约定权利义务等内容分析，前述合同为租赁合同，且该合同性质已为生效判决，即（2017）粤 0605 民初 11127 号民事判决所确认，故兰科公司提供被诉侵权产品给俊豪公司的行为属于租赁；其次，租赁侵害专利权产品的行为不构成《专利法》上的销售行为，销售专利产品是指将落入专利权保护范围的被诉侵权产品的所有权，或者依照专利方法直接制得的产品的所有权，或者将含有外观设计专利的产品的所有权从卖方有偿转移到买方，而从涉案《带机承包合同书》约定的权利义务内容看，被诉侵权产品的所有权仍属于兰科公司，故其据《带机承包合同书》提供给俊豪公司被诉侵权产品行为不属于销售行为。涉案备忘录记载的在江西景德镇乐华陶瓷有限公司处的涉嫌侵权产品，由于没有证据显示产品是销售还是租赁，故该备忘录亦不能证明兰科公司存在销售行为。

北京市高级人民法院《专利侵权判定指南（2017）》第 108 条规定："将侵犯他人专利权的产品用于出租的，应当认定属于对专利产品的销售。"也就是说，2017 年的《专利侵权判定指南》改变了 2013 年的《专利侵权判定指南》的观点，认为出租行为属于销售行为，即出租侵权产品的行为也构成侵权。

笔者赞同该观点。一般来说，出租是出租人以让渡被租赁产品的使用权以换取承租人支付一定费用的行为。而销售是让渡产品的所有权以换取一定对价的行为。虽然二者让渡的一个是使用权一个是所有权，但是如果二者交易的对象均是侵权产品的话，在此情况下，将侵犯他人专利权的产品用于出租的行

---

① 北京市高级人民法院民事判决书，（2012）高民终字第 4630 号。

② 广州知识产权法院民事判决书，（2017）粤 73 民初 2784 号；广东省高级人民法院民事判决书，（2019）粤知民终 24 号。

为应当认定为属于对专利产品的销售。从专利法律制度的角度来看,专利本身是一种获得法律独占使用保护的技术方案,《专利法》赋予专利权人的也应当是对隐含在专利产品中的专利技术方案的垄断权。《专利法》所规定的使用行为和销售行为应当是禁止侵权人使用专利技术和销售专利技术。因此可以看出,出租行为并未使用专利技术,而是通过一种与销售专利技术类似的方式让渡专利技术给承租方使用,并从中获得收益。

例如,在深圳来电科技有限公司与深圳街电科技有限公司(以下简称街电公司)、安克创新科技股份有限公司侵害实用新型专利权纠纷案中[①],龙德广场提交的《街电项目服务合同》显示,甲方为北京龙德商业管理有限公司,乙方为街电公司,门店地址为北京市昌平区立汤路186号龙德广场购物中心,签订日期为2017年4月24日。该合同约定:"乙方拥有充电柜机设备的所有权,并免费提供给甲方使用。"一审北京知识产权法院认为,本案中,根据查明的事实,放置在相关商场的被控侵权产品的所有权仍归街电公司,且街电公司系免费提供给商场使用。因此,街电公司与相关商场并无产品买卖关系,在无其他证据的情况下,一审法院认定现有证据尚不足以证明街电公司实施了销售被控侵权产品的行为。二审北京市高级人民法院认为,[②]本案中,从已查明的事实来看,放置在相关商业场所的被诉侵权产品的所有权仍归街电公司,且街电公司系免费提供给商业场所使用。因此,街电公司与相关商业场所并无产品买卖或出租关系,故原审法院认定现有证据不足以证明街电公司实施了销售被诉侵权产品的行为并无不当。在此基础上,鉴于现有证据不足以证明街电公司存在销售被诉侵权产品的行为,且根据街电公司的经营模式,其在相关展会上展出或在商业场所中陈列被诉侵权产品并不足以认定其系作出了销售被诉侵权产品的意思表示,故在无其他证据的情况下,原审法院认定现有证据亦不足以证明街电公司实施了许诺销售被诉侵权产品的行为并无不当。

也就是说,北京市高级人民法院认为对于共享充电宝产品,即便是侵权产品放置在商场中,但是商场并非支付使用费(租金),在专利权人没有提供相关出租证据情况下,不能认定为实施了出租行为,也就不构成销售行为。笔者认为法院的这一观点不正确。在共享经济模式下,销售的形式发生了变化,即投放被控产品的行为也应当属于销售。传统的"销售"行为,即买卖双方达成某种

① 北京知识产权法院民事判决书,(2017)京73民初356号。

② 北京市高级人民法院民事判决书,(2018)京民终467号。

合意或协议,出卖人将标的物所有权转移给买受人,而买受人将相应价款支付给出卖人。在这个过程中,出卖人获得了产品的价值,买受人获得了产品的使用价值,产品作为商品的属性得以实现。在共享经济模式下,产品所有人通过租赁的方式,在不转移产品所有权的情况下,同样可以实现产品的价值。详言之,产品所有人通过租赁获得的租金收益,与产品所有人将产品销售获得产品的价值,本质上并没有区别,即产品所有人通过租赁实现了等同于销售的效果,只是商业模式发生了改变。因此,在产品的租赁等同于销售的情况下,如果《专利法》不禁止制造者的租赁行为,将使专利权的排他属性无法实现。

从专利权的排他属性可以看出,专利制度为了保护专利权的垄断性市场地位,禁止他人实施制造、销售、许诺销售和进口行为。其中,禁止销售行为的本质目的是禁止他人在市场上销售以实现产品的价值。如果允许他人租赁被控产品,事实上等于允许他人以租赁的形式获得产品的价值,这与专利制度赋予专利权人的垄断性市场地位是相互矛盾的,故租赁仍然应当是专利制度赋予专利权人的权利,未经专利权人允许,他人不得实施租赁行为。

共享经济的理念是,通过大量免费投放共享设备,用户随时随地可以使用共享产品。运营共享经济的企业通过共享产品的形式,为用户提供共享产品,同时,通过用户使用共享产品获得押金和租金收益。为了实现这一目标,企业要快速、大量投放共享产品才能获得收益。共享经济下的企业一般有两种商业经营模式:一种是自营的模式,即企业自行和酒店、饭店、商场、酒吧等商户进行联系,与商户达成合作意向,由企业提供共享设备,商户提供 Wi-Fi、电源等必要条件,收益在商家和企业之间按约定的比例进行分成。这种经营模式的优点是,企业单独投放可以获得更多的分成收益,缺点是投放速度受限,回收成本慢。另一种是代理投放经营模式,即企业与代理商(合伙人)合作,由合伙人首先买断某一城市的共享设备的投放权,然后获得的收益在企业、代理商和商户之间按约定比例分成。这种模式的优点是借助代理商的资源可以实现共享设备的快速扩张,占领市场,并可以快速收回成本。从上述经营模式来看,租赁和销售并无本质区别,或者通过销售快速实现产品的价值,或者通过投放租赁产品的形式实现产品的价值,其目的都是要被控产品进入市场,挤占专利权人独占的市场地位。所以,在租赁与销售是相同性质的行为的情形下,法律禁止销售行为,当然应当禁止租赁行为,否则有违专利制度设置的目的。

3. 搭售、搭送行为的认定

国家知识产权局《专利侵权行为认定指南(试行)》认为,搭售,是指销售商要求消费者在购买其商品或服务的同时购买另一种商品或服务。搭售行为构成侵犯专利权既包括搭售品构成侵权的情形,也包括被搭售品构成侵权的情形。无论搭售行为在形式上是否具有独立性,只要搭售品或者被搭售品构成侵犯专利权,则搭售行为应被认定为侵权行为。搭送,是指销售者在销售某种商品或提供服务时,基于广告宣传等目的免费赠送某种商品或服务。与搭售行为不同,搭送行为从形式上对消费者是免费的。但这并不意味着即便搭送的是侵权产品,销售商也不承担侵权责任。如果销售商搭送的产品或服务侵犯了他人专利权,即使销售的产品未侵权,搭送行为和主销售行为合并成为一种特殊的销售行为,也构成侵犯专利权的行为。

例如,在泰创科技股份有限公司与深圳市诚略实业发展有限公司(以下简称诚略公司)侵害外观设计专利权纠纷案中[①],广东省高级人民法院认为,根据已查明的事实,诚略公司在其开发并销售的楼盘“汉京半山公馆”安装了被诉侵权产品,被诉侵权产品上并未标注任何制造商信息。房地产公司从他人处采购家居家电进行装修,也符合日常生活常理。诚略公司将从案外人处采购的被诉侵权产品安装在其开发的房产内,而且诚略公司在销售“汉京半山公馆”时,将被诉侵权产品的权属一并转移给房产购买者。因此,就被诉侵权产品而言,诚略公司并非对其进行物理意义上的利用,而是通过转移权属达到被诉侵权产品价值的目的,故其并非“使用”被诉侵权产品,而是“销售被诉侵权产品”。

本案中,涉案被诉侵权产品是被告销售的房屋中的装饰品,被告在销售房屋的时候,房屋内的被诉侵权产品的所有权也转移给消费者。虽然消费者并没有单独支付购买被诉侵权产品的费用,但是将被诉侵权产品搭在房屋中一并销售,该搭售/搭送的产品侵权时,被告的行为也构成销售侵权。

(二)销售行为地的认定

1. 产品出口行为地属于销售行为地

销售行为地是确定管辖法院的重要联结点,因此,销售行为地的确定对于管辖法院的确定至关重要。实践中,对于产品出口时销售行为地认定存在争议。

例如,最高人民法院认为,山东瀚霖生物技术有限公司与中国科学院微生

---

① 广东省高级人民法院民事判决书,(2019)粤民终424号。类案有河南省高级人民法院民事判决书,(2017)豫民终181号。

物研究所是以山东凯赛生物科技材料有限公司和山东凯赛生物技术有限公司通过FOB青岛和CIF青岛出口销售非法使用涉案专利方法直接获得的二元酸产品为由,向山东省青岛市中级人民法院提起诉讼。青岛港作为依照涉案专利方法直接获得产品的装船交货所在地,属于销售行为的实施地,青岛市中级人民法院依法对本案享有管辖权。①

2. 收货地不属于销售行为地

随着网络经济的迅速发展,网络消费成为主流消费形式,在网络营销环境下,与传统的消费模式相比,销售行为地的确定,变成了诸多案件中比较关键的一点。特别是,对于收货地是否属于销售行为地争议极大。但是,随着最高人民法院规则的确立,这一争议已经消除。最高人民法院认为,在网络环境下,知识产权侵权案件中的销售行为地原则上包括不以网络购买者的意志为转移的网络销售商主要经营地、被诉侵权产品储藏地、发货地或者查封扣押地等,但网络购买方可以随意选择的网络购物收货地通常不宜作为网络销售行为地。② 当事人主张仅以网络购买者可以任意选择的收货地作为侵权行为地的,人民法院不予支持。③ 这说明,最高人民法院已经明确排除将收货地作为销售行为地。

(三)销售行为覆盖范围

实用新型专利权仅能覆盖专利权授予后实施的行为,而不能覆盖授予前的行为。对此,在刘某彬案件中④,最高人民法院认为,对于侵犯实用新型专利权行为的认定,应当全面综合考虑《专利法》的相关规定,合理平衡实用新型专利权人与社会公众之间的利益。根据《专利法》第11条的规定,实用新型专利被授予后,专利权人才能取得制止他人未经许可实施其专利的权利,即他人不得为生产经营目的制造、使用、许诺销售、销售、进口实用新型专利权人的专利产品。同时,根据《专利法》第40条的规定,实用新型专利权和外观设计专利权自公告之日起生效。由此可见,专利权人对于他人在实用新型专利授权公告日前实施该专利的行为,并不享有请求他人停止实施的权利。他人在实用新型专利授权公告日前实施该发明,包括制造、使用、销售、许诺销售和进口实用新型专

① 最高人民法院民事裁定书,(2011)民申字第1049号。

② 最高人民法院民事裁定书,(2016)最高法民辖终107号。

③ 最高人民法院《关于适用〈中华人民共和国反不正当竞争法〉若干问题的解释》(法释〔2022〕9号)第26条第2款。

④ 最高人民法院民事裁定书,(2015)民申字第1070号。

利产品，并不为《专利法》所禁止，相关实用新型专利产品不构成侵权产品。在此情况下，对于实用新型专利授权公告日前已经售出的产品的后续行为，包括使用、许诺销售和销售，也应得到允许。如果实用新型专利权人在授权公告日后可以禁止该专利授权公告日前已经售出的产品的后续行为，则相当于实用新型专利权的效力可以在授权公告日后延伸到授权公告日前的合法行为，不适当地扩大了《专利法》授予实用新型专利权人的权利范围，损害了社会公众应有的利益。本案中，京联发公司销售被诉侵权产品的行为在本案专利授权公告日前已经完成，该行为不为《专利法》所禁止。在此情况下，天威公司使用所购买的被诉侵权产品的行为也应得到允许。

六、许诺销售行为的认定

TRIPs 协议第 28 条第 1 款规定，专利权人享有独占权，包括制止第三方未经专利权人许可而许诺销售专利产品或者依照专利方法直接获得的产品的行为。为了与 TRIPs 协议一致，2000 年修改的《专利法》将许诺销售行为规定在侵权行为之中。自此，未经专利权人许可，许诺销售专利产品的行为，也构成对专利权的侵犯。

2001 年最高人民法院《关于审理专利纠纷案件适用法律问题的若干规定》第 24 条对何为许诺销售进行了规定，即是指以做广告、在商店橱窗中陈列或者在展销会上展出等方式作出销售商品的意思表示。

北京市高级人民法院《专利侵权判定指南（2017）》第 107 条对此也有规定："在销售侵犯他人专利权的产品行为实际发生前，被诉侵权人作出销售侵犯他人专利权产品意思表示的，构成许诺销售。以做广告、在商店橱窗中陈列、在网络或者在展销会上展出等方式作出销售侵犯他人专利权产品的意思表示的，可以认定为许诺销售。"

由此可以看出，构成许诺销售行为的形式要件包括做广告、在商店橱窗中陈列、在网络或展会上展出；构成许诺销售行为的实质要件要求有销售产品的意思表示。

因此，一般情况下，在广告、商品橱窗展示，网络或展会上展出的方式作出的销售意思表示的，构成许诺销售是没有争议的。但是对于一些特殊情况，是否构成，还需要具体情况具体分析。

（一）许诺销售行为的成立

第一，许诺销售的目的是销售产品，因此，当被诉侵权人从事许诺销售行为的时候，其许诺销售的产品应当是处于可以销售的状态的，否则其许诺销售行为不构成侵权行为。

例如，在伊莱利利公司（ELILILLYAND COMPANY）与甘李药业有限公司（以下简称甘李公司）侵害专利权纠纷案中[①]，北京市高级人民法院认为，甘李公司向药监局提出被控侵权产品“双时相重组赖脯胰岛素注射液 75/25”的药品注册申请，经批准进行了临床试验以检验该产品的安全性和有效性，甘李公司上述行为的直接目的是满足有关法律法规和药监局关于药品注册的要求，而不是在本专利有效期内以生产经营为目的使用伊莱利利公司的专利方法。甘李公司所提被控侵权产品的药品注册申请目前尚未获得批准，而且伊莱利利公司也没有证据证明甘李公司在伊莱利利公司享有专利权期限内从事生产、销售被控侵权产品的行为，因此伊莱利利公司关于甘李公司提出被控侵权产品的药品注册申请的行为侵犯其专利权的上诉主张，缺乏事实和法律依据，法院对此不予支持。

我国《专利法》规定发明或者实用新型专利权人有权禁止他人未经其许可为生产经营目的许诺销售其专利产品或者许诺销售依照其专利方法直接获得的产品的目的在于，尽可能早地制止被控侵权产品的交易，使专利权人在被控侵权产品扩散之前就有可能制止对其发明创造的侵权利用。许诺销售以销售产品为直接目的，由于甘李公司的被控侵权产品尚未取得药品注册，而且伊莱利利公司也没有证据证明甘李公司在专利权保护期限内从事或可能从事生产、销售被控侵权产品的行为，因此现有证据不能证明甘李公司在其网站上宣传速秀霖（商品名称，通用名称为“赖脯胰岛素”）产品是为销售被控侵权产品。伊莱利利公司关于甘李公司的宣传行为构成许诺销售的上诉主张，缺乏事实和法律依据，北京市高级人民法院不予支持。

即将实施的侵权行为以“即将实施”为前提条件，“实施”的状态应是可能的、即将发生的，但现有证据不能证明甘李公司在专利权保护期内从事生产、销售、许诺销售被控侵权产品的可能性，故伊莱利利公司关于甘李公司的行为构成即将实施的侵权行为的上诉主张，缺乏相应的依据，法院亦不予支持。

---

① 北京市高级人民法院民事判决书，（2007）高民终字第 1598 号。

又如，在汉斯格雅欧洲股份有限公司与宁波杭州湾新区芳芳洁具厂侵害外观设计专利权纠纷一案中①，原告主张在电商平台被告经营店铺的“旺铺相册”中有包括该涉案产品图片的多款产品图片，而其中侵权产品的图片展示即为许诺销售行为。被告提出异议，认为店铺相册中的产品图仅作为效果图，并未在店铺中上架销售该产品，故不属于许诺销售行为。对此，宁波市中级人民法院认为，电商店铺相册中产品图是否属于许诺销售性质应综合分析认定。电商店铺相册作为店铺经营者管理的图库，一般依店铺经营者的需要可设置为公开浏览或私密浏览，同时也具有网络图片库的功能，当店铺经营者设置为公开浏览的产品图时，的确让网页浏览者产生经营者是否可能有此产品销售的联想，但与电商店铺中上架销售产品相比，单纯的产品图库展示如无含销售意图的相应文字明示，则尚不足以证明被告展示此产品图的行为具有要约或要约邀请的性质，故此种形式的店铺相册展示产品图未脱离单纯图库的功能，不宜认定为许诺销售行为。但如原告进一步举证证明以下事实：浏览被告店铺相册产品图后，联系被告提出产品购买需求时，被告承诺或现实销售了该相同产品，则店铺相册产品图浏览者此前要约邀请的联想已被证实，故该店铺相册产品图的展示行为实质上已具有要约邀请的属性，属于许诺销售行为。

由此可知，判断是否构成许诺销售行为，不仅需要销售者展示了相关商品，还需要销售者展示的产品实际上是可以被销售的。否则，即便是展示了图片，产品根本无法销售，许诺销售的侵权行为也不能成立。

第二，许诺销售的成立应当以在广告、商品橱窗展示，网络或展会上展出的产品或方法可以与专利权的保护范围进行比对且落入专利权的保护范围为前提。

例如，在中山市隆成日用制品有限公司（以下简称隆成公司）与湖北童霸儿童用品有限公司（以下简称童霸公司）侵害实用新型专利权纠纷案中②，争议焦点主要是被告童霸公司在二审达成调解协议以后，实施的许诺销售行为是否构成侵权。最高人民法院认为，在一审程序中，隆成公司为证明童霸公司再次实施了许诺销售被控侵权产品的行为，向法院提交了一系列证据。由于（2009）中证内字第5846号公证书、（2010）中证内字第938号公证书所作网页截屏没有本案被控侵权产品TBT86婴儿车的相关内容，《中国进出口商品交易会参展商

---

① 浙江省宁波市中级人民法院民事判决书，（2018）浙02民初1289号。

② 最高人民法院民事判决书，（2013）民提字第116号。

名录》上仅列有童霸公司的名称、地址与联系方式,并无产品信息,故上述证据不能证明童霸公司实施了许诺销售被控侵权产品的行为。关于证据《产品宣传册》,童霸公司在一审质证程序中对该份证据的真实性、合法性、关联性均无异议。据此,一审法院在庭审中将公证封存的婴儿车实物与《产品宣传册》上的婴儿车图片进行比对,从而确定了本案被控侵权产品为 TBT86;但另外,一审法院又认为,“《产品宣传册》上仅有若干童车照片及简要文字介绍,无法对童车的形状、构造及其结合方式等技术特征与涉案专利的权利要求进行比对”,进而对童霸公司的许诺销售侵权行为不予认定,前后说理存在自相矛盾之处。就此问题,二审法院认为,“《产品宣传册》来源不明、印刷时间不详”,故对童霸公司的许诺销售侵权行为不予认定。最高人民法院认为:其一,由于一审法院已在庭审中将公证封存的婴儿车实物与《产品宣传册》上的婴儿车图片进行比对,并据此确定本案被控侵权产品为 TBT86,故可以认定《产品宣传册》包含有被控侵权产品的销售推广信息;其二,童霸公司对《产品宣传册》的质证意见显示,其对《产品宣传册》的真实性、合法性、关联性均无异议,故“来源不明”的判理不能成立;其三,《产品宣传册》的印刷时间,对于本案认定童霸公司是否在调解协议签订后实施许诺销售被控侵权产品的行为,不具有法律意义,即使印刷时间在调解协议签订前,也不影响将调解协议签订后传播、散发《产品宣传册》的行为认定为许诺销售。因此,结合一审法院庭审中的勘验比对情况与童霸公司对《产品宣传册》的质证意见,可以认定童霸公司在调解协议签订后实施了许诺销售被控侵权产品的行为。

由本案可知,许诺销售的成立以许诺销售的产品可以实现与专利权的比对为前提,如果许诺销售的产品没有办法比对,则不能认定许诺销售行为成立。

(二)投标行为属于许诺销售行为

在天津森罗科技股份有限公司与无锡市海联舰船附件有限公司(以下简称海联公司)侵害实用新型专利权纠纷管辖权异议案中①,一审广州市中级人民法院认为,许诺销售行为的本质在于作出销售商品的意思表示,海联公司递交相关技术规格书参加投标是为了向采购方销售其具备相关技术规格的商品,即向采购方作出了销售商品的意思表示,故该投标行为属于《专利法》意义上的许诺销售行为。二审广东省高级人民法院认为,海联公司递交涉案技术规格书参加

① 广东省高级人民法院民事裁定书,(2015)粤高法立民终字第 145 号。

投标的目的在于向采购方销售其具备相关技术规格的商品,即向采购方作出销售商品的意思表示,依照最高人民法院《关于审理专利纠纷案件适用法律问题的若干规定》第24条①的规定,海联公司的投标行为应属于《专利法》意义上的许诺销售行为的一种。根据原告起诉时提交的证据,海联公司的投标行为发生在广东省广州市,故广东省广州市可视为本案涉嫌侵权产品的许诺销售地。

本案中无论是一审法院还是二审法院均认为,许诺销售行为的本质在于作出销售商品的意思表示,因此将投标行为也判定为构成许诺销售行为。

(三)公众号发布的产品信息构成许诺销售行为

深圳全棉时代科技有限公司(以下简称全棉时代公司)与宜昌市欣龙卫生材料有限公司(以下简称宜昌欣龙公司)等侵害专利权纠纷一案中②,湖北省高级人民法院认为,(2016)深前证字第026232号公证书,证明宜昌欣龙公司有通过微信公众号对外宣传、推广纯棉水刺无纺布的行为,公众可以通过关注宜昌欣龙公司的微信公众号,了解宜昌欣龙公司的产品,并与之联系洽谈,属于最高人民法院《关于审理专利纠纷案件适用法律问题的若干规定》第24条规定的以做广告的方式,作出销售商品的意思表示的许诺销售行为。公证时间为2016年10月10日,也是在宜昌欣龙公司"纯棉水刺非织造布生产项目"之后,故也可以认定宜昌欣龙公司许诺销售的产品,是依照《监测报告》中记载的生产工艺的产品,属于依照涉案专利方法直接获得的产品。宜昌欣龙公司上述许诺销售行为,未经上诉人全棉时代公司的许可,构成侵权。

本案中,被告在微信公众号发布信息,也是为了向第三人介绍公司的产品并进行销售。因此,社会公众通过微信公众号了解产品并与被告洽谈,属于以做广告的方式,作出销售商品的意思表示的许诺销售行为。

(四)参加学术会议展示产品的行为属于许诺销售行为

如前文所述,许诺销售行为的形式要件列举的情形并非全面的,例如在3M创新有限公司(以下简称3M公司)与山东新华医疗器械股份有限公司(以下简称新华公司)侵害发明专利权纠纷一案中③,最高人民法院认为,本案中,被诉侵

① 现为司法解释第18条。
② 湖北省高级人民法院民事判决书,(2017)鄂民终2796号。
③ 最高人民法院民事裁定书,(2019)最高法知民辖终225号。

权行为包括新华公司制造、销售、许诺销售被诉侵权产品的行为。3M 公司提交的现有证据显示,新华公司作为参展商在上海市举办的学术年会的企业展示区设置展台,展示被诉侵权产品并向不特定公众发放涉及被诉侵权产品的宣传册,相关行为已初步具备《专利法》意义上许诺销售行为之特征。因此,可以认定上海市为本案被诉侵权产品的许诺销售行为的实施地,即侵权行为地。

(五)境外网站展示产品的行为不构成许诺销售行为

《专利法》规定的几种侵权行为的对象是向国务院专利行政部门提出申请的专利,那么对于在境外从事这些行为是否侵害了权利人的权利呢?笔者认为,既然申请人是向国务院专利行政部门提出的申请,那么其地域必然是限制在中国境内的。因此,对于在境外从事了相关行为的,不应当构成侵权。

例如,在泛爵投资有限公司(以下简称泛爵公司)与惠州强宏达塑胶用品有限公司(以下简称强宏达公司)侵害外观设计专利权纠纷一案中①,广东省高级人民法院认为,关于被诉许诺销售行为是否超出本案专利权受保护的地域范围,从而不构成侵权的问题。泛爵公司指控强宏达公司制造、销售、许诺销售被诉侵权产品,因缺乏关于制造、销售的证据,原审法院不予认定强宏达公司制造、销售了被诉侵权产品,对此泛爵公司未提出上诉。泛爵公司据以指控侵权事实的证据仅为公证保全的网站信息,而 http://www. stronger-hk. com 网站系香港企业强宏达塑胶日用品有限公司所有,网页内容为全英文,强宏达公司上诉主张应认定许诺销售行为在境外。对此广东省高级人民法院认为,《专利法》第 3 条第 1 款规定,"国务院专利行政部门负责管理全国的专利工作;统一受理和审查专利申请,依法授予专利权",我国专利权系经国务院专利行政部门审查符合授权条件,予以公告授权才产生的权利,其权利的范围具有地域性,即在中国境内受到我国专利权法的保护。未经许可实施专利的行为,发生在中国境外的,不构成对专利权的侵犯。互联网具有其特殊性,从理论上讲,在基础网络通畅的情况下,任何一个互联网站都是开放的,全球范围内可以任意进行访问。若简单地以互联网的开放性为由,将网站上的宣传、展示行为视为全球范围的许诺销售行为,则对许诺销售行为作了过于宽泛的认定,导致专利权保护地域性限制的落空。许诺销售行为本身是一种商业活动,其行为应当具有商业理性,符合商业常识和惯例。涉案网站的所有者为境外企业,网站使用语言为英

① 广东省高级人民法院民事判决书,(2014)粤高法民三终字第 513 号。

文,没有任何中文内容,域名不包含“. cn”等特别标识中国区域的字符,故综合以上因素,不能确定网站宣传、展示行为是针对中国市场作出的。至于中国境内事实上是否有人关注该网站,并不直接影响本案许诺销售地域范围的认定。

笔者认为,广东省高级人民法院从许诺销售的目的出发,即许诺销售是为了销售产品,因此对于在境外网站上的许诺销售行为,并不符合一般的商业惯例,并非针对中国市场作出的,从而认定了被告的许诺销售行为不成立。

七、共同侵权行为的认定

在传统民法理论中,共同侵权存在主观说和客观说两个理论,目前我国司法实践普遍坚持主观说多一些,即只有当数个侵权人主观上具有共同的过错时,才能够认定共同侵权。典型的共同侵权有四大支柱:共同过错、共同行为、共同损害、共同责任。共同过错主要是指侵权人之间有共同的侵权故意,即每个共同侵权人相互之间知道彼此均在故意实施侵权行为。

《专利法》规定了多种侵犯专利权的行为,这些侵权行为并非独立存在的,很多情况下,都是存在丝丝缕缕的联系。比如制造和销售行为,进口和销售行为,销售和许诺销售行为等。笔者认为,就专利共同侵权行为而言,需要两个以上的侵权人有侵犯他人专利权的共同故意。知识产权本质上属于私权,因此知识产权法本质上也属于民法,在认定共同侵权时,应适用《民法典》的相关规定。

(一)共同侵权行为

对于共同侵犯专利权的行为,《民法典》第1168条规定:“二人以上共同实施侵权行为,造成他人损害的,应当承担连带责任。”①北京市高级人民法院《专利侵权判定指南(2017)》对共同侵犯专利权行为的认定做了规定,其中,第116条规定:两人或两人以上共谋实施或者相互分工协作实施侵犯专利权行为的,构成共同侵权。第117条规定:委托人明知他人实施的行为构成《专利法》第11条规定的侵犯专利权行为,而委托他人制造或者在产品上标明“监制”等类似参与行为,委托人与受托人构成共同侵权。

---

① 《民法典》实施之前,适用的是《侵权责任法》。其中,第8条规定:“二人以上共同实施侵权行为,造成他人损害的,应当承担连带责任。”第9条规定:“教唆、帮助他人实施侵权行为的,应当与行为人承担连带责任。教唆、帮助无民事行为能力人、限制民事行为能力人实施侵权行为的,应当承担侵权责任;该无民事行为能力人、限制民事行为能力人的监护人未尽到监护责任的,应当承担相应的责任。”

1. 制造者与销售者的共同侵权行为

对于制造者是否与经销者构成共同侵权,在浙江圣奥家具制造有限公司与迪欧家具集团有限公司(以下简称迪欧公司)、北京远明国景伟业家具有限公司(以下简称远明国景伟业公司)侵害外观设计专利权纠纷一案中①,北京知识产权法院认为二者构成共同侵权,具体理由如下:共同侵权是指多个行为人主观上有侵权的意思联络,客观上进行分工协作或共同实施某一行为,各行为人各自实施的行为结合成为具有内在联系的侵权行为并导致损害结果的发生。据第63639号公证书记载,远明国景伟业公司为迪欧公司的经销商,经迪欧公司授权在北京海淀区蓝景丽家大钟寺家具广场内开设"迪欧"品牌体验馆并销售"迪欧"品牌产品,远明国景伟业公司处销售人员名片印制"迪欧家具""广东迪欧家具实业有限公司"(迪欧公司原名称)字样,远明国景伟业公司被评为"迪欧京东企业购"北京地区指定线下工程服务商。

经销商作为品牌厂家的推广店铺,承载着吸引客流、推介产品或服务的功能,在产品销售环节起着至关重要的作用。本案中,远明国景伟业公司为迪欧公司经销商,所处地理位置热门、销售方式以迪欧公司派驻人员销售为主、销售范围及业内知名度较高,主观上迪欧公司派驻本公司销售人员在远明国景伟业公司处销售被诉侵权产品,对销售被诉侵权产品的行为与远明国景伟业公司具有侵权的意思联络,客观上据在案公证书记载销售被诉侵权产品的链条可以分为以下几个步骤:首先,远明国景伟业公司向顾客推介产品、订立销售合同;其次,远明国景伟业公司向迪欧公司报告订货数量及客户需求;最后,迪欧公司完成被诉侵权产品的制造,并通过快递运输给远明国景伟业公司或直接运送给顾客,至此,整个销售过程结束。因此,两被告主观上具有侵权的意思联络,客观上共同实施销售被诉侵权产品的行为,构成共同侵权。

由于远明国景伟业公司并非迪欧公司的唯一经销商,对于迪欧公司销售被诉侵权产品的其他销售渠道与销售情况远明国景伟业公司不知晓亦无实施,故远明国景伟业公司仅对通过其店铺销售被诉侵权产品的行为与迪欧公司构成共同侵权,承担连带责任。

将针对被诉侵权产品制造商和销售商的诉讼作为必要共同诉讼一并予以审理,既可以避免专利权人分别起诉制造商和销售商时可能造成的双重得利,

① 北京知识产权法院民事判决书,(2020)京73民初243号;北京市高级人民法院民事判决书,(2021)京民终736号;类案有云南省昆明市中级人民法院民事判决书,(2014)昆知民初字第384号。

又可以适度减轻专利权人的维权成本、当事人的诉讼成本以及法院的审理成本。[①] 笔者认为，北京知识产权法院的此判决，加重了经销商的责任。现在商业模式，经销商普遍存在于各行各业。第一，加重经销商的注意义务，使其需要具备鉴别制造公司的产品是否侵害他人的知识产权。第二，经销商与制造公司承担共同侵权的责任，在一定程度上也会影响制造公司运转。第三，可能会影响部分行业的商业模式转换。就本案而言，既然已经可以区分展厅的销售人员系迪欧公司提供的，那么一定程度上也说明了远明国景伟业公司并非过多地参与到迪欧公司的侵权行为中。

2. 法人与法定代表人或子公司构成共同侵权行为

法人与法定代表人或子公司构成共同侵权行为，主要原因在于法人人格的混同。根据法人人格否认制度的规定，如果股东与公司人格高度混同，如财产、人员、业务等混同；或者股东对公司进行不正当支配和控制的情形；股东利用关联交易，非法隐匿、转移公司财产等；股东则应和公司承担连带责任。

在 SMC 株式会社与乐清市中气气动科技有限公司（以下简称中气公司）、倪某才侵害发明专利权纠纷一案中[②]，SMC 株式会社认为倪某才与中气公司构成共同侵权，最高人民法院经审查认为，SMC 株式会社主张倪某才应与中气公司就本案损害赔偿承担连带责任，其主要依据有三个：一是倪某才与中气公司共同实施了侵犯本案专利权的行为，构成共同侵权；二是倪某才为中气公司的侵权行为提供帮助，构成帮助侵权；三是倪某才滥用公司法人独立地位和股东有限责任，严重损害公司债权人利益。对此，人民法院逐一分析如下：

第一，倪某才与中气公司是否构成共同侵权并因此承担连带责任。SMC 株式会社主张，倪某才与中气公司主观上存在共同侵权的故意，客观上分工合作实施了侵权行为，构成共同侵权，应当承担连带责任。《侵权责任法》第 8 条[③]规定："二人以上共同实施侵权行为，造成他人损害的，应当承担连带责任。"根据上述规定，共同侵权应该具备以下要件：加害主体为两人或者两人以上；各加害人主观上具有共同意思；各加害人彼此的行为之间客观上存在相互利用、配合或者支持；各加害人行为造成的损害后果在其共同意思的范围内。对于倪某才与中气公司是否构成共同侵权，分析如下：首先，倪某才与中气公司具有共同

① 最高人民法院民事裁定书，(2016) 最高法民辖终 107 号。

② 最高人民法院民事判决书，(2018) 最高法民再 199/200 号。

③ 现为《民法典》第 1168 条。

意志。倪某才系中气公司的法定代表人、控股股东、执行董事和经理,仅有的另一名股东与其存在姻亲关系,其对于中气公司有着很强的控制权,其意志与中气公司的意志具有明显的共同性。其次,倪某才和中气公司理应知悉其被诉侵权产品可能侵犯 SMC 株式会社的本案专利权。中气公司在网络宣传中明确提及其批发 SMC 电磁阀,并详细介绍了 SMC 电磁阀工作原理、用途、结构以及选型原则和方法等,且被诉侵权产品上标注有“SMC 及图”商标。作为中气公司的法定代表人,倪某才显然知晓 SMC 株式会社的相应产品及其技术内容,对其被诉侵权产品可能落入 SMC 株式会社本案专利权保护范围有着明确认知。在此情况下,倪某才和中气公司仍然实施了制造、销售和许诺销售被诉侵权产品的行为,可以认为其具有明显的共同侵权故意。最后,倪某才和中气公司客观上存在相互利用、配合或者支持的行为。倪某才以个人银行账户收取中气公司货款,中气公司对于倪某才的上述行为予以认可,两者共同完成了被诉侵权产品的销售和货款回收。可见,倪某才利用其对中气公司的控制权,实际与中气公司共同实施了制造、销售和许诺销售被诉侵权产品的行为。综上,SMC 株式会社关于倪某才与中气公司构成共同侵权并应承担连带责任的主张成立,人民法院予以支持。

第二,倪某才的行为是否构成帮助侵权并因此承担连带责任。SMC 株式会社主张,倪某才提供个人银行账户,帮助中气公司收取被诉侵权产品货款,构成帮助侵权。《侵权责任法》第 9 条第 1 款[①]规定:“教唆、帮助他人实施侵权行为的,应当与行为人承担连带责任。”对于该款所规定的帮助侵权在专利侵权领域的适用,最高人民法院结合《专利法》制定了相应的司法解释。《专利权纠纷司法解释二》第 21 条第 1 款规定:“明知有关产品系专门用于实施专利的材料、设备、零部件、中间物等,未经专利权人许可,为生产经营目的将该产品提供给他人实施了侵犯专利权的行为,权利人主张该提供者的行为属于侵权责任法第九条规定的帮助他人实施侵权行为的,人民法院应予支持。”根据上述司法解释的规定可知,《专利法》意义上的帮助侵权行为并非泛指任何形式的帮助行为,而是特指未经专利权人许可,为生产经营目的将侵权专用品提供给他人以实施侵犯专利权的行为。本案中,倪某才提供个人银行账户用以收取公司货款,该行为并非提供侵权专用品,不能构成《专利法》意义上的帮助侵权行为。

第三,倪某才是否构成滥用公司法人独立地位和股东有限责任并因此承担

① 现为《民法典》第 1169 条第 1 款。

连带责任。SMC 株式会社还主张，倪某才滥用公司法人独立地位和股东有限责任，严重损害公司债权人利益，违反了《公司法》第 20 条的规定，应当对侵权债务承担连带赔偿责任。根据《公司法》第 20 条第 1 款、第 3 款规定，行为人因构成滥用公司法人独立地位和股东有限责任并应承担连带赔偿责任，需要具备以下条件：行为人滥用公司法人独立地位和股东有限责任，包括对公司过度控制，造成公司财产与个人财产混同，致使公司形骸化；行为人的滥用行为严重损害了公司债权人的利益。本案中，虽然倪某才以个人银行账户收取公司货款，且无证据表明已经将相应货款归还中气公司，直接损害了公司利益，但 SMC 株式会社未提供证据证明中气公司、倪某才的滥用行为导致其没有履行任何债务的能力，从而导致 SMC 株式会社的债权无法实现。在这种情况下，倪某才的上述行为并不构成滥用公司法人独立地位和股东有限责任，严重损害公司债权人利益的情形，不违反《公司法》第 20 条的规定。

本案中，最高人民法院判决中气公司与倪某才不构成公司人格混同，倪某才也没有实施帮助侵权，但是倪某才与中气公司具有侵权的共同意志，而且这一意志是因为其与另一名股东存在姻亲。对此，笔者认为，如果中气公司与倪某才不具有人格混同，则倪某才的意志应当是公司意志，是职务行为，不应当认定为共同意志。如果因为倪某才与中气公司具有侵权的共同意志，是因为其与另一名股东存在姻亲，实际上说明倪某才对中气公司具有不正当支配和控制权，应当可以认定中气公司与倪某才构成人格混同。

在宁德时代新能源科技股份有限公司（以下简称宁德时代公司）与被告江苏塔菲尔新能源科技股份有限公司（以下简称江苏塔菲尔公司）、东莞塔菲尔新能源科技有限公司（以下简称东莞塔菲尔公司）（江苏塔菲尔公司与东莞塔菲尔公司以下合称“二塔菲尔公司”）等侵害实用新型专利权纠纷一案中①，原告宁德时代公司主张“二塔菲尔公司”构成共同侵权。福建省高级人民法院经审理认为，从查明的事实来看，东莞塔菲尔公司系江苏塔菲尔公司的全资子公司，“二塔菲尔公司”均有生产涉案的侵权产品。侵权产品的铭牌上均使用“TFL”标识。根据相关宣传报道可见，江苏塔菲尔公司与东莞塔菲尔公司在宣传时统一以“塔菲尔”的形象对外，并未进行详细区分。从本院在东莞塔菲尔公司进行证据保全时，东莞塔菲尔公司总经理梁某珉的陈述可见，东莞塔菲尔日常的管理运营、订单接收、销售记录、资料图纸的保存均由江苏塔菲尔公司统一负责。

① 福建省高级人民法院民事判决书，(2020) 闽民初 1 号。

故根据前述《专利法》的规定,可以认定“二塔菲尔公司”未经专利权人许可,以生产经营为目的,分工合作,并以江苏塔菲尔公司的意志为主导,共同制造、销售落入涉案专利权保护范围的侵权产品,共同侵害了宁德时代公司涉案专利权,构成共同侵权。本案中尽管东莞塔菲尔公司系江苏塔菲尔公司的全资子公司,但是因为二者存在“统一形象”“统一负责”,并且分工合作,共同实施了制造、销售行为,因此,二者构成共同侵权。

3. 委托/承揽关系中的共同侵权行为

北京市高级人民法院《专利侵权判定指南(2017)》将委托加工的行为明确界定为共同侵权行为,该规定与《专利侵权判定指南(2013)》明显不同。委托他人制造的,委托人与受托人构成共同侵权。但受托人完全按照委托人提供的技术方案或者外观设计生产产品,且所生产的产品全部由委托人收购或指定收购的除外。该种情形下,虽然制造被诉侵权产品的行为客观由受托人实际完成,但受托人缺乏独立的意志,其作为委托人的“傀儡”仅是付出相应的劳动,其获得收益也是与其付出的“汗水”相关的微薄收入。[①] 此时,将受托人作为共同侵权人追究责任,显然有悖权责统一的原则。但是,在受托人具有独立意志时,其对于被诉侵权产品所采用的技术方案具有一定的选择与确定权。从便利专利权人维权的角度,若委托人在产品上标明“监制”等类似参与行为,应当认定委托人与受托人构成共同侵权。

在广东棋胜家具有限公司(以下简称棋胜公司)与东莞市鸿鼎家居有限公司(以下简称鸿鼎公司)、东莞市康胜家具有限公司(以下简称康胜公司)等侵害实用新型专利权纠纷一案中[②],鸿鼎公司上诉提出,其系按照康胜公司要求的技术方案制造被诉侵权产品,其与康胜公司之间系委托加工关系。最高人民法院认为,康胜公司向鸿鼎公司提供了产品技术方案,要求鸿鼎公司按照方案进行生产,故本案判断鸿鼎公司与康胜公司之间的合同关系的性质,核心问题在于康胜公司向鸿鼎公司提供的产品技术方案是否落入涉案专利权利要求的保护范围。如果康胜公司向鸿鼎公司提供的产品技术方案落入涉案专利权利要求的保护范围,则鸿鼎公司系按照该产品技术方案制造被诉侵权产品,康胜公司从鸿鼎公司购买被诉侵权产品的行为,本质上是康胜公司作为委托方向鸿鼎

① 参见吉罗洪主编,北京市高级人民法院知识产权审判庭编:《北京市高级人民法院〈专利侵权判定指南(2017)〉理解与适用》,知识产权出版社2020年版,第588页。

② 最高人民法院民事判决书,(2019)最高法知民终181号;类案有湖北省武汉市中级人民法院民事判决书,(2014)鄂武汉中知初字第8号。

公司定制符合既定要求的特定产品,鸿鼎公司作为加工方承接被诉侵权产品的加工制造行为,双方之间的关系为委托加工关系,而非普通的买卖关系。反之,如果康胜公司向鸿鼎公司提供的产品技术方案并未落入涉案专利权利要求的保护范围,鸿鼎公司依据自己的生产技术条件等自行生产被诉侵权产品,侵害了棋胜公司涉案专利权,则康胜公司虽然提供了产品技术方案,鸿鼎公司并未严格依据产品技术方案生产并交付产品,则不宜认定康胜公司与鸿鼎公司之间构成委托加工关系。最终,法院认为康胜公司要求鸿鼎公司按照该方案的技术要求生产被诉侵权产品,即与鸿鼎公司构成委托加工关系。

在青海绿大生态治沙有限公司与青海乌兰盛隆农林有限公司(以下简称乌兰盛隆公司)、天峻县林业和草原局(以下简称天峻县草原局)等侵害发明专利权纠纷一案中①,争议焦点之一为,发包方天峻县草原局的行为与施工方乌兰盛隆公司是否构成共同侵权。最高人民法院认为,“使用”涉案专利方法的行为不仅仅限于直接实现涉案专利技术方案的行为,而应当结合被诉侵权人的具体行为进行分析判断。本案中,天峻县草原局作为涉案工程的发包方,在涉案工程招标文件中明确记载了落入涉案专利权保护范围的施工方法且明确将实施涉案施工方法作为中标的条件之一,在其与乌兰盛隆公司签订的涉案工程施工合同中亦明确约定“施工单位必须严格按照项目作业设计要求进行施工,按照施工顺序”。虽然最终实际实施落入涉案专利权保护范围的施工方法的行为人系乌兰盛隆公司,但天峻县草原局在涉案工程招标文件以及涉案工程施工合同中均对投标方/中标方使用施工方法有明确要求,且该施工方法落入涉案专利权的保护范围,实质上系天峻县草原局的上述行为决定了最终施工技术方案的实施。天峻县草原局的上述行为系使用了涉案专利方法。

该案中,从天峻县草原局与乌兰盛隆公司之间就涉案工程进行招标、投标、中标并签订涉案工程施工合同的过程来看,双方之间存在使用涉案专利方法的共同意思,因此,应当认定双方共同实施了使用涉案专利方法的行为。

在罗姆尼光电系统技术(广东)有限公司、广州旌露贸易有限公司与广东三雄极光照明股份有限公司侵害外观设计专利权纠纷一案中②,广东省高级人民法院认为,“制造专利产品”,首先是直接的生产行为。对于外观设计来说,是指

① 最高人民法院民事判决书,(2020)最高法知民终212号。

② 广东省高级人民法院民事判决书,(2017)粤民终2900号。类案有最高人民法院民事裁定书,(2012)民申字第197号;最高人民法院民事判决书,(2017)最高法民再122号。

在与专利产品相同或者近似类别产品上作出或者形成与专利图片或者照片中的专利产品外观设计相同或者近似外观的产品。其次还包括间接生产行为,即在委托加工专利产品的情况下,如果委托方要求加工方根据其提供的设计方案制造专利产品,或者专利产品的形成中体现了委托方提出的设计要求,或者专利产品的形成是委托方参与的结果,体现了委托方的意志,则可以认定是双方共同实施了制造专利产品的行为,二者均为《专利法》意义上的制造者。该案中,法院认为,委托方与受托方构成共同侵权,制造的方式并不影响制造的认定,直接制造和间接制造都是制造,制造的本意也并不在于是自己直接制造还是假他人之手间接制造,而是产品的形成与其存在因果关系。

(二)教唆、帮助侵权行为

《民法典》第1169条规定:"教唆、帮助他人实施侵权行为的,应当与行为人承担连带责任。教唆、帮助无民事行为能力人、限制民事行为能力人实施侵权行为的,应当承担侵权责任;该无民事行为能力人、限制民事行为能力人的监护人未尽到监护职责的,应当承担相应侵权的责任。"该条对教唆、帮助侵权的行为进行了规定。正如上文所述,专利侵权诉讼中,也适用此条规定。

然而,从各国的专利制度发展历史来看,在专利制度发展初期,对教唆、帮助侵权的关注并不多。随着专利诉讼实践的增多,各国发现有一些行为尽管没有直接侵犯专利权,但是对他人侵犯专利权的行为起到了教唆、帮助作用,这样的行为在一定程度上实际上对直接侵犯专利权的行为起到了推波助澜的作用。

北京市高级人民法院《专利侵权判定指南(2017)》对教唆、帮助侵犯专利权行为的认定做了规定,其中,第118条规定:"明知他人的实施行为构成专利法第十一条规定的侵犯专利权行为,而予以教唆、帮助的,教唆人或帮助人与实施人为共同侵权人,应当承担连带责任。"第119条规定:"行为人明知有关产品系专门用于实施涉案专利技术方案的原材料、中间产品、零部件或设备等专用产品,未经专利权人许可,为生产经营目的向他人提供该专用产品,且他人实施了侵犯专利权行为的,行为人提供该专用产品的行为构成本指南第118条规定的帮助他人实施侵犯专利权行为,但该他人属于本指南第130条或专利法第六十九条第(三)、(四)、(五)项规定之情形的,由该行为人承担民事责任。前款所称'专用'产品,应当以原料、产品等是否对实现涉案专利所请求保护技术方案具备实质性意义且具有'实质性非侵权用途'为判断标准,即若相应的原料、产品等为实现涉案专利技术方案所不可或缺且除用于涉案专利所保护技术方案而无其他‘实质性非侵权用途’，一般应当认定该原料或产品等为‘专用’。有关产品是否属于‘专用’，应由权利人举证证明。”第120条规定：“明知行为人实施侵犯他人专利权的行为而为该实施行为提供场所、仓储、运输等便利条件的，构成本指南第118条所指的帮助他人实施侵犯专利权行为。”第121条规定：“未经专利权人许可，行为人以提供图纸、产品说明书、传授技术方案、进行产品演示等方式，为生产经营目的积极诱导他人实施特定技术方案，且他人实际实施了侵犯专利权行为的，行为人的诱导行为构成本指南第118条所指的教唆他人实施侵犯专利权行为。”第122条规定：“技术转让合同的受让人按照合同的约定受让技术并实施，侵犯他人专利权的，由受让人承担侵权责任。但转让人明知涉案技术侵犯他人专利权而予以转让的，可以认定转让人的转让行为构成本指南第118条所指的教唆他人实施侵犯专利权行为。”

此外，《专利权纠纷司法解释二》第21条规定：“明知有关产品系专门用于实施专利的材料、设备、零部件、中间物等，未经专利权人许可，为生产经营目的将该产品提供给他人实施了侵犯专利权的行为，权利人主张该提供者的行为属于民法典第一千一百六十九条规定的帮助他人实施侵权行为的，人民法院应予支持。明知有关产品、方法被授予专利权，未经专利权人许可，为生产经营目的积极诱导他人实施了侵犯专利权的行为，权利人主张该诱导者的行为属于民法典第一千一百六十九条规定的教唆他人实施侵权行为的，人民法院应予支持。”这其中提供“专门用于实施专利的材料、设备、零部件、中间物”的行为，就是帮助侵权的具体表现。

1. 提供专用产品的帮助侵权

无论是之前的《侵权责任法》还是现在的《民法典》，都是《专利法》的上位法，实践中，应用《专利权纠纷司法解释二》第21条规定来判断是否构成帮助侵权的案例也不少。例如，在徐州中森智能装备有限公司和常州格瑞德园林机械有限公司（以下简称格瑞德公司）、宁波昂霖智能装备有限公司（以下简称昂霖公司）侵害实用新型专利权纠纷一案中①，被控产品的刀头系由昂霖公司销售给格瑞德公司的，因此昂霖公司抗辩称其并不知道格瑞德公司将要实施所谓的侵权行为，没有侵权的故意，且该刀头也并非电动绿篱机的专用品，可以用于任何动力控制的绿篱机上。最高人民法院认为，帮助行为人与直接实施专利技术方案的侵权人承担连带责任，不仅是对直接实施行为承担责任，而且是对自己具

① 最高人民法院民事判决书，(2021)最高法知民终234号。

有过错的帮助行为承担责任。据此，同时满足下列条件的，构成帮助侵权：(1)行为人明知有关产品系专门用于实施涉案专利技术方案的原材料、中间产品、零部件或设备等专用品，未经专利权人许可，为生产经营目的向直接实施人提供专用产品；(2)该专用品对专利技术方案具有实质性作用；(3)该专用品不具有实质性非侵权用途，即并非通用产品或常用产品，除用于专利技术方案外没有其他合理的经济和商业用途；(4)有证据证明存在直接实施专利技术方案的行为。各方当事人是否有共同的侵权意思联络，并不影响帮助侵权行为的认定。本案中，格瑞德公司实施了制造、销售被诉侵权产品的行为。昂霖公司向格瑞德公司提供被诉侵权产品的刀头部件，其名称为“绿篱机刀头”，且该部件为被诉侵权产品的主要部件。同时，该部件的用途仅用于绿篱机。由此可见，昂霖公司向格瑞德公司提供被诉侵权产品部件的行为，属于帮助侵权。

本案中，涉案专利是“用于绿篱机的剪刀成弧支撑装置和绿篱机”实用新型专利，昂霖公司销售的产品名称为“绿篱机刀头”，该产品只是用在绿篱机上。符合《专利权纠纷司法解释二》中“明知有关产品系专门用于实施专利的材料、设备、零部件、中间物等，未经专利权人许可，为生产经营目的将该产品提供给他人实施了侵犯专利权的行为”，构成帮助侵权。

在菲利普莫里斯生产公司与烟神科技（深圳）有限公司（以下简称烟神公司）、深圳市凯明瑞科技有限公司（以下简称凯明瑞公司）侵害发明专利权纠纷一案中①，最高人民法院认为，本案中，被诉侵权产品中缺少权利要求中的技术特征，即被诉侵权产品在销售给电子烟产品的使用者时包装盒内并没有烟弹。涉案专利权利要求技术方案的整体再现是在消费者购买了被诉侵权产品后，配合烟弹一起使用的过程中实现的。由于电子烟产品消费者购买被诉侵权产品的唯一目的就是将该产品与烟弹结合实现吸烟体验，凯明瑞公司、烟神公司制造被诉侵权产品的唯一目的，亦是将该产品最终出售给电子烟产品消费者，使其在购买被诉侵权产品后与烟弹相结合使用，从而再现涉案专利权利要求的完整技术方案。且无论是被诉侵权产品实物的使用说明书，还是网页展示产品图片，均指导消费者如何将烟弹与被诉侵权产品结合使用，故应当认定凯明瑞公司、烟神公司明知被诉侵权产品系专门用于实施涉案专利的专用气溶胶发生设备，仍然以生产经营为目的，予以制造、销售和许诺销售，属于《侵权责任法》第9条规定的帮助侵权行为。

---

① 最高人民法院民事判决书，(2020)最高法知民终1421号。

但是，当销售的零部件并非系专用产品时，则不构成教唆、帮助侵权。例如，在付某与叶某兰侵害外观设计专利权纠纷一案中①，广东省高级人民法院认为，被诉侵权零部件既可以用来制造侵权产品，也可以制造不侵权产品。而以被诉侵权的零部件制造的灯具成品被生效判决认定为侵权产品的时间均晚于本案起诉时间，且也没有其他证据证明叶某兰当时主观上知道销售的被诉侵权零部件是用来制造侵权产品的。因为叶某兰没有主观过错，在本案中制造、销售被诉侵权零部件的行为不构成教唆、帮助侵权。但是，本判决书生效后，叶某兰在销售被诉侵权的零部件时，要承担更高的注意义务，应当明确告知购买者如果按照附件 2 的组合方式制造产品可能涉嫌侵权。否则，如果购买者用该零部件制造了侵权产品，叶某兰要承担帮助侵权责任。

2. 提供便利条件的帮助侵权

随着经济的发展，参与商业活动的主体越来越多，产品交易环节越发复杂。此时，在《专利法》规定的制造、销售、许诺销售、进口、使用行为之外，还包括运输、仓储等行为，此时，侵权的主体也就不再局限于制造者、销售者等，而是包含了提供运输、仓储服务、提供场所的人。

近年来，在新型交易模式下，网购已经成为时下非常流行的交易模式，网购平台的运营方类似于传统商场的经营管理方，通常会根据“避风港”原则主张不承担责任。例如，在世界连接公开股份有限公司（以下简称连接公司）与东莞市佳旅电器有限公司（以下简称佳旅公司）、杭州阿里巴巴广告有限公司（以下简称阿里公司）侵害发明专利权纠纷一案中，一审杭州市中级人民法院针对阿里公司是否应当承担责任这一争议焦点，认为阿里公司系提供交易平台的服务提供商，其已在服务协议中要求不得发布侵害他人知识产权的信息，尽到了事前的提醒义务，且连接公司未提交证据证明其曾就本案维权向阿里公司进行投诉或阿里公司与佳旅公司存在侵权合意，故连接公司关于阿里公司亦构成侵权的主张不能成立，对其相关的诉讼请求不予支持。②

但是，当网购平台的运营方，明知他人实施了侵犯专利权的行为而仍然允许其存在，则可以认定实施了“提供便利条件”的帮助侵权行为，从而承担相应的连带责任。

在广东乐的互动娱乐股份有限公司与淘宝公司等侵害外观设计专利权纠

① 广东省高级人民法院民事判决书，(2013)粤高法民三终字第603号。

② 最高人民法院民事判决书，(2020)最高法知民终1412号。

纷一案中[①],深圳市中级人民法院认为,淘宝公司系电子商务交易平台提供者,基于其对网络空间的支配地位而负有安全保障义务。淘宝公司承担赔偿责任的前提是具有过错,界定过错的标准包括是否尽到事前审查之注意义务,即只需要很小的成本就可容易地进行事前审查,预防被诉侵权行为的发生。但淘宝公司向公众公示的主体信息与其庭审提交的经营主体信息不一致,并未尽到事前审查义务,违背了其注意义务。本案中,因为平台存在过错,因此法院判决其承担了赔偿责任。

3. 教唆/诱导侵权

北京市高级人民法院《专利侵权判定指南(2017)》将教唆侵权作为一个行为单独列出,此时就要注意教唆侵权行为的判断,同样也要满足相应的条件。具体包括:第一,他人实施了直接侵犯专利权的行为。第二,教唆人实施了教唆行为。第三,教唆人明知或者应知他人会实施直接侵犯专利权的行为。也就是说,主观上教唆人存在过错,特别是教唆人还要存在"积极诱导"的要件,即除了满足"明知或应知"他人会实施侵权行为,同时其主观上还需要"积极促成"他人实施的心理状态。[②]

在辽宁兰特科技发展有限公司与河南能源化工集团先进装备研究院有限公司(以下简称河南能源研究院)侵害发明专利权纠纷一案中,最高人民法院将教唆侵权的构成要件认定为:(1)前提是有直接侵权行为发生,包括已经实际发生或者有可能发生的情形。如果教唆实施的行为并不包含专利的全部技术特征或者全部方法步骤,或者教唆实施的行为在法律上不视为侵权或者该行为发生在境外,则不构成教唆侵权。(2)教唆人主观上存在过错,既明知或者应当知道专利权存在,也知道自己教唆的行为构成专利侵权。(3)教唆行为与直接侵权之间存在因果关系。本案中,因为被诉教唆实施的技术方案与涉案专利权利要求记载的全部技术特征相比,有一个技术特征不相同也不等同,没有落入涉案专利权的保护范围,河南能源研究院不构成为生产经营目的积极诱导他人实施侵犯专利权的行为。[③]

---

① 广东省深圳市中级人民法院民事判决书,(2018)粤03民初3330号。类案有广州知识产权法院民事判决书,(2017)粤73民初3996号;广东省高级人民法院民事判决书,(2019)粤民终668号。

② 参见吉罗洪主编,北京市高级人民法院知识产权审判庭编:《北京市高级人民法院〈专利侵权判定指南(2017)〉理解与适用》,知识产权出版社2020年版,第617页。

③ 最高人民法院民事判决书,(2019)最高法知民终767号。类案有湖北省武汉市中级人民法院民事判决书,(2014)鄂武汉中知初字第8号;最高人民法院民事判决书,(2020)最高法知民终831号。

第十一章

现有技术抗辩制度的法律适用规则

无论是专利侵权程序中的现有技术抗辩，还是专利授权确权程序中的新颖性的判断，其目的都是要排除权利人将现有技术纳入专利权的保护范围，进而损害社会公众的合法权益。从理论上分析，专利申请获得授权的前提是该项专利申请应当具备新颖性，但是由于各种客观的原因以及专利检索范围的无穷尽的特征，导致授权的专利权很可能存在因为缺少新颖性而不应当授权的情形。从我国专利制度实行的“双轨制”的基础出发，缺乏新颖性的专利权应当通过无效的途径宣告专利权无效，但是在实践中，授权的专利权缺乏新颖性，往往是在侵权程序中发现的，如果中止侵权诉讼而转由行政机关宣告专利权无效，在效率上不够便捷，而且往往会导致案件久拖不决，损害社会公众利益。所以，在侵权诉讼中引入现有技术抗辩制度有其必要性和合理性，无论在侵权诉讼中，还是在新颖性的判断中，关于现有技术范围的认定是一致的，仅仅是二者的适用规则不同。

一、现有技术抗辩制度的立法沿革

(一)现有技术抗辩的概念与性质

现有技术/设计抗辩，[①]也称为已有技术抗辩、公知技术抗辩、自由公知技术抗辩，是指在侵犯专利权纠纷案件中，被告主张被控侵权物(包括被控产品或被控方法)采用的是现有技术/设计，因而其行为不侵犯原告所主张的专利的一种

---

① 本章以现有技术抗辩为研究对象，但是对于“现有技术”与“现有设计”抗辩通用的规则，此处一并讨论。

抗辩方式。[①] 现有技术抗辩，是指专利侵权诉讼中的被告针对原告的专利侵权指控而采取的通过举证证明其实施的技术或者设计属于现有技术，以对抗原告的指控从而维护自己合法权益的措施。[②] 现有技术抗辩，是指在侵犯专利权纠纷案件中被控侵权人主张被控侵权技术方案采用的是现有技术因而其行为不侵犯权利人所主张的权利的一种抗辩方式。所谓现有技术抗辩，是指被诉落入专利权保护范围的全部技术特征，与一项现有技术方案中的相应技术特征相同或者等同，或者所属技术领域的普通技术人员认为被诉侵权技术方案是一项现有技术与所属领域公知常识的简单组合的，应当认定被诉侵权人实施的技术属于现有技术，被诉侵权人的行为不构成侵犯专利权。[③] 现有技术抗辩，不属于无效抗辩，不是对专利权效力的否定；也不属于《专利法》规定的不属于侵犯专利权的例外情形，而是《专利法》新增设的一种抗辩权。现有技术抗辩作为被诉侵权人对抗专利权人侵权指控的不侵权抗辩，是 2008 年《专利法》修改新增加的一项制度，但专利权的保护范围不得包括现有技术是专利制度的基本内容。[④]

现有技术抗辩作为一种抗辩权，必须以被控侵权人提出抗辩主张为前提，管理专利工作的部门不能依职权主动调查适用。[⑤] 现有技术抗辩是被告行使的一种抗辩权（权利抗辩），是针对实体请求权而发生的一种对抗的权利，只有被告主张时，法院才予以审查。抗辩权的客体是他人的请求权，是一种防御性而非攻击性权利，是对请求权效力的一种阻却，并没有否认相对人的请求权，也没有变更或消灭相对人的权利。[⑥] 因此，现有技术或者现有设计抗辩属于被诉侵权人的一项抗辩权利，该权利须由被诉侵权人依法行使，在被诉侵权人不予主张的情况下，人民法院不能依职权主动适用。[⑦]

---

① 参见北京市第一中级人民法院知识产权庭编著：《侵犯专利权抗辩事由》，知识产权出版社 2011 年版，第 22 页。

② 参见曹新明：《现有技术抗辩研究》，载《法商研究》2010 年第 6 期。

③ 广州知识产权法院民事判决书，(2018)粤 73 民初 2885、2159 号；广东省高级人民法院民事判决书，(2019)粤知民终 121 号；最高人民法院民事裁定书，(2016)最高法民申 2935 号；北京市高级人民法院民事判决书，(2018)京民终 165 号。

④ 最高人民法院民事判决书，(2012)民提字第 125 号。

⑤ 国家知识产权局《专利侵权判定和假冒专利行为认定指南(试行)》第一编第三章。

⑥ 北京市第一中级人民法院知识产权庭编著：《侵犯专利权抗辩事由》，知识产权出版社 2011 年版，第 30 页。

⑦ 最高人民法院民事裁定书，(2014)民申字第 1879 号。

(二)现有技术抗辩法律适用的历史演变

1. 公知技术抗辩首次出现在1992年8月发布的《中国的知识产权制度》(中国科学技术蓝皮书)。该蓝皮书指出:“不能运用等同原则将其保护范围扩大到申请日时的已有的技术。”可见,现有技术抗辩是用于限制等同原则之下的等同物的范围,以避免运用等同原则时将专利保护范围扩大到申请日时已有的技术。① 这种观点与美国关于现有技术抗辩的观点一致,将现有技术抗辩作为对等同原则的限制。

2. 在最高人民法院知识产权审判庭关于不属于外观设计专利的保护对象,但又授予外观设计专利的产品是否保护的请示的答复(1997年2月17日)中认为,在专利申请日前该产品已有的外表形状,该产品内容结构形状以及该产品技术功能所决定的外表形状,不属于该外观设计专利所保护的内容。本案中,原审被告产品的外表形状因与原审原告专利申请日前该产品的已有外表形状相同,属于可自由利用的已有技术范围,不属于原审原告外观设计专利保护的内容,故原审被告制造的产品不构成侵犯原审原告享有的外观设计专利权。在该批复中,最高人民法院肯定了现有设计抗辩。

3. 2001年,最高人民法院发布《关于审理专利纠纷案件适用法律问题的若干规定》,其中第9条规定:“人民法院受理的侵犯实用新型、外观设计专利权纠纷案件,被告在答辩期间内请求宣告该项专利权无效的,人民法院应当中止诉讼,但具备下列情形之一的,可以不中止诉讼:……(二)被告提供的证据足以证明其使用的技术已经公知的……”

在该司法解释中,最高人民法院改变了中止专利侵权诉讼的单一审判模式,肯定了现有技术抗辩在侵权诉讼中直接适用的规则。

4. 2007年1月11日印发的最高人民法院《关于全面加强知识产权审判工作为建设创新型国家提供司法保障的意见》的通知,其中,第16条规定,禁止知识产权权利滥用。准确界定知识产权权利人和社会公众的权利界限,依法审查和支持当事人的在先权、先用权、公知技术、禁止反悔、合理使用、正当使用等抗辩事由。

5. 2008年我国《专利法》中首次定义了现有技术的概念,并写入了现有技

① 参见吴玉和:《公知技术抗辩在中国司法实践中运用和发展》,载《中国专利与商标》2007年第3期。

术抗辩制度，《专利法》第22条第5款规定："本法所称现有技术，是指申请日以前在国内外为公众所知的技术。"①

该法第62条规定，在专利侵权纠纷中，被控侵权人有证据证明其实施的技术或者设计属于现有技术或者现有设计的，不构成侵犯专利权。②

6. 2009年《专利权纠纷司法解释一》第14条第1款规定："被诉落入专利权保护范围的全部技术特征，与一项现有技术方案中的相应技术特征相同或者无实质性差异的，人民法院应当认定被诉侵权人实施的技术属于《专利法》第六十二条规定的现有技术。"

7. 最高人民法院《关于充分发挥知识产权审判职能作用推动社会主义文化大发展大繁荣和促进经济自主协调发展若干问题的意见》第14条规定，现有技术抗辩规则在等同侵权和相同侵权中均可适用。准确把握外观设计专利侵权判定的整体观察设计特征、综合判断整体视觉效果的判定方法，以外观设计产品的一般消费者为判断主体，以外观设计的区别设计特征为核心，以产品外观设计整体视觉效果的相同或者近似作为判断侵权成立的根本标准。正确适用现有技术和设计抗辩，被诉侵权人以一份对比文献中记载的一项现有技术方案或者一项现有设计与公知常识或者惯常设计的显而易见组合主张现有技术或者现有设计抗辩的，应当予以支持。被诉侵权人以实施抵触申请中的技术方案或者外观设计主张其不构成专利侵权的，可以参照现有技术或者现有设计抗辩的审查判断标准予以评判。

8. 2016年《专利权纠纷司法解释二》第22条规定，对于被诉侵权人主张的现有技术抗辩或者现有设计抗辩，人民法院应当依照专利申请日时施行的《专利法》界定现有技术或者现有设计。

由上述发展历程可知，我国自实行专利制度以来，对"现有技术抗辩"经历了从早期的"不接受"过渡到"有条件接受"的转变过程。③ 现有技术抗辩制度已经成为我国专利制度的重要组成部分，在一定程度上保障了社会公众使用现有技术的自由。

---

① 2020年修正的《专利法》在第22条第5款做了相同的规定。

② 2020年修正的《专利法》在第67条规定："在专利侵权纠纷中，被控侵权人有证据证明其实施的技术或者设计属于现有技术或者现有设计的，不构成侵犯专利权。"

③ 参见孙海龙、姚建军：《现有技术抗辩的法律性质初探——兼谈对新〈专利法〉第62条的理解》，载《中国专利与商标》2009年第3期。

(三)现有技术抗辩的立法目的

专利制度设置的目的在于鼓励创新,同时,还要维护社会公众使用现有技术的自由,这意味着专利制度既要保护专利权人所享有的排他性的专利专有权,同时,还要明确规定,专利权人无权制止他人利用专利权保护范围之外的知识及技术。换句话说,将现有技术(或设计)排除在专利权的保护范围之外,是平衡专利权人的利益与社会公众利益的自然结果。[①] 该制度的理论基础是,专利权的保护范围不得包括现有技术。[②] 若允许误授权的瑕疵专利权的权利人在诉讼中对公知技术实施者行使停止侵害请求权等,将违反《专利法》的基本原理。[③] 设置现有技术抗辩制度,充分发挥了司法权在技术创新市场中对知识产权的"二次界定"作用,阻却专利独占权对公有领域的不合理侵蚀,确保创新驱动发展战略在雄厚的公共知识积累基础上运行。[④] 瑕疵专利的存在仅是设置现有技术抗辩制度的起因,而非目的,其目的是以此救济使用现有技术的公众免受侵权纠纷之苦,保障使用现有技术的自由得以简便、及时实现。而公众使用现有技术的自由是该制度得以设置的法理基础和正当性依据。[⑤] 现有技术抗辩是被控侵权人针对停止侵权、损害赔偿等专利请求权行使的一种抗辩权,其效力在于阻止请求权的行使,一般只有在被控侵权技术方案落入了专利权的保护范围时才适用,现有技术抗辩不能变更专利权的保护范围不能将属于现有技术的范围从专利权的保护范围中排除,也不能否定专利权的效力。[⑥]

国家知识产权局认为,《专利法》第 62 条[⑦]规定的目的,在于保障社会公众

---

① 参见祝建军:《涉外在先专利申请可比照抵触申请作不侵权抗辩》,载《中国知识产权报》2015 年 12 月 16 日,第 7 版。

② 参见孔祥俊、王永昌、李剑:《〈关于审理侵犯专利权纠纷案件应用法律若干问题的解释〉的理解与适用》,载《人民司法》2010 年第 3 期。

③ 参见杨志敏:《关于"公知技术抗辩"若干问题的研究——从中、德、日三国判例与学说的对比角度》,载《比较法研究》2003 年第 2 期。

④ 参见郑志柱等:《专利侵权诉讼中现有技术抗辩制度适用情况分析——以广州知识产权法院相关案件统计分析为例》,载《中国发明与专利》2018 年第 10 期。

⑤ 参见北京市第一中级人民法院知识产权庭编著:《侵犯专利权抗辩事由》,知识产权出版社 2011 年版,第 27 页。

⑥ 参见北京市第一中级人民法院知识产权庭编著:《侵犯专利权抗辩事由》,知识产权出版社 2011 年版,第 30 页。

⑦ 现行《专利法》第 67 条。

能够自由利用现有技术对使用现有技术的公众提供免受侵权纠纷的救济,从而保障现有技术自由、便利、广泛地传播和使用。①

浙江省高级人民法院认为,自由公知技术属于社会公共财富,不应限制公众使用,法律既保护专利权,也维护公众的合法权益,两则不能偏废。

深圳市中级人民法院认为,②专利权人只能就其相对于现有技术的创新性贡献申请专利并主张保护,不能把已经进入公有领域或者属于他人创新性贡献的部分纳入其保护范围。在专利侵权诉讼中设立现有技术抗辩的正当性在于,专利权的保护范围不应覆盖现有技术,相对于现有技术而言显而易见构成等同的技术,以及现有技术与公知常识的组合技术。换言之,如果被诉侵权人能够证明其实施的技术属于专利申请日前的现有技术或者现有技术与公知常识的组合,就意味着其实施的技术未落入涉案专利权的保护范围。基于我国实行专利权有效性判定和专利侵权判定,分别由国家知识产权局和人民法院双轨运作的模式,如不允许被控侵权者在专利侵权诉讼中主张现有技术抗辩,在被诉产品属于现有技术的情况下依然认定构成侵权,势必导致发明或实用新型专利权的保护范围与专利权人的创新性贡献不相匹配。在专利侵权诉讼中对被诉侵权人有关现有技术抗辩的主张进行审查并作出认定,有利于及时化解纠纷,减少当事人诉累,实现公平与效率的统一。

由此可知,现有技术抗辩的立法目的,在于保障社会公众的行为自由,将现有技术、相对于现有技术而言显而易见构成等同的技术,以及现有技术与公知常识的组合技术排除在专利权的保护范围之外。

二、现有技术的认定

关于现有技术的划分,曾有不同的观点,现有技术按照其所处的法律状态可以分为两种类型:第一种类型是不仅在涉案专利的申请日之前已经为公众所知,而且在发生专利侵权纠纷时没有处于任何人拥有的有效专利权控制之下的现有技术;第二种类型是虽然在涉案专利的申请日之前已经为公众所知,但是在发生专利侵权纠纷时尚处于不同起诉专利权人(专利权人B)的另一专利权

① 参见《专利侵权判定和假冒专利行为认定指南(试行)》第一编第三章。

② 广东省深圳市中级人民法院民事判决书,(2017)粤03民初2523号。

人(专利权人A)的有效专利权控制之下的现有技术。[①] 对此,青岛市中级人民法院曾认为,公知技术按其权利归属的不同可分为三类:(1)自由公知技术,是指已进入公有领域的技术,任何单位和个人都有使用权,任何单位和个人都不能独占;(2)他人的专利,只要是在原告的申请日前公开了申请的,也是公知技术;(3)他人处于临时保护期的发明专利申请。[②]

目前现有技术抗辩中已经不再做上述区分,这是因为理论上专利权的保护范围应当是确定的,只要在专利权的保护范围之外,且属于专利申请日(有优先权的,指优先权日)之前已经公开的技术方案,社会公众均可以采用,至于是否侵犯第三方权利,并非专利权人的保护范围,社会公众的行为不应当在专利权的保护范围之外受到专利权的限制。所以,只要被告能够举证证明被诉侵权的技术方案属于现有技术中已经公开的技术方案,其现有技术抗辩均可认定成立。

(一)现有技术的时间界限

1. 绝对新颖性标准

根据《专利法》第22条第5款的规定,现有技术是指申请日以前在国内外为公众所知的技术。现有技术包括在申请日(有优先权的,指优先权日)以前在国内外出版物上公开发表、在国内外公开使用或者以其他方式为公众所知的技术。[③] 与之前适用的现有技术的概念相比,2008年我国《专利法》中定义了现有技术的概念,且2008年《专利法》对现有技术涵盖的范围进行了扩大,由原来的"相对新颖性"标准扩展到"绝对新颖性"标准。实践中,在适用现有技术抗辩时,如何确定现有技术的范围,是现有技术抗辩的首要问题。对此,笔者认为,法律的可预期性和确定性是法律的基本属性,基于此,在专利侵权诉讼中,应当根据专利申请日来确定现有技术抗辩的范围,如果涉案的专利权是依据2008年修正前的《专利法》申请并获得授权的,则选择"相对新颖性"标准来确定现

---

① 参见尹新天:《中国专利法详解》,知识产权出版社2011年版,第695页;吉罗洪主编,北京市高级人民法院知识产权审判庭编:《北京市高级人民法院〈专利侵权判定指南(2017)〉理解与适用》,知识产权出版社2020年版,第745页。

② 山东省青岛市中级人民法院民事判决书,(2001)青知初字第103号。

③ 《专利审查指南(2010)》第二部分第三章第2.1.1节规定:现有技术的时间界限是申请日,享有优先权的,则指优先权日。广义上说,申请日以前公开的技术内容都属于现有技术,但申请日当天公开的技术内容不包括在现有技术范围内。

有技术的范围,相反,则选择“绝对新颖性”标准确定现有技术的范围。

对此,《专利权纠纷司法解释二》第22条规定,对于被诉侵权人主张的现有技术抗辩或者现有设计抗辩,人民法院应当依照专利申请日时施行的《专利法》界定现有技术或者现有设计。专利权系依据2008年修正前的《专利法》被授予,被诉专利侵权行为发生在2008年修正后的《专利法》施行之后,因该次修正将现有技术的范围扩大到域外使用公开,故如何界定该现有技术抗辩中的现有技术存在争议。一种意见认为,2008年修正前《专利法》采用“相对新颖性”标准界定现有技术,但2008年修正后的《专利法》提高了授权标准,扩大了可以导致新颖性丧失的情形。有些依据2008年修正前《专利法》获得授权的专利,若适用2008年修正后的《专利法》是不能被授权的。实际上,专利权人已经获得了额外的法律保护。2008年修正后的《专利法》施行后,就不宜让这种额外的保护继续。针对2008年修正后的《专利法》施行后发生的被诉侵权行为,被告主张现有技术抗辩,应依据2008年修正后的《专利法》界定现有技术。另一种意见认为,依据2008年修正前《专利法》已经被授予的专利权,其获得的保护程度不能因《专利法》的事后修改而改变,否则,不符合法不溯及既往的基本法理。为保持专利权效力的一致性,《专利权纠纷司法解释二》第22条采纳了第二种意见。需要指出的是,该条所称申请日包含优先权日,也就是说,有优先权日的,适用优先权日。[①]

对此,上海市第一中级人法院认为,《专利法》具有法的规范作用,包括指引、评价、教育、预测、强制作用;我国《专利法》制度的重要意义在于鼓励人们投身于创造发明活动,以产生有益于社会进步的新技术。本案原告专利申请日在《专利法》(2000年修正)适用期间,根据该法律的规定,仅国内的使用公开才符合现有技术的概念,即原告根据该法的指引确定其专利符合当时的法律规定而获得保护。同时,包括原、被告在内的社会公众亦可获知原告专利在国外的使用公开不属于该法律对现有技术的定义,以国外的使用公开来主张现有技术抗辩,不能成立。尽管2008年修正后的《专利法》将国外的使用公开也纳入了现有技术的概念中,但两被告以2008年修正后的《专利法》中增加的国外使用公开主张现有技术抗辩,既不符合我国《专利法》制度鼓励发明创造的立法本意,亦不利于维护法律的安定性及人们基于对既有法律规范的认识而对行为所做

① 参见宋晓明、王闯、李剑:《〈关于审理侵犯专利权纠纷案件应用法律若干问题的解释(二)〉的理解与适用》,载《人民司法(应用)》2016年第10期。

出的预期。①

2. 宽限期制度

2008年《专利法》第24条规定，申请专利的发明创造在申请日以前6个月内，有下列情形之一的，不丧失新颖性：(1)在中国政府主办或者承认的国际展览会上首次展出的；(2)在规定的学术会议或者技术会议上首次发表的；(3)他人未经申请人同意而泄露其内容的。②

该条款规定了不丧失新颖性的宽限期制度，申请专利的发明创造在申请日以前6个月内，因特定情况被公开的，不丧失新颖性。也就是说，在宽限期内出现的技术形式上不属于现有技术，这是《专利法》给予现有技术排除的特别规定。简单地依据字面含义而认定新颖性宽限期内的技术方案属于现有技术抗辩项下的"现有技术"，将有悖于新颖性宽限期制度的初衷。③

2010年修订的《专利法实施细则》第30条规定了专利申请人享有宽限期的程序性要件。④ 宽限期仅仅是把申请人或发明人的某些特定类型的公开，或者第三人从申请人或发明人那里以合法手段或者不合法手段获得的发明创造的某些公开，认为是不损害该专利申请新颖性和创造性的公开。这是法律给予现有技术的例外性规定，发明创造公开以后已经成为现有技术，只是这种公开在一定期限内对申请人的专利申请来说不视为影响其新颖性和创造性的现有技术。这一例外性规定具有"相对性"的特点，即申请人或发明人的公开只对申请人或发明人的后续申请行为具有法律效力，对于第三人而言，该发明创造仍

---

① 上海市第一中级人民法院民事判决书，(2011)沪一中民五(知)初字第225号。

② 《专利法》(2020年修正)第24条规定："申请专利的发明创造在申请日以前六个月内，有下列情形之一的，不丧失新颖性：(一)在国家出现紧急状态或者非常情况时，为公共利益目的首次公开的；(二)在中国政府主办或者承认的国际展览会上首次展出的；(三)在规定的学术会议或者技术会议上首次发表的；(四)他人未经申请人同意而泄露其内容的。"

③ 参见吉罗洪主编，北京市高级人民法院知识产权审判庭编：《北京市高级人民法院〈专利侵权判定指南(2017)〉理解与适用》，知识产权出版社2020年版。

④ 《专利法实施细则》(2010年修正)第30条规定："专利法第二十四条第(一)项所称中国政府承认的国际展览会，是指国际展览会公约规定的在国际展览局注册或者由其认可的国际展览会。专利法第二十四条第(二)项所称学术会议或者技术会议，是指国务院有关主管部门或者全国性学术团体组织召开的学术会议或者技术会议。申请专利的发明创造有专利法第二十四条第(一)项或者第(二)项所列情形的，申请人应当在提出专利申请时声明，并自申请日起2个月内提交有关国际展览会或者学术会议、技术会议的组织单位出具的有关发明创造已经展出或者发表，以及展出或者发表日期的证明文件。申请专利的发明创造有专利法第二十四条第(三)项所列情形的，国务院专利行政部门认为必要时，可以要求申请人在指定期限内提交证明文件。申请人未依照本条第三款的规定提出声明和提交证明文件的，或者未依照本条第四款的规定在指定期限内提交证明文件的，其申请不适用专利法第二十四条的规定。"

然构成现有技术。宽限期并不会使申请人或发明人就其公开的发明创造产生优先权的法律效力。例如，从公开之日至提出申请的期间，如果第三人独立做出了同样的发明创造，而且在申请人提出专利申请以前提出了专利申请，此时根据先申请原则，申请人不能取得专利权。

发生《专利法》第24条规定的任何一种情形之日起6个月内，申请人提出申请之前，发明创造再次被公开的，只要该公开不属于上述三种情况，则该申请将由于此在后公开而丧失新颖性。再次公开属于上述三种情况的，该申请不会因此而丧失新颖性，但是，宽限期自发明创造的第一次公开之日起计算。[①] 申请人或发明人公开发明创造的二次传播，同样可能破坏在后申请的新颖性。

对此，河南省高级人民法院认为，制氧厂3号机组珠光砂提升机生产日期为2001年10月，系他人在未征得专利权人同意的情况下私自泄露并实施，该事实原审法院已经查清。2002年专利的申请日为2002年1月11日，6个月的宽限期向前计算至2001年7月11日，故依此认为2002年专利申请日前技术已被公开的理由不能成立。[②] 该案中，没有证据显示法院在适用宽限期的规定时，有考虑宽限期的程序性要件，因此该结果有待商榷。如果专利权人并不是享受不丧失新颖性宽限期的人，或者没有履行《专利法》规定的程序，实质上宽限期的规定对于专利权人没有影响，专利权人也不能援引宽限期的规定对抗被控侵权人的现有技术抗辩。在上述情况下，法院应当认定现有技术抗辩成立。[③]

北京市高级人民法院认为，现有技术，是指专利申请日以前在国内外为公众所知的技术，既包括进入公有领域、公众可以自由使用的技术，也包括尚处于他人专利权保护范围内的非公有技术，还包括专利权人拥有的其他在先专利技术；但是，根据《专利法》第24条的规定享受新颖性宽限期的技术不得作为现有技术援引用于抗辩。[④] 该规定的但书条款不够严谨，对此，重庆市高级人民法院认为，[⑤]被诉侵权人不得援引符合《专利法》第24条规定的享受新颖性宽限期的技术或设计用于现有技术或设计抗辩，但申请人未依照《专利法实施细则》第30条第3款的规定提出声明和提交证明文件的，或者未依照第30条第4款的

---

① 参见《专利审查指南(2010)》第二部分第三章第5节。

② 参见河南省高级人民法院民事判决书，(2015)豫法知民终字第73号。

③ 参见闫文军、张犹诚：《不丧失新颖性的公开是否可以作为现有技术抗辩中的现有技术》，载《中国知识产权》2016年第5期。

④ 北京市高级人民法院《专利侵权判定指南(2017)》第138条。

⑤ 重庆市高级人民法院《知识产权民事诉讼证据指南》第25条。

规定在指定期限内提交证明文件的除外。

在名称为“无烟烧烤炉（2）”的外观设计专利确权纠纷案中[①]，专利权人认为，请求人提供的证据2属于案外人未经专利权人同意而泄露所导致，专利权人应该享有不丧失新颖性的6个月宽限期，证据中公开的内容均处于宽限期内，不应丧失新颖性，不构成现有设计。对此，北京知识产权法院认为，在对于《专利法》第24条第1项、第2项所列情形而言，申请人在国际展览会上展出其发明创造、在学术会议或者技术会议上发表的发明创造都是申请人自己所为，为了让国家知识产权局和社会公众知道一件专利申请涉及的发明创造在其申请日以前的状况，申请人应当在提出专利申请时就予以声明，否则不能享受《专利法》第24条规定的新颖性宽限期。而对于该条第3项所列情形而言，申请人在提出专利申请时常常不知道曾经有人未经其同意而公开了从他那里获知的发明创造，因此不可能要求申请人在提出专利申请时就予以声明。《专利法实施细则》第30条第4款仅仅规定国务院专利行政部门在认为必要时，可以要求申请人在指定期限内提交证明文件。《专利审查指南》是对上述规定的进一步细化。虽然上述规定在文字上表述为“申请人”，规范的像是专利申请过程，但是由于新颖性条款不仅适用于专利授权阶段，也适用于专利确权阶段，作为一种补救措施的新颖性宽限期的规定，同样适用于专利授权、确权的整个过程。而且，授权后得知亦属于“申请日以后得知”的一种情况，故无效程序中亦可适用上述对于新颖性宽限期的规定。

根据上述规定，首先，他人未经专利权人同意而泄露其内容所造成的公开，包括他人未遵守明示或者默示的保密信约而将发明创造的内容公开。本案中，权利人主张其与被诉决定认定的“助成餐饮”公众号的账号主体助成公司之间签有《专利实施许可合同》，其中第9条约定对方对其尚未申请专利的新技术、新设计研发和改进有保密义务。因此，助成公司违反保密义务，在“助成餐饮”公众号公开本专利技术内容属于《专利法》（2008年）第24条第3项[②]规定的情形。其次，根据相关规定，专利权人在无效程序中得知其专利存在“他人未经同意而泄露”的情形，需要向国家知识产权局做出声明，且应当以其“知道或者应当知道”存在上述情形为前提。而这种“知道或者应当知道”应该有足够的证据和事实的基础予以证明，对专利权人才公平。本案中，权利人主张其与助成公

---

① 北京知识产权法院行政判决书，（2018）京73行初4521号。

② 现行《专利法》第24条第4项。

司在本专利申请日5个半月前的2017年5月17日即签订了《专利实施许可合同》，且约定对方负有保密义务。作为与权利人有特殊关系的主体，当权利人得知影响其专利新颖性的现有设计源于该公司时，就应当知道该公司实施了“未经同意而泄露”本专利的情形。本案中，国家知识产权局于2017年8月25日受理了无效宣告请求，并于同日将第三人提交的相关证据转送权利人，据此可以推定权利人最晚于2017年9月9日已经得知本专利在申请日前内容已经被泄露。实际上，根据权利人与第三人在本案中提交的证据显示，双方在上海知识产权法院审理的(2017)沪73民初202号专利侵权纠纷案中，第三人即是以“助成餐饮”公众号中的照片进行的现有设计抗辩，该案于2017年6月21日进行了公开开庭审理，至迟截至该日，权利人就应当知道助成公司实施了“未经同意而泄露”本专利的情形。最后，根据相关规定，对于他人未经专利权人同意而泄露其内容的，专利权人应当在得知情况后2个月内提交要求不丧失新颖性宽限期的声明，并附具证明材料。专利权人未在指定期限内提交证明文件的，该专利不适用《专利法》第24条的规定。本案中，权利人于2017年11月28日才提交意见陈述书和相关反证材料，已经超出了其主张优先权宽限期的法定期限，因此，国家知识产权局对原告的声明和证据未予采信并无不妥。

(二)现有技术判断

1. 现有技术的公开方式

现有技术应当是在申请日以前公众能够得知的技术内容。换句话说，现有技术应当在申请日以前处于能够为公众获得的状态，并包含有能够使公众从中得知实质性技术知识的内容。现有技术公开方式包括出版物公开、使用公开和以其他方式公开三种，均无地域限制。

对此，最高人民法院认为，现有技术的公开通常强调的是公开状态或结果，而不是公开方式。无论是出版物公开、使用公开还是其他方式公开，都应当以公众为判断主体标准。所谓现有技术“为公众所知”是指现有技术处于公众想得知就能得知的状态，并不意味着公众实际上已经确定知晓该技术方案。①

深圳市中级人民法院认为，现有技术的来源范围包括出版物公开发表、公开使用、公开销售以及公开展示等多种形式，现有技术的构成条件是指相关技术内容在专利申请日前已经处于不特定公众想知即可得知的状态。但是，按照

---

① 最高人民法院行政判决书，(2019)最高法知行终1号。

不同现有技术形式主张的现有技术抗辩，抗辩成立的证明标准事实上存在细微区别。以在先出版物作为现有技术来源形式的情形，由于承载技术方案的载体是公开出版物中的文字或附图，故现有技术抗辩主张成立的证明标准，应是专利申请日前公开发行的出版物中以文字记载或图片描述的技术方案内容或技术方案内容与公知常识、惯常技术手段的结合，与被诉侵权产品被控落入专利权保护范围的全部技术特征相同或无实质性差异。以在先展示、在先销售作为现有技术来源形式的情形，由于只有产品实物，缺乏相应的图文描述，故现有技术抗辩主张成立的证明标准，应是产品实物在专利申请日前通过公开展示或销售，可以让不特定公众在参观或选购过程中有机会观察到产品外部或内部的部件构成、构造或形状、部件相互之间的位置配合关系等技术方案内容，且该技术方案内容与被诉侵权产品被控落入专利权保护范围的全部技术特征相同或无实质性差异。至于以在先使用作为现有技术来源的情形，只要证明被诉侵权产品在专利申请日之前已为不特定公众所合法取得并投入利用，便可以满足现有技术抗辩成立的证明标准。原因在于，公众通过购买产品并成为产品的合法拥有者后，便有权在产品使用和后续养护过程中对产品的内外结构进行全面观察和研究，甚至有权做破坏性拆解以了解产品的内部技术细节。这就意味着，被诉侵权产品被控落入专利权保护范围的全部技术特征已经处于不特定公众想知即可得知的状态。当然，上述三种现有技术形式公开的技术方案，究竟是否为公众所实际知晓，对于现有技术抗辩成立的判断是无关紧要的。①

现有技术应当是相关专利申请日以前在国内外为公众所知的技术。因此，判断现有技术是不是为公众所知的技术的主体标准应当是公众，而不是本领域技术人员。在相关技术能够为公众所知的情况下，必然也能够为本领域技术人员所知。现有技术具有一定的相对性和确定性。在专利权创造性审查程序中，这种相对性是相对于被审查的专利而言的，即现有技术必须是在被审查专利申请日以前公开的技术。同时，现有技术应当是确定公开的，处于公众想得知就能得知的状态。②

笔者认为，现有技术的判断与现有技术公开内容的判断，二者的判断主体并不相同。现有技术的判断主体是“公众”；而现有技术公开内容的判断是所属技术领域的技术人员，不仅包括明确记载在现有技术中的内容，而且包括对于

---

① 广东省深圳市中级人民法院民事判决书，(2017)粤03民初2523号。

② 最高人民法院行政判决书，(2019)最高法知行终1号。

所属技术领域的技术人员来说,隐含的且可直接地、毫无疑义地确定的技术内容。

2. 保密状态的判断

处于保密状态的技术内容不属于现有技术。所谓保密状态,不仅包括受保密规定或协议约束的情形,还包括社会观念或者商业习惯上被认为应当承担保密义务的情形,即默契保密的情形。然而,如果负有保密义务的人违反规定、协议或者泄露秘密,导致技术内容公开,使公众能够得知这些技术,这些技术通常也就构成了现有技术的一部分。①

如何确定公众,所谓"公众",是指不负有保密义务的人。《专利法》上所说的公开就是指有关信息脱离了保密状态。所以,只要某种技术有可能被一个不负有保密义务的人知悉,就足以使该技术构成公开,因为他可以向别人传播。②笔者认为,在申请日之前公开的技术,通常都属于现有技术,这是一般的规则,同时,也规定了例外。例如,负有处于保密状态的技术,包括依照社会观念或者商业习惯负有保密义务的人。在确定是否构成现有技术时,不能因为知晓对象是特定的人而认定技术内容处于保密状态,只要特定的人是不负有法定或者约定保密义务的人,都属于社会公众中的成员,相应的技术方案也就属于现有技术的范围。

因此,负有保密义务的人有两种:一种是基于法律规定或合同约定负有保密责任的人;另一种是根据社会观念或商业习惯承担默示保密义务的人。

(1)基于法律规定或合同约定负有保密责任的人

根据法律或相关部门规定,应承担保密义务的人员属于特定人,技术内容为特定人所知,并不导致该技术内容公开。

如果委托加工合同明确约定受托方负有保密义务,则其显然属于负有保密义务的特定人范畴,在未违反约定的情况下,其基于委托加工合同对相关技术或设计内容的了解,以及所实施的加工制造行为不能导致该技术或设计为公众所知。

在第 27041 号无效宣告请求审查决定书涉及的案件中,请求人提交了专利权人(甲方)与请求人(乙方)在申请日前签订的两份设备加工合同,用于证明在设备加工过程中、运输途中和使用过程中行管技术内容已经处于为公众所知

---

① 《专利法》第 24 条规定的例外情形除外。

② 参见汤宗舜:《专利法教程》(第 3 版),法律出版社 2003 年版,第 83 页。

的状态。国家知识产权局认为，两份合同的第6条均记载："甲方提供的图纸其知识产权归甲方所有，乙方不得对外泄露、对外或自行组织生产，若违反按其产值的30%向甲方支付技术转让费。"可见，请求人对于其在承揽加工过程中获取的相关信息具有保密义务，因此，在没有充分证据证明相关产品已在本专利申请日之前处于公开状态的情况下，该委托加工行为本身不构成《专利法》意义上的公开，对辊机设备的结构在委托加工过程中并非处于公众想要得知即可得知的状态。

另外，如果买卖合同约定一方根据甲方指示制造产品，并由甲方独家收购乙方制造的产品，乙方在一定期限内不得向第三方销售该产品，则合同双方实为委托加工关系，基于合同约定，甲乙方之间的买卖行为并非面向公众的公开销售，相应的技术或设计内容乃至产品的转移也仅限于合同双方之间。因此，不能说明相关信息已经处于合同之外的任意第三方（公众）想得知就能够得知的状态。

(2)根据社会观念或商业习惯承担默示保密义务的人

根据社会观念或商业习惯承担默示保密义务的人，通常都会在相应的合同中进行约定。纯粹根据社会观念或商业习惯认定相应技术不属于现有技术的情况极为少见。因此，法院在审理是否负有保密义务时，首先是审查合同当事人是否约定有保密义务。例如，最高人民法院认为，《买卖合同》明确约定："甲方对乙方所售的机器有技术保密义务。"因涉案机器体积较大，安装、使用均在厂房内进行。因此，根据买卖合同的保密约定，甲方应对涉案机器承担保密义务，该机器不属于能够为社会公众所知悉的情形。因此，涉案机器不构成涉案专利的现有技术。①

法院除了审查合同中约定的保密义务之外，还应当审查是否采取了保密措施。例如，无锡市中级人民法院认为，经现场勘验，该生产线放置于山东海天生物化工有限公司（以下简称海天公司）的厂房内，并启用多年，并无任何保密标识或提醒，实际上已处于向不特定公众公开的情况，且该生产线的相关技术特征亦是通过仔细观察即可直接获得，因此，结合在涉案专利申请日以前已经销售的事实，可以认定海天公司全自动包装生产线在涉案专利申请日以前已经公开，系现有技术的适格比对物。②

---

① 最高人民法院民事裁定书，(2015)民申字第3576号。
② 江苏省无锡市中级人民法院民事判决书，(2015)锡知民初字第246号。

笔者认为,对于负有保密义务的销售合同,不应当仅从合同内容的形式上进行审查,而应当审查负有保密义务的一方是否采取了相应的保密措施,此处的保密措施应当与构成商业秘密的法律所要求的保密措施一致。在负有保密义务的一方没有采取保密措施的情况下。例如,负有保密义务的一方对在先销售产品没有采取任何保密标识或保密提醒,这说明该产品实际上已处于向不特定公众公开,在此情况下应当认定在先销售产品公开了相应的技术方案。

司法实践中,对保密协议真实性的审查,也是法院审查的重点内容。合同当事人可能通过后期不签保密协议及相关情况说明来证明相关产品包含的技术方案没有公开,因此法院在审判中应当对此给予足够的关注。①

三、出版物公开

《专利审查指南(2010)》第二部分第三章第2.1.2.1节规定:专利法意义上的出版物是指记载有技术或设计内容的独立存在的传播载体,并且应当表明或者有其他证据证明其公开发表或出版的时间。

符合上述含义的出版物可以是各种印刷的、打字的纸件,如专利文献、科技杂志、科技书籍、学术论文、专业文献、教科书、技术手册、正式公布的会议记录或者技术报告、报纸、产品样本、产品目录、广告宣传册等,也可以是用电、光、磁、照相等方法制成的视听资料,如缩微胶片、影片、照相底片、录像带、磁带、唱片、光盘等,还可以是以其他形式存在的资料,如存在于互联网或其他在线数据库中的资料等。

出版物的印刷日视为公开日,有其他证据证明其公开日的除外。印刷日只写明年月或者年份的,以所写月份的最后一日或者所写年份的12月31日为公开日。

(一)文献内容早于申请日的认定

在认定出版物公开的技术内容时,通常是根据出版物的公开日来确定其公开的内容。但是,如果根据出版物中明确记载的内容,能够证明相应的技术方案是在出版物公开日以前已经公开的,可以依据该出版物中明确记载的内容重新确定公开日。例如,最高人民法院认为,涉案专利申请日为2001年9月14

① 江苏省高级人民法院民事判决书,(2015)苏知民终字第84号。

日，而中国长江三峡集团公司和中国水利水电第八工程局有限公司一审提交的《大体积混凝土温度应力与温度控制》一书以及《混凝土表面保温保湿抗裂防水喷涂技术的开发及应用》《混凝土表面保温保湿抗裂防水喷涂技术的开发研究》《保温抗裂喷涂技术在汾河二库的应用》三篇文献均记载聚氨酯喷涂保温保湿技术已于2000年及2001年7月前运用于山西太原汾河二库大坝工程，并记载了具体的喷涂材料、面积、厚度等。虽然上述文献公开发表的时间晚于2001年9月14日，但文献中记载的应用实例早于2001年9月14日，构成公开使用的现有技术。①

(二)行业协会刊物作为出版物公开的认定

出版物不受地理位置、语言或者获得方式的限制，也不受年代的限制。出版物的出版发行量多少、是否有人阅读过、申请人是否知道是无关紧要的。实践中，行业协会通常会发行出版物，主要是对行业动态、企业发展的介绍。对于行业协会发行的刊物应当认定为公开出版物。

对此，广东省高级人民法院认为，涉案作为物证的刊物《中山建筑业》2010年第2期由中山市建筑业协会编印，中山市建筑业协会对此专门出具书面说明，经本院现场调查核实，证实该刊物于2010年发行并向该协会近500家会员以及相关部门提供。《中山建筑业》属于行业刊物，虽没有刊号但其向包括会员单位在内的同行以及相关机构提供，且发行范围较广泛，并非处于保密状态，刊物获得者亦不受保密约定的约束，应当视为其处于公开状态。因此，广东省高级人民法院认定早于本案专利申请日之前在该刊物上刊登的涉案图片属于现有设计。②

出版物公开的认定，不应当因诉讼类型的不同而采用不同的标准。如果被诉侵权人能够证明专利权人是将其在行业协会发行的刊物已经公开的产品申请专利，并在获得专利权后对被诉侵权人提起侵权诉讼，则被诉侵权人的现有技术抗辩成立；如果被诉侵权人依此为由对专利权人提起知识产权诉讼损害责任之诉，则关于涉案专利权是否被现有技术公开的认定应当与侵权诉讼中确定的标准一致。但是，实践中存在认定标准不一致的情形。就《2003澄海玩具与工艺》这一刊物公开内容是否属于现有设计时，在侵权诉讼中，广东省高级人民

---

① 最高人民法院民事裁定书，(2013)民申字第1220号。

② 广东省高级人民法院民事判决书，(2018)粤民终1870号。

法院认为，从该刊物目录来看，该刊物列出了一百余家玩具与工艺企业及玩具工艺配套企业的广告宣传资料，即使该刊物仅仅向这一百余家会员单位发行，那么通过向这一百余家玩具工艺企业及玩具工艺配套企业发行该刊物，并通过该一百余家企业向外宣传，也足以使玩具行业了解在该刊物发表的设计，在该刊物上发表的后果仍然是公开发表。①

然而在该侵权诉讼引发的恶意提起知识产权诉讼损害责任纠纷一案中，广东省高级人民法院则又认为，涉案专利的“玩具手枪（2）”外观设计，由其自己创造，并非抄袭他人成果。虽然权利人在申请外观设计专利前，曾在《2001 澄海玩具与工艺》《2003 澄海玩具与工艺》上登载过该专利设计；但是，权利人在（2008）汕中法知初字第 60 号案中一直主张《澄海玩具与工艺》为内部会员刊物，其登载该专利设计的行为不属于公开其专利设计，该专利设计并非现有设计。该刊物的发行方之一澄海玩具协会也出具了该刊物为内部刊物的证明。因此根据现有证据，不能认定权利人在起诉前明知其专利属于现有设计，权利人在起诉时不具有主观恶意。②

（三）内部资料属于出版物公开的认定

印有“内部资料”“内部发行”等字样的出版物，确系在特定范围内发行并要求保密的，不属于公开出版物。③ 但是，不能因为印有“内部资料”“内部发行”等字样就一定认定为不属于公开出版物，而是要根据其发行的范围及是否处于保密状态两方面进行审查。如果有证据表明上述经验总结、培训资料被放入公共图书馆供公众自由阅览，或者通过公共发行渠道发行，或者如本案例中由最初的内部刊物扩大发行范围，则自其扩大范围、可供公众查阅之日起就属于公开出版物的范围。④

（四）产品宣传册作为出版物公开的认定

出版物可以是各种印刷的、打字的纸件，如专利文献、科技杂志、科技书籍、学术论文、专业文献、教科书、技术手册、正式公布的会议记录或者技术报告、报

---

① 广东省高级人民法院民事判决书，（2009）粤高法民三终字第 20 号。

② 广东省高级人民法院民事判决书，（2013）粤高法民三终字第 437 号。

③ 《专利审查指南 2010》第二部分第三章第 2.1.2.1 节。

④ 参见李政主编，国家知识产权局专利复审委员会编著：《专利复审委员会案例诠释：现有技术与新颖性》，知识产权出版社 2004 年版，第 116 页。

纸、产品样本、产品目录、广告宣传册等。市售商品的产品样本、样册、目录、价目表、宣传广告等通常用于推销产品,一般情况下对产品感兴趣的公众都可以不受限制地得到这类资料。当这类资料的载体可以独立、有形地存在,且其公开性可以确认,属于《专利法》意义上的"正式公布"(例如,带有版权标记、定期出版可以理解为"正式公布")时,如果该资料同时记载有能够表明其发表者或出版者以及发表或者公开的时间,或者有其他证据可以证明该资料的发表者或出版者以及发表或公开的时间就可以认定其为《专利法》意义上的公开出版物。[①] 因为产品目录、广告宣传册通常并非"正式公布",其发行时间无法确定。因此将产品目录、广告宣传册认定为出版物的案例较少。

例如,最高人民法院认为,对于主张构成现有设计的图片,因其刊载杂志属于企业宣传杂志,没有记载出版的信息和时间,并非国内外正式公开出版物,在无其他证据证明其出版或发表时间的情况下,该图片不属于涉案专利的现有设计。[②]

广东省高级人民法院认为,被告提交《宣传画册》作为其现有技术抗辩的证据,但该证据并非公开出版物,真实性无法确认。[③]

如果综合多方面的证据,能够证明产品宣传册的发行时间在涉案专利申请日之前的,则可以认定产品宣传册为出版物。例如,上海知识产权法院认为,[④] 综合考虑公证书的制作过程、相关宣传册的形成及发布过程、出具证明材料的行政机关及企事业单位的信用状况等对被告提交的系列材料予以采信,认定上述系列材料所展示的座椅设计为同款设计并且属于在原告专利申请日前已经公开的设计,被告的现有设计抗辩成立。

(五)图纸作为出版物公开的认定

图纸,通常用标明尺寸的图形和文字来说明工程建筑、机械、设备等的结构、形状、尺寸及其他要求的一种技术文件。图纸有多种类型,如机械图纸、建筑图纸、化工流程图纸、电路图纸、产品外观效果图纸等。图纸是证明在先公开使用的产品与专利产品结构、外观等是否相同的有力证据。图纸作为证明在先

---

① 参见李政主编,国家知识产权局专利复审委员会编著:《专利复审委员会案例诠释:现有技术与新颖性》,知识产权出版社 2004 年版,第 105 页。

② 最高人民法院民事裁定书,(2019)最高法民申 859 号。

③ 广东省高级人民法院民事判决书,(2011)粤高法民三终字第 135 号。

④ 上海知识产权法院民事判决书,(2016)沪 73 民初 883 号。

公开使用的证据存在两个主要问题:一是图纸真实性难以判断;二是图纸不能单独证明在先使用公开。图纸必须与证明使用公开的其他证据结合,构成一个完整的证明体系,来证明图纸反映的结构或外观为使用公开的产品的结构或外观。①

图纸的形成时间及是否为社会公众所知,图纸本身难以自证,因此其通常不能单独作为出版公开的证据。对此,最高人民法院认为,②被诉方虽提供了技术图纸,但图纸没有签字或者盖章,亦无证据证明该图纸在涉案专利申请日以前公开并处于公众所知的状态。

(六)产品使用说明书作为出版物公开的认定

产品使用说明书通常是对产品安装、调试、使用、维修保养的介绍,被广泛地使用在各类产品上。产品使用说明书作为一种科技应用文本,使用范围和适用面特别广泛。对于不同类型的产品,产品说明书的内容也不同,对于科研产品、专用仪器设备产品的说明书内容通常较为详细,其公开的内容应当作为出版物形式公开的现有技术。例如,广东省高级人民法院认为,《专利法》意义上的出版物是指记载有设计内容的独立存在的传播载体,并且应当表明或者有其他证据证明其公开发表或出版的时间,符合上述含义的出版物可以是各种印刷的、打字的纸件,如专利文献、科技杂志、教科书、技术手册等。本案中,原告在2007年5月28日安徽省政府采购中心组织的麻醉机采购招标项目中对"WAT0 EX-50麻醉机"进行了投标销售,在原告的投标文件《WAT0 EX-50麻醉机装箱清单》中明确注明附有产品使用手册(使用说明书)。且从原被告双方向本院提交的"WAT0 EX-50/60麻醉机"使用手册内容来看,虽然两者为不同月份版本,但它们的共同点是都记载有设计内容的麻醉机呼吸回路立体图,在使用手册附随产品发放的情况下,该产品的有关设计内容处于公众想得知就能够得知的状态,据此可认定原告对该产品呼吸回路的有关设计已构成出版物公开。③

广东省高级人民法院对此曾有相反观点④。例如,其认为,附录"液压稳定

---

① 参见李政主编,国家知识产权局专利复审委员会编著:《专利复审委员会案例诠释:现有技术与新颖性》,知识产权出版社2004年版,第268页。

② 最高人民法院民事裁定书,(2017)最高法民申2703号。

③ 广东省高级人民法院民事判决书,(2015)粤高法民三终字第19号。

④ 广东省高级人民法院民事判决书,(2013)粤高法民三终字第38号。

器"的性质属于产品使用说明书,而非公开出版物。所谓出版,是指以有形形式复制并向公众发行的能够阅读或可看到的作品复制品。产品使用说明书是随产品销售的技术资料,其目的是供购买者在使用、维修时阅读,通常只向购买该产品的用户而非社会公众发放,不符合出版的特征,不宜认定为公开出版物。

最高人民法院纠正了广东省高级人民法院的上述观点①,并认为,附录虽是一份产品操作和维护说明书并随产品销售而交付使用者,但其使用者以及接触者均没有保密义务,即附录是可公开的,且其能够为不特定公众通过复印的方式获取,由此可见,附录系独立存在的传播载体,鉴于其也记载了涉案专利技术的技术特征,其交付给旧金山国际机场的时间,即公开时间亦能确定,故其属于《专利法》意义上的出版物公开。

(七)微信公众号

出版物公开,包括存在于互联网或其他在线数据库中的资料。微信公众号属于互联网中存在的资料,属于出版物公开的范围。实践中法院与司法机关均认定了该类证据。

国家知识产权局认为,微信公众平台是腾讯公司为微信公众号用户提供的服务平台。作为我国大型互联网服务提供商之一,腾讯公司的信誉度较高,系统环境相对稳定可靠,管理机制规范。就微信公众平台的使用而言,微信公众号一经取得后即由账号管理者负责发布,发布时间由系统自动生成;文章一经平台发布,账号管理员仅能对其进行删除操作,不具有其他修改权限。公众号的订阅用户和普通公众对其也不具有任何修改权限。在专利权人未提供有力证据足以证明微信公众平台发布及修改文章的规则与已知情形不同,或是证据经发布后确实已被修改的情况下,应当认为证据中微信公众号经微信公众平台发布的文章,其文章内容与其发布时间直接关联。证据所示文章发布即构成《专利法》意义上的公开。②

广东省高级人民法院认为,微信公众号作为企业对外宣传产品和推广形象的一种重要手段,一般具有公开性,其处于被公开、易获取的状态,该状态即构

① 最高人民法院民事判决书,(2016)最高法民再179号。

② 国家知识产权局无效宣告请求审查决定书(第26912号)。

成《专利法》意义上的公开。[①]

(八)企业标准

企业标准是企业组织生产、经营活动的依据,目的在于企业内生产、销售和质量控制,其效力仅及于企业本身。[②] 关于企业标准是否属于现有技术,最高人民法院认为,结合现有法律规定和实践操作情况,企业标准的备案并不意味着标准的具体内容要向社会公开发布,企业标准的备案也不意味着公众中任何人即可以自由查阅和获得,企业标准并不因备案行为本身而构成《专利法》意义上的公开。[③]

四、使用公开

由于使用而导致技术方案的公开,或者导致技术方案处于公众可以得知的状态,这种公开方式称为使用公开。使用公开的方式包括能够使公众得知其技术内容的制造、使用、销售、进口、交换、馈赠、演示、展出等方式。只要通过上述方式使有关技术内容处于公众想得知就能够得知的状态,就构成使用公开,而不取决于是否有公众得知。但是,未给出任何有关技术内容的说明,以致所属技术领域的技术人员无法得知其结构和功能或材料成分的产品展示,不属于使用公开。[④]

从在先销售的产品中得到相应的技术方案是现有技术抗辩成立的前提。如果现有技术没有公开被诉产品相应的完整的技术方案,则现有技术抗辩不成立。对此,最高人民法院认为,对于实物而言,其客观上往往使用了多个技术方案,如同一篇技术文献也可能记载多个技术方案一样。但不同的是,公众通过阅读技术文献通常就可以得知其记载的技术方案,但公众要得知实物上所承载的技术方案可能并不都如同其阅读技术文献那样容易。对于以实物形式公开

---

① 广东省高级人民法院民事判决书,(2018)粤民终1783号。

② 参见李政主编,国家知识产权局专利复审委员会编著:《专利复审委员会案例诠释:现有技术与新颖性》,知识产权出版社2004年版,第110页。

③ 最高人民法院行政裁定书,(2007)行提字第3号。最高人民法院在专利侵权诉讼中也有类似观点,如最高人民法院认为《上海市企业标准-YY系列腰椎固定带》属于企业标准备案,并不代表其一定为公知技术。最高人民法院民事裁定书,(2011)民申字第763号。

④ 《专利审查指南(2010)》第二部分第三章第2.1.2.2节。

的技术方案，无效请求人在使用实物作为现有技术证据时，有义务说明其使用的是该实物承载的哪个技术方案作为现有技术，并负有证明或充分说明公众通过该实物能够直观地获得该技术方案的义务。①

上海市高级人民法院认为，经查看，斑马鱼养殖设备配置的图纸显示的是鱼养殖设备的整体布局设计，没有涉及具体鱼繁殖盒的结构造型，无法从中推知该购销合同所涉的鱼繁殖盒的具体技术特征。②

江苏省高级人民法院认为，即便将被控侵权产品与之对比，因公证书所附照片和视频仅能反映该设备的外观，无法获知其内部结构，仅就照片和视频而言，也无法识别出换向机构、滑动导杆等组件，难以认定两者的技术方案相同。③

对于使用公开，通常都是在发生侵权诉讼时，对之前实际使用的事实进行举证。此时，因为是事后固定证据就难免存在各种问题而被专利权质疑证据的真实性。这种情况下，要尽可能举证更多的证据来说明产品在先公开销售的事实。例如，最高人民法院认为，现有技术抗辩能否成立原则上应当将被诉侵权产品与在先公开的技术方案进行比对，就产品在先销售公开而言，由于产品在先销售的事实往往远远早于侵权纠纷发生的时间，在先销售的产品实物大都很难找到，不能苛求被控侵权人必须提交在先销售的产品实物以进行技术比对，而是应该通过合理分配举证责任进行综合判断。实践中，权利人为了防止第三人将自己的新上市产品进行拆解后申请专利的情况发生，通常采用在新产品上市的同时，通过公证的方式将新上市的产品进行公证保全。权利人在产品上市后通过第三方公证购买的方式固定在先销售公开的证据，当在侵权发生后使用提前公证的产品主张现有技术抗辩。④

《专利审查指南》第二部分第三章第 2.1.2.2 节规定，如果使用公开的是一种产品，即使所使用的产品或者装置需要经过破坏才能够得知其结构和功能，也仍然属于使用公开。此外，使用公开还包括放置在展台上、橱窗内公众可以阅读的信息资料及直观资料，如招贴画、图纸、照片、样本、样品等。由此可知，

---

① 最高人民法院行政判决书，(2019)最高法知行终 1 号。

② 上海市高级人民法院民事判决书，(2018)沪民终 543 号。

③ 江苏省高级人民法院民事判决书，(2016)苏民终 1447 号。类案还有最高人民法院民事裁定书，(2019)最高法民申 3160 号；浙江省高级人民法院民事判决书，(2015)浙知终字第 245 号；山东省高级人民法院民事判决书，(2015)鲁民三终字第 84 号。

④ 最高人民法院民事判决书，(2019)最高法知民终 392 号。类案有重庆市高级人民法院民事判决书，(2016)渝民终 80 号。

使用公开包括产品内部结构公开的内容。对此,实践中也有相反观点。

例如,山东省高级人民法院认为,因涉案被控侵权产品的特殊性,其有壳体覆盖,技术特征并未直观显露,且其销售对象具有特定性,故涉案专利技术特征并不因销售而向社会公开,不处于国内外公众所知的状态,故不论被控侵权人提交的该说明书真实与否,第三人销售 YKG - 1G 型空气干燥器的事实均不构成技术公开,被控侵权人主张的现有技术抗辩不能成立,法院不予支持。①

上海市第二中级人民法院认为,根据庭审,原被告双方的主要争议在于案外人于专利申请日前在桂林铜塔上安装、施工斗拱的行为是否公开了原告专利的必要技术特征。根据被告提供的证据,其所称的技术方案公开,一是指向施工人员公开;二是指向参观景区的游人公开。对于前者,法院认为,在被告没有证据表明施工过程中有非施工人员进入施工场地的情况下,由于施工人员是特定人员,不属于《专利法》意义上的"一般公众",因此施工行为并不构成公开使用,所实施的技术方案并不处于为公众所知的状态。对于后者,被告为证明桂林杉湖景区开放后许多游人已经参观了杉湖铜塔,列举了大量相关新闻报道以此证明该技术已经能为公众所知悉,但法院认为铜斗拱产品作为建筑构件,安装后是无法从外形来得知其具体结构的,即争议专利的"中空敞口""斗底"等技术特征是普通游人在欣赏塔的外观时无法用肉眼观察得知的,因此,不能导致涉及的技术方案处于公众中任何一个人都可以得知的状态,不应视为公开。②

笔者认为,上述案件中法院的观点值得商榷。现有技术包括了使用公开,而销售公开是使用公开的典型情形。法律对使用公开的例外进行了专门的规定,即除交易双方对销售的产品具有保密义务之外,只要产品在专利申请日之前已经被销售,均应当认定为现有技术,而不应当考虑公开的范围、产品的具体状态。例如,是否销售给特定的对象或者产品在实际运行中是否被实际打开的情形,这就如出版社已经出版了图书,至于是否有人实际阅读在所不问。

(一)在先销售产品的公开与相应的零部件的关系

如果被诉侵权产品是在先销售的产品中的一个零部件,通常随着在先销售产品的使用公开而公开。但是,如果该零部件是可更换的,且这种更换有可能

① 山东省高级人民法院民事判决书,(2015)鲁民三终字第 84 号。

② 上海市第二中级人民法院民事判决书,(2005)沪二中民五(知)初字第 131 号。

导致该零部件的结构发生变化,则不能根据在先销售的整体产品确定相应零部件的公开。对此,浙江省高级人民法院认为,当现有技术涉及整个产品中的某个部件,特别是该部件是可更换的情况下,应当由主张现有技术抗辩一方证明该部件的公开时间,而不能简单地将整体产品的公开时间视为该部件的公开时间。①

山东省高级人民法院认为,根据涉案合同,双方应有技术协议能够确定包括点火枪在内的配件的配备情况,合同及发票记载的产品为"台车式锻造加热炉",对于是否装备以及装备了何种点火枪,合同及发票均未记载,被告并未提供相关技术协议或验收文件等直接证据证实案外人所销售加热炉的部件配置情况。②

最高人民法院认为,虽然第 841 号公证书公证取得的玉米收获机,其生产标牌显示的出厂日期为 2014 年 3 月,但不必然表明该产品在所标明的出厂日期已经面向公众销售;而且,第 841 号公证书无法证明公证员所看到的设备是出厂时的原始配件,未经过更换。③

对于在产品中的零部件是可拆卸和更换的情况下,不能根据产品的在先使用公开而直接推定相应零部件也属于使用公开,而应当由被诉方提供证据予以进一步证明。对此,笔者认为该标准过于苛刻,而应当根据零部件与产品的关系进行确定,在可以确定因零部件的更换进而导致结构发生变化比较小的情况下,应当采纳零部件的结构没有变化的观点。

例如,广东省高级人民法院认为,上诉人主张被诉侵权产品对应于权利要求中技术特征的部件属于易于拆卸部件,不排除在专利申请日之前销售的切粒机于专利申请之后更换部件的可能。对此法院认为,被上诉人承认被诉侵权机器在使用中更换过刀具等易损部件,但否认改装,该陈述与一审法院现场勘验的切粒机日常保修登记表记载内容相符。上诉人认为被诉侵权产品被人为改装,并未提供具体证据,属主观猜测,其在二审提交的公证书仅能证明专利部分技术特征的产品结构可以被拆卸,无法证实其主张。双方当事人在一审勘验时均确认被诉侵权产品的技术方案与专利的技术方案一致,若被上诉人为本案诉

① 参见浙江省高级人民法院民事判决书,(2017)浙民终 160 号。

② 参见山东省高级人民法院民事判决书,(2016)鲁民终 2427 号。该观点与涉案专利无效程序中的观点一致,类案还有江苏省高级人民法院民事判决书,(2016)苏民终 1447 号。

③ 最高人民法院民事裁定书,(2017)最高法民申 976 号。

讼而改装机器，却按照与专利相同的技术方案进行改装，有违常理。①

（二）通过产品型号确定在先销售的产品公开的技术方案

一般而言，产品型号与产品结构具有唯一的对应关系，在当事人不能提供证据表明一个产品型号对应多种结构的情况下，应当认定该产品的内部结构构成现有技术。国家知识产权局在无效程序中认可该观点。国家知识产权局认为，根据惯例，产品型号是用于表征产品结构而便于购买者识别的，因此，同一产品型号一般对应于相同的产品结构。②

法院对此也持肯定观点。例如，最高人民法院认为，关于上诉人认为相同型号的产品并不代表内部结构完全相同的上诉意见，法院认为，虽然相同的外观设计产品并非意味着内部结构设计相同，但是被上诉人提交的微信聊天记录记载的产品型号与被诉侵权产品相同。产品型号作为用来识别产品的编号，通常而言同一型号产品在结构上也应当是一致的，否则会造成消费者的混淆，无法起到产品型号对产品的辨识功能。上诉人认为相同型号的产品内部结构也完全可能存在不断优化升级的情形，其对此应负有举证责任。在其没有提供有效证据证明被上诉人销售的相同型号的产品存在不同结构的情况下，其应承担不利后果。③

杭州市中级人民法院认为，被告已提供充分证据如购销合同、汇款凭证等以证明其所购买的涉案 1300 型电脑软木横切机设备来自案外人，与法院证据保全时所见涉案设备相符；同时被告提交能相印证的证据证明了原告亦在专利申请日前向杨某依购买同一型号设备的事实。法院据此当庭将进一步的举证责任赋予原告，释明原告有责任提交反证，以证明其向杨某依所支付的款项与杨某依所提 1300 型电脑软木横切机无关或机械不同，而原告未能尽到其举证义务。故法院认为，依据在案证据足以认定，被告从案外人杨某依处所购买的涉案设备，其技术方案至少已在 2015 年 8 月即通过杨某依

① 广东省高级人民法院民事判决书，(2016)粤民终 1126 号。类案还有广东省高级人民法院民事判决书，(2013)粤高法民三终字第 623 号。

② 参见国家知识产权局无效宣告请求审查决定(第 27838 号)。类案有国家知识产权局无效宣告请求审查决定书(第 27946 号)。

③ 最高人民法院民事判决书，(2019)最高法知民终 392 号。

的销售行为公开。[①]

综上，产品型号是确定产品技术方案是否公开的重要证据，在实践中，应坚持相同型号的产品其技术方案相同的原则，以尽量排除将现有技术纳入专利权的保护范围。

（三）证人证言的作用

在确定在先使用公开的产品证据时，因为证据本身证明的内容有限或者缺乏证据链的某一环节时，可以通过证人证言的方式进行补强。这里的证人证言应当是对在先销售公开的产品有充分了解或接触的人，或者参与销售环节的人，这类人对于还原事实具有重要作用。

广东省高级人民法院认为，在其组织现场勘验中，胡某虽作出了原购自案外人的切纸机只在使用中对轴承部分作出更换，其他部分没有改装过的陈述，但在勘验过程中借故离去，不肯返回现场签名确认。原案外人的工人尹某在其书面证言及接受东莞知产局询问时称，在其 2014 年 3 月从案外人处离职之前，该厂已经生产、销售了被诉产品。但证人尹某未能到庭就相关事实接受法庭的询问，其证言既未明确案外人在 2014 年 3 月之前生产销售的切纸机是否包含与本案专利技术方案相同的传送结构，也缺乏相关证据的佐证。综上所述，上诉人提交的证据无法高度盖然地证明案外人在本案专利申请日之前已通过销售方式公开了本案专利技术方案，其现有技术抗辩的主张依据不足。[②]

在该案中，因为证人未签名确认及证人未接受法庭询问，因此证言未被采纳。如果证人能够如实陈述并且能够与其他证据相印证，通常法院会采纳现有技术抗辩的证据。例如，最高人民法院认为，根据一、二审法院查明的事实，结合案外人法定代表人胡某强的证言和案外人设备铭牌上的日期，能够认定案外人的刷线装置、料件传送装置的订购及使用时间早于涉案专利的申请日。本案也没有证据证明仅案外人能够获得此种设备，或者对其承担保密义务。因此，案外人设备的技术方案可以作为现有技术抗辩的依据。[③] 综上，作为一种重要的言词证据，在判断使用公开的证据能否被采纳时具有重要作用。在诉讼过程

---

① 浙江省杭州市中级人民法院民事判决书，(2018)浙 01 民初 4771 号。类案有江苏省高级人民法院民事判决书，(2017)苏民终 453 号。

② 广东省高级人民法院民事判决书，(2018)粤民终 1073 号。

③ 最高人民法院民事裁定书，(2018)最高法民申 6091 号。类案还有最高人民法院行政裁定书，(2018)最高法行申 10686 号；上海知识产权法院民事判决书，(2018)沪 73 民初 524 号。

中,当事人在充分举证的同时,要充分发挥证人证言的作用,以助于形成完整证据链,使得使用公开的证据可以被法院采纳。

(四)参评材料是否构成使用公开的认定

参加评选活动中的技术方案,通常只给评审组审阅,并非处于能够为公众获得的状态。例如,最高人民法院认为,向评奖单位提交的参评材料作为内部评奖使用,并未对公众公开,且评奖单位在申请人的委托诉讼代理人申请调取相关材料时也未提供,涉案专利技术方案在申请日前并非处于公众想知就能知的状态,故该评奖材料并不构成使用公开。①

(五)新产品的试用

一项发明创造能否实现其发明目的,能否达到所期望的效果,通常需要通过测试、试验、试用等加以检验。这一过程属于完善发明创造的步骤,通常是在特定人之间进行的,故不构成《专利法》意义上的使用公开。② 这里的测试、试验、试用过程中的特定人,属于负有默示保密义务的人,通常不能就试验的过程向第三方公开。例如,北京知识产权法院认为,③试用报告及兵检字[2015]第084号检测报告中的静音电钻是否构成现有技术的争议焦点在于其中的试用与检测是否足以使涉案专利技术方案公开。按照常理,对新产品的检验、试用一般是保密进行的。在这种情况下,被告主张涉案专利技术方案已经在申请日前公开,需就检验机构、试用机构不负有保密义务,相关的试用、检验已经导致技术方案的公开作进一步举证。综合以上分析,原告在涉案专利申请日之前提供产品进行试用以及检测的行为并不能导致涉案专利技术方案处于公众想得知就能得知的状态。

但是,如果测试、试验和试用的方式已经使得相关的技术信息处于公众想要得知即可得知的状态,则该测试、试验或试用行为构成相关技术信息被公开使用。

(六)权利人对使用公开事实的自认

使用公开可能是第三人的使用公开行为,也可能是权利人的使用公开行

---

① 参见最高人民法院民事裁书,(2018)最高法民申1727号。

② 参见李政主编,国家知识产权局专利复审委员会编著:《专利复审委员会案例诠释:现有技术与新颖性》,知识产权出版社2004年版,第144页。

③ 北京知识产权法院民事判决书,(2017)京73民初22号。

为。如果权利人自认在专利申请日之前已经公开了权利要求保护的技术方案，则法院可以直接采纳对其不利的事实。

对此，北京知识产权法院认为，根据已经生效的（2016）京73民初381号案认定的事实："李某峰为证明其索赔数额，提交了签订日期为2012年1月3日的纱窗《加工定做合同》。该合同签订日期早于涉案专利申请日且李某峰认可其制作该合同所涉纱窗的时间就是合同签订时间。"由于该《加工定做合同》所涉纱窗的公开使用时间早于涉案专利的申请日，且处于公众可以获得的状态，该合同所涉纱窗属于现有技术。①

上海市第二中级人民法院认为，根据其查明的事实，原告在（2009）沪二中民五（知）初字第85号案和本案中，均自认易初莲花广告宣传页中的"祥顺油光布坐垫"早在1998年就已经公开销售，日期早于本案专利的申请日，虽然该广告页只有复印件，但还是可以较为清晰完整地显示出该坐垫的外观。据此，被控侵权产品使用的设计属于现有设计，被告的现有设计抗辩成立。②

上海知识产权法院认为，根据原告专利说明书的记载以及原告自己提供的案外人出某的《关于漕河景苑空调风口评价》，漕河景苑小区的空调出风口均来源于原告，因此，即使小区样板房与其他商品房在空调出风口的安装时间上有差距，在没有相反证据证伪的情况下，两者结构相同的可能性更高，根据高度盖然性原则，法院认为，被告的现有技术抗辩成立。③

广东省高级人民法院认为，2013年4月9日一审开庭时，佛山市鼎吉包装技术有限公司（以下简称鼎吉公司）的委托代理人陈述"被告一（崔某凤）从2009年就开始生产销售被控侵权产品一直到现在"。对此陈述鼎吉公司并无异议，但在二审及再审中强调此陈述为"口误"。最高人民法院《关于民事诉讼证据的若干规定》（2001年）第74条规定："诉讼过程中，当事人在起诉状、答辩状、陈述及其委托代理人的代理词中承认的对己方不利的事实和认可的证据，人民法院应当予以确认，但当事人反悔并有相反证据足以推翻的除外。"此陈述属于对鼎吉公司不利事实的自认，鼎吉公司虽然反悔，但并未提供相反证据足以推翻。④

---

① 北京知识产权法院民事判决书，（2017）京73民再1号。

② 上海市第二中级人民法院民事判决书，（2010）沪二中民五（知）初字第62号。

③ 上海知识产权法院民事判决书，（2016）沪73民初49号。

④ 广东省高级人民法院民事判决书，（2015）粤高法审监民再字第8号；最高人民法院民事裁定书，（2014）民申字第1879号。

五、电子证据在现有技术抗辩中的认定规则

(一)电子证据的基本规定

电子数据,是指电子形式的证据,是借助电子技术、电子设备或者网络媒体而形成的证据。根据所依存信息技术的不同,电子数据可以分为电子通信数据、计算机数据、互联网数据、手机数据与其他电子数据;根据所蕴含的内容和所起作用不同,可以将电子数据分为数据电文数据(数据电文的文本本身)、附属信息数据(指在数据电文生成、存储、传递、修改、增删过程中发生的记录)和关联痕迹数据(指因生成、存储、传递、修改、增删数据电文而导致的电子环境新产生的相关痕迹);根据所处环境的不同,电子数据还可以分为单机电子数据和网络电子数据。尽管与传统证据相比较,电子数据原件与复制件难以辨识,单机电子数据的内容以及形成时间容易被伪造或者篡改,但更多的电子数据难以被篡改或删除,尤其是以系统方式存在的电子数据具有极强的稳定性。实践中关键的问题在于判断电子数据是否具有可采信性。对此,最高人民法院认为,在审查判断以公证书形式固定的互联网站网页发布时间的真实性与证明力时,应综合考虑相关公证书的制作过程、该网页及其发布时间的形成过程、管理该网页的网站资质和信用状况、经营管理状况、所采用的技术手段等相关因素,结合案件其他证据,对该公证书及所附网页发布时间的真实性和证明力作出明确判断。在审查证据的基础上,如果确信现有证据能够证明待证事实的存在具有高度可能性,对方当事人对相应证据的质疑或者提供的反证不足以实质削弱相关证据的证明力,不能影响相关证据的证明力达到高度盖然性的证明标准的,应该认定待证事实存在。①

(二)微信作为现有技术抗辩证据的认定规则

随着微信在社会生活中的普及,司法实践中出现了大量以微信中公开的技术方案进行现有技术抗辩的案例。但是,对于微信中公开的技术方案是否可以采信,则存在不同的观点,争议焦点主要在于微信朋友圈具有私密性还是公开性。

---

① 最高人民法院行政裁定书,(2015)知行字第61号。

1. 微信朋友圈具有私密性的认定

微信朋友圈内容具有私密性和封闭性,并不处于社会不特定公众想得知即可得知的状态,一般不认为其构成《专利法》意义上的公开。

例如,广东省高级人民法院认为,微信是一款社交通信工具,从该通信工具的功能可以知道,他人要看到某个人微信账号中"相册"的内容,必须获得该个人账号的验证通过,在未获得验证通过之前,任何他人无法知悉"相册"中的内容。因此,即使上诉人提供的前述照片发布时间真实,但由于个人微信账号"相册"中的内容具有私密性,没有向普通公众公开,公众想知道但不能够知道该照片的内容,因此,该照片的发布不符合前述的"为国内外公众所知的"要件,不能认定照片中的内容属于现有设计。①

2. 微信朋友圈具有公开性的认定

如果朋友圈图片是对客观事实的拍摄,记录了在专利申请日之前使用公开的客观事实,则可以认定朋友圈内容的具有公开性。在我国不少行业,朋友圈事实上已经成为推销产品的重要平台,人们也已经习惯于通过朋友圈去了解市场产品信息并直接销售或购买产品。从信息发布者的角度出发,其希望在朋友圈发布的产品信息能让更多的人知悉,其对要求添加为好友的请求通常不会拒绝,朋友圈又存在无限扩散的可能,因此,仅仅以朋友圈的属性和权限设定等为由,就认为接收公众号信息的群体极其受限,而否定朋友圈的信息传播方面的社会公开性和市场价值,显然与实际情况不符。②

广东省高级人民法院认为,微信朋友圈虽然起初主要作为微信好友之间的私人社交平台,但随着微信功能、使用范围的不断扩展,不少经营者已经将微信朋友圈作为营销推广的重要渠道,且虽然微信好友数量有限,但微信好友对微信朋友圈内容不负有保密义务,可以自由转发,使朋友圈内容得以在更大范围内公开传播,从而实现微信朋友圈发布内容对不特定公众的公开。因此,判断微信朋友圈发布的内容是否属于《专利法》意义上的公开,需要结合微信用户的身份性质、微信号的主要用途、发布的朋友圈内容等进行综合分析,根据个案情况予以具体认定。根据最高人民法院《关于适用〈中华人民共和国民事诉讼法〉的解释》第 108 条关于"对负有举证证明责任的当事人提供的证据,人民法院经

① 广东省高级人民法院民事判决书,(2016)粤民终 1657 号。类案有广东省高级人民法院民事判决书,(2016)粤民终 801 号,(2018)粤民终 2518 号、1177 号,(2019)粤民终 311 号;国家知识产权局无效宣告请求审查决定书(第 31229 号)。

② 四川省高级人民法院民事判决书,(2019)川知民终 35 号。

审查并结合相关事实,确信待证事实的存在具有高度可能性的,应当认定该事实存在”的规定,若当事人主张构成《专利法》意义上的公开,其所举证的微信朋友圈内容能明显看出该用户将某产品图片等信息于其朋友圈中发布是为了销售和宣传推广产品实物,且没有要求微信好友保密,甚至明示或默示微信好友转发的,应认定该产品图片从微信朋友圈发布之日起就处于社会公众能获知的状态具有高度可能性,从而应认定构成《专利法》意义上的公开。本案中,涉案微信用户的昵称为“A 大三毛照明 135 × × × × 某某某某”,该昵称包含企业字号和联系电话;其微信头像为吸顶灯饰产品图片,微信朋友圈相册封面亦为灯饰产品图片;其朋友圈于 × × × × 年 3 月 18 日至 2019 年 8 月 7 日发布的内容均与产品发布、销售、宣传等有关;其于 2018 年 7 月 30 日 17:30 发布的图片配文为“新款……”,且该图片是产品实物的图片,据此可推知涉案专利申请日之前该产品实物已经生产出来并已做好销售和宣传推广的准备。上述事实结合起来已经形成完整的证据链条高度盖然性地证明,“A 大三毛照明 135 × × × × 某某某某”微信用户为灯配厂人员,该微信号基本用于商业经营和宣传推广,该用户于 2018 年 7 月 30 日在朋友圈发布的产品实物图片意图在于公开销售和推广,构成《专利法》意义上的公开。[①]

3. 微信群聊天记录具有公开性的认定

微信聊天记录属于微信这一社交工具的主要功能之一,而且已经成为商业交易的主要平台之一,聊天记录具有客观性的特点,因此可以作为现有技术公开的证据。广东省高级人民法院认为,Sam 在“车发群”中发布该外观设计方案的时间早于涉案专利申请日,且面向的是众多植发机从业者,该外观设计方案在涉案专利申请日之前就已向“车发群”所有群成员公开,构成现有设计。[②]

(三) QQ 空间作为现有技术抗辩证据的认定规则

QQ 空间兼具公开性和私密性的双重特点,在判断其中图片是否处于向不特定人公开的状态时,应当根据 QQ 空间的特点、图片的公开情况、QQ 空间的主要用途、QQ 空间的实际控制者等因素进行综合判定。[③] 根据 QQ 空间的使用

---

① 广东省高级人民法院民事判决书,(2020)粤民终 1493 号。类案有广东省高级人民法院民事判决书,(2018)粤民终 2096 号。

② 广东省高级人民法院民事判决书,(2018)粤民终 2233 号。类案判决有广东省高级人民法院民事判决书,(2019)粤民终 59 号、(2020)粤民终 1492 号。

③ 最高人民法院行政判决书,(2020)最高法知行终 422 号。

规则，QQ空间权限及图片权限均可设置为所有人可见、部分可见及仅自己可见，只有当图片设置为所有人可见时，才是《专利法》意义上的公开。

1. 具有私密性的QQ空间

如果不能证明QQ空间及其相应内容的浏览权限为对“所有人可见”，则通常认为该QQ空间及其相应内容具有私密性，不属于公开的内容。对此，广东省高级人民法院认为，根据QQ空间的使用规则，图片上传至QQ空间后，要使该图片向所有QQ用户公开，需满足两个条件：QQ空间权限为“所有人可见”、该图片的权限为“所有人可见”。根据上诉人提交的QQ空间照片截图，照片发布者名称为“LF你侬我侬”，照片配文为“在中山”，且QQ空间内除了产品照片外还有与个人生活相关的照片。因此，该QQ空间并非专门用于产品宣传推广的公开平台，且上诉人并未提交证据证明该QQ空间及其对比文件的浏览权限为“所有人可见”，因此上诉人提供的证据不足以证明该QQ空间图片在涉案专利申请日之前达到不特定公众想知即可得知的状态，不满足在国内外被公众所知的要求。关于第三人在方某玉微信朋友圈发布照片，经验证，该第三人设置了“加我为朋友时需要验证”的程序，上诉人未提供充分证据证明第三人在朋友圈发布5张照片时未设置添加好友限制及浏览照片限制，因此，发布的5张照片亦不满足在申请日前“为公众所知”的条件。[①]

2. 具有公开性的QQ空间

在未有直接证据的情况下，认定QQ空间图片处于何种状态，可以根据QQ空间当前展示的状态、QQ空间所有者的身份、QQ空间所承载的功能等已知事实，结合日常生活经验法则作出推定。如果QQ空间系个人空间，由于个人隐私性，在未有证据足以反驳的情况下，一般可以推定该QQ空间上的图片为非公开状态；如果QQ空间系企业推广产品等对外宣传交流平台的，由于“公开”是实现该功能的惯常手段，在未有证据足以反驳的情况下，一般可以推定该QQ空间上的图片为公开状态。而且QQ空间是中国最大的互动网站，其与QQ即时通信软件一起使用，在中国拥有广泛的使用者，具有较大影响力。在互联网时代，通过该独立存在的载体公开传播相关内容的广泛性和影响力并不亚于传统出版物，甚至在速度和范围上更快更广。因此，在QQ空间公开中，同样只要

① 参见广东省高级人民法院民事判决书，(2019)粤民终1408号。类案有浙江省高级人民法院民事判决书，(2019)浙民终313号；广东省高级人民法院民事判决书，(2014)粤高法民三终字第1000号，(2016)粤民终1049号，(2018)粤民终2154、2518、2139号。

持有人通过互联网在其对外宣传用途的QQ空间中将现有设计内容对所有用户开放，并且希望更多的人看到，即属于《专利法》意义上的公开发表和出版物公开，达到了“为不特定公众所知”的要求，而不取决于该QQ空间是否有相关人员浏览过，QQ号是否有人得知以及通过何种方式得知并不是判断“为公众所知”的条件。

广东省高级人民法院认为，QQ空间是中国最大的互动网站，其与QQ即时通信软件一起使用，在中国拥有广泛的使用者，具有较大影响力。通常情况下，如果QQ用户对某QQ空间发布的图片能够随意获知，即可认为该图片为公众所知。根据公证书记载，无须通过验证，即可进入涉案QQ空间，进而可进入该图片页面。即该图片处于QQ用户可以随意获知的状态。法院认为，涉案QQ空间及发布在该空间上的图片，在公证取证时均处于对所有人公开的状态，结合公证书的记载，该现有设计图片的上传时间为“2014年8月7日”，早于本案专利申请时间，在没有相反证据的情况下，应当认定涉案QQ空间图片在本案专利申请日之前，能为国内外公众所获知，可以作为现有设计对比文件。①

在另案中，广东省高级人民法院认为，关于该图片的公开情况的问题，根据公证书的记载，通过公司网页可查到涉案QQ号码，搜索该QQ号码时无须验证即可进入该号码的QQ空间相册，且考虑到QQ空间的主要用途为产品的展示、推广和销售，上传图片主要为公开推销产品，因此，在兰某明没有提出相反证据的情况下，法院认为该图片在上传后处于对不特定公众公开具有高度可能性，可认定该图片在本专利申请日前已上传至网络，且处于公开状态。②

(四)微博公开内容的认定

新浪微博是第三方指明门户网站新浪网设立的公众交流平台，该平台用户群体众多，任何个人、政府机构、公司企业均可通过注册成为平台用户并发布微博，且可以浏览他人公开发布的微博。在微博上发布的图片，如果处于任何用户可随意浏览的状态，应当认定为《专利法》意义上的“为公众所知”的状态。

广州知识产权法院认为，微博是一种基于用户关系信息分享、传播以及获取的通过关注机制分享简短实时信息的广播式的社交网络平台，即选择关注某

---

① 广东省高级人民法院民事判决书，(2017)粤民终1846号。

② 广东省高级人民法院民事判决书，(2018)粤民终996号。类案有广东省高级人民法院民事判决书，(2018)粤民终2499号、(2015)粤高法民三终字第517号；上海市高级人民法院民事判决书，(2015)沪高民三(知)终字第35号；国家知识产权局无效宣告请求审查决定书(第29126号)。

个微博账号后可以在页面中接收到已关注微博账号发布的微博内容,而该关注操作是单方的操作行为,无须经过被关注者的同意确认,被关注者也不能通过隐私设置限制他人对其账号进行关注。虽然微博用户在发布微博内容时可以设置公开的范围,但本案中双方均无证据证明聚福天下公司提交的微博内容的实际公开范围,故法院结合上述微博账号的性质及内容判断该微博是否构成公开发表。①

名称为“情不知所以起”账号的微博内容发布于2011年9月17日,文字内容为“尚明的飘逸杯看着还不错,还蛮飘逸的,可惜这两天不能喝茶,赶明要试试好不好用”,图片显示有冲泡器产品及茶杯、热水壶、手表等。结合该微博账号的名称及微博内容,并未出现宣传、推广的用语,较为偏向生活化的分享,在没有证据证明其公开范围的情况下,难以认为该微博已于2011年9月17日公开发表。

名称为“直销飘逸杯”账号的微博内容发布于2012年3月12日,文字内容为“集香泡茶杯内胆采用PC材料精制而成,可达到无异味,耐高温,抗摔;外杯采用食用级耐高温玻璃,健康、卫生!让您尽情品味茶艺”,微博名称“直销飘逸杯”左侧印有“集香”商标,图片显示有冲泡器产品及其外包装,外包装印有“集香”商标。结合上述内容,该微博明确记载了冲泡器产品的品牌、材质、特性、规格及外包装样式,使用了明显的宣传、推广用语,微博名称“直销飘逸杯”亦显示了该微博账号的经营性质。故从常理判断,广告性质的微博内容为达到宣传、推广的目的,对公开范围作出限制的可能性极小,在没有相反证据予以推翻的情况下,足以认为该微博已于2012年3月12日公开发表。上述微博发布的时间即为现有设计的公开时间,而上述时间早于本案专利申请日2013年2月4日,故上述微博所载产品图片可以作为现有设计抗辩的对比文件。

(五)交易快照公开内容的认定

交易快照属于法定的电子数据证据。电子数据证据由于具有内容虚拟性、修改隐蔽性等有别于其他证据类型的特点,在数据生成、存储、传输等环节容易受到技术、人为等因素的影响而导致内容变化。因此,人民法院在审查电子数

① 广州知识产权法院民事判决书,(2017)粤73民初2326号。类案有国家知识产权局无效宣告请求审查决定书(第27470号)。

据证据时,应当结合当事人的质证意见,通过审查电子数据的生成主体、生成时间、存储介质、内容完整性、验证方式等要素,判断电子数据生成、收集、存储、传输过程的真实性。而淘宝交易快照搜索引擎抓取的网页是存储在淘宝网本身或其可控制的服务器上的网页内容,淘宝交易快照本身就是浙江淘宝网络有限公司(以下简称淘宝公司)为了便于事后复查电子商务交易情况或在买卖双方发生纠纷时作为纠纷解决依据而提供的一项电子商务服务,旨在固定交易发生的整个过程。因此,其公开的内容属于现有技术的范围。

对此,最高人民法院认为,淘宝网具有一定知名度和信誉度,淘宝公司提供的数据较为稳定可靠,该公司在原审法院中已经充分说明了交易快照的技术原理并对比验证了相关交易快照,而上诉人提交的反驳证据不足以证明交易快照的商品详情可以被篡改或者被上诉人交易快照曾被篡改,故上诉人关于淘宝公司未合理解释交易快照稳定性,以及淘宝公司具有利害关系进而其证据不应被采信的上诉理由,缺乏事实依据。①

(六)其他电子证据

电子证据的种类很多,常见的除微信、微博、QQ 空间及交易快照外,还有网络上存在的视频、网页等证据。对于视频中形成的现有技术,广州知识产权法院认为,视频显示系由不同网友在不同时间自行上传的,且不限于一个视频网站。从生活常识出发,成功修改不同发布者在不同视频平台上传的多条视频上传时间的概率非常低。故在无相反证据的情况下,应判定涉案视频显示的上传时间真实可信。② 广东省高级人民法院认为,YouTube 网站系境外规模较大、知名度较高的视频网站,具有较好的管理手段。在此情况下,除非有相反证据证明该网站对视频内容的修改提供相关技术支持或者存在人为删改的情况,否则,该网站上网页视频显示的发布时间与真实的发布时间通常一致。虽然 YouTube 网站声明不对上传内容真实性负责,但该声明并无确认视频内容存在人为删改或者上传时间修改的明确意思表示,故不能依据上述声明推定视频上传时间已被修改。③

关于网页上形成的现有技术,其真实性应当根据网页的主体等证据综合

① 最高人民法院民事判决书,(2019)最高法知民终 614 号。类案有上海知识产权法院民事判决书,(2015)沪知民初字第 556 号;广州知识产权法院民事判决书,(2018)粤 73 民初 3345 号。

② 广州知识产权法院民事判决书,(2019)粤 73 民初 513 号。

③ 广东省高级人民法院民事判决书,(2017)粤民终 3191 号。

确定。

深圳市中级人民法院认为,本案中的电子数据,特别是中国制造网中的电子数据具有可采性。第一,电子数据系存在于互联网中,而非存在于单个孤立的计算机中;第二,电子数据上传、存储、修改控制于中国制造网,而中国制造网系由与本案无直接利害关系的第三方运营;第三,被告系以公证的方式采集、固定相关电子数据;第四,被告不但采集、固定了数据电文的文本本身,还采集了相关附属信息数据等;第五,运营中国制造网的公司出具的情况说明证实了相关产品图片上传的主体及时间;第六,中国制造网与原告官网相互链接,相关产品图片多数实际由原告及原告关联企业上传,其内容及上传时间真实可信。需要强调的是,中国制造网等虽未公开相关产品的所有视图,但其所公开的均为主视图、立体图,图片已经将被控产品及原告请求保护涉案专利主要外观及设计公开,且时间发生于原告请求保护的涉案专利申请日前,故法院依法认定被控产品采用的是现有设计。①

最高人民法院认为,就技术层面以及常理而言,网页售卖页面和评价页面各自独立,且可以通过变更链接,将评价页面与任意售卖页面进行关联或取消关联,评价网页的评价内容与售卖网页的产品并不必然具有唯一对应性。同时,新销产品替代下架产品符合市场规律,产品图片均由商家提供,同一链接的产品图片并非不可更改替换,专利产品市场竞争激烈,产品更新频率较快,虽然证据所载的发布时间最早的这条用户评价早于本案专利优先权日,但该信息发布后至公证时产品图片未被更换或修改,需要证据证明。因此,从证据本身证明力角度分析,在没有其他证据予以佐证的情形下,尚不能证明在优先权日之前涉案专利产品已进行公开销售的事实。况且,苏宁采购中心、苏宁易购分别出具情况说明,用于说明公证的本专利申请日前出现的消费者评价为“系统出错导致”,二单位作为苏宁易购网站的经营主体,具有出具相关证明的资格和能力,该证据形式合法,且有多份证明产品公开销售的时间与合作合同签订的时间的反证,证明权利人在2014年8月5日前并未交付产品,上述证据基本能形成证据锁链。因此,在证据证明力尚不能达到其拟否定本专利新颖性、创造性证明目的情形下,权利人提交的反证、国家知识产权局在无效程序中的事实查

① 广东省深圳市中级人民法院民事判决书,(2013)深中法知民初字第567号。类案有广东省高级人民法院民事判决书,(2016)粤民终1881号、(2014)粤高法民三终字第1048号;上海知识产权法院民事判决书,(2016)沪73民初18号。

明等，这些证据互相印证，能形成证据锁链，亦可否定其证明效力，证据 6 不能作为现有技术评价本专利是否符合《专利法》第 22 条第 2 款的规定。[①]

六、现有技术抗辩的适用规则

（一）现有技术抗辩适用条件

在我国的司法实践中，关于现有技术的适用条件，有两种观点。

一种观点是，现有技术抗辩只有在等同侵权的情况下才能适用，在相同侵权的情况排除适用现有技术抗辩。这一观点明确规定在北京市高级人民法院《关于〈专利侵权判定若干问题的意见（试行）〉的通知》中。[②] 理论上对此也有深入探讨，“自由公知技术抗辩原则”仅适用等同专利侵权，而不适用于相同专利侵权的情况。[③] 我国早期适用这一规则判决的可查案例，是李某诉首钢总公司重型机械公司（以下简称重机公司）侵犯专利权纠纷案[④]，该案二审法院认为，李某的“旗杆”专利技术方案涉及一种由中空旗杆、滑轮、旗绳组成，利用风源将风沿三条输风管道分别送入杆体内部的三个气室，并通过在杆体旗帜升起的一侧开设的若干排气孔来吹飘旗帜的装置。重机公司制作的七运会旗杆也是一种“旗帜吹飘装置”，该“旗帜吹飘装置”中的旗杆也由中空旗杆、滑轮、旗绳组成，其工作原理是利用风源将风沿一条输风管道送入杆体内部的一个气室，通过在杆体旗帜升起的一侧开设的出气装置来吹飘旗帜。二者的根本区别在于李某的专利技术方案在旗杆内有三个气室，而七运会使用的“旗帜吹飘装置”中旗杆内仅有一个气室，鉴于李某在其权利要求中明确要求保护的只是三气室旗杆，而且单气室旗帜吹飘技术已于 1987 年 1 月 14 日被“吹风式旗杆”实用新型专利申请说明书所披露，并已在李某申请“旗杆”专利之前成为公有技术，因此，李某“旗杆”专利的保护范围不应包括单气室旗帜吹飘装置，故重机公

---

① 最高人民法院行政判决书，（2020）最高法知行终 352 号。

② 北京市高级人民法院《关于〈专利侵权判定若干问题的意见（试行）〉的通知》第 100 条规定：已有技术抗辩，是指在专利侵权诉讼中，被控侵权物（产品或方法）与专利权利要求所记载的专利技术方案等同的情况下，如果被告答辩并提供相应证据，证明被控侵权物（产品或方法）与一项已有技术等同，则被告的行为不构成侵犯原告的专利权。第 102 条规定：已有技术抗辩仅适用于等同专利侵权，不适用于相同专利侵权的情况。第 103 条规定：当专利技术方案、被控侵权物（产品或方法）、被引证的已有技术方案三者明显相同时，被告不得依已有技术进行抗辩，而可以向专利复审委请求宣告该专利权无效。

③ 参见程永顺：《中国专利诉讼》，知识产权出版社 2005 年版，第 259 页。

④ 参见北京市高级人民法院民事判决书，（1995）高知终字第 5 号。

司研制并在七运会主会场所使用的“旗帜吹飘装置”并未覆盖上诉人李某“旗杆”专利的全部必要技术特征。

在张某三诉北京八方一鸿科贸有限公司专利侵权纠纷案中[①],法院认为,已有技术抗辩应在被控侵权产品与专利权利要求所记载的专利技术方案等同的情况下才适用。本案被控涉案产品的技术方案完全落入了原告专利保护范围,故不适用已有技术抗辩。[②] 现有技术抗辩是指被控侵权产品与专利权利要求所记载的技术方案等同的情况下,若被告能证明被控侵权产品与现有技术等同,则不构成侵权。如果被控侵权产品与专利权利要求所记载的技术方案相同,则现有技术抗辩不能成立。

另一种观点是,无论相同侵权还是等同侵权,都可以适用现有技术抗辩。国家知识产权局认为,被控侵权技术方案对涉案专利权利要求构成侵权的情形,既可以是相同侵权,也可以是等同侵权。这种观点具有普遍性,目前的司法实践中多采用这种观点。特别是最高人民法院关于现有技术抗辩的司法解释并未限定现有技术抗辩的适用条件,所以,不管是相同侵权还是等同侵权,被控侵权人都可以主张现有技术抗辩。[③] 例如,北京市高级人民法院认为,宁波圣利达电气制造有限公司(以下简称圣利达公司)“SLT-102”热敏控制器虽然落入涉案专利保护范围,但其技术方案与89208920.2号实用新型专利等同,圣利达公司关于其被控侵权产品按照已有技术实施不构成侵权的抗辩成立。[④] 最高人民法院认为,公知技术抗辩的适用仅以被控侵权产品中被指控落入专利权保护范围的全部技术特征与已经公开的其他现有技术方案的相应技术特征是否相同或者等同为必要,不能因为被控侵权产品与专利权人的专利相同而排除公知技术抗辩原则的适用。[⑤] 浙江省高级人民法院认为,审查现有技术抗辩是否成立,不以判断被诉侵权技术方案是否落入专利权保护范围为前提。如果被诉落入专利权保护范围的技术特征与一项现有技术的相应技术特征进行比对后,两者相同或无实质性差异的,则可以直接认定被诉侵权人所实施的技术属于现有

① 北京市第一中级人民法院民事判决书,(2014)一中民初字第871号。

② 北京市第二中级人民法院民事判决书,(2007)二中民初字第2534号。

③ 参见张晓都:《现有技术抗辩的认定——以“防伪铆钉”实用新型专利侵权纠纷案为例》,载《中国专利与商标》2007年第2期。

④ 北京市高级人民法院民事判决书,(2006)高民终字第571号。该案中法院实际上是认为,在构成字面侵权的情况下,仍然可以采用现有技术抗辩。

⑤ 最高人民法院驳回再审申请通知书,(2007)民三监字第51-1号。

技术,无须承担侵权责任。①

从公平的角度出发,在相同侵权的情况下,难以认定被控侵权人的行为是出于善意。另外,法院在审理专利侵权诉讼中以推定专利权有效为前提,当被控侵权技术与专利技术相同时,若仍以被控侵权技术与现有技术相同进行抗辩,则直接对抗的是专利权的有效性,尽管法院是以现有技术抗辩成立认定不侵权,并不涉及专利权效力的问题,但如果在相同侵权的情况下适用现有技术抗辩原则,那么就等于间接否定了专利权的有效性。

现有技术抗辩应当是对等同侵权的限制,只有在判断等同侵权时,才可以适用现有技术抗辩。如果是相同侵权,则适用专利权无效抗辩。根据德国关于作为相同侵权判断基础的权利要求语义保护范围与等同保护范围是具有不同认定主体的解释理论,两个范围在适用公知技术抗辩上之所以存在上述差异,是在于:在相同侵权中,它是利用专利权的效力不可及于公知技术的原则来直接否定专利权的行使,从而排除侵权指控;在等同侵权中,则是利用专利权的效力不可及于公知技术的原则来评价对权利要求的解释,防止不合理的扩张解释,从而否定侵权、排除侵权指控。②

相同侵权范围内的抗辩适用,是直接否定瑕疵专利权的行使,将被控侵权技术置于由国家知识产权局认定的权利要求语义保护范围之外,以回避瑕疵专利权的效力及于公知技术而带来的不必要的混乱。而等同侵权范围内的抗辩适用则不同,首先,从概念上讲它并不是针对瑕疵专利的,它直接针对的是由法院作出的超越权利要求语义范围以外的等同解释,通过将相对于公知技术不具有专利性(或明显不具有专利性)的被控侵权技术置于等同范围之外来防止保护范围不合理扩大。③

(二)现有技术抗辩的对比对象和顺序

1. 现有技术抗辩的对比对象

现有技术抗辩本质上排除被诉侵权技术方案属于专利权的保护范围,即认定被诉侵权技术方案属于现有技术的问题。对此,现有技术抗辩的对比对象应

---

① 浙江省高级人民法院民事判决书,(2017)浙民终160号。

② 参见杨志敏:《关于"公知技术抗辩"若干问题的研究——从中、德、日三国判例与学说的对比角度》,载《比较法研究》2003年第2期。

③ 参见杨志敏:《关于"公知技术抗辩"若干问题的研究——从中、德、日三国判例与学说的对比角度》,载《比较法研究》2003年第2期。

当是将被诉侵权的技术方案与现有技术进行对比。但是,司法实践中曾有不同的观点,即将现有技术与专利权利要求保护的技术方案进行对比。

例如,上海市第一中级人民法院认为,鉴于被控侵权产品与原告专利的必要技术特征相同,为便于对比,原、被告双方均提出以原告专利文件确定的技术方案与被告提供的专利号为 EP0913920B1 的欧洲专利公开的技术方案进行对比。①

长沙市中级人民法院认为,发明专利应当具有新颖性、创造性和实用性。公知技术抗辩意在质疑专利的新颖性。根据法律规定,专利技术不得与在申请日以前在国内外出版物上公开发表过、在国内公开使用过或者以其他方式为公众所知的技术相同,也没有同样的技术由他人向国务院专利行政部门提出过申请并且记载在申请日以后公布的专利申请文件中。本案中确定发明专利 ZL97108942.6 的新颖性,应当从专利的必要技术特征入手……因此其并不能证明在权利人专利申请日之前已有相同的单一药剂技术被公开,故其公知技术抗辩不成立。②

青岛市中级人民法院认为,由于被控产品的技术特征与原告专利的技术特征完全相同,被告如证明所使用的是公知技术,其所提交的证据应当能够证明原告专利所保护的技术方案已经在申请日前被公开或在行业领域内被广为知悉。将被告提供的专利文献与原告专利权利要求进行对比后认为,被告提供的专利文献与原告专利既不相同也不等同。被告提供的证据不能证明原告专利的技术方案属于已有的公知技术,其提出的公知技术抗辩不能成立。③

2. 现有技术抗辩的对比顺序

对于现有技术抗辩的对比顺序,曾有不同观点。

第一种观点认为,已有技术抗辩,是指在专利侵权诉讼中,被控侵权物(产品或方法)与专利权利要求所记载的专利技术方案等同的情况下,如果被告答辩并提供相应证据,证明被控侵权物(产品或方法)与一项已有技术等同,则被告的行为不构成侵犯原告的专利权。④ 这种观点与现有技术抗辩的适用条件有关。

---

① 上海市第一中级人民法院民事判决书,(2008)沪一中民五(知)初字第 21 号。

② 湖南省长沙市中级人民法院民事判决书,(2005)长中民三初字第 365 号。

③ 山东省青岛市中级人民法院民事判决书,(2006)青民三初字第 129 号。

④ 北京市高级人民法院《关于〈专利侵权判定若干问题的意见(试行)〉的通知》(已失效)第 100 条。

第二种观点认为，应当优先审查现有技术抗辩，在现有技术抗辩不成立的情况下审查侵权是否成立。最高人民法院民事审判第三庭《关于王某与合肥继初贸易有限责任公司等专利侵权纠纷案的函》中持这一观点，不论西安神电避雷器有限公司（以下简称神电公司）技术与王川专利是否相同，在神电公司提出公知公用技术抗辩事由的情况下，只有在将神电公司技术与公知公用技术进行对比得出否定性结论以后，才能将神电公司技术与王川专利进行异同比较。在将神电公司技术与公知公用技术进行对比时，不仅要比较神电公司技术中有关必要技术特征是否已为对比文件所全部披露，而且在二者有关技术特征有不同的情况下，还要看这种不同是否属于本质的不同，即有关技术特征的替换是否是显而易见的。只有经过这样的对比，得出二者有本质不同以后，才能否定神电公司的该抗辩理由。

第三种观点认为，如果被告提出现有技术抗辩，且现有技术抗辩成立，则仅用考虑现有技术抗辩，而不用考虑侵权对比的结果。这种观点可能导致出现遗漏审查相关事实的情形，存在改判或发回重审的风险。[①]

第四种观点认为，应当采用“接近法”进行对比。“接近法”是指当原告的专利、已有技术和被告实施的技术均有差异时，可以以接近分析的方法来确定专利的保护范围。[②] “接近判断法”是一种较为模糊的说法，涵盖了各种可能的情况，而且判断“更接近谁”也难以找到一种令人信服的判断规则。[③] 该观点在最高人民法院原副院长曹建明于全国法院知识产权审判工作座谈会暨优秀知识产权裁判文书颁奖会上的讲话中得到了进一步延伸，该讲话明确提出，“被控侵权人以现有技术抗辩成立的，应当认可该抗辩理由……对于更接近现有技术而与专利技术有一定差别的，应当认定不构成侵权”。浙江省高级人民法院曾有类似观点，并认为，在被上诉人提出公知公用技术抗辩的情况下，将被上诉人的技术与“顾梨方案”“交大方案”进行对比时，不仅应比较被控侵权产品的技术是否为对比文件所披露，而且在两者有关技术特征有所不同的情况下，还要比较被控侵权产品的区别技术特征更接近于专利技术还是公知技术。[④] 也有观点认为，现有技术抗辩的正当性在于专利侵权诉讼中专利权人和社会公众具有平等的扩张权利的权利。既然专利权人能通过等同原则将保护范围扩大到与

① 广东省高级人民法院民事判决书，(2016)粤民终829号。
② 参见程永顺主编：《专利侵权判定实务》，法律出版社2002年版，第286页。
③ 参见尹新天：《中国专利法详解》，知识产权出版社2011年版，第712页。
④ 浙江省高级人民法院民事判决书，(2005)浙民三终字第219号。

专利某个或某些技术特征相等同的技术特征组成的范围，作为最公平的对等原则，社会公众当然也可以将其使用现有技术的自由适当扩张到与现有技术的某个或某些技术特征相等同的技术特征组成的技术方案，最为关键的是该技术方案是本领域普通技术人员不经过创造性劳动就可以联想到的。[①] 在专利权的保护范围之外，都应当属于社会公众自由行为的范围，因此，采用"接近法"无法准确划定社会公众的行为边界，这是一种不可取的选择。

(三)现有技术抗辩适用规则

目前，关于现有技术抗辩的适用规则，是在盐城泽田机械有限公司与盐城市格瑞特机械有限公司侵犯实用新型专利权纠纷一案中确立的。在该案中[②]，最高人民法院认为，在专利侵权诉讼中设立现有技术抗辩制度的根本原因，在于专利权的保护范围不应覆盖现有技术，以及相对于现有技术而言显而易见地构成等同的技术。除在无效程序中对专利权的法律效力进行审查外，在侵权诉讼中对被诉侵权人有关现有技术抗辩的主张进行审查，有利于及时化解纠纷，减少当事人诉累，实现公平与效率的统一。在审查现有技术抗辩时，比较方法应是将被诉侵权技术方案与现有技术进行对比，而不是将现有技术与专利技术方案进行对比。审查方式则是以专利权利要求为参照，确定被诉侵权技术方案中被指控落入专利权保护范围的技术特征，并判断现有技术中是否公开了相同或者等同的技术特征。现有技术抗辩的成立，并不要求被诉侵权技术方案与现有技术完全相同，对于被诉侵权产品中与专利权保护范围无关的技术特征，在判断现有技术抗辩能否成立时应不予考虑。被诉侵权技术方案与专利技术方案是否相同或者等同，与现有技术抗辩能否成立亦无必然关联。因此，即使在被诉侵权技术方案与专利技术方案完全相同，但与现有技术有所差异的情况下，亦有可能认定现有技术抗辩成立。

无效程序与专利侵权诉讼中的现有技术抗辩制度各自独立，各自发挥其自身作用。二者相互协调、配合，有利于避免专利权的保护范围覆盖现有技术，侵入公共领域，从而更好地实现《专利法》保护和鼓励创新的立法目的。在无效程序中，系将专利技术方案与现有技术进行对比，审查现有技术是否公开了专利

① 参见北京市第一中级人民法院知识产权庭编著：《侵犯专利权抗辩事由》，知识产权出版社2011年版，第53页。

② 最高人民法院民事裁定书，(2012)民申字第18号。

技术方案，即专利技术方案相对于现有技术是否具有新颖性、创造性。而在侵权诉讼中，现有技术抗辩的审查对象则在于被诉侵权技术方案与现有技术是否相同或等同，而不在于审查现有技术是否公开了专利技术方案。因此，二者的审查对象和法律适用均有差异。

由此可知，最高人民法院确立了现有技术抗辩的适用规则。(1)适用条件：现有技术抗辩规则在相同侵权和等同侵权的情形下均适用。(2)比较方法：是将被诉侵权技术方案与现有技术进行对比，而不是将现有技术与专利技术方案进行对比。(3)审查规则：是以专利权利要求为参照，确定被诉侵权技术方案中被指控落入专利权保护范围的技术特征，并判断现有技术中是否公开了相同或者等同的技术特征，并且允许以一项现有技术方案与公知常识的简单组合主张现有技术抗辩。(4)现有技术抗辩的成立，并不要求被诉侵权技术方案与现有技术完全相同，对于被诉侵权产品中与专利权保护范围无关的技术特征，在判断现有技术抗辩能否成立时应不予考虑。(5)无效程序与专利侵权诉讼中的现有技术抗辩制度的关系：在无效程序中，系将专利技术方案与现有技术进行对比，审查现有技术是否公开了专利技术方案，即专利技术方案相对于现有技术是否具有新颖性、创造性。而在侵权诉讼中，现有技术抗辩的审查对象则在于被诉侵权技术方案与现有技术是否相同或等同，而不在于审查现有技术是否公开了专利技术方案。因此，二者的审查对象和法律适用均有差异。[①] 实践中，存在争议的问题包括，第一，如何确定被诉技术方案中的技术特征；第二，现有技术抗辩成立的标准，等同标准(无实质性差异)、创造性标准、相同标准；第三，技术领域对于现有技术抗辩成立的影响。

1. 确定被诉技术方案中的技术特征

如何确定被诉技术方案中的技术特征，是现有技术抗辩的关键问题。目前确立的规则是以专利权利要求为参照，确定被诉侵权技术方案中被指控落入专利权保护范围的技术特征，作为被诉产品的技术特征进行对比。这里有两点需要注意。

首先，并非所有的被诉产品的技术特征都要求现有技术公开。被诉产品通

① 《专利权纠纷司法解释一》规定的“无实质性差异”，实践中通常按照等同原则的标准来适用。适用该规则的类案有最高人民法院民事裁定书，(2016)最高法民申604号、(2020)最高法民申1840号；最高人民法院民事判决书，(2019)最高法知民终80号；广东省高级人民法院民事判决书，(2018)粤民终900号；上海知识产权法院民事判决书，(2015)沪知民初字第766号；北京知识产权法院民事判决书，(2015)京知民初字第1674、2097号。

常由众多技术方案构成,每一个技术方案都有相应的技术特征组成,现有技术抗辩仅需要确定是否公开了和权利要求相对应的技术特征即可。例如,广州知识产权法院认为,经对比后,被诉侵权产品相应的技术特征与现有技术公开的技术特征一一对应,其区别技术特征争议主要在于被诉侵权产品缺少导风罩,但导风罩属于与原告专利权保护范围无关的技术特征;且考虑到原告专利技术方案属于开放性的权利要求,其技术方案中对产品是否具有导风罩并无进一步限定,被诉侵权产品是否具有导风罩在判断现有技术抗辩能否成立时应不予考虑。①

其次,如果权利要求中的技术特征与被诉技术方案中的技术不同,则应当以被诉技术方案中的特征为基础,判断现有技术是否公开了被诉技术方案中的特征,而非权利要求记载的技术特征。最高人民法院认为,在认定现有技术抗辩是否成立时,应当在对权利要求限定的技术方案进行技术特征划分后,对照权利要求中的各项技术特征,对应性地确定被诉侵权技术方案中的各项"被诉特征",以及现有技术中的各项"相应特征",再行比对以确定各项"被诉特征"与"相应特征"是否相同或者无实质性差异。被诉侵权技术方案中与权利要求的保护范围无关的特定技术特征,或者对认定是否落入权利要求所限定的保护范围没有实质性影响的特定技术特征,在认定现有技术抗辩时不予考虑。在认定"被诉特征"与"相应特征"是否相同或者无实质性差异时,应当围绕涉案专利所要解决的技术问题以及权利要求中争议技术特征在专利技术方案中的功能和技术效果,对二者在手段、功能、效果等方面的差异及其影响程度作出认定。

本案中,根据一、二审判决以及申请人申请再审的理由,有关现有技术抗辩的争议集中于权利要求中的"删除编码"特征,即"当输入焦点在编码输入区时,接收删除键的指令,删除已输入的编码"。在权利要求中,并没有限定"删除已输入的编码"的具体方式。在涉案专利说明书中,记载了与"删除已输入的编码"相关的多个具体实施方式。说明书记载,删除键的按键方式包括长按、短按以及短按和长按相结合的多种方式;删除已输入的编码(拼音)的具体方式,既可以是逐个删除,也可以是快速删除拼音,或者把所有的拼音都删除掉,或者是规律性间隔时间删除与快速删除的组合。根据一、二审法院以及最高人民法院查明的事实,百度输入法"长按"删除键时,编码输入区中已输入的编码(拼音)

① 广州知识产权法院民事判决书,(2017)粤73民初4561号。

被删除,故具备与权利要求中的“删除编码”特征相同的技术特征。虽然百度输入法删除编码(拼音)的具体方式为“逐个”删除,与现有技术飞利浦手机的“一次性删除”不同,但就本专利所要解决的技术问题“现有的删除方法在进行编码删除的时候,由于误操作将已经上屏的字符也删除掉”,以及“删除编码”特征在涉案专利中的功能、效果而言,“逐个”删除拼音与“一次性删除”拼音的手段、功能、效果并不存在实质性的差异。尤其是,涉案专利的技术改进或者贡献,并不在于删除拼音的具体方式,本案也没有证据证明两种删除方式的替换需要本领域技术人员付出创造性劳动。综上,在权利要求没有限定删除已输入的编码(拼音)的具体方式的情况下,无论是“逐个删除”还是“一次性删除”,均已被权利要求中的“删除已输入编码”所覆盖,具体删除方式的不同不会对专利侵权判断产生实质性影响。相应地,在现有技术飞利浦手机长按删除键会删除编码输入区的编码(拼音),公开了与“删除已输入编码”相对应的“相应特征”的情况下,不能仅因百度输入法与现有技术“删除已输入编码(拼音)”的具体方式有所不同,即认定现有技术抗辩不能成立。[①]

非结构特征在现有技术抗辩中如何认定。权利要求中的非结构特征主要是指实用新型专利权利要求中记载的不属于产品的形状、构造或者其结合等的技术特征,如用途、制造工艺、使用方法、材料成分(组分、配比)等。[②] 对于权利要求中包含的此类特征,在现有技术抗辩时如何适用,最高人民法院认为,实用新型专利的保护对象是由形状、构造及其结合所构成的技术方案。实用新型专利权利要求中非形状构造类技术特征对于该实用新型专利权利要求的新颖性和创造性不能产生贡献。因此,审查针对该具有非形状构造类技术特征的实用新型专利权利要求所提出的现有技术抗辩时,原则上不考虑该现有技术是否公开了该非形状构造类技术特征。相反,如果考虑该非形状构造类技术特征,则会将已经全部公开了有关形状构造类技术特征的现有技术囊括在该具有非形状构造类技术特征的实用新型专利权利要求的保护范围之内,导致该实用新型专利权利要求的保护范围与其技术贡献不相适应。

与该案观点相反,在名称为“一种带法兰的铸型尼龙管道”的实用新型专利侵权纠纷案中[③],涉案专利权的权利要求为:一种带法兰的铸型尼龙管道,包括

① 最高人民法院民事判决书,(2020)最高法民再82号。
② 北京市高级人民法院《专利侵权判定指南(2017)》第22条。
③ 最高人民法院民事裁定书,(2017)最高法民申3712号。

法兰和直管,法兰和直管为一体式,法兰面上有圆柱形台面,圆柱形台面上设有若干条沟槽,其特征在于圆柱形台面上的沟槽为“V”型,其底部形成夹角。争议焦点之一为非形状构造类技术特征在适用现有技术抗辩时是否应当予以考虑。对此,最高人民法院认为,在判断实用新型专利权的保护范围时,应当考虑实用新型专利权所记载的全部技术特征,包括其中的材料技术特征。HG5005－58标准附图显示了表示焊接的符号,这表明该法兰与其他连接件是通过焊接方式连接,因此,HG5005－58标准没有公开“法兰和管道是一体式”这一技术特征。HG5005－58标准并没有具体记载法兰和管道所用的材料,从行业部门用HG20592～20635－97钢制管法兰的标准来替代HG5005－58标准,以及因1958年我国尼龙材料很少而不可能将尼龙材料制作管法兰为行业标准这两方面来看,HG5005－58标准也没有公开“法兰与管道的材料均为尼龙”这一技术特征。由于被控侵权产品的“法兰和管道是一体式”和“法兰与管道的材料均为尼龙”这两个技术特征并未被HG5005－58标准公开,从HG5005－58标准所公开的技术内容不能得到被控侵权产品的技术方案,所以,再审申请人提出现有技术抗辩的主张不能成立。①

最高人民法院在适用现有技术抗辩时,考虑了实用新型权利要求中的非形状构造类技术特征。如果是同样的发明和实用新型因修改了发明的权利要求,二者都予以授权的情况下,此时权利要求包含的非结构特征如何处理。对此,最高人民法院认为,对于技术特征b,被告认为,被诉落入权利要求1的技术特征B强调的是音箱箱体由“弹性材料”制成,即音箱箱体的材料特性,而证据中对应的技术特征b“弹性伸缩共鸣腔”意指腔体本身可伸缩,强调的是腔体的结构特性,二者存在实质性差异。对此,法院认为,一方面,技术特征B中虽然说明了音箱箱体由“弹性材料”制成,但也同时强调了音箱箱体管壁弯折形成波形管状,有弹性可自由伸缩运动的结构特性;另一方面,技术特征b虽然未明确指出“弹性伸缩共鸣腔”本身的材料特性,但为了实现“可伸缩”的目的,将该“共鸣腔”由弹性材料制成亦符合常理。据此,可认定技术特征B与技术特征b无实质性差异,其已被现有技术公开。在本案中对于制备方法特征“弹性材料”法院在适用现有技术抗辩时考虑了该特征。②

笔者认为,在无论是在授权确权阶段还是在侵权判定阶段,以及在现有技

---

① 最高人民法院民事裁定书,(2009)民申字第958号。

② 最高人民法院民事判决书,(2019)最高法民再141号。

术抗辩阶段,对于权利要求保护范围的确定应当坚持一致原则,如果在授权确权阶段考虑的特征在后续的阶段中均应当予以考虑,以使维护社会公众根据公示的权利要求判断自己行为的边界。之所以出现上述结果相反的案例,是因为我国《专利法》规定了实用新型专利权和发明专利权,其授权确权规则不同,然而侵权规则却没有进行区分所造成的。要改变这一局面,应当从根本改变我国的专利制度,或取消实用新型专利权或对实用新型专利权单独立法进行保护,而后运行一套不同于发明专利权的授权确权规则及侵权判定规则。

2. 现有技术抗辩成立的标准

(1)“等同”标准

在判断现有技术抗辩是否成立时,应当将被诉落入专利权保护范围的技术特征,而非被诉侵权人实施技术的全部技术特征,与一项现有技术的相应技术特征进行对比。如果两者相同或者无实质性差异,则可以认定被诉侵权人实施的技术属于现有技术,从而免除其侵权责任。这里规定的“无实质性差异”,在实践中可以参照等同的标准掌握。① 因此,“等同”标准,也就是“无实质性差异”标准。

根据最高人民法院《关于审理专利纠纷案件适用法律问题的若干规定》第13条第2款的规定,等同特征,是指与所记载的技术特征以基本相同的手段,实现基本相同的功能,达到基本相同的效果,并且本领域普通技术人员在被诉侵权行为发生时无须经过创造性劳动就能够联想到的特征。等同标准是指在适用现有技术抗辩时,一项现有技术并非公开了被诉侵权技术方案的全部技术特征,而是在某一个或多个技术特征存在差别,此时可以适用等同原则进行判断存在差异的技术特征是否构成无实质性差异。现有技术抗辩中与侵权诉讼中的等同特征,理论上不存在本质区别,都是要审查区别技术特征属于以基本相同的手段、实现基本相同的功能、达到基本相同的效果,并且本领域普通技术人员在被诉侵权行为发生时无须经过创造性劳动就能够联想到的特征。② 但是,如前所述,侵权诉讼中的等同特征的判断受到诸多限制,包括“可预见性规则”

---

① 参见孔祥俊、王永昌、李剑:《〈最高人民法院关于审理侵犯专利权纠纷案件应用法律若干问题的解释〉适用的若干问题》,载《电子知识产权》2010年第2期。

② 可以参考的案例有:最高人民法院民事裁定书,(2011)民申字第13号、(2016)最高法民申2935号;北京市高级人民法院民事判决书,(2010)高民终字第1273号;北京知识产权法院民事判决书,(2017)京73民初133号;广东省高级人民法院民事判决书,(2016)粤民终67、1709号,(2017)粤民终2352、2829号;上海市高级人民法院民事判决书,(2017)沪民终307号。

等,那么在现有技术抗辩中判断等同特征时是否同样受到“可预见性规则”的限制,存在争议。例如,在上海梓航塑胶制品有限公司(以下简称梓航公司)与弗雷兹游泳学院有限公司侵害发明专利权纠纷案中①,最高人民法院认为,本案中,梓航公司提出,涉案专利与现有技术(申请号为200920304194.9儿童安全游泳圈实用新型专利)唯一的区别是插口连接件的连接方式,而该技术方案是一种非常普遍的设计,是本领域技术人员容易想到的技术方案,属于现有技术。然而,梓航公司并未提供任何在涉案专利申请日以前已经公开的现有技术证据,以证明所述插口连接件在涉案专利申请日以前属于本领域普遍的设计、是本领域技术人员容易想到的技术方案。该案中,最高人民法院的上述观点实际上说明,现有技术抗辩中适用等同原则时,不受“可预见性规则”的限制。

(2)“创造性”标准

现有技术抗辩允许以一项现有技术方案与公知常识的简单组合主张现有技术抗辩,该规则被称为“简单组合”标准,也称为“创造性”标准。即尽管一项现有技术方案没有公开被诉侵权技术方案的全部技术特征,但是如果区别技术特征属于公知常识,则可以认定现有技术抗辩成立。关于对比文件能否与公知常识结合,之前存在很大争议。例如,上海市第一中级人民法院认为,两被告还主张被控侵权产品使用的技术方案系在先专利文献与公知常识相结合的现有技术。法院认为,根据《专利权纠纷司法解释一》第14条第1款的规定,现有技术抗辩应仅以一项在先专利文献为限,现两被告的主张缺乏法律依据。而仅根据在先专利文献又未能全面公开被控侵权产品的全部必要技术特征,故两被告以此主张现有技术抗辩成立,于法无据,法院不予采信。② 江苏省高级人民法院曾有不同观点。江苏省高级人民法院认为,现有技术抗辩是指被控侵权人以自己使用的技术是现有技术,或者更为接近现有技术为由,反驳专利侵权指控的一种抗辩事由。通常情况下,进行现有技术抗辩,被控侵权人只能援引一份现

---

① 最高人民法院民事判决书,(2019)最高法知民终80号。

② 上海市第一中级人民法院民事判决书,(2011)沪一中民五(知)初字第225号。但是上海市高级人民法院印发的《专利侵权纠纷审理指引(2011)》第13条规定:现有技术抗辩规则在等同侵权和相同侵权中均可适用:被控侵权技术方案与一项现有技术方案中的相应技术特征相同或者等同的,或者该领域普通技术人员认为被控侵权技术方案是一项现有技术与所属领域公知常识的简单组合的,现有技术抗辩成立。现有技术抗辩规则在等同侵权和相同侵权中均可适用。被诉讼人专利权保护范围的全部技术特征,与一项现有技术方案中的相应技术特征相同或者等同的,或者该领域普通技术人员认为被控侵权技术方案是一项现有技术与所属领域公知常识的简单组合的,应当认定被诉侵权人实施的技术属于现有技术,现有技术抗辩能够成立。

有技术,而不能援引两份或者多份现有技术。因为将两份或者多份现有技术进行组合使用,对本领域普通技术人员而言,一般并非显而易见或无须经过创造性劳动就能够联想到的。因此原则上不允许被控侵权人以两份或多份现有技术进行组合抗辩,但在被控侵权人提供充分证据证明其使用的技术属于一份现有技术与所属领域公知常识简单组合的情形下,应当允许以该理由进行现有技术抗辩。本案中,南京普天通信股份有限公司(以下简称普天公司)以US6,192,181B1号美国专利和《长途通信传输机房铁架槽道安装设计标准》两份对比文件进行现有技术抗辩。将被控侵权产品与其中的US6,192,181B1号美国专利进行对比,被控侵权产品只是增加了在开放式的出纤口基体上设有活动式出纤口盖这一技术特征。而在裸露的结构上加盖,本身就属于一种公知常识。在开放式出纤口基体上或槽道上通过设置活动式盖板,实现既对其中的光纤加以保护,同时又便于多次出纤和维护的作用,是本领域普通技术人员容易联想到的。因此,相对于本领域普通技术人员而言,在槽道或开放式出纤口基体上加盖或者加活动式的盖,属于本领域中的一种公知常识。北京法院一、二审行政判决书亦认定本领域技术人员在开放式的出纤口基体或槽道上通过设置盖板达到对其中的光纤加以保护的作用是显而易见的。据此,法院认为,普天公司提供的证据,足以证明其主张的现有技术抗辩理由成立,被控侵权产品不构成侵犯涉案专利独立权利要求1。①

通常而言,在审查现有技术抗辩时,作为现有技术抗辩所援引的现有技术原则上应当为一项技术方案,但现有技术抗辩的审查同样应当坚持以本领域普通技术人员为判断主体的原则。本领域普通技术人员应当能够获知该领域中所有的现有技术,知晓申请日之前该技术领域所有的普通技术知识,并且具有运用该申请日之前常规实验手段的能力。而公知常识为本领域普通技术人员所普遍知悉的技术手段或技术知识,即公知常识为本领域技术人员所掌握的知识。考虑到公知常识的上述属性,在认定相应的技术特征是否属于公知常识时,一般可以通过教科书、工具书等证据予以证明,亦可以通过充分的说理的方式予以说明。因此,在审查现有技术抗辩时,若被诉落入专利权保护范围的全部技术特征与一项现有技术方案中的相应技术特征相比存在一定区别技术特征,而该区别技术特征为本领域的公知常识时,被控侵权行为所采用的技术方案与该现有技术方案与公知常识结合的技术方案一致,而得出现有技术抗辩成

---

① 江苏省高级人民法院民事判决书,(2007)苏民三终字第0139号。

立的结论。

一项现有技术与公知常识结合可以得到被诉技术方案是一般规则，但是在考量二者的结合时仍应当考察二者是否存在结合的技术启示。例如，北京知识产权法院认为，对比文件公开了螺线管推动推板，绕铰接点枢转锁定构件，使锁定片插入移动电源上的空腔进行移动电源的锁定。被控侵权产品通过电磁铁轴与移动电源的运动方向垂直，直接插入移动电源上的沉孔实现锁定。可见，对比文件中的锁定方式与被控侵权产品并不相同，对比文件并没有公开权利要求所述“电磁铁的轴与移动电源插入方向垂直，所述移动电源上的适配孔是设置在表面的与该电磁铁的轴相对应的沉孔”这一技术特征。另外，现有技术抗辩系针对一项现有技术方案，且即便考虑被告所提交的《机械设计手册》，该手册中也仅给出了电磁铁的基本工作原理和典型结构，虽然电磁铁结构和工作原理是公知常识，但在对比文件中已经使用螺线管（电磁铁）进行锁定的前提下，两者组合也仅是得到与对比文件相同的技术方案，显然不能得到被控侵权产品中的锁定方式。因此，从对比文件公开的内容来看，其不具有被控侵权产品落入原告指控的涉案专利权利要求的附加技术特征。本案中，被告主张的“被控侵权产品使用的是对比文件和公知常识的显而易见的组合”的观点，没有得到法院的支持。[①]

（3）“相同”标准

“相同”标准，是指在适用现有技术抗辩时，一项现有技术公开了被诉侵权技术方案的全部技术特征。

根据《专利审查指南》的规定，新颖性的审查基准之一为惯用手段的直接置换。[②] 据此可知，“惯用技术手段”是判断专利是否具备新颖性时采用的标准。法院在审查“无实质性差异”时，会考虑区别技术特征是否为“惯用手段的直接置换”，该规则属于现有技术抗辩中相同标准的适用。例如，最高人民法院认为，对本领域普通技术人员而言，无论是发挥稳定支撑作用，还是调节内胆与外壳之间的空隙大小以实现节能效果，尚无证据证明“内外两个支撑圆套紧密接触”是惯常技术手段，该技术特征是涉案专利具体技术方案中基于各个技术特征整体配合而采用的技术手段。[③]

① 北京知识产权法院民事判决书，(2017)京73民初356号。

② 参见《专利审查指南(2010)》第二部分第三章第3.2节。

③ 最高人民法院民事裁定书，(2020)最高法民申1840号。类案有最高人民法院民事判决书，(2019)最高法知民终804号；广东省高级人民法院民事判决书，(2010)粤高法民三终字第197号。

对于惯用技术手段的审查，要从本领域技术人员的角度出发，看是否存在置换的可能，所谓能够直接置换，就是替换前后，相应特征与权利要求中其他特征的关系基本无须改变，替换的过程无须付出创造性的劳动。[①] 通常而言，惯用技术手段通常是本领域的公知常识，但是，在特定的技术方案中，即便技术手段是公知常识，仍然要考察是否需要付出创造性劳动，即并非所有公知的技术手段都适用“能够直接置换”。

3. 技术领域对于现有技术抗辩成立的影响

技术领域对现有技术抗辩的成立具有重大影响。这是因为技术领域对新颖性、创造性的判断的基础，在侵权判定时，技术领域也是需要考量的因素。因此，在适用现有技术抗辩时，同样应当考虑现有技术的技术领域。但是，在侵权判定阶段和在授权确权阶段可能对技术领域做出不一致的认定。

在笔者代理的一起专利侵权案中，一审广州知识产权法院认为，被告认为其实施的是现有技术，并以《铝电解电容器工程技术》作为现有技术抗辩文件。经查，《铝电解电容器工程技术》的出版日早于原告涉案专利的申请日，符合现有技术抗辩的要件，可以作为现有技术抗辩对比文件。因此，在审查现有技术抗辩时，应当将公证封存电池的被诉落入原告涉案专利权利要求的技术特征与现有技术方案中的相应技术特征进行比对，判断被诉落入原告涉案专利权保护范围的相应技术特征是否与一项现有技术方案中的相应技术特征相同或者无实质性差异。原告表示《铝电解电容器工程技术》中记载的铝电解电容器与涉案专利的锂离子电池分别为不同的技术领域，两者的结构特征并不相同，故不是一个完整的技术方案，不具有可对比性，不能作为本案的对比文件。法院认为，法律并未限定现有技术抗辩援引的对比技术必须与专利技术属相同领域技术，本案中，将被诉落入原告涉案专利权保护范围的全部技术特征与对比文件的技术方案图文中的相应技术特征相对比可知，被诉落入原告涉案专利权保护范围的相应技术特征与对比文件的技术方案中的相应技术特征相同，因此，被告提出的现有技术抗辩成立。二审广东省高级人民法院认为，《铝电解电容器工程技术》的出版日早于原告涉案专利的申请日，且该技术领域与本案所涉锂离子电池技术领域属于相近的技术领域，因此可以作为现有技术抗辩的对比文件。然而在涉案专利的无效程序中，国家知识产权局认为二者属于不同的技术

① 参见詹靖康、赵云：《现有技术抗辩中无实质性差异的判断》，载《人民司法》2021年第20期。

领域,不能用于评价权利要求的创造性。[①]

七、抵触申请参照现有技术抗辩的适用规则

(一)抵触申请的基本规定及宗旨

2008 年修订的《专利法》第 23 条第 1 款规定:“授予专利权的外观设计,应当不属于现有设计;也没有任何单位或者个人就同样的外观设计在申请日以前向国务院专利行政部门提出过申请,并记载在申请日以后公告的专利文件中。”上述规定中所称的“在申请日以前向国务院专利行政部门提出过申请……申请日以后公布的专利申请文件或者公告的专利文件”,通常被简称为“抵触申请”。主流意见认为,设立抵触申请制度是为了防止重复授权,具体是通过破坏新颖性的方式来实现;[②]国家知识产权局在对《专利法》第三次修改时的解读也表达了同样的观点,认为抵触申请制度“并非仅仅为了防止重复授权,而是从法律上和程序上更有效地补充和完善禁止重复授权原则,更加恰当地维护公众利益”;[③]如果相对于抵触申请,仅仅是简单地附加公知常识,或者以常规技术手段进行简单替换,或者在其公开的数值范围、上位概念的基础上,作简单的常规选择,由此形成的技术方案没有对现有技术作出任何实质性的技术贡献,也没有对社会公众公开更多的有价值的信息,不应当授予其专利权。[④]

(二)抵触申请参照现有技术抗辩的适用规则

实践中关于抵触申请如何类推适用现有技术抗辩,其争议点在于抵触申请是否能够适用“无实质性差异”的标准。最高人民法院《关于充分发挥知识产权审判职能作用推动社会主义文化大发展大繁荣和促进经济自主协调发展若干

---

① 广东省高级人民法院民事判决书,(2017)粤民终 1110 号。类案有北京知识产权法院民事判决书,(2015)京知民初字第 338 号。

② 参见张丽:《抵触申请有关问题的探讨》,载《专利法研究(2007)》,知识产权出版社 2008 年版,第 260~265 页;孙平:《从立法宗旨上探讨重复授权和抵触申请的审查》,载《中国发明与专利》2010 年第 10 期;李中奎、李娟:《抵触申请相关规定浅析》,载《专利法研究(2010)》,知识产权出版社 2011 年版,第 269~275 页;孙毅:《抵触申请中的相关问题分析》,载《知识产权》2011 年第 7 期;姚倩、杨敏、郭佳欣等:《抵触申请与重复授权的异同浅析》,载《中国发明与专利》2013 年第 4 期。

③ 参见何越峰:《论抵触申请及其构成要件》,载《专利法研究(1995)》,专利文献出版社 1995 年版,第 93~102 页。

④ 参见杜微科、傅蕾:《抵触申请抗辩及其制度完善》,载《知识产权》2016 年第 11 期。

问题的意见》第 14 条规定:"……被诉侵权人以实施抵触申请中的技术方案或者外观设计主张其不构成专利侵权的,可以参照现有技术或现有设计抗辩的审查判断标准予以评判。"上海市高级人民法院认为,在相同侵权中,被控侵权技术方案与抵触申请中的技术方案相同时,可类推适用现有技术抗辩。被诉侵权人以实施的技术是抵触申请中公开的技术方案主张不构成专利侵权的,在相同侵权中才可以类推适用现有技术抗辩,且被控侵权技术方案与抵触申请中公开的技术方案相同时,不侵权抗辩才能够成立。[①] 由此可见,上海市高级人民法院不但区分相同侵权和等同侵权的适用条件,而且认为抵触申请只适用"相同"标准,而不适用"无实质差异"标准。北京市高级人民法院认为,抵触申请不属于现有技术或现有设计,不能作为现有技术抗辩或现有设计抗辩的理由。被诉侵权人主张被诉侵权技术或被诉侵权设计与抵触申请相同的,可以参照《专利侵权判定指南(2017)》第 137 条或第 139 条的规定予以处理。北京市高级人民法院没有区分适用"相同"标准,而不适用"无实质差异"标准。[②]

1. "等同"标准

抵触申请参照现有技术抗辩的审查判断标准予以评判时,可以采用"等同"标准。

在浙江乐雪儿家居用品有限公司(以下简称乐雪儿公司)与陈某弟等侵害发明专利权纠纷一案中,最高人民法院认为,由于抵触申请能够破坏对比专利技术方案的新颖性,故在被诉侵权人以实施抵触申请中的技术方案主张其不构成专利侵权时,应该被允许,并可以参照现有技术抗辩的审查判断标准予以评判。乐雪儿公司用于主张现有技术抗辩的 ZL200520015446.8 号实用新型专利的申请日虽早于涉案专利申请日,但授权公告日晚于涉案专利申请日,故不构成现有技术,但依法构成抵触申请。ZL200520015446.8 号实用新型专利是"一种新型热水袋"产品专利,从其权利要求书、说明书及附图来看,该专利仅公开了一种热水袋产品,并未公开这种热水袋产品的具体生产步骤。虽然热水袋加工过程中有一些步骤是常规步骤,但依照该专利公开的产品仅能确定大概的加工流程,并不能准确确定具体完整的加工步骤;且该专利也未公开塞座的材料

① 参见上海市高级人民法院《专利侵权纠纷审理指引(2011)》第 19 条。其中规定:被诉侵权人以其产品中的外观设计属于抵触申请中公开的外观设计主张不构成侵权的,可以类推适用现有设计抗辩。但以被诉侵权产品的外观设计属于抵触申请中公开的外观设计与惯常设计的简单组合为由,抗辩不构成侵权的,抗辩不能成立。

② 北京市高级人民法院《专利侵权判定指南(2017)》第 142 条。

组成和塞盖处有密封垫片等技术特征。乐雪儿公司虽主张未公开的技术特征是本领域的公知常识和惯用手段,但并未举证证明。因此,ZL200520015446.8号实用新型专利并未完全公开被诉侵权产品的加工方法,乐雪儿公司以此来主张现有技术抗辩不能成立,法院不予支持。[①] 在其他案件中,最高人民法院认为,由于抵触申请能够破坏对比专利设计的新颖性,故在被控侵权人以实施抵触申请中的外观设计主张不构成侵权时,应该被允许,并可以参照现有设计抗辩的审查判断标准予以评判。因此,进行侵害外观设计专利权纠纷案件的抵触申请判断,应当将被控侵权设计方案与抵触申请公开的设计方案进行比对,若被控侵权设计方案与抵触申请设计方案相同或无实质性差异,则其抵触申请抗辩成立。[②]

2.“相同”标准

抵触申请参照现有技术抗辩的审查判断标准予以评判时,应当采用“相同”标准。例如,最高人民法院认为,《专利法》第 62 条[③]规定现有技术抗辩的主要理由,在于专利权的保护范围不应覆盖现有技术,既包括被诉侵权技术方案与现有技术相同的情形,也包括被诉侵权技术方案相对于现有技术无实质性差异的情形。在这两种情形下,被诉侵权技术方案相对于现有技术不具有新颖性或者创造性,不应被授予专利权,自然也不应被纳入涉案专利权的保护范围。由于抵触申请与现有技术均可以用于评价涉案专利的新颖性。因此,如果被诉侵权技术方案已被抵触申请公开,则相较于抵触申请亦不应被授予专利权,相应地也不应被纳入涉案专利权的保护范围。因此,被诉侵权人以其实施的技术属于抵触申请为由,主张未侵犯涉案专利权的,人民法院可以参照适用《专利法》第 62 条、《专利权纠纷司法解释一》第 14 条等有关现有技术抗辩的规定,对抵触申请抗辩进行认定。[④]

需要指出的是,由于抵触申请与现有技术的含义和性质存在一定差异,故抵触申请抗辩的审查判断标准应与抵触申请的性质相适应,与现有技术抗辩的

---

① 最高人民法院民事判决书,(2013)民提字第 225 号。

② 最高人民法院民事裁定书,(2014)民申字第 1772 号。类案有最高人民法院民事裁定书,(2019)最高法民申 2869 号;广东省高级人民法院民事判决书,(2013)粤高法民三终字第 763 号、(2016)粤民终 1657 号。

③ 现行《专利法》第 67 条。

④ 最高人民法院民事裁定书,(2015)民申字第 188 号。类案有广东省高级人民法院民事判决书,(2016)粤民终 990 号、(2017)粤民终 3207 号;广州知识产权法院民事判决书,(2017)粤 73 民初 2221 号。

审查判断标准存在一定差异。根据《专利法》第22条第2款的规定,抵触申请的公开时间在涉案专利的申请日之后,不构成涉案专利的现有技术,故仅可以与涉案专利单独对比,评价其新颖性。与之不同的是,根据《专利法》第22条第2款、第3款的规定,现有技术既可以评价涉案专利权的新颖性,也可以与其他现有技术或者公知常识结合,评价涉案专利权的创造性。综上,抵触申请仅仅可以被用来单独评价涉案专利权的新颖性,既不可以与现有技术或者公知常识结合,更不可以用于评价涉案专利权的创造性。因此,只有在被诉侵权技术方案的各项技术特征均已被抵触申请单独、完整地公开,相对于抵触申请不具有新颖性时,才可以认定抵触申请抗辩成立。如果被诉侵权的技术方案相较于抵触申请存在差异并具有新颖性,或者被诉侵权人主张将抵触申请与现有技术或者公知常识结合后进行抗辩的,抵触申请抗辩均不能成立。

抵触申请适用于现有技术抗辩具有法律基础。如果被诉侵权技术方案相对于抵触申请不具有可专利性,不应被授予专利权,在侵权诉讼中也不应认定其构成专利侵权。①《专利审查指南(2010)》第四部分第五章第5节规定,判断对比设计是否构成涉案专利的抵触申请时,应当以对比设计所公告的专利文件全部内容为判断依据。与涉案专利要求保护的产品的外观设计进行比较时,判断对比设计中是否包含有与涉案专利相同或实质相同的外观设计。对比设计所公告的专利文件含有使用状态参考图,即使该使用状态参考图中包含有不要求保护的外观设计,也可以将其与涉案专利进行比较,判断是否相同或者实质相同。从《专利审查指南》的定义来看,在认定一项专利(或专利申请)是否构成抵触申请时,需要考虑两个构成要件:一是时间要件,即从时间顺序上看,抵触申请的申请日、涉案专利的申请日、抵触申请的公开日(公布日或者授权公告日)先后依次排列;二是内容要件,即抵触申请应当公开了同样的发明或者实用新型,或者同样的外观设计。

抵触申请与现有技术有明显区别,主要包括:第一,公开时间不同。现有技术的公开时间在涉案专利的申请日之前,而抵触申请的公开时间在涉案专利的申请日之后,故抵触申请本质上是在先申请。第二,法律性质不同。除新颖性外,现有技术还可以用于评价涉案专利的创造性,如将不同的现有技术进行组合,或者将现有技术与本领域的公知常识结合,或者在现有技术的基础上进行逻辑分析或者推理。而依照现行《专利法》的规定,抵触申请仅可用于评价新颖

① 参见杜微科、傅蕾:《抵触申请抗辩及其制度完善》,载《知识产权》2016年第11期。

性，而不能与其他现有技术、抵触申请或者公知常识结合评价创造性。第三，公开方式不同。现有技术公开既包括出版公开，也包括使用公开和其他方式公开。抵触申请只能是出版物公开。第四，地域要求不同。自2008年《专利法》第三次修正后，我国放弃了相对新颖性标准，而采取了绝对新颖性标准，以提高专利授权质量。根据2008年《专利法》之规定，在境内外公开的技术均可以构成现有技术，而抵触申请必须是向我国专利管理机关提交的专利申请。向其他国家或地区提交的专利申请不能构成抵触申请，也不能据此提出抵触申请抗辩。实践中采用的"无实质性差异"标准实际上突破了法律的规定，突破了现有技术与抵触申请的上述区别。《专利法》明确规定，抵触申请仅能评价新颖性而不能评价创造性，但是在现有技术抗辩中确可以适用；《专利法》明确规定抵触申请仅指向中国专利管理机构提出的申请，但在现有技术抗辩中也有类推适用并非向中国管理机构提出的专利申请。这种违反法律规定的做法应当予以禁止，因此，应当将抵触申请限定在"相同"标准，而不能适用"无实质性差异"标准。

（三）不同类型专利之间抵触申请抗辩的适用

通常，抵触申请应当是公开了同样的发明或者实用新型，或者同样的外观设计。但是，如果在先申请是发明专利或者实用新型专利，其能否构成在后外观设计专利的抵触申请，则法律没有规定。国家知识产权局认为，若一项在先申请、在后公开的外观设计专利，结合其各个附图所示内容，能够确定所公开的外观设计与一项实用新型专利权利要求中要求保护的技术方案实质相同，二者所属技术领域、所要解决的技术问题以及所能获得的技术效果均相同，则该项外观设计专利构成该项实用新型专利的抵触申请。[①] 北京知识产权法院认为，无论是依据《专利法》有关作为发明或实用新型的抵触申请仅可以是发明或实用新型这一规定本身，还是从抵触申请系为"禁止重复授权"的目的出发，外观设计均不能构成发明或者实用新型抵触申请。[②] 笔者认为，这种情况可以构成抵触申请，只要在先申请公开了在后设计，则仍可以认定构成抵触申请。

---

① 国家知识产权局无效宣告请求审查决定书（第24658号）。

② 北京知识产权法院行政判决书，（2015）京知行初字第1720号。

(四)非中国在先专利申请可比照抵触申请作不侵权抗辩

抵触申请的构成要件之一是"向(中国)国务院专利行政部门提出过申请",如果是涉外的专利文献,根据法律规定则不能适用抵触申请。但是,在专利侵权诉讼中,现有技术(或设计)可以作为专利不侵权抗辩的法定事由,而抵触申请可以参照现有技术(或设计)作为专利不侵权抗辩的事由,涉外在先专利申请可以进一步比照抵触申请,作为专利不侵权抗辩的事由。[①] 例如,深圳市中级人民法院认为,被告选择以我国台湾地区的专利设计作不侵权抗辩,该专利的申请日在涉案专利申请日之前,被告可以援引该设计比照现有设计进行抗辩。被控侵权产品与该专利产品均为数码显微镜,经过对比,被控侵权产品的外观设计与该专利设计相同,鉴于此,依法认定被控侵权产品使用了申请在先的我国台湾地区的专利设计,并未侵犯原告的专利权,应当认定被告的不侵权抗辩成立。[②]

八、我国现有技术抗辩制度存在的问题和建议

(一)现有技术抗辩制度存在的问题

1. 现有技术抗辩制度与行为自由

专利制度设置的目的在于鼓励创新,同时,还要负有维护社会公众使用现有技术自由的使命。现有技术抗辩制度的理论基础是,专利权的保护范围不得包括现有技术。[③] 笔者认为,专利权是一种排他性权利,在专利权保护范围之外均是社会公众的自由之地。现有技术抗辩排除被诉侵权技术方案与现有技术相同或"无实质性差异"的技术方案。在"双轨制"的条件下,这一制度"可以节约程序,有利于及时定分止争,保护当事人的合法权益",但是,不能从根本上解决社会公众行为自由的问题。

专利权是无形财产权,特别是我国的外观设计专利权和实用新型专利权,

---

① 参见祝建军:《涉外在先专利申请可比照抵触申请作不侵权抗辩》,载《中国知识产权报》2015年12月16日,第7版。

② 广东省深圳市中级人民法院民事判决书,(2012)深中法知民初字第607号。

③ 参见孔祥俊、王永昌、李剑:《〈关于审理侵犯专利权纠纷案件应用法律若干问题的解释〉的理解与适用》,载《人民司法》2010年第3期。

采用初步审查制度,这就导致了大量不当授权的存在。根据前述的案例分析可知,即便是发明专利权,也同样存在大量将使用公开的技术方案申请专利的情形。专利申请人在获得专利权之后,利用信息不对称对涉嫌侵权一方发起侵权诉讼,在某种程度上会直接影响涉嫌侵权一方的正常经营秩序,即便是通过现有技术抗辩赢得了诉讼,也不能对专利权人的起诉行为给自己造成的损失进行索赔。所以,《专利法》需要设置一种制度可以抑制专利权人轻易地发起诉讼,同时,使专利申请人在专利申请及专利诉讼时,能够尽到审慎的注意义务,由此保护市场主体的自由、安定的经营秩序,免受专利侵权诉讼的干扰。

2. 现有技术抗辩制度与多重标准

为规范自由裁量权的行使,统一司法尺度,司法解释将被诉侵权人主张现有技术或现有设计抗辩所能援引的技术方案或设计限定为一个,即对于不属于一个技术方案或者设计的其他特征的组合不予支持。[①] 由此可知,统一司法尺度是现有技术抗辩制度在设定之初的立法目的之一,而实践证明这一目的没有实现。

根据目前的通说,现有技术抗辩成立的标准包括"无实质性差异"标准、"相同"标准以及允许与公知常识进行"简单组合"标准。该条所称的"无实质性差异"在实践中可以参照等同的标准掌握;[②]"相同"标准通常是新颖性标准;"简单组合"标准本质上属于创造性标准。侵权诉讼中的等同标准,指的是技术特征的等同,而不是技术方案的等同;对于新颖性标准或创造性而言,对比的是申请的技术方案相对于现有技术是否显而易见。现有技术抗辩同时采用了技术特征的等同标准和技术方案的显而易见性标准,导致了适用标准的混乱。对于抵触申请在现有技术抗辩制度中的适用,完全突破了现行法律的规定。

(二)引入"不正当行为"抗辩制度

"不正当行为",又称"对专利局的欺骗",是指发明人在申请专利的过程中,故意向专利局作误导性陈述或隐瞒某些重要信息,并由此而获得了专利权。这是从衡平法的"不干净之手"(unclean hands)的理论发展而来的。[③] 根据美国

① 参见孔祥俊、王永昌、李剑:《〈关于审理侵犯专利权纠纷案件应用法律若干问题的解释〉的理解与适用》,载《人民司法》2010年第3期。

② 参见孔祥俊、王永昌、李剑:《〈关于审理侵犯专利权纠纷案件应用法律若干问题的解释〉的理解与适用》,载《人民司法》2010年第3期。

③ 参见李明德:《美国知识产权法》,法律出版社2014年版,第121页。

专利司法实践,如果专利申请人违反法定的诚信与善意义务,通过欺诈而获得专利权,那么这项权利将不具有可执行性,即在专利侵权诉讼中,法院可依被告对不正当行为原则的主张而驳回专利权人之侵权主张。[①] 在日本"机杼案"中,法院裁定,申请人明知为公知的机械,却说无此种事实,佯称是自己的发明,以欺骗官员,此类行为构成了专利欺诈罪。[②] 由于专利授权行为被视为由专利审查部门代表社会与发明人签订合同的行为,故而,向专利审查部门履行基于诚信原则的现有技术披露义务被认为是对公共利益的保护。[③] 专利申请人遵循诚实信用原则,披露与发明创造有关的现有技术,对于提高发明质量,促进专利制度的良性发展具有重大作用。目前我国大量的专利申请存在授权缺陷与专利申请人没有履行现有技术的披露义务密切相关。

知识产权具有私权的根本属性,是民事权利体系的一部分,民事制度中的相关学说、制度与规则可以为知识产权制度与规则提供理论上的支撑,并对完善知识产权救济体系起到重要作用。[④] 专利制度作为一项基本的民事法律制度,在民事活动领域中所遵循的基本原则理应同样适用于专利领域。专利权作为一项法定的民事权利,民事主体虽可依其意志进行获取和行驶,但并不可随心所欲,必须遵循"诚实信用原则",在法律允许的范围内,以法律允许的方式进行,并不得损害公共利益或者不合理地排除、限制竞争。目前,因为没有对专利申请人申请行为的限制,导致被诉侵权人无辜被拖入专利侵权诉讼中,而因此导致商业上的损失没有办法得到弥补,损害了被诉侵权一方的正常经营秩序。

我国2020年修订的《专利法》第20条规定,申请专利和行使专利权应当遵循诚实信用原则。这是将"诚实信用原则"移植入《专利法》进行明确规定,首先,进一步强化了《专利法》的民事私法地位和专利权的民事私权地位,强化了"私法自治"在《专利法》这一部门法中的存在感,民事主体可依其自由意志对专利相关活动进行自治。其次,有针对性地在专利私法这一部门法框架下引导人们树立诚实信用观念,强调专利申请人在申请专利、专利权人在行使专利权的过程中必须诚实、守信;在追求自己利益的同时,必须兼顾他人权益和社会公

---

① 参见徐棣枫:《不正当行为抗辩制度之移植可行性及设计构想——基于〈专利法〉第四次修改中的"诚实信用原则"》,载《东方法学》2018年第6期。

② 参见[日]吉藤幸朔:《专利法概论》,宋永林、魏启学译,专利文献出版社1990年版。

③ 参见梁志文:《论专利申请人之现有技术披露义务》,载《法律科学(西北政法大学学报)》2012年第1期。

④ 参见易继明:《禁止权利滥用原则在知识产权领域中的适用》,载《中国法学》2013年第4期。

共利益。最后,使法院能够合理处理立法者所未预见或难以预见的社会发展或伦理价值变迁所产生的权利冲突,赋予法院自由裁量的权利,给予司法活动创造性和能动性。

另外,结合《专利法》第20条,应当进一步完善《专利法》第36条之规定,建立申请人"现有技术披露义务"制度,提高申请人披露现有技术的义务,让发明回归发明的起点,即发现问题、提出技术方案、解决问题的过程,从而为专利审查员提供足够的技术文献,以保障专利授权的质量。专利局本身不具备完全检索能力,而且也从来没有要求它具备这种能力。在审查专利时,专利局主要依赖申请人所引证的现有技术。很显然,如果允许申请人以敌手的方式进入专利局,我们的专利制度就不能成功地运作。[①]

在我国的司法实践中,之所以出现大量的现有技术抗辩,是因为我国专利申请人在申请专利时,没有遵守诚实信用的原则,存在大量将现有技术申请专利的情形,对此,在制度上应当予以限制,增加专利申请人在申请专利时的注意义务。如果日后发现申请人违反了这一义务,将导致专利权的不可实施。[②] 从本质上看,申请人现有技术披露义务意在防止专利权人从专利申请的欺诈行为中获取利益,因为通过欺诈而使不符合可专利性的发明获得垄断权是不符合对价理论的。[③] 如此一来,可以有效抑制专利申请人在专利申请时及专利权人在提起专利侵权诉讼时,尽到足够的注意义务,由此保障社会公众的合法权益免受不应有的损害。

(三)引入无效抗辩制度

美国和日本都设置了在侵权诉讼中引入无效抗辩制度。美国在 Wilson Sporting Goods v. David Geoffrey & Association 案中[④]确立"假想权利要求"来判断现有技术抗辩是否成立。在该案中,法院认为,专利权人不应能够依据等同原则囊括那些无法根据字面权利要求从 PTO 处合法获得的客体。等同原则的存在是为了阻止对专利的欺诈行为,而不是为了给予专利权人尝试过却无法从 PTO 依法获得的那些客体。因此,由于现有技术总是用来限制发明人所能

---

① 参见李明德:《美国知识产权法》,法律出版社2014年版,第122页。

② 参见李明德:《美国知识产权法》,法律出版社2014年版,第122页。

③ 参见梁志文:《论专利申请人之现有技术披露义务》,载《法律科学(西北政法大学学报)》2012年第1期。

④ 904 F.2d 677,683 (Fed. Cir. 1990).

要求保护的客体范围,它同样可以限制权利要求的等同范围。[①] 为了判断现有技术是否能够用作对等同原则的限制,在进行分析时,建立一个"假想的权利要求"会有所帮助。

"假想权利要求"的分析步骤包括:(1)从号称等同原则下被侵权的、经合理解释的专利权利要求文字出发。(2)对该权利要求进行修改,使之足以在字面上覆盖被控侵权设备。根据所要求保护的发明创造与被控侵权设备之间的区别,这种修改可能需要拓宽某一项特征或若干特征的范围。通过这种方式改写出来的权利要求就是假想权利要求。(3)依据《美国专利法》第 102 条和第 103 条,基于诉讼记录中的现有技术,来评价假想权利要求的新颖性和非显而易见性。如果该假想权利要求是可以被核准的(没有被相关现有技术所预见或被认为是显而易见的),那么就不能适用该现有技术作为等同原则的法律限制。但如果假想权利要求是不可以被核准的,那么专利权人就不能依靠等同原则认定侵权。[②]

在日本,2004 年《日本专利法》修改后引入了侵权诉讼中的专利权无效抗辩制度,由此之后,现有技术抗辩制度随即终结。

笔者认为美国和日本的这一制度具有合理性。首先,在侵权诉讼中本质上已经引入了创造性标准。例如,目前司法实践中允许与公知常识进行"简单组合"标准本质上就是创造性标准。同时,实践中也有观点认为,采用被控侵权人实施的技术相对于对比现有技术无新颖性或者明显无创造性为标准,并且在评价被控侵权人实施的技术相对于对比现有技术是否明显无创造性时,对比文献应限于一份,当然可以结合所属领域技术人员公知的技术常识。[③] 其次,现有技术抗辩制度的适用会直接产生价值冲突。现有技术抗辩涉及三项技术方案:一是专利权利要求的技术方案;二是被控侵权技术方案;三是现有技术。在侵权诉讼中现有技术抗辩的适用会产生以下 3 种结果:(1)原告的比对成立,被告的比对不成立,并且被告也没有其他可以免责的事由,因而,被告的实施行为构成对原告专利权的侵犯,应当承担相应的侵权责任;(2)原告的比对不成立,此时不论被告的比对是否成立,被告均不构成侵权;(3)原告的比对成立,而被告的

① 参见[美]J. M. 穆勒:《专利法》,沈超等译,知识产权出版社 2013 年版,第 353 页。

② 参见[美]J. M. 穆勒:《专利法》,沈超等译,知识产权出版社 2013 年版,第 354 页。

③ 参见张晓都:《现有技术抗辩的认定——以"防伪铆钉"实用新型专利侵权纠纷案为例》,载《中国专利与商标》2007 年第 2 期。

比对也成立,于是发生冲突。[①] 现有技术抗辩还面临专利权的效力冲突问题,尽管在无效程序中,系将专利技术方案与现有技术进行对比,审查现有技术是否公开了专利技术方案,而在侵权诉讼中,现有技术抗辩的审查对象则在于被诉侵权技术方案与现有技术是否相同或等同,而不在于审查现有技术是否公开了专利技术方案。但是,一旦认定现有技术抗辩成立,按照 A = B,B = C 的形式逻辑,必然得出 A = C 的结论。所以,侵权诉讼中应当回应专利权的效力问题,以解决存在的冲突。最后,现有设计抗辩必然要求对专利权的效力进行审查。如果被诉侵权设计与外观设计专利以及现有设计均相似,就会出现侵权判定与外观设计有效性之间的紧张。对外观设计专利的有效性问题进行判断就成为侵权判断的前提和基础。[②] 因为现有设计与发明和实用新型专利在保护目的、对象和侵权判断方式上的差异,导致现有设计抗辩必然要将现有设计与专利的外观设计进行比较,这必然涉及外观设计专利权的效力评价问题。所以,在侵权诉讼中引入无效抗辩具有合理性。

我国的专利制度具备了引用专利权无效抗辩的基础。最高人民法院知识产权法庭的设立,为在侵权诉讼中引入无效抗辩制度提供了条件。专利权属于排他性权利,这一权利的实现就是要划清现有技术和专利权的保护范围的边界,而专利权的无效制度正是为了实现这一目的而设置的。最高人民法院知识产权法庭的设立目的之一就是统一技术类案件的审判尺度。笔者认为,统一技术类案件的司法尺度既包括授权确权阶段的审判尺度,也包括侵权行为认定的尺度。无论是在授权确权阶段还是在侵权阶段,要统一司法尺度就必须清楚地划定专利权的保护范围,只有专利权的保护边界清楚才能明确社会公众行为自由的边界,这也是"以公开换垄断"的专利制度运行的基础。

目前最高人民法院知识产权法庭审理授权确权案件,同时审理专利侵权案件的二审案件,也就是无论在制度上还是在能力上,都具备了在专利侵权诉讼中审理专利权效力的可能,唯一的制度障碍就是"双轨制"无法突破。这一制度也不是完全不能打破。例如,最高人民法院统一审理技术类案件的司法裁判尺度,就制定了"飞跃管辖权"这一特别诉讼制度,这说明,通过制定技术类案件的特别诉讼制度打破"双轨制"的弊病,已经具备实施的条件。同时,具有技术类案件一审管辖权的法院过多,不利于统一司法裁判规则。例如,在青海、拉萨、

① 参见曹新明:《现有技术抗辩研究》,载《法商研究》2010 年第 6 期。

② 参见朱理:《现有设计抗辩的审查判断:逻辑与方法》,载《中国专利与商标》2014 年第 4 期。

宁夏、东北三省等地,技术类案件很少,完全可以集中由一个知识产权法院管辖;在沿海如山东,包括了青岛、济南等多个具有技术类案件的管辖法院,一审管辖法院越多,裁判尺度越难统一,这是一个必然的事实。一审法院集中之后,进一步缩小了裁判尺度不统一的空间,也为在侵权诉讼中适用无效抗辩制度提供了基础。

第十二章

专利侵权诉讼中合法来源抗辩的适用规则

专利权是专利权人以公开其专利技术为代价，来换取法律授予专利权人对其技术方案在一定期间内的垄断权，即专利技术具有公开性的特点。[①] 专利权保护的是技术方案，其具有无形性、易复制性的特点，这使专利技术特别容易被他人复制。面对日益增多的专利侵权诉讼，我国《专利法》及其司法解释在逐步完善“合法来源抗辩”制度，为无过错的销售者、使用者提供救济的途径。但是，实践中各地法院对合法来源的构成要件、证明标准等认识并不一致，在一定程度上使得“合法来源抗辩”制度并没有发挥其应有的效果，这不仅不利于维护专利侵权诉讼中的各方当事人的利益平衡，有违制度的设立初衷，更损害了司法的权威性。

一、合法来源抗辩制度历史沿革

(一)不视为侵犯专利权阶段

合法来源抗辩制度的设计根源于民法中对善意第三人的信赖保护制度，我国《专利法》设立伊始并未设置该制度。我国 1985 年实施的第一部《专利法》和 1992 年修订的《专利法》均在第 62 条认为“使用或者销售不知道是未经专利权人许可而制造并售出的专利产品的”不视为侵犯专利权。该条的规定表明使用者或销售者只要是在“不知道”的情形下，其行为并不构成侵犯专利权，也就是说该条是“不侵权”的规定，而并非对合法来源的规定。且该条并没有因此要求使用者或销售者披露侵权产品的制造者的义务，这就造成了在找不到制造者的

---

① 参见祝建军：《专利法中合法来源抗辩制度的司法运用》，载《电子知识产权》2008 年第 6 期。

情况下，专利权人又不能向使用者或销售者索赔，对专利权人的保护极为不利。

（二）有条件承担赔偿责任阶段

2000年修改后的《专利法》在第63条第2款规定了“为生产经营目的使用或者销售不知道是未经专利权人许可而制造并售出的专利产品或者依照专利方法直接获得的产品，能证明其产品合法来源的，不承担赔偿责任”。这一规定修改了1985年和1992年《专利法》的内容，认为“使用或销售”侵害专利权产品的行为也将构成侵权，但是如果“能证明其产品合法来源的”可以不承担赔偿责任。由此，把合法来源抗辩作为承担赔偿责任的一种例外情形，有效填补了专利保护中存在的问题。[①] 但是，该条并未涉及许诺销售的行为，这就形成了这样一个矛盾现象，即作为销售之前的许诺销售行为不能免除赔偿责任，而销售行为却可以引用合法来源抗辩。于是，2008年修改的《专利法》对合法来源抗辩的适用情形增加了许诺销售的行为，即规定了“为生产经营目的使用、许诺销售或者销售不知道是未经专利权人许可而制造并售出的专利侵权产品，能证明该产品合法来源的，不承担赔偿责任”。

（三）免除善意使用者的民事责任阶段

为了进一步明确合法来源抗辩制度的适用范围，《专利权纠纷司法解释二》第25条规定：“为生产经营目的使用、许诺销售或者销售不知道是未经专利权人许可而制造并售出的专利侵权产品，且举证证明该产品合法来源的，对于权利人请求停止上述使用、许诺销售、销售行为的主张，人民法院应予支持，但被诉侵权产品的使用者举证证明其已支付该产品的合理对价的除外。本条第一款所称不知道，是指实际不知道且不应当知道。本条第一款所称合法来源，是指通过合法的销售渠道、通常的买卖合同等正常商业方式取得产品。对于合法来源，使用者、许诺销售者或者销售者应当提供符合交易习惯的相关证据。”该条款一方面细化了合法来源抗辩适用的规则，另一方面排除了善意使用者承担停止侵权的民事责任。曾任最高人民法院民三庭庭长的宋晓明权威解读《专利权纠纷司法解释二》时认为，使用者在主观上是善意的，在客观上提供了合法来源，且在获得该侵权产品时向销售者支付了合理对价，理应阻却专利权禁止力

---

① 参见张本勇、陈健淋：《〈电子商务法〉背景下的专利侵权合法来源抗辩》，载《电子知识产权》2019年第7期。

的延伸。专利权排他性强,但不等于可以无限扩张。《专利法》不仅仅是专利权人的法,一味地强调专利权人单方的利益,置善意使用者的正当利益于不顾,将侵占善意使用者的合理空间、妨碍交易安全,这并非《专利法》(2008 年)第 70 条的原意,也有违利益平衡的法律基本精神。

最高人民法院《关于知识产权民事诉讼证据的若干规定》第 4 条规定:“被告依法主张合法来源抗辩的,应当举证证明合法取得被诉侵权产品、复制品的事实,包括合法的购货渠道、合理的价格和直接的供货方等。被告提供的被诉侵权产品、复制品来源证据与其合理注意义务程度相当的,可以认定其完成前款所称举证,并推定其不知道被诉侵权产品、复制品侵害知识产权。被告的经营规模、专业程度、市场交易习惯等,可以作为确定其合理注意义务的证据。”

2021 年 6 月 1 日实施的《专利法》,对该制度的规定并未作修改,第 77 条规定:“为生产经营目的使用、许诺销售或者销售不知道是未经专利权人许可而制造并售出的专利侵权产品,能证明该产品合法来源的,不承担赔偿责任。”

合法来源抗辩制度是我国《专利法》中比较特殊的规定,因此有学者表示“不能在国外去套用,不能推断其他国家也有这样一项对专利的限制”。[①] 目前,国际上主要是 TRIPs 协议对此问题做了规定,第 47 条规定了获得信息的权利,即各成员可规定,司法机关有权责令侵权人将生产和分销侵权货物或服务过程中涉及的第三方的身份及其分销渠道告知权利持有人,除非这一点与侵权的严重程度不相称。不过,应当明确的是,这条规定把告知行为人认定为侵权人的义务,而非免责的条件。[②]

因此,正确理解《专利法》中的合法来源抗辩制度,应从以下三个方面来把握:一是主体要件。主体必须适格,包括以生产经营为目的而使用、销售或许诺销售侵权产品的人,产品的制造者、进口者因为主体不适格而不能适用合法来源抗辩。二是客观要件。被告必须能够提供被控侵权产品的合法来源渠道,通常是指被诉产品以符合交易习惯的方式,以合理的价格,并通过合法的进货渠道购得并销售。三是主观要件。被告主观上必须为善意而无过错,即不知道其使用或销售的产品侵权。[③] 对于客观要件,应当由销售者提供符合交易习惯的

---

① 参见张晓都编:《郑成思知识产权文集(专利和技术转让卷)》,知识产权出版社 2017 年版,第 131 页。

② 参见张本勇、陈健淋:《〈电子商务法〉背景下的专利侵权合法来源抗辩》,载《电子知识产权》2019 年第 7 期。

③ 参见赵永刚:《合法来源抗辩制度的主观要件探析》,载《法制与社会》2018 年第 35 期。

相关证据,证明被控侵权产品系通过合法的销售渠道、通常的买卖合同等正常的交易方式取得。对于主观要件,通常应该由权利人来证明销售者实际知道或应当知道其所销售的产品系侵权产品,从而否定合法来源抗辩的成立;反之,则推定该使用者、许诺销售者或者销售者系善意。[①] 目前,我国专利侵权不再以被告主观过错为构成要件,但侵权者可以进行合法来源抗辩,只要满足侵权者主观上不知道所使用、销售、许诺销售的产品侵犯他人专利权以及侵权产品客观上具有合法来源这两个构成要件,抗辩就会成立,法律后果是免除赔偿责任。[②]

我国的《专利法》及其《专利权纠纷司法解释二》,规定了目前正在适用的合法来源抗辩制度。我国对于合法来源抗辩制度的证明责任应当由谁承担并没有争议,但是实践中各地法院对合法来源的构成要件、证明标准等认识并不一致。例如,江苏省高级人民法院《侵犯专利权纠纷案件审理指南(2010)》第5.10条规定:“……合法来源,应当是指符合合同法要件的来源,即使用、许诺销售或者销售人对于被控侵权产品存在符合《合同法》规定的合同关系,而不是指被控侵权产品是经过专利权人许可制造的。合法来源认定的基本要件包括:正当的合同关系、正当的进货渠道、合理对价等因素。”又如,北京市高级人民法院《专利侵权判定指南(2017)》第145条、第146条规定:“为生产经营目的,使用、许诺销售或者销售不知道且不应知道是未经专利权人许可而制造并售出的专利侵权产品、且举证证明该产品合法来源的,不承担赔偿责任,对于权利人请求停止上述使用、许诺销售、销售行为的主张,应予支持。合法来源是指通过合法的销售渠道、通常的买卖合同等正常商业方式取得被诉侵权产品。对于合法来源的证明事项,被诉侵权产品的使用者、许诺销售者或销售者应当提供符合交易习惯的票据等作为证据,但权利人明确认可被诉侵权产品具有合法来源的除外。”

在合法来源抗辩中,法院应当同时审查主观要件和客观要件,而不应当割裂二者的关系分别予以审查,笔者之所以将每个要件分开进行讨论,是为了深入、细化研究之方便,实践中,客观要件的审查实际上体现了被诉侵权一方在实施侵权行为时的主观状态。例如,在宝蔻(厦门)卫浴有限公司与馆陶县佩龙水暖安装维修门市侵害实用新型专利权纠纷一案中[③],最高人民法院认为,销售者合法来源抗辩能否成立,需要同时满足被诉侵权产品具有合法来源这一客观要

---

① 北京知识产权法院民事判决书,(2017)京73民初1204号。

② 参见陈中山:《合法来源抗辩的审查认定》,载《人民司法》2019年第28期。

③ 最高人民法院民事判决书,(2019)最高法知民终118号。

件和销售者无主观过错这一主观要件。被诉侵权产品具有合法来源是指销售者通过合法的进货渠道、通常的买卖合同等正常商业方式取得所售产品。对于客观要件,销售者应当提供符合交易习惯的相关证据。对于主观要件,销售者应证明其实际不知道且不应当知道其所售产品系制造者未经专利权人许可而制造并售出。上述两个要件相互联系。如果该销售者能够证明其遵从合法、正常的市场交易规则,取得所售产品的来源清晰、渠道合法、价格合理,其销售行为符合诚信原则、合乎交易惯例,则可推定该销售者实际不知道且不应当知道其所销售产品系制造者未经专利权人许可而制造并售出,即推定该销售者无主观过错。

二、合法来源抗辩制度的立法意图

关于是否需要设立合法来源抗辩制度,在2000年修改《专利法》时存在争议。在此之前,有学者认为《专利法》第62条是为保护善意第三人而作出的规定,认为"所谓善意,就是不知道某种产品是有专利的,而且也不知道该产品不是专利权人或者未经过专利权人许可制造后销售的。有些长期实行专利制度的国家也有保护善意第三人的规定。《专利法》施行时间还很短,许多人还不了解专利,对善意第三人需要保护"①。也有学者认为适当保护善意第三人的举措是必要的,符合我国实际国情的需要;但如果在法律上规定这样的行为视为不侵犯专利权的行为,则不利于充分保护专利权人的合法利益,容易给专利产品的违法制造者提供可乘之机,使他们有可能利用该项规定,为其未经专利权人许可而制造的侵权产品寻求合法的销售渠道。②

一般认为,停止侵犯专利权的民事责任是一种严格责任,不以侵权人的主观过错为要件,即无论侵权人主观上是故意还是过失,无论其是否知道或者应当知道专利权的存在,只要其实施了《专利法》规定的侵犯专利权的行为,即构成了侵犯专利权,就应当承担停止侵权的民事责任。至于侵犯了专利权的销售者、使用者和许诺销售者是否应承担赔偿责任,《专利法》第77条对于侵权产品的善意销售者、使用者和许诺销售者提供了一种免于承担赔偿责任的抗辩权,这就是"合法来源抗辩制度"。合法来源抗辩制度一方面免除了侵权产品善意销售者、使用者和许诺销售者的赔偿责任,另一方面还要保护权利人的合法权

① 汤宗舜:《专利法解说》,专利文献出版社1994年版,第279页。
② 参见尹新天:《中国专利法详解》,知识产权出版社2011年版,第838页。

利。通过侵权产品销售者、使用者和许诺销售者的举证，权利人可以继续追究供货方的侵权责任，从而追本溯源地找到侵权产品的源头——制造者，以利于从根本上解决侵权问题。侵权产品的销售者、使用者和许诺销售者与制造者所需承担的法律责任是不同的，所负担的举证责任亦不同。这种举证责任，并不因为发现了真正的制造者而得以免除或减轻。这是因为侵权产品的制造行为通常比较隐蔽，难以发现，权利人往往是通过市场上侵权产品的销售、使用、许诺销售行为才得以发现侵权行为；加之很多侵权产品流通环节多，经营行为也不规范，在侵权产品的制造者和被诉的销售者、使用者和许诺销售者中间，可能还存在其他销售者。合法来源抗辩制度，有利于把所有的侵权环节查清，有利于全面解决侵权问题，并使权利人获得全面赔偿。当侵权产品的销售者、使用者是从制造者处直接购买了侵权产品，而没有其他的中间销售环节，通过事实和法律的认定，可以确认制造者生产并销售了侵权产品，在权利人同时起诉了销售者或使用者和制造者时，被诉的销售者、使用者是否可以就此免除或减轻合法来源抗辩的举证责任？对此，最高人民法院认为，侵权产品的销售者、使用者不能因此免除或减轻合法来源抗辩的举证责任。首先，合法来源抗辩是法律赋予善意的侵权产品使用者、销售者的一种权利，根据“谁主张，谁举证”的一般举证责任分配原则，侵权产品的使用者、销售者在行使合法来源抗辩权时，应负担举证责任，其应该举出合法获取侵权产品的证据，如购货发票或收据，以及付款凭证等。其次，对于这种特殊情况下侵权产品使用者、销售者的举证责任，也应该与存在多个中间销售环节时侵权产品使用者、销售者的举证责任相一致。最后，这样分配举证责任，既可以规范流通环节的市场秩序，也可以防止侵权产品使用者、销售者与他人串通，以提供虚假合法来源证据的方式逃避赔偿责任。因此，侵权产品使用者、销售者与制造者就各自的行为应分别承担责任，不能因查明或认定侵权产品的制造者就当然认为被诉的使用者、销售者合法来源抗辩成立，免除其赔偿责任；也不能因为制造者承担了侵权责任，就免除不符合合法来源抗辩要件的使用者、销售者的赔偿责任。①

笔者认为，当权利人同时起诉制造者和使用者或销售者时，首先，说明专利权人也承认被诉产品来自制造者，在权利人已经自认被诉产品的来源时，而且在侵权行为可以制止且权利人的损失可以得到应有的补偿时，不应当再由销售者或使用者承担赔偿损失的民事责任，如果在权利人已经承认被诉产品的合法来源时，

① 最高人民法院民事判决书，(2013)民提字第187号。

仅因为销售者或使用者没有提供相应的证据而要求承担责任，对于销售者或使用者而言，责任过于严重；其次，在没有证据证明销售者或使用者存在恶意时，也应当认为使用者或者销售者完成了合法来源的证明。而作为善意的使用者、销售者不应承担赔偿损失的民事责任。对善意的使用者、销售者进行免责的法律规定，体现了利益平衡的立法宗旨，划清了专利权人与善意使用者之间的权利义务边界，提升了合法市场交易的效力原则，厘定了善意使用者的合理空间，实现了知识产权交易安全与交易效率之间的动态平衡，维护了合法市场交易的良好秩序，维护了善意使用者、销售者正当的合法权益。使用者、销售者主观上是善意的，客观上提供了合法来源，且在获得被诉侵权产品时支付了合理对价，理应阻却专利权禁止力的延伸。专利侵权主要打击的是恶意侵权和制造性源头侵权，维护专利市场的交易制度和专利技术的市场价值，并非针对善意的使用者。①

合法来源抗辩的成立并非就表示使用者和销售者的行为是不侵权的，而只是说明使用者和销售者是善意的，考虑到这种行为属于非恶意行为，故规定其不承担赔偿责任。但是，这种情形，仍属于侵害专利权的行为，侵权人应当立即停止侵权行为。②

实践中，更多法院认为合法来源抗辩制度在免除了侵权产品的善意使用者、许诺销售者或销售者赔偿责任的同时，还是要保护权利人的合法权利。通过侵权人的举证，权利人可以继续追究供货方的侵权责任，包括查找侵权产品流通环节中的其他侵权产品销售者，以及追本溯源地找到侵权产品的源头即制造者，以利于把所有的侵权销售环节查清，全面解决侵权问题，并使权利人获得全面赔偿。基于此，对于侵权产品合法来源证据的审查应当从严把握，特别要注重对证据的真实性、证明力、与侵权产品的关联性、同一性的审查。这里需要明确的是，在审查交易具有相对方的时候，交易的相对方应当是具体明确的，即权利人可以通过合法来源抗辩人所明确的交易相对方信息，追溯侵权产品的来源。这样的举证责任分配及审查，既可以规范产品流通环节的市场秩序，切实维护权利人的利益，也可以防止侵权产品使用者、销售者与他人串通，以提供虚假合法来源证据的方式，甚至以提供其他供货方类似侵权产品来源虚假证据的方式，来逃避赔偿责任，从而防止司法裁判结果的导向作用背离合法来源抗辩

① 广东省高级人民法院民事判决书，(2018)粤民终952号。

② 广东省高级人民法院民事判决书，(2016)粤民终474号。

制度的目的和功能。[①] 也有学者认为设立合法来源抗辩制度,可以促使销售者提高警惕,在进货时加大对产品专利权的审查力度,防止侵权行为的发生。[②] 笔者认为,合法来源制度一方面要保障权利人获得全面赔偿,应当是指权利人获得与其损失相一致的赔偿,即填平权利人的损失;另一方面也要防止权利人重复起诉销售者获得双重赔偿。将针对被诉侵权产品制造商和销售商的诉讼作为必要共同诉讼一并予以审理,既可以避免专利权人分别起诉制造商和销售商时可能造成的双重得利,又可以适度减轻专利权人的维权成本、当事人的诉讼成本以及法院的审理成本。[③] 合法来源抗辩制度的立法意图是寻求专利权人和善意使用者或销售者的利益平衡,在保护专利权人的同时兼顾正常的商业交易,树立社会公众保护知识产权的意识。

三、合法来源抗辩制度的主体要件

(一)制造者不适用合法来源抗辩制度

合法来源抗辩制度适用于使用者、许诺销售者或者销售者系已经为《专利法》和《专利权纠纷司法解释二》明确规定,这在实践中并无太大争议,但是如何辨析被告的身份,还需我们在个案中进行分析阐明。

制造者不适用合法来源抗辩,这里的制造者,应当作广义的理解,不仅包括实际的制造者,也包括推定的制造者、贴牌加工行为人、组装行为人、委托加工行为人。[④] 在上诉人河南新佰睿贸易有限公司因与被诉人梅尔·阿夫加林、原审被告刘某超侵害发明专利权纠纷一案中[⑤],最高人民法院认为,被告不仅通过网络交易平台销售被诉侵权产品,且其对外宣称自己系被诉侵权产品的研发生产制造者,在案证据亦不能证明其没有参与生产制造行为,故在被告既参与被诉侵权产品的制造行为又实施销售行为的情况下,其主张合法来源抗辩,于法无据。对于推定,还是要有一定的证据支持。在宁波博全商贸有限公司(以下简称博全公司)与余姚市春儿食品商行(以下简称春儿商行)因侵害外观设计专

① 最高人民法院民事判决书,(2019)最高法知民终76号。
② 参见赵永刚:《合法来源抗辩制度的主观要件探析》,载《法制与社会》2018年第35期。
③ 最高人民法院民事裁定书,(2018)最高法民辖终93号。
④ 该部分内容参见本书第十章“专利侵权行为的认定”。
⑤ 最高人民法院民事判决书,(2020)最高法知民终299号。

利权纠纷一案中[1]，最高人民法院认为，根据日常生活经验，食品零售商通常并不自行生产制造货架。博全公司提交的公证保全证据仅能证实春儿商行实际使用了被诉侵权产品。合法来源抗辩制度旨在通过免除使用者及销售者的赔偿责任，鼓励追溯生产者，实现打击源头、彻底制止侵权的目的。使用者或销售者主张的合法来源抗辩不能成立，并不能当然推定使用者或者销售者构成制造商。

在东莞市宏诺电子贸易有限公司与东莞市功道电子科技有限公司（以下简称功道公司）等侵害发明专利权纠纷一案中[2]，二审广东省高级人民法院认为，被诉侵权产品系从京东网上的"功道科技专营店"购买，该网店显示了功道公司的注册商标"POTTME"以及功道公司在京东上申请的店铺名"普乐曼"。被诉侵权产品的外包装标注了功道公司的商标"POTTME"、功道公司的企业名称、地址及电话。被诉产品本身及其外包装并未记载其他生产厂家或制造商的相关信息。因此，从被诉侵权产品的购买渠道及其外包装等处标注的商家信息来看，一般消费者认为功道公司既是该产品的销售者，也是该产品的制造者，而无从知晓该产品是否由其他人制造。在没有相反证据的情况下，上述证据足以推定功道公司是被诉侵权产品的制造者、销售者。

本案中，功道公司认为其销售的被诉产品系从案外人处合法采购的，功道公司并非被诉侵权产品的制造者，只是销售者，且经专利权人谢光伟的授权，产品来源合法，不应承担赔偿责任。为此，功道公司提交了其与案外人的对账单、电子聊天记录、报价单、图片及其与谢伟光的账目往来记录，主张被诉侵权产品由案外人制造。笔者认为，无论是京东网上功道公司的店铺名称，还是店铺内标注的功道公司的注册商标，抑或被诉侵权产品的外包装上标注的商标和功道公司的信息，都能说明被诉侵权产品与功道公司是密不可分的。且上述证据系功道公司单方提供，均为网页打印件，没有经过公证，也没有相应的合同、发票、银行转账支付凭证等证据予以佐证，送货单未显示产品的图片，无法与被诉侵权产品相印证。因此，在无相反证据的情况下，上述证据足以推定功道公司是被诉侵权产品的制造者、销售者。功道公司即便提出了合法来源抗辩，也不应被采纳。

新郑市龙湖镇五好卫浴商行（以下简称五好商行）与黄某波侵害发明专利权纠纷一案[3]，最高人民法院认为，五好商行经营者丁某刚二审期间提交的名称

---

① 最高人民法院民事裁定书，(2019)最高法民申6172号。

② 广东省高级人民法院民事判决书，(2017)粤民终992号。

③ 最高人民法院民事判决书，(2019)最高法知民终506号。

为“泉州市泊瓷卫浴有限公司”的营业执照照片、丁某刚与厂家工作人员通话录音、泉州实地调查视频、根据录音整理的部分通话内容能够证明被诉侵权产品系案外人生产，该被诉侵权“龙头”产品的手柄正面上有“泗海”商标标识，结合二审期间丁某刚自认从案外人蔡某坤处订购被诉侵权产品后以其商业活动中使用的“泗海”商标品牌进行销售的事实，能够证明五好商行从案外人蔡某坤处订购被诉侵权“龙头”产品后以其商业活动中使用的“泗海”商标进行销售。《专利权纠纷司法解释二》第 25 条第 3 款规定，本条第 1 款所称合法来源，是指通过合法的销售渠道、通常的买卖合同等正常商业方式取得产品。对于合法来源，使用者、许诺销售者或者销售者应当提供符合交易习惯的相关证据。五好商行将他人生产的被诉侵权产品以自己生产的产品的名义对外销售不能构成合法来源，其销售、许诺销售被诉侵权产品的行为侵犯了黄某波的专利权利，应当予以赔偿。

与本案相似的还有欧普照明股份有限公司与深圳市莱威光电子有限公司（以下简称莱威公司）侵害外观设计专利权纠纷案①，莱威公司自认侵权产品系其组装制造，仅以灯罩及模具系购自案外人为由主张合法来源抗辩。杭州市中级人民法院认为，涉案专利“照明模组”与侵权产品均为吸顶灯，而非作为其配件的光学模组，因此莱威公司并不属于侵权产品的使用者、销售者，而是侵权产品的制造者。涉案侵权产品的包装和售后服务保障卡上均印有莱威公司的企业名称，产品上亦印有莱威公司的“莱维”商标，此外并无其他制造商信息，莱威公司有向消费者作出侵权产品系来源其处的意思表示，对消费者而言，莱威公司即是侵权产品的制造者，其并无权主张合法来源抗辩。

这样的案例还有很多，笔者在此并未一一列举。② 通过这些案例可以看出，法院在评断被告是不是制造者的时候，一般会考虑产品外包装上标注的信息，包括商标、企业名称、电话、地址等，在无相反证据可以证明被诉产品并非被告制造的情况下，一般都会认为被告制造了被诉侵权产品，从而引用制造者不适用合法来源抗辩的规定。

（二）进口行为不适用合法来源抗辩

《专利权纠纷司法解释二》第 25 条规定的是“为生产经营目的的使用、许诺销

---

① 浙江省高级人民法院民事判决书，(2017) 浙民终 548 号。

② 例如，东莞市嘟宝母婴用品有限公司与东莞市思奇实业投资有限公司侵害实用新型专利权纠纷一案中，法院认为结合产品外包装盒和产品使用手册上记载的出品商名称、地址与被诉方营业执照上的公司名称、地址一致的情况，足以证明涉案被诉侵权产品系被诉方生产。广东省高级人民法院民事判决书，(2017) 粤民终 1171 号。

售或者销售不知道是未经专利权人许可而制造并售出的专利侵权产品，且举证证明该产品合法来源的，对于权利人请求停止上述使用、许诺销售、销售行为的主张，人民法院应予支持，但被诉侵权产品的使用者举证证明其已支付该产品的合理对价的除外”。但是，《专利法》中列举的侵权行为，并不限于使用、许诺销售、销售三个行为，还包括进口行为。也即，合法来源抗辩并不适用于进口行为。

在好孩子儿童用品有限公司与广州中威日用品企业有限公司（以下简称中威公司）、广州市上威贸易有限公司（以下简称上威公司）等侵犯发明专利权纠纷一案中①，江苏省高级人民法院二审认为，现有证据表明被控侵权产品系上威公司、中威公司进口、销售，且被控侵权产品落入了涉案发明专利权的保护范围。因为进口侵权产品的行为直接导致该产品在涉案专利受保护的法域内从无到有，所以我国《专利法》规定在专利侵权诉讼中能够提出合法来源抗辩的仅是不知是侵权产品而销售或使用的被控侵权方，不包括侵权产品的进口方。合法来源抗辩受知识产权地域性的限制。

本案中，最高人民法院维持了二审判决，由此可以确定，司法实践中认可进口者不适用合法来源抗辩的观点。但是，在名称为“一种电镀夹导电式卷对卷垂直连续电镀设备”发明专利侵权纠纷案中，被诉产品从韩国进口，一审法院认为，在被诉方已举证证明该产品具有合法来源且其已经支付了合理对价的情况下，合法来源抗辩成立。对此，最高人民法院同样认为，合法来源抗辩主张成立，并未否定合法来源抗辩不适用“进口行为”。

（三）“使用专利方法”者的合法来源抗辩

在笔者代理的来电公司与广州市友电科技有限公司（以下简称友电公司）、深圳市创信信息科技有限公司（以下简称创信公司）侵害发明专利权一案中②，一审广州知识产权法院认为，创信公司合法来源抗辩成立。二审广东省高级人民法院认定两被告具有关联关系，遂改判创信公司的合法来源不能成立。法院认为，创信公司与友电公司在侵权行为中关联紧密，存在分工、合作的行为，应当认定创信公司与友电公司共同实施了侵权行为，理由分述如下：第一，依据涉案移动电源租借终端机的公示信息，从普通消费者的角度出发，必然会认为创信公司亦为制造商，或与制造者之间对涉案移动电源租借终端机的制造或销售存在紧密联系。因此，应当认定创信公司在涉案移动电源租借终端机的设计、

---

① 最高人民法院民事裁定书，（2010）民申字第978号。

② 广东省高级人民法院民事判决书，（2018）粤民终981号。

调试以及对终端机用户进行操作方法步骤的指引过程中使用了被诉方法。第二，创信公司从涉案移动电源租借终端机的充电宝租借中，已获得了充电宝租金收益。故创信公司辩称其仅为涉案移动电源租借终端机善意使用者，没有与友电公司共同实施制造或侵权行为的说法，显然与事实不符。综上，创信公司与友电公司分工合作、紧密配合，存在共同侵权的行为，二者应对被诉侵权行为所产生的损害结果承担连带责任。因此，应当认定创信公司、友电公司未经来电公司许可，为生产经营目的共同实施了与涉案专利相同的被诉方法，构成专利侵权。

笔者认为，上述一、二审观点均值得商榷，根据有关合法来源的法律规定可以看出，“使用专利方法”的合法来源法律没有规定，单纯的“使用专利方法”不存在合法来源的问题。此外，《专利法》第 11 条规定：发明和实用新型专利权被授予后，除本法另有规定的以外，任何单位或者个人未经专利权人许可，都不得实施其专利，即不得为生产经营目的制造、使用、许诺销售、销售、进口其专利产品，或者使用其专利方法以及使用、许诺销售、销售、进口依照该专利方法直接获得的产品。可见，《专利法》第 11 条对方法专利的权利范围明确规定为“使用其专利方法以及使用、许诺销售、销售、进口依照该专利方法直接获得的产品”，而“使用其专利方法”的表述并未规定在《专利法》第 77 条中。这也进一步说明，在立法者看来，“使用专利方法”适用合法来源抗辩，故“使用专利方法”不属于我国现行《专利法》规定的合法来源抗辩的范畴。在来电公司诉创信公司、友电公司一案中，来电公司的专利权利要求 1、21 皆为方法权利要求，被诉侵权产品使用了涉案专利的方法，创信公司仍应当承担停止使用涉案专利方法的行为。①

① 参见西安西电捷通无线网络通信股份有限公司与索尼移动通信产品（中国）有限公司侵害发明专利权纠纷案，北京知识产权法院民事判决书，（2015）京知民初字第 1194 号。北京知识产权法院认为，根据《专利法》第 69 条第 1 款第 1 项的规定，专利产品或者依照专利方法直接获得的产品，由专利权人或者经其许可的单位、个人售出后，使用、许诺销售、销售、进口该产品的，不视为侵犯专利权。据此，在我国现行法律框架下，方法专利的权利用尽仅适用于“依照专利方法直接获得的产品”的情形，即“制造方法专利”，单纯的“使用方法专利”不存在权利用尽的问题。此外，《专利法》第 11 条规定：“发明和实用新型专利权被授予后，除本法另有规定的以外，任何单位或者个人未经专利权人许可，都不得实施其专利，即不得为生产经营目的制造、使用、许诺销售、销售、进口其专利产品，或者使用其专利方法以及使用、许诺销售、销售、进口依照该专利方法直接获得的产品……”可见，《专利法》第 11 条对于方法专利的权利范围明确规定为“使用其专利方法以及使用、许诺销售、销售、进口依照该专利方法直接获得的产品”，而“使用其专利方法”的表述却未规定在《专利法》第 69 条第 1 款第 1 项中。这也进一步说明，在立法者看来，“使用方法专利”不存在权利用尽的问题或者没有规定权利用尽的必要，故“使用方法专利”不属于我国《专利法》规定的权利用尽的范畴。

笔者认为，《专利法》第 75 条和第 77 条的规定，分别针对的是专利产品和专利侵权产品，其内在逻辑是一致的，都未包含对专利方法和专利侵权方法的规定。

对此,最高人民法院认为,合法来源抗辩的适用对象限于专利侵权产品的使用者、许诺销售者、销售者,具体包括使用、许诺销售、销售专利侵权产品或者使用、许诺销售、销售依照专利方法直接获得的专利侵权产品的情形,原则上不包括使用专利方法的情形。①

四、合法来源抗辩成立的客观要件

《专利权纠纷司法解释二》将“合法来源”定义为,通过合法的销售渠道、通常的买卖合同等正常商业方式取得产品。对于合法来源,使用者、许诺销售者或者销售者应当提供符合交易习惯的相关证据。由此可知,合法来源抗辩成立的客观要件即为被诉侵权产品具有明确的来源以及合法的来源,也就是说,至少在客观上要提供“符合交易习惯的相关证据”,即应根据交易的主体是自然人、个体户或公司,标的物价款的高低,行业或区域的普遍交易方式等认定审理案件的交易习惯,进而确定合法来源的证据要求。②

根据“谁主张,谁举证”的原则,由抗辩者来举证证明被诉侵权产品具有合法来源是毋庸置疑的。换言之,为证明来源明确,抗辩者的举证应当围绕前手交易对象的身份信息展开,即必须明确侵权产品来源者的身份;为证明来源合法,抗辩者的举证责任应当围绕侵权产品从前手到后手的交易过程展开,即应当提供符合交易习惯的相关证据。③ 对于合法来源是指商业渠道的合法,理论界和实务界已经形成基本共识,并不存在实质性的争议。

笔者认为,目前司法实务中存在主要的问题是合法来源的标准如何把握,笔者梳理了相关案例,试图对合法来源抗辩成立的客观要件审查规则加以明确。

(一)客观要件的审查规则

我国的市场经济处于初创阶段,市场交易规则不完善,同时国家在逐渐加强对专利权的保护力度。实践中权利人选择销售商、使用商提起诉讼的案件在逐年增多,这就导致越来越多的被告都将合法来源抗辩作为一个“必备”

---

① 最高人民法院民事判决书,(2021)最高法知民终434号。

② 参见陶冠东:《专利侵权纠纷中销售者合法来源抗辩的司法认定》,载《电子知识产权》2017年第4期。

③ 参见陈中山:《合法来源抗辩的审查认定》,载《人民司法》2019年第28期。

选项，[①]然而根据谁主张谁举证的原则，合法来源抗辩成立的首要条件，还是需要被告提出相关的证据。如果在一起案件中，被告仅口头或书面辩称被诉侵权产品具有合法来源，但没有提供相关证据的，不能认定合法来源抗辩成立。

例如，在河北同力自控阀门制造有限公司（以下简称河北同力公司）、泊头市同力环保热力设备有限公司（以下简称泊头同力公司）、北京同力平衡阀门有限公司（以下简称北京同力公司）与朱某同侵害外观设计专利权纠纷案中[②]，法院认为，仅河北同力公司、北京同力公司与泊头同力公司三方当事人自我陈述北京同力公司与泊头同力公司销售的产品来源于河北同力公司，但其未提交任何的诸如发票、交易款项的支付等证据予以证明。因此，北京同力公司与泊头同力公司主张其销售的被控侵权产品具有合法来源而免除赔偿责任的主张，本院不予支持。又如，在原告曾某傅与被告深圳市宝安区西乡杰亿牌西厨设备厂侵害外观设计专利权纠纷案件中，被告主张合法来源抗辩，认为被诉侵权产品来源于案外人，但被告未提交相关证据，因此法院对被告的该项抗辩意见不予采信。[③]

司法实践中对没有证据不能认定构成合法来源这一问题并无争议，笔者对此并不过多着墨。当然，并非提供了合法来源的证据，就能被认定构成合法来源，法院还需要在审理过程中对合法来源的相关证据进行审查，而后判断是否构成。合法来源抗辩客观要件的审查，主要是审查销售者是否能够提供侵权产品进货渠道相关的来源信息，尽到信息披露义务。对此，最高人民法院认为，[④]判断专利侵权产品的使用者、许诺销售或者销售者提供的进货渠道相关来源信息是否符合要求，可以从三个方面进行判断：首先，来源信息中的产品是否与被诉侵权产品一致；其次，来源信息反映的产品流通链条是否完整；最后，来源信息中的侵权产品上端经营者是否具体明确。对于侵权产品合法来源证据的审查，要注重对证据的真实性、证明力、与侵权产品的关联性、同一性的审查。[⑤] 由此可知，审查的重点在于交易主体、交易凭证及同一性的审查。

中山市好美电子塑胶制品有限公司（以下简称好美公司）与广东宝跃星辰

① 2022年4月8日，笔者检索了“知产宝”数据库（https://www.iphouse.cn/），以“合法来源”为关键词的知识产权案件共有92,941宗，其中一审67,669宗、二审24,419宗、再审823宗。

② 北京市高级人民法院民事判决书，(2019)京民终63号。

③ 广州知识产权法院民事判决书，(2017)粤73民初4502号。

④ 最高人民法院民事判决书，(2020)最高法知民终758号。

⑤ 最高人民法院民事判决书，(2020)最高法知民终36号。

光电科技有限公司(以下简称宝跃星辰公司)、袁某侵害实用新型专利权纠纷一案①,广州知识产权法院认为,侵权人应当提供符合交易习惯的证据,证明其从正规合法渠道、以正常合理价格从其直接的供货方处购进侵权产品的事实。法院应当对合法来源证据中交易的相对方、交易的真实性、交易行为相关证据之间的关联性、交易行为与侵权产品的同一性等,进行严格审查。该案中,好美公司从宝跃星辰公司订购的产品与宝跃星辰公司声称接单后从案外人处订购并转寄给好美公司的产品并不一致,拆开公证封存的被诉侵权产品后,案外人明确表示被诉侵权产品并非从该公司处购买,被诉侵权产品与其公司产品的铝材颜色、灯头颜色不一致,拆开内部结构后电路板也不一致。宝跃星辰公司提交的相关证据未显示双方交易产品的名称、型号、数量,仅能证明宝跃星辰公司与案外人存在业务往来,并不能指向被诉侵权产品即来自案外人。

1. 付款凭证的审查

合法来源抗辩客观证据的审查,首先要审查是否真实客观发生,而在实际的交易过程中,付款凭证是证明交易真实发生的关键证据。如果合法来源抗辩证据中缺少付款的凭证,则该交易的真实性则受到质疑。

在深圳市超频三科技有限公司与北京博扬立恩科技有限公司(以下简称博扬立恩公司)侵害发明专利权纠纷一案中②,博扬立恩公司为证明被控侵权产品的合法来源,提交了以下证据的复印件:(1)编号为20130720的"深圳市友达伟创电子有限公司"送货单一份,其上载明商品名称有"龙骑士"散热器;(2)博扬立恩公司发给深圳市友达伟创电子有限公司的德邦公司物流单,其上显示物品为"散热器"。法院认为博扬立恩公司仅提交了送货单,没有发票、银行汇款记录等付款凭证予以佐证,物流单上无具体散热器型号,无法证明是本案"龙骑士"散热器的物流单,在原告对上述证据不予认可的情况下,其合法来源抗辩不能成立。

2. 交易文书的审查

如前所述,没有发票、银行汇款记录等付款凭证的,一般不能认定构成合法来源。但是,仅有付款凭证也不足以说明合法来源抗辩成立,因为付款凭证一

① 广州知识产权法院民事判决书,(2017)粤73民初3520号;最高人民法院民事判决书,(2019)最高法知民终76号。

② 北京市高级人民法院民事判决书,(2014)高民终字第1600号。

般是孤立的,记载的信息相对较少,没有与之对应的交易文书也不能说明交易的真实性。通常而言,交易文书包括销售单、送货单、入库单、书面合同等,在审查交易的客观证据时,要审查交易文书的真实性,以证明交易的真实性与合法性,同时帮助权利人确定被诉产品的来源主体。合法来源抗辩设立的初衷,一方面,是从公平原则出发,让销售商在无过错的情况下能够免除赔偿责任;另一方面,更为重要的目的在于要督促侵权商品销售商完善进货渠道管理,在诉讼中向专利权人披露上游供货商,以便专利权人逐级向上游供货商主张责任,最终找到并打击侵权商品的生产源头,从根本上消灭侵权现象,维护专利权人的利益,鼓励创新,从而推动整个社会的发展与进步。但在本案中,被诉方提供的所谓合法来源的证据,不能指向一个明确、具体、可验证真实的上游供货商,且被诉侵权产品还是"三无产品",故其合法来源抗辩不能成立。①

在北京英特莱技术公司(以下简称英特莱公司)与亚萨合莱天明(北京)门业有限公司(以下简称亚萨合莱天明公司)、北京弘泰基业房地产有限公司(以下简称弘泰基业公司)侵害发明专利权纠纷案件中②,一审北京知识产权法院认为本案中弘泰基业公司,作为朝阳大悦城的业主,使用了一审法院确认侵权的产品。根据弘泰基业公司提交的证据,该侵权产品所在区域的防火卷帘门产品均由亚萨合莱天明公司提供,亚萨合莱天明公司对此亦不持异议。亚萨合莱天明公司主张其仅是卷帘门的制造商,侵权的帘面均从第三方采购而来。对此,亚萨合莱天明公司提供的发票、银行承兑汇票等可以证明其从北京天众科技有限公司(以下简称天众公司)等处采购帘面的交易真实发生,虽然票据金额尚不足以覆盖其向弘泰基业公司提供的全部面积的产品,但天众公司已认可向亚萨合莱天明公司提供了朝阳大悦城项目无机防火卷帘帘布 51,923.55m^2,亚萨合莱天明公司向弘泰基业公司提交的投标文件亦明确记载帘面由天众公司制造。上述证据形成完整的证据链,证明亚萨合莱天明公司采购帘布的事实具有高度可能性,涉案侵权行为相关法律责任亦有明确的承担主体。仅两企业之间未签订书面合同的事实,不足以否定上述证据所证明的亚萨合莱天明公司采购帘面产品的高度可能性,因此,认为亚萨合莱天明公司的合法来源抗辩成立。二审北京市高级人民法院撤销了一审判决,认为:本案中,英特莱公司为证明亚萨合莱天明公司提出的合法来源抗辩不成立补充提交了 11 份证据,结合英特莱公

① 最高人民法院民事判决书,(2019)最高法知民终 631 号。

② 北京市高级人民法院民事判决书,(2019)京民终 65 号。

司补充提交的证据及一审法院查明的事实，首先，亚萨合莱天明公司未提交其与所称的供货方天众公司之间的书面合同；其次，亚萨合莱天明公司提交的入库单显示的货物金额与其提交的结算发票上显示的金额不相符；最后，尽管亚萨合莱天明公司提交了天众公司的书面声明，佐证涉案产品均由天众公司提供，但根据英特莱公司二审补充提交的证据，亚萨合莱天明公司与天众公司之间在涉案项目施工期间存在利害关系，该书面声明的证明力较弱。由于涉案项目属于大型施工项目，货物订购、往来及结算的交易流程通常较为规范，按照常理，其应能提供相应合同等证据，故亚萨合莱天明公司本案所提交的有关合法来源的证据不符合通常的商业惯例，且具有较为明显的瑕疵，无法形成完整、清晰的证据链条，未能满足高度盖然性的证明标准。本案中，法院认为涉案项目属于大型施工项目，所以应该有合同等符合交易习惯的证据，所以法院认为亚萨合莱天明公司的合法来源证据存在明显瑕疵，不能认定构成合法来源。

在笔者代理的一起案件中，深圳市爵影科技有限公司（以下简称爵影公司）提交了如下合法来源证据：（2016）深证字第163522号公证书，其内容为上海茸达光学仪器有限公司（以下简称茸达公司）法定代表人蔡某顺出具的《确认书》；产品购销合同；送货单4张、销售发票8张及银行转账记录；（2016）粤广海珠第19747号公证书复印件，系原告在广州市盛贤摄影器材城（C区）的“爵影摄影器材”商标牌购买产品的公证。法院认为，首先，茸达公司法定代表人蔡某顺在《确认书》中称“此封装的60mm\F2.8\MACRO2：1微距镜头一套（包括包装物及使用说明书）由茸达公司生产”。爵影公司未提供证据证明侵权产品的包装与《确认书》中的“此封装”一致。而且，《确认书》中的“此封装”不包含产品保修卡，侵权产品的包装内含有产品保修卡，两者明显不同。因此，侵权产品是否来源于茸达公司存疑。其次，爵影公司仅提供了其与茸达公司签订的预计销售合同，并未提供实际履行的证据，仅凭茸达公司法定代表人蔡某顺的证言不足以证明交易真实发生，且该证言亦不属于符合交易习惯的证据。最后，即使退一步讲，侵权产品系由茸达公司生产，但爵影公司在原包装中加入标注爵影公司商标、官网的产品保修卡，表示为侵权产品的制造者，不属于侵权产品的使用者、销售者，不符合合法来源的抗辩主体身份。[1]

① 广东省高级人民法院民事判决书，（2018）粤民终2600号。

笔者认为,法院在本案中的审查标准较为严格,在已经确认了被诉侵权产品的制造者的情况下,在第三人已经承认的基础上,结合爵影公司提交的购销合同、送货单、发票、银行转账记录,已经表明是符合一般商业交易习惯的,然而法院认为产品来源存疑,并未支持爵影公司的合法来源抗辩。[①] 合法来源认定的本质在于交易习惯,在于法院根据生活常识进行证据认定,在于证据的高度盖然性是否成立,本案中一审法院关于合法来源的认定,违背了交易习惯,违背了生活常识,更违背了高度盖然性的规则。首先,一审法院基于保修卡认定爵影公司是生产者,是错误的。其次,产品保修卡也可以是销售者提供,以承担保修责任。是否是产品生产者,应当根据法院查明的事实进行认定,不能因为销售被控产品时提供了爵影公司的保修卡,就推定爵影公司是生产者。最后,茸达公司是被控产品的生产者,其公证的《确认书》、发票、送货单、被控产品、转账凭证符合交易常识,已形成证据链。被告提交的经过公证的茸达公司《确认书》,是双方当事人真实意思表示,并提供了发票、送货单、被控产品、转账凭证等证据佐证,足以认定双方交易的真实性。从生活常识可知,如果当事人之间没有真实的交易,当事人一方不会承认对自己不利的事实。爵影公司与茸达公司之间存在多种交易,本案交易包括在其中,导致证据数据之间有一部分不能一一对应,这是我国现实商业环境下的交易常态,但这些证据已形成基本证据链条,符合高度盖然性的证明标准。

3. 同一性审查

在合法来源抗辩中,同一性是指被诉产品与被诉方提供的交易凭证之间的对应关系,只有能够证明被诉产品与交易凭证之间存在唯一确定的对应关系时,才能认定合法来源抗辩成立。实践中,因为被诉方通常是在诉讼发生后寻找证据,此时的证据只要能够形成完整的符合交易习惯的证据链,通常认为合法来源抗辩成立,其标准通常是“高度盖然性”标准。

最高人民法院在麦某添、中山市天虹电机制造有限公司与蔡某兵、中山中艺(佛冈)电机厂侵害实用新型专利权纠纷案件中支持了广东省高级人民法院

---

① 与本案相关的还有广东省高级人民法院民事判决书,(2019)粤知民终67号。该案中,广州市越秀区爵影摄影器材商行(以下简称爵影商行)主张被诉侵权产品来源于爵影公司,爵影公司亦予以认可。法院认为合法来源抗辩作为一种法律赋予善意销售者的权利,销售者应举证证明被诉产品是其遵循正常的商业途径以合理的价格合法获取,且存在不知道侵权的主观善意。现爵影商行不能提供任何合同、发票、收据等凭据证明被诉产品的合法来源,仅以其关联公司爵影公司承认是其提供为由,即主张购买自爵影公司,其合法来源抗辩不成立。

的观点[①],最高人民法院认为,在二审审理中,蔡某兵辩称被诉侵权产品购自案外人,并提供了加盖有案外人的印章,时间为2011年2月13日的收款收据。该收据的首部"客户名称"栏为"中源",尾部"制单人"栏为"刘","货名"栏为"中艺铝线电机","收货人"栏处空白。蔡某兵并无证据证明"中艺铝线电机"所指向的产品是本案被诉的产品"单相离合器电动机",亦无证据证明买受人"中源"所指向的是蔡某兵经营的店铺。而且,该证据与其在一审审理中提交的2011年2月13日的收款收据在制单人、货名等处均存在不一致。虽然出于相互信任或节约交易成本等多种因素的考虑,在实际交易中,可能存在经营行为不规范的情况,订货、送货、收款等形式往往比较随意,所形成的相关证据难以准确、完整地反映整个交易的情况,但由于使用者或销售者对其合法来源抗辩所依据的事实负有证明责任,因此,对产品的来源出现争议时,不规范的经营行为会导致没有证据或证据不能形成完整证据链,此时无法举证证明具有合法来源的后果是经营者自身不规范的经营直接造成的,应当由其自己承担不利的后果。

在广东省高级人民法院判决的另一起阮某清与曾某长侵害实用新型专利权纠纷案件中,曾某长主张侵权产品来源案外人,并提供了案外人个体工商户营业执照、转账交易成功回单、货物托运单、收款收据、产品购销合同书等予以证明,但货物托运单显示的托运产品是铁架,与产品购销合同中的产品桁架不符,产品购销合同中所盖印章为霸州诚诚展览展示器材厂,与案外人个体工商户营业执照中的名称不符,证据上存在瑕疵,更为重要的是产品购销合同书只写明产品为桁架,未附有图片,法院无法判断产品购销合同书中的产品是否为本案被控侵权产品,因此,法院认为曾某长主张侵权产品有合法来源的证据不足。[②]

在启翔针车(上海)有限公司(以下简称启翔公司)与东莞市飞越机械有限公司(以下简称飞越公司)侵害实用新型专利权纠纷案中[③],飞越公司主张被控侵权产品上"飞越"标志是应启翔公司的要求贴上的,且被控侵权产品系从案外人东莞市厚街力泰五金机械厂(以下简称力泰五金厂)购买的,飞越公司销售被控侵权产品具有合法来源。为证明销售被控侵权产品具有合法来源,飞越公司

---

① 最高人民法院民事裁定书,(2013)民申字第1219号。

② 广东省高级人民法院民事判决书,(2014)粤高法民三终字第632号。

③ 广东省高级人民法院民事判决书,(2013)粤高法民三终字第892号。

提交了送货单、收据、证明、买卖合同、个体工商户营业执照及经营者身份证明等证据材料。法院认为,飞越公司在被控侵权产品上贴有“飞越缝纫机”的铭牌,该种行为应当认定为向任何第三方表示其为产品制造者的行为;飞越公司虽主张其向案外人力泰五金厂购买了一台被控侵权产品后销售给了启翔公司,但是飞越公司又向案外人上海善客贸易有限公司(以下简称善客公司)出具了合同标的物为20台被控侵权产品的案涉购销合同,且在展销会上同时进行相同产品的展销,可见其上述主张内容和实际发生的事实明显不符。

本案中,我们可以看出,飞越公司提供的证据中产品数量是不符的,也就是说,即便其向力泰五金厂购买了被控侵权产品,但是其与善客公司签订合同的数量也远远超过了从力泰五金厂购买的产品数量。专利侵权诉讼中的合法来源抗辩,针对的是涉案产品本身,并非权利人通过保全或购买的某一台产品,因此当被告不能提供全部产品的合法来源时,一般不能认定其合法来源抗辩成立。

4. 合理对价的认定

在市场经济条件下,产品的交易过程是非常灵活的,产品的价格是由交易双方充分协商确定的。一般而言,销售价格要大于进货价格,而且差价在合理的区间。但是,如果价格出现较大波动,也不应当据此认为销售者没有支付合理的对价。因此,在审查合理对价时,重点在于对价的有无,对于合理的审查应当采用较为宽松的标准。差价较大不能成为销售者未尽到合理注意义务的理由,因为这与经营者追求利润的本性不符,而且通常进货价格过分低于正常产品价格时可以作为主观过错的考虑因素,但销售价格高于或者过分高于进货价格与是否知道所售产品系侵权产品并无直接的关系,不应直接据此推定销售商未尽到注意义务。①

对于一些经营规模较小、财务制度不健全的个体工商户或个人,在其尽力提供了合理证据的基础上,不应苛求其提供十分完备的合同及发票。② 此时,是否支付了合理对价,对评断是否具备合法来源就显得尤为重要。合理对价不仅是交易真实存在的证据,也是销售者在其交易中是否存在过错的体现。

在东莞市一川金品机械有限公司与东莞市富茂五金机械有限公司(以下简称富茂五金公司)、厦门市鑫海铭电子有限公司(以下简称鑫海铭公司)侵害发

① 最高人民法院民事判决书,(2020)最高法知民终758号。

② 参见陈中山:《合法来源抗辩的审查认定》,载《人民司法》2019年第28期。

明专利权纠纷案中①,法院查明 2017 年 10 月 26 日,富茂五金公司与鑫海铭公司签订《销售合同》一份,约定富茂五金公司向鑫海铭公司销售 CZ－750 全自动插针机一台,价格为 14 万元。2017 年 10 月 27 日,鑫海铭公司的法定代表人黄某山向富茂五金公司的法定代表人周某平转账支付 7 万元。庭审中,富茂五金公司确认鑫海铭公司被查封的插针机是其生产并销售给鑫海铭公司。法院认为,鑫海铭公司提交的证据足以证明侵权产品的合法来源,但根据其与富茂五金公司签订的《销售合同》,侵权产品价格为 14 万元,截至庭审,鑫海铭公司提交的证据仅能证明其已支付货款 7 万元,不能视为已支付该产品的合理对价。

在黄某超与黄某魁等侵害实用新型专利权纠纷案中②,法院认为,黄某魁举示的发货单、货运单及名片,可以认定本案的被诉公证实物系黄某魁向他人购买,但被诉公证实物没有生产厂家的名称及地址、产品质量检验合格证明等信息,上述证据不足以证明其销售的产品是通过合法正规的渠道取得并支付了对价。当然,笔者赞同法院认为在没有支付合理对价的情形下,黄某魁合法来源抗辩不能成立的观点。但是笔者认为法院要求黄某魁提供“产品质量检验合格证明”明显过于严格。合法来源抗辩制度的立法意图是找到被诉侵权产品的制造者,而不是要求被诉侵权产品的质量检验都是合格的。

5. 关联关系的认定

使用者或者销售者是否具备合法来源,除了要看前述的合同、付款凭证、合理对价等符合商业惯例的证据外,还要求使用者或者销售者与制造者之间不能具有明显的关联关系。例如,在同力公司案件中,③北京市高级人民法院就认为河北同力公司、北京同力公司以及泊头同力公司具有一定的关联关系,且朱某同曾就职于河北同力公司,故作为关联企业的北京同力公司以及泊头同力公司对河北同力公司生产制造的被控侵权产品具有一定的注意义务。

笔者认为,在审查合法来源的证据时,不仅要看被诉侵权产品的来源是否合法,还需要判断提供的被诉产品的来源与使用者或者销售者是否有关联关系。如果二者关系紧密,一般来说其合法来源抗辩也不能成立,因为合法来源不光是要求来源合法,还要使用者或者销售者“不知道”,那么,当二者具有关联

① 福建省高级人民法院民事判决书,(2019)闽民终 441 号。需要注意的是,最终二审法院撤销了一审法院的判决,认为被诉侵权产品并未落入涉案专利的保护范围,被告无须承担任何责任。

② 重庆市第五中级人民法院民事判决书,(2016)渝 05 民初 1097 号。

③ 北京市高级人民法院民事判决书,(2019)京民终 63 号。

关系的时候，其不可能“不知道”。

（二）特定条件的审查

从字面上看，合法来源主要包括“合法”和“来源”两层含义，“合法”指商品的占有转移过程合法，“来源”表示产品的从前手到后手的过程。当使用者或者销售者举证证明被诉侵权产品来源合法包含下列行为时，一般会被认为构成合法来源。

1. 权利人的自认

销售者销售未经专利权人许可的产品时，如果各方当事人特别是权利人在诉讼中均认可其销售的产品来源于第三方，且没有证据证明销售者系明知或应知之时，一般可以认为其销售的被诉侵权产品具有合法来源。例如，在北京超思电子技术有限责任公司诉江苏鱼跃医疗设备股份有限公司（以下简称鱼跃公司）、北京阜成金象大药房有限责任公司（以下简称金象大药房）侵犯发明专利权纠纷案中，原告将鱼跃公司和金象大药房一并起诉，在审理过程中金象大药房为证明其销售的产品具有合法来源，向法院提交了商品配送单、医疗器械生产企业许可证、医疗器械注册登记表、医疗器械注册证、医疗器械检验报告和企业营业执照等证据。法院认为，各方当事人均认可金象大药房销售的被控侵权产品来源鱼跃公司，没有证据证明金象大药房明知或应知该产品为侵权产品。因此，虽然金象大药房未经许可销售侵犯本专利的产品，但其能证明其产品合法来源，不承担赔偿责任。①

同样地，在王某明等诉吉林省宇信建筑工程有限公司（以下简称吉林宇信公司）、长春市会达轻体建材厂（以下简称会达建材厂）侵害发明专利权纠纷案中②，法院认为，结合吉林宇信公司提供的与会达建材厂的烟道购买合同及庭审中三方当事人均认可本案被控侵权产品来源会达建材厂这一事实，在没有证据证明吉林宇信公司使用该被控侵权产品时，知道该产品侵犯涉案发明专利权的情况下，吉林宇信公司对侵犯涉案发明专利权的行为不承担赔偿责任，在吉林宇信公司已支付合理对价的情况下，考虑到若停止使用已安装完毕的被控侵权产品所要付出的成本，吉林宇信公司可以不停止使用已安装完毕的被控侵权产

① 北京市高级人民法院民事判决书，(2011)高民终字第29号；北京市第一中级人民法院民事判决书，(2010)一中民初字第10073号。

② 吉林省长春市中级人民法院民事判决书，(2016)吉01民初644号。

品,但应停止继续安装使用侵犯本案专利权的被控侵权产品。

也就是说,当使用者或销售者提供了合法来源的抗辩证据时,即便该证据可能并非包含全部的付款凭证、合理对价等信息,但是在各方当事人,特别是原告也认可的情况下,一般其合法来源抗辩都能成立。[①]

此外,在笔者代理的覃某校诉佛山市丰雷益门业有限公司(以下简称丰雷益公司)、广州市花都区天佑通五金压铸制品厂(以下简称天佑通五金厂)、谭某军侵害外观设计专利权纠纷案件中[②],广州知识产权法院认为,销售者只要没有提供符合规定的证据,如其销售合同、送货单、支付凭证等来支持其主张,即便被诉侵权产品的外包装上标记了产品来源,也不构成合法来源抗辩。虽然被诉侵权产品外盒上标注有被告天佑通五金厂的名称、地址、电话等信息,该厂投资人也确认被诉侵权产品系该厂销售给被告丰雷益公司销售,但被告丰雷益公司没有提供符合《专利权纠纷司法解释二》第25条第3款规定的证据,如其与被告天佑通五金厂签订的有关销售合同、送货单、支付凭证等来支持其主张。因此,现有证据不足以证明被告丰雷益公司销售的本案被诉侵权产品,是通过合法的渠道从被告天佑通五金厂处获得的,其合法来源抗辩不能成立。

笔者认为,法院的这种对合法来源抗辩的审查标准过于苛刻,该逻辑是值得商榷的。其理由在于:第一,销售合同、送货单、支付凭证等证据并不是合法来源成立的前提条件,合法来源是要求当事人提供证明产品的制造商,使权利人可以向制造商主张权利,在产品外包装已经记载了产品制造商的情况下,足以证明被诉产品的制造商,在制造商明确的情况下,专利权人的利益完全可以通过制造商得以保障和实现,在这种情况下没有必要再由销售商承担责任;第二,司法解释只是对合法来源抗辩制度的一种解释,并非完全要按照这一解释来认定合法来源的抗辩标准。笔者认为,应当从制度设计目的的标准来衡量销

---

① 例如,在北京乐扣乐扣贸易有限公司(以下简称乐扣乐扣公司)诉台州市黄岩南城永能塑料厂(以下简称台州永能塑料厂)、北京李庄华永日用品店(以下简称北京李庄华永店)侵害外观设计专利权纠纷案件中,原告乐扣乐扣公司及被告北京李庄华永店均认可被告北京李庄华永店销售的涉案侵权产品的生产厂家为台州永能塑料厂,可见,被告北京李庄华永店销售的涉案侵权产品具有合法来源,而且,因缺乏证据证明在被告北京李庄华永店销售被控侵权产品时知道该产品系专利侵权产品,也无证据证明被告北京李庄华永店对被控侵权产品的销售存在过错,因此,被告北京李庄华永店销售了侵犯涉案外观设计专利权的涉案侵权产品,依法应承担停止销售侵权产品的法律责任,但是被告北京李庄华永店销售的涉案侵权产品具有合法来源,故不应承担赔偿责任。北京知识产权法院民事判决书,(2015)京知民初字第972号。

② 广州知识产权法院民事判决书,(2016)粤73民初2470号。

售者的合法来源的证据是否成立，而不应当采取形式主义，完全按照司法解释罗列的证据进行认定。实践中，对于合法来源抗辩有采取从严审查的倾向，对此，笔者认为，这一倾向背离了合法来源抗辩制度的设立宗旨。

2. 租赁产品的认定

对于一些大型设备来说，被诉侵权产品并非系使用者购买所得，此时对租赁被诉侵权产品的使用者而言，其需要举证证明所使用的涉案产品系从他人处租赁而来。当原告也没有证据证明使用者主观上是“明知或应知”时，一般认为使用者构成合法来源。例如，在城乡建设集团案中，法院认为城乡建设集团已举证证明其使用的涉案设备系从他人处租赁而来，现有证据也不能证明城乡建设集团知道其使用的涉案设备系未经专利权人许可而制造并售出的侵权产品，故原审法院认定城乡建设集团使用的侵权产品具有合法来源而不承担赔偿责任是恰当的。①

3. 投标产品的认定

北京知识产权法院在北京润泽金松科技发展有限责任公司诉北京天泽泰和科技有限公司（以下简称天泽泰和公司）及奥港科技（洛阳）有限公司（以下简称奥港公司）侵害实用新型专利权纠纷案中②认为，奥港公司并未实际制造被诉侵权产品，而是作为销售商参与投标活动。奥港公司根据招标公司的招标公告参与投标，对投标产品进行报价并就产品参数等进行详细的描述，意在销售被诉侵权产品，考虑到被告奥港公司并未在此次招标活动中中标，因此其行为属于许诺销售行为。另外，被诉侵权产品系由被告天泽泰和公司制造，原告并无证据证明两被告之间存在分工合作，亦不能证明被告奥港公司主观上知晓所用于投标样品为侵犯涉案专利权的产品，被告奥港公司不应与被告天泽泰和公司承担共同责任。

4. 铭牌信息的认定

在北京乐扣乐扣贸易有限公司（以下简称乐扣乐扣公司）诉被告保定白沟万波龙家居用品有限公司（以下简称保定万波龙公司）、被告北京市官园商品批发市场有限公司（以下简称官园市场）侵害外观设计专利权纠纷一案中，被告官园市场提交的万波龙送货单显示倪某进销售的涉案侵权产品有合法来源，涉案侵权产品上的吊牌显示为“万波龙”品牌，原产地为中国白沟，销售

① 北京市高级人民法院民事判决书，（2012）高民终字第4630号。

② 北京知识产权法院民事判决书，（2017）京73民初21、22号。

商（售后服务）为河北省保定市白沟镇工业园区，生产厂家为保定万波龙公司。法院认为，[1]被告官园市场提交的万波龙送货单显示，倪某进销售的涉案侵权产品有合法来源，且涉案侵权产品上的吊牌显示为“万波龙”品牌，生产厂家为保定万波龙公司，对此，法院认为，被告官园市场销售的被控侵权产品具有合法来源。因缺乏证据证明在被告官园市场销售被控侵权产品的销售者倪某进知道该产品系专利侵权产品，也无证据证明被告官园市场对被控侵权产品的销售存在过错，且在官园市场上倪某进不再销售被控侵权产品的情况下，法院对乐扣乐扣公司要求被告官园市场承担赔偿经济损失责任的主张，不予支持。[2]

正如前文一直强调的，合法来源抗辩制度的立法意图就是找到制造者，让善意的使用者、销售者免于承担赔偿责任。那么，当被诉侵权产品上带有铭牌，显示了产品的制造者时，已经可以证明产品的制造者。此时，应当免除善意销售者的责任，这一做法符合合法来源抗辩制度设置的目的。对此，最高人民法院认为，合法来源抗辩设立的初衷，一方面，是从公平原则出发，让销售者在无过错的情况下能够免除赔偿责任；另一方面，更为重要的目的在于要督促侵权产品销售者完善进货渠道管理，在诉讼中向专利权人披露上游供货者，以便专利权人逐级向上游供货者主张责任，最终找到并打击侵权产品的生产源头，从根本上消灭侵权现象，维护专利权人的利益，鼓励创新，从而推动整个社会的发展与进步。[3] 但是，最高人民法院也认为，在专利侵权案件中，侵权产品的使用者、销售者与制造者就其侵权行为所需承担的法律责任是不同的。使用者、销售者与制造者应就各自的行为分别承担责任，不能因查明或认定侵权产品的制造者就当然认定使用者、销售者的合法来源抗辩成立，免除其赔偿责任；也不能

---

① 北京知识产权法院民事判决书，(2015)京知民初字第973号。

② 与本案相似的还有东莞市宝华数控科技有限公司诉被告苏州恒远精密数控设备有限公司、周某芝、江西合力泰科技有限公司（以下简称合力泰公司）、江西合力泰科技有限公司井开分公司（以下简称合力泰井开分公司）侵害实用新型专利权纠纷一案，本案中法院认为被告合力泰公司、被告合力泰井开分公司作为被诉侵权产品的使用者，提出了合法来源抗辩，并提交了《购销合同》及发票证明被诉侵权产品合法来源，该被诉侵权产品的型号与上述合同上记载的产品型号相符，且被诉侵权产品上有厂家信息及标识，而原告在本案主张权利的类型系实用新型专利，原告也未能举证证实被告合力泰公司、被告合力泰井开分公司实际知道或应知道其所购买的产品侵权，故应认定被告合力泰公司、被告合力泰井开分公司的被诉侵权产品在依上述合同购买的100台内的合法来源抗辩成立，但因被告合力泰井开分公司在现场确认其共有型号为“BM80－2”的被诉侵权产品175台，故对于上述合同以外的75台被诉侵权产品的合法来源抗辩缺乏依据，法院对此不予采纳。广州知识产权法院民事判决书，(2016)粤73民初1131号；广东省高级人民法院民事判决书，(2018)粤民终1747号。

③ 最高人民法院民事判决书，(2020)最高法知民终728号。

因制造者承担了侵权责任,就免除不符合合法来源抗辩要件的使用者、销售者的赔偿责任。①

5. 第三方证明

在北京鑫涛塑业有限公司(以下简称鑫涛公司)诉北京世纪联华燕平超市有限公司(以下简称世纪联华燕平公司)侵犯外观设计专利权纠纷案中,案外人作为供应商与联华超市股份有限公司签订委托销售协议,销售产品类型为家具,适用范围为联华超市股份有限公司所属及其关联企业的世纪联华大卖场(包括其下属门店)。世纪联华燕平公司称其为联华超市股份有限公司的下属子公司之一,由母公司统一进货,原告对此未提异议。世纪联华燕平公司还提交了其进货的报告及世纪联华股份有限公司的计算机管理系统的打印件,说明其从案外人进货的数量。案外人也出具证明称涉案被控侵权产品为其所提供。法院认为世纪联华燕平公司虽销售了涉案侵权产品,但其提供了委托销售协议、销售记录等证据材料,案外人也出具证明说明侵权产品由其提供。在原告未提出证据证明世纪联华燕平公司是在销售明知未经专利权人许可授权生产的产品的情况下,世纪联华燕平公司提供了销售产品的合法来源,故世纪联华燕平公司不应承担赔偿责任。②

笔者认为,基于连锁超市这种模式,由母公司统一进货是很常用的一种方式,此时案外人提供证据证明被诉侵权产品系其提供的,可以表明销售者具备合法来源。但是,最高人民法院认为,合法来源抗辩应当提供符合交易习惯的相关证据。案外人出具的有关其制造并提供被诉产品给销售者的说明,在缺乏其他客观证据证明的情况下,销售者仅以此主张合法来源,该抗辩难以成立。本案中,被诉方并未提供交易合同、出库单、销售凭据、打款记录等证明交易来源的证据,在此情况下,当事人不规范的交易行为,也应由当事人承担不利的法律后果,不能仅凭案外人的证言等证据认定合法来源抗辩成立。③

6. 交易习惯的认定

是否符合交易习惯的认定,通常根据是否形成了完整的证据链进行判断,这一证据链是否成立,实际上是对"高度盖然性"规则的把握。使用者或销售者如果一直与某公司合作,从其处购买产品,那么基于双方长久的合作关系,对于

① 最高人民法院民事判决书,(2019)最高法知民终388号。

② 北京市第一中级人民法院民事判决书,(2011)一中民初字第1632号。

③ 最高人民法院民事判决书,(2019)最高法知民终515号。

同类、同型号产品来说，后续的购买行为不再另行签订购买合同也是符合商业习惯的。此时，如果使用者或销售者提供了付款凭证、发票等信息，符合高度盖然性规则，可以认定构成合法来源抗辩。

例如，在东莞市宝华数控科技有限公司与东莞市瑞必达科技有限公司（以下简称瑞必达公司）、东莞市嘉锐自动化科技有限公司（以下简称嘉锐公司）侵害实用新型专利权纠纷一案中①，瑞必达公司为证明其销售的被诉侵权产品具有合法来源，提供了交易合同以及5张增值税发票作为证据。一审东莞市中级人民法院仅能认定瑞必达公司对其100套机械手部分的合法来源抗辩成立，并认定另外50套机械手部分的合法来源抗辩不成立。

二审期间，瑞必达公司提交了51张增值税发票及交易合同证明被诉侵权产品系购自嘉锐公司。上述增值税发票每张上记载3台CNC机械手产品，总共153台。对此，广东省高级人民法院认为，首先，瑞必达公司在原审及二审期间提交的增值税发票所记载的内容一致，均为瑞必达公司向嘉锐公司采购CNC机械手，时间上具有连续性。其次，嘉锐公司已经自认生产并销售150台机械手给瑞必达公司，与上述增值税发票记载的产品数量基本一致。最后，瑞必达公司在原审期间提交的购买合同，虽然仅记载100台机械手，但是考虑到双方之前已经发生的交易记录，双方对此后发生的、产品内容相同且产品价格一致的交易不再另行订立买卖合同的解释，亦符合常理，且瑞必达公司已提交相关交易的增值税发票作为凭证，可以证明其使用的150台被诉侵权产品均系循正常、合法的商业渠道购自嘉锐公司，合法来源抗辩成立。

在笔者代理的恒昊公司与南京美顺门业有限公司（以下简称美顺公司）等侵害外观设计专利权纠纷一案中②，一审南京市中级人民法院认为，美顺公司辩称被控侵权产品使用的玻璃为恒昊公司产品，由个体工商户进桓源中心业主杨某保向其供货。就涉案玻璃的交易过程，除证人证言外美顺公司未提交有效证据。证人虽出庭作证，但证言所证明的涉案玻璃来源以及与美顺公司的交易过程均极为偶然，且证言中自法院封门的仓库中取出玻璃的行为本身即不合法。这种偶然性和仅一次的交易次数，也与美顺门业宣传册（厚）中出现缤纷圆图案的事实不符。加之亦无其他证据相印证，故法院不认可证言的证明力。因此，

---

① 广东省高级人民法院民事判决书，（2014）粤高法民三终字第1223号。

② 江苏省南京市中级人民法院民事判决书，（2016）苏01民初1266号；江苏省高级人民法院民事判决书，（2017）苏民终1115号。

南京市中级人民法院认定美顺公司的合法来源抗辩不成立。二审江苏省高级人民法院纠正了该观点,认为本案中,首先,一审中美顺公司提交了其向杨某保订货的手写字条,字条内容明确了玻璃的尺寸和订货的日期。杨某保在一审过程中作为证人出庭作证,明确表示美顺公司使用的被控侵权玻璃来源于其经营的进桓源中心。同时,美顺公司也通过公证方式证明了在杨某保经营的进桓源中心确实还存有与被控侵权玻璃相同的玻璃产品,玻璃上贴有恒昊公司的防伪标签,且恒昊公司在二审庭审中也认可杨某保处玻璃与被控侵权玻璃中的图案完全一致。其次,在二审中,美顺公司提交了2016年9月4日、2016年11月12日及2017年6月美顺公司法定代表人许某友通过银行向杨某保转账的记录,前两次转账均发生在本案起诉日2016年12月9日之前,故可以证明美顺公司与杨某保之间在本案诉前、诉后均存在业务往来的事实。最后,最为重要的是,恒昊公司虽否认被控侵权玻璃源于杨某保以及涉案玻璃属于恒昊公司的产品,但是其在一、二审中均仅作简单口头否认,并未提交任何证据证明其主张,且对于其主张杨某保处玻璃上的防伪标签不属于恒昊公司未作出任何合理解释。因此,法院认为,美顺公司提供的一系列证明其使用的玻璃来源于杨某保且该玻璃属于恒昊公司产品的证据,已经达到民事诉讼证据规则所要求的高度盖然性的程度,被控侵权玻璃来源于杨某保且属于恒昊公司产品具有高度可能性,法院予以认定。

在刘某与金某侵害发明专利权纠纷一案中①,一审法院以"刘某提交的发货清单、收据、产品合格证与产品保修卡上所盖公章均为北京新佳义建筑机械厂,但其亦认可北京新佳义建筑机械厂这一主体并不存在,无其他有效证据佐证"为由,认定刘某提交的证据不足以证明其销售的被诉侵权产品有合法来源。最高人民法院认为,关于销售者是否具有过失的证明责任分配,应注意保护专利权和维护正常市场交易秩序之间的平衡,站在诚信经营者的角度,尊重合法、正常的市场交易规则。首先,被诉侵权产品上有"新佳义"标识和北京新佳义建筑机械厂字样;其次,通过工商信息虽无法查询到北京新佳义建筑机械厂工商登记信息。但根据法院在(2020)最高法知民终1240号案件已查明并确认的事实情况可知,北京新佳义建筑机械厂实际经营地址与北京新佳义佳伟商贸中心工商注册地址相同,同时,"新佳义"商标权利人及北京新佳义佳伟商贸中心负责人亦均为于某,故北京新佳义建筑机械厂与北京新佳义佳伟商贸中心事实上均

① 最高人民法院民事判决书,(2021)最高法知民终11号。

为于某所实际经营。因此，依据民事诉讼证据高度盖然性原则并结合在案证据，可以认定金某所购买的被诉侵权产品系刘某从于某处购得，同时现有证据也不足以证明刘某在进货时存在过失，因此刘某合法来源抗辩成立。

由上述一系列案件可知，合法来源抗辩成立的条件是：如果该销售者能够证明其遵从合法、正常的市场交易规则，取得所售产品的来源清晰、渠道合法、价格合理，其销售行为符合诚信原则、合乎交易惯例，则可推定该销售者实际不知道且不应当知道其所销售产品系制造者未经专利权人许可而制造并售出，即推定该销售者无主观过错。此时，应由权利人提供相反证据。在权利人未进一步提供足以推翻上述推定的相反证据的情况下，应认定销售者合法来源抗辩成立。① 对最高人民法院确立的这一规则，争议主要体现在对使用者、销售者合法来源的证明标准如何把握“高度盖然性”的适用，即何种情况下应认定行为人举证已经到位、合法来源成立，何种情况下应认定行为人的证据尚不足以证明其主张的合法来源。②

五、合法来源抗辩成立的主观要件

《专利法》修改时，将使用者或销售者“不知道”使用或销售的系侵权产品的行为，从“不视为侵权”改为“不承担赔偿责任”。由此，将我国侵犯知识产权的“无过错责任”问题与国外制度相统一。例如，在北京画中行游乐设备有限公司（以下简称画中行公司）诉北京市丰台区园林绿化局莲花池公园管理处（以下简称莲花池公园）侵害实用新型专利权纠纷一案中③，北京市第二中级人民法院认为，涉案侵权产品不属于需要制造者具有特殊生产资质和需要国家强制性检验的产品，因此，被告莲花池公园通过与案外人签订承包经营合同，由案外人购买提供涉案产品，且提供了相关的产品合格证，故被告莲花池公园使用涉案侵权产品具有合法来源，且无合理理由证明其知道涉案产品系侵权产品，其主观上不具有过错，不应承担相关的赔偿责任，但仍需承担停止侵权的法律责任。

在评判莲花池公园的合法来源抗辩是否成立时，北京市第二中级人民法院

---

① 最高人民法院民事判决书，(2020)最高法知民终671号、(2021)最高法知民终11号。

② 参见吕娜：《知识产权侵权诉讼中的合法来源抗辩——以专利侵权诉讼为例》，载《人民司法》2007年第19期。

③ 北京市第二中级人民法院民事判决书，(2011)二中民初字第17317号。

认为被告“主观上不具有过错”,所以不应当承担相关的赔偿责任。

此外,在鑫涛公司与北京五丰硕科技开发中心(以下简称五丰硕中心)侵犯外观设计专利权纠纷一案中①,也采用了这样的评判标准。二审北京市第一中级人民法院认为,首先,五丰硕中心在低于正常价格较多的情况下从案外人处进货,且没有证据证明案外人与鑫涛公司有何关联,因此可见,其对侵权结果的发生具有明显的主观过错。其次,五丰硕中心提交的代理经销合同书中并未具体载明所销售的产品,无法确定是否为本案涉及的侵权产品。另外,发货清单仅显示一个型号的塑料折叠凳,与五丰硕中心实际销售有小号、中号两种型号侵权产品的事实不符。而对案外人在证明中所指的塑料折叠凳与涉案被控侵权产品是否具有一致性,亦缺乏其他证据予以佐证。因此,五丰硕中心所提交的证据不足以证明其所售产品均来源案外人,况且在其进货渠道和进货价格等均存在明显瑕疵的情况下,亦不能认定其所称的进货来源具有合法性。所以五丰硕中心对于本案侵权结果的发生具有明显的主观过错。

也即在评断销售者的合法来源抗辩是否成立,均从是否有“主观过错”着手,如果销售者具有主观过错,则合法来源抗辩不能成立。

合法来源抗辩成立的主观要件主要是指被诉侵权人主观上不知道其使用、许诺销售、销售的产品是专利侵权产品,其中“不知道”指的是实际上不知道且不应当知道。② 司法实践中较具代表性的观点认为,应当将“不知道”理解为不可能知道,也没有合理理由应当知道比较合适。③ 实践中普遍认为“不知道”所涉及的是消极事实且比较主观,主要由专利权人反向举证证明被诉侵权人知道其使用、许诺销售或销售的产品为侵权产品,由于相关证据的获得比较麻烦、相对滞后,专利权人通常较为被动而使该方面事实认定成为争议焦点。④ 最高人民法院认为,“不知道”是指销售者实际没有认识到所售产品是未经专利权人许可而制造并售出,表明销售者为善意。“不应当知道”是指销售者已经尽到合理注意义务,对于实际不知道所售产品是未经专利权人许可,而制造并售出的事

① 北京市第一中级人民法院民事判决书,(2012)一中民终字第2519号。

② 参见管齐荣:《专利侵权的合法来源抗辩——孙俊义与郑宁侵害实用新型专利权案》,载《中国发明与专利》2019年第7期。

③ 参见吕娜:《知识产权侵权诉讼中的合法来源抗辩——以专利侵权诉讼为例》,载《人民司法》2007年第19期。

④ 参见陶冠东:《专利侵权纠纷中销售者合法来源抗辩的司法认定》,载《电子知识产权》2017年第4期。

实主观上没有过失。据此,可以将专利侵权纠纷中销售者合法来源抗辩的主观要件归纳为善意且无过失。①

由此可以确定,在讨论合法来源是否成立,使用者或销售者是否应当承担赔偿责任时,采取的是"过错责任"。判断行为人是否存在过错,有两种方法:一种是间接推定法,如果该销售商能够证明其遵从合法、正常的市场交易规则,取得所售产品的来源清晰、渠道合法、价格合理,其销售行为符合诚信原则、合乎交易惯例,则可推定该销售商实际不知道且不应当知道其所销售产品系制造者未经专利权人许可而制造并售出,即推定该销售者无主观过错。② 另一种是直接判断法,如果能够直接证明销售者知道或应当知道其所销售产品系制造者未经专利权人许可而制造并售出,即认定该销售者存在主观过错。

(一)间接推定法

专利权是国家根据发明人或设计人的申请,以向社会公开发明创造的内容,以及发明创造对社会具有符合法律规定的利益为前提,根据法定程序在一定期限内授予发明人或设计人的一种排他性权利。对于专利权人来说,其获得授权的专利尽管要公开,但是这并不代表社会公众能及时清楚已经公布的各项专利权,特别是并不能准确地判断每一项专利权的有效性和权利边界。另外,专利侵权行为自身具有隐蔽性的特点。对于是否侵权的判定是一个极其复杂的过程,且该过程均围绕专业问题展开,因此对于使用者或销售者应从其是否"应当"知道其获得的产品为侵权产品及其在交易过程中是否足够谨慎来判断。

1. 注意义务的合理性

《专利法》课以被诉侵权人审慎、合理的注意义务,旨在判断其是否有侵权的主观故意或过失,若此种注意义务过于严苛,则不仅对被诉侵权人有失公平,也有违合理注意义务制度的本意。因此,应当根据不同的主体综合考虑其所处的环境,判断其是否尽到了相应的注意义务。

(1)对于小件商品,注意义务不应当过高

源德盛公司与武汉天赐力商贸有限公司(以下简称天赐力公司)侵害实用新型专利权纠纷一案,最高人民法院认为,③天赐力公司提交的"诺米科技"订

① 最高人民法院民事判决书,(2019)最高法知民终896号。

② 最高人民法院民事判决书,(2020)最高法知民终758、1176、1781号,(2019)最高法知民终896号。

③ 最高人民法院民事判决书,(2020)最高法知民终1176号。

单、现场照片、工商登记信息以及未售出的自拍杆等证据可以相互印证，能够证明天赐力公司系通过合法的商业渠道，从案外人处购入被诉侵权产品，符合交易习惯。供货商的登记名称、经营场所、经营者及联系方式等信息具体、明确，故可以依法推定天赐力公司无主观过错，其已完成合法来源抗辩的举证责任。源德盛公司未提交相反证据，故根据本案现有证据可以认定天赐力公司不知道其所销售的被诉侵权产品系专利侵权产品。关于源德盛公司提出的“被诉侵权产品系‘三无产品’”的问题，被诉侵权产品未按照《产品质量法》规定标注产品名称、生产者名称和厂址等信息，销售者销售该类产品的行为可以由相应行政管理机关依法查处，但不能以此认定销售者知道或应当知道该类产品涉嫌侵害他人专利权。也即《产品质量法》的上述规定与《专利法》具有不同的规范功能，故不能以《产品质量法》的规定作为评价专利侵权纠纷中销售者存在主观过错的法律依据，进而判定其合法来源抗辩不成立。一般而言，专利侵权判断具有较强的专业性，天赐力公司作为普通的终端经销商，通常不具备专利侵权判断的专业知识和鉴别能力，且涉案自拍杆系日用小商品，价格低廉，故对天赐力公司不应课以过高的注意义务。综上，根据本案现有证据，原审法院认定天赐力公司合法来源抗辩成立，并无不当。

(2)根据销售者的经营模式等综合认定注意义务的合理性

在广东岩羊照明有限公司(以下简称岩羊公司)与佛山市顺德区积博照明有限公司(以下简称积博公司)等侵害外观设计专利权纠纷案中①，二审广东省高级人民法院纠正了广州知识产权法院认为积博公司属于产品的定作方，实施了制造被诉侵权产品的行为，从而不构成合法来源的认定。二审法院认为，首先，从积博公司一审提交的证据来看，能够相互印证，可以证明被诉侵权产品系积博公司从李某处订购。其次，积博公司在一审时还提交了专利权人为陈某炬、专利号为 ZL20173048 × × × ×.1 的《外观设计专利证书》及陈某炬出具的《专利授权书》。在无相反证据的情况下，依据该两份证据可以认定被诉侵权产品的外观设计系由李某提供，积博公司并未参与产品的外观设计；此外，该两份证据还能够证明积博公司已尽到合理的审查义务。《专利法》课以被诉侵权人审慎、合理的注意义务，旨在判断其是否有侵权的主观故意或过失，若此种注意义务过于严苛，则不仅对被诉侵权人有失公平，也有违合理注意义务制度的本意。若如岩羊公司所主张的，不仅要审查供货方是否有外观设计专利，还要审

① 广东省高级人民法院民事判决书，(2019)粤民终942号。

查该外观设计专利是否具有新颖性、稳定性，这无疑赋予了当事人过高的注意义务，法院对岩羊公司的该项主张不予支持。

(3)同业人员应当负有较高的注意义务

同业人员通常是销售与专利产品相同产品的销售者，特别是在销售了专利产品的情况下，对于专利产品所享有的专利权应当有所了解。对此，在上诉人乐清市巴顿电子有限公司因与被上诉人胡某宇侵害实用新型专利权纠纷一案中①，最高人民法院认为，综合考虑本案中销售者的注意能力、销售者使用了专利产品的型号、在宣传中使用了标注专利权人关联企业注册商标的产品图片等因素，法院认定原告提交的证据可以证明被告知道或应当知道被诉侵权产品是未经专利权人许可而制造并售出的产品具有较高可能性，被告应当举证证明其对所售产品是否经专利权人许可而制造并售出尽到了合理注意义务，由于被告没有对此进行举证，其主观上具有过失。

深圳市佐卡伊电子商务有限公司(以下简称佐卡伊公司)与东莞市塘厦和鑫五金饰品厂(以下简称和鑫五金厂)侵害外观设计专利权纠纷案中②，法院认为，本案被诉侵权产品是由和鑫五金厂根据佐卡伊公司的订单需求向案外人网店采购，并由案外人网店直接向佐卡伊公司发货具有高度可能性。但是，评判和鑫五金厂的合法来源抗辩仍须继续审查其主观上是否尽到了合理注意义务。从本案事实来看，首先，涉案专利产品是热播电视剧《如果蜗牛有爱情》中女主角佩戴的项链道具，和鑫五金厂在许诺销售被诉侵权产品时亦使用了该电视剧的名称、主角名称、人物照片等。由此可见，和鑫五金厂应当知晓其销售、许诺销售的项链产品是具有一定知名度的产品，故正品的销售价格应当包含知识产权的价值。其次，和鑫五金厂以显著低于正品正常市场价格的低价从案外人网店购进被诉侵权产品，和鑫五金厂应当对该产品有可能是未经授权的专利侵权产品有清醒的认识。最后，和鑫五金厂作为从事加工、销售金属饰品的主体，理应对首饰产品具有专业的了解，并负有较高的注意义务，但该公司却未能尽到合理的注意义务。

也就是说，使用者或者销售者和权利人是处于相同行业的，且本案中的专利产品在行业内具有一定的影响力，对于具有一定知名度的热销专利产品，同业者应当具有较高的注意义务。本案中和鑫五金厂对于权利人投入大量广告

---

① 最高人民法院民事判决书，(2019)最高法知民终896号。

② 广东省高级人民法院民事判决书，(2019)粤民终363号。

宣传的专利产品,没有尽到合理的注意义务,因此,合法来源抗辩不成立。

2. 技术类专利权的注意义务

技术类专利权保护的是技术方案,其具有专业性、复杂性的特点,即便是从业多年的销售商,也无法判断其销售的产品是否侵犯了他人的专利权。专利侵权判断具有较强的专业性,不能苛求销售商在销售商品过程中均具备判断所售产品是否侵害专利权的注意能力。① 特别是对于终端的销售商而言,不应当过于严格。

宜都市万家都喜超市(以下简称万家超市)与宁波市诺曼电子科技有限公司(以下简称诺曼公司)侵害发明专利权纠纷一案②,最高人民法院认为,专利侵权具有复杂性,判断销售者是否实际不知道且不应当知道所销售的产品系专利侵权产品时,需要综合考虑销售者的主体资质、经营规模、是否受到侵权警告、产品标的物本身的特点等因素。其中,产品标的物本身的特点,包括销售者所销售的产品属于违反《产品质量法》关于应在产品上标示相关生产者信息的强制性规定的产品,即所谓的"三无产品",仅是需要考量的因素之一,亦不能由此直接得出销售者明知或应知该产品属于专利侵权产品,进而得出销售者存在知道所销售的是专利侵权产品之主观过错的认定结论。本案中,万家超市仅为经营日常生活用品的个体工商户,处于市场流通环节的末端,且涉案侵权产品属于日常生活中司空见惯的廉价打火机。因此,要求万家超市在采购和对外销售涉案侵权产品时,知道或应当知道该产品可能实施了诺曼公司的涉案专利技术方案,进而应当自觉履行避免侵害他人专利权的注意义务,对万家超市而言未免过于严苛。

曾某傅与广州代洋电子科技有限公司(以下简称代洋公司)侵害实用新型专利权纠纷一案中③,法院认为,由于本案为实用新型专利侵权纠纷案件,实用新型专利权和发明专利权保护的是技术方案,销售者对于产品的技术方案通常难以了解或者知悉,更难以确定其专利权的边界,无法根据专利权记载的内容判断自己行为边界。因此,在发明专利权或实用新型专利权纠纷案件中,对于销售者的注意义务应从其是否"应当"知道其获得产品为侵权产品,及其在交易过程中是否足够谨慎来判断。在曾某傅未能提供证据证明代洋公司明知其销

① 最高人民法院民事判决书,(2020)最高法知民终758号。
② 最高人民法院民事判决书,(2019)最高法知民终417号。
③ 广州知识产权法院民事判决书,(2018)粤73民初113号。

售的被诉侵权产品侵害专利权的情况下，结合代洋公司提供的被诉侵权产品来源阿里巴巴、产品进货价及销售价的差距等证据来判断，可以推定代洋公司是善意的销售者。

3. “三无产品”与注意义务

被诉侵权产品是否是“三无产品”，与销售者是否尽到注意义务之间没有直接关系，不应当根据被诉侵权产品是否“三无产品”来认定销售者是否尽到了注意义务。被诉侵权产品系“三无产品”可以作为认定销售商是否尽到合理注意义务的考虑因素之一，但其既非合法来源抗辩不成立的充分条件，也非必要条件。合法来源抗辩成立与否的判断，仍须回归到商业语境，落脚到产品的取得是否符合商业惯例、提供的证据是否符合交易习惯。[①]《产品质量法》的上述规定与《专利法》具有不同的规范功能，故不能以《产品质量法》的规定作为评价专利侵权纠纷中销售者存在主观过错的法律依据，进而判定其合法来源抗辩不成立。[②]

对于“三无产品”是否侵害专利权这一问题，在深圳市洛斐客文化有限公司（以下简称洛斐客公司）与广州广翰科技有限公司（以下简称广翰公司）、简某文侵害实用新型专利权纠纷一案二审庭审中[③]，洛斐客公司主张，“三无产品”并不必然是侵害专利权的产品，但经营“三无产品”的广翰公司、简某文应当承担比正规产品经营者更高的注意义务；广翰公司、简某文辩称，在购买被诉产品时，已经向制造者核实，尽到了谨慎的义务。最高人民法院认为，被诉产品系无品牌、无厂名、无厂址的产品，合法来源抗辩应当审查该产品的取得是否符合商业惯例，所提供的证据是否符合交易习惯。因此，无品牌、无厂名、无厂址的产品并不一定就是侵害专利权的产品，本案不能因为广翰公司销售的是此类产品就推定其构成侵害专利权。

同样地，在源德盛公司与杨某辉侵害实用新型专利权纠纷一案中[④]，最高人民法院认为，被诉侵权产品无外包装，产品之上也未标注生产厂家的厂名和厂址等信息，故该产品应属于违反《产品质量法》第27条规定所生产的产品，即公众所称的“三无产品”。杨某辉作为专业销售商，应当知道该产品系“三无产品”，存在权利瑕疵的较大可能，销售该产品可能会侵害他人的合法权益。在此

① 最高人民法院民事判决书，(2020)最高法知民终758、1781号。
② 最高人民法院民事判决书，(2020)最高法知民终1176号。
③ 最高人民法院民事判决书，(2019)最高法知民终515号。
④ 最高人民法院民事判决书，(2021)最高法知民终76号。

情况下,杨某辉却抱着放任的态度看待上述风险,仍坚持在其经营的店铺内销售被诉侵权产品,最终侵害源德盛公司的涉案专利权。因此,杨某辉未尽到合理的注意义务,主观上具有过错,即使能证明该产品的合法来源,也不能免除其赔偿责任。

销售者明知销售的是"三无产品"的,即便该产品来源于他处,但是由于销售者未尽到合理的注意义务,主观上有过错,不能免除其赔偿责任。笔者不赞同这一观点。笔者认为,无论产品是不是"三无产品",销售者只要尽到了应尽的注意义务,且能证明产品来源于他处,并提交了符合商业惯例的证据,其合法来源抗辩就可以成立。并不能因为其销售的系"三无产品"而加重销售者的注意义务,使销售者承担更严格的审查义务。为集中展示最高人民法院知识产权法庭在技术类知识产权和垄断案件中的司法理念、审理思路和裁判方法,最高人民法院知识产权法庭从2022年审结的3468件案件中,精选61个典型案例,提炼75条裁判要旨,其中将"三无产品"作为考察销售者是否存在过错的依据①,与其在先判决相冲突,且有失公平。

4. 新型交易模式下的注意义务

(1)"一件代发"经营者的注意义务

随着互联网电子商务的发展,越来越多的商家采用"一件代发"的经营模式。"一件代发"系网络购物词汇,俗称"一件商品帮你代发"。随着互联网和电子商务的发展,缩短产品进货环节、减少库存费用和降低产品积压风险成为现实需求,故在网上经营货源代理的供应商和需求货源的网店(网站)的供求关系中产生了该种网络经营商业模式。现该模式为阿里巴巴、淘宝网等网站所采用。② 对于"一件代发"交易形式下,经营者在销售了相应的被诉产品时,被诉产品的来源通常是清楚的,即通常可以认为具备了合法来源抗辩的"客观要件",这里更多地涉及经营者注意义务的判断。除非有证据证明"一件代发"的经营者明显存在过错,通常情况下,应当认为经营者尽到了合理的注意义务。

东莞冠威绿之宝实业有限公司(以下简称冠威公司)与深圳市居上美家电子商务有限公司(以下简称居上美家公司)侵害发明专利权纠纷一案中③,二审广东省高级人民法院认为,本案的争议焦点为居上美家公司的合法来源抗辩是

---

① 最高人民法院民事判决书,(2021)最高法知民终1138号。

② 广东省高级人民法院民事判决书,(2018)粤民终1317号。

③ 广东省高级人民法院民事判决书,(2018)粤民终784号。

否成立。居上美家公司在一审中提出合法来源抗辩,并提交了案外人的企业信用信息、一件代发合作协议、域名信息备案系统信息、支付宝转账记录、(2017)粤广广州第172926号公证书等证据。一审法院依据上述证据认定居上美家公司的抗辩成立。冠威公司对被诉侵权产品来源于案外人的事实也并无异议,但其认为,消费者在居上美家公司的网站下单之后,居上美家公司直接将订单提供给案外人,由案外人代为发货,导致案外人与居上美家公司的关系不符合合法来源抗辩的成立要件。广东省高级人民法院认为,从(2017)粤莞南华第000578号公证书所记载的取证过程来看,被诉侵权产品是在居上美家公司的阿里巴巴店铺展示并明确以居上美家公司为"卖家",冠威公司的委托代理人下单之后,货款亦是支付到居上美家公司的支付宝账户中。在销售者如此清晰明了的情况下,案外人代为发货并不会导致其被视为被诉侵权产品的共同销售者。并且,居上美家公司与案外人签署的协议以及居上美家公司提供的预存款交易记录也进一步印证,案外人只是单纯地提供发货服务,其并未假借代为发货的名义参与到被诉侵权产品的销售经营之中。在此过程中,居上美家公司与案外人之间实质上成立了两类合同,一类是以被诉侵权产品为标的的买卖合同,另一类是以代发货物为标的的委托代理合同。该两类合同标的各异,履行一项合同并不意味着否定另一项合同。因此,案外人代居上美家公司发货,并不会影响其与居上美家公司之间买卖合同的性质,不会改变两者之间的商品交易关系。

关于居上美家公司的主观状态问题。合法来源抗辩成立的要件之一为抗辩者主观为"善意",即其实施销售、许诺销售等行为时不知道且不应当知道被诉侵权产品构成侵权。在本案中,冠威公司并未提交任何证据证明居上美家公司在实施销售与许诺销售行为时已"知道"被诉侵权产品构成侵权。但是,冠威公司认为居上美家公司对此"应当知道"。法院认为,被诉侵权产品为"三无产品",并不必然意味着居上美家公司未尽到"应当知道"的合理注意义务。企业经营范围显示,居上美家公司仅是一家从事厨房用品、母婴用品等产品的批发与零售业务的普通商品经销商,不具备与被诉侵权产品相关技术的研发能力。涉案专利为发明专利,其保护的是被诉侵权产品所采用的技术方案。按照生活常理推测,居上美家公司没有能力对被诉侵权产品采用了何种技术方案以及其所采用的技术方案是否落入涉案专利保护范围等复杂的技术与法律事实作出判断。而产品是否为"三无产品",虽然可能对其是否符合《产品质量法》的规定有影响,但与其是否为专利产品并无对应关系。若仅以被诉侵权产品为"三无产品",就推定居上美家公司没有尽到"应当知道"的合理注意义务,未免对其过于苛求。

在深圳小宅科技有限公司(以下简称小宅公司)与深圳市习锐科技有限公司(以下简称习锐公司)侵害外观设计专利权纠纷一案中①,最高人民法院认为,根据小宅公司申请再审的理由,本案再审审查的焦点为二审判决关于习锐公司合法来源抗辩成立的认定是否正确。本案中,小宅公司主张习锐公司实施了制造被诉侵权产品的证据是习锐公司在其网店宣称其为生产厂家。该证据确系证明存在制造行为的初步证据,但习锐公司在诉讼中否认制造了被诉侵权产品并主张被诉侵权产品合法来源于深圳市宇时基科技有限公司(以下简称宇时基公司),为此向一审及二审法院提交了宇时基公司工商登记资料、聊天记录、订单信息及转账记录、外观设计专利证书以及民事判决书和调解协议等证据。小宅公司的公证证据显示其于2018年4月4日下单购买、4月16日签收被诉侵权产品,并取得速尔快递单一张。习锐公司提交的2018年4月9日的QQ聊天记录内容所示收件人、收货地址及快递单号等信息均与小宅公司公证取得的速尔快递单对应信息完全一致,而速尔快递单所示寄件人"姚恋"与习锐公司提交的转账记录收款账户名对应,所示寄件公司"宇时基科技"及寄件地址均指向宇时基公司。前述证据已形成完整的证据链证明小宅公司向习锐公司下单购买的被诉侵权产品来源于宇时基公司。同时,习锐公司并非其网页展示的外观设计专利证书权利人,其未及时掌握权利变动情况亦在情理之中。小宅公司本案公证取证时间早于其诉宇时基公司专利侵权纠纷的一审判决作出时间。本案证据能够证明习锐公司并不知道被诉产品涉嫌侵权。小宅公司在申请再审期间提交的该公司及相关产品获得的奖杯、奖牌等证据不能证明习锐公司知道或者应当知道本案被诉产品涉嫌侵犯外观设计专利权。综上,习锐公司提出的合法来源抗辩有充分的事实和法律依据,二审法院的相关认定并无不当。产品是否随附质量检验合格证明、是否标明产品名称、生产厂名和厂址等标识涉及的是生产者、销售者是否应当承担产品质量责任和义务,仅凭产品上没有标注这些信息并不能证明销售者知道被诉侵权产品涉嫌侵害外观设计专利权。习锐公司提交的证据中显示有相关转账记录,且与相应订单结算金额相符。小宅公司关于习锐公司没有正规合法交易证据的主张不能成立。小宅公司关于"一件代发"模式不属于正常商业方式的主张缺乏法律依据,不能成立。

东莞市智乐堡儿童玩具有限公司(以下简称智乐堡公司)与泉州市凯尔娜

① 最高人民法院民事裁定书,(2020)最高法民申4184号。

贸易有限公司(以下简称凯尔娜公司)侵害外观设计专利权纠纷一案①,关于凯尔娜公司主张的合法来源抗辩是否成立的问题,一审法院认为,关于侵权者的主观善意,这是一种消极事实,一般应由权利人来证明侵权者知道或应当知道其所使用、许诺销售或销售的是侵权产品,否则法院一般可以推定侵权者不知道。合法来源是与交易习惯相符的正常商业取得方式,基于商业现实的丰富多样性和灵活性,以及专利制度与产品质量制度、商业贸易要求的目的差异,不能仅以侵权产品系"三无产品"即认定侵权人实际知道或应当知道其所使用、许诺销售或销售的产品侵权。本案中,智乐堡公司未提供证据证明凯尔娜公司知道或应知其销售的是侵权产品,仅以凯尔娜公司销售的是"三无产品",就推定其行为违法,主观上不能构成善意,依据不足,故应推定凯尔娜公司主观善意。

关于侵权产品有合法来源,这是积极事实,应由侵权人承担举证责任。侵权人应当提供符合交易习惯的证据,证明其从正规合法渠道、以正常合理价格从其直接的供货方处购进侵权产品的事实。法院应当对合法来源证据中交易的相对方、交易的真实性、交易行为相关证据之间的关联性、交易行为与侵权产品的同一性等,进行严格审查。本案中,凯尔娜公司主张侵权产品来源于案外人,并公证了其网络购买的过程,故一审法院认定凯尔娜公司销售的侵权产品来源于案外人,且案外人显示为儿童玩具生产者。综上,一审法院认定凯尔娜公司合法来源抗辩成立。

二审法院认为,《专利法》上的合法来源抗辩制度是为了平衡专利权人合法权益与市场经济中正常商业交易安全利益的两种价值取向,对能够提供充分证据证明被诉侵权产品有合法来源的销售者予以免除损害赔偿责任的一项法定制度。该制度既能给予销售者合理的抗辩机会,同时能倒逼销售者提供侵权产品来源线索,使权利人能够找到真正的侵权源头并予以重点打击,符合重点打击侵权源头的立法目的。判断合法来源抗辩是否成立,需审查被诉侵权产品的来源是否明确,以及被诉侵权人是否具有知道或者应当知道其使用、许诺销售或者销售的产品涉嫌侵权的主观过错。只有被诉侵权产品来源明确且被诉侵权人没有主观过错,才能认定被诉侵权产品具有合法来源,被诉侵权人才能被定性为善意之人而无须承担损害赔偿责任。关于来源明确的问题,要考虑到市场经济活动的复杂性和灵活性,一般可以根据产品特点、行业交易习惯和日常生活经验来综合判断各种证据的证明力和关联性,不必拘泥于证据种类或形

---

① 广东省高级人民法院民事判决书,(2018)粤民终1554号。

式，应当具体案情具体分析，综合判断相关证据是否可以指示侵权产品来源某个明确的主体。值得特别指出的是，在“来源明确”的情况下，权利人虽然可以向被诉侵权人的上一销售环节依法追偿，但这并不当然证明被诉侵权人的合法来源抗辩成立。合法来源抗辩制度设计的初衷是保障市场经济中正常商业交易安全利益，促进商品流通合法有序进行，虽然销售者主张的合法来源抗辩成立可以免除其损害赔偿责任，但是其毕竟构成侵权行为，客观上促成了侵权产品市场流通及权利人损害后果扩大。如果只是注重对“来源明确”的审查而忽视对“被诉侵权人主观上状态”的审查，将会造成市场经济活动中销售者只注重保留好相关产品进销凭证而忽视对进销产品是否可能侵犯他人权利的合理注意义务，从而导致保护专利权人合法权利和保障商业交易安全利益之间的失衡。关于主观善意与否的问题，因善意与否属于对销售者主观状态的判断，而“不知道”的主观状态属于消极事实，一般应由权利人举证证明销售者“明知”或“应当知道”所销售的产品涉嫌侵犯专利权，否则可以推定销售者“不知道”销售的产品为侵权产品。但是法院特别指出，仅要求权利人提供证据证明他人的主观状态为何，本就存在举证困难，况且合法来源抗辩系销售者主张的事实，故该事实问题的举证责任不能仅分配给权利人。换言之，不能简单机械地根据权利人关于销售者主观状态的举证情况就直接推定销售者不知情，而应当结合销售者的主体性质、其证明来源明确的证据、被诉侵权产品的特点以及销售者是否尽到合理注意义务来对销售者是否善意进行综合分析评判。合法来源抗辩制度平衡和保护的是合法依规的销售者的利益，若销售者本身未尽合理注意义务，甚至对其所购进继而销售出去的产品是否侵权持放任态度，实则难谓善意。对主观上并非善意的销售者，不应让合法来源抗辩制度成为其逃脱损害赔偿责任的“挡箭牌”。

本案中，虽然凯尔娜公司提供了证据证明被诉侵权产品有明确来源，即来源于案外人，且凯尔娜公司与案外人的交易属“一件代发”的商业模式，但经法院查明下列事实并分析，凯尔娜公司在主观上难谓善意。首先，被诉侵权产品系儿童电瓶摩托车，因供儿童使用，故本身应符合较高的质量安全保障标准，但被诉侵权产品却系“三无产品”，即无生产厂家厂名、厂址、产品标志、生产日期，亦无产品说明书、质量合格证等，表明凯尔娜公司放任产品的质量安全问题，更未曾考虑是否存在侵权可能。其次，凯尔娜公司在京东平台开设网店销售被诉侵权产品，单价为 599 元。但根据凯尔娜公司向案外人下单购买被诉侵权产品的记录，销售数量为 3，总金额 292 元（含运费 40 元），即产品单价为 84 元，表明凯尔娜公司的进货价格与产品正常市场价相比相当低廉。最后,凯尔娜公司系有限责任公司而非个人,其注册资本 100 万元,经营规模不小,作为专营于商品零售和批发的企业,其对产品应具有较高的注意义务。综合上述分析,虽然在分析合法来源抗辩是否成立时不能仅以被诉侵权产品是"三无产品"为由就认定合法来源抗辩不成立,但具体到本案的情况,儿童玩具或用品属于质量安全要求较高的商品,且凯尔娜公司系专业的商品零售和批发企业,因此,该公司应对"三无产品"是否涉嫌侵权具有较高的注意义务。凯尔娜公司从案外人的网店上以较低价格购买一款"三无产品"童车进行转卖,完全放任案外人提供的货物"三无"状态而未对被诉侵权产品进行合理审查,其并非善意之销售者。综上,一审法院关于凯尔娜公司的合法来源抗辩成立的认定有误,二审法院予以纠正。

由上述案件可知,在"一件代发"的交易模式下,销售者和代发者之间属于不同的合同关系,通常不构成共同侵权。而且在网络环境下,"一件代发"的交易链条清晰可见,被诉产品的同一性、交易凭证的确定性,均可以准确确定,合法来源抗辩的客观条件较容易证明,而主观过错的认定仍应当根据案件事实综合判断。

(2)微信交易者的注意义务

微信已经成为新的社交方式,对于这种新型的社交方式完成的交易如何进行合法来源抗辩的认定,实践中有不同的观点。在(2021)最高法知民终 76 号案件中,最高人民法院对于通过微信渠道交易的合法来源抗辩问题,也作了相应的分析。本案中,杨某辉上诉主张,其提交的进货单和微信转账记录足以证实被诉侵权产品系其自案外人处购入,其所销售的产品具有合法来源,不应承担赔偿责任。对此,法院认为,杨某辉提交的二审证据不足以证明其销售的被诉侵权产品具有清晰的来源,具体理由如下:首先,杨某辉主张其销售的被诉侵权产品来源于案外人,但其在原审庭审中承认其并不清楚该案外人的具体名称。杨某辉亦未提交任何关于案外人的商事主体资料,故无从查证该主体的客观真实性。其次,杨某辉原审阶段提交的微信转账截屏打印件,既不能证明转账主体的身份是其本人,亦不能证明微信截屏上显示的收款人"信得发郑碧妹"的真实身份以及该收款人与案外人的关系。而且,微信转账截屏仅显示了转款和收款,并没有显示双方交易前后过程的相关交流沟通信息。即使转账者确系杨某辉,亦无法通过该转账记录证明转账的具体用途。特别是该微信转账截屏显示的转账时间是 2017 年 7 月 31 日,但杨某辉原审阶段提交的录入其交易系统的进货单截屏打印件显示的付款日期为 2017 年 8 月 12 日,该两个时间点没有对应性。再次,杨某辉提交的录入其交易系统的商品明细账本截屏显示,时间段在 2017 年 7 月 27 日至 2018 年 12 月 31 日,并分别显示了商品名称为“便宜自拍杆”的三次销售记录,对应的销售时间分别为“2017 年 9 月 1 日”“2018 年 7 月 31 日”“2018 年 10 月 7 日”,但被诉侵权产品的取证时间为 2018 年 9 月 16 日,该次交易却未记录在杨某辉制作的商品明细账本中,杨某辉对此没有给出合理解释。最后,杨某辉原审阶段提交的日期为“2018 年 9 月 16 日”的销货计数单中还记载了一笔交易金额为 100 元、结算方式为“微信转账支付”的自拍杆交易,该笔交易同样未反映在前述商品明细账本中,杨某辉对此亦未给出合理解释。杨某辉原审阶段另提交的一张金额为 25 元、数量为 1 的自拍杆交易(交易时间显示不清晰)单据,无从证明该单据记载的自拍杆交易与销货计数单记载的自拍杆交易究竟存在何种对应关系。综上,无论是进货单截屏打印件、商品明细账本截屏打印件,还是纸质的销货计数单,均属于缺乏明确交易主体指向、没有任何经营主体签字盖章且孤立呈现的证据,无从完整显示证据内容的来源、记录和形成过程,以及各证据之间的关联性和对应关系。结合前述关于合法来源抗辩审查的法律依据,依照《民事诉讼法解释》第 105 条关于“人民法院应当按照法定程序,全面、客观地审核证据,依照法律规定,运用逻辑推理和日常生活经验法则,对证据有无证明力和证明力大小进行判断,并公开判断的理由和结果”之规定,法院认为,杨某辉提交的用以证明其销售的被诉侵权产品具有合法来源的在案证据,尚不足以证明被诉侵权产品合法来源于案外人。

(二)直接判断法

1. 重复侵权

重复侵权,通常是指相同的主体销售的被诉产品,已经被在先生效判决认定侵权的情况下,再次销售被诉侵权产品的情形。在此情况下,可以认定销售者“知道”被诉产品系侵权产品。①

在北京美吉龙科贸有限责任公司诉王某玲等侵犯实用新型专利权纠纷一案中,北京市第二中级人民法院认为,②根据(2009)二中民初字第 19169 号民事判决书的判决内容,从收到该判决之日起,王某玲就知道或者应该知道其所销

① 最高人民法院民事判决书,(2020)最高法知民终 1010 号。

② 北京市第二中级人民法院民事判决书,(2010)二中民初字第 13015 号。

售的涉案被控侵权产品属于未经专利权人许可而制造并售出的侵犯专利权的产品，王某玲仍继续销售，依法不应免除赔偿责任。王某玲提出其在收到(2009)二中民初字第19169号民事判决书之后，只处理了涉案这一台侵权产品，其主张事实依据不足，而且即使王某玲销售的是退货产品，其明知为侵权产品仍继续销售，依法仍应承担相应法律责任，法院不予支持。

基于此，即便王某玲是销售者，其销售的产品具有合法来源，但是在已经被在先判决确认其销售的产品系侵权产品时，其就应当已经"知道"或者"应该知道"其所销售的涉案被控侵权产品属于未经专利权人许可而制造并售出的侵犯专利权的产品。因此，王某玲第二次被起诉时，其提出的合法来源抗辩不能被支持。

2. 销售者知道产品存在专利权的

在吴某南与佛山市顺德区爱睿家具有限公司(以下简称爱睿公司)、佛山市顺德区世多奇家具有限公司(以下简称世多奇公司)、覃某廷侵害外观设计专利权纠纷一案中①，广东省高级人民法院认为，一审法院认定世多奇公司销售被诉侵权产品的唯一依据是爱睿公司与世多奇公司关于"爱睿公司销售的产品来源于世多奇公司"的抗辩主张，吴某南对爱睿公司与世多奇公司的该抗辩主张亦予以确认。在此情况下，应当认定爱睿公司销售的产品来源于世多奇公司。但是，本案请求保护的是家具类产品的外观设计专利权，从爱睿公司注册登记的经营范围来看，爱睿公司专门从事家具销售，其对于家具市场上的家具产品外观应当具有一定的判断能力。而从爱睿公司的一审答辩来看，其知道吴某南是本案专利的专利权人，只是其抗辩认为是吴某南抢先将世多奇公司设计的产品申请专利。因此法院认定爱睿公司对本案被诉侵权产品是未经专利权人许可而制造的专利侵权产品这一事实是知晓的。而根据《专利法》的规定，只有当销售者不知道其销售的产品是侵权产品时才能以"合法来源"抗辩主张免除赔偿责任，因此本案中爱睿公司的合法来源抗辩不能成立。

本案中，被告认为原告抢注了专利权，也就是说，被告是"明知"原告享有专利权的，此时，以"不知道"来主张合法来源抗辩，显然不能成立。

3. 诉讼期间仍在销售或许诺销售被诉产品的

在上海聚蓝水处理科技有限公司与沃尔玛华东百货有限公司(以下简称沃尔玛公司)、莱卡健康科技(南京)有限公司(以下简称莱卡公司)侵害发明专利

① 广东省高级人民法院民事判决书，(2017)粤民终959号。

权纠纷一案中①,最高人民法院认为,本案争议核心在于沃尔玛公司自2018年1月收到本案起诉状起至2018年8月13日下架前销售被诉侵权产品能否主张合法来源抗辩,也即沃尔玛公司2018年1月收到本案起诉状之前销售被诉侵权产品之合法来源抗辩效力能否延至2018年8月13日下架前销售被诉侵权产品,实质上讲,也就是沃尔玛公司在2018年8月13日下架前仍销售被诉侵权产品还能否主张合法来源抗辩,根据合法来源抗辩成立与否的标准,沃尔玛公司此时在主观上还能否视为不知道其销售的被诉侵权产品系侵权产品。通过本案已查明的事实可知,在沃尔玛公司于2018年1月收到的本案起诉状中,已载明涉案专利权的基本信息、被诉侵权产品的基本情况、侵权比对结果等内容,在此情况下,沃尔玛公司作为跨国企业,具有良好的知识产权保护意识以及有足够的能力处理各种知识产权纠纷,即便考虑到沃尔玛公司作为跨国企业在处理相关事务流程上的合规和严谨要求,其对本案被诉侵权产品是否系侵权产品作出初步判断的合理时间也不应当需要如本案已查明的2018年1月至8月13日之久,沃尔玛公司在长达半年还未能及时作出合理判断并采取下架处理,明显超过合理期限。在专利权人告知其所销售产品涉嫌侵害专利权的具体信息之后,沃尔玛公司应已明知其所销售的被诉侵权产品已可能侵害他人专利权,此时其再抗辩称其实际不知道且不应当知道所售产品系未经专利权人许可而制造并售出,难以成立。至于该合理期限应为多长,法院认为应当充分考量个案因素,综合考虑涉案专利的类型、被诉侵权产品的基本情况、侵权比对分析、跨国企业专业判断能力及跨国企业管理流程等因素予以确定。故沃尔玛公司在收到本案起诉状之后超过6个月仍未下架被诉侵权产品并继续销售,应认为其知道销售的是涉嫌侵害他人专利权的产品,不能免除沃尔玛公司自此时起至2018年8月13日因销售被诉侵权产品而应当承担的赔偿责任。因此,原审判决酌情确定沃尔玛公司对莱卡公司应承担之赔偿数额中需承担连带责任的赔偿数额,结论并无不当,法院予以确认。

4. 收到侵权警告函是否属于"知道"的判断

在孙某义案中②,最高人民法院认为,判断销售者对其销售的是未经专利权人许可而制造并售出的专利侵权产品是否知道,应当结合有关情况综合判断。

① 上海知识产权法院民事判决书,(2017)沪73民初753号;最高人民法院民事判决书,(2019)最高法知民终686号。

② 最高人民法院民事裁定书,(2014)民申字第1036号。

比如销售者销售被诉侵权产品前销售过专利产品，或者销售者购进被诉侵权产品的价格不合理地低于专利产品市场价格等，均可以认定销售者知道其销售的是专利侵权产品。如果上述情况均不存在，仅仅是权利人向销售者发出了侵权警告函，则要对该警告函所记载的信息内容进行考察。如果该警告函记载或者附加了被诉侵权产品信息、专利权信息（专利号、专利名称、专利权证书复印件等）、侵权比对基本信息及联系人信息等，销售者收到该警告函，原则上应该推定其知道其销售的是专利侵权产品。

由此可知，权利人向销售者发出了侵权警告函，且警告函记载了被诉侵权产品信息、专利权信息（专利号、专利名称、专利权证书复印件等）、侵权比对基本信息及联系人信息的，可以认定被告"知道"其销售产品系侵权产品，不再适用合法来源抗辩。如果权利人向销售者发出了侵权警告函，仅记载了专利信息的，通常不应当认定销售者"知道"其销售的是侵权产品。

对于司法实践中认定"知道"的上述通常做法，笔者持谨慎的态度。专利权不同于商标权和版权，其权利的稳定性及技术方案的复杂性决定了通常的销售者难以对其权利的边界进行判断，对其"知道"的判断应当采用较为严格的标准，要求权利人提供认定侵权成立的法院判决或者行政处罚决定等才能达到销售者在主观状态上对其销售的是侵权产品的"知道"的标准，是合理的。侵权警告函仅是辅助认定销售者存在主观过错的初步证据，而非可直接认定销售者存在主观过错的充分证据。在专利权人发送了侵权警告函的情况下，人民法院仍须结合全案事实对销售者是否存在主观过错进行综合判断。相较于专利权人单方出具的律师函、委托第三方机构出具的咨询意见，销售者基于管理专利工作的有关部门在针对同一专利、同一涉嫌侵权产品的行政查处案件中所作出的行政决定而产生"被诉侵权产品未落入涉案专利权保护范围"的合理信赖，并不存在主观过错。① 目前实践中商业维权过多，其主要原因之一就是实践中合法来源抗辩成立的标准要求过高，使权利人不但可以通过起诉制造者获得赔偿，而且可以通过起诉销售者获得更多的赔偿。因此，降低合法来源抗辩成立的标准，有利于使商业维权回归理性，让有限的司法资源保护真正的创新主体，而不是权利人利用制度的缺陷、被诉侵权一方无力对抗的特点，使维权商业化，将维权变成了提高小微市场主体知识产权认识的普法教育课堂。专利制度的目的是保护创新，激发市场活力，一方面要保护权利人的合法权利；另

① 最高人民法院民事判决书，(2021)最高法知民终306号。

一方面也要防止权利人利用制度漏洞获得不应有的利益,并保障公平的市场交易秩序。

六、有关合法来源的其他问题

(一)赔偿责任的分担

在权利人同时起诉制造者和销售者或使用者时,如果使用者或销售者的合法来源抗辩不成立,则如何由制造者与销售者或使用者承担赔偿责任,实践中有两种做法。

第一种做法,由制造者与销售者或使用者按份承担责任。例如,在覃某校案中,[①]现有证据不足以证明被告丰雷益公司销售的本案被诉侵权产品是通过合法的渠道从被告天佑通五金厂处获得的,其合法来源抗辩不能成立,法院不予支持,被告丰雷益公司仍应就其销售行为向原告承担相应的侵权赔偿责任。装有被诉侵权产品的外包装盒上印制有被告天佑通五金厂的名称、地址、电话等信息,该厂亦确认盒身“YSGIKO(r)”标识为该厂持有的注册商标,结合该厂的经营范围“金属门窗制造”,可以认定被诉侵权产品系该厂制造。被告丰雷益公司销售、被告天佑通五金厂制造侵害原告涉案专利权的产品,应分别承担侵权赔偿责任。最后,广州知识产权法院结合涉案专利的类型、被诉侵权产品售价、被告的经营规模、三被告各自侵权行为的性质和情节等因素,酌情认定被告天佑通五金厂和谭某军赔偿原告的经济损失及维权合理开支40,000元,被告丰雷益公司赔偿原告的经济损失及维权合理开支20,000元。

第二种做法,由销售者或使用者承担部分补充连带责任。在销售者或使用者未尽力举证的情况下,应当就制造者应承担的赔偿责任承担部分补充连带责任。[②]

例如,在笔者代理的深圳迈瑞生物医疗电子股份有限公司(以下简称迈瑞公司)与深圳市帝迈生物技术有限公司(以下简称帝迈公司)、深圳市中迈医疗器械有限公司(以下简称中迈公司)侵害发明专利权纠纷一案中[③],被诉侵权产

---

① 广州知识产权法院民事判决书,(2016)粤73民初2470号。

② 最高人民法院民事判决书,(2019)最高法知民终686号;北京知识产权法院民事判决书,(2018)京73民初933号;南京市中级人民法院民事判决书,(2019)苏01民初174号;安徽省高级人民法院民事判决书,(2017)皖民终517号;广东省高级人民法院民事判决书,(2017)粤民终1194号;等等。

③ 广东省深圳市中级人民法院民事判决书,(2019)粤03民初611号。

品上标注有帝迈公司的信息，庭审中帝迈公司确认制造了被控侵权产品、中迈公司销售了被控侵权产品。深圳市中级人民法院认为，现有证据显示，两被告仅存在共同销售被控侵权产品之行为，迈瑞公司也未提交两被告具有共同的侵权故意的证据或两被告系以相互分工、相互配合的方式实施全部被控侵权行为的证据，因此，迈瑞公司指控两被告构成共同侵权并要求两被告对全案赔偿金承担连带责任，证据不足、理由不充分。被告帝迈公司应就全案被控侵权行为的赔偿金额承担法律责任，被告中迈公司仅须就其中的共同销售行为所涉及的赔偿金额承担相应的法律责任。最终，法院判决帝迈公司赔偿迈瑞公司经济损失及维权合理费用共计人民币 100 万元，中迈公司应就上述赔偿金额 100 万元中的 20 万元承担连带责任。本案中，即便产品铭牌上标注了制造者的信息，但是在销售者不积极举证证明合法来源的情况下，其仍然需要承担赔偿责任。

（二）合理支出的承担

合理开支，通常是指专利权人在侵权诉讼过程中为制止侵权而产生的费用，通常包括购买被诉产品的费用、律师费、差旅费等。但是对于专利权人在专利无效程序中的支出的费用是否属于合理开支，实践中存在争议，对此，最高人民法院认为，专利权人在专利无效程序中的支出的费用一般不属于专利侵权案件中的维权合理开支。①

《专利法》虽然规定了使用者和销售者合法来源抗辩成立时，不承担赔偿责任。但是对于合理支出的费用是否应当承担，实践中也有不同的观点。在部分案件中，也有法院认为合法来源抗辩成立，则无须要承担合理支出的费用。例如，在罗姆尼光电系统技术（广东）有限公司（以下简称罗姆尼公司）与广州旌露贸易有限公司（以下简称旌露公司）、广东三雄极光照明股份有限公司（以下简称三雄极光公司）侵害外观设计专利权纠纷案件中②，广东省高级人民法院认为，合法来源制度通过规范商品的流通渠道，使合法的市场交易行为得以避免因他人侵权遭受牵连而承担赔偿责任，以维护交易的安全，帮助权利人寻找侵权源头。在合法抗辩成立时，旌露公司应否承担合理维权费用，法院分析如下：（1）侵权责任的承担方式包括停止侵害、赔偿损失等，根据《专利法》相关规定，销售或许诺销售者主观没有过错且能证明合法来源的，不承担赔偿责任。（2）从

---

① 最高人民法院民事判决书，(2022)最高法知民终 1165 号。

② 广东省高级人民法院民事判决书，(2017)粤民终 2900 号。

救济途径考虑,合法来源抗辩制度旨在寻找并打击侵权源头,本案已认定三雄极光公司为被诉侵权产品制造者的情况下,制造者应当是维权费用的最终承担者。(3)从利益平衡和权责相匹配的角度讲,诚实守信的销售或许诺销售者在流通环节赚取的利润,是促成商品交换而实现的销售利润,若其主观上没有过错,在已提供被诉侵权产品制造来源并承担停止侵权责任后,还要承担权利人的维权费用,权责利可能不匹配。更何况,同一商品上可能并存多种知识产权,善意的销售或许诺销售者面临不同权利人维权的潜在风险,责任将被进一步放大。(4)在现代市场经济下,商品流通的渠道多元、交易频繁、环节众多,销售或许诺销售者对商品是否侵犯知识产权,若已根据其能力尽到了注意义务,且面对权利人维权时提供了合法来源,应维护交易的安全,不宜再加重其责任,否则经营活动中销售环节的风险和不确定性过大,有碍市场经济下商品的正常流通。基于以上考虑,法院认为,旌露公司合法来源抗辩成立,本案已认定三雄极光公司为被诉侵权产品的制造者,被诉侵权产品已经查找到源头,罗姆尼公司因维权支付的合理开支,不应由旌露公司承担。旌露公司作为侵权产品善意的销售者,其不应赔偿罗姆尼公司因维权产生的合理开支的上诉理由成立,法院予以支持。

在该案中,广东省高级人民法院认为既然被诉侵权产品已找到源头,那么作为善意的销售者,也就不应当承担合理支出的费用。与该案观点一致的,还有北京知识产权法院在北京华捷盛机电设备有限公司(以下简称华捷盛公司)诉北京华门永盛科技有限公司(以下简称华门永盛公司)侵害外观设计专利权纠纷一案①中的裁判。法院认为,虽然华门永盛公司的许诺销售行为侵害了涉案专利权,但考虑到华门永盛公司提供了被控侵权产品制造来源的情况,权利人针对销售或许诺销售所产生的合理支出可以向制造者主张,权利人具备向其索赔的救济路径。本案中,华捷盛公司为制止该侵权行为所支出的合理支出,在针对合法来源者的案件中,已经予以考虑和支持,故本案中要求华门永盛公司承担合理支出,法院不再予以支持。

但是主流观点是即便合法来源成立,也应当承担合理支出的费用。

例如,同样是广东省高级人民法院审理的案件,在佛山市招财门门业有限公司(以下简称招财门公司)与佛山市碧辉盈金属制品有限公司(以下简称碧辉

① 北京知识产权法院民事判决书,(2016)京73民初604号;类案有北京市高级人民法院判决书,(2009)高民终字第4011号。

盈公司)侵害外观设计专利权纠纷一案①中,就认为销售者应当承担合理支出的费用。法院认为,知识产权具有无形性,权利人无法通过实物占有或控制的方式维护其权利,相反,知识产权容易被他人非法获取、使用或实施。一旦遭受侵权,权利人难以及时有效地制止侵权,控制侵权范围和程度,权利人不仅发现、调查、取证难度较大,往往还需委托专业代理人进行维权,成本较高。为支持权利人维权,加强知识产权保护力度,故要求侵权人承担权利人获取正义的成本,既正当也合理。同时,权利人为诉请销售者停止侵权产生了合理维权费用,即权利人行使权力具有正当性,但遭致损失,而销售者销售被诉侵权产品的行为具有违法性,且获得了实际利益,故在专利权人的合法权利受到侵害而利益受损与销售行为人侵权获利而无须承担赔偿责任两者之间进行权衡,由销售者承担合理开支,更符合公平合理之原则。因此,招财门公司虽然善意销售本案专利产品,但仍应承担停止侵权和支付合理费用的侵权责任。碧辉盈公司支出了购买涉案门板费用2100元,应认定为合理维权费用。

又如,在兰州汶河医疗器械研制开发有限公司(以下简称兰州汶河公司)与青海舒达医疗器械有限公司(以下简称舒达公司)等侵害发明专利权纠纷一案②中,最高人民法院认可了一审青海省西宁市中级人民法院关于舒达公司合法来源抗辩成立的观点,并进一步认为,合法来源抗辩仅是免除赔偿责任的抗辩,而非不侵权抗辩。销售者合法来源抗辩成立,并不改变销售侵权产品这一行为的侵权性质,也不免除停止销售侵权产品的责任。维权合理开支系基于侵权行为而发生,故在合法来源抗辩成立的情况下,权利人为获得停止侵害救济的合理开支仍应得到支持。本案中,舒达公司销售被诉侵权产品有合法来源,但仍应承担停止侵权的责任并承担兰州汶河公司为获得停止侵害救济所支付的合理开支。舒达公司实施的系销售行为,不应与被诉侵权产品的制造者就合理开支部分承担同等的赔偿责任。对此,原审法院判令两被告共同赔偿50,000元合理开支费用有所不妥,最高人民法院予以纠正,舒达公司应对其中的5000元承担连带赔偿责任。

(三)追加制造者时考量的因素

前文已明确制造者不能适用合法来源抗辩制度,实践中权利人在选择起

---

① 广东省高级人民法院民事判决书,(2016)粤民终1392号。

② 最高人民法院民事判决书,(2020)最高法知民终778号;类案有最高人民法院民事判决书,(2019)最高法知民终25号、(2020)最高法知民终671号。

诉对象时仍须考虑如下因素:第一,当无法找到被诉侵权产品的制造者时,直接起诉使用者或销售者;第二,无法确认是制造者还是使用者或销售者的,也可提起诉讼,由法院定夺;第三,同时起诉使用者或销售者和制造者。[①] 此时,不可避免的一个问题便是,如果在诉讼过程中,使用者或销售者提出了合法来源抗辩,并明确指出了被诉侵权产品的制造者时,是否应当将制造者追加为共同被告。

此时,各地法院的认识和做法不尽一致。一种观点认为应当予以追加,追加进来有利于查清案件事实;另一种观点则主张应当先征求权利人的意见,在原告同意追加的情况下予以追加,如果原告不同意,则不应追加。[②] 例如,在东阳市天鑫休闲用品有限公司(以下简称天鑫公司)与武某双侵害实用新型专利权纠纷一案[③]中,武某双认为其曾申请追加平乡县小町咚儿童玩具厂为本案共同被告,但原审法院未予同意,存在程序瑕疵。最高人民法院认为,平乡县小町咚儿童玩具厂并非本案的必要共同被告,天鑫公司有权选择是否追加,在天鑫公司未同意追加的情况下,原审法院未予同意追加共同被告,并无不当。退一步来说,被诉侵权产品标注的"雅乐童"商标系平乡县小町咚儿童玩具厂授权武某双使用的情况属实,武某双亦可因此就本案所遭受的损失向平乡县小町咚儿童玩具厂追究责任获得救济,本案无须追加被告。而在王某森、王某崴与中国建筑第三工程局有限公司侵害实用新型专利权纠纷一案[④]中,内蒙古自治区呼和浩特市中级人民法院同意了原告追加被告的申请。

笔者认为,是否追加制造者为被告的问题实质上是对《民事诉讼法》[⑤]中必要共同诉讼的理解问题。所谓共同诉讼人,是指当事人一方或双方为 2 人以

① 此处无法列举全部情形,实践中也有销售者的供货方也是销售者的情形,在有些情况下,需要追索几次才能确定制造者,甚至根本不能确定制造者。

② 参见吕娜:《知识产权侵权诉讼中的合法来源抗辩——以专利侵权诉讼为例》,载《人民司法》2007 年第 19 期。

③ 最高人民法院民事判决书,(2019)最高法知民终 623 号。

④ 原告在诉讼过程中,申请追加中建三局集团有限公司、内蒙古中运商贸有限责任公司为被告,法院同意了原告的请求。呼和浩特市中级人民法院民事判决书,(2019)内 01 民初 65 号。

⑤ 我国《民事诉讼法》第 55 条规定:当事人一方或者双方为二人以上,其诉讼标的是共同的,或者诉讼标的是同一种类、人民法院认为可以合并审理并经当事人同意的,为共同诉讼。共同诉讼的一方当事人对诉讼标的有共同权利义务的,其中一人的诉讼行为经其他共同诉讼人承认,对其他共同诉讼人发生效力;对诉讼标的没有共同权利义务的,其中一人的诉讼行为对其他共同诉讼人不发生效力。

第 135 条规定:必须共同进行诉讼的当事人没有参加诉讼的,人民法院应当通知其参加诉讼。

上,诉讼标的是共同的或者诉讼标的是同一种类,人民法院认为可以合并审理并经当事人同意,共同在人民法院进行诉讼的人。而所谓的必要共同诉讼,是指当事人一方或双方为2人以上,诉讼标的是共同的,必须共同进行诉讼的当事人。① 笔者通过梳理专利侵权诉讼的案例发现,实践中是否追加制造者为被告,原告的意见具有重要作用。例如,在成都骏合乐途智能科技有限公司与宁波行金太贸易有限公司侵害外观设计专利权纠纷案②中,法院认为,被告申请追加案外人为本案的共同被告参加诉讼,原告明确表示不予追加被告,其将另案处理。法律规定销售者在被诉侵权产品具有合法来源的基础上不承担赔偿责任,是基于销售者的行为非恶意且为了从源头上制止侵权行为,避免滥诉,在能够查明被诉侵权产品制造者的情况下,原告可以向被诉侵权产品的制造者另案诉讼获得权利救济。又如,原告希森美康株式会社与被告台州市黄岩方野科技发展有限公司(以下简称方野公司)、浙江柏美特医用塑料有限公司(以下简称柏美特公司)侵害发明专利权纠纷一案③中,本案起初是原告仅起诉被告方野公司侵权,因方野公司主张其所销售侵权产品系从柏美特公司处所购,柏美特公司为被诉侵权产品的制造商,故原告申请追加被告柏美特公司为被告。法院认为,在被告方野公司提供初步证据证明其从被告柏美特公司购买过相关产品,为查明被告方野公司的合法来源抗辩而追加被告柏美特公司为被告参加诉讼符合法律规定。

实践中,法院普遍认为"不告不理"是《民事诉讼法》的基本原则,原告有权决定对侵犯其民事权益的民事主体提起或不提起诉讼,该权利不受他人干涉,他人无权要求原告告谁,人民法院也不宜依职权追加被告;当事人增加、变更、放弃诉讼请求应在举证期限内提出;追加诉讼参加人应有符合法律规定的理由

---

① 参见陈永革等主编:《民事诉讼法教程》,四川大学出版社2017年版,第93~94页。

② 浙江省宁波市中级人民法院民事判决书,(2018)浙02民初736号;与此相似的案例还有广东省高级人民法院民事判决书,(2018)粤民终2289号。在汕头市尚美塑胶模具实业有限公司(以下简称尚美公司)与阳东县鬻华五金塑胶制品厂(以下简称鬻华五金塑胶厂)侵害外观设计专利权纠纷一案中,鬻华五金塑胶厂的经营场所登记在申请追加被告阳江市阳东区东城镇挚诚塑金制品加工厂(以下简称挚诚加工厂)的经营场所内,鬻华五金塑胶厂没有生产经营场所,没有任何制造行为。鬻华五金塑胶厂提供了挚诚加工厂的生产录像、税务登记号、发货单据及微信聊天记录,尚美公司不同意追加被告。法院认为,鬻华五金塑胶厂在"1688"网站上的店铺信息显示其为生产厂家,产品页面介绍其为生产塑料菜板等产品的专业生产加工厂、品牌为鬻华,结合其经营范围包括产销厨房用具、塑料制品,且被诉产品上并无其他制造商标识,可推定鬻华五金塑胶厂存在制造被诉产品的高度可能性,尚美公司不同意追加被告的意见并无不当。

③ 浙江省台州市中级人民法院民事判决书,(2017)浙10民初271号。

和证据。[①] 必要的共同诉讼的特点在于共同诉讼的一方当事人对诉讼标的有不可分的共同的权利义务,而侵害知识产权民事纠纷中,生产商和销售商实施的被控侵权行为虽然存在一定的关联,但在生产商和销售商不构成共同侵权的情况下,二者实施的行为属于相互独立的行为,并非必要的共同诉讼。权利人在先行起诉销售商的情况下,如果发现了侵权产品的生产商,可以另案起诉追究生产商的侵权责任。[②]

有的学者认为若被告已提供初步证据如购销合同、送货单等证明被控侵权产品系第三方即供货方提供的,即有初步证据证明该供货方与本案有利害关系,且被告申请追加该供货方为共同被告的,即使原告不同意追加,人民法院也应当予以追加。给出的理由包括:(1)对于必要的共同诉讼,是否追加当事人的决定权在人民法院,而不取决于原告即权利人的申请。(2)将供货方作为共同被告予以追加,有利于查清案件事实。(3)追加供货方作为共同被告,有利于实现诉讼经济。[③] 笔者认为,合法来源制度的根本就是在于使用者或销售者在"不知道"的情况下使用、许诺销售或销售了被诉侵权产品,如果使用者或销售者提供了合法来源,那么即便是构成了侵权,也不用承担赔偿责任。合法来源制度存在的基础是查清被诉侵权产品的来源,至于是否必须将产品的来源方——制造者纳入诉讼中并非合法来源抗辩制度的必要条件。此外,是否选择追加被告,是权利人对其诉权的处分。权利人已经知晓使用者或销售者合法来源抗辩成功的后果,在此情况下选择不追加制造者作为被告,表明其自愿承担不能获得赔偿的后果。因此,笔者认为,当权利人选择只起诉使用者或销售者时,可以不追加制造者为被告。

---

① 湖南省高级人民法院民事判决书,(2004)湘高法民三终字第78号。

② 最高人民法院民事判决书,(2019)最高法知民终121号。

③ 参见吕娜:《知识产权侵权诉讼中的合法来源抗辩——以专利侵权诉讼为例》,载《人民司法》2007年第19期。

第十三章

专利侵权诉讼中的损害赔偿的确定规则

长期以来，我国知识产权维权特别是专利维权存在“时间长、举证难、成本高、赔偿低”，“赢了官司、丢了市场”以及判决难以执行等问题，严重挫伤了企业开展技术创新和利用专利制度维护自身合法权益的积极性。虽然侵权人承担的责任并非只有赔偿权利人的经济损失，还有承担停止侵权等责任，但是专利侵权诉讼中的赔偿问题，特别是赔偿金额的多寡，长期以来也是权利人考量是否采取维权措施时的重要因素之一。专利侵权损害赔偿金额过低显然使得权利人的维权成本增加、侵权人的侵权成本降低，从而对企业的创新起到负面的作用。本部分旨在从专利侵权诉讼中有关损害赔偿的法律规定出发，分析法院在裁量赔偿金额时的考量因素，并结合惩罚性赔偿的相关规定，为权利人在专利维权中获得较高的赔偿金额提供一定的帮助和指引。

一、法律规定

（一）《民法典》的相关规定

侵害专利权本质上是一种侵权行为，也应当按照《民法典》有关侵权责任的规定承担责任。《民法典》第 179 条规定：“承担民事责任的方式主要有：（一）停止侵害；（二）排除妨碍；（三）消除危险；（四）返还财产；（五）恢复原状；（六）修理、重作、更换；（七）继续履行；（八）赔偿损失；（九）支付违约金；（十）消除影响、恢复名誉；（十一）赔礼道歉。法律规定惩罚性赔偿的，依照其规定。本条规定的承担民事责任的方式，可以单独适用，也可以合并适用。”此外，第 1165 条第 1 款规定：“行为人因过错侵害他人民事权益造成损害的，应当承担侵权责任。”第 1167 条规定：“侵权行为危及他人人身、财产安全的，被侵权人有权请求侵权人承担停止侵害、排除妨碍、消除危险等侵权责任。”

当专利权人的专利权被侵害时,其通常有权要求侵权人承担停止侵害、赔偿损失的民事责任,特别需要强调的是,在专利侵权案件中,专利权人无权要求侵权方承担赔礼道歉的民事责任。

(二)《专利法》的规定

随着经济的发展和法律制度的健全,我国《专利法》对于专利侵权中赔偿制度的规定随着法律实践的发展而不断完善。

1984 年制定的《专利法》和 1992 年对《专利法》的第一次修改,都没有将专利侵权赔偿制度纳入其中。直到 2000 年的修改,才正式在条文中规定了关于赔偿的内容,即第 60 条规定:“侵犯专利权的赔偿数额,按照权利人因被侵权所受到的损失或者侵权人因侵权所获得的利益确定;被侵权人的损失或者侵权人获得的利益难以确定的,参照该专利许可使用费的倍数合理确定。”

2008 年第三次修改的《专利法》第 65 条规定:“侵犯专利权的赔偿数额按照权利人因被侵权所受到的实际损失确定;实际损失难以确定的,可以按照侵权人因侵权所获得的利益确定。权利人的损失或者侵权人获得的利益难以确定的,参照该专利许可使用费的倍数合理确定。赔偿数额还应当包括权利人为制止侵权行为所支付的合理开支。权利人的损失、侵权人获得的利益和专利许可使用费均难以确定的,人民法院可以根据专利权的类型、侵权行为的性质和情节等因素,确定给予一万元以上一百万元以下的赔偿。”

可以说本次对《专利法》的修改,奠定了之后的司法实践中法院确定损害赔偿的基础,即权利人因被侵权所遭受的实际损失;侵权人因侵权所获得的利益;专利许可使用费的倍数;根据专利权的类型、侵权行为的性质和情节等因素酌定。且该四种方式是有先后顺序的。除此之外,本次修改也明确了专利的侵权损害赔偿还应当包含权利人为制止侵权行为所支付的合理开支。

2020 年《专利法》在 2008 年修正的基础上做了新的修改,其中第 71 条规定:“侵犯专利权的赔偿数额按照权利人因被侵权所受到的实际损失或者侵权人因侵权所获得的利益确定;权利人的损失或者侵权人获得的利益难以确定的,参照该专利许可使用费的倍数合理确定。对故意侵犯专利权,情节严重的,可以在按照上述方法确定数额的一倍以上五倍以下确定赔偿数额。权利人的损失、侵权人获得的利益和专利许可使用费均难以确定的,人民法院可以根据专利权的类型、侵权行为的性质和情节等因素,确定给予三万元以上五百万元以下的赔偿。赔偿数额还应当包括权利人为制止侵权行为所支付的合理开支。人民法院为确定赔偿数额，在权利人已经尽力举证，而与侵权行为相关的账簿、资料主要由侵权人掌握的情况下，可以责令侵权人提供与侵权行为相关的账簿、资料；侵权人不提供或者提供虚假的账簿、资料的，人民法院可以参考权利人的主张和提供的证据判定赔偿数额。”

显然，2020 年的修改，就法定赔偿的数额而言，较之以往有了明显的提高，而且直接写入了举证妨碍制度。这加大了对专利保护的力度，更好地维护了专利权人的利益，增强创新主体的创新力度及对专利的保护力度和信心。

（三）其他规定

虽然早期的《专利法》对损害赔偿问题没有进行规定，但是在 1992 年 12 月 31 日最高人民法院发布的《关于审理专利纠纷案件若干问题的解答》中对专利侵权的损害赔偿问题进行了解答，认为：“专利侵权的损害赔偿，应当贯彻公正原则，使专利权人因侵权行为受到的实际损失能够得到合理的赔偿。专利侵权的损失赔偿额可按照以下方法计算：（一）以专利权人因侵权行为受到的实际经济损失作为损失赔偿额。计算方法是：因侵权人的侵权产品（包括使用他人专利方法生产的产品）在市场上销售使专利权人的专利产品的销售量下降，其销售量减少的总数乘以每件专利产品利润所得之积，即为专利权人的实际经济损失。（二）以侵权人因侵权行为获得的全部利润作为损失赔偿额。计算方法是：侵权人从每件侵权产品（包括使用他人专利方法生产的产品）获得的利润乘以在市场上销售的总数所得之积，即为侵权人所得的全部利润。（三）以不低于专利许可使用费的合理数额作为损失赔偿额。对于上述三种计算方法，人民法院可以根据案情的不同情况选择适用。当事人双方商定用其他计算方法计算损失赔偿额的，只要是公平合理的，人民法院可予准许。”

例如，在北京奥美光机电联合开发公司（以下简称奥美公司）、北京华奥电子医疗仪器有限公司（以下简称华奥公司）与周某专利权权属、侵权纠纷上诉案中①，北京市高级人民法院就认为，原审法院以周某自报的单台利润 128 元，奥美公司、华奥公司两公司自报的销售数量 11, 361 台、10, 466 台作为赔偿依据，两上诉人认为单台利润偏高，但未提出充分证据加以证明，不予采信。本案中，由于被告侵权时间长、范围广，难以查清原告实际经济损失，而被告又只向法院

---

① 北京市高级人民法院民事判决书，(1995)高知终字第 22 号。

提交了关于其在侵权期间所销售的产品的数量,且原告对此未提出异议,为及时制止侵权行为的继续,法院本着公平、公正的原则,采取了变通方法,推定被告多销售一个产品,就多挤占原告一份市场,则原告少销售一个产品,因而,用原告产品单个利润与被告所销售产品数量之积,作为损失赔偿依据。这种计算方法不但保护了专利权人的利益,且不违背立法原意。这种计算方法亦得到了二审法院的认可,但这是个案使用的方法。

1998 年发布的最高人民法院《关于全国部分法院知识产权审判工作座谈会纪要》(法〔1998〕65 号)第 3 条第 5 项侵权损害赔偿认为,"……根据《民法通则》的规定,民事权利受到侵害的基本赔偿原则是赔偿实际损失……对于已查明被告构成侵权并造成原告损害,但原告损失额与被告获利额等均不能确认的案件,可以采用定额赔偿的办法来确定损害赔偿额。定额赔偿的幅度,可掌握在 5000 元至 30 万元之间,具体数额,由人民法院根据被侵害的知识产权的类型、评估价值、侵权持续的时间、权利人因侵权所受到的商誉损害等因素在定额赔偿幅度内确定"。

伴随 2000 年修改的《专利法》对损害赔偿内容作了规定,2001 年最高人民法院发布了《关于审理专利纠纷案件适用法律问题的若干规定》,其中第 20 条规定:"人民法院依照专利法第五十七条第一款的规定追究侵权人的赔偿责任时,可以根据权利人的请求,按照权利人因被侵权所受到的损失或者侵权人因侵权所获得的利益确定赔偿数额。权利人因被侵权所受到的损失可以根据专利权人的专利产品因侵权所造成销售量减少的总数乘以每件专利产品的合理利润所得之积计算。权利人销售量减少的总数难以确定的,侵权产品在市场上销售的总数乘以每件专利产品的合理利润所得之积可以视为权利人因被侵权所受到的损失。侵权人因侵权所获得的利益可以根据该侵权产品在市场上销售的总数乘以每件侵权产品的合理利润所得之积计算。侵权人因侵权所获得的利益一般按照侵权人的营业利润计算,对于完全以侵权为业的侵权人,可以按照销售利润计算。"

最高人民法院《关于审理专利纠纷案件适用法律问题的若干规定》第 21 条规定:"被侵权人的损失或者侵权人获得的利益难以确定,有专利许可使用费可以参照的,人民法院可以根据专利权的类别、侵权人侵权的性质和情节、专利许可使用费的数额、该专利许可的性质、范围、时间等因素,参照该专利许可使用费的 1 至 3 倍合理确定赔偿数额;没有专利许可使用费可以参照或者专利许可使用费明显不合理的,人民法院可以根据专利权的类别、侵权人侵权的性质和情节等因素,一般在人民币5000元以上30万元以下确定赔偿数额,最多不得超过人民币50万元。"

最高人民法院《关于审理专利纠纷案件适用法律问题的若干规定》第22条规定:"人民法院根据权利人的请求以及具体案情,可以将权利人因调查、制止侵权所支付的合理费用计算在赔偿数额范围之内。"

例如,在李某贤与河南油田亚盛电器有限责任公司(以下简称亚盛公司)专利侵权纠纷一案中①,河南省高级人民法院就根据该司法解释的内容,认为一审认定的赔偿金额不合理。法院认为,由于李某贤因被侵权所受损失以及亚盛公司因侵权所获利益均无法查证,原审法院采取酌定赔偿的方法也无不当,但鉴于本案存在李某贤曾以该专利与案外人进行专利合作以及案外人即为河南油田盛达实业公司(以下简称盛达公司)下属电气产品生产单位,且盛达公司与亚盛公司一同参与竞标之事实,原审判决在查证亚盛公司存在215台电表箱侵权事实的基础上,酌定赔偿5000元数额明显偏低。法院另考虑到亚盛公司系社会福利型企业,故法院酌定调整赔偿数额为3万元。

在2008年修改的《专利法》对专利侵权诉讼中损害赔偿问题作出了明确规定以后,2009年,最高人民法院发布了《专利权纠纷司法解释一》,其中,第16条规定:"人民法院依据专利法第六十五条第一款的规定确定侵权人因侵权所获得的利益,应当限于侵权人因侵犯专利权行为所获得的利益;因其他权利所产生的利益,应当合理扣除。侵犯发明、实用新型专利权的产品系另一产品的零部件的,人民法院应当根据该零部件本身的价值及其在实现成品利润中的作用等因素合理确定赔偿数额。侵犯外观设计专利权的产品为包装物的,人民法院应当按照包装物本身的价值及其在实现被包装产品利润中的作用等因素合理确定赔偿数额。"

该司法解释对权利重合的情况进行了解释,其中,强调了"侵权所获得的利益,应当限于侵权人因侵犯专利权行为所获得的利益",这实际上是强调了涉诉专利的专利贡献率,同时强调,这里的利益,应当扣除其他权利产生的利益。

最高人民法院分别于2013年、2015年、2020年对2001年发布的《关于审理专利纠纷案件适用法律问题的若干规定》做了修正。其中,2013年的修改,并未涉及对损害赔偿问题的规定。2015年对损害赔偿问题做了部分修改。首先,第20条修改为:"专利法第六十五条规定的权利人因被侵权所受到的实际损失可以根据专利权人的专利产品因侵权所造成销售量减少的总数乘以每件专利

---

① 河南省高级人民法院民事判决书,(2007)豫法民三终字第00067号。

产品的合理利润所得之积计算。权利人销售量减少的总数难以确定的,侵权产品在市场上销售的总数乘以每件专利产品的合理利润所得之积可以视为权利人因被侵权所受到的实际损失。专利法第六十五条规定的侵权人因侵权所获得的利益,可以根据该侵权产品在市场上销售的总数乘以每件侵权产品的合理利润所得之积计算。侵权人因侵权所获得的利益一般按照侵权人的营业利润计算,对于完全以侵权为业的侵权人,可以按照销售利润计算。"其次,第 21 条修改为:"权利人的损失或者侵权人获得的利益难以确定,有专利许可使用费可以参照的,人民法院可以根据专利权的类型、侵权行为的性质和情节、专利许可的性质、范围、时间等因素,参照该专利许可使用费的倍数合理确定赔偿数额;没有专利许可使用费可以参照或者专利许可使用费明显不合理的,人民法院可以根据专利权的类型、侵权行为的性质和情节等因素,依照专利法第六十五条第二款的规定确定赔偿数额。"最后,第 22 条修改为:"权利人主张其为制止侵权行为所支付合理开支的,人民法院可以在专利法第六十五条确定的赔偿数额之外另行计算。"

2016 年最高人民法院发布了《专利权纠纷司法解释二》,第 27 条、第 28 条对专利侵权诉讼中的损害赔偿问题做了进一步的规定。其中,第 27 条规定:"权利人因被侵权所受到的实际损失难以确定的,人民法院应当依照专利法第六十五条第一款的规定,要求权利人对侵权人因侵权所获得的利益进行举证;在权利人已经提供侵权人所获利益的初步证据,而与专利侵权行为相关的账簿、资料主要由侵权人掌握的情况下,人民法院可以责令侵权人提供该账簿、资料;侵权人无正当理由拒不提供或者提供虚假的账簿、资料的,人民法院可以根据权利人的主张和提供的证据认定侵权人因侵权所获得的利益。"第 28 条规定:"权利人、侵权人依法约定专利侵权的赔偿数额或者赔偿计算方法,并在专利侵权诉讼中主张依据该约定确定赔偿数额的,人民法院应予支持。"

该司法解释对专利侵权诉讼中有关赔偿数额的举证规则进行了一定程度的完善,根据专利权人的初步举证以及侵权人掌握相关证据的情况,将有关侵权人获利的举证义务分配给了侵权人。当侵权人拒不提供或者提供的是虚假的证据时,人民法院可以根据权利人的主张和证据确认侵权人的侵权获利。需要指出的是:第一,该条所称初步证据,可以包括侵权人自己对侵权获利乃至公司整体营利的宣传资料、网站介绍、公司年报等,对权利人的举证要求不宜过严;第二,该规则的适用须以满足两个条件为前提,即以权利人初步举证被告的获利情况,且与专利侵权行为相关的账簿、资料主要由侵权人掌握。若上述两个条件均不满足,则无法进行证据妨碍推定,导致侵权获利难以确定。依照《专利法》第65条，进而需要确定是否可以参照专利许可费确定赔偿数额。①

此外，该司法解释还新增了一个损害赔偿计算方式，即《专利权纠纷司法解释二》第28条规定的权利人和侵权人的约定。也即当侵权人对赔偿问题与权利人达成一致时，在其此后的专利侵权诉讼中，可以适用双方此前的约定。

随着《民法典》的发布，2020年修正的《关于审理专利纠纷案件适用法律问题的若干规定》，对比2015年的修正发生了较大的变化，删除了较多的内容。但是对损害赔偿部分的规定并没有修改。同样也是在2020年修正的《专利权纠纷司法解释二》，对比2016年的规定对损害赔偿部分也没有修改。

2021年，最高人民法院发布了《关于审理侵害知识产权民事案件适用惩罚性赔偿的解释》（以下简称《惩罚性赔偿司法解释》），该司法解释的出台，标志着我国知识产权惩罚性赔偿的制度构建日臻完善，知识产权惩罚性赔偿的价值意义日益凸显。其中，第5条规定："人民法院确定惩罚性赔偿数额时，应当分别依照相关法律，以原告实际损失数额、被告违法所得数额或者因侵权所获得的利益作为计算基数。该基数不包括原告为制止侵权所支付的合理开支；法律另有规定的，依照其规定。前款所称实际损失数额、违法所得数额、因侵权所获得的利益均难以计算的，人民法院依法参照该权利许可使用费的倍数合理确定，并以此作为惩罚性赔偿数额的计算基数。人民法院依法责令被告提供其掌握的与侵权行为相关的账簿、资料，被告无正当理由拒不提供或者提供虚假账簿、资料的，人民法院可以参考原告的主张和证据确定惩罚性赔偿数额的计算基数。构成民事诉讼法第一百一十一条规定情形的，依法追究法律责任。"第6条规定："人民法院依法确定惩罚性赔偿的倍数时，应当综合考虑被告主观过错程度、侵权行为的情节严重程度等因素。因同一侵权行为已经被处以行政罚款或者刑事罚金且执行完毕，被告主张减免惩罚性赔偿责任的，人民法院不予支持，但在确定前款所称倍数时可以综合考虑。"

虽然《专利法》规定了专利侵权诉讼中计算赔偿时考虑因素的先后顺序，但是并没有规定计算基数的先后次序。该惩罚性赔偿的司法解释对计算基数的先后顺序作了规定，即以原告实际损失数额、被告违法所得数额或者被告因侵权所获得的利益作为计算基数，且不包括合理开支的费用。

除前述有关司法解释的相关规定外，包括最高人民法院在内的一些司法部

---

① 参见宋晓明、王闯、李剑：《〈关于审理侵犯专利权纠纷案件应用法律若干问题的解释（二）〉的理解与适用》，载《人民司法（应用）》2016年第10期。

门还发布了一些有关损害赔偿规定的指导意见。例如,2009 年最高人民法院发布了《关于贯彻实施国家知识产权战略若干问题的意见》,第 5 条表示:“综合运用知识产权司法救济手段,不断增强知识产权司法保护的有效性。依法确定当事人应当承担的各种法律责任,积极采取各种救济手段,对知识产权进行全方位的有效保护。通过判决赔偿经济损失和责令停止侵权、消除影响和赔礼道歉等,对权利人予以物质的与精神的、金钱的与非金钱的综合救济;通过终审判决和诉前或诉中临时措施裁定等,对权利人予以现实的和临时的司法救济;通过判处罚金、没收财产和采取民事制裁措施等,剥夺侵权人再侵权的能力和消除再侵权危险。特别是要突出发挥损害赔偿在制裁侵权和救济权利中的作用,坚持全面赔偿原则,依法加大赔偿力度,加重恶意侵权、重复侵权、规模化侵权等严重侵权行为的赔偿责任,努力确保权利人获得足够的充分的损害赔偿,切实保障当事人合法权益的实现。”

2005 年江苏省高级人民法院发布了《关于知识产权侵权损害适用定额赔偿办法若干问题的指导意见》,其中第 1 条规定:“原告以因侵权所受到的损失或者被告因侵权所获得的利益要求损害赔偿,但其所受到的损失或被告获得的利益难以确定的,可以直接适用定额赔偿办法确定赔偿数额。”此外,江苏省高级人民法院对于损害赔偿数额确定的参考因素、计算方法等都作了规定。

二、赔偿数额确定依据

(一)损害赔偿的计算

根据前述法律的规定可知,计算损害赔偿的通用公式为:公式 1,实际损失 = 因侵权所造成的专利产品减少的销售量 × 合理利润/件 × 专利贡献率;公式 2,侵权获利 = 侵权产品销售量 × 合理利润/件 × 专利贡献率。其中,侵权人因侵权所获得的利益一般按照侵权人的营业利润计算,对于完全以侵权为业的侵权人,可以按照销售利润计算。销售数据和利润率是纯粹的事实问题,应当由当事人进行充分地举证,否则法院通常也无能为力,只能采用后续的法定赔偿确定赔偿数额。

1. 销售数据

销售数据包括实际损失的数据或者侵权获利的数据。

实际损失因为涉及侵权行为与销售减少的因果关系的证据,因此,实际损失的数据通常难以被法院采信。那么，专利权人如何获得侵权产品的销售量，司法实践中采用的方法有：(1)向海关申请调取销售数据；[①](2)向国家工信部所调取销售侵权产品的数据；[②](3)固定电商平台的销售数据；[③](4)中国证监会官方网站的《辅导报告》；[④](5)当事人的广告宣传或自认；[⑤](6)上市公司年报；[⑥](7)专项审计报告。[⑦] 通过当事人的充分举证获得销售数据，是计算侵权获利的前提。

2. 利润率

专利权人如何获得“营业利润”“销售利润”的数据，司法实践中采用的方法有：(1)上市公司年报、相同行业上市公司年报、统计局发布的制造业总体毛利率；[⑧](2)专项审计报告。[⑨] 实践中还有其他方法，如法院根据生活经验确定利润率等。

3. 专利贡献度

在确定损害赔偿的数额时，之所以要考虑专利贡献度，是因为一件产品价值的实现，是多种因素作用的结果，包括专利的价值、品牌的价值、产品本身的价值及市场因素等。在专利侵权诉讼中，完全可能出现权利重合的情况，通常包括专利权的重合或专利权与其他知识产权的重合。例如，在被诉产品上涵盖了外观设计专利权、实用新型专利权和发明专利权的一种或多种，在此情况下，如何计算赔偿数额的问题。一种观点认为，对于同一侵权产品而言，其获利金

---

① 福建省高级人民法院民事判决书，(2016)闽民终891号。

② 福建省高级人民法院民事判决书，(2020)闽民初1号。

③ 北京市高级人民法院民事判决书，(2016)京民终245号；最高人民法院民事判决书，(2019)最高法知民终725号。

④ 最高人民法院民事判决书，(2019)最高法知民终725号。本案中，侵权人的特殊性在于其属于拟上市企业，其在中国证监会官方网站公布的《辅导报告》显示了其相关财务信息。该等信息也是计算侵权人因侵权获利的方式之一。

⑤ 北京市高级人民法院民事判决书，(2021)京民终736号；浙江省温州市中级人民法院民事判决书，(2006)温民三初字第135号。

⑥ 浙江省宁波市中级人民法院民事判决书，(2019)浙02民初165、183号。

⑦ 最高人民法院民事判决书，(2019)最高法知民终830、831、832、833、834、851、881、886、888号。在该系列案中，被诉一方积极举证，特别是通过提供专项审计报告有效地否定了一审计算赔偿额的依据，进而说服对赔偿数额重新进行了计算。但是，也并非所有的审计报告法院均予以采纳。例如，广东省高级人民法院民事判决书，(2011)粤高法民三终字第326号；最高人民法院民事判决书，(2019)最高法知民终725号，该二案中被诉方提交的审计报告均未予以采纳。

⑧ 福建省高级人民法院民事判决书，(2016)闽民终891号、(2020)闽民初1号。

⑨ 广东省高级人民法院民事判决书，(2016)粤民终770号；最高人民法院民事判决书，(2018)最高法民再111号。

额是确定的,在一件专利权的权利人获得赔偿之后,其他权利人或者同一权利人的其他权利,无权再次主张赔偿;另一种观点认为,多个权利同时获得赔偿并不冲突,不属于赔偿数额重复计算,而应当分别予以保护。对此,在山东金锣新福昌铝业有限公司(以下简称新福昌公司)与山东鼎锋门业有限公司(以下简称鼎锋公司)侵害实用新型专利权纠纷一案中,最高人民法院 1649 号案与本案虽然涉及相同的被诉侵权产品,但 1649 号案所确定的赔偿数额对应的是新福昌公司因被诉侵权产品所具有的外观而不正当占有鼎锋公司市场份额的非法获利,而本案二审判决确定的赔偿数额对应的是新福昌公司因被诉侵权产品所具有的形状、结构而不正当占有鼎锋公司市场份额的非法获利。新福昌公司存在两种性质不同的侵权行为,该两种行为对于被诉侵权产品最终非法获利具有不同的作用与不同的贡献率。因此,本案原判决根据《专利法》第 65 条第 2 款的规定所确定的赔偿数额与 1649 号案不构成重复计算,新福昌公司该项申请再审理由不能成立。[①]

在专利损害赔偿中要进行专利贡献率的认定,因为在产品上覆盖多个专利的情况下,产品的全部利润并非来自某一项专利技术,各项专利技术均对产品的全部利润进行了分摊,在计算损害赔偿数额时,实际要计算出这一分摊的利润。[②] 如何确定专利对被诉侵权产品利润的贡献度,[③]法院通常有两种做法:第一,根据当事人可以得到支持的举证证据确定具体的专利贡献率,并计算赔偿金额;第二,在没有证据支持的情况下,法院会使用自由裁量权,综合案件情况将专利贡献率作为法定赔偿的参考因素。

(1)确定具体贡献率并作为计算赔偿的依据

在前文提及的宁德时代公司的案件中[④],福建省高级人民法院认为,侵害涉案专利权的产品为一种动力单体电池的顶盖,应属电池产品的零部件。法院综合考虑涉案专利的种类、专利的稳定性程度、专利所涉及的产品性能对销售量的影响及其在实现成品利润中的作用等因素,另外考虑到宁德时代公司包括本案在内,共向"二塔菲尔公司"就涉案侵权产品侵犯其其他专利提起 5 起专利侵权诉讼,酌定涉案专利的贡献度为 10% 。

---

① 最高人民法院民事裁定书,(2018)最高法民申 4148 号。

② 参见施小雪:《重复侵犯专利权损害赔偿数额的认定规则》,载管育鹰主编:《知识产权审判逻辑与案例——专利卷》,法律出版社 2022 年版,第 104 页。

③ 《专利权纠纷司法解释一》第 16 条。

④ 福建省高级人民法院民事判决书,(2020)闽民初 1 号。

在原告来电公司诉街电公司等专利侵权纠纷案中[①]，广州知识产权法院认为，本两案所涉专利对于移动电源的借取和归还具有重要作用，属于关键技术。显然，对共享充电宝行业经营者实现利润产生重要贡献。而且，本两案诉讼发生前街电公司曾有其他型号产品被认定侵害来电公司相同专利权，并被责令停止侵权和赔偿损失。在此情况下，街电公司仍通过本两案被诉产品继续使用涉案专利，也印证涉案专利对其实现利润具有重要影响。另外，涉案专利只涉及充电仓体的重要部件，但毕竟不是共享充电宝设备整体。街电公司的品牌、服务、铺设范围等也会对消费者选购产生影响。法院充分考虑上述两方面因素，确定本两案被诉侵权技术方案的利润贡献率为50%。本案中，法院区分了专利价值和品牌价值，确定了贡献率。

在奥克斯空调股份有限公司诉珠海格力电器股份有限公司等侵害发明专利权纠纷一案中[②]，宁波市中级人民法院参考专家辅助人的经济分析报告，根据专利技术的技术价值、专利应用的市场价值、专利在整机中的技术比重等因素酌定本案专利的贡献率为20%。

北京市高级人民法院认为，考虑到生产三乙基铝产品的核心技术集中于放料装置及氢化乙基化放料装置，故权利人主张以《评估报告》中认定的涉案专利在生产三乙基铝产品过程中的贡献率为10%作为计算赔偿数额的基础是适当的。[③]

最高人民法院认为，根据本案专利说明书对发明有益效果的记载，与本案专利要求2的技术方案相关的有益效果包括产品结构更加紧凑，各配件之间在经过压制后结合更牢固，提高热传导性能，减少配件松动造成的安全隐患，提高产品的可靠性和制作成本等。可见，本案专利对于被诉方PTC发热器的市场吸引力起了重要作用。同时，考虑到本案专利权利要求2技术方案实现上述有益效果的特征，主要体现在导热铝管压制后在左右侧面形成的半圆型凹槽结构，而PTC发热器还包括其他部件，不宜将侵权产品的利润全部归因于本案专利。在被诉方无正当理由拒不参加本案庭审的情况下，法院酌定本案专利对于被诉方侵权产品利润的贡献度为50%。本案中，最高人民法院认为涉案专利对被诉侵权产品所在市场起了重要作用，但是还要考虑涉案PTC发热管并非仅有涉案

① 广州知识产权法院民事判决书，(2018)粤73民初1851~1852号。
② 宁波市中级人民法院民事判决书，(2019)浙02民初165、183号。
③ 北京市高级人民法院民事判决书，(2017)京民终734号。

专利一个部件,还包括其他部件,因此酌定涉案专利对被诉侵权产品的利润贡献度为50%。[①]

在深圳敦骏科技有限公司(以下简称敦骏公司)诉深圳维盟科技股份有限公司(以下简称维盟公司)等侵害发明专利权纠纷一案中[②],最高人民法院认为,敦骏公司主张被诉侵权产品占维盟公司业务量的80%,被诉侵权产品的利润率为30%,以及涉案专利技术在被诉侵权产品中的技术贡献率为20%。对此,法院认为,在相关证据为维盟公司掌控,且敦骏公司所主张上述比率并不明显有违行业惯例的情况下,敦骏公司所主张的业务量占比、利润率、技术贡献率等尚属合理,法院予以支持。

在深圳光峰科技股份有限公司(以下简称光峰公司)与创造者社区(广州)有限公司(原广州德浩科视电子科技有限公司,以下简称德浩公司)等侵害发明专利权纠纷系列案中[③],最高人民法院认为,确定涉案专利及其价值对整机产品利润的贡献率时,需要考虑三方面因素:一是被诉整机产品本身的价值;二是涉案专利价值;三是以涉案专利技术方案制造的产品组件在实现激光投影机整体产品利润率中的贡献度。

第一,关于被诉整机产品本身的价值。整机产品价值对制造者、销售者和用户均有不同,德浩公司作为整机产品制造者承担被诉侵权产品制造者的侵权赔偿责任,整机产品价值应按德浩公司的销售价格计算。

第二,关于涉案专利价值。专利价值,按专利价值评估指标体系包括技术、法律和市场三个维度,技术维度涉及专利被引次数、技术关联度、科学关联度、技术应用范畴、权利要求指标,法律维度涉及法律状态、实质审查时长、剩余保护期限、专利缴费次数、专利权人属性指标,市场维度涉及技术生命周期、专利族规模、专利独立性、市场竞争强度指标,应当由专利权人予以证明或者说明。本案中,可供考量的专利价值评估指标中技术、法律维度指标相对清晰,而市场维度指标不足,难以确定涉案专利价值。

第三,关于以涉案专利技术方案制造的产品组件在实现整体产品利润中的作用。光峰公司未证明或者说明以涉案专利技术方案制造的产品组件价值,德浩公司有关《整机专利统计列表》因缺乏关联性不予采纳。德浩公司以网购色

① 最高人民法院民事判决书,(2018)最高法民再111号。

② 最高人民法院民事判决书,(2019)最高法知民终725号。类案有最高人民法院民事判决书,(2020)最高法知民终659号。

③ 最高人民法院民事判决书,(2019)最高法知民终830、831、832、833、834、851、881、886、888号。

轮盘价格作为价值参考依据的主张,色轮盘仅是以涉案专利技术方案制造的产品组件的零部件,且光峰公司对其应用场景持有异议,因此,网购色轮盘价格不代表以涉案专利技术方案制造的产品组件的价值。

综上,本案中,在难以确定涉案专利价值、也无法参考以涉案专利技术方案制造的产品组件价值的情况下,德浩公司主张以双方确认的 DET 激光投影机销售卖点(技术亮点)为依据,以销售卖点体现出的涉案专利技术及其价值所占销售卖点的比重,确定涉案专利技术及其价值在实现整体产品利润中的贡献度的方式,具有可行性和合理性,法院予以采纳。

根据最高人民法院在上述案件中关于"专利价值评估指标体系包括技术、法律和市场三个维度"的观点,前述案例中确定的专利贡献率均值得商榷,这也说明,当下关于专利贡献度的确定问题,还存在极大争议。

(2)将专利贡献率作为法定赔偿的参考因素

广州知识产权法院认为,涉案实用新型专利为"板材上下料装置及手机玻璃加工中心",2015 年方申请,技术较为先进。权利人主张保护的权利要求 1 – 7,涵盖了上下料装置及加工中心,即涉案专利为被诉侵权产品玻璃机的核心部分,在实现被诉侵权产品利润中的贡献较大。①

在华为终端有限公司与惠州三星电子有限公司等侵害发明专利权纠纷案中②,福建省高级人民法院认为,基于操作简便、交互方式友好的图形操作界面在增强用户黏性、提升品牌认可度、增加产品销售额等方面的作用,可以认定图形操作界面对智能移动终端产品的利润具有实质性贡献。另外,涉案专利申请日为 2010 年 1 月 28 日,此时智能手机尚未普遍推广,用户还不熟悉多屏桌面,涉案专利创造性地提出了长按组件缩小页面的方案,启发性地引导消费者熟悉并充分使用多屏桌面,且该操作简便,原审认定涉案专利具有较高创造力、对移动终端智能化具有巨大推动力,并无不当。

在赵某珂与张某红侵犯外观设计专利权纠纷案中③,最高人民法院认为,在

① 广东省高级人民法院民事判决书,(2019)粤知民终 86 号。

② 福建省高级人民法院民事判决书,(2017)闽民终 501 号。一审法院关于贡献度的论述更为详尽,福建省泉州市中级人民法院民事判决书,(2016)闽 05 民初 725 号。

③ 最高人民法院民事裁定书,(2009)民申字第 523 号。类案有上海知识产权法院民事判决书,(2020)沪 73 民初 84 号;上海市高级人民法院民事判决书,(2020)沪民终 476、477 号、(2019)沪民终 277 号;山东省高级人民法院民事判决书,(2021)鲁民终 726 号;最高人民法院民事判决书,(2019)最高法知民终 302、322、684、780 号,(2020)最高法知民终 731、912、998 号,(2021)最高法知民终 1478 号。

采用"侵权人因侵权所获得的利益"方法确定赔偿数额时，应当考虑专利本身对产品利润的贡献。就本案而言，涉案外观设计专利为工业用除铁机的外观设计，除铁机主要用于除去陶瓷土泥浆中的铁屑，用户购买除铁机时更注重的是除铁机的除铁功能而非除铁机的外观设计，即除铁机的外观设计对产品利润的贡献并不显著。原审法院在考虑了涉案专利权性质、技术含量等因素后酌定判决赔偿4万元并无明显不当。

(二)专利许可使用费的合理倍数

专利许可使用费的合理"倍数"，应当以专利许可使用费的数额为基础，考虑专利权的类别、所属行业通常的费率标准、许可的类型、侵权行为的类型、侵权持续的时间、侵权产品的数量、侵权人可能的获利以及权利人的市场情况等因素，按照公平合理的原则予以确定。[①] 在上海恒昊玻璃技术有限公司(以下简称恒昊公司)与岳阳经济技术开发区春光玻璃有限公司专利侵权纠纷一案中[②]，二审湖南省高级人民法院认为，恒昊公司许可案外人在六省份实施玻璃(一帆风顺)专利的许可使用费为60,000元，具体到每一个省份平均许可使用费为10,000元，再具体到每一个地市平均许可使用费不超过1000元。原审判决根据侵权情节、专利许可性质、范围及制止侵权行为的合理开支等因素，综合确定赔偿数额为6000元，这一数额在专利许可使用费的1~3倍，并无不当，应予维持。

本案中，原告提交的专利实施许可合同记载了原告许可案外人实施涉案专利的许可使用费，但是法院认为鉴于原告许可的地域较多，因此综合了被告的侵权情节、专利许可性质和范围等因素，最终确认判赔6000元的数额符合专利许可使用费1~3倍的区间。笔者认为，在没有专利许可使用费可以参照或者专利许可使用费明显不合理的情况下，人民法院才有权不参照许可而酌情判定赔偿，否则应当参照许可使用费。即便侵权较轻、时间较短、范围不大，也应参照许可使用费的1倍确定赔偿数额，除非诉讼请求赔偿额低于许可使用费。本案中有专利实施许可合同，有许可使用费参照，应依据司法解释参照许可使用费，而不是根据法院计算方式，将许可费平摊，具体到每个城市，而后再计算赔偿金额。

---

① 参见尹新天：《中国专利法详解》，知识产权出版社2011年版，第736页。

② 湖南省高级人民法院民事判决书，(2005)湘高法民三终字第61号。

在长沙深湘通用机器有限公司(以下简称深湘公司)与湖南广义科技有限公司(以下简称广义公司)等侵害发明专利权纠纷一案中①,关于损害赔偿的金额,不同层级的法院给出了不同的观点。一审长沙市中级人民法院认为,本案被侵权人损失及侵权人利益难以确定,专利实施许可合同已依法备案,虽然深湘公司未提供实际履行的证据,但广义公司的侵权行为在2000年即已发生,侵权时间长,被诉侵权产品的宣传面广,考虑涉案专利的性质、专利产品的销售情况及其获利状况、广义公司的侵权情节、侵权时间、后果及深湘公司为制止侵权所产生的费用和发生的损失等因素,深湘公司要求广义公司按照2002年涉案专利许可使用费1倍的标准赔偿其200万元损失的诉讼请求,应予以支持。二审湖南省高级人民法院认为,广义公司上诉认为一审判决依据深湘公司与专利权人郝某刚签订的专利实施许可使用费判定赔偿数额是错误的,但广义公司并没有提出合理确定赔偿数额的证据。对于深湘公司提出的专利实施许可合同,广义公司未提供相反证据予以否定,一审法院以此作为确定赔偿数额的依据并无不妥。我国《专利法》及其司法解释规定侵犯专利权的赔偿数额在被侵权人所受损失和侵权人获得利益难以确定时,可以参照专利许可使用费1~3倍合理确定赔偿数额。深湘公司与郝某刚签订的专利实施许可合同已经依法备案,且深湘公司是业经工商登记的法人,一审法院按照2002年专利许可使用费1倍的标准确定赔偿数额没有错误,故广义公司关于深湘公司属于郝某刚夫妇所有而主张该专利实施许可合同为同一民事主体所签的非法合同的抗辩理由,不予支持。

再审湖南省高级人民法院认为,被诉侵权产品缺少涉案专利保护范围中的必要技术特征,不构成侵权。由此撤销了一审、二审判决。

最高人民法院经审查后,指定湖北省高级人民法院再审。湖北省高级人民法院审查后,认为专利权人郝某刚与深湘公司签订的《专利实施许可合同》不能作为深湘公司确定损害赔偿的依据,其理由包括:一是郝某刚是深湘公司的法定代表人,在本案一审诉讼中与深湘公司签订《专利实施许可合同》,有专为诉讼目的而签订合同的嫌疑;二是合同约定了高额专利许可使用费,与市场上相似的专利许可使用费是否相当无证据证明;三是深湘公司一直未实际支付该专利许可使用费。故本案应由人民法院根据涉案专利的性质、侵权行为的性质、

① 最高人民法院民事判决书,(2013)民提字第127号。类案有最高人民法院民事裁定书,(2010)民申字第978号;广东省高级人民法院民事判决书,(2015)粤高法民三终字第181号。

情节、侵权持续的时间等因素对赔偿数额进行酌定。本案所涉专利为发明专利，广义公司生产、销售同等型号被诉侵权产品的价格远低于深湘公司，必将影响深湘公司涉案专利产品的获利，故将广义公司的赔偿数额酌定为 50 万元。

广义公司不服，向湖北省人民检察院申诉，湖北省人民检察院提请最高人民检察院提起抗诉，最高人民检察院向最高人民法院抗诉。最高人民法院提审后，认为湖北省高级人民法院再审判决查明的事实属实，最终维持了湖北省高级人民法院的判决。

人民法院在依照许可费的倍数计算时，即便是有专利许可使用费可以参考，还是要结合专利权的类别、侵权人侵权的性质和情节、专利许可使用费的数额、该专利许可的性质、范围、时间等因素，参考专利许可使用费的 1 ~3 倍“合理”确定赔偿数额。当没有专利许可使用费或者专利许可使用费明显不合理的时候，可以不参考适用。

(三)法定赔偿

诚如前文所述，笔者认为无论是《专利法》还是相关司法解释，均对损害赔偿的确定因素有一个顺序限制，只有在前述顺序所列及的因素无法确定或者明显不合理的情况下，才可能往后延续适用下一个参考因素。因此，2021 年施行的《专利法》第 71 条第 1 款中列举了包括“按照权利人因被侵权所受到的实际损失或者侵权人因侵权所获得的利益确定；权利人的损失或者侵权人获得的利益难以确定的，参照该专利许可使用费的倍数合理确定”等方法，而后在该条第 2 款中明确当“权利人的损失、侵权人获得的利益和专利许可使用费均难以确定”时，“可以根据专利权的类型、侵权行为的性质和情节等因素，确定给予三万元以上五百万元以下的赔偿”。此即笔者所述的“法定赔偿”。从法律的修改可以看出，侵害专利权的法定赔偿数额随着时间的推移在不断地增多，这一方面反映了我国经济在不断增长，另一方面也可以看出国家层面亦在不断加深对知识产权的维护。这是因为，首先，专利权作为一种知识产权，具有类似于经济学意义上公共物品的性质，即专利的公开使得权利人很难排斥他人使用自己的专利，且专利以一定的成本被创造出来后，任何额外增加的使用都不会引起专利成本的增加。这样的特点使专利侵权相较其他侵权行为，具有更大的隐蔽性，一方面使得权利人发现侵权行为难度增加了；另一方面也使得权利人找到所有侵权人的难度也增加了，权利人追究侵权责任变得更加困难。对于权利人而言，仅仅是让权利恢复到未被侵犯时的状态，客观上打击了专利权人维权的积极性。其次,知识产权创造及转化均需要成本。众所周知,与物权的产生比较起来,知识产权的创造不仅需要无数的智力与财力,而且要将其转化成财富还需要付出更多的成本。而这部分成本如果不作为权利人的损失考虑,客观上将降低侵权人的侵权成本,也会损害权利人的利益。而且,专利无形性、公开性的特点让侵权人获得专利技术变得异常轻松,通过专利侵权获得的利益往往相当丰厚,而仅要求侵权人补偿权利人的损失,就会产生侵权成本小于侵权收益的情况,即使权利人积极寻求救济,侵权人仍然有可能实施侵权行为。因此,在酌情确定损害赔偿数额时,应当坚持鼓励发明创造,倡导诚实守信经营的裁判价值追求,努力实现既真正保护了权利人的利益又能阻遏侵权行为人及他人将来再从事类似不法行为的目的。①

1. 确定法定赔偿额的基本原则

司法实践中,法定赔偿数额的确定也应当坚持"贡献与保护相一致"的原则:在权利人未举证证明其因侵权所造成的实际损失的情况下,可以根据侵权人因侵权行为所获得利益来确定赔偿数额。在确定赔偿数额时还应同时考虑侵权人的侵权性质、侵权时间、涉案专利的创新程度、市场价值等因素予以综合确定。坚持严格保护是我国知识产权司法保护的基本定位,但根据专利创新程度高低、侵权行为情节轻重来合理确定保护范围与保护强度,实现知识产权成果保护强度与范围和专利创新程度相匹配,达到鼓励创新与打击侵权的统一、维护公平有序市场竞争的目的,才是真正落实严格保护的应有之义。②

2. 区分行为和权利性质

在确定法定赔偿额时,要特别注意区分制造行为和销售或许诺销售行为。这是因为,为了从源头上遏制侵权现象,一方面,专利权人在针对侵害其专利权行为的维权过程中,应当尽可能地溯源维权,即最大限度地向处于侵权行为源头环节的制造者主张权利,从源头上制止侵害其专利权的行为。另一方面,人民法院在审理专利侵权案件中应区分侵权行为的性质,合理确定侵权人应当承担的法律责任,积极引导专利权人从侵权产品的制造环节制止侵权行为。③ 因此,侵权行为的性质对于赔偿数额的确定具有重要意义。如果属于销售行为或许诺销售行为,法院有可能在法定赔偿以下确定赔偿金额。④ 同时,要区分权利

---

① 北京知识产权法院民事判决书,(2017)京73民初1204号。
② 最高人民法院民事判决书,(2021)最高法知民终910号。
③ 最高人民法院民事判决书,(2020)最高法知民终357号。该判决被之后的多个判决所引用。
④ 类案有江苏省高级人民法院民事判决书,(2021)苏民终18号。

的性质。权利类型及稳定性是进行损害赔偿数额认定的基础。损害赔偿数额的确定要兼顾科技创新成果的创新高度和贡献程度。[①] 我国专利权的授予形式决定了经过实质审查的发明专利相较于实用新型专利和外观设计专利，其权利基础较为稳定，权利人投入的财力、物力也较高。因此，人民法院在裁量赔偿数额时，也会考虑专利权的类型。

实践中，争议最大的是，对于许诺销售行为如何确定赔偿责任。《专利法》将许诺销售作为侵权行为的一种，侧面说明了行为人除了需要承担停止侵权的责任以外，还应当承担赔偿责任。但是，对于只存在许诺销售行为的侵权人，应当承担的赔偿责任问题，实践中存在不同做法。

(1)同时承担经济损失和合理开支的赔偿责任

在青岛晨源机械设备有限公司(以下简称晨源公司)与青岛青科重工有限公司(以下简称青科公司)侵害实用新型专利权纠纷案中[②]，最高人民法院认为，晨源公司上诉主张，在青科公司不能证明其许诺销售行为给青科公司造成损失或其因此获利的情况下，晨源公司只需承担赔偿青科公司维权合理开支的责任。对此，法院分析如下：首先，许诺销售行为客观上会给专利权人造成损害。《专利法》规定的许诺销售，是指以通过广告、商店橱窗中陈列或者展销会上展出等方式向不特定的人作出销售商品的意思表示。许诺销售行为既可能发生在产品制造完成之后，也可能发生在产品制造完成之前；既可能发生在产品销售之前，也可能发生在销售过程中。许诺销售行为的目的虽指向销售行为，但许诺销售行为是一种法定的独立的侵权行为方式，许诺销售侵权行为的民事责任承担不以销售是否实际发生为前提。许诺销售行为一旦发生，因被诉侵权人许诺销售的价格通常低于专利产品的价格，会对潜在消费者产生心理暗示，影响专利产品的合理定价；或导致消费者放弃购买专利产品转而考虑与被诉侵权人联系，造成延迟甚至减少专利产品的正常销售。此外，被诉侵权人许诺销售行为还可能对专利产品的广告宣传效果造成不利影响。可见，许诺销售行为的存在，将会给专利权人造成专利产品的价格侵蚀、商业机会的减少或者延迟等损害，这种损害是可以合理推知的结果。权利有损害必有救济，除非法律另有特殊规定，该救济即应当至少包括承担停止侵害和赔偿损失这两种最基

① 参见施小雪：《重复侵犯专利权损害赔偿数额的认定规则》，载管育鹰主编：《知识产权审判逻辑与案例——专利卷》，法律出版社 2022 年版，第 96 页。

② 最高人民法院民事判决书，(2020)最高法知民终 1658 号。类案有广东省高级人民法院民事判决书，(2017)粤民终 2902 号、(2018)粤民终 1403 号。

本的侵权民事责任形式,而不是只承担其中一种形式。其次,判令侵权人就其许诺销售行为承担损害赔偿责任,更有利于保护和激励创新,更有利于实现《专利法》的立法目的。许诺销售行为是《专利法》明文规定的侵权行为。专利制度的目的是保护和激励创新。依法保护专利权,营造良好营商环境和创新环境,应当坚决依法惩处各种侵犯专利权的行为,包括许诺销售侵权行为,以切实提高违法成本、有效威慑制止侵权行为。未经专利权人许可,许诺销售专利产品或者依照专利方法所直接获得的产品的行为,不仅具有侵权的可责性,也具有实际损害的后果。如果仅仅因为许诺销售行为造成的具体损害后果难以准确证明,就免除侵权人的损害赔偿责任,仅承担停止许诺销售行为、支付专利权人维权合理开支的民事责任,既不符合权利有损害必有救济的民法原则,也不利于充分实现《专利法》的立法目的。最后,专利权人难以举证证明其因许诺销售行为遭受的具体损失时,可以法定赔偿方式计算损害赔偿数额。正是因为考虑到专利侵权损害证明的困难,《专利法》规定了法定赔偿制度,当专利权人因被侵权所受到的损失或者侵权人获得的利益等难以确定的情况下,可以根据专利权的类型、侵权行为的性质和情节等因素,确定给予 1 万元以上 100 万元以下的赔偿。

在该案中,法院也明确指出,在侵权人仅实施了许诺销售行为的情况下,其侵权损害后果可能轻于实际销售的损害后果。因此,确定被诉侵权人就许诺销售行为应当承担的民事责任,特别是具体赔偿金额时,应着重考虑在案证据反映的侵权恶意与侵害情节,基于案情予以区分。但是仍应当考虑涉案专利的类型、晨源公司的主观过错、晨源公司侵权行为的情节以及青科公司的合理开支等因素,酌定晨源公司应当承担的赔偿责任,而不只是赔偿青科公司合理支出的费用。

(2)仅需承担合理支出的赔偿责任

上海市高级人民法院在《专利侵权纠纷审理指引(2011)》第 23 条规定:被告仅侵犯原告专利的许诺销售权,不需要承担损害赔偿责任;但应承担停止侵权的法律责任,并应支付原告为制止许诺销售行为所支出的合理费用。因此上海地区的法院对于行为人仅存在许诺销售侵权行为的,一般都是只要求侵权行为人承担合理支出费用。2017 年浙江省高级人民法院民事审判第三庭《知识产权损害赔偿审理指南》第 24 条指出:在侵害专利权案件中,侵权行为系许诺销售行为的,侵权人承担的赔偿责任一般以合理开支为主,除非权利人能够证明该行为造成了其他损失。

例如,在美力菲家具有限公司诉霸州市强华家具有限公司等侵害外观设计专利权纠纷案中①,上海知识产权法院认为,已在证据认证部分对原告提交的证据尚不足以证明被告有制造、销售并通过展会许诺销售侵权座椅的行为阐明了本院的观点,不再赘述。但根据前述查明的事实,被告存在在其经营的网站上许诺销售侵权座椅的行为,依法应当停止相应的侵权行为。对于原告诉请的销毁模具及库存侵权产品的行为,因原告证据不足以证明被告存在制造侵权座椅的模具及库存侵权座椅,故对该诉请法院不予支持。对于原告诉请的赔偿经济损失及合理费用,因本案查明被告仅有许诺销售行为,未给原告造成实际上的经济损失,故法院对赔偿损失的诉请不予支持。至于原告主张的合理费用部分,对于法院已采信的(2016)粤佛顺德第34284号公证书中涉及本案侵权产品的部分以及原告为本案诉讼所支出的相应差旅费的合理部分予以支持。

此外,北京地区的法院也有相关的裁判。例如,在沈某衡与北京天汇万博科技发展有限公司(以下简称天汇万博公司)侵犯实用新型专利权纠纷案中②,一审北京市第一中级人民法院认为,虽然沈某衡对该销售行为进行了公证购买,但因销售发票上盖的是北京天汇卧龙交通设施销售中心财务专用章,在天汇万博公司对此销售事实予以否认的情况下,沈某衡关于天汇万博公司实施了销售被控侵权产品行为的主张,缺乏事实根据,不予支持。天汇万博公司在网站上及产品宣传册中许诺销售的黄红A型车位锁产品和三角型锁产品均包括了以下技术特征:由底座、芯轴、活动桩和锁具构成,底座可以固定在地面上,活动桩通过芯轴与底座相连,活动桩设有供锁具插入的孔。将涉案专利与上述A型车位锁和三角型锁产品的技术特征进行比对可知,上述被控侵权产品的技术特征已经覆盖了涉案专利权利要求1的全部必要技术特征。天汇万博公司未经沈某衡许可,通过网站及产品宣传册的方式许诺销售被控侵权产品,构成对涉案专利权的侵犯,依法应承担停止侵权,赔偿损失的法律责任。最终,法院判决天汇万博公司赔偿沈某衡经济损失(含本案诉讼合理支出)人民币5万元。

二审北京市高级人民法院认为,沈某衡主张天汇万博公司许诺销售涉案三角形锁具的行为,侵犯了其享有的涉案专利权,应承担停止侵权的民事责任的诉讼主张,理由正当,法院予以支持。鉴于天汇万博公司实施的系许诺销售的侵权行为,天汇万博公司未通过该行为获得直接的经济利益,该行为亦未给

---

① 上海知识产权法院民事判决书,(2015)沪知民初字第762号。

② 北京市高级人民法院民事判决书,(2009)高民终字第4011号。

沈某衡造成直接的经济损失，因此，沈某衡主张天汇万博公司应赔偿其因侵权行为造成的经济损失的诉讼主张，缺乏依据，法院不予支持。最终，北京市高级人民法院撤销了一审法院的判决，仅判决天汇万博公司赔偿沈某衡诉讼合理支出人民币 18,042 元。

在邱某洋与潮州市澳美卫浴有限公司（以下简称澳美公司）侵害外观设计专利权纠纷案中①，二审浙江省高级人民法院认为，邱某洋虽认为澳美公司实施了制造、销售、许诺销售被诉侵权产品二的行为，但其未能提供购买被诉侵权产品二的证据，亦未能举证证明澳美公司实施了制造行为，其于一审中提交的公证书等证据仅能证明澳美公司存在许诺销售的事实，故一审法院认为澳美公司实施的许诺销售行为侵害了邱某洋的涉案专利权，并判令其承担停止侵害的责任并无不当。至于赔偿数额，因本案中澳美公司仅实施了许诺销售被诉侵权产品二的行为，而邱某洋未提供证据证明其因被诉许诺销售行为遭受的实际损失，故一审法院仅对邱某洋为制止该行为所支出的合理费用予以支持，亦无不当，应予维持。

最高人民法院也采用此种观点。例如，在王某与北京科特诚业科技有限公司（以下简称科特诚业公司）、北京科特兴业热控科技有限公司（以下简称科特兴业公司）侵害实用新型专利权纠纷一案中②，最高人民法院认为，《专利法》第 65 条的适用应以权利人存在实际损失为前提。本案中，科特诚业公司、科特兴业公司在各自主办的经营网页上，未经许可使用涉案专利权利要求书全部内容介绍该二公司的相关产品，属于作出销售商品意思表示的许诺销售行为，侵害了王某拥有的涉案专利权。鉴于除因诉讼造成的合理支出外，王某未提供充分有效证据证明科特诚业公司、科特兴业公司因实施涉案许诺销售行为给王某造成实际经济损失，因此，一审、二审法院判决科特诚业公司、科特兴业公司赔偿王某有关合理支出并无明显不当。

3. 考虑主观过错

在确认是否侵害知识产权并要求侵权人停止有关侵权活动时，应采用“无过错责任”原则；在确定是否赔偿侵权人或确定赔偿数额时，适用“过错责任”。并且，郑成思教授认为，这几乎在国际会议上是无争议的。③ 因此，在确定损害

① 浙江省高级人民法院民事判决书，（2020）浙民终 221 号。

② 最高人民法院民事裁定书，（2015）民申字第 2000 号。

③ 参见郑成思：《知识产权论》，法律出版社 2007 年版，第 194 页。

赔偿时,应当考虑被诉侵权一方的过错程度。例如,华某平、合肥安迪华进出口有限公司(以下简称安迪华公司)与上海斯博汀贸易有限公司(以下简称斯博汀公司)等侵犯专利权纠纷一案中[①],最高人民法院认为,在确定知识产权侵权损害赔偿额时,可以考虑当事人的主观过错程度确定相应的赔偿责任,尤其是在需要酌定具体计算标准的情况下,应当考虑当事人的主观过错程度。本案中斯博汀公司在与安迪华公司终止了使用涉案专利手提箱的哑铃产品的采购关系后,又向丰利公司采购同样产品,存在明显的主观过错,应当在赔偿额上有所体现。

源德盛塑胶电子(深圳)有限公司(以下简称源德盛公司)与中山品创塑胶制品有限公司(以下简称品创公司)、刘某侵害实用新型专利权纠纷案[②],最高人民法院认为,侵权人在被生效判决认定其实施的相关行为侵害他人专利权后,仍继续实施侵害该专利权相关行为的,应当认定该侵权人具有侵害他人专利权的故意。对于此种故意侵权、重复侵权的严重侵害他人专利权的行为,应当在法律规定的幅度内从高确定法定赔偿数额。在本案诉讼前,品创公司已经历两次因涉案专利而被提起的民事侵权诉讼,且前案495号案生效民事判决已明确指出"前案已结,品创公司理应清楚专利技术方案的具体内容,对自身相关产品及时采取措施,其不仅未停止相关侵权行为,反而以自营店铺相关产品的销售信息的修改印证其侵权的主观恶意"。在上述情况下,品创公司仍然继续实施了制造、销售侵害同一专利权产品的行为,并制造、销售了多款侵权产品。法院认为,品创公司主观上具有侵害涉案专利权的故意,且重复实施了侵害涉案专利权的行为,属于侵权情节严重的情形。

该案中,法院认定被诉一方具有侵权的主观故意,因此,应当在法律规定的幅度内从高确定法定赔偿数额。实际上,此种情形属于典型的重复侵权的情形,可以适用惩罚性赔偿,在法定赔偿数额的上限以上确定赔偿数额。

4. 区分整体与零部件利益

《专利权纠纷司法解释一》第16条规定:"人民法院依据专利法第六十五条第一款的规定确定侵权人因侵权所获得的利益,应当限于侵权人因侵犯专利权行为所获得的利益;因其他权利所产生的利益,应当合理扣除。侵犯发明、实用

① 最高人民法院民事判决书,(2007)民三终字第3号。

② 最高人民法院民事判决书,(2020)最高法知民终357号。类案有广东省高级人民法院民事判决书,(2018)粤民终769号;北京市高级人民法院民事判决书,(2018)京民终506号。

新型专利权的产品系另一产品的零部件的，人民法院应当根据该零部件本身的价值及其在实现成品利润中的作用等因素合理确定赔偿数额。侵犯外观设计专利权的产品为包装物的，人民法院应当按照包装物本身的价值及其在实现被包装产品利润中的作用等因素合理确定赔偿数额。”

由该条规定可知，在确定赔偿数额时，应当区分整体与零部件产生利益。如果被诉侵权产品由多个部件组合而成，专利涉及的部件通常仅为被诉侵权产品众多部件之一，则应当根据零部件产生的利益确定赔偿数额，而不应当根据被诉侵权产品整体的侵权获利确定赔偿数额。对于整体和零部件的判断，应当根据专利的主题名称进行判断，对于专利权保护的主题名称系主体产品的零部件的，人民法院应当根据该零部件本身的价值及其在实现成品利润中的作用等因素合理确定赔偿数额。在主题名称概括过宽时，可以根据专利的发明点进行确定。

在名称为“用于眼科医疗设备的瞳距调节机构以及眼科医疗设备”实用新型专利侵权纠纷案中，最高人民法院认为，本案的涉案专利为实用新型专利，既保护瞳距调节机构也保护使用该瞳距调节机构的眼科医疗设备。专利所解决的技术问题为调节镜筒之间距离，与此相关的部件涉及瞳距调节机构。被诉侵权产品系精密光学设备，主要价值体现在光学部件上，涉案专利涉及的瞳距调节结构只是被诉侵权产品一个部件，因此在确定赔偿数额时，应当考虑涉案专利的技术创新程度、技术贡献度及专利产品作为零部件本身的价值。① 在该案中，最高人民法院考虑了涉案专利解决的技术问题，通过技术问题区分整体与零部件的关系，进而确定赔偿数额。

(四)约定赔偿

约定赔偿是指权利人、侵权人依法约定专利侵权的赔偿数额或者赔偿计算方法，并在专利侵权诉讼中主张依据该约定确定赔偿数额。该规则在司法实践中确立，并被司法解释所吸收。②

在上文提到的隆成公司案中，最高人民法院对在先前案件中达成的有关再次发生侵权行为时赔偿的约定，是否可以作为计算损害赔偿的依据，进行了详

---

① 最高人民法院民事判决书，(2021)最高法知民终1950号。类案有最高人民法院民事判决书，(2020)最高法知民终589号。

② 《专利权纠纷司法解释二》第28条。

细论述[①]。最高人民法院认为,首先,本案中童霸公司应承担的民事责任,不属于侵权责任与违约责任竞合之情形。《合同法》第122条[②]所规定的侵权与违约责任的竞合,其法律要件是“因当事人一方的违约行为,侵害对方人身、财产权益”。就该规定来看,违约责任与侵权责任发生竞合的前提是当事人双方之间存在一种基础的交易合同关系。基于该交易合同关系,一方当事人违反合同约定的义务,该违约行为侵害了对方权益而产生侵权责任。因此,该规定中的违约行为应当是指对基础交易合同约定义务的违反,且该违约行为同时侵害了对方权益,而不是指对侵权行为发生之后当事人就如何承担赔偿责任所作约定的违反。《合同法》第122条中的违约行为与侵权行为是同一法律行为,而一方的侵权行为与侵权行为发生后双方对赔偿责任计算方式和数额的约定则是两个法律行为。就调解协议的内容而言,该协议并非隆成公司与童霸公司之间的基础交易合同,而是对侵权行为发生后如何承担侵权赔偿责任(包括计算方法和数额)的约定。因此,本案中童霸公司应承担的民事责任,不属于《合同法》第122条规定的侵权责任与违约责任竞合的情形。

其次,应当明确,本案中童霸公司应承担的民事责任系侵权责任。一方面,前已述及,隆成公司与童霸公司之间并不存在基础合同关系;另一方面,调解协议的法律意义与效果,不在于对童霸公司的合同交易义务作出约定,而在于对侵权责任如何承担作出约定。即使没有调解协议,童霸公司基于法律规定也同样负有不侵权的义务。当事人双方将童霸公司将来侵权行为发生后的具体赔偿方法和数额写进调解协议,只是为了便于进一步约定当童霸公司再次侵权时其侵权责任应如何承担。

最后,《侵权责任法》《专利法》等法律,并未禁止被侵权人与侵权人就侵权责任的方式、侵权赔偿数额等预先作出约定;这种约定的法律属性,可认定为双方就未来发生侵权时权利人因被侵权所受到的损失或者侵权人因侵权所获得的利益,预先达成的一种简便的计算和确定方法。法院认为,基于举证困难、诉讼耗时费力不经济等因素的考虑,双方当事人在私法自治的范畴内完全可以对侵权赔偿数额作出约定,这种约定既包括侵权行为发生后的事后约定,也包括

---

① 最高人民法院民事判决书,(2013)民提字第116号。类案有浙江省宁波市中级人民法院民事判决书,(2014)浙甬知初字第554号;浙江省高级人民法院民事判决书,(2014)浙知终字第1号;河南省郑州市中级人民法院民事判决书,(2020)豫01知民初99号;最高人民法院民事判决书,(2020)最高法知民终1010号。

② 现为《民法典》第186条。

侵权行为发生前的事先约定。因此,本案适用调解协议中双方约定的赔偿数额确定方法,与《专利法》第 65 条的有关规定并不冲突。值得注意的是,最高人民法院《关于审理著作权民事纠纷案件适用法律若干问题的解释》第 25 条第 3 款规定,双方当事人基于权利人的实际损失或者侵权人的违法所得,就赔偿数额达成协议的,法院应当准许。该规定即为法院对当事人就涉案侵权责任赔偿数额作出的"事后约定"的认可。

本案中,法院适用隆成公司与童霸公司在调解协议中约定的赔偿数额确定损害赔偿的金额,确立了通过约定赔偿确定赔偿金额的规则。

(五)惩罚性赔偿

2021 年 2 月 7 日,最高人民法院审判委员会第 1831 次会议讨论通过《惩罚性赔偿司法解释》,该解释自 2021 年 3 月 3 日起施行。本节结合过往案例对惩罚性赔偿的适用进行分析。其中,以"主观故意"与"情节严重"为重点分析对象。

1. 主观故意的认定

《惩罚性赔偿司法解释》第 3 条规定:对于侵害知识产权的故意的认定,人民法院应当综合考虑被侵害知识产权客体类型、权利状态和相关产品知名度、被告与原告或者利害关系人之间的关系等因素。

对于下列情形,人民法院可以初步认定被告具有侵害知识产权的故意:(1)被告经原告或者利害关系人通知、警告后,仍继续实施侵权行为的;(2)被告或其法定代表人、管理人是原告或者利害关系人的法定代表人、管理人、实际控制人的;(3)被告与原告或者利害关系人之间存在劳动、劳务、合作、许可、经销、代理、代表等关系,且接触过被侵害的知识产权的;(4)被告与原告或者利害关系人之间有业务往来或者为达成合同等进行过磋商,且接触过被侵害的知识产权的;(5)被告实施盗版、假冒注册商标行为的;(6)其他可以认定为故意的情形。

从惩罚性赔偿制度的历史来看,由于惩罚性赔偿具有加重责任的性质,侵权故意是惩罚的正当性基础。为实现惩罚性赔偿的惩罚和预防的社会控制功能,同时为了防止被滥用,行为人的主观过错程度是决定惩罚性赔偿的重要考量。[①] 在专利侵权诉讼领域,认定"故意"的主要证据通常是警告函。

警告函是指专利权利人在发现侵权行为后,可以向侵权方发送要求侵权方

① 参见林广海、李剑、秦元明:《〈关于审理侵害知识产权民事案件适用惩罚性赔偿的解释〉的理解和适用》,载《人民司法》2021 年第 10 期。

立即停止侵权行为的意思表示信件、通知或函件。发送侵权警告信属于专利权人维护其专利权的一种自力救助行为。专利权人发送侵权警告是其自行维护权益的途径和协商解决纠纷的环节,法律对于在法院侵权判决之前专利权人自行维护其权益的行为,而且警告函也是认定当事人主观故意的重要证据。

在前文提到的源德盛公司的案件中[①],最高人民法院认为,考虑到"本案当事人源德盛公司在全国范围内就其享有的专利权提起大量侵权诉讼,其中大部分被诉侵权人为终端销售者,且该类销售者多表现为以个体工商户为经营主体的零售商,源德盛公司在起诉此类终端销售者前并未发出侵权警告等通知"的情况,法院未支持其要求惩罚性赔偿的请求。

在上海欧文斯工业设计有限公司(以下简称欧文斯公司)与天津比德文科技有限公司(以下简称比德文公司)等侵害实用新型专利权纠纷案中[②],最高人民法院认为,欧文斯公司早在 2019 年 5 月即联系无锡比德文动力科技有限公司员工告知涉案电动车涉嫌侵犯欧文斯公司专利权的事项,但无锡比德文动力科技有限公司以供货商有相应知识产权为由对欧文斯公司的侵权警告未予理涉。而无锡比德文动力科技有限公司与比德文公司均隶属于比德文控股集团有限公司,比德文公司在明知关联公司已收到欧文斯公司侵权警告的情况下,仍继续实施生产、销售涉案电动车的行为,主观上存在侵权恶意。

在专利侵权领域适用惩罚性赔偿,首先要坚持积极审慎的司法政策。一方面,要正确认识惩罚性赔偿对于专利权保护的重要意义,依法积极适用惩罚性赔偿;另一方面,要坚持实事求是、审慎确定其适用条件和范围,避免因过度适用引发对创新和竞争行为的寒蝉效应。[③] 权利人发送侵权警告必须以确定的具体侵权事实为依据,在发送侵权警告时应当对所警告的行为构成侵权尽审慎注意义务,对所涉侵权的具体事实进行充分考量和论证后进行。侵权警告的内容不应空泛和笼统,对于权利人的身份、所主张的权利的有效性、权利的保护范围以及其他据以判断被警告行为涉嫌构成侵权的必要信息应当予以披露。权利人发送侵权警告的目的,在于让被警告者知悉存在可能侵害他人权利的事实,自行停止侵权或与权利人积极沟通、协商解决纠纷,权利人无须再提起侵权之诉寻求公力救济。从侵权警告信的发送对象看,权利人所履行的审慎注意义务

---

① 最高人民法院民事判决书,(2020)最高法知民终 357 号。

② 最高人民法院民事判决书,(2020)最高法知民终 1701 号。

③ 参见朱理:《专利侵权惩罚性赔偿制度的司法适用政策》,载《知识产权》2020 年第 8 期。

也并不相同。制造者作为侵权的源头,通常是权利人进行侵权警告的主要对象,权利人希望被警告的制造者停止侵权行为或与其进行协商以获得授权,制造者往往会选择与权利人正面协商、沟通的方式解决纠纷。权利人发送侵权警告的对象还可能包括产品的销售商、进口商,或者发明或实用新型产品的使用者等,这些人作为制造者的交易相对方,往往也是权利人争夺的目标客户群。由于他们通常对是否侵权的判断认知能力相对较弱,对所涉侵权的具体情况知之较少,与制造者不同,他们的避险意识较强,更易受到侵权警告的影响,可能会选择将所涉产品下架、退货等停止被警告行为,拒绝对制造者的商品进行交易。因此,向这些主体进行警告的行为容易直接导致制造商无法销售,影响所涉产品的竞争交易秩序。①

由此可知,警告函要产生认定主观故意的法律效果,需要同时具备内容要件和对象要件。内容要件是指,警告函的内容要完整,载明发出者所享有的权利、侵权行为及专利权人的请求。对象要件是指,警告函通常应当发给制造商,而要谨慎发给销售商。

对于对象要件,实践中存在争议,在孙某义与郑某侵害实用新型专利权纠纷案中②,最高人民法院认为,权利人向销售者发出了侵权警告函,则要对该警告函所记载的信息内容进行考察。如果该警告函记载或者附加了被诉侵权产品信息、专利权信息(专利号、专利名称、专利权证书复印件等)、侵权比对基本信息及联系人信息等,销售者收到该警告函,原则上应该推定其知道其销售的是专利侵权产品。郑州恒昊玻璃技术有限公司(以下简称郑州恒昊公司)与李某刚侵犯实用新型专利权纠纷一案③,最高人民法院认为,郑州恒昊公司的涉案专利是“多层次酸蚀工艺图案玻璃”实用新型专利,其不仅涉及较为复杂的专利技术方案,且权利要求中还涉及酸蚀制造工艺。即使对于长期从事玻璃销售的销售商,在同时销售多种产品的情况下,亦难以从产品外观上判断何种产品落入涉案专利保护范围。李某刚同时销售有多种产品,其难以根据其收到的告知函判断其销售的何种产品属于专利侵权产品。

《惩罚性赔偿司法解释》第3条规定的第2、3种情形,在专利侵权案件较难以认定,在苏州恒远精密数控设备有限公司(以下简称恒远公司)与深圳市创世

---

① 最高人民法院民事判决书,(2014)民三终字第7号。

② 最高人民法院民事裁定书,(2014)民申字第1036号。

③ 最高人民法院民事裁定书,(2015)民申字第2349号。

纪机械有限公司(以下简称创世纪公司)等侵害实用新型专利权纠纷案中①,广东省高级人民法院认为:“至于主观恶意,恒远公司举证证明创世纪公司有恒远公司跳槽的员工,创世纪公司申请了一系列与被诉侵权产品相关联的专利,且其申请的专利有被涉案专利相关专利作为对比文件驳回申请。”对此,原审法院认为,恒远公司并未提交证据证明被诉侵权产品和恒远公司的专利产品完全相同,有员工跳槽是同行业者的普遍情况,创世纪公司有恒远公司的跳槽员工并不必然得出创世纪公司有侵权故意,故恒远公司现有证据不足以证明创世纪公司有侵权的故意。但是这一情形在商业秘密案件中较为常见。例如,在音王电声股份有限公司(以下简称音王公司)与被告惠州市辉特电子科技有限公司(以下简称辉特公司)、郑某林、丘某琦、文某伟、贺某等侵害商业秘密纠纷案中②,庭审中经查明,法院认为被告辉特公司、郑某林、丘某琦、文某伟、贺某的行为侵害了音王公司“最佳的压缩器”技术信息的商业秘密,应当承担停止侵权并赔偿损失等民事责任。本案中,原告音王公司主张适用惩罚性赔偿,应在判断各侵权人是否存在恶意侵权、情节是否严重的基础上确定是否适用惩罚性赔偿。根据本案已查明的事实,音王公司利用“最佳的压缩器”技术信息研发的数字调音台产品曾于 2019 年获中华人民共和国工业和信息化部、中国工业经济联合会颁发的“制造业单项冠军产品”证书,其技术秘密有较大的市场价值;被告辉特公司自成立以来,便以生产侵权产品为业,其侵权的主观恶意明显;其产品不仅在国内销售,还销售到国外,销售范围较广;销售数量为 1205 台,销售数量较大;其侵权行为给音王公司造成了 91.43 万元的损失;其公司的主要管理人员被告郑某林、丘某琦、文某伟、贺某原系原告音王公司的员工,分别实施了窃取行为、违反保密义务、许可他人使用商业秘密等侵权行为,且其因实施侵害涉案商业秘密的行为也已分别受到了刑事处理。结合上述情况,可以确认辉特公司的侵权情节属特别严重,故本案可适用惩罚性赔偿确定赔偿金额。

2. 情节严重的认定

《惩罚性赔偿司法解释》第 4 条规定:对于侵害知识产权情节严重的认定,人民法院应当综合考虑侵权手段、次数,侵权行为的持续时间、地域范围、规模、后果,侵权人在诉讼中的行为等因素。

---

① 广东省高级人民法院民事判决书,(2019)粤知民终 86 号。

② 浙江省宁波市中级人民法院民事判决书,(2021)浙 02 民初 1093 号。

被告有下列情形的,人民法院可以认定为情节严重:(1)因侵权被行政处罚或者法院裁判承担责任后,再次实施相同或者类似侵权行为;(2)以侵害知识产权为业;(3)伪造、毁坏或者隐匿侵权证据;(4)拒不履行保全裁定;(5)侵权获利或者权利人受损巨大;(6)侵权行为可能危害国家安全、公共利益或者人身健康;(7)其他可以认定为情节严重的情形。

根据上述规定,情节严重的典型情形体现在(1)~(4),笔者分析如下。

(1)重复侵权

在珠海格力电器股份有限公司(以下简称格力公司)与宁波奥胜贸易有限公司(以下简称奥胜公司)等侵害实用新型专利权纠纷案中①,就奥胜公司是否存在侵权主观恶意,广东省高级人民法院认为,市场主体在商业经营中应尊重他人在先权利,尤其是同行企业之间,更应注意避免侵害他人合法权利。具体到本案,首先,格力公司曾在前案诉讼中起诉奥胜公司侵害本案专利权,该案经一审、二审,认定了奥胜公司侵权事实,最高人民法院裁定驳回了奥胜公司的再审申请。奥胜公司对本案专利权保护范围十分清楚。本案被诉侵权产品相对于前案被诉侵权产品,排水孔由前接水槽底部的端部接近第一引水槽位置挪至第一引水槽底部靠近前接水槽端部位置,蜗舌与底壳的连接方式由卡扣固定改为一体成型,均属简单替换;奥胜公司主张的主要技术特征改变即后接水槽由斜面改为阶梯,与本案专利相应技术特征为相同技术特征。奥胜公司变更后的技术方案仍落入本案专利权的保护范围。而奥胜公司作为大型的专业的空调生产企业,对于本案被诉侵权产品相对于前案被诉侵权产品轻微的改动仍构成侵权并不难判断。其次,在格力公司提交的被诉侵权产品中,有多个型号被诉侵权产品的制造日期晚于前案一审判决、二审判决甚至再审审查裁定作出之日。奥胜公司作为与格力公司在空调生产上的同业竞争者,在前案生效判决作出之后,不仅没有放弃其空调产品原侵权技术方案或者实质性修改侵权部件,反而大量制造侵害格力公司同一专利权的被诉侵权产品,再次侵害格力公司同一专利权。最后,法律必须被遵守,生效判决必须被尊重。任何个人、法人或其他组织都有遵守国家法律、尊重在先判决的义务。格力公司经过国家知识产权局授权获得本案专利权,在专利权有效期内,依法享有专利权保护范围内的排他权

---

① 广东省高级人民法院民事判决书,(2018)粤民终1132号。类案有广东省深圳市中级人民法院民事判决书,(2017)粤03民初1969号;最高人民法院民事判决书,(2020)最高法知民终357号;广东省高级人民法院民事判决书,(2018)粤民终769号;北京市高级人民法院民事判决书,(2018)京民终506号。

利,有权对任何侵权人提起诉讼并要求赔偿。本案专利权经过无效宣告程序,格力公司在本案中主张保护的权利要求被维持有效。任何主体都有义务避免实施侵害本案专利权的行为,不能以自身对专利权效力的质疑对抗国家法律对专利权人的保护。尤其是,在前案生效判决作出之后,甚至在最高人民法院再审审查裁定作出之后,奥胜公司仍继续实施侵权行为,其利用实质相同的技术方案反复侵犯同一专利权的主观意图明显,对此应予严惩。

法院特别指出,知识产权侵权损害赔偿虽以补偿权利人损失为主,但是对于重复侵权、恶意侵权等严重侵犯知识产权的行为,尤其是对于生效判决作出后仍无视国家法律、司法权威而继续实施侵权行为的侵权人,应加大赔偿力度,提高赔偿数额,让侵权者付出沉重代价,有效遏制和威慑侵犯知识产权行为,使其不敢侵权、不再侵权。在此情形下,即使判定的赔偿数额高于侵权人因实施侵权技术方案的实际获利,也具有正当性和合理性。

(2)以侵害知识产权为业

行为人明知其行为构成侵权,已实际实施侵害行为且该侵害行为系其主营业务的,可以认定为“以侵权为业”。最高人民法院认为,界定行为人是否以侵权为业,可从主客观两方面进行判断。就客观方面而言,行为人已实际实施侵害行为,并且系其公司的主营业务、构成主要利润来源;从主观方面看,行为人包括公司实际控制人及管理层等,明知其行为构成侵权而仍予以实施。①

在贝比赞公司与中山市宝蓓悠日用制品有限公司(以下简称宝蓓悠公司)等侵害发明专利权纠纷案中,②广州知识产权法院认为,宝蓓悠公司实施了生产、销售、许诺销售被诉产品的行为;侵权方式包括线上线下;通过自营和授权网店实施侵权;被诉产品落入贝比赞公司涉案专利多个权利要求的保护范围;自行或通过关联他人申请与贝比赞公司商标和字号相同或近似的商标。这些事实足以证明宝蓓悠公司侵权故意明显、侵权性质和情节严重。尽管该案没有认定以侵权为业,但上述情形足以说明,被告的行为属于情节严重的情形。

(3)拒不履行保全裁定

在前文提及的来电公司诉街电公司等侵害专利权纠纷案件中③,广州知识

① 最高人民法院民事判决书,(2019)最高法知民终562号。

② 广州知识产权法院民事判决书,(2015)粤知法专民初字第1117号。

③ 广州知识产权法院民事判决书,(2018)粤73民初1851、1852号。

产权法院认为,本案发生前,街电公司曾因侵害来电公司相同专利权被北京知识产权法院一审判决停止侵权及赔偿损失,本两案亦作出裁定,责令街电公司停止侵权行为,但在裁定作出 2 个多月后,市场上还存在侵权产品,且来电公司提交的证据记载,街电公司通过向其合作商户发表声明及寄送告知函的形式,鼓动相关商户配合其持续侵权,可见街电公司主观恶意十分明显。这种不尊重在先裁决、不积极履行裁定,无视国家法律和他人权利的恶意侵权行为,应当付出沉重代价。基于此,法院在此环节采用加倍赔偿,以估算结果乘以 3 进行推算。

关于"重复侵权"与"拒不履行保全裁定",在某种意义上属于执行的问题,如果法院判决之后,通过执行解决"重复侵权"和"拒不履行保全裁定"的问题,相较于通过惩罚性赔偿来解决,更能树立法院司法的权威。①

三、其他问题

(一)举证妨碍制度

举证妨碍制度并不是专利诉讼独有的制度。1998 年最高人民法院在《关于民事经济审判方式改革问题的若干规定》(已失效)中规定了"妨碍举证的推定",其后该规定被写入 2001 年最高人民法院《关于民事诉讼证据的若干规定》的第 75 条②:"有证据证明一方当事人持有证据无正当理由拒不提供,如果对方当事人主张该证据的内容不利于证据持有人,可以推定该主张成立。"2016 年,《专利权纠纷司法解释二》写入了该制度,最终被《专利法》(2020 年修正)第 71 条所吸收。在专利侵权诉讼中,"举证妨碍制度"首先以专利权人初步举证为条件,如果没有专利权人的初步举证则不能适用举证妨碍制度。③

在格力公司与广东美的制冷设备有限公司(以下简称美的公司)等发明专利侵权纠纷案中④,广东省高级人民法院认为,关于美的公司的侵权获利数额,可以依据四款侵权空调的销售数量、售价和利润等情况计算得出,而上述情况

① 关于"重复侵权"与"拒大履行保全裁定"的关系,将在第十四章进行阐述。

② 该司法解释现行版本第 95 条。

③ 参见罗子钰:《近十年专利侵权案件举证妨碍规则适用分析》,载微信公众号"知产力"2022 年 2 月 21 日。

④ 一审:广东省珠海市中级人民法院民事判决书,(2009)珠中法民三初字第 5 号。二审:广东省高级人民法院民事判决书,(2011)粤高法民三终字第 326 号。

应当由美的公司掌握，在美的公司没有对外披露的情况下，格力公司很难查知，故美的公司负有证据披露的义务，据此原审法院责令美的公司提交相关证据。但美的公司没有提交除 KFR－26GW/DY-V2(E2)外的三款空调器的相关数据，且没有正当理由，没有完整地履行证据披露义务，因此，美的公司应承担相应的举证妨碍的法律后果。原审法院在美的公司持有证据而无正当理由拒不提供的情况下，参照 KFR－26GW/DY-V2(E2)的利润，推定另外三款空调器的利润均不少于 477,000 元，合法有据。然而，美的公司的侵权获利具体数额仍无法最终确定。鉴于本案格力公司的实际损失、美的公司的侵权获利以及专利许可使用费的具体数额均不能确定，故不能支持格力公司提出的赔偿数额。

在敦骏公司的案件中，最高人民法院也是按照此规则进行裁判的。[①] 最高人民法院认为在专利侵权诉讼中，权利人已尽积极举证义务，依据其提交的与侵权获利有关的证据，并在此基础上进行的合理推算，能够支持其所主张的赔偿数额的，人民法院应予以支持。被诉侵权人对此持有异议的，应提交足以推翻前述事实的反证，即其提交的相关反证，不仅要能否定前述依据专利权人提交相关证据所认定的事实，还要能够证明其实际侵权获利的事实。人民法院也可以责令被诉侵权人提交能够真实、完整反映被诉侵权规模基础事实的相应证据材料。

本案中，根据敦骏公司提交的现有证据，最高人民法院认为，可以合理认定敦骏公司所主张的 1000 万元赔偿数额具有事实基础，维盟公司对此持有异议，理应提交足以推翻前述事实的反证，即其提交的相关证据，不仅要能否定前述依据敦骏公司所提交相关证据所认定事实，还要能够证明其实际侵权获利的事实，否则应当承担举证不利的后果。维盟公司二审中提交了维盟公司官方网站的打印件、其与案外人之间的订货合同及销售订单、案外人及其下级代理商等出具的声明以及两份审计报告，据此抗辩称被诉侵权产品销售数量低、各代理商在电商平台上标注的库存产品为虚标以及维盟公司在 2017 年度、2018 年度的盈利状况不佳。对此，最高人民法院认为，维盟公司官方网站所记载的内容来源于维盟公司自身，而相关声明材料系与维盟公司具有利害关系的案外单位出具，仅有单位盖章，并无单位负责人及制作声明人员的签名或者盖章，故上述两份证据的证明力较低，不足以否定敦骏公司提交的相关公证文书所证明的部

① 最高人民法院民事判决书，(2019)最高法知民终 725 号。类案有广东省高级人民法院民事判决书，(2018)粤民终 682、1198 号；最高人民法院民事判决书，(2021)最高法知民终 148 号等。

分被诉侵权产品在网络电商平台销售、库存的事实。而关于维盟公司提交的相关审计报告,则系自行委托相关会计师事务所出具,其委托资料的完整性无法确定,不足以作为认定维盟公司 2017 年度、2018 年度的实际获利的依据。

但是,因为我国民事诉讼程序中的基本举证规则是“谁主张,谁举证”,举证妨碍规则也是在遵从“谁主张,谁举证”规则的前提下,当事由成立时,产生的举证责任的转换。该规则的目的是促使各方当事人通过举证积极参与诉讼、查明案件事实,而不是通过举证责任的转换,让对方当事人承担举证不能的责任。所以,一般法院都会要求负有举证责任的一方(一般是原告)已经尽到了举证责任,并竭尽全力后发现对方当事人持有证据。也就是说,并不是在当事人进行了初步举证之后,必然适用举证妨碍制度。

例如,内蒙古万琪机械加工股份有限公司(以下简称万琪公司)与鄂尔多斯市乌兰煤炭(集团)有限责任公司温家塔煤矿(以下简称温家塔煤矿)侵害发明专利权纠纷案[①],万琪公司在一审中向包头市中级人民法院申请调查取证,一审法院拒绝了万琪公司的请求。二审法院认为,为保障司法的公平、公正,人民法院在民事诉讼活动中应恪守居中裁判之地位,不能随意调查收集证据,否则,受该证据影响处于不利地位的当事人就会质疑裁判的公正性。因此,“谁主张,谁举证”是民事诉讼活动所应当遵循的基本举证原则。不过,根据《民事诉讼法》以及司法解释的相关规定,在特定情形下,当事人因客观原因不能自行收集的证据,人民法院可以依当事人申请调查收集。此时应当注意把握如下要点:(1)人民法院对当事人调查取证申请的审查,应当遵循法定原则和必要性原则,以免损害司法的公平、公正。(2)人民法院根据当事人申请对证据进行必要的调查收集,仅是弥补当事人调查能力不足的重要手段,而非替代当事人承担举证责任。(3)人民法院依当事人申请调查收集的证据,其性质并未发生变化,仍然是作为提出申请的一方当事人提供的证据,应由提出申请的当事人与对方当事人、第三人进行质证。(4)当事人因客观原因不能自行收集而申请人民法院调查收集证据的情形,主要包括最高人民法院《关于适用〈中华人民共和国民事诉讼法〉的解释》第 94 条规定的第 1 项、第 2 项两种情形,第 3 项规定是兜底条款,对该兜底情形的掌握,必须仅限于确因客观原因不能自行收集的其他材料。证据在对方当事人控制之下,不属于可以申请人民法院调查收集证据的情形。

---

① 内蒙古自治区包头市中级人民法院民事判决书,(2020)内 02 民初 222 号;最高人民法院民事判决书,(2021)最高法知民终 420 号。

为解决这一情形下当事人调查取证困难的问题，最高人民法院《关于适用〈中华人民共和国民事诉讼法〉的解释》第112条规定了“书证提出命令”制度，即“书证在对方当事人控制之下的，承担举证证明责任的当事人可以在举证期限届满前书面申请人民法院责令对方当事人提交。申请理由成立的，人民法院应当责令对方当事人提交，因提交书证所产生的费用，由申请人负担。对方当事人无正当理由拒不提交的，人民法院可以认定申请人所主张的书证内容为真实”。此外，法律还规定了举证妨碍推定制度、证据保全制度等以解决权利人的“维权难”问题，但上述制度并不意味着，只要证据在对方当事人的控制之下，法院就可责令对方当事人提交或采取其他强制性措施、作出不利推定等，而是应依据法定原则和必要性原则进行审查。本案中，万琪公司主张，温家塔煤矿侵害涉案专利权，应承担停止侵权、赔偿损失等民事责任。根据《民事诉讼法》(2017年)第64条第1款①的规定，万琪公司应当提供证据证明温家塔煤矿存在侵害涉案专利权的行为。现万琪公司申请原审法院调查收集的被诉侵权产品的技术特征等证据，既不属于由国家有关部门保存的证据，也不涉及国家秘密、商业秘密或者个人隐私。关于万琪公司申请原审法院调查收集的证据是否属于“当事人及其诉讼代理人因客观原因不能自行收集的其他证据”，可以从以下两个方面进行审查：其一，申请人是否提供了初步证据证明侵权事实的客观存在；其二，申请调查收集的证据是否确因客观原因不能自行收集。就第一个审查因素而言，万琪公司提交了一组照片，包括两张温家塔煤矿的门脸照片和数张无标识的设备局部照片。从这些初步证据来看，一是整组照片的拍摄时间无法确认；二是设备照片的拍摄地点无法确认；三是设备照片不清晰，设备的大部分技术特征无法辨认；四是照片中的设备无任何指向温家塔煤矿的标识信息。因此，万琪公司向原审法院提交的初步证据，并不能初步证明其所指控的被诉侵权事实客观存在。就第二个审查因素而言，万琪公司仅以被诉侵权产品在对方当事人控制之下为由申请人民法院调查收集证据，不属于“当事人及其诉讼代理人因客观原因不能自行收集的其他证据”的情形。

对于当事人存在举证妨碍的情形，特别是在法院发出了“书证提出命令”时，如果当事人拒不提供，则不应当仅仅适用加重赔偿来惩戒，法院在加重赔偿

---

① 现行《民事诉讼法》第67条第1款。

的同时，可以采用罚款、拘留的措施，来维护司法权威。[①]

（二）权利要求的修改对损害赔偿的影响

有效、确定的权利要求是专利侵权诉讼的基础。如果专利权人据以起诉的请求权基础发生变化，那么赔偿金额是否应当变化，实践中有不同的观点。权利要求的变化主要是在二审程序中，这是因为权利人在起诉时应当明确被诉侵权人侵犯其专利权的权利要求，[②]而在二审程序中，一审判决所依据的权利要求可能被部分宣告无效或者被修改。如此一来，二审审理阶段，是否应当改判相应的赔偿数额会成为争议焦点。对此，在（日本）泉株式会社（以下简称泉株式会社）与广州美视晶莹银幕有限公司（以下简称美视晶莹公司）等侵犯实用新型专利权纠纷案中[③]，北京市高级人民法院认为，本案中，泉株式会社明确主张按照法定赔偿方式确定赔偿数额，一审法院系综合考虑涉案专利的类别、美视晶莹公司侵权的性质和情节等因素，酌情确定赔偿数额。虽然泉株式会社在涉案专利无效宣告审查过程中主动放弃了原权利要求1～6，但是被控侵权产品仍为侵犯了涉案专利的产品，而侵权赔偿数额并不应因被控侵权产品所侵犯的专利权利要求的数量不同而有所不同，故一审法院确定的赔偿数额并无不妥。

由此可知，在侵权诉讼中，如果一审判决被诉产品落入多个权利要求的保护范围，而在二审时其中某些权利要求被宣告无效，但是被诉侵权产品仍为侵犯了涉案专利权的产品，侵权赔偿数额并不因被诉侵权产品所侵犯的专利权利要求的数量不同而有所不同。但是，如前所述，2017年国家知识产权局修改了《专利审查指南》，对权利人对专利权利要求书的修改方式进行了调整，将修改权利要求书的具体方式从“一般限于权利要求的删除、合并和技术方案的删除”调整为“一般限于权利要求的删除、技术方案的删除、权利要求的进一步限定、明显错误的修正”。因此，就会出现一审程序中主张的权利要求不复存在情况，对此，是否会影响判决赔偿的金额争议很大。

在台州朗进缝纫机电有限公司（以下简称朗进公司）与浙江南邦科技有限

---

① 浙江省宁波市中级人民法院于2022年3月3日在某专利侵权案件中对当事人的法定代表人作出了拘留15日的处罚决定。

② 《专利权纠纷司法解释二》第1条规定，权利要求书有两项以上权利要求的，权利人应当在起诉状中载明据以起诉被诉侵权人侵犯其专利权的权利要求。起诉状对此未记载或者记载不明的，人民法院应当要求权利人明确。经释明，权利人仍不予明确的，人民法院可以裁定驳回起诉。

③ 北京市高级人民法院民事判决书，（2008）高民终字第941号。

公司(以下简称南邦公司)等侵害实用新型专利权纠纷案中①,朗进公司在涉案专利的无效宣告程序中对涉案专利的权利要求进行了进一步限定的修改,目前维持有效的权利要求1,是以修改前的权利要求1为基础,通过增加修改前的权利要求7的“所述的驱动电机为闭环步进电机”这一技术特征以及修改前的权利要求9的全部附加技术特征,进一步限定修改后所形成的权利要求1。修改后的权利要求1,在涉案专利原始的专利文本之中并不存在。南邦公司认为,在涉案专利的无效宣告程序中,朗进公司主动放弃民事侵权案件中据以主张权利的权利要求(修改前的权利要求1、2、7)且被国家知识产权局所接受,朗进公司不得在侵害专利权纠纷中再将之纳入专利权保护范围。同时,本案原审判决确定的赔偿数额过高。最高人民法院认为,当事人产生前述观点的根源在于,国家知识产权局对于专利确权程序中,权利人对专利权利要求书的修改方式进行了调整。由于我国现行的专利确权程序中有关专利权利要求书的修改方式允许“权利要求的进一步限定”方式存在,所以,就会出现经过确权程序所确认的修改后的权利要求,在涉案专利原始的专利文本之中并不存在之情形。而按照我国之前实行的专利确权程序中有关专利权利要求书的修改方式,经过确权程序所确认的修改后的权利要求肯定都会记载在涉案专利原始的专利文本之中。本案涉案专利自授权之时至国家知识产权局对确权程序中权利人对专利权利要求书的修改方式进行调整之日,社会公众对涉案专利权的保护范围均是以涉案专利修改前权利要求所确定的保护范围为基础,按照之前确权程序中所确定的修改原则及方式,合理预期通过修改涉案专利可能获得确认的权利要求所能确定的保护范围,以避免自己实施某一技术方案之时落入涉案专利权的保护范围而侵害涉案专利权。

本案当事人涉案被诉侵权行为,如果按照之前有关确权程序中的权利人对专利权利要求书的修改方式,权利人选择“权利要求的删除、合并和技术方案的删除”之中任何一种方式对权利要求进行修改,均不可能获得现在得到确认的修改后权利要求1,如此一来,落入修改前的权利要求1的保护范围的涉案被诉侵权行为,在修改前的权利要求1已经被放弃或无效之后,就不会又落入现在获得确认的修改后的权利要求1的保护范围。此时就出现了在专利确权程序中权利人对专利权利要求书的修改在后续专利侵权程序中可能产生对社会公

① 最高人民法院民事判决书,(2019)最高法知民终369号。同时参见最高人民法院民事判决书,(2021)最高法知民终56号。

众不公平的情形。

而《专利法》的终极目标是社会公共利益，无论是从专利制度之中的"专利公开换保护原则"，还是从"权利人与社会公众之间的利益平衡原则"出发，专利权人充分公开专利信息，社会公众充分信任专利权人公开的该信息，通过对专利信息的公示公信实现专利权人与社会公众之间利益的衡平，从而达到从公开到公信的效果。然而，由于专利文件撰写本身所固有的难度外，专利申请人或代理人的表达水平及认知能力的局限，可能会出现语言表达和形式规范上的困难或对技术的理解产生偏差。随着对现有技术和发明创造等的理解程度的提高，特别是在侵权纠纷或确权程序中，申请人往往需要根据对发明创造和现有技术的新的理解对权利要求书和说明书进行修正。也正因如此，在专利确权程序之中对专利权利要求书增加"对权利要求的进一步限定"的这一修改方式，无论是从理论逻辑上还是从实践需求上讲，都有其必然性和必要性。

所谓对权利要求作进一步限定的修改方式是指：在权利要求中补入其他权利要求中记载的一个或者多个技术特征，既可补入从属于同一个独立权利要求的技术特征，也可补入从属于不同的独立权利要求的技术特征。这样做其实是缩小了专利的保护范围，对比修改前的情况，是将权利要求合并的修改方式扩大到了允许权利要求当中具体技术特征的补入，原来是以权利要求为修改单位，现在以具体的技术特征为修改单位了。如此一来，专利权人可能会为抢占一个在先的申请日而将不成熟的技术方案申请专利，在授权后的修改当中再将申请时尚未完成或者发现的技术方案添加到权利要求中，也会使申请人在实质审查及复审阶段缺乏修改的积极性。进而，专利权人在专利文本中披露技术方案的动力就明显不足，极有可能不予充分披露，即使该信息的公布对公共利益有重大意义，这极其不利于社会公众清楚明了其专利权的保护范围，也不利于潜在发明者获知信息并利用信息进行创新。可见，按照"权利要求的进一步限定"的修改方式，在一定程度上是牺牲了专利信息公开的稳定性以图保障其有效性，对专利信息公开的既往公信力有一定程度的减损进而需要弥补。

毕竟，专利权人理应披露信息以促进创新，因此，针对本案出现的该种情形，就有必要减低或消除"权利要求的进一步限定"的修改方式对专利在先申请制度的价值的贬损以及对专利信息公开的既往公信力的减损。先用权制度与专利临时保护期制度实际就是对于此情形下，对既往公信力减损的弥补方式。不过，社会公众能够制造出被涉案专利修改后的权利要求所覆盖的产品，尽管其中有其自身的努力和贡献，但不可避免的是其会从专利权人所公开的涉案专利的原始的专利文本中获得相关技术信息,这是其与先用权制度中在先发明人的不同之处,也是其与临时保护期内他人实施已公开但尚未获得授权的发明的技术方案的相同之处。因此,专利权人在专利确权程序中,以对“权利要求的进一步限定”的方式修改原权利要求,修改后的权利要求所限定的技术方案不落入原各从属权利要求的保护范围,但仍落入原独立权利要求的保护范围,国家知识产权局基于该修改后的权利要求维持专利权有效的,未经许可实施该修改后权利要求技术方案的行为,亦构成对涉案专利权的侵害,有关侵权实施者应当承担赔偿责任,但基于专利权保护与公众信赖利益平衡的考量,对发生在上述维持专利权有效的行政决定的决定日之前的侵权行为,可以酌减赔偿数额。

具体到本案,由于本案被上诉人朗进公司在涉案专利的无效宣告程序中对涉案专利的权利要求进行了进一步限定的修改,目前维持有效的权利要求1,是以修改前的权利要求1为基础,通过增加修改前的权利要求7的“所述的驱动电机为闭环步进电机”这一技术特征以及修改前的权利要求9的全部附加技术特征,进一步限定修改后所形成的权利要求1。修改后的权利要求2、7系修改后的权利要求1的从属权利要求,都属于在涉案专利原始的专利权利要求书之中并不存在。本案被诉侵权产品的生产、销售均发生在涉案专利修改的权利要求被确权之前,因此,南邦公司之前所生产、销售的落入涉案专利修改后的权利要求1、2、7的保护范围的被诉侵权产品,为侵权产品,南邦公司应当停止侵权并赔偿朗进公司的经济损失,法院在考虑涉案专利类型、本案具体情节、朗进公司为本案所支付的合理开支以及综合考量前述论述的基础上,酌情确定南邦公司支付朗进公司的经济损失及维权合理开支的赔偿数额为5万元。

对于该判决的观点,笔者认为值得商榷。其理由在于,第一,确定是否侵犯专利权,是以权利要求公示的技术方案为基础。本案修改后的技术方案,在侵权行为发生日是不存在的,也就不存在侵权的事实。第二,权利要求的作用在于公示权利要求的边界,修改后的权利要求是重新划界的过程,对此,重新划定的权利要求只对其公示后的行为具有约束力,对于之前的行为不应当具有溯及力,这与法律不能具有溯及力的原理是一致的。第三,损害赔偿的计算应当建立在专利权有效的基础上。在权利基础不存在的情况下,原告的诉请就缺少了基础,因此,法院不应当对赔偿数额进行酌定。

第十四章

行为保全制度在专利侵权诉讼中的适用规则

知识产权的无形性特点导致侵权行为难以制止，且权利人的损失很难计算，此时，如果只是采取普通的救济措施，并不能有效地保护权利人的利益，由此，“行为保全制度”应运而生。知识产权领域中的“行为保全制度”，是我国加入世界贸易组织后，根据 TRIPs 协议的规定修改我国的《专利法》《商标法》《著作权法》等知识产权法律法规而建立起来的。2018 年，最高人民法院通过了《关于审查知识产权纠纷行为保全案件适用法律若干问题的规定》（以下简称《行为保全规定》），对知识产权领域内的行为保全的实质性要件等具体适用条件进行了细化，司法实践中的专利侵权诉讼中的行为保全案例也逐渐增多。本文旨在结合行为保全制度的案例，分析行为保全制度的立法目的、法律沿革，并将行为保全制度的构成要件逐一分析，此外，结合笔者在专利侵权诉讼中的实务经验，将笔者遇到的诸如行为保全裁定的执行、保全错误的处理等问题一并探讨。

一、行为保全制度的立法目的

行为保全，又称为“临时禁令”，是指在终审判决作出前，法院责令当事人作出一定行为或者禁止其作出一定行为。[①] 在当今时代，知识产权成为企业最重要的资产，许多企业将知识产权所构筑的智慧资产作为竞争的基础。知识产权诉讼的目的即是借助法律手段制裁侵害知识产权的行为并使权利人获得应有的市场利益和赔偿。但是，知识产权的无形性、时间性和可复制性等特征使权

---

① 参见宋鱼水、杜长辉、冯刚、蒋利玮：《知识产权行为保全制度研究》，载《知识产权》2014 年第 11 期。本文中“行为保全”与“禁令”作为同一概念使用。

利人的权利保护具有“紧迫性”,譬如专利侵权案件,侵权产品一经投入生产进入市场,权利人因此所受的损失将难以估计。而诉讼周期长等客观因素也会使权利人得不到及时救济。此时,行为保全制度即可在一定程度上改善这一现状。在我国,在民事诉讼法已经规定财产保全的基础上,理论界提出同位阶的行为保全概念,并界定为责令债务人作为或者不作为的临时性救济措施,行为保全与财产保全共同构成完整的民事保全制度。在诉讼程序开始前或开始后,权利人可以申请行为保全,以避免所遭受的损失进一步扩大或者越发难以估计。

2012年修订的《民事诉讼法》第100条和第101条吸纳了民事诉讼理论的发展,新增关于诉中和诉前行为保全的规定,在所有民事领域建立了行为保全制度。① 笔者认为,在专利侵权诉讼中,行为保全制度的设置,主要考虑了如下因素。

第一,专利权属于知识产权的一种,具有无形性的特点。相对于物权客体而言,知识产权客体不具有独占性,受到侵害后难以恢复原状,即便知识产权权利人经过诉讼赢得诉讼,却可能早已丧失市场竞争优势,或者商业秘密信息已经泄露。② 专利权的无形性的特点决定了权利人的权利受到侵害时,权利人无法采用自救行为维护自身的合法权益,相对于物权等受到侵害时的救济手段相比,其更依赖法律的实施,依赖于诉诸诉讼的方式解决纠纷。

第二,民事诉讼具有滞后性的特点。诉讼通常是对权利的救济,在侵权行为发生后,权利人为了保障其自身的合法权利或正当性利益免受损害而启动诉讼程序,因此,民事诉讼在维护当事人的权利方面具有天然的滞后性,需要特别的程序来及时制止侵权行为的发生或继续扩大。

第三,制止侵权行为的持续,是保护财产权的首要属性。禁令救济的重要意义在于其折射出专利权的首要价值,即赋予专利权人排他性权利。如果不能制止侵权,专利权的排他性就不复存在。③ 行为保全的意义在于能够及时制止显而易见的侵权行为,特别是在将要发生无法弥补的损失时,行为保全制度显得格外重要。在权利受到侵害时,及时制止侵权行为的持续,是维护权利人合法权益的首要任务。

---

① 参见宋晓明、王闯、夏君丽、郎贵梅:《〈关于审查知识产权纠纷行为保全案件适用法律若干问题的规定〉的理解与适用》,载《人民司法》2019年第7期。

② 宋晓明、王闯、夏君丽、郎贵梅:《〈关于审查知识产权纠纷行为保全案件适用法律若干问题的规定〉的理解与适用》,载《人民司法》2019年第7期。

③ 参见[美]J. M. 穆勒:《专利法》,沈超等译,知识产权出版社2013年版,第450页。

第四,专利权既是一种缺乏稳定性的权利,也是一种模糊性权利。一方面,既然是权利,通常是指合法权利,但是专利权是一种缺乏稳定性的权利,这一权利随时都有可能被宣告无效或部分无效;另一方面专利权的边界极不容易判断,随着审查的推进,其权利边界也可能随时在变化。专利侵权诉讼中"行为保全制度"的运行,一方面是保护合法权利免受侵害,另一方面也可能正在损害相对方的合法权利。因此,在对一方利益予以特别保护的同时,必将考虑另一方的利益,在进行行为保全时必须平衡诉讼双方的利益。

二、行为保全制度的构成要件分析

《行为保全规定》第7条规定:"人民法院审查行为保全申请,应当综合考量下列因素:(一)申请人的请求是否具有事实基础和法律依据,包括请求保护的知识产权效力是否稳定;(二)不采取行为保全措施是否会使申请人的合法权益受到难以弥补的损害或者造成案件裁决难以执行等损害;(三)不采取行为保全措施对申请人造成的损害是否超过采取行为保全措施对被申请人造成的损害;(四)采取行为保全措施是否损害社会公共利益;(五)其他应当考量的因素。"根据该规定可知,行为保全制度的构成要件主要包括四个方面:第一,胜诉的可能性;第二,造成难以弥补的损害;第三,利益的平衡;第四,公共利益的考虑。笔者在结合行为保全制度这四个要件的基础上,以案例为基础,加以分析。

(一)胜诉的可能性

考虑胜诉可能性的目的在于避免作出错误的行为保全,避免当事人滥用申请权。[①] 胜诉的可能性主要从两个方面审查:第一,专利权稳定是申请行为保全的基础,行为保全首先要判断权利的稳定性;第二,判断侵权是否成立。

1. 权利的稳定性

权利的稳定性一般从权利的类型、权利所处的程序、权利的权属等情况进行考察。[②] 在我国,专利权包括发明专利权、实用新型专利权和外观设计专利

① 参见宋鱼水、杜长辉、冯刚、蒋利玮:《知识产权行为保全制度研究》,载《知识产权》2014年第11期。

② 《行为保全规定》第8条规定:人民法院审查判断申请人请求保护的知识产权效力是否稳定,应当综合考量下列因素:(1)所涉权利的类型或者属性;(2)所涉权利是否经过实质审查;(3)所涉权利是否处于宣告无效或者撤销程序中以及被宣告无效或者撤销的可能性;(4)所涉权利是否存在权属争议;(5)其他可能导致所涉权利效力不稳定的因素。

权。一般而言,发明专利权因实质审查,其稳定性较好。但是,如果专利权已经被宣告无效,则不具备申请行为保全的条件。实用新型专利权和外观设计专利权即便是有效,也应当提供专利权评价报告。①

如果专利权经过无效程序仍被维持有效的,说明其稳定性较好,相反,如果经过无效程序被宣告无效的,说明该专利权的稳定性较差,不具备继续进行侵权诉讼的权利基础。在伟巴斯特车顶供暖系统(上海)有限公司(以下简称伟巴斯特公司)与上海毓恬冠佳汽车零部件有限公司等侵害发明专利权纠纷案②中,最高人民法院认为,在侵害专利权诉讼中,既要依法保护专利权人的合法权利,也要避免因专利权的不稳定给当事人及社会公众造成影响,以保障正常的市场交易秩序。权利人在专利侵权诉讼中主张的权利要求被宣告无效的,审理侵害专利权纠纷案件的人民法院可以裁定驳回权利人基于该无效权利要求的起诉。今后如有新的证据证明宣告上述权利要求无效的决定被生效行政判决撤销的,权利人可以另行起诉。本案审理期间,涉案专利权被国家知识产权局依法宣告全部无效,涉案专利权已经处于不稳定状态,故法院依据上述规定裁定驳回伟巴斯特公司的起诉,对伟巴斯特公司提出的行为保全申请亦不予支持。

在克里斯提·鲁布托与广州问叹贸易有限公司(以下简称问叹公司)、广州贝玲妃化妆品有限公司(以下简称贝玲妃公司)、广州欧慕生物科技有限公司(以下简称欧慕公司)侵害其外观设计专利权案③中,广州知识产权法院认为,申请人涉案专利稳定有效是请求颁发禁令的基础。我国《专利法》现行规定在授予外观设计专利权时仅经初步审查程序,未进行实质性审查,致使其稳定性不高,故申请人除提交授权证书和相应文件外,还应当提供其外观设计专利权评价报告、外观设计专利权经国家知识产权局无效宣告审查程序被维持有效、生效民事判决认定针对其外观设计专利权侵权的指控能够成立或者其他类似的证据,以证明其外观设计专利权的稳定性。本案申请人提交了涉案外观设计

① 《行为保全规定》第9条规定:申请人以实用新型或者外观设计专利权为依据申请行为保全的,应当提交由国务院专利行政部门作出的检索报告、专利权评价报告或者专利复审委员会维持该专利权有效的决定。申请人无正当理由拒不提交的,人民法院应当裁定驳回其申请。

② 最高人民法院民事裁定书,(2020)最高法知民终1888号。

③ 广州知识产权法院民事裁定书,(2016)粤73行保1、2、3号。类案有天津市第三中级人民法院民事裁定书,(2019)津03知民初1262号;广州知识产权法院民事裁定书,(2018)粤73民初1851、1852号。

专利授权公告文件、专利登记簿副本及外观设计专利权评价报告，证明了申请人为涉案专利的专利权人，有权提起诉前禁令申请，涉案专利目前有效，且未发现存在不符合授予专利权条件的缺陷；申请人还提交了其与涉案专利相同的外观设计向印度、韩国等国家申请了外观设计专利的证据。此外，被申请人问叹公司的法定代表人盛某泽虽就被诉侵权产品申请了外观设计专利，但其申请日不但晚于申请人涉案专利的申请日，而且也晚于申请人涉案专利的授权公告日，故不会损害申请人涉案专利的稳定性。同时，涉案专利从获得授权至今，包括本案被申请人在内，未有人向国家知识产权局申请宣告其无效。因此，涉案专利目前有效，其稳定性也较高。

2. 侵权是否成立

因为专利侵权判定极为复杂，因此，通常要经过听证程序，通过听证程序听取双方的意见，以帮助法院尽可能作出侵权与否的判断。实践中，外观设计专利权的侵权是否成立相对较为容易判断，[①]而对于发明或者实用新型专利权而言，在时间较短的期限内法院可能无法作出准确的侵权与否的判断，对此，就需要借助在先的判决或者鉴定意见进行判断。对于已经被在先判决认定侵权的情形，实际上属于重复侵权，这种情况下，胜诉的可能性相对较为容易判断。例如，在来电公司的案件中，来电公司提交了在先的判决供法院参考，便于法院在本案中进行侵权判定。[②]

就比较法而言，世界上主要国家和地区对于胜诉可能性的要求均较为灵活：英国采取实质性争议标准，排除滥诉和不可能胜诉的情形即可；德国、日本和我国台湾地区只要求对请求权进行释明，同时允许以担保的方式弥补释明内容的不足；美国对于侵权成立要求优势证据，但是对于权利有效性和可执行性等问题则采取推定成立的态度。[③] 考虑到行为保全裁定属于程序性裁定，而且《民事诉讼法》第100条和第101条[④]规定本身也含有可能的因素，因此，适用《行为保全规定》审查行为保全申请时，对于胜诉可能性的程度把握达到优势可

---

① 北京市第三中级人民法院民事裁定书，(2013)三中民保字第01933号。

② 广州知识产权法院民事裁定书，(2018)粤73民初1851、1852号。

③ 参见宋鱼水、杜长辉、冯刚、蒋利玮：《知识产权行为保全制度研究》，载《知识产权》2014年第11期。

④ 现为《民事诉讼法》第103条、第104条。

能性即可。①

在克里斯提·鲁布托案②中,广州知识产权法院认为,在处理诉前禁令申请时,法院只有判定被诉侵权行为存在侵权可能性时,才有权要求被申请人停止被诉侵权行为。因此,法院在诉前禁令的审查时必须判断被诉侵权行为是否存在侵权的可能性。需要指出的是,在审查被申请人正在实施或即将实施的被诉侵权行为时,法院只要能认定其存在侵权的可能即可。经技术比对,本案被诉侵权产品与涉案专利产品均为化妆品的盖子、化妆品的容器,是相同种类产品,两者的相应外观设计构成相同或者近似,九款被诉侵权产品均落入涉案专利权的保护范围……在听证过程中,申请人克里斯提·鲁布托明确其主张:被申请人问叹公司制造、销售、许诺销售了被诉侵权产品,被申请人贝玲妃公司、欧慕公司制造了被诉侵权产品,没有主张被申请人贝玲妃公司、欧慕公司销售、许诺销售了被诉侵权产品。本案被诉侵权产品上仅标明问叹公司、贝玲妃公司制造,未有证据表明欧慕公司制造了被诉侵权产品口红的盖子、容器。根据现有证据,被申请人问叹公司未经专利权人许可,为生产经营目的制造、许诺销售、销售落入涉案专利权的保护范围的产品,构成专利侵权的可能性很高;贝玲妃公司未经专利权人许可,为生产经营目的制造落入涉案专利权的保护范围的产品,构成专利侵权的可能性也很高。综上,被申请人问叹公司、贝玲妃公司的上述行为均存在侵权的可能性。

在安斯泰来制药有限公司(以下简称安斯泰来公司)等与浙江海正药业股份有限公司(以下简称海正药业公司)等侵害专利权纠纷案③中,北京知识产权法院认为,被诉侵权产品技术方案完全落入了涉案专利权利要求的保护范围。根据中原信达知识产权代理有限责任公司出具的专利侵权分析报告,被诉侵权产品落入涉案专利保护范围。且海正药业公司 2018 年半年度报告披露:“注射用米卡芬净钠等 10 多个品种正在按照《已上市化学仿制药(注射剂)一致性评价技术要求(征求意见稿)》技术要求开展一致性评价工作。”同时,海正药业公司于 2019 年 1 月 18 日就其获批制造的注射用米卡芬净钠向国家药品监督管理局药品审评中心提出一致性评价申请,从而进一步印证了被诉侵权产品落入涉案专利保护范围的事实。

---

① 参见宋晓明、王闯、夏君丽、郎贵梅:《〈关于审查知识产权纠纷行为保全案件适用法律若干问题的规定〉的理解与适用》,载《人民司法》2019 年第 7 期。

② 广州知识产权法院民事裁定书,(2016)粤 73 行保 1、2、3 号。

③ 北京知识产权法院民事裁定书,(2019)京 73 行保 1 号。

在广州三雅摩托车有限公司(以下简称三雅公司)与重庆瀛嘉机车有限公司(以下简称瀛嘉公司)等侵害外观设计专利权纠纷案[①]中,广州知识产权法院认为,被诉侵权产品与涉案专利均系摩托车外观,属于同类产品。将二者进行比对,相同点在于:二者均为弯梁式摩托车,由车头、车身、车轮三大部分构成,其中车头上部分形似螳螂头,正面设置一个前大灯,顶面有一仪表盘,左右对称设置有把手和后视镜,后视镜支撑杆中间弯折。车头中部整体形似眼镜蛇头,两侧设置有呈剑刃状的转向灯。车头下方呈鹰嘴状的前轮保护罩悬于前轮上,车身上部外轮廓形成一个斜向上开口的"U"形弯梁,后车体护罩呈尾端略长略尖向外翘起的不规则菱形,护罩上两尖端之间设有一弧形凸棱,车身尾部两侧均左右设有尾灯。不同点在于:二者的后视镜形状不同,涉案专利后视镜呈三角形,被诉侵权产品后视镜为不规则形状,边角有弧度;二者两车轮上覆盖的纹路及轮毂造型略有不同。上述差异属于局部细微差异,对产品整体设计不构成影响。因此,被诉侵权产品的外观设计与涉案专利构成近似,侵害涉案专利权的可能性较大。因此,法院同意了三雅公司的申请。

由上述案例可知,与普通的专利侵权诉讼相比,行为保全中的"胜诉可能性"的特殊性在于,法院要在短时间内作出是否侵权的判断。

(二)难以弥补的损害的认定

造成难以弥补的损害是设立行为保全制度的正当性依据。正是因为存在事后赔偿难以弥补的损害,才有必要在损害赔偿制度之外,设立行为保全制度,允许当事人在法院作出终局判决之前,申请法院责令对方当事人作出或者禁止其作出一定行为。[②] 侵权行为本身通常会导致损害,但并不一定是"难以弥补"的。难以弥补,应当是指事后难以用损害赔偿(金钱)的方式弥补侵权损害,而必须用发放临时禁令的方式加以制止。[③] 难以弥补的损害包括两个方面的含义,即不采取行为保全措施是否会使申请人的合法权益受到难以弥补的损害或者造成案件裁决难以执行等损害。该因素是对《民事诉讼法》第101条[④]规定的诉前保全的前提条件(使申请人的合法权益受到难以弥补的损害)和《民事诉讼

① 广州知识产权法院民事裁定书,(2020)粤73行保2号。

② 参见宋鱼水、杜长辉、冯刚、蒋利玮:《知识产权行为保全制度研究》,载《知识产权》2014年第11期。

③ 参见崔国斌:《专利法:原理与案例》(第2版),北京大学出版社2016年版,第808页。

④ 现为《民事诉讼法》第104条。

法》第100条[①]规定的诉中保全的前提条件(使判决难以执行或者造成当事人其他损害)的合并概括规定,其中,案件裁决不仅包括法院判决,还包括仲裁裁决。如果专利侵权诉讼中,不存在不同于一般专利侵权诉讼的特别情形,行为保全申请通常不会被接受。例如,在上海知识产权法院在程某广诉上海弋锦运动器材有限公司侵害发明专利权纠纷案[②]中,经审查认为,本案中,原告提供了发明专利证书、专利年费缴纳记录、(2016)沪东证经字第10031号公证书、实体销售网点照片、被告网站及淘宝网页打印件、产品宣传册、厂房视频光盘、商标注册信息网页打印件,用以初步证明被告存在生产并通过实体店、淘宝网店销售被控侵权产品的行为,但上述证据中并无证据显示本案中存在如不采取行为保全措施将会使判决难以执行或者损害赔偿难以确定或是给原告造成其他损害等情况。程某广不服该裁定,申请复议。上海知识产权法院经审查认为,使判决难以执行或者造成当事人其他损害是人民法院准予行为保全的前提条件。本案中,申请人提供的证据集中于初步证明其系涉案专利权人,被申请人存在生产并通过实体店、淘宝网店销售被控侵权产品的行为,并没有证据证明存在可能因当事人一方的行为或者其他原因,使判决难以执行或者造成当事人其他损害的情形。在该案中,申请人因没有证据证明侵权行为将造成难以弥补的损害,法院使用了"造成当事人其他损害的情形"的措词,实际上是对涉案没有"特别情形"的考量,因而行为保全申请没有被准许。[③]

最高人民法院《关于当前经济形势下知识产权审判服务大局若干问题的意见》(法发〔2009〕23号)曾经提出明确要求:"在认定是否会对申请人造成难以弥补的损害时,应当重点考虑有关损害是否可以通过金钱赔偿予以弥补以及是否有可执行的合理预期。"《行为保全规定》第10条在总结司法实践经验的基础上列举了在知识产权与不正当竞争纠纷行为保全案件中属于难以弥补的损害的情形。[④] 曾任最高人民法院民三庭庭长的宋晓明就《行为保全规定》答记者

---

① 现为《民事诉讼法》第103条。

② 上海知识产权法院民事判决书,(2016)沪73民初511号;上海知识产权法院民事裁定书,(2016)沪73民初511号之一。

③ 成都市中级人民法院民事裁定书,(2019)川01行保4号。

④ 《行为保全规定》第10条规定:在知识产权与不正当竞争纠纷行为保全案件中,有下列情形之一的,应当认定属于《民事诉讼法》第101条规定的"难以弥补的损害":(1)被申请人的行为将会侵害申请人享有的商誉或者发表权、隐私权等人身性质的权利且造成无法挽回的损害;(2)被申请人的行为将会导致侵权行为难以控制且显著增加申请人损害;(3)被申请人的侵害行为将会导致申请人的相关市场份额明显减少;(4)对申请人造成其他难以弥补的损害。

问中提道："据不完全统计，2013 年至 2017 年五年间，全国法院分别受理知识产权诉前停止侵权和诉中停止侵权案件 157 件和 75 件，裁定支持率分别为 98.5% 和 64.8%。知识产权行为保全案件虽然数量少，但行为保全措施能够使知识产权受到侵害时获得及时救济，该项制度越来越受到知识产权权利人以及其他经营者的重视，许多案件也倍受社会关注。"这说明法院在知识产权案件中很少适用禁令，在专利侵权案件中更为少见。这种诉讼法律现象可以被称为诉前行为保全"申请难"，这一现象反映了在权利意识逐步增强和创新型国家逐步建立的社会背景下，民众对诉前行为保全的巨大需求与人民法院的微量供给之间的紧张关系。[①] "申请难"主要体现在"难以弥补的损害"的证明。在专利侵权案件中，难以弥补的损害，应当具有不同于一般侵权行为的特殊性，这种特殊性应当是行为保全是否准许考虑的因素。实践中各地法院在判断难以弥补的损害时，各有侧重。例如，侵权行为导致市场份额发生实质性变化；权利人被迫降价；不可逆转地改变或削弱权利人的竞争优势；后续侵权行为难以控制，损害后果严重；损害商誉或其他人身性质的权利；被申请人无力赔偿等。[②] 特别是对于药品、奶粉等与人身权利相关的专利及涉及半导体等高新技术相关的领域应当是是否颁发禁令着重考量的因素。

1. 涉及药品、食品等与人身权利相关的专利

与药品、食品相关的专利诉讼，具有不同于普通专利诉讼的特殊性，主要体现在这类专利权与生命权、健康权等人身权息息相关，对于侵犯药品、食品相关专利权的行为，应当应权利人的请求颁发禁令。《行为保全规定》第 10 条第 1 项具体情形是被申请人的行为将会侵害申请人享有的商誉或者发表权、隐私权等人身性质的权利且造成无法挽回的损害，该情形主要是指金钱赔偿无法弥补的情形。[③] 对此可以扩大解释，即包括涉及药品、食品等与人身权利相关的专利。

在上海诺华贸易有限公司与江苏豪森药业股份有限公司等申请诉前停止侵害专利权案中，上海诺华贸易有限公司认为，鉴于我国现行药品采购及招投标制度仅涉及药品活性成分的通用名称，并不区分适应症及生产厂家，故包含

---

① 参见任重：《我国诉前行为保全申请的实践难题：成因与出路》，载《环球法律评论》2016 年第 4 期。

② 参见崔国斌：《专利法：原理与案例》（第 2 版），北京大学出版社 2016 年版，第 809 页。

③ 参见宋晓明、王闯、夏君丽、郎贵梅：《〈关于审查知识产权纠纷行为保全案件适用法律若干问题的规定〉的理解与适用》，载《人民司法》2019 年第 7 期。

侵权信息的仿制药“昕维”一旦进入医保规定的药品目录,将会给诺华公司的合法利益带来难以弥补的损失。此外,被申请人北京京卫元华医药科技有限公司销售、许诺销售了上述药品,亦构成对涉案专利权的侵害,且由于该类患者一旦服用某一种药物后,一般需要长期大量服用相同药物,故北京京卫元华医药科技有限公司的行为也会给申请人的合法利益带来难以弥补的损害。上海诺华贸易有限公司在本案中提到了两点特别之处:第一,涉案药品要进入医保规定的药品目录;第二,患者服用后可能产生依赖。这两点确实是药品具有的特殊属性,应当予以考虑,因此,北京市第二中级人民法院据此作出了禁令裁定。[①]

而在雅培制药有限公司(以下简称雅培贸易公司)与台州市黄岩亿隆塑业有限公司(以下简称亿隆公司)、北京溢炀杰商贸有限公司(以下简称溢炀杰公司)侵害专利权纠纷案[②]中,北京市第二中级人民法院认为,本案中,被控侵权产品系奶粉罐,可以预计的是,亿隆公司和溢炀杰公司主要向奶粉生产企业批发销售被控侵权产品,被控侵权产品将与奶粉一并销售给最终用户,每一个销售环节都很有可能构成对涉案专利权的侵权。而每增加一个销售环节,都会造成损失扩大,侵权行为人增多,雅培贸易公司维权成本增加,维权难度加大。如果不责令亿隆公司和溢炀杰公司立即停止被控侵权行为,即便通过诉讼最终法院支持雅培贸易公司的请求,也很难制止奶粉生产企业、奶粉销售商对于被控侵权产品的销售,由此造成的损失难以计算。本案的特殊之处在于涉案产品系奶粉的包装产品,一旦与奶粉进入市场将会给奶粉的信誉造成影响,因此应当予以考虑。

2. 涉及半导体等高新技术领域的相关专利

专利制度的目的在于保护创新,对于半导体等高新技术领域,具有研发成本高、周期长的特点,对于这些领域发生的专利侵权行为,应当给予权利人以禁令救济。

在福州市中级人民法院审理的高通股份有限公司(以下简称高通公司)的案件中也支持了高通公司的申请。[③] 本案发明专利为“计算装置中的活动的卡隐喻”,高通公司在书面申请中声明了上述行为如不被及时制止可能给专利权人的合法权益造成难以弥补的损害,具体表现在:(1)后续侵权赔偿数额难以计

① 北京市第二中级人民法院民事裁定书,(2014)二中民保字第07639号。

② 北京市第三中级人民法院民事裁定书,(2013)三中民保字第01933号。

③ 福州市中级人民法院民事裁定书,(2018)闽01民初1208号之一。

算。(2)如不在现阶段通过行为保全使侵权行为停止,则高通公司的损害将会因新型号手机的上市不可避免地进一步扩大。(3)侵权行为将对中国市场上已经与高通公司建立许可关系的其他手机生产商造成难以弥补的产品竞争力损害,进而对高通公司与这些合作伙伴之间的商业合作关系造成难以弥补的损害。本案特殊之处体现在因涉案专利权产生的“侵权行为将对中国市场上已经与高通公司建立许可关系的其他手机生产商造成难以弥补的产品竞争力损害”,法院据此作出了禁令裁定,支持了高通公司的禁令申请。

深圳华星光电技术有限公司(以下简称华星公司)在深圳中级人民法院对重庆惠科金渝光电科技有限公司(以下简称惠科公司)提起专利侵权诉讼。诉讼过程中,华星公司提起行为保全申请。深圳市中级人民法院经审查,作出要求惠科公司立即停止涉嫌侵害专利号为 20061009897. 5、名称为液晶显示器发明专利权的行为,即立即停止制造涉嫌侵犯涉案专利权的惠科(KC)32 英寸液晶面板(型号 FT32DAT01),直到该案判决生效时止。①

2020 年 11 月 17 日,深圳市中级人民法院支持了深圳市大疆创新科技有限公司(以下简称大疆公司)所提的行为保全申请事项,裁定北京飞米科技有限公司、九天纵横科技(深圳)有限公司立即停止侵犯专利号为 ZL201830345094. 5、专利名称为“云台相机”的外观设计专利的行为,立即停止制造、销售、许诺销售“FIMI PALM Gimbal Camera”云台相机产品,裁定立即执行。② 另外,深圳市中级人民法院曾对大疆公司“云台相机”专利的另一起案件作出诉中禁令,裁定深圳市逗映科技有限公司立即停止制造、销售、许诺销售“Capture Pocket”云台相机产品。③ 以上案例说明近年来法院对于涉及高新技术领域在积极探索适用禁令的规则,以充分保护创新者的合法权利。

3. 与市场利益具有极大相关的专利

专利权的排他性最终体现为市场利益的争夺,如果因为侵权行为将导致专利权人的市场利益受损,或者影响整个市场格局的变化,则应当通过禁令来保护专利权人的应有的市场利益。《行为保全规定》第 10 条第 2 项与第 3 项具体情形分别为被申请人的行为将会导致侵权行为难以控制且显著增加申请人损

---

① 参见布鲁斯:《每周速览 | 深圳中院对惠科发诉中禁令;WIPO 发布两年一度〈世界知识产权报告〉》,载微信公众号“知产力”2019 年 11 月 17 日。

② 广东省深圳市中级人民法院民事裁定书,(2020)粤 03 民初 1668 号之二。

③ 参见知产力:《诉中禁令发布,大疆 DJI Pocket 云台相机专利维权案迎新进展》,载微信公众号“知产力”2020 年 11 月 27 日。

害与被申请人的侵害行为将会导致申请人相关市场份额明显减少,此两项情形往往导致申请人市场竞争优势或者商业机会的严重丧失,虽然可以通过金钱予以赔偿,但是申请人的损失非常大或者非常复杂,以至于无法准确计算其数额,也属于难以弥补的损害。① 案件涉及的分销商较多或销售链条很长时,侵权主体会不断增加,每一销售环节都可能构成侵权,一旦侵权继续,会造成无法挽回的灾难性后果,导致权利人市场占有率的缩减,新产品价格被迫下降,企业经营规模变小,市场竞争地位变化等后果,随之而来的就是权利人维权成本与维权难度的不断增加。②

在克利斯提·布鲁托案件中③,广州知识产权法院认为,诉前禁令作为一种严厉的提前介入的救济措施,若权利人的声誉没有被侵害,或者损害赔偿可被准确计算,且被申请人有足够的能力支付赔偿,因权利人所遭受的侵权损失可待判决生效后按判赔数额进行赔偿,也就没有颁发的必要。在专利侵权诉讼中,若出现如下情形之一,如不颁发禁令,将会给申请人的合法权益造成难以弥补的损害:一是权利人声誉被损害;二是侵权人没有足够的经济能力支付赔偿;三是损害赔偿无法计算。其中,存在如下情形之一,损害赔偿将无法计算:(1)产品价格被侵蚀和市场份额的丧失所共同造成的损失难以计算;(2)若市场上有数名侵权者,则难以准确计算出每名侵权者应承担的赔偿数额;(3)权利人将难以再把因为要与侵权者竞争而降下来的产品价格重新提升到原来的水平。就本案而言,首先,一般来讲,权利人胜诉以后,其合法权益会得到法律保障,但实际上由于侵权人没有足够的赔偿能力或者居无定所等原因,权利人的经济损失也许根本得不到物质上的足额赔偿。如果放任侵权人的行为继续下去,将使本可避免的损害成为必然。侵权人执行判决的能力越差,越有可能受到禁令的限制。本案被申请人问叹公司、贝玲妃公司未提交证据,表明其财产状况及盈利能力,对申请人所遭受的损失能进行充足的赔偿。其次,专利权人通常会在产品价格中收回研究与开发费用,因此专利权人通常会以较高价格销售其产品,侵权人通常会以较低价格销售其产品(不包含研究与开发费用),专利权人将会因此而丧失其应有的市场份额。本案被诉侵权产品销售单价约为

---

① 参见宋晓明、王闯、夏君丽、郎贵梅:《〈关于审查知识产权纠纷行为保全案件适用法律若干问题的规定〉的理解与适用》,载《人民司法》2019年第7期。

② 参见陈文文:《知识产权临时禁令制度的困境与突破——以北京法院典型案例为视角》,载《西部法学评论》2016年第1期。

③ 广州知识产权法院民事裁定书,(2016)粤73行保1、2、3号。

人民币270元，而专利产品的海外销售单价约合人民币600元。被申请人问叹公司、贝玲妃公司以不到专利产品售价的一半的价格来销售与申请人专利产品具有竞争关系的被诉侵权产品，无疑会抢占部分市场份额，如不颁发禁令，计划将专利产品推广到中国市场的申请人将会因此而丧失其应有的市场份额。稳固的市场一旦确定，竞争对手要想分一杯羹将要付出巨大的代价。为了与侵权者竞争，夺回被抢占的市场份额，申请人将不得不降价销售，其将难以再把因为要与侵权者竞争而降下来的产品价格重新提升到原来的水平，其市场份额将会永久性地被破坏，上述产品价格被侵蚀和市场份额的丧失所共同造成的损失难以计算。而且，涉案专利产品属于化妆品的外观设计，具有新颖性、流行性的特点，一旦被诉侵权产品在市场上大量出售将会降低相关公众的购买欲望，缩短专利产品的生命周期，因此，制止可能的侵权行为具有紧迫性。需要指出的是，被申请人问叹公司在听证过程中，虽表示愿意停止被诉侵权行为，但并没有向法院表明其如何具体有效地停止被诉侵权行为，其上述承诺不足以阻却禁令的颁发。综上，如不颁发禁令，将会给申请人的合法权益造成难以弥补的损害。

在来电公司案中①，广州知识产权法院认为，在专利侵权诉讼中，若出现如下情形之一，如不采取行为保全措施，将会给申请人的合法权益造成难以弥补的损害：一是权利人的损害难以用金钱弥补，如非财产性的损害；二是侵权人没有足够的经济能力支付赔偿；三是损害赔偿无法计算；四是其他可能导致申请人的合法权益造成难以弥补的损害的情形。就本两案而言，来电公司提供了相关媒体报道等证据，根据相关法律规定，参考上述证据并结合日常生活经验可认定，专利权的期限是有限的，专利权的效力期间并不因为发生诉讼而顺延，特别是本两案专利侵权诉讼所涉技术及法律关系较为复杂，导致审理时间会较长，因此若不支持来电公司先行停止侵权的请求，无法及时保护专利权。共享充电宝市场是近几年新发展起来的共享经济模式之一，市场竞争非常激烈。共享充电宝行业还在发展的初步阶段，各企业基本处于大量投入的阶段，市场前景不确定，前期市场份额对各企业的发展至关重要，来电公司与街电公司的主营业务均是共享充电宝业务，两者之间是直接竞争关系，且产品相同或类似，侵权人给权利人造成的损失主要包括市场机会流失与利润空间侵蚀，专利权人将会因此丧失其应有的市场份额和减少收益。且侵权人的侵权行为对权利人造成的竞争优势及市场机会丧失的损失数额是难以计算的。特别是在市场格局

---

① 广州知识产权法院民事裁定书，(2018)粤73民初1851、1852号。

尚未完全稳定确立，各竞争企业尚未有稳定盈利的情况下，若任由侵权人在判决最终确定前实施侵权行为，必然导致损失无法弥补。因此，即使街电公司具有赔偿的能力，也将会给来电公司的合法权益造成难以弥补的损害。

在该案中，法院特别考虑了行业发展阶段这一特殊属性，“共享充电宝行业还在发展的初步阶段，各企业基本处于大量投入的阶段，市场前景不确定，前期市场份额对各企业的发展至关重要……”据此，广州知识产权法院支持了申请人的禁令申请。

在三雅公司案[①]中，广州知识产权法院认为，《行为保全规定》第 10 条的规定虽然是对诉前行为保全的规定，但对在诉中行为保全的审查中认定何为“难以弥补的损害”也有参考意义。

本案中，首先，被诉侵权产品已进行报关并准备出口至摩洛哥地区。根据第三方数据公司出具的海关出口数据，被申请人在 2019 年 11 至 2020 年 4 月，出口被诉侵权产品至少为 945 台，每次出口数量为 200 台左右，但本次拟出口产品数量为 420 台，可见涉嫌侵权规模较大并呈扩大趋势。其次，根据前述侵权比对情况，被诉侵权产品侵权可能性较大，一旦该批产品流入国外市场，三雅公司难以控制其去向，有可能对三雅公司海外市场造成严重冲击，即使后续法院判决认定侵权成立，要求瀛嘉公司停止实施行为，也将使生效裁判难以实际执行。最后，专利侵权纠纷案件从审理直至最终做出生效判决需要一定的周期，如不立即对被诉侵权行为采取保全措施，不能排除瀛嘉公司在侵权纠纷诉讼审理过程中，继续制造被诉侵权产品，并将相关产品继续出口至国外的情况，从而可能造成专利权人损失的进一步扩大。因此，由于瀛嘉公司出口 420 台被诉侵权产品的行为将导致三雅公司面临不可弥补的损失，责令瀛嘉公司立即停止实施被诉侵权行为，具有紧迫性和必要性。

4. 标准必要专利

标准必要专利是指为实施某一技术标准而必须使用的专利。[②] 随着无线通信技术的发展，特别是随着 4G、5G 网络的应用，无线通信领域标准必要专利的诉讼越发繁多，由此也催生了行为保全在标准必要专利诉讼中的应用情形。

一般来说，标准必要专利引发的行为保全情况主要有两种。一种是专利侵

---

① 广州知识产权法院民事裁定书，(2020)粤 73 行保 2 号。

② 现行法律及司法解释未规定标准必要专利的含义，广东省高级人民法院《关于审理标准必要专利纠纷案件的工作指引(试行)》起草时参考了国际标准化组织及相关司法实践中关于标准必要专利的解释。

权诉讼与专利许可违约诉讼或专利许可费率问题诉讼相冲突,此种情况下,权利人基于其持有的标准必要专利,向一国法院起诉标准实施者侵害其专利权,要求其停止侵权并赔偿经济损失,而标准实施者则在另一国法院提起许可违约之诉或许可费率诉讼,请求法院确认权利人违反了 FRAND 许可义务,或者请求法院确定双方之间的许可条件。另一种是不同的许可违约之诉/许可费率诉讼相互冲突的场合,即权利人向一国法院起诉,请求确认其在标准必要专利许可谈判中是否遵循了 FRAND 原则,或直接请求法院确定双方之间的许可条件,而标准实施者则向另一国法院就相同的诉请提起诉讼,要求另一国法院就该项内容作出裁判。①

近年来,司法实践对行为保全在标准必要专利案件中应用也形成了自己的考量因素,特别是在华为技术有限公司(以下简称华为技术公司)确认不侵害专利权及标准必要专利许可纠纷三案中,最高人民法院对标准必要专利案件中的行为保全申请的审查,给出了自己的考量标准。②

本三案中,申请人华为技术公司于 2020 年 8 月 27 日向法院申请行为保全,请求责令被申请人康文森无线许可有限公司(以下简称康文森公司)在本三案终审判决作出之前不得申请执行德国杜塞尔多夫法院就康文森公司诉华为技术公司、华为技术德国有限公司、华为技术杜塞尔多夫有限公司(以下合称华为技术公司及其德国关联公司)侵害标准必要专利权纠纷案件作出的停止侵权判决。最高人民法院经审查认为:华为技术公司关于禁止康文森公司在本三案终审判决作出之前申请执行杜塞尔多夫法院判决的申请,性质上属于行为保全申请。对于禁止申请执行域外法院判决的行为保全申请,应当考虑被申请人申请执行域外法院判决对中国诉讼的影响,采取行为保全措施是否确属必要,不采取行为保全措施对申请人造成的损害是否超过采取行为保全措施对被申请人造成的损害,采取行为保全措施是否损害公共利益,以及采取行为保全措施是否符合国际礼让原则等因素进行综合判断。

(三)利益的平衡

《行为保全规定》增加了“不采取行为保全措施对申请人造成的损害是否超

---

① 参见赵千喜:《标准必要专利之诉中的禁诉令》,载微信公众号“人民司法杂志社”2021 年 5 月 24 日。

② 最高人民法院民事裁定书,(2019)最高法知民终 732、733、734 号之一。

过采取行为保全措施对被申请人造成的损害”这一规定。早在2005年，最高人民法院就关注如何处理好诉前责令停止侵权行为与防止权利滥用之间的平衡，注重考量不采取禁令对申请人造成的损害是否会严重于采取禁令可能对被申请人产生的损害。对双方当事人利益进行衡量也是美国、英国在采取临时禁令时的考量因素之一。我国在总结司法实践经验和借鉴域外制度的基础上，《行为保全规定》增加了这一考量因素。

浙江建林电子电气股份有限公司（以下简称建林公司）与中国建设银行股份有限公司（以下简称建行股份公司）等侵害计算机软件著作权纠纷一案①中，最高人民法院认为，侵权案件中，行为保全与判令停止侵害的判决部分相互重叠，在判决生效前采取行为保全措施可以有效制止侵权行为，保护申请人的权利。侵权诉讼中，申请行为保全应符合如不采取保全措施将会使申请人的合法权益受到难以弥补的损害或者造成案件裁决难以执行这一条件，且行为保全指向的内容应与诉讼请求停止侵害的内容具有一致性。此外，还要考量申请人的请求是否具有事实基础和法律依据，不采取行为保全措施对申请人造成的损害是否超过采取行为保全措施对被申请人造成的损害等因素。具体到本案的情况：首先，建林公司提出的行为保全请求超出了其诉讼请求中关于停止侵害涉案软件著作权的内容。其次，依据上述分析，建林公司没有提交被申请人构成侵权的初步证据，建林公司的行为保全请求不具有事实基础。最后，即使不采取行为保全措施，也没有证据表明存在判决生效后难以执行的情况，而一旦关停数据中心的服务器及备用机，中断服务器与终端之间的通信，与建行股份公司通信的各分支机构的智能柜台终端和自助回单打印终端将无法使用，被申请人将遭受巨大损失。综上，原审法院驳回建林公司行为保全申请并无不当，在二审期间也没有采取行为保全的必要。

在克里斯提·鲁布托案中，广州知识产权法院认为是否支持申请人的行为保全申请，还需要考虑颁发禁令给被申请人带来的损失是否小于或相当于不颁发禁令给申请人带来的损失。② 该案中，法院认为诉前禁令作为责令被申请人诉前停止被诉侵权行为的一种救济措施，必然会影响申请人和被申请人双方的重大经济利益。在决定是否颁发禁令前，不但需要考虑不发出诉前禁令对申请人的影响，还需要考虑发出诉前禁令对被申请人的影响，即需要对双方因禁令

① 最高人民法院民事判决书，(2019)最高法知民终627号。

② 广州知识产权法院民事裁定书，(2016)粤73行保1、2、3号。

的颁发与否所影响的利益进行衡量，以避免禁令救济因为保护一方较小利益，而造成更大损失，浪费巨大的社会成本。如果只考虑不发出诉前禁令对申请人的影响，而不考虑发出诉前禁令对被申请人的影响，将难以实现社会利益的最大化，诉前禁令也往往给被申请人的经营活动带来不虞之灾。保障申请人的利益虽正当，但是如其实际损失比起被申请人的损失微不足道，在这样的情形下颁发禁令，将有悖于禁令制度的立法宗旨，故应将"颁发禁令给被申请人带来的损失应小于或相当于不颁发禁令给申请人带来的损失"作为衡量是否颁发禁令的标准之一。如果颁发诉前禁令给被申请人带来的损失，将小于不颁发诉前禁令给申请人带来的损失，应支持申请人的禁令申请；相反，如果颁发诉前禁令给被申请人带来的损失，将大于不颁发诉前禁令给申请人带来的损失，应不支持申请人的禁令申请。当然，如果颁发诉前禁令给被申请人带来的损失与不颁发诉前禁令给申请人带来的损失相当，应优先保护申请人的权利，支持申请人的禁令申请。就本案而言，颁发禁令，被申请人问叹公司、贝玲妃公司将会损失开发模具费、宣传费、已制造出来的被诉侵权产品的其他生产成本，以及禁令期间不能制造、销售被诉侵权产品的盈利；而不颁发禁令，申请人不但会损失显而易见的开发设计费、宣传费，还会为竞争而降低产品价格，减少市场份额，失去竞争优势，这些损失显然要比被申请人所遭受的损失要大得多。因此，不颁发禁令给申请人带来的损失将明显大于颁发禁令给被申请人带来的损失。

在贝比赞公司案中①，天津市第三中级人民法院从采取保全措施对双方造成损害大小考量，认为如果被控侵权产品流向海外，之后被认定侵权，对申请人商业利益产生的影响将难以控制，而申请人已在其诉讼请求范围内进行了全额担保，采取保全措施对被申请人造成的损失是可控的，故不责令被申请人立即停止出口行为对申请人造成的损害，大于责令被申请人停止前述行为对被申请人造成的损害。

在安斯泰来公司案②中，北京知识产权法院认为不采取行为保全措施对申请人造成的损害超过采取行为保全措施对被申请人造成的损害。如果不采取行为保全措施，则申请人在涉案专利的剩余保护期内事实上无法获得禁令救济，该损害是无法通过金钱计算的。相比较而言，如果采取保全措施，被申请人海正药业公司只是需要在剩余专利保护期内暂时停止制造、销售被诉侵权产

---

① 天津市第三中级人民法院民事裁定书，(2019)津03知民初1262号。

② 北京知识产权法院民事裁定书，(2019)京73行保1号。

品,一年多之后便可以恢复生产,其研发投入成本、生产设备及相关批文也不会浪费。在经济损失方面,由于申请人原研药的单位价格及研发投入明显高于被申请人仿制药的产品价格及研发投入,因此申请人的经济损失也会相应较大。

在山东霓虹王电子有限公司与中山市格林曼光电科技有限公司侵害专利权纠纷案中,广州知识产权法院认为申请人申请对被申请人79,020套被诉产品采取保全措施,数量巨大,如采取保全措施可能会影响被申请人合法、正常经营,导致被申请人因销售收益减少、保管费用增加等因素而发生经济损失,对被申请人造成的损害可能超过不采取行为保全措施对申请人造成的损害,因此驳回了申请人的保全申请。[①]

(四)公共利益的考虑

《专利权纠纷司法解释二》第26条规定,被告构成对专利权的侵犯,权利人请求判令其停止侵权行为的,人民法院应予支持,但基于国家利益、公共利益的考量,人民法院可以不判令被告停止被诉行为,而判令其支付相应的合理费用。该因素已经为最高人民法院《关于当前经济形势下知识产权审判服务大局若干问题的意见》(法发〔2009〕23号)所明确。该意见指出,人民法院应当严格审查被申请人的社会公共利益抗辩,一般只有在涉及公众健康、环保以及其他重大社会利益的情况下才予考虑。公共利益的考量,并不是行为保全的独有的构成要件,即便法院在普通的专利侵权案件中,也会考量公共利益的问题。

在克里斯提·鲁布托案[②]中,广州知识产权法院认为,社会公共利益是公民利益的集中体现,维护社会公共利益也是司法机构的重要职责。无论法院作出任何决定,都不能有违社会公共利益,禁令制度亦是如此。如果涉案专利对社会公众的生命、健康、安全、环保以及其他重大社会公共利益有着不容忽视的影响,那么此时社会公共利益将会直接影响到禁令的发布与否。就本案而言,一方面,涉案专利产品和被诉侵权产品均属于化妆品类,颁发禁令仅涉及被申请人的经济利益,不会损害社会公共利益;另一方面,本案专利的外观设计的新颖性具备一定的识别功能,颁发禁令将有助于避免市场混淆,不仅不会损害公共利益,反而会因维护了市场秩序而保障公共利益。

---

① 广州知识产权法院民事裁定书,(2019)粤73行保2号。

② 广州知识产权法院民事裁定书,(2016)粤73行保1、2、3号。

在贝比赞公司案[①]中，天津市第三中级人民法院认为，如果侵权成立，采取保全措施不仅不会损害社会公共利益，反而会因保护知识产权和保障中外消费者合法权益而有利于保障社会公共利益。

在安斯泰来公司案[②]中，北京知识产权法院认为对于是否损害社会公共利益的考量，主要考虑是否对消费者利益和社会经济秩序造成损害。本案中，禁止被申请人提供被诉侵权产品，消费者仍可以购买到申请人的对应产品，且亦有其他相似治疗功能的药品可以选择，不会损害社会公共利益。另外，没有证据表明责令被申请人停止被诉侵权行为可能会对社会经济秩序造成损害。

在三雅公司案[③]中，广州知识产权法院认为，知识产权保护涉及科学技术、智力财产的应用与流通，对社会科技、经济的发展具有重要影响。行为保全作为司法在裁判前介入纠纷的强制措施，必须充分考虑科技发展、消费者福利、创作繁荣和公平竞争等因素，合理评估保全措施对社会公共利益的影响。本案行为保全措施的内容是禁止瀛嘉公司在深圳海关报关的420台摩托车产品出口。摩托车产品并非日常生活必需品，亦不涉及重大科技成果的转化运用，并且，本案仅对瀛嘉公司已经在深圳海关报关的420台产品进行保全，出口范围和产品数量有限，整体上对消费者福利、企业商业运营的影响较小。进一步地，法院若采取行为保全措施，有可能在一定程度上帮助相关公众知悉相关产品的专利保护情况，对于提高相关公众对产品认知和促进公共福利有一定正面作用。因此，本案行为保全措施未对社会公共利益产生较严重的消极影响。

在来电公司的案件中，街电公司认为停止使用共享充电宝设备涉及公共利益，因此，不应当适用禁令。广州知识产权法院经审理认为，[④]退还押金是在符合退款条件下的企业的基本产品义务，并非涉及公众健康、环保及其他重大社会利益。且除本专利产品外，市场上还有其他共享充电宝厂商铺设的充电宝设备可供使用。

公共利益并不是行为保全制度特有的制度，实际上任何权利与公共利益发生冲突时，都应当尽量避免公共利益的损害。在侵权行为成立的情况下，如果判定停止侵权将损害到公共利益，法院通常会考虑通过金钱补偿权利人的损失。例如，在珠海市晶艺玻璃工程有限公司诉广州白云国际机场股份有限公司

① 天津市第三中级人民法院民事裁定书，(2019)津03知民初1262号。
② 北京知识产权法院民事裁定书，(2019)京73行保1号。
③ 广州知识产权法院民事裁定书，(2020)粤73行保2号。
④ 广州知识产权法院民事裁定书，(2018)粤73民初1851、1852号。

(以下简称白云机场股份公司)、广东省机场管理集团公司、深圳市三鑫特种玻璃技术股份有限公司(以下简称三鑫公司)专利权侵权纠纷案①中,广州市中级人民法院就是从公共利益的角度考虑,判决白云机场股份公司支付使用费,而不停止使用。本案中,三鑫公司未经原告许可,在广州新白云国际机场航站楼玻璃幕墙工程的设计、施工当中制造、销售、使用原告的专利产品,已经侵犯了原告实用新型专利权,应当停止侵权并承担相应的赔偿责任。但考虑到机场的特殊性,判令停止使用被控侵权产品不符合社会公共利益,因此被告白云机场股份公司可继续使用被控侵权产品,但应当适当支付使用费。

同样地,在武汉晶源环境工程有限公司(以下简称晶源公司)与华阳电业有限公司(以下简称华阳公司)侵害专利权纠纷案②中,最高人民法院也是基于公共利益的考虑,认为鉴于本案烟气脱硫系统已被安装在华阳公司的发电厂并已实际投入运行,若责令其停止行为,则会直接对当地的社会公众利益产生重大影响,故原审判决在充分考虑权利人利益与社会公众利益的前提下,未支持晶源公司关于责令停止行为的诉讼请求,而是判令华阳公司按实际使用年限向晶源公司支付每台机组每年人民币 24 万元至本案专利权期限届满为止,并无不妥。

在北京摩根陶瓷有限公司与北京光华安富业门窗有限公司、北京华坤房地产经营管理有限公司(以下简称华坤公司)侵害发明专利权纠纷案③中,最高人民法院认为,一审判决后,华坤公司并未提出上诉,在二审诉讼及本院诉讼中亦未举证证明判令其停止使用涉案侵犯专利权产品会影响社会公共利益,二审法院以"被控侵权产品已经实际安装使用,如果拆卸将破坏巨大且成本过高,亦不利于维护已经形成的社会经济秩序,故本案不宜判决华坤公司停止使用被控侵权产品"为由,撤销一审法院相关判项无事实和法律依据,最高人民法院予以纠正。

在吉林市昌邑区吉康绿谷种植专业合作社(以下简称吉康绿谷合作社)与吉林市东北生态农业发展有限责任公司(以下简称东北生态公司)侵害发明专利权纠纷案④中,最高人民法院认为,农民专业合作社是一种互助性经济组织,主要以其成员为主要服务对象开展活动。吉康绿谷合作社登记的业务范围包

---

① 广州市中级人民法院民事判决书,(2004)穗中法民三知初字第 581 号。

② 最高人民法院民事判决书,(2008)民三终字第 8 号。

③ 最高人民法院民事判决书,(2014)民提字第 91 号。

④ 最高人民法院民事判决书,(2019)最高法知民终 724 号。

括开展对成员提供粮食、蔬菜种植、农业机械化、技术咨询服务,代购农业生产资料,温室设备安装、销售等。位于吉康绿谷合作社园区内的温室大棚虽为吉康绿谷合作社安装和使用,但其实际使用人为其成员即多位相关土地承包人,且成员已通过出资方式实质上对该大棚支付了对价。温室大棚作为东北农业生产的常用且重要物资之一,搭建于农业用地上。被诉侵权温室大棚已搭建完毕并投入使用,拆除需重新进行设计、审批、施工等手续,可能造成巨大经济损失,且原审法院未支持拆除被诉侵权大棚的请求而专利权人未对此提出上诉。在此情况下,若判令停止使用被诉侵权大棚,可能造成大棚甚至农业用地等生产资料的浪费,影响众多土地承包者的正常生产生活,对当地经济和民生产生不良影响,造成社会资源的巨大浪费和公共利益受损。并且,东北生态公司的损失主要体现为因吉康绿谷合作社的侵权行为使其失去了通过其温室大棚专利获益的机会,判令吉康绿谷合作社停止继续以生产经营为目的的制造、许诺销售、销售行为,并就已搭建温室大棚赔偿损失,已足以实现权利人制止侵权的目的并弥补其所受损害。为平衡权利人利益及利益相关方、社会公众利益,法院对东北生态公司请求判令吉康绿谷合作社自行拆除已建和在建的涉案日光温室的蓄热保温墙体部分并停止使用的诉请不予支持,但吉康绿谷合作社应支付合理费用。

(五)中美禁令制度之比较

1. 判决停止侵权与颁发永久性禁令

美国专利侵权诉讼中专利侵权人救济途径也包含了禁令这一内容。《美国专利法》第 283 条规定:“为了防止侵犯专利权所赋予的任何权利。依据本法享有管辖权的法官,可以依据公平原则,以自己认为合理的条件,下达禁令。”①禁令分为永久性禁令和临时性禁令。永久性禁令,指的是法院在确定侵权后,责令被告在专利权有效的期间之内,不得再次侵权。② 永久性禁令相当于我国法院判决的停止侵权。美国在 eBay 案之前,对于是否颁发永久性禁令,与我国现行的规则相同,即联邦法院实际上一直将授予永久性禁令作为专利权人胜诉后的一个标准程序。只有在影响公共健康和福利事业的情况下,法院才会拒绝颁发永久性禁令。

① 李明德:《美国知识产权法》,法律出版社 2014 年版,第 131 页。
② 李明德:《美国知识产权法》,法律出版社 2014 年版,第 131 页。

美国法院对于永久禁令的裁量因素,比较典型的是 eBay 案[①]。本案中,MercExchange 发现 eBay 涉嫌使用其固定价格拍卖专利技术,向弗吉尼亚州东区联邦地方法院提起诉讼。地方法院经过开庭审理后认为 eBay 构成故意侵权。虽然陪审团的决定认为专利有效以及侵权成立,但地方法院认为,MercExchange 公司在希望对专利进行许可的同时,并没有对专利进行商业实施,因此不足以证明如果不发布禁令就会造成不可挽回的经济损失。[②] 因此,拒绝向 eBay 发布永久性禁令。

MercExchange 和 eBay 不服该判决,向美国联邦巡回上诉法院提起上诉。上诉法院依据“一旦认定专利有效且侵权成立,法院应当发布永久性禁令”的“通用规则”推翻了地区法院的判决。[③]

eBay 向美国联邦最高法院申请再审。美国联邦最高法院认为,根据公认的衡平原则,原告寻求永久禁令救济是否被准许,法院一般会考虑“四要素”,具体包括:(1)专利权人已经遭受不可挽回的损害;(2)法律上的救济方式(如金钱损害赔偿)无法适当地补偿此损害;(3)在考虑并比较原被告双方的利益得失的情况下,此项衡平法的救济方式是有正当理由的;(4)永久性禁令的颁发不会对公众利益造成危害。具体到 eBay 案中,美国联邦最高法院撤销了联邦巡回上诉法院的判决,要求地方法院根据“四要素”重新审理本案。

美国联邦最高法院认为,这些熟悉的原则同样适用于根据《美国专利法》引起的纠纷。正如美国联邦最高法院早就认识到的,“任何重大的悖离长期衡平惯例传统的做法不应该轻易地通过默示的方式(而应通过明示的方式)来加以确定”。而美国国会在其制定的《美国专利法》中则没有任何迹象表明,在专利纠纷案件中颁发永久性禁令时有悖离“四要素”的意图。相反在《美国专利法》第 283 条明确禁令“可以”“根据公平原则”“发布”。

诚然,《美国专利法》还规定,“专利应具有个人财产的属性”,包括“排除他人制造、出售、要约出售或出售该项投资的权利”。根据联邦巡回上诉法院的说法,这种排除的法定权利本身就证明了它的一般规则有利于永久禁令救济。但权利的设定不同于对侵犯该权利的行为提供补救。实际上,《美国专利法》本身表明,专利应具有个人财产的属性,因此,《美国专利法》第 283 条也仅表示禁令

---

① 126 S. Ct. 1837 (2006).

② 参见[美]J. M. 穆勒:《专利法》,沈超等译,知识产权出版社 2013 年版,第 453 页。

③ 参见[美]J. M. 穆勒:《专利法》,沈超等译,知识产权出版社 2013 年版,第 453 页。

救济“可以根据公平原则”确定。

这种做法与联邦最高法院在《美国著作权法》中对禁令的处理是一致的。就像专利所有者，版权权利人拥有“排除他人使用其财产的权利”（著作权与专利权一样，是公众为获得权利人的利益而给予的同等物个人的天才、冥想和技巧，以及为同样重要的目标而进一步努力的动机）。就像《美国专利法》一样，《美国著作权法》规定，法院“可以”“根据其认为合理的条款”“授予禁令救济，以防止或限制侵犯著作权”。美国联邦最高法院一直拒绝以一项规则取代传统的“根据公平原则”的考虑。

地区法院和上诉法院在决定是否对被告发布永久禁令时，都没有公正地运用这些传统的衡平原则。尽管地方法院遵循了传统的“四要素”检验法，但它似乎采纳了某些扩展性原则，表明禁令救济不能适用于广泛的案件。最值得注意的是，它的结论是，“原告愿意许可其专利”和“其在实施专利方面缺乏商业活动”足以证明，如果不发布禁令，专利持有人将不会遭受无法弥补的损害。但传统的公平原则不允许如此广泛的分类。例如，一些专利持有者，如大学研究者或自创的发明家，可能合理地倾向于许可他们的专利，而不是致力于确保将他们的作品推向市场所必需的融资。这样的专利持有者也许能够满足传统的“四要素”检验，我们看到了没有任何理由断然剥夺他们这样做的机会。如果地方法院采纳了这种分类规则，那么，它的分析就不能与国会采纳的衡平原则相一致。

在推翻地区法院的判决时，上诉法院与“四要素”检测法的方向相反。法院阐明了“专利纠纷特有的”一般规则，“一旦侵权和有效性被判定，将发布永久性禁令”。法院进一步指出，只有在“不寻常”案件中，才应拒绝禁令，在“特殊情况”下和“在极少数情况下保护公共利益”时，正如地区法院错误地断然拒绝禁令救济一样，上诉法院错误地断然批准此类救济。

美国联邦最高法院的结论是，下级法院均未正确适用禁令救济裁决的传统“四要素”检测法，因此我们撤销上诉法院的判决，以便地区法院可在一审中适用该框架。在这样做的时候，我们对永久禁令救济是否应该或不应该在这个特定的案件中，或者实际上在根据《美国专利法》产生的任何数量的其他争议中，不发表任何意见。我们只认为，是否给予或拒绝禁令救济的决定取决于地区法院的公平裁量权，在专利纠纷中，这种裁量权的行使必须与传统的衡平原则相一致。

笔者认为，美国联邦最高法院打破了“有侵权必然颁布永久性禁令”的传统做法,开始强调要根据“四要素”检验法公平地决定是否对被告适用禁令。美国专利制度正朝着严格专利权人的保护,维护公众利益,促进创新的方向发展。eBay 案的判决结果很明显使专利权人请求法院发布永久性禁令更加严格。[①]在德国,对于专利法下的停止侵权请求权,已经可以根据现行的法律进行比例性审查。[②] 执行停止侵权请求权的比例性问题可能受到多种因素影响,而且这些因素之间也有相互作用。[③] 而我国在是否颁布永久性禁令方面,仍然在适用一旦认定专利有效且侵权成立,法院应当发布永久性禁令的“通用规则”。[④] 如此比较,在专利侵权诉讼中,是否颁发永久性禁令方面,我国对权利人的保护要严于美国对专利权人的保护。事实上,法院是否判决停止侵权,不应当仅仅停留在对公共利益的考量,而应当同时考虑原、被告的利益、产品的复杂程度以及社会经济利益等因素,不能因为单一部件的产品侵权就责令停止制造、销售复杂的产品,否则会产生经济上的负面作用。

2. 行为保全与临时禁令

临时性禁令,是在专利侵权诉讼中,法院根据相关证据下达的禁止被告进一步侵权的命令。[⑤] 美国的临时禁令相当于我国的行为保全制度。临时禁令是一种特殊而非常规的救济,并且只有在专利权人(临时禁令请求人)能够为必要因素提供强有力的证明时,法院才会发布禁令。[⑥] 判断能否颁发临时性禁令时必须考虑的实质性因素:第一,合理的胜诉可能性;第二,如不发布临时禁令,是否会给动议提出人造成不可挽回的损害;第三,权衡原被告负担,是否更有利于动议提出人;第四,如果发布禁令将会对公共利益产生的影响。[⑦]

由此可知,美国发布临时禁令与我国考量的因素基本一致,是否发布临时禁令是法院依据上述因素综合考量的结果。笔者认为,我国的《行为保全规定》对行为保全制度进行了比较完善的规定,因此,在侵权成立且专利权人提供了

---

① 参见鲁灿、詹锐:《从 eBay 案看美国专利保护趋势——兼论我国专利“停止侵权”责任方式》,载《电子知识产权》2006 年第 9 期。

② 参见单晓光、李文红:《数字时代德国专利法的修订新动态述评》,载《知识产权》2021 年第 6 期。

③ 参见单晓光、李文红:《数字时代德国专利法的修订新动态述评》,载《知识产权》2021 年第 6 期。

④ 《专利权纠纷司法解释二》第 26 条规定:被告构成对专利权的侵犯,权利人请求判令其停止侵权行为的,人民法院应予支持,但基于国家利益、公共利益的考量,人民法院可以不判令被告停止被诉行为,而判令其支付相应的合理费用。

⑤ 参见李明德:《美国知识产权法》,法律出版社 2014 年版,第 133 页。

⑥ 参见[美]J. M. 穆勒:《专利法》,沈超等译,知识产权出版社 2013 年版,第 455 页。

⑦ 参见[美]J. M. 穆勒:《专利法》,沈超等译,知识产权出版社 2013 年版,第 455 页。

足够担保的情况下，法院可以按照“有侵权则有不可弥补的损害”的传统规则，颁发禁令，由此产生的后果由专利权人承担。

三、停止侵权行为的执行

停止侵权行为是专利权的核心权能之一。在侵权成立的情况下，如果不能制止侵权行为，则专利权的排他性权利将落空。行为保全制度的目的就在于提前制止侵权行为的发生或持续。

《行为保全规定》第 15 条规定：“人民法院采取行为保全的方法和措施，依照执行程序相关规定处理。”对于被申请人拒不履行行为保全裁定的，人民法院可以依照《民事诉讼法》第 114 条的规定采取民事强制措施。[①] 由此可知，生效判决的执行和行为保全裁定的执行，并无本质区别。行为保全裁定或包含停止侵权行为判项的生效判决的执行，对于权利人而言意义重大。关于停止侵权行为的执行，深圳市中级人民法院通常做法为：一般而言，销售行为可分为线上销售和线下销售两种模式，在执行停止销售这一判项时，执行法院一般会先责令被执行人停止侵权，如被执行人拒不履行，执行法院会采取关闭网站链接措施，或者对被执行人采取罚款、拘留等措施以督促被执行人停止侵权。但经执行法院到原侵权行为地调查后，未发现被执行人有继续侵权的行为，申请执行人认为存在但无法提出被执行人有继续侵权的证据，此时“停止侵权行为”一般被认定为已执行完毕。[②] 但是，实践中拒绝履行生效判决或裁定，或者以产品已升级等为由变相拒绝履行生效判决或裁定的情况时有发生，对此，如何保障法院生效判决或裁定的执行，以维护司法的权威，是目前实践中面临的难点。

(一)拒绝履行判决或裁定

拒绝履行法院生效的判决或裁定，是对司法权威的藐视，人民法院有权依

① 现行《民事诉讼法》第 114 条规定：诉讼参与人或者其他人有下列行为之一的，人民法院可以根据情节轻重予以罚款、拘留；构成犯罪的，依法追究刑事责任：……(6)拒不履行人民法院已经发生法律效力的判决、裁定的。人民法院对有前款规定的行为之一的单位，可以对其主要负责人或者直接责任人员予以罚款、拘留；构成犯罪的，依法追究刑事责任。

② 参见李雪松、杜佳鑫、肖伟光、王东兴：《深圳知识产权案件执行的三个突围》，载《人民法院报》2021 年 4 月 28 日。

据《民事诉讼法》第114条的规定采取民事强制措施。实践中,行为人可能因为各种原因在判决或裁定生效之后,故意不履行生效判决或裁定。这种情形在判决或行为保全的执行中特别常见,而且司法实践中行为保全裁定的执行,通常由审判庭进行监督执行,因此,一种"以罚代执"的执行方式在实践中经常被采用。

在深圳市名诺美业科技有限公司(以下简称名诺公司)与朱红霞、广州璐仪娜美容仪器有限公司(以下简称璐仪娜公司)侵害实用新型专利权纠纷案①中,最高人民法院查明,原审中名诺公司申请行为保全,请求原审法院先行责令广州市白云区石井益霞五金制品厂(以下简称益霞制品厂)、璐仪娜公司停止侵犯其专利权的行为,为保全申请提交了100万元的保函担保。经原审听证,原审法院认为名诺公司提出的对益霞制品厂采取行为保全措施的申请,符合法律规定应予支持,裁定责令益霞制品厂停止侵害名诺公司涉案实用新型专利权的行为(包括但不限于制造、销售、许诺销售)。行为保全裁定书送达后,益霞制品厂未向原审法院反馈对裁定事项执行情况。法院据此认定"侵权人主观恶意非常明显",并判决益霞制品厂承担具有惩罚性质的赔偿责任。在有的案件中,法院在查明被诉方有不履行行为保全裁定的情况时,对拒不履行法院生效裁定的行为进行了罚款。②

(二)规避设计的认定与执行

在执行过程中或执行完毕后,被执行人通常也会采取"规避设计"逃避法律的制裁。对此,实践中的观点是建议权利人通过另行起诉的方式进行救济。在执行完毕后,被执行人又继续侵权谋利,如当事人对执行完毕有争议,但执行中法院不能以执代审,无法对新的侵权行为性质进行判断,则申请执行人应另行提起诉讼。③ 在来电公司与街电公司执行一案中,北京市高级人民法院以"被执行人向本院提交保证书,并作出承诺不再侵权"和"被执行人街电公司已经对侵权产品进行改造,改造后的产品是否落入申请人专利保护范围并非本案审查范

① 最高人民法院民事判决书,(2020)最高法知民终1518号。类案有广州知识产权法院民事判决书,(2018)粤73民初1851、1852号。

② 广州知识产权法院民事判决书,(2018)粤73民初1851、1852号。

③ 参见李雪松、杜佳鑫、肖伟光、王东兴:《深圳知识产权案件执行的三个突围》,载《人民法院报》2021年4月28日。

围”为由，裁定驳回来电公司提出的执行异议。[①] 四川省高级人民法院关于四川隆盛药业有限责任公司诉淮南市杰明生物医药研究所确认不侵犯专利权纠纷请示案[②]中，最高人民法院批复认为，如果行为人实质性变更了该产品或者方法中涉及侵权的相应技术或者设计内容的，有关实施变更后的技术或者设计的行为不属于原生效裁判的执行标的，不能为原生效裁决所拘束，其是否构成侵权应当另行提起诉讼加以认定。

之所以采用另行起诉的方式，是因为行为保全作为一种以禁止行为人作出某种行为的消极义务为内容的裁定，实践中多由业务庭负责执行，往往是将行为保全裁定书送达当事人即告结束。对于事后当事人是否严格履行裁定，法院往往缺少人力去主动监督。即便申请人向法院提出被申请人仍然在继续侵权，由于执行人员不足、执行经验不足、执行成本过高等原因，加之案件尚未经过实体审理，法官尚无法对案件形成准确的心证等因素，为了降低审判风险，法官往往会安抚申请人，并告知法院会将被申请人不履行裁定的情节纳入判赔数额影响因素予以考虑，而不会大动干戈，对被申请人采取妨碍民事诉讼的强制措施。[③]

笔者认为，“以罚代执”和“另行起诉”的方式均不可取。被执行人的承诺不能代替执行机关的审查，执行机关不能以“没有能力判断”拒绝审查。

首先，被执行人的承诺不能对抗或消灭人民法院已经生效的判决赋予被执行人的义务，更不能替代执行机关履行职责。关于停止侵权行为的执行，我们认为执行终结的方式有两种：其一，法院根据申请人的申请和证据进行主动审查，但是，不能仅凭被执行人的口头或者书面承诺认定被执行人是否履行了判决，执行机关负有对被执行人的承诺进行审查的义务；否则，执行机关的权力将被架空。其二，申请人自认被执行人履行了判决义务，申请执行人认可了被执行人的承诺或者认可其履行了判决赋予的义务，即被执行人履行生效判决的行为得到了申请人的认可。只有这两种情形，才能成为被执行人已经履行了生效判决的依据，也才能作为执行案件结案的依据。例如，被执行人履行了支付赔偿款的义务，对此，申请人予以认可，双方已经没有争议，或者法院根据证据查明了这一事实，此时，执行案件才符合结案标准。然而对于履行生效判决的其

---

① 北京市高级人民法院执行裁定书，(2019)京执复203、204号。

② 最高人民法院答复，(2009)民三他字第6号。

③ 参见唐铁星：《知识产权纠纷行为保全的司法实践观察与价值回归——行为保全司法审查应以“效率优先”为导向》，载《北京审判》2019年11月1日。

他义务,在没有申请人同意或在执行机关审查认可的情况下,就单凭被执行人的承诺认定被执行人履行了判决赋予被执行人的法定义务,这一结案方式没有依据。这种结案方式,将导致法院判决定分止争的效果不能实现,甚至引发“连环诉讼”,反而成了“案结事起”,这明显违背了执行制度设置的初衷。

其次,法院不能以“没有能力判断”为由拒绝履行法律赋予的职责。被执行人的义务是停止实施侵权行为,即停止制造和使用被诉产品的行为。在执行过程中,被执行人向法院递交了停止侵权的保证书,并承诺不再侵权,这一承诺不可以对抗和消灭法院判决赋予被执行人的义务,通过保证书逃避执行机关的审查也就是在逃避法院生效判决赋予的义务。执行机关是司法机关的一部分,是司法权威的象征和保障。只有执行机关才能够判断也有义务判断被执行人是否履行了判决,执行机关也有职责和义务对被执行人的承诺内容进行判断和审查,执行机关不能以自己“没有能力判断”为由拒绝履行法律赋予的职责。1804年《法国民法典》第4条就明确规定,审判员借口没有法律或法律不明确不完备而拒绝受理者,得依拒绝审判罪追诉之。时至今日,我国的司法人员更不应当以没有判断能力拒绝执行。

最后,法院认为“升级后的产品并非本案的执行范围”,执行机关的这一论断没有法律依据。人民法院的判决具有强制执行力,该执行力代表了法院权威,不容任何人践踏,人民法院负有执行生效判决的义务,具有强制被执行人履行人民法院判决的职责。如果被控产品是否升级、升级产品是否侵权,作为执行机关不予审查的话,将直接导致专利侵权案件的生效判决成为一纸空文,将使“加强知识产权保护”成为一句空话,与当前的加大知识产权保护的司法政策相违背。在执行阶段,对于被执行人是否履行了“停止侵权”这一义务,执行机关不予审查,这将导致社会产生“专利无用”“案结事起”的不良法律后果。同时,法院有观点认为,执行应当按照判决中载明的型号进行执行,如果型号改变或程序升级,则不属于原判决执行的范围,笔者认为,这一做法不可取。支持按照产品型号指称的方式继续执行禁令的观点主要立足于尊重司法判决,维护司法判决的权威和确定性。但是,如果维护判决的权威和确定性是以牺牲司法判决和执行程序的实质正义所在,那么这种坚持必定是错误的。①

① 参见张韬略、蒋瑶瑶:《专利侵权禁令范围之确定与德国经验的借鉴——兼评苹果公司对福州中院禁令的履行》,载《知识产权》2019年第7期。

四、行为保全错误

(一)行为保全错误的认定

《行为保全规定》第16条规定,有下列情形之一的,应当认定属于《民事诉讼法》第105条规定的"申请有错误":(1)申请人在采取行为保全措施后30日内不依法提起诉讼或者申请仲裁;(2)行为保全措施因请求保护的知识产权被宣告无效等原因自始不当;(3)申请责令被申请人停止侵害知识产权或者不正当竞争,但生效裁判认定不构成侵权或者不正当竞争;(4)其他属于申请有错误的情形。

行为保全作为一种特殊的救济手段,且对被申请人的权利义务影响巨大,如果申请错误对被申请人造成的损失由被申请人自行承担对被申请人不公平,因此,申请行为保全有错误的,不论申请人有无过错,均应当赔偿被申请人因保全所遭受的损失。[①] 根据上述规定可知,在认定"申请有错误"时采用的是"结果论",行为保全措施采取之后,只要申请人的诉求没有得到支持,即认定为"申请错误",即行为保全错误采用的是严格责任原则,与申请人在申请行为保全时是否尽到了谨慎的注意义务,主观上是否存在过错没有关系。即便是申请人尽到了足够的注意义务,也应当承担损害赔偿责任。

之所以采取严格归责原则,主要是基于以下考虑:第一,国际公约对于知识产权执法中的临时措施也采取严格责任。TRIPs协议第50条之七规定:"如果临时措施被撤销,或如果因申请人的任何行为或疏忽失效,或如果事后发现始终不存在对知识产权的侵犯或侵权威胁,则根据被告请求,司法当局应有权责令申请人就有关的临时措施给被告造成的任何损害向被告提供适当赔偿。"第二,保全程序作为普通救济程序的补充,要求及时作出判断,本身具有一定的判断失误的风险,申请人作为保全措施的发动者和受益人,应当对因此而给被申请人造成的损失承担赔偿责任。让申请人承担严格责任,有助于申请人在发动保全程序时慎重行事,减少由于滥诉而给他人造成的损害,亦符合通常理解的公平观念。司法实践中已经有生效裁判明确了申请人最终败诉是申请有错误

① 参见宋鱼水、杜长辉、冯刚、蒋利玮:《知识产权行为保全制度研究》,载《知识产权》2014年第11期。

的认定标准之一。第三，从境外经验看，临时禁令被认定错误的情形通常亦不以主观过错为要件。例如，请求保护的专利权被宣告无效，请求保护的专利权存在权属纠纷并被认定不属于原告所有，请求保护的专利权有效但被告的行为并不构成侵权等，并不考虑过错。第四，行为保全与财产保全的性质有根本区别。行为保全在很大程度上相当于生效裁判的提前强制执行，是申请人权利的提前救济，如果申请人的请求未得到生效裁判的支持，则意味着申请行为保全存在错误；而财产保全仅仅是履行生效裁判的保障。相对于财产保全，行为保全对被申请人利益影响重大，故行为保全申请有错误应当采用客观归责原则，不宜采用财产保全申请有错误的认定中适用的过错归责原则。①

司法实践中曾对于申请行为保全错误损害赔偿责任属于过错责任还是严格责任存在争议。一种观点认为，行为保全错误承担过错责任。

青岛太平货柜有限公司（以下简称太平公司）与中国国际海运集装箱（集团）股份有限公司（以下简称中集集团）、青岛中集集装箱制造有限公司（以下简称青岛中集）等因申请知识产权临时措施损害责任纠纷案②中，太平公司认为山东省高级人民法院的（2014）鲁民三终字第18号判决已确认太平公司制造的被诉产品没有侵害中集集团享有的涉案专利权，应认定中集集团、青岛中集申请有错误。中集集团、青岛中集认为，申请是否有错误应适用一般侵权责任过错原则，并援引了最高人民法院（2014）民申字第2172号和（2015）民申字第1147号民事裁定书中的有关认定支持其主张，即申请错误的认定应以申请人对出现保全错误存在故意或重大过失作为标准。这两份裁定均是针对诉前财产保全是否有错误的民事案件。一审法院认为，对于《专利法》规定的"申请有错误的"的理解，《专利法》及相关司法解释没有进一步的明确，司法实践中必须依据专利司法制度设立的基本原则结合个案进行具体分析，在鼓励发明创造、保护专利权人的合法权益和社会公众自由实施现有技术、分享科技进步成果之间寻求平衡。专利权诉前禁令制度建立的目的在于及时有效地保护专利权人的合法权益，防止不可弥补损失的出现。在涉及比较复杂的专利侵权案件尤其是涉及发明专利的案件中，专利权保护范围的确定、侵权比对判定在审判中也是比较困难的。司法实践中对于诉前禁令的实施，一般也是采取积极合理原则。

① 参见宋晓明、王闯、夏君丽、郎贵梅：《〈关于审查知识产权纠纷行为保全案件适用法律若干问题的规定〉的理解与适用》，载《人民司法》2019年第7期。

② 山东省高级人民法院民事判决书，（2017）鲁民终99号。

将“申请有错误”理解为严格责任,显然会加大专利权诉前禁令制度的不确定性,不利于实现立法目的。但同时也应看到,诉前禁令是一种较为严厉的行为保全措施,保全错误势必给被申请人造成重大损失。因此,对于专利权人也应确立更高的注意义务,以防止权利人滥用诉讼权利。最高人民法院在(2008)民申字第762号裁定中认为:“专利权人在行使权利时,特别是申请财产保全、停止有关行为等有可能给被申请人直接造成损害的措施时,要谨慎注意,充分估计其中的诉讼风险。本案中,许某有所拥有的涉案外观设计专利虽经两次宣告无效程序被维持,并且在另一专利侵权案件中获得胜诉,但是这并不等于该外观设计专利就不存在被宣告无效的可能性。许某有对此未尽注意义务,在没有最终确认被申请人侵犯其外观设计专利权的情况下,即申请采取财产保全、停止有关行为等给被申请人直接造成损害的措施,应当属于申请错误,构成侵权。”本案中,中集集团、青岛中集列举了一系列证据证明其尽到了合理注意义务。其主要意见包括:中集集团相对于太平公司的关联公司(以下简称胜狮集团)拥有更多的专利;中集集团与胜狮集团之间发生过多起专利侵权诉讼,基本都是中集集团胜诉或以胜狮集团认可侵权为条件和解;中集集团在提起诉前禁令申请前委托多家专利代理机构进行了侵权分析,并出具报告;在本案涉及的专利侵权诉讼中,一、二审判决的截然不同也反映了发明专利侵权认定的复杂性。一审法院认为,从当事人的举证情况和调阅相关卷宗的审查情况看,中集集团、青岛中集提起诉前禁令具有合理性,也尽到了一定的注意义务。但在诉前禁令的实施过程中和本案涉及的专利侵权诉讼中,并没有达到前述的更高的审慎注意义务的要求。主要表现在:(1)在诉前禁令复议和之后的专利侵权诉讼中,当发现构成专利权保护范围的技术方案中,相较于现有技术的区别特征与被诉技术特征存在字面不同时,没有合理预见、判读诉讼风险,进而采取必要措施控制可能给对方当事人造成的损失;(2)涉案专利系“具有特殊端孔的集装箱角件”,在被诉侵权产品即将装船出口的紧急情况下,申请采取扣押涉案30台53英尺集装箱的临时措施并无不当。但在扣押措施采取后,紧急情况已不存在。由于没有证据表明涉案专利是53英尺集装箱的标准必要专利,继续扣押涉案集装箱显然已经超出合理范围。中集集团、青岛中集未及时申请变更扣押措施的行为,亦不符合更高的审慎注意义务的要求,放任了可能存在的损失扩大结果的发生。因此,中集集团、青岛中集主张尽到了充分合理的注意义务,不存在主观过错,故不应承担赔偿责任的抗辩理由,一审法院不予支持。

另一种观点认为,行为保全错误采用无过错责任。例如,在许某有案中,江苏省高级人民法院二审认为，[①]专利的稳定性具有一定的相对性，一项有效的专利权随时都存在被宣告无效的可能。作为专利权人，许某有对此应当是明知的。法律规定申请人在申请财产保全和先行责令被告立即停止侵犯专利权的同时应当提供相应的担保。据此，对其申请财产保全和先行责令被告立即停止侵犯专利权的风险，申请人也应当是明知的。许某有关于其申请没有过错因而不应承担相应赔偿责任的主张没有法律依据，法院不予支持。

在深圳市联创科技集团有限公司（以下简称联创公司）与佛山市禅城区基宏车辆配件有限公司申请临时措施损害赔偿纠纷案[②]中，联创公司认为，其申请临时措施是法律赋予的权利，涉讼专利权现在仍然有效，并不存在过错。广东省高级人民法院认为，由于诉前禁令的特殊性，法院根据申请人的申请采取的临时措施既可能与判决结果相符，也可能与判决结果相悖，正是由于法律充分地考虑到了这一风险，所以要求申请人提供担保，这就意味着申请人对该风险是知悉且接受的。申请临时措施的错误，既包括因申请人的专利权被确认无效的情况，也包括申请人起诉后的诉讼请求最终未能得到人民法院生效判决支持的情况，而申请人是否存在主观恶意并不是考察是否申请错误的必要因素。联创公司虽然被法院准许并下达裁定，其诉讼请求也被一审判决予以支持，但被二审法院全部驳回，据此应当认定联创公司的行为属于申请错误。联创公司认为，其申请行为保全并未造成被申请人任何损失。广东省高级人民法院认为，先行责令被告立即停止侵犯专利权是在认定侵权成立的判决作出之前对被申请人的权利采取的限制措施，必然会给被申请人造成一定的损失。联创公司申请错误造成被申请人损失，这种损失既包括实际损失，还包括其预期利益的损失。对于该损失审计报告作出了相应鉴定结论。经审查，该鉴定结论在形式上、程序上以及所采纳的材料和依据均符合法律规定，联创公司也未举出相应的证据推翻该鉴定结论，二审法院对该鉴定结论予以采信并无不当。

（二）行为保全错误与《专利法》第 47 条的关系

我国《专利法》第 47 条第 2 款规定，宣告专利权无效的决定，对在宣告专利权无效前人民法院作出并已执行的专利侵权的判决、调解书，已经履行或者强制执行的专利侵权纠纷处理决定，以及已经履行的专利实施许可合同和专利权

① 江苏省高级人民法院民事判决书，(2008)苏民三终字第 0071 号。
② 广东省高级人民法院民事裁定书，(2012)粤高法民一申字第 3729 号。

转让合同,不具有追溯力。但是因专利权人的恶意给他人造成的损失,应当给予赔偿。

该款中“宣告专利权无效的决定”,其宣告专利权无效的时间点应以无效宣告请求审查决定的决定日(作出日)为准。[①] 该款中“已执行”“已经履行或者强制执行”的法律文书或者合同,在该法律文书或者合同的执行或者履行内容具有可分性或者阶段性时,不仅包括已经全部执行或者履行的法律文书或者合同,还包括已经执行或者履行的法律文书或者合同部分,该款中“专利权人的恶意”,是指专利权人明知其专利技术不具备专利性而取得专利权或者明知其专利权已经被宣告无效等情况,依然向他人主张权利。[②]

该条款的立法目的在于实现公平与秩序的协调和平衡。一方面,赋予专利无效宣告请求审查决定对专利权被宣告无效后尚未执行或者履行完毕的专利侵权判决、调解书、专利侵权纠纷处理决定、专利实施许可合同、专利权转让合同等以追溯力,保障被指控的专利侵权人、专利被许可人以及被转让人的正当利益,防止专利权人借无效专利获得不当利益。另一方面,对于已经执行或者履行完毕的专利侵权判决、调解书、专利侵权纠纷处理决定、专利实施许可合同、专利权转让合同,专利无效宣告审查请求决定没有追溯力,维持已经形成并稳定化的社会秩序。由于宣告无效的专利权视为自始即不存在,以该专利权为基础的专利侵权判决、调解书、专利侵权纠纷处理决定、专利实施许可合同、专利权转让合同等所确定的利益本不应由专利权人获得。因此,《专利法》第 47 条第 2 款的规定以专利无效宣告请求审查决定有追溯力为原则,以无追溯力为例外。[③]

该条规定了无效决定“对在宣告专利权无效前人民法院作出并已执行的专利侵权的判决、调解书”没有溯及力,但是,2008 年修改的《专利法》删除了原规定中的“裁定”,[④]这也表明,对于行为保全(裁定)措施采取之后,因专利权被宣告无效,此时的无效宣告决定对专利权有效期间法院颁布的行为保全裁定是具

① 最高人民法院民事判决书,(2012)民提字第 110 号。

② 最高人民法院民事判决书,(2021)最高法知民终 1986 号。

③ 最高人民法院民事判决书,(2012)民提字第 110 号。

④ 最高人民法院指出,《专利法》第 47 条第 2 款规定:“宣告专利权无效的决定,对在宣告专利权无效前人民法院作出并已执行的专利侵权的判决、裁定……不具有追溯力。”显然,本款所说的“裁定”是指涉及专利侵权的裁定,即人民法院对于相关的专利侵权案件经过审理后作出认定侵权成立的生效裁判的,就该案作出并已执行的裁定,不包括裁判认定不构成专利侵权所涉及的有关裁定。最高人民法院民事裁定书,(2008)民申字第 762 号。

有溯及力的,被申请人可以据此请求损害赔偿。但是,最高人民法院的观点对此区分了两种情形:在法院依申请采取了责令停止侵害专利权的行为保全措施的情况下,如果涉案专利权在案件实体裁判前被宣告无效,案件实体裁判最终判定不构成侵权,则根据《行为保全规定》第16条第2项或者第3项,均属于申请有错误;如果涉案专利权在案件实体裁判后被宣告无效,且案件实体裁判最终判定侵权成立并且已经执行,宣告专利权无效的决定对案件实体裁判不具有溯及力,已经采取的责令停止侵害专利权的行为保全措施被判定侵权成立的案件实体裁判所吸收,不属于申请有错误。[①]

笔者认为,《专利法》第47条第2款规定不符合公平原则,司法判决保护的应当是合法权利,一旦发现司法保护的权利是不存在的,司法应当予以及时纠正,而不应当为了维护司法的既判力而不予以纠正。例如,华电莱州发电有限公司(以下简称华电莱州公司)与深圳市博众节能工程技术有限公司(以下简称博众公司)不当得利纠纷一案[②]中,深圳市中级人民法院认为,本案系不当得利纠纷,根据《民法总则》第122条[③]之规定,因他人没有法律根据,取得不当利益,受损失的人有权请求其返还不当利益。本案中,华电莱州公司支付给博众公司的62万元系其主动支付,其本质系双方之间存在侵害实用新型专利权纠纷。根据《专利法》第47条第2款"……对在宣告专利权无效前人民法院作出并已执行的专利侵权的判决、调解书,已经履行或者强制执行的专利侵权纠纷处理决定,以及已经履行的专利实施许可合同和专利权转让合同,不具有追溯力……"的规定,该款所称的判决、调解书,应为具有法律效力的裁判文书。而本案中,山东省高级人民法院于2019年7月10日作出(2019)鲁民再468号民事裁定书,撤销了山东省高级人民法院(2017)鲁民终1290号民事判决和山东省济南市中级人民法院(2017)鲁01民初148号民事判决,并驳回博众公司的起诉。故博众公司获得的62万元所依据的民事判决已经被撤销,博众公司继续持有华电莱州公司该62万元款项无事由,属不当得利,应予返还。笔者认为,《专利法》第47条第2款规定对于专利制度的正常运行没有起到积极作用。

我国《专利法》第47条第3款规定,依照前款规定不返还专利侵权赔偿金、专利使用费、专利权转让费,明显违反公平原则的,应当全部或者部分返还。当

---

① 参见宋晓明、王闯、夏君丽、郎贵梅:《〈关于审查知识产权纠纷行为保全案件适用法律若干问题的规定〉的理解与适用》,载《人民司法》2019年第7期。

② 广东省深圳市中级人民法院民事判决书,(2020)粤03民终19037号。

③ 现为《民法典》第122条。

专利被宣告无效之日前已支付的专利侵权赔偿金、专利使用费、专利转让费与许可使用费总金额之比，明显高于专利被宣告无效之日前实际使用专利技术的期间与整个许可使用期限之比的，则属于该款中“明显违反公平原则”。[①]

在一起专利权宣告无效后返还费用纠纷案中[②]，因涉案调解书是对双方当事人在侵害发明专利权纠纷案中自愿协商达成的和解协议的确认，许可费用金额亦略低于涉案专利的其他侵权纠纷案判决的金额，且柳州市柳南区浩千塑料制品厂（以下简称浩千厂）也未能举证证明该金额明显超出正常范围。同时，涉案调解书是在专利侵权纠纷案中达成的以专利许可使用为形式的和解协议，浩千厂在涉案专利被宣告无效之日前已支付的 12 万元与许可使用费总金额 22 万元之比，相对于浩千厂在涉案专利被宣告无效之日前已实际使用涉案专利技术的期间与涉案调解书约定的许可使用期限之比，尚属合理，不存在显失公平之情形。因此，最高人民法院没有支持要求返还许可费的请求。宣告专利权无效前已经支付的专利许可使用费与许可使用费总额之比，明显高于专利权被宣告无效前的许可期间与整个许可期限之比，当事人以不予返还明显违反公平原则为由请求返还的，则才构成返还的情形，否则不应当予以返还。这种立法模式实际上仍是在保护专利权人。

五、双向行为保全

最高人民法院《关于审理涉电子商务平台知识产权民事案件的指导意见》第 9 条规定：因情况紧急，电子商务平台经营者不立即采取商品下架等措施将会使其合法利益受到难以弥补的损害的，知识产权权利人可以依据《民事诉讼法》第 100 条、第 101 条的规定，向人民法院申请采取保全措施。

因情况紧急，电子商务平台经营者不立即恢复商品链接、通知人不立即撤回通知或者停止发送通知等行为将会使其合法利益受到难以弥补的损害的，平台内经营者可以依据前款所述法律规定，向人民法院申请采取保全措施。

知识产权权利人、平台内经营者的申请符合法律规定的，人民法院应当依法予以支持。

该规定不但赋予了权利人申请行为保全的权利，同时赋予了被诉侵权一方

① 最高人民法院民事判决书，(2021)最高法知民终 1986 号。
② 最高人民法院民事判决书，(2021)最高法知民终 1986 号。

提出禁止适用禁令的权利，因此被称为“双向保全行为”。这一规定对于保障民事主体的合法权益具有重要意义。特别是在网络交易平台，平台对于权利人提出的断开链接的申请的审核能力有限，特别是对于侵权是否成立的判断，几乎是不可能的。例如，浙江省高级人民法院认为，[①]浙江天猫网络有限公司（以下简称天猫公司）作为电子商务网络服务平台的提供者，基于其公司对于发明专利侵权判断的主观能力、侵权投诉胜诉概率以及利益平衡等因素的考量，并不必然要求天猫公司在接受投诉后对被投诉商品立即采取删除和屏蔽措施，对被诉商品采取的必要措施应当秉承审慎、合理原则，以免损害被投诉人的合法权益。但是，平台方为了规避法律赋予自己的义务，在初步审核后通常都会采取断开链接的措施。[②] 事实上，这一断开行为相当于侵权诉讼的禁令，而且是“超级禁令”，因为权利人侵权诉讼中申请禁令要满足法律设置的条件，而且法院要逐一对权利人的申请是否符合法律规定的条件进行严格的审查。只有在满足法律规定的条件的情况下，法院才有可能颁发禁令。然而，对于网络平台的涉嫌侵权一方，平台仅仅进行相应的形式审查即可断开链接，法院在颁发禁令后还涉及执行的问题，而平台不仅是禁令申请的审查者，也是执行者，其效率远远超过了法院禁令的效率。在目前我国创新水平有限的情况下，存在大量恶意申

---

① 浙江省高级人民法院民事判决书，(2015)浙知终字第186号。

② 对此有规定的，除最高人民法院的指导意见外，还有《民法典》和《电子商务法》。其中，《民法典》第1195条规定：“网络用户利用网络服务实施侵权行为的，权利人有权通知网络服务提供者采取删除、屏蔽、断开链接等必要措施。通知应当包括构成侵权的初步证据及权利人的真实身份信息。网络服务提供者接到通知后，应当及时将该通知转送相关网络用户，并根据构成侵权的初步证据和服务类型采取必要措施；未及时采取必要措施的，对损害的扩大部分与该网络用户承担连带责任。权利人因错误通知造成网络用户或者网络服务提供者损害的，应当承担侵权责任。法律另有规定的，依照其规定。”第1196条规定：“网络用户接到转送的通知后，可以向网络服务提供者提交不存在侵权行为的声明。声明应当包括不存在侵权行为的初步证据及网络用户的真实身份信息。网络服务提供者接到声明后，应当将该声明转送发出通知的权利人，并告知其可以向有关部门投诉或者向人民法院提起诉讼。网络服务提供者在转送声明到达权利人后的合理期限内，未收到权利人已经投诉或者提起诉讼通知的，应当及时终止所采取的措施。”《电子商务法》第42条规定：“知识产权权利人认为其知识产权受到侵害的，有权通知电子商务平台经营者采取删除、屏蔽、断开链接、终止交易和服务等必要措施。通知应当包括构成侵权的初步证据。电子商务平台经营者接到通知后，应当及时采取必要措施，并将该通知转送平台内经营者；未及时采取必要措施的，对损害的扩大部分与平台内经营者承担连带责任。因通知错误造成平台内经营者损害的，依法承担民事责任。恶意发出错误通知，造成平台内经营者损失的，加倍承担赔偿责任。”第43条规定：“平台内经营者接到转送的通知后，可以向电子商务平台经营者提交不存在侵权行为的声明。声明应当包括不存在侵权行为的初步证据。电子商务平台经营者接到声明后，应当将该声明转送发出通知的知识产权权利人，并告知其可以向有关主管部门投诉或者向人民法院起诉。电子商务平台经营者在转送声明到达知识产权权利人后十五日内，未收到权利人已经投诉或者起诉通知的，应当及时终止所采取的措施。”

请、恶意投诉的情形,即便是正常申请,也存在大量专利权被宣告无效的情形,在这一大背景下,平台形式审查后断开链接的做法势必损害涉嫌侵权一方的利益,因此,应当给予其救济途径,维护正常的交易秩序,以免个别权利人利用知识产权存在的审查有限性的特点,损害他人的合法权益。

"双向行为保全"规定的出台对于维护正常的市场交易秩序具有重要意义。为此,浙江省高级人民法院《涉电商平台知识产权案件审理指南》第36条也规定,被通知人可以向人民法院申请诉前或诉中行为保全,请求法院责令通知人撤回通知或者禁止通知人继续发出通知。

在通知人提起的知识产权侵权诉讼中,被通知人也可以申请诉中行为保全。例如,在丁某梅与郑州曳头网络科技有限公司(以下简称曳头公司)、天猫公司侵害外观设计专利权纠纷案①中,曳头公司向法院提出申请,请求裁定先予恢复被诉侵权产品在天猫公司所经营的天猫网购平台上的销售链接。由于丁某梅的投诉,天猫公司于2019年4月8日删除了被诉侵权产品的销售链接。被诉侵权产品为蚊帐,系夏季季节性产品,目前处于销售旺季。在销售链接被删除之前,该产品已经做到同类产品第一名的位置,即将到来的"6·18"活动是继"双11"之后的第二个大型销售推广活动,删除销售链接严重影响曳头公司的销售。且本案审理程序的终结将持续很长一段时间。这将对曳头公司的生产经营活动造成难以弥补的损失。因此,为了避免造成难以弥补的损失,曳头公司申请法院裁定要求天猫公司先予恢复被诉侵权产品在其所经营的天猫网购平台上的全部销售链接。

南京市中级人民法院认为,首先,天猫公司对丁某梅的投诉依规依法进行了处理。天猫公司接到丁某梅的投诉后,天猫公司一方面听取了投诉商家和被投诉商家的意见;另一方面又由其关联公司委托第三方对侵权行为能否成立进行评判,并认为被诉侵权行为不成立,故未对销售链接采取删除等措施。丁某梅在提起本案诉讼后,再次投诉,坚持认为天猫公司应当采取删除链接等必要措施。天猫公司遂采取了删除销售链接之措施。其次,曳头公司制造、销售被诉侵权产品构成侵权的可能性较小。根据当事人举证、质证及侵权比对的情况,并结合丁某梅另一项"便携式婴幼儿折叠蚊帐"实用新型专利已被宣告无效等事实,本院初步认为构成侵权的可能性较小。再次,不恢复销售链接可能给

① 江苏省南京市中级人民法院民事裁定书,(2019)苏01民初687号。类案有最高人民法院民事裁定书,(2020)最高法知民终993号。

曳头公司造成难以弥补的损失。被诉侵权产品的销售很大程度上依赖于商誉和口碑的积累以及时机的把握。被诉侵权产品的销售具有较强的季节性,且构成侵权的可能性较小。因此,若不及时恢复被删除的销售链接可能造成曳头公司及其被诉侵权产品所积累的商誉和口碑的持续消减和损失,以及交易机会的丧失,可能造成难以弥补的损失。最后,曳头公司提供了一定的担保。被诉侵权产品的销售具有较强的季节性,曳头公司根据被诉侵权产品之前每月销售额的适当倍数乘以恢复链接后大概的销售月份计算出一个数额,据此提供了现金担保,并保证若被认定侵权成立所可能承担的赔偿责任能够得到实现。天猫公司亦承诺可以及时提供恢复链接后被诉侵权产品的所有销售记录,以供计算赔偿等之用。法院据此作出了要求天猫公司立即恢复曳头公司涉案被诉侵权产品“遮光‘U’形蚊帐”和“升级‘U’形蚊帐”在天猫网购平台上的销售链接的裁定。

季节性产品、节日性销售对于法院颁发禁令具有重大影响,如上述案件中的“蚊帐”,在中秋节销售的“月饼”等,在节日或季节到来前,禁令的颁发与否对于当事人确实会产生不可弥补的损失,因此,“双向行为保全”制度在一定程度上可以缓解电商领域的“超级禁令”给商家带来的不利影响。

第十五章

专利侵权纠纷引发的恶意诉讼的认定规则

知识产权属于私权，专利权是知识产权的一种。凡权利皆应受到限制，无不受限制的权利。[①] 我国《民法典》第132条规定，民事主体不得滥用民事权利损害国家利益、社会公共利益或者他人合法权益。[②] 滥用权利，包括滥用诉权，并不是专利权领域所独有的现象。滥用诉权，同样存在于人身权和物权等其他民事权利领域中。对于专利权，国际社会早已意识到专利权滥用的可能性，并且建立了一些防范性制度，如强制许可和对于许可合同的限制。[③] 实践中，恶意诉讼通常包括对程序性权利和实体性权利的滥用，本章主要讨论基于专利权引发的实体权利滥用，即所谓的恶意提起专利权侵权诉讼。

一、恶意提起专利权侵权诉讼概念界定

2011年，我国《民事案件案由规定》[④]中专门增加"因恶意提起知识产权诉讼损害责任纠纷"这一案由，可见此类案件在实践中颇具广泛性。关于何为"恶意诉讼"虽然没有统一的定义，但是理论界和司法实务中对"恶意诉讼"的概念和构成要件基本形成了一致的认识。关于恶意诉讼的概念，学者对此都发表过

---

① 参见王泽鉴：《民法总则》，北京大学出版社2009年版，第521页。

② 最高人民法院《关于适用〈民法典〉总则编若干问题的解释》第3条规定，对于《民法典》第132条所称的滥用民事权利，人民法院可以根据权利行使的对象、目的、时间、方式、造成当事人之间利益失衡的程度等因素作出认定。行为人以损害国家利益、社会公共利益、他人合法权益为主要目的行使民事权利的，人民法院应当认定构成滥用民事权利。构成滥用民事权利的，人民法院应当认定该滥用行为不发生相应的法律效力。滥用民事权利造成损害的，依照民法典第七编等有关规定处理。

③ 参见李明德：《"知识产权滥用"是一个模糊命题》，载《电子知识产权》2007年第10期。

④ 2011年2月18日最高人民法院《关于修改〈民事案件案由规定〉的决定》（法〔2011〕41号）。

自己的观点。例如，王利明教授认为："故意以他人受到损害为目的，无事实根据和正当理由而提起民事诉讼，致使相对人在诉讼中遭受损失的，应当承担民事责任。"杨立新教授认为恶意诉讼是指："故意以他人受到侵害为目的，无事实根据和正当理由而提起民事诉讼，致使对方遭受损失的行为。"汤维建教授认为："恶意诉讼是指当事人故意提起一个在事实上和法律上无根据之诉，从而为自己谋取不正当利益的诉讼行为。"

司法实践中对恶意诉讼的概念也做了界定。例如，最高人民法院民三庭《关于恶意诉讼问题的研究报告》（2004 年）中将恶意诉讼认定为"一般指故意以他人受到损害为目的，无事实根据和正当理由而提起民事诉讼，致使相对人在诉讼中遭受损失的行为"。北京知识产权法院认为，所谓恶意诉讼，通常是指当事人以获取非法或不正当利益为目的而故意提起一个在事实上和法律上无根据之诉，并致使相对人在诉讼中遭受损失的行为。① 上海知识产权法院认为，所谓恶意诉讼，是指当事人以获取非法或不正当利益为目的而故意提起一个在事实上和法律上无根据之诉，并致使相对人在诉讼中遭受损失的行为。② 广东省深圳市中级人民法院认为，所谓恶意诉讼，通常是指当事人以获取非法或不正当利益为目的而故意提起的法律上和事实上无根据之诉，并致使相对人在诉讼中遭受损失的行为。③ 江苏省南京市中级人民法院认为，所谓恶意诉讼，通常是指当事人以获取非法或不正当利益为目的而故意提起一个在事实上和法律上无根据之诉，并致使相对人在诉讼中遭受损失的行为。④ 山东省济南市中级人民法院认为，所谓恶意诉讼，通常是指行为人以获取非法或不正当利益为目的而故意提起在事实上和法律上无根据之诉，并致使相对人在诉讼中遭受损失的行为，要求行为人的主观过错必须是故意，是一种明显的恶意。⑤

司法实践中对恶意诉讼的构成要件也做了概括。例如，北京知识产权法院认为，认定某种具体的诉讼行为属于恶意提起知识产权诉讼，至少应当满足以下构成要件：（1）一方当事人以提起知识产权诉讼的方式提出了某项请求，或者以提出某项请求相威胁。（2）提出请求的一方当事人具有主观上的恶意。（3）具

---

① 北京知识产权法院民事判决书，(2015)京知民初字第 1446 号。
② 上海知识产权法院民事判决书，(2017))沪 73 民初 379 号。
③ 广东省深圳市中级人民法院民事判决书，(2017)粤 03 民初 632 号。
④ 江苏省南京市中级人民法院民事判决书，(2017)苏 01 民初 1368 号。
⑤ 山东省济南市中级人民法院民事判决书，(2017)鲁 01 民初 153 号。

有实际的损害后果。(4)提出请求的一方当事人提起知识产权诉讼的行为与损害后果之间具有因果关系。[①] 广东省高级人民法院认为,因恶意提起知识产权诉讼的行为应当由权利人具有主观恶意、权利人滥用诉权提起知识产权诉讼、在知识产权诉讼中造成对方当事人损失、权利人滥用诉权的行为与对方当事人的损失之间存在因果关系四个要件共同构成。[②] 浙江省宁波市中级人民法院认为,恶意提起知识产权诉讼损害责任的认定,应满足一方当事人提起了知识产权诉讼;提起诉讼的一方当事人主观上具有恶意;该诉讼行为给另一方当事人造成了实际的损害后果;该诉讼行为与损害后果之间具有因果关系的要件。[③] 上海知识产权法院认为,因恶意提起知识产权诉讼损害责任认定的构成要件包括:(1)一方当事人以提起知识产权诉讼的方式提出了某项请求,或者以提出某项请求相威胁;(2)提起诉讼请求的一方当事人主观上具有恶意;(3)该诉讼行为给另一方当事人造成了实际的损害后果;(4)提出诉讼请求的行为与损害后果之间具有因果关系。[④] 上海市高级人民法院认为,恶意诉讼的构成要件应当包括四个方面,即存在侵害行为、存在损害后果、侵害行为与损害后果之间存在因果关系、行为人主观上具有恶意。[⑤] 江苏省高级人民法院认为,判断是否构成恶意提起知识产权诉讼应重点考量如下要件:(1)行为人提起知识产权诉讼无事实或法律依据。常常表现为行为人没有知识产权权利或者行为人虽然享有形式上"合法"的知识产权权利,但因该知识产权权利系恶意取得等多种原因而不具有实质上的正当性。在恶意取得的情形下,一般而言是行为人在主观上明知或者应当知道其形式上"合法"的知识产权权利系建立在侵害他人合法权利的基础之上。(2)行为人提起诉讼主观上具有恶意。该主观恶意主要表现为:行为人提起知识产权诉讼时,明知其提起知识产权诉讼无事实或法律依据,且行为人提起知识产权诉讼是以损害他人合法权益或者意图使自己获取非法利益作为目的。(3)行为人恶意提起知识产权诉讼给他人造成了损失,且损失与行为人恶意提起知识产权诉讼具有因果关系。[⑥]

通过对上述判例的梳理可知,司法实践中法院对恶意诉讼的概念及构成要

① 北京知识产权法院民事判决书,(2015)京知民初字第1446号。
② 广东省高级人民法院民事判决书,(2013)粤高法民三终字第437号。
③ 浙江省宁波市中级人民法院民事判决书,(2018)浙02民初1156号。
④ 上海知识产权法院民事判决书,(2017)沪73民初379号。
⑤ 上海市高级人民法院民事判决书,(2019)沪民终139号。
⑥ 江苏省高级人民法院民事判决书,(2018)苏民终573号。

件已达成基本的共识。本部分主要是基于我国专利制度中专利权授权条件和程序的特殊性,讨论因专利侵权纠纷引发的恶意诉讼。笔者认为,在专利侵权纠纷中,"在事实上和法律上无根据之诉"主要是指权利人据以主张的专利权明显不符合《专利法》规定的授权条件。提起侵权诉讼的权利人或利害关系人明知或应知其主张的专利权不符合授权条件,而仍然或继续提起侵权诉讼的,则属于恶意诉讼。

实践中如何认定权利人主观上的"恶意",十分困难。为了更好地认识专利侵权诉讼领域中恶意诉讼的概念和构成要件,笔者对恶意诉讼的诸多案例进行了梳理,在梳理法院审理的因专利权侵权纠纷案件引发的恶意诉讼的案例后,笔者认为,权利人是否明知或应知其专利权不符合《专利法》规定的授权条件是认定权利人提起的专利权侵权诉讼是否构成恶意诉讼的关键。为此,在总结专利权权利基础与恶意诉讼关系的基础上,对司法实践中恶意诉讼的类型和认定进行总结,并借鉴域外经验,为制止恶意提起专利权侵权诉讼提供建议和意见。

二、专利侵权纠纷引发的恶意诉讼的认定标准

权利基础是提起专利权侵权诉讼的根基,也是权利人主张停止侵权、赔偿损失的前提。如果权利人明知其主张的专利权不符合授权条件,仍然提起诉讼的,应当认定为恶意诉讼。在专利权侵权纠纷引发的恶意诉讼中,专利权人是否明知或应知其据以主张的权利基础存在不应当被授予专利权的条件,就成为认定是否构成恶意诉讼的关键。《民法典》第 1165 条第 1 款规定,行为人因过错侵害他人民事权益造成损害的,应当承担侵权责任。笔者认为对于因恶意诉讼导致的侵权行为,也应当按照《民法典》的规定来判断。

既然法律赋予民事主体相应的权利,既包括物权、债权、人格权等实体性权利,也包括诉讼等程序性权利,那么,权利人行使法律赋予的权利就天然的具有正当性,而民事诉讼又是彰显权利、保障权利的重要途径,所以,从权利行使本身很难发现权利人是否存在恶意。如果没有权利基础,即便专利权人提出了专利侵权诉讼或专利侵权纠纷行政处理请求,其请求事项也不会被行政机关或司法机关所接受。但是,需要强调的是,不能简单以诉讼结果来推定专利权人在起诉时具有恶意。因为诉讼的价值本身就在于定分止争,是一方依据一定的事实并根据自己单方的认知,对不确定性事实借助司法手段来评判的过程。所以,不能要求行使权利的人以结果来证明其行使权利的正当性。如果虚构权利

基础提起诉讼,则可能构成虚假诉讼,不在本书讨论的范围。

知识产权恶意诉讼在可归责的意思状态方面相较于一般侵权纠纷中的过错认定应当有更为严格的标准,即恶意,而不应当包含过失,以防损害到正当行使诉权的当事人的合法权益,而抑制其依法行使诉权的积极性。上海知识产权法院认为,①在因恶意提起知识产权诉讼损害责任纠纷案件中对过错的认定应当严格把握,恶意仅包括直接故意,而不包括过失。当事人是否具有恶意的关键在于是否明知自己的诉讼请求缺乏事实和法律依据,是否具有侵害对方合法权益的不正当诉讼目的。认定专利权恶意诉讼的难点在于确定权利人行使权利时存在恶意的标准。权利人不能因为知识产权的无形性特征就滥用这一权利。反而恰恰是无形性的这一特征,使恶意诉讼行为在知识产权领域频发。专利权属于知识产权的一种,除了具备无形性特征以外,还具有不确定性的特点。正是因为权利存在不确定性,更加要求权利人在行使权利时需要尽到更高的注意义务,更不应当随意主张权利。例如,在专利权侵权诉讼中,主张其权利受到侵害的权利人,对其享有的专利权是否符合《专利法》规定的授权条件应当尽到审慎的注意和审查义务。如果发现自己主张的专利权已经被自己以专利文献的形式公开,或者将本领域的普通技术人员知悉的公知技术或自己通过专利权公开的技术方案作为权利基础,仍然提起专利侵权诉讼的,显然没有尽到足够的注意义务,在主观上具有重大过失。

笔者认为,法律对现有技术/设计的公开有明确的定义,专利申请人在明知或应知专利申请的技术方案被公开的情况下,仍然申请专利并在获得授权后起诉他人的,可以认定权利人提起专利权侵权诉讼在主观上具有"恶意"。滥用问题专利的主观要件应采客观学说,即明知或应知其专利权存在重大瑕疵。② 首先,《专利法》第22条第5款明确规定,本法所称现有技术,是指申请日以前在国内外为公众所知的技术。现有技术公开方式包括出版物公开、使用公开和以其他方式公开三种,均无地域限制。③ 这是专利权本身应具有的基本属性,也是权利人应当知晓的最基本的事实,这就如同权利人对自己享有的物权的基本属性包括大小、价值等有常识性了解一样,专利权人对自己拥有的专利权也同样应当具有常识性了解。权利人所主张的专利权如果正是权利人通过其在先的

---

① 上海知识产权法院民事判决书,(2020)沪73民终511号。

② 参见朱理:《滥用问题专利的司法规制》,载《电子知识产权》2008年第11期。

③ 国家知识产权局《专利审查指南》第二部分第三章第2.1.2节。

专利文件公开的技术信息,或者使用公开(销售产品所公开)的技术信息,这说明权利人在专利权侵权诉讼中所主张的专利权,系以法律规定的方式公开了的技术信息,此时可以认定权利人主观上存在“恶意”。其次,知识产权是人们就某些智力活动成果所享有的权利,①其中专利权包含的技术问题尤为复杂,这使得专利权人对权利基础是否存在、是否符合授权条件的判断更加困难。笔者认为,确定专利权人是否具有权利基础是一个复杂的过程,因此,权利人在行使权利时应当具有更高的注意义务,对专利权的属性具有基本的判断。这并不是在苛求专利权人在诉讼之初就完全无误地确定,而是要求权利人对权利基础和现有技术/设计有常识性了解。如果没有尽到这一基本的注意义务,也说明专利权人提起专利权侵权诉讼时主观上具有“恶意”。

实践中,专利侵权纠纷被认定为恶意诉讼的情形越来越多。例如,将在无效过程中放弃的权利要求作为权利基础提起诉讼的、②将行业标准申请为专利并提起侵权诉讼的、将他人已经公开的技术/设计申请专利并在获得授权后提起诉讼的,等等。所以,笔者认为,有必要通过类案的分析来总结认定构成恶意诉讼的规律和考量因素。

(一)专利权无效结果不是认定构成恶意诉讼的前提

行使法律给予的诉权或防御性权利是合法的,其合法性不能与诉讼的成功

① 参见李明德:《知识产权法》(第2版),法律出版社第2014年版,第1页。

② 北京知识产权法院民事判决书,(2015)京知民初字第1446号。2015年4月,北京四方如钢混凝土制品有限公司(以下简称四方如钢公司)以北京远东水泥制品有限公司(以下简称远东水泥公司)侵犯其ZL03105335.1号发明专利为由,向法院提起专利侵权诉讼。后涉案专利被国家知识产权局宣告部分无效。远东水泥公司认为,四方如钢公司明知其在上述无效宣告程序中已经将全部方法权利要求删除的情况下,仍然在本案中主张原告侵犯了其方法权利要求,遂提起因恶意提起知识产权诉讼损害责任纠纷诉讼。北京知识产权法院认为,在专利侵权诉讼案件中,因《专利法》规定有无效宣告请求审查程序,且专利权人可以在此程序中对其专利权利要求书进行权利要求的删除、合并和技术方案的删除,可见,专利的权利基础本身可能并不稳固,专利权的保护范围也可能发生变化,因此判定是否构成恶意提起专利侵权诉讼,应在考虑专利权本身的复杂特性的情况下,结合专利权人在无效宣告程序中的具体行为及其后续提起专利侵权诉讼的行为特点进行综合考虑。本案中,从四方如钢公司的行为表现来看,四方如钢公司在无效宣告程序中主动放弃了涉案专利中的方法权利要求,又就此向远东水泥公司主张方法专利侵权,缺乏基本的事实依据和权利基础;四方如钢公司在无效宣告程序中对涉案专利中的产品权利要求进行了主动的删除、合并后又在专利侵权案件中依据修改前的产品权利要求向远东水泥公司提起侵权诉讼,实际上意味着四方如钢公司就其已经放弃的部分产品权利要求向远东水泥公司主张权利,显然缺乏权利依据。由此可见,四方如钢公司在主动放弃和修改涉案专利权利要求后,又基于此部分权利要求向远东水泥公司提起专利侵权诉讼,主观上明显具有恶意。

或失败联系起来。[①] 权利人正当行使民事权利的行为,即便客观上给他人带来了某种不利的影响,也不构成侵权行为。即使在竞争对手看来,权利人所主张的权利带有明显的瑕疵,他人也无权阻止,因为有关的知识产权是否具有瑕疵,包括是否真实有效,是一个通过法律程序解决的问题,而非竞争对手主观认定的问题。[②] 因此,可以肯定的是,实践中大多数专利权人提起专利权侵权诉讼都是依法行使法律赋予的权利,是合法维权行为,而非恶意诉讼。在判断恶意诉讼行为时,不应当考虑诉讼结果,不能将诉讼结果直接作为考虑是否构成恶意诉讼的因素。无论是否构成侵权或者专利权是否会被宣告无效,都不是权利人在起诉时可以预见的,提起诉讼的权利人也没有义务对诉讼的结果作出预判和保证。专利权人的诉讼请求是否被法院驳回或专利权是否被宣告无效,这些结果均不是认定提起专利权侵权诉讼是否构成恶意诉讼的判断标准。

1.“兴泰公司”案

宁波菲仕电机技术有限公司(以下简称菲仕公司)以宁波兴泰科技有限公司(以下简称兴泰公司)为被告,向宁波市中级人民法院提起三起专利侵权诉讼,所涉专利分别为:200720115092.3号实用新型专利、201020600176.8号实用新型专利、201110284136.6号发明专利。[③] 尔后,菲仕公司撤回对兴泰公司的起诉。2017年2月7日、2017年8月1日,兴泰公司分两次就201110284136.6号专利向国家知识产权局申请宣告无效,最终,国家知识产权局宣告201110284136.6号发明专利权部分无效(权利要求1~6、8无效,在权利要求7的基础上维持该专利有效)。[④] 兴泰公司遂以菲仕公司为被告,以菲仕公司将现有技术申请专利并在获得专利后对其提起侵权诉讼为由,提起因恶意提起知识

① 参见沈达明编著:《比较民事诉讼法初论》,中国法制出版社2002年版,第249页。

② 参见李明德:《“知识产权滥用”是一个模糊命题》,载《电子知识产权》2007年第10期。

③ 浙江省宁波市中级人民法院民事判决书,(2018)浙02民初1156号。

④ 2018年3月30日,国家知识产权局作出第35484号《无效宣告请求审查决定书》,宣告201110284136.6号发明专利权部分无效(权利要求1~6、8无效,在权利要求7的基础上维持该专利有效)。该决定书还载明如下内容:合议组经核实……上述发票能够证明宁波菲仕运动控制技术有限公司曾于2010年8月14日即本专利申请日前向宁波润壹贸易有限公司销售10台规格型号为U1007F20.3HKYR4b-T13的伺服电机并开具发票,并于2011年7月29日即本专利申请日前向宁波润壹贸易有限公司销售3台规格型号为U1007F.20.3R4HK1Mb1 – T15D的伺服电机并开具发票……请求人当庭提交了由公证处密封的型号为U1013F.17.3R4HK1Mb1 – T15D、序列号为205969的伺服电机以及型号为U1007F20.3HKYR4b-T13、序列号为68058的伺服电机……综上所述,权利要求1~6、8相对于序列号为205969的伺服电机不具备新颖性,权利要求7相对于序列号为205969的伺服电机或序列号为68058的伺服电机具备新颖性。

产权诉讼损害责任纠纷、因申请诉中财产保全损害责任纠纷之诉,请求判令菲仕公司赔偿因恶意提起发明专利诉讼而给兴泰公司带来的损失200万元。宁波市中级人民法院经审理,查明了以下事实:菲仕公司系宁波菲仕运动控制技术有限公司的股东……菲仕公司于2011年9月23日向国家知识产权局申请了名为“一种伺服电机的风冷装置”的发明专利,授权公告日为2013年1月23日,专利号为201110284136.6。2010年至2015年,宁波润壹贸易有限公司曾向宁波菲仕运动控制技术有限公司多次购买多种型号的伺服电机……宁波市中级人民法院认为,现有证据尚不能证明菲仕公司的起诉具有超出诉讼本身的其他目的或者存在明显不当、有违诚信的诉讼行为,通过诉讼程序争取利益,是民事主体的正当权利。

本案中,法院从两方面论证了无效结果与恶意诉讼的关系:首先,起诉之时权利人享有专利权,起诉行为具有事实和权利基础;其次,权利人及时撤诉,在诉讼程序上并未故意拖延或存在其他明显不当之处,现有证据尚不能证明权利人的起诉具有超出诉讼本身的其他目的或者存在明显不当、有违诚信的诉讼行为。由此得出权利人的起诉行为不属于以获取非法或不正当利益为目的而故意提起一个在事实上和法律上无根据之诉的情形,其当时的主观状态难谓恶意,不构成恶意诉讼。但是,笔者认为该案判决遗漏了应当审查的焦点问题,即没有对菲仕公司是否明知或应知涉案专利的技术是现有技术进行调查,特别是在涉案专利以使用公开为由被认定无效之后,法院没有对“宁波润壹贸易有限公司曾向宁波菲仕运动控制技术有限公司多次购买多种型号的伺服电机”这一事实进行深入调查和分析。诉讼结果与恶意诉讼没有直接的因果关系,这一点在实践中并不具有太大的争议。本案真正的争议焦点在于菲仕公司是否明知或应知其起诉行为缺乏权利基础,其是否基于一个不存在的权利基础提起诉讼,这或许才是兴泰公司提起本诉的根本原因。遗憾的是,法院并未评价这一关键问题。

2.“御缘酿酒厂”案

2016年6月,宿迁市洋河镇御缘酿酒厂(以下简称御缘酿酒厂)以201430003600.4号“酒盒(中国梦红色)”(以下简称涉案专利一)、201430004439.2号“酒盒(中国梦蓝色)”(以下简称涉案专利二)、201530280660.5号“酒瓶(中国梦蓝色)”(以下简称涉案专利三)三专利独占许可被许可人的身份,以宿迁市洋河镇天下秀酒业有限公司(以下简称天下秀公司)为被告向南京市中级人民法院提起(2016)苏01民初861、863号诉讼。[①] 2017年1月3日,国家知识产权局作出第31184号、第31096号无效宣告请求审查决定书,宣告涉案专利一、涉案专利三全部无效。后御缘酿酒厂撤回了对天下秀公司的起诉。天下秀公司以御缘酿酒厂为被告,提起了因恶意提起知识产权诉讼损害责任纠纷之诉,请求御缘酿酒厂赔偿因恶意提起专利诉讼给天下秀公司造成的损失30万元。本案经两审终审后,江苏省高级人民法院维持了南京市中级人民法院认为御缘酿酒厂不构成恶意诉讼的判决。

本案中,法院强调了准确判断外观设计专利权的稳定性,是非常复杂和专业的工作,只有专业人员才能胜任。就本案而言,无证据证明涉案专利一、三的权利人及御缘酿酒厂是此方面专业人士。因此,要求御缘酿酒厂在提起上述两案诉讼时,就能准确判断涉案专利一、二、三的稳定性,不免强人所难。况且,本案证据也难以证明御缘酿酒厂在起诉时有超出诉讼本身的其他不正当目的和明显不当或有违诚信之处。因此,认定御缘酿酒厂不构成恶意诉讼。二审江苏省高级人民法院认可了一审法院的观点,认为尽管涉案专利一、三在御缘酿酒厂提起前述两案后被国家知识产权局宣告专利无效,但从两份无效宣告请求审查决定书的内容看,涉案两专利被宣告无效的理由均系与现有设计特征的组合相比,在视觉效果上无明显区别,上述法律判断具有一定的专业性和复杂性。与此同时,涉案专利二目前仍处于有效法律状态,故御缘酿酒厂提起前述两案难以认定其主观上具有恶意。

笔者赞同南京市中级人民法院的观点,认为即便是没有经过实质审查的外观设计专利权和实用新型专利权,也是需要具备一定的专业技术才能对其稳定性作出判断的。在侵权诉讼中,专利权人没有故意隐瞒现有设计,或者将明知的现有设计申请专利并获得授权,专利权被宣告无效实属情理之外。专利权人通常不具有判断专利权是否稳定的专业能力,也不应承担准确判断涉案专利稳定性的注意义务,即便专利权在侵权诉讼中被宣告无效,也不能因此认定专利权人提起专利权侵权诉讼的行为具有恶意。

3.“多棱公司”案

2006年8月15日,福建多棱钢业集团有限公司(以下简称多棱公司)以永安市恒盛合金钢铸造有限公司(以下简称恒盛公司)生产钢砂的方法侵犯其“一种钢砂生产方法”发明专利权为由,向福州市中级人民法院提起诉讼,随后因该

---

① 江苏省高级人民法院民事判决书,(2018)苏民终573号。

专利被国家知识产权局宣告无效,申请撤诉。[①] 2007 年 5 月,多棱公司再次提起诉讼,并申请对恒盛公司采取证据保全及财产保全措施,后又申请撤诉。为此,恒盛公司以多棱公司为被告,提起了本案诉讼,请求被告多棱公司赔偿恒盛公司因应诉花费的各项费用 200,000 元和诉讼期间造成的经济损失 693,512 元。一审法院虽然认定多棱公司的行为不具有主观恶意,但是基于公平原则认为多棱公司应当对恒盛公司的损失予以补偿。二审法院判定多棱公司的系列诉讼行为均系依照《民事诉讼法》相关规定正当行使诉讼权利,主观上并不存在恶意,一审法院基于公平原则判决多棱公司支付 10 万元补偿金显属适用法律错误。

本案中,多棱公司对恒盛公司的诉讼行为虽然历经多次反复,但均与其据以主张权利的专利有效性发生变化有关。涉案发明专利的有效性发生多次变化,系专利行政机关和司法机关的评判存在不一致,并最终由司法机关通过生效判决对专利的有效性作出最终结论。这些情形的发生并不以多棱公司的意志为转移。另外,涉案的专利类型为发明专利,与实用新型、外观设计等专利类型不同,在授权时已经经过实质审查,权利状态相对稳定。而且也没有证据证明多棱公司在申请该发明专利或者提起专利侵权诉讼时明知其专利技术属于现有技术,或者存在其他明显的可能导致专利无法获得授权或无效的情形。

笔者认为,涉案专利系发明专利,权利人有理由相信其据以提起侵权之诉的权利基础是稳定的。当涉案专利的权利状态发生改变之后,权利人也及时撤回了其提起的侵权之诉,可以说明权利人并非"恶意"。本案中,涉案专利的权利基础的几经反复的状况并非以权利人的意志为转移的,不能认为权利人基于涉案专利有权状态下提起诉讼的行为属于"恶意"。专利是否会被宣告无效、被诉侵权产品是否真的侵权,都是需要经过有权机关判断的,并非权利人可以左右的。无论是专利侵权诉讼的结果还是专利权无效的结果,都不会对权利人提起侵权诉讼是否构成恶意诉讼产生影响。[②]

4."安博特公司"案

2009 年 6 月 8 日,浙江德安新技术发展有限公司(以下简称德安公司)以浙江安博特环保科技有限公司(以下简称安博特公司)侵害发明专利权为由向宁

---

① 福建省高级人民法院民事判决书,(2014)闽民终字第 236 号。

② 广东省高级人民法院民事判决书,(2006)粤高法民三终字第 309 号。

波市中级人民法院提起诉讼，并申请证据保全和财产保全。[①] 2011 年 1 月 7 日，德安公司以暂时撤回起诉，待相关行政诉讼有最终结果时再决定是否重新起诉为由向该院提出撤诉申请，该院于同年 1 月 10 日裁定准许德安公司撤回起诉。2009 年 11 月 16 日国家知识产权局作出第 14166 号审查决定，决定宣告涉案专利的权利要求 1 无效，在权利要求 2 ~ 4 的基础上维持该专利权有效。安博特公司以德安公司为达到搞垮竞争对手的恶意目的，实施恶意诉讼和诽谤，致其公司的形象和信誉遭受严重的负面影响和损害为由，于 2012 年 4 月 9 日向原审法院提起因恶意提起知识产权诉讼损害责任及商业诋毁纠纷之诉。最终法院认为无充分的证据证明德安公司存在商业诋毁的行为，德安公司也不构成恶意诉讼。

本案中，法院认为涉案专利权利要求 1 最终被宣告无效，但其权利要求 2 ~ 4 仍属有效，且德安公司并非该专利的原始权利人；在提起专利侵权诉讼时，其所依据的是经国家知识产权局合法授权的、有效的发明专利权；同时，德安公司在起诉时还提交了相关的司法鉴定文书和公证文书，用以初步证明安博特公司侵权行为的存在，且德安公司在确认专利无效的生效行政判决前撤回了对安博特公司的起诉。由此可见，德安公司对安博特公司提起的侵权诉讼符合我国《民事诉讼法》的起诉条件，其在起诉和诉讼过程中尽到了应有的审慎义务，涉案专利权利要求 1 最终被宣告无效并非德安公司所能预见，现有证据尚不足以认定德安公司具有侵害安博特公司合法权益的不正当诉讼目的。

值得一提的是，在该案中法院特别强调了“德安公司并非该专利的原始权利人”这一理由。笔者认为，这一理由值得商榷。专利权属于财产权，权利的转移应当包括与之对应的权利和义务的一并转移。如果权利存在重大瑕疵，受让人或利害关系人因行使权利造成相对人的损害，仍应当承担相应责任，不能因为其权利是继受取得而免除责任，起诉时的专利权人是否为原始权利人并不应该成为是否构成恶意诉讼的判断标准。在本案中，即便涉案专利申请人明知或应知涉案专利存在不应当被授予专利权的情形，而受让方德安公司对此并不知晓，仍应当认定德安公司没有尽到审慎的注意义务，应当承担相应责任。

综观上述案例，司法实践普遍认为只要权利人据以提起侵权诉讼时的权利基础是稳定的，那么即使在诉讼过程中涉案专利因为各种各样的原因被宣告全部无效或部分无效，也不会影响权利人的主观状态。换言之，只要权利人是依

---

① 浙江省高级人民法院民事判决书，(2013)浙知终字第 4 号。

据依法获得的、有效的专利权提起诉讼,主观上就不具有获取非法或不正当利益的目的。专利权人提起诉讼具有合法维权之目的是专利侵权诉讼通常特征,因此,专利侵权诉讼通常不会被认定为恶意诉讼。即便在诉讼过程中专利权被宣告无效,一般也不会影响权利人提起专利侵权诉讼的合法性和正当性。

(二)专利权评价报告不能作为认定“恶意”的证据

我国《专利法》第 61 条[①]第 2 款规定了专利权评价报告制度,即专利侵权纠纷涉及实用新型专利或者外观设计专利的,人民法院或者管理专利工作的部门可以要求专利权人或者利害关系人出具由国务院专利行政部门对相关实用新型或者外观设计进行检索、分析后作出的专利权评价报告,作为审理、处理专利侵权纠纷的证据。这是因为我国实用新型和外观设计专利未经过实质审查,只有初步审查,专利权相对不稳定。在遇到专利权纠纷时,还必须要辅之以专利权评价报告来对其稳定性给予评价。

但是对于专利权评价报告的结果,专利权人或利害关系人没有提起行政诉讼的权利,也就是说该评价报告在属性上仅仅属于证据,其结果对专利权的效力不产生任何影响,因此不能基于专利权评价报告来评价权利人起诉时的主观状态。

例如,在东莞市佳偶动漫科技有限公司(以下简称佳偶公司)案[②]中,孙某成是专利号为 201420712990.7、名称为“一种仿真的人物或动物造型的可活动模型”实用新型专利的专利权人。孙某成以涉案专利被佳偶公司、东莞市横沥泽昌华模具厂(以下简称泽昌华模具厂)侵害为由,先是向东莞市知识产权局提出行政查处请求,又撤回行政查处请求。其后,孙某成以佳偶公司、泽昌华模具厂为被告提起了专利侵权诉讼,最终又撤回了起诉。佳偶公司、泽昌华模具厂认为,在国家知识产权局出具的评价报告显示涉案专利缺乏创造性的情况下,孙某成仍然向法院提起诉讼纯属恶意,属于滥用起诉权利的行为,不但浪费司法资源,更令两原告遭受经济损失,声誉受损等,因此提起本诉。广州知识产权法院经审理后认定孙某成不构成恶意诉讼。

本案中,孙某成隐瞒了评价报告对涉案专利不利的评价,提起行政查处申请和专利侵权民事诉讼的行为并不构成恶意。孙某成在行使权利时,涉案专利

---

① 现行《专利法》第 66 条。

② 广州知识产权法院民事判决书,(2017)粤 73 民初 2021 号。

依法处于有效状态,因此其上述行为具有正当性。至于未提交对其不利的评价报告是否构成恶意,取决于该评价报告能否影响到该专利权的效力。至少在本案中,孙某成据以提起行政查处和侵权诉讼的权利基础是处于有效状态的,在涉案专利被宣告无效后,其也撤回了起诉,因此,不能依据撤诉的后果来推断孙某成在提起专利侵权诉讼时存在恶意。

与本案类似的案件中,[①]法院在评断专利权人是否具有过错时,并没有将权利人在起诉时隐瞒评价报告的行为认定为恶意,而是仅仅以涉案专利的权利状态来评断权利人的主观状态,即专利评价报告的用途本身就是作为审理、处理专利侵权纠纷的证据,专利权是否有效还是要经过相关权力机关的认定。

笔者认为,专利权是否有效,仍应以国务院专利行政部门的决定、登记和公告为准。不能因专利权人未提交对其不利的评价报告就此认定其存在恶意。实践中,即使专利权评价报告的结论是"未发现专利不应当授予专利权的情形",国家知识产权局仍可以根据新检索到的证据宣告专利权无效,反之亦然。所以,专利权评价报告的结论仅仅供法院或社会公众参考,并不会对权利本身的效力产生影响。如前所述,认定"恶意"的关键在于,专利权人明知或应知据以起诉的专利权不符合授权条件,而仍然提起专利权侵权诉讼。当然,如果专利权评价报告可以证明专利权人在主观上存在"恶意",则相应的主张也可能得到法院的支持。

(三)"恶意"的认定

1. 将技术标准中的技术方案申请专利并取得专利权

袁某中以专利权被侵害为由向法院提起了民事诉讼,被告为扬中市通发实业有限公司(以下简称通发公司)等。通发公司在答辩期内向国家知识产权局提出无效宣告请求,后涉案专利被宣告无效。随后,通发公司以袁某中为被告,提起损害赔偿之诉。[②] 南京市中级人民法院经审理后认为,袁某中将申请日前明确知悉的国家标准中的技术方案申请专利并取得专利权,又提起侵权之诉,其主观状态应当认为是缺乏诚实信用的,其申请并获得专利权的行为本身应当认定为是恶意申请。遂判决袁某中构成恶意诉讼,承担相应的法律责任。

本案中,袁某中自 1977 年以来,长期担任阀门厂的车间主任和厂长,其担

---

① 广州知识产权法院民事判决书,(2017)粤 73 民初 3551 号。

② 江苏省南京市中级人民法院民事判决书,(2003)宁民三初字第 188 号。

任厂长长达19年(1986~2005年)的吴江市高中压阀门厂的经营范围就包括了球阀的制造加工。《水暖用内螺纹连接阀门》(GB/T 8464—1998)国家标准批准于1998年,实施于1999年,虽然该国家标准是推荐性标准,但距袁某中申请涉案专利已有2年。作为阀门制造加工行业从业多年的专业人士,袁某中应当熟知相关球阀的国家标准。但袁某中却罔顾《专利法》的明确规定和早已公开的国家标准,在其技术方案不具备新颖性、创造性,并且没有改变用途的情况下,利用我国专利授权制度中对实用新型专利申请不进行实质审查的规定,将国家标准早已充分披露的技术方案申请专利。足以说明涉案专利的申请不符合《专利法》关于授予专利权的实质要件,袁某中恶意申请并获得专利授权,继而控告他人侵犯其专利权,将无辜的被告拖入诉讼旋涡,干扰其正常的生产经营活动。此等行为已严重背离专利制度设立的宗旨,侵害了他人合法权益,客观上给他人造成损害,构成恶意诉讼。

如果专利权人长期在自己专利所属领域内生产和经营,则可以推定其知晓该领域相关产品的技术标准,尤其是国家强制性标准、国家推荐性标准、行业标准等。[①] 本案是第一起被法院认定为恶意诉讼的案例,权利人将国家标准公开的技术方案申请专利并获得授权,说明其明知或应知其诉讼请求缺乏事实与法律依据,在此基础上提起专利侵权诉讼,其目的难谓正当,且在结果上干扰相对人正常的生产经营活动,并造成了相应的损害后果。本案具有极其典型的意义,对后来的恶意诉讼的审判产生了很大的影响。

2.将明知已经公开的产品申请专利并取得专利权

(1)"张某敏"案

张某敏是名称为"监控摄像机(S421C)"外观设计专利的专利权人,其因专利侵权纠纷向上海知识产权法院起诉深圳市乔安科技有限公司(以下简称乔安公司),上海知识产权法院认定乔安公司的产品不侵权,遂判决驳回张某敏的诉讼请求。[②] 在此期间,乔安公司向国家知识产权局提出无效宣告请求,后涉案专利被宣告全部无效。乔安公司以张某敏、上海凯聪电子科技有限公司(以下简称凯聪公司)为被告提起因恶意提起知识产权诉讼损害责任纠纷、因申请诉中财产保全损害责任纠纷之诉。上海知识产权法院、上海市高级人民法院经审理

① 参见朱理:《滥用问题专利的司法规制》,载《电子知识产权》2008年第11期。

② 上海市高级人民法院民事判决书,(2019)沪民终139号。类案有最高人民法院民事判决书,(2020)最高法知民终1564号。

均认定凯聪公司在涉案专利申请日前已经公开销售了与涉案专利基本相同的421C凯聪监控摄像机,故涉案专利实质上因缺乏新颖性而自始无效。张某敏作为凯聪公司销售421C凯聪监控摄像机时的法定代表人和总经理,应当知道421C凯聪监控摄像机的在先销售情况,却仍以该无效专利提起前述专利侵权诉讼,属于明知其诉请缺乏法律依据或事实根据。

本案中,权利人将其公开销售、许诺销售的产品申请专利并取得专利权,并据此提起侵权诉讼。法院因此认定专利权人明知其取得的专利权不符合授权条件,而仍然提起专利权侵权诉讼,这一起诉行为属于恶意诉讼。这种典型的恶意诉讼情况在实践中屡见不鲜。例如,在任某艳案件中①,任某艳申请的专利在2011年3月4日就已经被"深圳市欣博莱特科技有限公司"在LED网发布,早于涉案专利的申请日。且任某艳系该公司的法定代表人,从常理而言,其任职法人的公司发布的信息其作为管理者和专利权人不可能不知情。在另一案件中,Made-in-China. com(中国制造网)页面上的产品图片与被控侵权产品及权利人请求保护外观设计专利产品主视图基本一致,该产品图片下方显示有权利人网址,产品图片旁边显示有价格有效期为2012年12月11日至2014年11月6日,同样早于专利申请日。② 实践中此类情形非常多,笔者仅选取笔者代理的2个案件举例说明,对其他案件不一一赘述。

抗辩语境下的专利权滥用,特指专利权人在明知其所有的技术并不具备专利性的情况下取得专利权,并且据此向人民法院起诉未经其许可而使用该专利技术者侵犯其专利权的行为。因此,恶意取得专利权是认定其构成本条所指"滥用专利权"的事实基础。通常所谓的专利权人恶意取得专利权,是指专利权人将明知不应当获得专利保护的发明创造,故意采取规避法律或者不正当手段获得专利权。③ 笔者认为,这类案件中的权利人提起的侵权诉讼应当属于恶意诉讼,无论是权利人担任法定代表人的公司还是权利人自身,既然已经在专利申请日之前,通过销售、许诺销售产品的形式,公开了专利的外观设计或技术方案,就说明其主观上明知或应知其专利权已经被公开,即明知其权利基础不存在或不符合授权条件,但权利人仍然对他人提起专利侵权诉讼的,这种情况应当认定为恶意诉讼。

---

① 广东省深圳市中级人民法院民事裁定书,(2016)粤03民初1766号。

② 广东省深圳市中级人民法院民事判决书,(2013)深中法知民初字第566、567、568号。

③ 最高人民法院民事判决书,(2020)最高法知民终1564号。

(2)"明日公司"案

维纳尔(北京)电气系统有限公司(以下简称维纳尔公司)以北京明日电器设备有限责任公司(以下简称明日公司)侵害其四项外观设计专利权为由向北京市第二中级人民法院提起诉讼。[①] 明日公司在答辩期内向国家知识产权局提出无效宣告请求,经审查,涉案四专利均被宣告无效。尔后,明日公司认为维纳尔公司利用我国专利授权制度中对外观设计专利申请不进行实质审查的规定,在明知涉案专利不符合授权条件的情况下,提起诉讼并申请法院冻结了其银行账户,影响了原告的生产经营,原告还为此支付了律师费用,因此提起损害赔偿之诉。法院经审理认为不能得出被告维纳尔公司恶意申请涉案外观设计专利的结论。

本案中,法院已经查明,涉案四项外观设计专利被宣告无效的原因在于被告维纳尔公司在其生产的相关产品的宣传广告和宣传册中公开了相关外观设计。但是,法院的结论是:而非将其他自由公知设计或已有设计申请为外观设计专利,故据此不能得出被告维纳尔公司恶意申请涉案外观设计专利的结论。笔者认为,北京市第二中级人民法院的观点不能成立。法院在本案中区分"权利人自己公开了相关外观设计"和"自由公知设计或已有设计",并以此说明权利人的主观状态,笔者认为这一理由没有依据,且这二者并没有区别。2008 年《专利法》修改之前,公知技术是指专利申请日前在国内外出版物上公开发表、在国内公开使用或者以其他方式为公众所知的技术,即现有技术。[②] 尽管此时《专利法》所规定的公开是相对公开,这仅仅是没有包括国外的使用公开,在国内,使用公开是绝对公开,既包括了使用公开也包括了出版物公开。笔者认为,对于现有设计,无论是"权利人自己公开了相关外观设计"还是"自由公知设计或已有设计",都不应纳入专利权的保护范围进行保护。如果要对二者进行区分的话,笔者反而觉得权利人对"自己公开的外观设计"应该具有更高的注意义务。例如,在本案中,既然法院已经认定维纳尔公司是将"权利人自己公开了相关外观设计"申请为专利权并起诉他人,就足以说明权利人对于诉讼的提起具有重大过失,据此,应当得出"维纳尔公司恶意申请涉案外观设计专利"的结论。相反,对于"自由公知设计或已知设计"来说,除非权利人明知或应知其据以申

---

① 北京市第二中级人民法院民事判决书,(2007)二中民初字第 15445 号。

② 2008 年修订后的《专利法》第 23 条第 4 款规定,现有设计是指申请日(有优先权的,指优先权日)以前在国内外为公众所知的设计。

请的外观设计是“自由公知设计或已有设计”，才能得出“恶意申请涉案外观设计专利”的结论。在不能证明权利人明知或应知的情况下，即便是权利人将“自由公知设计或已有设计”申请为专利并提起专利侵权诉讼，也不宜认定权利人主观上存在重大过失，不能因为权利人在客观上对现有设计没有进行足够的检索就认定权利人在主观上存在重大过失。在权利人明知或应知其申请的外观设计属于“自由公知设计或已有设计”时，其主观状态存在将现有设计申请专利的故意，这时应当认定权利人恶意申请涉案外观设计专利，因行使该专利权对他人造成损失的，应当承担损害赔偿责任。

(3)“恒力公司”案

浙江司贝宁精工科技有限公司(以下简称司贝宁公司)以上海恒力锻压机床有限公司(以下简称恒力公司)侵害其名称为“一种移动开槽机工作台”的实用新型专利权为由，向金华市中级人民法院提起诉讼。[①] 后国家知识产权局以司贝宁公司在第六届中国(永康)国际门业博览会展出的自动开槽机构成了《专利法》意义上的公开，可以作为该专利的现有技术来评价专利新颖性和创造性，其公开了该专利权利要求请求保护的技术方案，且同属开槽机技术领域，故该专利权利要求不具备《专利法》第 22 条第 2 款规定的新颖性为由，宣告专利权全部无效。金华市中级人民法院遂裁定驳回司贝宁公司的起诉。其后，恒力公司认为司贝宁公司在申请涉案专利时就已经知道涉案专利的技术方案已经公开，正是其自身的公开导致了涉案专利无效，是对国家知识产权局的故意欺骗，具有明显的恶意；而司贝宁公司在通过欺骗手段获得涉案专利权后，起诉恒力公司专利侵权，意图获得不法利益，恶意更加明显，于是提起本案之诉。浙江省高级人民法院维持了金华市中级人民法院的判决，认为司贝宁公司不构成恶意诉讼。

本案中，司贝宁公司于 2015 年 5 月 26～28 日参加了由中国建筑金属结构协会、中国商业联合会、中国房地产业协会、永康市人民政府主办的第六届中国(永康)国际门业博览会，展出设备自动开槽机。2015 年 6 月 2 日，司贝宁公司向国家知识产权局申请了名为“一种移动开槽机工作台”的实用新型专利，授权公告日为同年 12 月 16 日。浙江省高级人民法院认为，司贝宁公司参加前述门业博览会和申请涉案专利的时间极为接近，由于专利申请具有较高的专业性，需要一定的工作准备时间，当事人在申请专利时也需对《专利法》意义上的公开

① 浙江省高级人民法院民事判决书，(2019)浙民终 126 号。

作精准地把握。由于司贝宁公司参加了前述门业博览会而导致涉案专利被公开，并不足以证明司贝宁公司系通过欺骗手段获得涉案专利权，法院更倾向于认为，涉案专利的无效系因司贝宁公司在操作上专业性及严谨性不够所造成，并不存在所谓申请专利的恶意。

笔者不同意浙江省高级人民法院的观点，其理由在于：浙江省高级人民法院的认定违背了《专利法》关于现有技术/设计的规定，在法律明确规定申请人无权将现有技术/设计申请专利并获得授权的情况下，司贝宁公司将现有技术申请专利并获得授权，然后起诉恒力公司的行为，不属于正常的专利权人的维权行为，而系司贝宁公司"明知其诉讼行为缺乏法律依据和事实根据"，仍然以损害他人为目的起诉他人，该行为应当认定为构成恶意诉讼。既然在专利申请日之前，相应的技术方案或设计方案就已经被自己公开，那么，权利人理应承担由此带来的不利后果，不应再将其纳入专利权的保护范围。在本案中法院认为权利人的行为应当予以保护，笔者认为，对滥用权利人的保护就是对权利相对人的损害。特别是在专利权领域，从理论上分析，任何不符合授权条件的专利申请都不应当获得授权，这是权利的应有之义。但是不可否认，基于技术的复杂性及现有技术存在的不确定性，不能苛求权利人或审查机关作出穷尽检索或审查，但是也不能因此放任权利人滥用这一制度缺陷，而将其明知或应知已被自己公开的现有技术/设计再纳入专利权的保护范围。如果允许申请人将其明知或应知属于现有技术/设计的技术方案纳入专利权进行保护，将严重损害社会公众的合法利益。社会公众随时可能受到这一权利的限制，社会公众安定的经营权无法得到有效保护，良性的市场竞争秩序将因此遭到破坏，专利制度促进科技进步的目的也将会无法实现。法院作为一个中立的审判机关，应当根据现有的法律规定平衡各方当事人的利益，而且应当在查明案件事实的基础上平等保护各方当事人，这种"亲专利"的状态不宜成为常态。

比如在刘某曦一案①中，最高人民法院认为，刘某曦在本案中也没有提交充分证据证明罗某彬明知市场上存在相同产品而申请专利，或者明知专利权无效而进行诉讼。由此可知，如果专利申请人"明知市场上存在相同产品而申请专利，或者明知专利权无效而进行诉讼"，即如果权利人明知其提起的侵权诉讼缺乏权利基础，可以认定专利权人主观上存在恶意。

① 最高人民法院民事裁定书，(2014)民申字第1710号。

(4)“蔡某有”案

2008 年 5 月 22 日,广东群兴玩具实业有限公司(以下简称群兴公司)以蔡某有侵犯其“玩具手枪(2)”外观设计专利权为由,向广东省汕头市中级人民法院提起侵犯专利权诉讼。[①] 汕头市中级人民法院经审理认为,群兴公司的“玩具手枪(2)”外观设计专利已在专利申请日之前的《2001 澄海玩具与工艺》《2003 澄海玩具与工艺》宣传刊物上公开发表,系公知设计内容,蔡某有的行为不构成专利侵权,判决驳回群兴公司的诉讼请求。蔡某有以群兴公司模仿他人产品申请专利,并以该专利权起诉蔡某有,群兴公司的无理诉讼造成蔡某有律师代理费及其他诉讼费用等的损失为由提起诉讼。汕头市中级人民法院认为涉案专利已经被宣告全部无效后,群兴公司并没有采取措施及时终止诉讼程序,而向二审法院提起上诉,群兴公司的该诉讼行为主观故意明显,构成恶意诉讼。广东省高级人民法院撤销了一审判决,认为《澄海玩具与工艺》为内部会员刊物,不能认定群兴公司在起诉前明知其专利属于现有设计,群兴公司在起诉时不具有主观恶意。

根据《专利法》的相关规定,内部刊物不能构成现有设计,权利人将内部刊物中出现的设计申请外观设计专利权,其权利基础符合授予外观设计权利的条件,因此,不能据此认定专利权人提起专利侵权诉讼的行为构成恶意诉讼。笔者认为,本案与前述几个案件的不同之处在于,本案的权利基础是符合授权条件的,也就是说,权利人据以提起专利侵权诉讼时,并没有意识到其取得涉案专利的授权是存在“恶意”的,因此,权利人当然有理由基于国家有权机关合法授权的专利权提起专利侵权诉讼。至于在诉讼阶段,涉案专利最终因为缺乏新颖性而被无效,这一结果也并非评断专利权人是否存在恶意的标准,并不妨碍权利人在专利被宣告无效之前的起诉行为。

(5)“钟某珠”案

钟某珠以汕头市乐立方玩具实业有限公司(以下简称乐立方公司)侵犯其外观设计专利权为由,向上海市第一中级人民法院提起民事诉讼。后涉案专利被国家知识产权局宣告全部无效。[②] 钟某珠遂申请撤诉。乐立方公司认为钟某珠明知其设计的产品没有申请外观专利,有意通过乐立方公司已公开使用、销售的产品申请外观设计专利权,以此向乐立方公司提起侵权民事诉讼的行为,给乐立方公司造成严重的经济损失和名誉损失,于是提起诉讼要求钟某珠赔偿损失。

---

① 广东省高级人民法院民事判决书,(2013)粤高法民三终字第 437 号。

② 广东省高级人民法院民事判决书,(2017)粤民终 2782 号。

本案中,钟某珠提起专利侵权诉讼系具有明显恶意。首先,2012 年 5 月 26 日、10 月 1 日淘宝网的“麟和家具专营店”内已有与钟某珠涉案专利的外观整体相近似的拼装模型玩具在售,并有买家信息、成交时间等,上述时间均早于钟某珠涉案专利的申请日。其次,钟某珠据以提起诉讼的(2014)厦证经字第0474号公证书可以证明,钟某珠公证取证的网店亦为淘宝网的“麟和家具专营店”。而该店的买家信息、成交时间表明涉案专利申请日前,已有与涉案专利的外观整体相近似的商品在网上公开销售。从常理推断,钟某珠对此是应当知道的。最后,钟某珠是汕头市酷娃礼玩具实业公司的股东之一,该公司与乐立方公司属于同一地区同一行业的经营者,其应当知道在涉案专利申请日之前已有与该专利外观相近似的商品公开销售。钟某珠在明知被诉产品已经在专利申请日之前公开销售,仍然提起诉讼,属于明知没有权利基础而恶意进行诉讼。

需要说明的是,本案并没有证据证明专利申请人明知其申请的专利不符合专利权的授予条件,而只是因为专利权人在诉讼过程中应当明知其专利权不符合授予条件,仍提起专利侵权诉讼。笔者认为,这仍然属于权利人明知或应知其缺乏权利基础提起专利侵权诉讼的情形。具体而言,专利申请人将已经公开销售的产品申请专利并获得授权后提起诉讼的行为,如果诉讼相对人能够证明被诉产品在专利申请日之前已经在市场存在多年,则应当认定专利权人主观上存在恶意。其理由在于,发明创造的过程实际是在实践中发现问题、解决问题的过程,即发现现有技术的缺陷,并针对该技术缺陷进行改进,并取得有益技术效果的过程。在这一过程中,专利申请人应当对现有技术具备基本的、常识性的了解,如果克服技术缺陷的技术方案恰恰是被诉产品多年来已经采用的技术方案,特别是在专利申请人与诉讼相对人属于同行业的情况下,应当推定专利申请人没有尽到合理审慎的注意义务,主观上存在重大过失,对他人提起侵权诉讼的行为应当属于恶意诉讼。

该案也属于权利人“应知专利权不符合授权条件而继续提起侵权诉讼”的具体体现。

在笔者代理的程某华案中,深圳市华泰宁电子有限公司(以下简称华泰宁公司)于涉案专利申请日(2012 年 8 月 29 日)之前就已经制造了涉案产品模具、生产销售了与涉案专利技术特征相同的产品,从华泰宁公司提供的证据可以看出,华泰宁公司已经在 2010 年就开始制造、销售被诉产品,而且销售到黑龙江、太原、深圳等地,足以说明该产品已经广泛销售。[①] 而专利权人据以起诉的技术方案与被诉产品完全相同,所以,程某华在申请专利时明知或应知被诉产品在涉案专利申请日之前已公开销售,主观上存在重大过失,其明知提起的专利侵权诉讼不具备法律和事实上的依据,应当认定为恶意诉讼。这种情形的侵权诉讼在实践中广泛存在。笔者认为,这样的侵权诉讼,一方面背离了发明创造的过程和宗旨,不是在增加社会财富和促进社会进步,反而是利用专利检索无法检索使用公开的情形,利用这种信息不对称的缺陷申请专利并获得授权,这种情形不仅是对司法资源和审查资源的浪费,更是对他人行为自由的干涉。另一方面也可以说明权利人对于其提起的专利权侵权诉讼行为在主观上存在重大过失。在提起专利权侵权诉讼前,作为权利人的原告对于侵权行为是否存在应当核实两项最基本的事实:首先是权利证据,即是否具备合法有效的权利基础;其次是侵权证据和赔偿证据,即诉讼相对人实施侵权行为的性质(制造、销售、许诺销售等)、时间(被诉产品何时上市)、数量(被诉产品的销售数量)等,这些事实与权利人所受损失息息相关。如在钟某珠案中,专利权人保全的网页上显示的被诉产品的销售时间是在专利申请日之前,这说明专利权人明知或应知其专利权的技术方案已经被使用公开,其仍然提起专利侵权诉讼的行为在主观上存在重大过失,相应的侵权诉讼应当认定为恶意诉讼。所以,将他人在市场上销售已久的产品申请专利并获得授权后起诉他人的,如果诉讼相对人能够证明自己销售被诉产品的行为系在涉案专利的申请日之前,则应当认定该起诉行为构成恶意诉讼,这对于使专利申请回归发明创造的本质,节约诉讼资源和减少对社会公众行为自由的不必要的限制具有重要意义。

---

① 重庆市高级人民法院民事判决书,(2016)渝民终80号。程某华于2012年8月29日向国家知识产权局申请了名称为"一种便于拆卸的吊瓶熨斗"的实用新型专利。国家知识产权局于2013年2月13日进行了授权公告,专利权人为程某华,专利号为201220433195.5。2013年3月18日,程某华与温州中族电子科技有限公司(以下简称中族公司)签订《专利权独占许可合同书》,程某华特许中族公司自2012年9月1日至2022年8月31日在中国大陆地区独占使用涉案专利。2014年7月7日,国家知识产权局就涉案专利作出《实用新型专利权评价报告》,该报告载明初步结论为:全部权利要求1~4未发现存在不符合授予专利权条件的缺陷;权利要求1~4具备《专利法》第22条第2款规定的新颖性;权利要求1~4具备《专利法》第22条第3款规定的创造性。后程某华、中族公司以深圳市华泰宁电子有限公司等为被告,提起侵害实用新型专利权纠纷诉讼。

(四)明知存在权利冲突的

1."谭某文"案

2008 年 12 月 23 日,谭某文向国家知识产权局申请名为"音箱(Xzeit 迷你企鹅型)"的外观设计专利,2010 年 1 月 13 日获得授权。[①] 2016 年 2 月 25 日,谭某文以深圳市腾讯计算机系统有限公司(以下简称腾讯公司)等侵害其前述外观设计专利权为由,向深圳市中级人民法院起诉,要求确认被告侵权并支付专利使用费 90 万元。在案件审理过程中,腾讯公司向国家知识产权局提起无效宣告请求,最终涉案专利因在未经著作权人许可的情况下在涉案专利中使用了与在先作品实质性相似的设计,其实施将会损害在先著作权人的相关合法权利或权益,涉案专利与在先著作权相冲突,不符合《专利法》第 23 条的规定,被宣告全部无效。后法院驳回了谭某文的起诉。随后,腾讯公司以谭某文明知涉案专利不符合授予专利权的条件,在其诉讼请求不可能得到法院支持的情况下,向法院提起诉讼,且多次可以选择停止,仍拒不作出任何可避免继续给腾讯公司造成损失的举动,存在主观故意为由,请求谭某文赔偿给其造成的损失。

本案中,谭某文系在明知腾讯公司对涉案 QQ 企鹅美术作品享有在先著作权,且已经在先使用的情况下,利用我国外观设计专利不进行实质审查的制度,申请与 QQ 企鹅形象基本一致的外观设计专利并获得授权,其申请行为违背了诚实信用原则,属于恶意申请专利的行为。谭某文明知专利权的获得不具有实质正当性,仍基于不当取得的专利权,不适当地主张权利,意图获取非法的市场竞争利益,其行使权利具有明显的主观恶意。

笔者认为,正如广东省高级人民法院所述,"谭某文的诉讼行为委托了专业律师参与,其必然也是知道专利权不能与在先权利相冲突这一基本规则的,可以确定谭某文是能够预见其权利基础不应存在的事实"。在明知权利基础不应存在的情况下,仍然提起诉讼,可以确定谭某文具有损害腾讯公司权益的故意,构成恶意诉讼。

2."御缘酿酒厂"案

2013 年 7 月 10 日,御缘酿酒厂的员工李某兵向国家知识产权局申请了 201330319767.7"酒盒(中国梦传奇 3)"、201330319762.4"酒盒(中国梦传奇 6)"、201330319966.8"酒盒(中国梦传奇 9)"、201330319766.2"酒瓶(中国梦传

① 广东省高级人民法院民事判决书,(2019)粤民终 407 号。

奇9)”四件外观设计专利,2013年12月4日获得授权。[①] 后李某兵以独占许可的方式许可御缘酿酒厂实施涉案专利。2016年6月,御缘酿酒厂向南京市中级人民法院提起诉讼,主张天下秀公司生产销售的三种白酒产品侵害了其涉案专利权,并要求天下秀公司停止生产销售并支付赔偿款。2016年12月,国家知识产权局以涉案专利上标注的“洋河”与在先的第1470448号注册商标的“洋河”构成相似商标,认定涉案四专利与他人在申请日以前已经取得的合法权利相冲突,宣告专利权全部无效。

本案中,专利权人在涉案外观设计专利中标注“洋河”字样,已经侵犯了他人的在先注册商标专用权。虽然由于我国外观设计专利不进行实质审查等原因使得御缘酿酒厂获得了形式上“合法”的授权,在获得专利授权后,又由于无人向国家知识产权局提出无效宣告请求,致使涉案四个外观设计专利在近三年的时间内保持着形式上的“合法”状态,但上述事实和状态并不能改变涉案四个外观设计专利权利基础的不正当性。专利权人将他人合法持有的在先注册商标以部分设计元素的形式嵌入外观设计专利,该行为不但显著违反了《专利法》的明确规定,破坏了专利制度秩序,同时侵害了商标权人的合法权利,扰乱了正常的商标注册、管理秩序,损害了公平竞争、健康有序的市场环境。并且,御缘酿酒厂对于提起涉案诉讼据以主张的权利基础不具有正当性,处于应有明确认知的主观状态。因为,在先的生效判决已经认定御缘酿酒厂在其生产的白酒外包装上标有“中国洋河”“江苏洋河”字样,侵犯了他人的商标专用权。

笔者认为,本案中御缘酿酒厂提起专利侵权之诉具有明显恶意。涉案专利的专利权人向国家知识产权局申请四件涉案外观设计专利的申请时间为2013年7月,是在南京市工商行政管理局建邺分局作出行政处罚的一年多以后;御缘酿酒厂提起涉案诉讼的时间为2016年6月,是在南京市工商行政管理局建邺分局作出行政处罚的四年多以后,亦是在距离侵害商标专用权一案[②]生效判决作出的二年多以后。专利权人系御缘酿酒厂员工,不论是专利权人还是御缘酿酒厂均不可能对前述事项不知情。其在明知涉案专利侵害了他人在先使用的商标权的情况下,依旧提起侵权之诉,难谓正当。

实践中,与本案情况相似的还有赵某辉案,北京知识产权法院查明约翰迪

---

① 江苏省高级人民法院民事判决书,(2018)苏民终119号。需要说明的是,天下秀公司因恶意提起知识产权诉讼损害责任纠纷一共提起了3个诉讼,本案与本书前述案件裁判结果并不相同,理由即权利人的涉案专利侵害了他人的在先商标权。

② 江苏省宿迁市中级人民法院民事判决书,(2013)宿中知民初字第0047号。

尔(中国)投资有限公司(以下简称约翰迪尔中国公司)在中国销售的润滑油使用的圆筒形外包装与涉案专利的造型基本一致[①]。法院认为,根据《现代化农业》2010年第12期的内容可知约翰迪尔中国公司及其关联公司在中国境内已经在先使用了与涉案专利外观基本一致的润滑油外包装。结合行政处罚决定书、涉案专利授权公告文本与无效宣告审查决定书可知赵某辉与约翰迪尔(丹东)石油化工有限公司的法定代表人赵某利在已经明知约翰迪尔中国公司在先销售的润滑油外包装造型的情况下,仍将与其造型基本一致的外包装申请为自己的外观设计专利,且在外观设计专利的图样上使用约翰迪尔中国公司的关联公司享有注册商标专用权的标识,其申请行为违背了诚实信用原则,属于恶意申请专利的行为。作为恶意申请涉案专利的被告应当知晓由于我国《专利法》对外观设计专利不进行实质审查,因此该专利可以被授权公告。在明知涉案专利与约翰迪尔中国公司的现有设计基本一致,缺乏权利基础的情况下,赵某辉与约翰迪尔(丹东)石油化工有限公司仍主张约翰迪尔中国公司的现有设计侵害其涉案专利权,并意图使约翰迪尔中国公司受到财产或信誉上的损害,该行为已经构成滥用诉讼权利,属于恶意诉讼。

(五)应当知道不符合授权条件而继续提起侵权诉讼

2014年10月22日,青岛中兴达橡塑有限公司(以下简称中兴达公司)向青岛市中级人民法院提起诉讼,被告为胶州市金富元橡塑制品厂(以下简称金富元厂),但中兴达公司并未参加庭审,该案按撤诉处理。2015年4月12日,中兴达公司向郑州市中级人民法院提起诉讼,法院认定被告李某焕的行为属于销售使用在先设计的产品的行为,不构成侵害涉案外观设计专利权,判决驳回中兴达公司的全部诉讼请求。2015年11月25日,中兴达公司再次向青岛市中级人民法院提起诉讼,被告为金富元厂。后,中兴达公司申请撤回对金富元厂的起诉。金富元厂认为中兴达公司已知晓涉案侵权产品系现有设计、金富元厂并不侵犯其专利权的情况下,还提起专利侵权诉讼,明显构成恶意,遂提起本诉。

本案的诉讼结果可谓一波三折,一审青岛市中级人民法院认为,[②]《专利法》第23条规定"……授予专利权的外观设计,应当不属于现有设计……"根据已生效的郑州市中级人民法院(2015)郑知民初字第308号民事判决书认定的

---

① 北京知识产权法院民事判决书,(2017)京73民初121号。

② 最高人民法院民事判决书,(2018)最高法民再388号。

"李某焕的行为属于销售使用在先设计的产品的行为"等事实,足以推定中兴达公司主张的涉案外观设计专利属于现有设计。根据本案查明的事实,中兴达公司在前述案件的诉讼过程中,已知晓涉案侵权产品系现有设计、不侵犯其专利权的事实。在此情况下,中兴达公司又于2015年11月25日对金富元厂提起侵权诉讼,其行为已不具有正当性,而是滥用诉权的恶意诉讼行为。

二审山东省高级人民法院撤销了一审判决,认为,前述案件对该案被告李某焕提出的现有设计抗辩进行了审查并作出了事实认定。郑州市中级人民法院审查的是被控侵权产品与现有设计之间的关系,对中兴达公司外观设计专利与被控侵权产品以及现有设计是否构成相同/近似设计并未作出评判。鉴于侵害专利权诉讼中的现有设计抗辩为不侵权抗辩事由,因此,即便当事人提出的现有设计抗辩成立,也不能当然得出外观设计专利即属于现有设计的结论,专利权的效力仍应当由有关国家机关依法作出确认。前述案件虽有生效判决,但该生效判决并不必然影响青岛市中级人民法院对专利侵权案件的审理。并且,金富元厂是否会提出现有设计抗辩、国家知识产权局的无效审查决定会如何评价中兴达公司专利权的效力等不确定因素均会直接影响案件的审理,青岛市中级人民法院审理的案件并不必然会得出金富元厂被控侵权产品不构成侵权的唯一裁判结果。

最高人民法院最终判决中兴达公司构成恶意诉讼,认为中兴达公司仅凭不知具体内容的外观设计专利权评价报告再次起诉金富元厂侵犯其专利权;在收到金富元厂提交的现有设计抗辩证据后,又再次撤回起诉,难谓行使诉权已尽善意、审慎之义务,属于对其诉权的滥用,损害了金富元厂的合法权益,依法应当承担相应的民事责任。

本案中,中兴达公司是否因现有设计而明知或应知其起诉不具备权利基础是判断其是否构成恶意诉讼的前提。在先生效判决已经认定了被诉产品属于现有设计,在这种情况下,中兴达公司就同一款产品再行起诉,其结果是显而易见的。由此可以推定,中兴达公司对涉案专利权是否有效应当是明知的,中兴达公司在明知涉案专利权属于现有设计的情况下,仍然对他人提起侵权诉讼,说明中兴达公司在主观上具有恶意,这种行为应当被认定为恶意诉讼。

三、国内外关于对专利侵权纠纷引发的恶意诉讼规制的现状

(一)日本

日本侵权行为法体系中并没有对恶意诉讼侵权行为进行独立研究。对恶意诉讼侵权行为的法律调整也是与权利滥用紧密相关,恶意诉讼制度的发展依附在权利滥用禁止之上。[①] 日本的司法判例对权利滥用的研究作出了巨大贡献,比如1890年的《日本民事诉讼法》并没有对诚实信用原则和禁止诉权滥用原则的规定,但是到了1996年,新修订的法律规定了"当事人各方的诉讼行为应符合诚实信用原则"。[②]

除《日本新民事诉讼法》外,《日本民法典》《日本专利法》等法律对恶意诉讼行为也作了直接或间接规定。《日本民法典》规定了权利要符合公共福祉、遵守信义以及权利不许滥用的原则,[③]同时也规定了侵权赔偿的内容,即行为人因主观过错导致受法律保护的人的人身或财产权益受害,那么该行为人对其行为产生的财产损害以及财产之外的损害有责任进行赔偿。[④]

对于通过欺诈获得专利、专利权期限延长登记、专利异议申请决定或者复审决定的,《日本专利法》规定了"应处以3年以下有期徒刑或最高300万日元的罚款"。[⑤] 实践中,申请人明知该发明是公知技术,仍然声称是自己的发明,即可构成专利欺诈罪。[⑥] 但是,值得注意的是,专利申请人违背信息披露义务意味着承担行政和刑事方面的后果,不包含民事上的后果。[⑦]

此外,日本的"技术评价书制度"也为规制恶意诉讼行为提供了指引。日本的实用新型专利采用的同样是登记制,即不经过实质审查程序,因此日本实用新型专利引入了"技术评价书制度"。日本的实用新型专利权人行使专利权的前提有二:一是申请并取得实用新型技术评价书;二是向侵害行为人出示并发

① 参见于海生:《恶意诉讼侵权责任法律制度研究》,黑龙江大学2010年博士学位论文,第32页。

② 参见于海生:《恶意诉讼侵权责任法律制度研究》,黑龙江大学2010年博士学位论文,第33页。

③ 参见渠涛编译:《最新日本民法》,法律出版社2006年版,第3页。

④ 参见王书江译:《日本民法典》,中国法制出版社2000年版,第32页。

⑤ 参见《日本知识产权法》,杨和义译,北京大学出版社2014年版,第227页。

⑥ 参见[日]吉藤幸朔:《专利法概论》,宋永林、魏启学译,专利文献出版社1990年版,第660~661页。

⑦ 参见秦希:《美国专利侵权中的"不公平行为抗辩"制度研究》,山东大学2019年硕士学位论文,第24页。

出警告。如果欠缺了这两个要件，权利人的停止侵害、损害赔偿之请求就得不到法律认可。① 只要专利权人无法证明自己当初非常谨慎小心地发出了警告、行使了权利，那么，就应该承担因此给对方造成的损失的赔偿责任。②

总体来说，日本对恶意诉讼制度的构建比较保守，对是否构成恶意诉讼以及是否需要追究权利人的法律责任都采取比较审慎的态度。我国的实用新型专利权和外观设计专利权同样采取的是注册制，即权利的授权不经过审查。笔者认为，这种不经过实质审查授权的专利权，不应称为"权利"，或者仅仅是形式上的权利，这种权利的行使一定要给予法律上明确的限制，否则，容易导致专利权运行制度的失灵。

（二）德国

大陆法系的国家对恶意诉讼的概念、构成要件和责任承担方式在法律上并没有明确和具体的规定。在德国，一般参照《德国民法典》和《德国民事诉讼法》的相关规定来处理恶意诉讼行为。首先，《德国民法典》总则中规定了"权利的行使，不得专加以损害于他人为目的"③。虽然对于该原则，学者有不同的称呼，④但是从这一表述中可以看出，本条所称的情形只是权利滥用中的一种比较特殊的情况，也就是说，只有在行为人的加害行为只是为了侵害相对人，而不存在其他目的时，才适用本条规定。实践中，德国将该条的适用范围扩大至所有的"权利滥用"情形，从而间接地规范了恶意诉讼行为。其次，《德国民法典》在分则中规定了有关侵权赔偿的内容，即侵权行为人在侵害相对人的各项人身或是财产等合法权利之后，则应对自己的侵权行为所导致的对受害人的各种损害承担侵权赔偿义务。⑤ 该条款在实践中可以作为恶意诉讼损害赔偿的法律依据。⑥ 最后，《德国民事诉讼法》中规定了诉讼人在诉讼中的每一项陈述必须都要真实完整、不可虚假，如果诉讼人对关于案件的事实有欺诈性的陈述以及对

---

① 参见[日]田村善之：《日本知识产权法》，周超等译，知识产权出版社 2011 年版，第 350 页。

② 参见[日]田村善之：《日本知识产权法》，周超等译，知识产权出版社 2011 年版，第 350 页。

③ 《德国民法典》，陈卫佐译注，法律出版社 2006 年版，第 75 页。

④ 有的学者在其著作中将该原则称为"权利滥用的禁止"，有的学者称为"禁止恶意"，有的学者称为"恶意刁难"。

⑤ 参见《德国民法典》，陈卫佐译注，法律出版社 2006 年版，第 306 页。

⑥ 除此之外，《德国民法典》总则和分则中也有关于善良风俗的内容和规定，行为人实施的行为如果与善良风俗相违背，则该行为在法律效果上是无效的。以及禁止行为人违反善良风俗来损害相对人合法权益，如有损害则应进行赔偿。

他人正当行使诉权进行阻碍，那么司法机关将有权对其做出罚款等处罚措施。[①]本条明确规定了诉讼行为人要承担的真实义务。

按照《德国民法典》第826条，损害赔偿责任只能是故意的不当行为引起的。20世纪六七十年代的判例法排除起诉能产生第826条所指的责任问题。唯一的例外是阻止侵犯工业产权的救济，因为在这种情形下，滥用司法救济的原告"侵犯了有组织、开业中的商事活动"，所以，只要有一般过失，责任就告成立。[②] 德国关于工业产权的例外性是基于工业产权的特殊性进行的规定，笔者认为这一规定是合理的，我国也应当建立相应的制度，目的是减少低水平的专利权侵权诉讼，真正实现专利制度在鼓励创新、促进科技进步中的作用。

（三）美国

美国并没有恶意诉讼的概念，在美国程序正当原则和相应的制度设计是法院运用司法权力对政府行为和权力进行监督和控制的根本手段，其目的是保障人权。因此，美国法上的程序正当原则也奠定了恶意诉讼的理论前提，这种恶意诉讼在美国更多地被称之为"不正当行为"。所谓不正当行为，又称"对专利局的欺骗"，是指发明人在申请专利的过程中，故意向专利局作出误导性陈述或隐瞒某些重要信息，并由此而获得了专利权。[③] 罗马法的"狞恶不容宽恕""欺诈毁灭一切"，英国衡平法的"洁净之手"都是专利权滥用理论的源头。欲获得法律救济者，必须先自己清洁正直。因此"滥用专利权作为一种抗辩"对抗不当行使的专利权，这是其基本属性。[④] USPTO的细则规定，要求实质上参与专利申请过程的人对该行政机关都负有坦诚义务，这包括向该行政机关披露对可专利性起到关键作用的所有已知信息的义务。对该披露义务的严格遵守看起来与一些专利申请人的自身利益可能是相冲突的，并且USPTO用于对遵守该义务的情况进行监督的资源又是有限的。因此，对于在后续专利诉讼中发现的违反该义务的行为，设置了严厉的处罚，如果不正当行为的抗辩得以证实，则整个专利都被判定为不可执行（无论这些权利要求是否有效）。[⑤] 虽然有学者对该制度提出过质疑，认为现有技术披露义务的法律后果可以通过其他机制体现，

---

① 参见谢怀栻译：《德意志联邦共和国民事诉讼法》，中国法制出版社2001年版，第36页。
② 参见沈达明编著：《比较民事诉讼法初论》，中国法制出版社2002年版，第249页。
③ 参见李明德：《美国知识产权法》，法律出版社2014年版，第121页。
④ 参见朱理：《滥用问题专利的司法规制》，载《电子知识产权》2008年第11期。
⑤ 参见[美]J. M. 穆勒：《专利法》，沈超等译，知识产权出版社2013年版，第404页。

比如行政强制执行、行政处罚等。[①] 但是,这一建议只有在理论上是可行的,实践中执行起来非常困难。

例如,在 Beckman Instruments Inc. v. Chemtronics Inc. 一案中,涉案两个发明专利主要用于确定液体或气体中氧气的浓度,其主要特征为解决测量设备的电极与样品接触时,会出现的最为严重的两个问题,即用于制造电极的物质与样品发生反应并污染样品、样品通过电镀污染电极。此后,涉案两专利因为系现有技术而被无效。USPTO 认为,[②]首先,涉案两专利的权利要求仅仅是对现有技术描述,并没有新的补充。其次,专利申请人在获得专利权的过程中,未能向 USPTO 披露重要信息,即该两项发明是现有技术,已经是为公开授权的专利所包含之信息。如果继续维持这两项专利有效,将会对美国的社会和经济产生重大不利影响,对美国的专利制度运作也会产生不利影响。最终法院认可了 USPTO 的观点,认为没有证据表明专利申请人是出于疏忽而遗漏了该项重要信息,反而现有证据都倾向于表明专利申请人是故意遗漏的。专利申请人的行为必须按照 USPTO 的标准进行审查,因为 USPTO 本身没有完整的审查机制,国会也从未要求 USPTO 具备这样的能力。在审查专利申请人申请的专利时,USPTO 很大程度上依赖于申请人引用的现有技术的参考文献。因此,申请人负有坦诚和真实披露的义务。不正当行为制度的存在是用于确保专利申请人"按规定行事"的必要方法。有学者认为,支持保留不正当行为抗辩的最有利的实际理由就是,除非对保留信息处以严厉处罚,专利律师及其客户将不会有动力协助 USPTO 对专利申请进行彻底审查并且只核准有效的权利要求。[③]

要构成不正当行为,专利申请人对 USPTO 必须涉及未披露或错误提交对可专利性来说是非常重要的信息。例如,未能向 USPTO 披露该申请人已知的关于可专利性的重要信息;向 USPTO 提出的关于可专利性的虚假信息;向 USPTO 作出关于可专利性的重要、确定性虚假陈述。因此,不正当行为可以基于专利申请人的疏忽,也可以基于专利权人的故意。[④]

我国目前的专利侵权的判定规则,很大程度上在借鉴美国的做法。但是专利的申请规则,在制度上缺少相应的借鉴。例如,禁止申请人"对专利局的欺

---

① 参见秦希:《美国专利侵权中的"不公平行为抗辩"制度研究》,山东大学 2019 年硕士学位论文,第 15 页。

② 439 F. 2d 1369 (1970).

③ 参见[美]J. M. 穆勒:《专利法》,沈超等译,知识产权出版社 2013 年版,第 404 页。

④ 参见[美]J. M. 穆勒:《专利法》,沈超等译,知识产权出版社 2013 年版,第 405 页。

骗”。专利局的价值就是对于专利申请人提出的技术方案进行评价其是否符合《专利法》规定的授权条件,申请人对于知晓的现有技术应当充分向审查员进行说明,以便于审查员作出判断。而我国目前的申请现状是,不仅中小企业甚至上市公司都存在将大量的现有技术/设计申请为专利的现象。如果仅仅是申请专利,还不足以给社会公众造成直接的损害,申请人在明知其申请的专利系现有技术/设计的情况下,仍然在获得授权后堂而皇之地对他人提起诉讼,这必然给他人造成损害,主观上必然存在恶意。所以,笔者认为,对于美国专利申请中的这一制度应当予以借鉴,以使专利制度在我国发挥其应有的价值和作用。

德国、日本等发达国家的国民以具有很高的法治意识著称于世,在法律有明确规定的情况下,其绝大多数国民都能自觉按照法律规定办事。而我国国民自觉守法的意识还没有达到这种水平。[①] 在这种背景下,日本、德国、美国的《专利法》,对专利的申请和专利权行使都进行了相应的限制,而我国《专利法》中缺少这种限制,所以,借鉴国外的理论研究和立法、司法实践对完善我国恶意诉讼制度有着一定的意义。一方面,可以借鉴国外的侵权责任法体系,将恶意诉讼纳入我国的侵权责任法中加以规制;另一方面,我国在审判实践中,可以考虑对恶意诉讼侵权责任和当事人诉权保护的平衡,从本质上既保证当事人应有的、合法的诉权,又能尽可能避免恶意诉讼给他人带来的损害。

四、关于专利侵权纠纷引发的恶意诉讼的思考与建议

(一)对恶意提起专利权诉讼的行为能否直接反诉

关于能否在相关知识产权诉讼中直接以恶意诉讼为由提出反诉,司法实践中法院普遍持否定态度,认为反诉并不成立,应当在知识产权诉讼之外以“因恶意提起知识产权诉讼损害责任纠纷”为案由另行起诉。在袁某中案件,法院虽然进行了合并审理,但是给出的理由是“该诉求与本案存在着极为密切的联系,与本案的处理不可分割,遂决定与本案合并审理”[②]。

实践中法院通常会以最高人民法院《关于适用〈中华人民共和国民事诉讼法〉的解释》(2022 年)第 233 条作为判断反诉的标准,即反诉的当事人应当限

① 参见尹新天:《中国专利法详解》,知识产权出版社 2011 年版,第 690 页。
② 江苏省南京市中级人民法院民事判决书,(2003)宁民三初字第 188 号。

于本诉的当事人的范围。反诉与本诉的诉讼请求基于相同法律关系、诉讼请求之间具有因果关系,或者反诉与本诉的诉讼请求基于相同事实的,人民法院应当合并审理。反诉应由其他人民法院专属管辖,或者与本诉的诉讼标的及诉讼请求所依据的事实、理由无关联的,裁定不予受理,告知另行起诉。

反诉与本诉的诉讼请求基于相同法律关系、诉讼请求之间具有因果关系,或者反诉与本诉的诉讼请求基于相同事实。而在专利侵权诉讼中,如果以恶意提起知识产权诉讼为由提起反诉,本诉的法律关系是专利权侵权纠纷,如侵害实用新型专利权纠纷、侵害外观设计专利权纠纷;反诉的法律关系是因恶意提起知识产权诉讼损害责任纠纷。本诉的诉讼请求是停止侵权行为,赔偿损失;反诉的诉讼请求是支付因恶意提起知识产权诉讼的损害赔偿金。本诉依据的事实是实施侵害专利权的行为;反诉依据的事实是证明本诉原告提起专利侵权诉讼具有主观恶意的事实。可以看出,本诉的诉讼请求与反诉的诉讼请求并非基于相同的法律关系或相同事实。同时本诉的诉讼请求是否成立与反诉的诉讼请求是否成立又不必然具有因果关系,这是因为如果本诉诉讼请求得不到支持,本诉原告也未必当然可以被认定为滥用诉权,还涉及对本诉原告提起诉讼主观上是否存在恶意的审查判断问题。

由此可知,根据现有的民事诉讼制度,被告很难在专利侵权诉讼中主张恶意诉讼。但是,专利制度有其特殊性,就像我国目前已经通过设置“最高人民法院知识产权法庭”来统一专利审判一样,笔者认为,也可以专门制定因专利侵权诉讼引发的恶意诉讼的程序性规定,即专利侵权诉讼的特别诉讼程序。如果在侵权诉讼中一并对权利人是否构成恶意诉讼进行审查,不但可以节约司法资源,而且可以快速高效地从根本上解决纠纷,使权利回归其原始状态。所以,或许可以在制度上规定,在专利侵权诉讼中被告可以提起反诉,并在侵权诉讼中一并审理。

(二)对完善我国恶意诉讼制度的建议

实践中之所以会出现大量专利侵权诉讼引发的恶意诉讼,笔者认为主要原因有以下三点:第一,专利权数量剧增引起的。近年来,我国的专利申请量剧增,连续多年排名世界前列。[①] 这其中包括众多的非正常申请,这种现象也引起

---

① 参见新华社:《中国发明专利申请量连续7年居世界首位》,载搜狐网2018年4月25日,http://www.xinhuanet.com/tech/2018-04/25/c_1122736766.htm。

国家层面的重视，并开始对非正常申请进行制止。另外，各地方政府也逐渐取消了对专利申请的补贴。但是，毋庸置疑的是，我国的专利制度经过这几十年的发展，专利申请人积累了一定的专利权。对于这些没有经过实质审查的专利权，我国法律并没有设置相应的权利限制，而是将权利是否有效的问题全部抛给诉讼当事人，由当事人在诉讼中另行解决，这无疑增加了相对人的义务和应付侵权诉讼的负担。但从形式看，这些专利权属于权利人合法有效的财产权，形式上合法有效权利的存在是专利侵权诉讼增多的根本原因。第二，外观设计专利权和实用新型专利权缺乏实质审查程序和权利限制。在众多的专利权中，外观设计专利权和实用新型专利权因为不经过实质审查，所以在专利权中占比更大。也是因为没有经过实质审查程序导致该类权利被无效的比重也很大。[①]在目前我国信用体制尚不健全的阶段，因为不实质审查制度的存在，造成了大量不符合授权条件的专利权被授权。第三，专利申请人将大量的现有技术/设计申请专利并获得授权。这是专利侵权诉讼引发恶意诉讼的主要原因。专利权人在获得授权之后，通常会对被诉产品是否侵权进行评估，正是因为专利权将现有技术/设计纳入了专利权的保护范围，所以，专利权人在判断时都会认为被诉产品落入了相应专利权的保护范围。也正因如此，专利制度中增加了“现有技术/设计抗辩”制度，对于被诉产品明显采用的是现有技术/设计的，诉讼相对人可以在侵权诉讼中直接行使抗辩权，而不必再经过无效程序，以节省诉讼资源，减少诉讼相对人的负担。然而，现有技术/设计抗辩也并非全部会被支持的，因此大部分诉讼相对人还是会提起专利无效申请。因此，在专利侵权诉讼发生后，专利侵权诉讼的相对人无论是采用无效抗辩程序还是现有技术/设计抗辩，其都会付出大量时间和金钱成本。诉讼相对人为挽回这一本不应有的损失，维护自己的合法利益，目前只能通过提起因恶意提起知识产权诉讼损害责任纠纷案件的方式来确认专利权人提起专利侵权诉讼的行为构成恶意诉讼，从而获得相应的赔偿，弥补因专利权人恶意提起的侵权诉讼造成的损失。因此，有必要通过制度设计来规制恶意诉讼的发生。

1. 在《专利法》中增加惩戒恶意诉讼的相关规定

滥用问题专利的行为不仅严重背离了《专利法》所欲实现的公共政策——

---

① 近10年来，无效请求数量呈逐年递增的趋势，并且每年宣告专利全部无效的案件数量都占当年无效申请案件总量的50%左右，再加上部分无效以及修改后维持的案件，至少部分被宣告无效的决定占比都大于或约等于60%。参见郑海洋：《2008—2018年度中国专利无效案件统计分析报告》，载搜狐网2019年2月3日，https://www.sohu.com/a/293164554_656884。

激励创新、促进技术传播、实现利益平衡，同时也侵害了相关主体的合法利益，因此应该将其作为一种单独的侵权行为在《专利法》中加以规范，明确其作为一种攻击性武器的地位。[①] 我国国家知识产权局和最高人民法院在一些指导性的文件中对恶意诉讼行为的规制作了相关规定。例如，“对于明知其专利权属于现有技术或者现有设计，仍然恶意向正当实施者及其交易对象滥发侵权警告或者滥用诉权，构成侵权的，可以视情支持受害人的损害赔偿请求”以及“加大对虚假诉讼、恶意诉讼等非诚信诉讼行为的打击力度，充分发挥诉讼费用、律师费用调节当事人诉讼行为的杠杆作用，促使当事人选择适当方式解决纠纷。当事人存在滥用诉讼权利、拖延承担诉讼义务等明显不当行为，造成诉讼对方或第三人直接损失的，人民法院可以根据具体情况对无过错方依法提出的赔偿合理的律师费用等正当要求予以支持”。[②] 北京市高级人民法院《专利侵权判定指南（2017）》对恶意诉讼的行为也进行了列举。[③]

关于专利侵权诉讼引发的恶意诉讼的规定在立法方面经过了广泛的讨论。例如，中国《民法典》知识产权编（专家建议稿）中曾规定：对于明知他人的行为显然不构成侵犯自己的专利权，而对他人以侵权诉讼相威胁的，受威胁人可向

---

① 参见朱理：《滥用问题专利的司法规制》，载《电子知识产权》2008年第11期。

② 例如，2008年由国家知识产权局根据当时的国情和知识产权工作总要求发布的工作要点中明确规定对专利权滥用问题要进行严格的约束、限控和禁止。

又如，2011年12月16日最高人民法院通过的关于充分发挥知识产权审判职能作用的意见中明确了保护专利权、防止权利滥用、防止诉前禁令制度、受害人损害赔偿以及侵权判定等方面的内容。

2011年12月，最高人民法院发布了《关于充分发挥知识产权审判职能作用推动社会主义文化大发展大繁荣和促进经济自主协调发展若干问题的意见》，其中第16条规定：对于明知其专利权属于现有技术或者现有设计，仍然恶意向正当实施者及其交易对象滥发侵权警告或者滥用诉权，构成侵权的，可以视情支持受害人的损害赔偿请求。

2016年9月，最高人民法院发布了《关于进一步推进案件繁简分流优化司法资源配置的若干意见》，其中第22条明确规定：加大对虚假诉讼、恶意诉讼等非诚信诉讼行为的打击力度，充分发挥诉讼费用、律师费用调节当事人诉讼行为的杠杆作用，促使当事人选择适当方式解决纠纷。当事人存在滥用诉讼权利、拖延承担诉讼义务等明显不当行为，造成诉讼对方或第三人直接损失的，人民法院可以根据具体情况对无过错方依法提出的赔偿合理的律师费用等正当要求予以支持。

③ 其中，第126条规定：被诉侵权人提供证据证明涉案专利为专利权人恶意取得的，可以判决驳回原告的诉讼请求。在侵犯专利权诉讼中，专利权被宣告无效的，不宜轻易认定为滥用专利权。

第127条规定：恶意取得专利权，是指将明知不应当获得专利保护的发明创造申请专利并获得了专利权的行为，包括下述情形：(1)将申请日前专利权人明确知悉的国家标准、行业标准等技术标准中的技术方案申请专利并取得专利权的；(2)国家标准、行业标准等技术标准的制定参与人，将在上述标准的起草、制定等过程中明确知悉的他人技术方案申请专利并取得专利权的；(3)将明知为某一地区广为制造或使用的产品申请专利并取得专利权的；(4)采用编造实验数据、虚构技术效果等手段使涉案专利满足《专利法》的授权条件并取得专利权的；(5)将域外公开的专利申请文件所披露的技术方案在中国申请并获得专利权的。

法院提起诉讼,请求对不构成侵权作出裁判。由于受威胁而显然损害了有关合法经营活动的,受威胁人有权在诉讼中要求赔偿。[①] 最高人民法院民三庭也曾就恶意诉讼问题进行调研,并发布了研究报告。[②]《专利法》第三次修改的送审稿中规定,专利权人明知其获得专利权的技术或者设计属于现有技术或者现有设计,恶意指控他人侵犯其专利权并向人民法院起诉或者请求专利行政管理部门的,被控侵权人可以请求人民法院责令专利权人赔偿由此给被控侵权人造成的损失。

我国《专利法》对因专利权人的恶意给他人造成的损失,应当给予赔偿也进行了规定。但该规定不够清楚。特别是2020年修正的《专利法》在第20条规定了"申请专利和行使专利权应当遵循诚实信用原则。不得滥用专利权损害公共利益或者他人合法权益"。"滥用专利权,排除或者限制竞争,构成垄断行为的,依照《中华人民共和国反垄断法》处理。"笔者认为,本条规定也仅是"诚实信用原则"在专利领域的延伸,即便是没有本条的规定,诉讼相对人适用一般的诚实信用原则也可以解决这一问题。在《专利法》中应当写入具体的规则,以规制实践中大量出现的因专利侵权诉讼引发的恶意诉讼的发生。例如,有人抄袭外国专利文献公开的技术方案,提出实用新型或者外观设计专利申请,利用《专利法》规定对两种专利申请不进行实质审查的制度获得专利权,并且在明知其专利是无效的情况下,与他人订立专利权转让合同、专利实施许可合同或者提起侵权诉讼,以谋取违法利益,就是典型的恶意行为。[③]《专利法》中应当以列举的方式明确对此类行为的惩罚规则。

TRIPs协议第48条第1项规定,如果一方当事人所要求的措施已经采取,但该方滥用了知识产权的执法程序,司法当局应有权责令该当事人向误受禁止或限制的另一方当事人对因滥用而造成的损害提供适当赔偿。司法当局还应有权责令原告为被告支付开支,其中包括适当的律师费。基于专利权的无形性的特征,为了保护真正的权利人的利益,法律规定了行为保全等制度,以防止权

---

① 参见郑成思:《知识产权论》,法律出版社2007年版,第65页。

② 2004年2月25日,最高人民法院民三庭在北京召开了部分地方法院、新华社等有关媒体参加的滥用诉权问题研讨会,着重就知识产权审判领域中恶意诉讼问题进行了研讨,以期对知识产权审判领域中恶意诉讼现象的影响程度、恶意诉讼与知识产权保护之间的关系等问题作出较为客观的评估和判断,为准确把握知识产权审判工作的方向提供参考依据。并对恶意诉讼的概念;正确评估恶意诉讼的影响,妥善处理防范恶意诉讼与保护知识产权的关系;知识产权恶意诉讼的防范;存在的问题等研究的主要情况作了综述。

③ 参见尹新天:《中国专利法详解》,知识产权出版社2011年版,第488页。

利人损害的扩大。但是另外，为防止权利人滥用相应的制度，也要求滥用权利的一方赔偿因此造成的损失。基于专利权的无形性和权利推定有效性，相较于物权等权利，专利权人更容易提起专利权侵权诉讼。

目前，国务院、最高人民法院等部门都提出了"加强知识产权保护，加大对侵犯知识产权侵权行为的惩罚力度"的号召。笔者认为，加强知识产权保护应当是有前提的，即加强保护的应该是真正体现科技创新的权利，而不是对那些恶意获得授权的"专利权"的保护。在这种背景下，应当尽快将恶意诉讼的相关规定写入《专利法》或相应的司法解释，为专利制度的良性运行提供有效的保障。

2. 增设专利权行使的程序性限制

如前所述，没有经过实质审查的外观设计专利权和实用新型专利权，应当不能称为完整意义的"民事权利"。日本对于以侵害实用新型专利权为由提起的专利侵权诉讼，采取了出具"技术评价书制度"和发送"警告函"两种限制，这实际上是对没有经过实质审查的权利的限制，这种限制是非常有必要的。例如，在确定专利权的保护范围时，专利审查档案至关重要，[①]因为权利人在撰写权利要求时都想谋求最大的保护范围，而实用新型专利权没有经过审查，该权利的有效性可能存在重大缺陷，甚至是包括了现有技术，也甚至存在其他实质性缺陷，但是因为没有档案可查，根据现有的专利制度法院只能推定该专利权为有效专利。[②]

在美国专利制度建立初期，也曾经实行过专利注册制。但专利注册制造成了一系列弊端。例如，大量的专利授给毫无价值的技术或者来自公有领域的技术。又如，专利垄断泛滥，侵权诉讼盛行，使得诚实信用的商人难以经营。[③] 即便是经过实质审查的专利权，申请人仍然负有"公正义务"，如果日后发现申请人违反了这一义务，将导致专利权不可实施。[④] 这实际上也是对专利权的一种

---

① 《专利权纠纷司法解释一》第3条规定：人民法院对于权利要求，可以运用说明书及附图、权利要求书中的相关权利要求、专利审查档案进行解释。说明书对权利要求用语有特别界定的，从其特别界定。

第6条规定：专利申请人、专利权人在专利授权或者无效宣告程序中，通过对权利要求、说明书的修改或者意见陈述而放弃的技术方案，权利人在侵犯专利权纠纷案件中又将其纳入专利权保护范围的，人民法院不予支持。

② 北京市高级人民法院《专利侵权判定指南（2017）》第1条规定：在权利人据以主张的专利权未被宣告无效之前，其权利应予保护，不得以该专利权不符合《专利法》相关授权条件、应被宣告无效为由作出裁判。

③ 参见李明德：《美国知识产权法》，法律出版社2014年版，第33页。

④ 李明德：《美国知识产权法》，法律出版社2014年版，第122页。

限制。这种限制可以有效提供专利权的质量,减少不当的专利授权。同时相应地减少专利诉讼的数量,让有限的司法资源去真正实现保护发明创造的作用,而不是去揭露申请人已经知道的现有技术/设计。因此,应当在《专利法》中增设关于外观设计专利权、实用新型专利权行使的程序性限制。

3. 惩戒"恶意"诉讼行为

已经生效的判决对于社会公众的行为可以起到很好的引导作用。人民法院对专利权人提起侵权诉讼是否尽到了"善良、审慎的"注意义务进行严格审查,并利用自由裁量权,对违背法律的目的和精神,以损害他人的正当权益为目的,恶意取得并行使因此获得的权利,损害他人合法权益、扰乱市场正当竞争秩序并给他人造成损失的行为作出承担责任、赔偿损失的裁判。例如,在"兴泰公司"案中,法院在发现专利权人存在将现有技术申请为专利并在获得权利后起诉他人的行为时,本应将该问题作为争议的焦点,在法律允许的范围内,通过释明的方式建议当事人充分进行举证。然而,法院却模糊了该关键问题,作出了"现有证据尚不能证明菲仕公司的起诉具有超出诉讼本身的其他目的或者存在明显不当、有违诚信的诉讼行为"的判决。[①] 最高人民法院认为,在知识产权侵权诉讼中,被告提交证据证明原告的起诉构成法律规定的滥用权利损害其合法权益,依法请求原告赔偿其因该诉讼所支付的合理的律师费、交通费、食宿费等开支的,人民法院依法予以支持。被告也可以另行起诉请求原告赔偿上述合理开支。[②]

笔者认为,法院不仅应当支持合理的律师费、交通费、食宿费等开支,而且还要支持对因滥用权利给他人造成的损害赔偿。在司法层面,更应该加大对这种恶意取得专利权行为的打击,普及专利制度的核心价值,提升我国的科技创新能力。正如袁某中案中南京市中级人民法院所论述的,"《专利法》作为国家法律,一经颁布实施即应当推定我国公民、法人等应当知道。袁某中于2001年申请涉案专利时,距《专利法》颁布实施已经有16年,因此如果认为袁某中对专利权新颖性条件的规定不知道或者不清楚,显然是不能成立的"[③]。实践中许多专利权人确实不知道专利制度运行的基本规则,特别是在过去申请专利大补贴的时代,申请专利的目的不是创新的结果而是补贴的结果,这就是专利制度背

---

① 浙江省宁波市中级人民法院民事判决书,(2018)浙02民初1156号。

② 上海市高级人民法院《关于知识产权侵权诉讼中被告以原告滥用权利为由请求赔偿合理开支问题的请示》(沪高法〔2021〕215号)。

③ 江苏省南京市中级人民法院民事判决书,(2003)宁民三初字第188号。

离了其运行的规则。所以,有必要通过司法实践来引导专利申请人认清专利制度的价值,通过生效判决引导社会公众理解法律的本意和目的,使专利制度能够发挥其应有的促进科技进步的作用。

后　记

我在深圳执业十三年，本书是我从事专利诉讼实务的总结和思考。

在我过去律师执业的经历中，遇到的一些专利法领域中的问题经常让我感到困惑。例如，专利授权确权与侵权程序中，解释权利要求的规则是否一致？在专利侵权程序中引入“专利权无效抗辩”制度是否必要？说明书及附图在解释权利要求时，其“解释”与“限定”权利要求的边界在何处？等同原则、创造性与现有技术抗辩之间有无联系？我国民事责任中的“停止侵权”与美国法上“禁令”有无区别，美国法院在“eBay”案中重新强调的“衡平原则”对我国专利法的立法是否有借鉴意义？目前司法实践中法院将被诉侵权方在开庭前没有停止侵权行为作为认定被诉侵权方存在恶意的证据，那么，在最终权利人败诉的情况下，被诉侵权方因权利人起诉而停止了侵权，由此造成的损失是否应当由权利人赔偿？诸如此类的问题让我百思不得其解。因此，我选择了中国社会科学院研究生院举办的博士班。

五年时间看似漫长，但是以往种种依旧历历在目。至今我仍记得第一次上课是 2019 年的春天，到北京后我惊讶地发现我学习的地方被安排在考古研究所旁，这使我不禁想起了风度翩翩的傅斯年，他的“动手动脚找东西”名句让我记忆犹新；距离上课不远的地方是“北大红楼”，这就又不得不使我想起开“学术”与“自由”之风的胡适等新文化运动的领袖人物；“北大红楼”西侧便是法学所，法学所大门口石碑上镌刻着所训“正直精邃”四个大字，这四个字为所有怀揣梦想的学子指明了努力的方向。在很长一段时间，我就在这样的环境下学习。

学习是枯燥的，也是有趣的。在上课时，聆听了谢鸿飞老师关于民法体系的讲解，这使我对在“衡平原则”下适用“永久禁令”的规则有了新的认知；在读书时，当读到孙宪忠老师因为引用《法国民法典》第 4 条批评中国法院“立案难”而遭到某全国人大代表的指责时，让我深感中国法治进程发展的艰辛；在交流时，当得知梁慧星老师曾主动去法院“锻炼”，与一线法官研讨案例时，这让我心生敬意；在上课之余，未名湖畔听蝉鸣、福海岸边遇蛙声，且停且随风，且行且从容。我想，对我而言，在工作数年之后带着问题回炉再造，与业内顶级大咖深度交流学习，必然会成为我人生中一段绝好的经历。

中国社会科学院研究生院给每位学生都提出了明确的写作任务。我将第一项任务安排为对专利诉讼实务中经常遇到的问题进行梳理。在该任务启动之后，“疫情”从天而降，也正是三年“疫情”让我有更多的时间对过往的实务经验进行总结。

在本书出版之际，我特别感谢恩师李明德老师。在学习期间，李老师不但直接指导我的写作方法，而且多次给我强调治学理念：学习知识产权首先要有“国际视野”，要多读国外案例；要深入掌握知识产权理论体系的起点，“回到基本前提”；牢固树立“规则意识”，用基本规则解决知识产权领域出现的各种问题。李老师的教诲，让我收获的不仅是知识，更是受益终生的治学之道。

感谢法学所的各位老师，特别是陈甦、莫纪宏、孙宪忠、管育鹰、谢鸿飞、朱广新、刘仁文、李洪雷、陈洁、谢增毅、张生、刘敬东等老师，他们的授课让我受益良多。

感谢中国人民大学的金海军老师，是他指导了我的硕士学业，并引领我走进了知识产权的大门，在本书出版之际，还为本书提出了诸多宝贵意见。

感谢中国科学院大学的闫文军老师，他在对本书予以肯定的同时，也给本书提出了许多中肯的建议。

感谢各位同学，特别是王宏、刘晓荣、陈艳、刘金燕、赵伟、韩海峰、姜孝虎、陈梦婕、邹瑛、付德友等，一起学习、交流的时光留下了美好回忆。

感谢北京市隆安（深圳）律师事务所全体同仁，感谢贾红卫律师、赖向东书记和张弛主任，多年来在工作、生活上给予我很多帮助；感谢李晓宁、任可、方俊、邓志豪、李崖立、郭文姬等兄弟姐妹，他们给我提供了很多真实的案例，丰富了我的写作资料。

感谢豫道团队及高春利主任，相识至今 18 年来从未间断给我以鼓励与信心。

感谢法律出版社的薛晗、肖越老师，她们为本书的写作提供了具体的支持；感谢郑婷婷律师，她为本书的材料收集、整理等提供了细致的帮助。

最后感谢我的家人，是他们的支持和理解，让我有更充裕的时间投入到写作中去。

作者

2023 年 6 月 1 日于深圳